严清华

湖北江陵人。武汉大学经济与管理学院教授、博士、博士生导师，曾任武汉大学研究生院培养教育处处长、武汉大学经济学系主任、中国经济思想史学会会长，享受国务院政府特殊津贴专家。著有《中日现代化经济发展思想比较研究》（独著，1996）、《中国经济发展模式理论创新研究》（第一作者合著，2001）、《中国经济思想史论》（独著，2004）、《路径依赖、管理哲理与第三种调节方式研究》（第一作者合著，2005）、《马克思主义第三配置思想研究》（第一作者合著，2006）等。

孙智君

湖北洪湖人。武汉大学经济与管理学院副教授、博士、硕士生导师，武汉大学区域经济研究中心副主任。著有《民国产业经济思想研究》（独著，2007）、《产业经济学》（主编，2010），译有《企业家精神》（主译，2010）等。

珞珈经济学人
"学派"创建研究

Research on the Establishment of
Luojia Economist "School"

严清华　孙智君 ◎ 著

中国财经出版传媒集团

经济科学出版社
Economic Science Press

图书在版编目（CIP）数据

珞珈经济学人"学派"创建研究/严清华，孙智君
著 . -- 北京：经济科学出版社，2023.9
ISBN 978 - 7 - 5218 - 5002 - 4

Ⅰ.①珞… Ⅱ.①严…②孙… Ⅲ.①经济学派 - 研
究 - 中国 - 现代 Ⅳ.①F092.7

中国国家版本馆 CIP 数据核字（2023）第 146425 号

责任编辑：孙丽丽 纪小小
责任校对：刘 昕
责任印制：范 艳

珞珈经济学人"学派"创建研究

严清华 孙智君 著

经济科学出版社出版、发行 新华书店经销
社址：北京市海淀区阜成路甲 28 号 邮编：100142
总编部电话：010 - 88191217 发行部电话：010 - 88191522
网址：www.esp.com.cn
电子邮箱：esp@esp.com.cn
天猫网店：经济科学出版社旗舰店
网址：http://jjkxcbs.tmall.com
北京中科印刷有限公司印装
787×1092 16 开 35 印张 650000 字
2023 年 9 月第 1 版 2023 年 9 月第 1 次印刷
ISBN 978 - 7 - 5218 - 5002 - 4 定价：158.00 元
（图书出现印装问题，本社负责调换。电话：010 - 88191545）
（版权所有 侵权必究 打击盗版 举报热线：010 - 88191661
QQ：2242791300 营销中心电话：010 - 88191537
电子邮箱：dbts@esp.com.cn）

大学之大在有大师
学科之强在有学派

刘道玉

九十岁写

壬寅季冬

于严西湖

刘道玉给本书的题词

摘　　要

改革开放之后迎来了中国高等教育的大发展，1995 年国家开始推行"211 工程"建设，1998 年启动"985 工程"，2017 年又正式推动"双一流"建设。在此过程中，各著名高校不断制订相应的发展规划和实施方案，有关高校"学派"之称正与这一历史背景相吻合而陆续出现并开始盛行。初步统计，截至 2022 年底，中国已有 26 所著名高校，或挖掘历史、或总结现状、或规划未来，抑或兼而有之，明确提出了以校名简称或代称命名的"学派"之称，包括北京大学、清华大学、复旦大学、南开大学、厦门大学、中国人民大学等，其中有 9 所提及经济学的"学派"之称，武汉大学所提的是经济学"珞珈学派"。

"学派"通常指在一定学科领域内由一个具有某种关联性特殊学术群体组成的学术流派。武汉大学所称经济学"珞珈学派"，指的是属于经济学领域，以地域性为主并兼具浓郁师承与校友关系特征的学派，是对一批与武汉大学珞珈山具有师承和校友关系的经济学者、经济学子（含本部学者、校友学者及少数特殊校友，简称"珞珈经济学人"）群体的归总称呼。

任何学派都有一个创建过程。武汉大学意欲创建的经济学"学派"，大体经历了 5 个大的历史阶段：1928 年国立武汉大学成立前的学派创建前奠基阶段；1928 年国立武汉大学组建后民国学者们的学派初创阶段；1946 年张培刚学成归国后任武汉大学经济学系主任期间基本具备创立条件的学派续创阶段；改革开放后以张培刚、谭崇台为领军人物呈现相对繁盛景况的学派再创阶段；进入 2010 年代，随着张培刚、谭崇台等大师级学者相继谢世后的学派重振阶段。珞珈经济学人意欲创建的该学派经历了从"部聘双杰"杨端六和刘秉麟，到中国发展经济学界"双子星"张培刚和谭崇台两代领军人物，以及众多"大本营"学者和各地校友学者的代际传承与薪火赓续，呈现出轨迹清晰、衔接紧密的创建过程与脉络谱系。

学派的本质与灵魂在于具有特色鲜明、一以贯之的核心理论。珞珈经济学人意欲创建的经济学"学派"的核心理论，是由其学派创建的两大核心或领军人物张培刚和谭崇台，在他们的老师杨端六、刘秉麟等珞珈先贤们做出先驱性或初创性贡献的基础上，带领珞珈经济学者们所共同建构和形成的。由于张培刚和谭崇台终生的学术主攻方向是发展经济学，因而该学派创建的核心理论概括地说就是发展经济学及相关的经济增长与经济发展理论，具体来说它由两部分内容构成：一为发展经济学基础理论；一为发展经济学中国理论。

发展经济学基础理论所探讨的是发展中国家经济发展的基本问题与基本原理。初创阶段的珞珈学者们当时不曾从基础理论的视角开创发展经济学学科，但却对落后国家的工业化道路、农业与工业二元结构的内在联系，以及经济发展中人力资源、对外贸易、技术进步、资本形成等相关因素的作用等问题，或多或少有所论及和探讨，甚至形成了一个中国工业化思想的基本框架体系雏形。张培刚是发展经济学这门学科的奠基人，他在《农业与工业化》中所创建的是农业国工业化理论这一发展经济学的主题理论。这一理论独树一帜、自成一派，是一种有别于所有西方经济学流派的独特理论。到了20世纪后期，针对当时西方学者"看衰"发展经济学的悲观论调，张培刚超越其自创的农业国工业化理论，对发展经济学进行"改造和革新"，主编出版了《新发展经济学》，提出了建立新型发展经济学的构想；谭崇台也主编出版了《发展经济学的新发展》。这是珞珈经济学者对发展经济学的一次新发展，也是新历史条件下对张培刚开创的农业国工业化理论的一次新飞跃。几乎与此同时，海外校友杨小凯在澳大利亚实现了对西方主流经济学即新古典经济学的巨大变革，创立了新兴古典经济学；并在《发展经济学：超边际与边际分析》中，将超边际和边际分析运用到经济增长的探讨之中，创建了新兴古典发展经济学。从珞珈经济学者"学派"创建视角看，新兴古典发展经济学虽在方法、路径和理论上与张培刚、谭崇台创建的发展经济学与新发展经济学存在极大的差异，但却均为珞珈经济学者在发展经济学领域所做出的巨大创新，在一定意义上可以看作是对张培刚、谭崇台创建的新发展经济学的一次巨大超越，可称之为继张培刚、谭崇台实现新飞跃之后的再一次飞跃。除发展经济学基础理论本身的3次飞跃之外，珞珈经济学者们还在与发展经济学密切相关的其他基础学科领域主导或作为主要代表者实现了5大创新，包括李京文作为奠基人之一创建了中国技术经济学，他作为创始人之一创建了中国数量经济学；刘再兴作为代表性学者创建了中国经济地理学，他作为重要开创者创建了中国区域经济学；尹世杰作为主要创始人和学术带头人创建了中国消费经济学。这5大创新为该学派创建过程中自创和不断实现飞跃与新发展的发展经济学基础理论巩固其根基并拓展其应用，提供了强有力的理论支撑与保障体系。

发展经济学中国理论所探讨的是有关中国经济发展的特色问题和特殊规律。探讨中国经济发展问题及其演进规律，原本是中国经济学者长期关注的重心和重点研究的内容；珞珈经济学者的最大特点与贡献在于将中国经济发展问题的探讨置于发展经济学的理论框架之内，形成了基于发展经济学基础理论而阐发的发展经济学中国理论。它具体表现为珞珈经济学者们对中国经济增长与经济发展问题的全过程、全方位探讨。全过程探讨是指珞珈经济学者们对中国经济增长与经济发展的历史考察和经验总结；全方位探讨是指珞珈经济学者们对中国经济增长与经济发展相关问题的全面研究，包括珞珈经济学者们对中国经济增长与经济发展相关的领域或问题的许多专题性研究与探讨，如对经济发展战略、区域经济发展、农业发展、工业化及其道路、人口流动与城镇化、经济结构调整优化、经济运行方式（计划与市场）、反贫困与就业、可持续发展、科技进步、知识经济、宏观调控、经济增长方式转变等问题上的诸多研究与探讨。

珞珈经济学者们通过基于自创发展经济学基础理论和阐发发展经济学中国理论，从而形成一个学脉相承、学缘相投、学旨相通、学理相融、学风相同的学术共同体。从本质特征上看，它是试图创建一个中国自己的发展经济学"学派"，可简称为中国发展经济学"珞珈学派"。以发展经济学及相关理论探讨与实践探索为中心，或者说围绕"中国发展经济学"的理论探讨与实践探索，该学派创建者们发挥各自的专长与优势，各展其能，在中国经济学领域取得突出成就并产生巨大影响，著名学者和相关成员中有5人或获诺贝尔经济学奖候选人提名或获相关赞誉，在中国著名高校和经济学界足值高度重视，在国际经济学视野也不可小觑，堪称中国著名高校经济学"学派"创建中一个极具代表性的案例与典范。

Abstract

China's reform and opening up ushered in the great development of higher education. In 1995, the countryhas initiated the "211 Project", in 1998, the "985 Project" was launched, and in 2017, the "double first-class" project was officially promoted. In this process, various famous universities have continuously formulated corresponding development plans and implementation strategies, and the reference of "school" in various universities has emerged and begun to prevail in this historical context. According to the preliminary statistics, by the end of 2022, 26 famous colleges and universities in China have clearly put forward their "schools" named by the university, including Peking University, Tsinghua University, Fudan University, Nankai University, Xiamen University, and the Renmin University, when they are digging the history, summarizing the current situation, or planning for the future. Among them, 9 refer to the "school" of economics, and Wuhan University refers to the "Luojia school" of economics.

"School" usually refers to an academic school composed of a special academic group with certain relevance in a certain discipline field. The "Luojia School" of economics referred to by Wuhan University refers to the school that is mainly in the field of economics and has featured strong relationship between the professors and alumni. It is the collective name of a group of economists and economics students (including the scholars, alumni scholars and a few special alumni, referred to as "Luojia Economists") who have the teacher-student or alumni relationship in Wuhan University, located at Luojia Mountain.

Any school has a construction process. The "school" of economics that Wuhan University intends to establish has roughly gone through five major historical stages: the rudimentary stage of the school before the establishment of the National Wuhan University in 1928; After the establishment of the National Wuhan University in 1928, the school was at its preliminary stage promoted by of scholars in the Republic of China; Since Zhang Peigang returned to China from his studies abroad and became the director of the Department of Economics of Wuhan University in 1946, the school has met its basic conditions of establishment; After the reform and opening up, led by Zhang Peigang and Tan Chongtai, the school was in a relatively prosperous stage; Since the 2010s, the school revived after Zhang Peigang, Tan Chongtai and other master scholars successively passed away. The school that Luojia Economists aims to establish has gone through two generations of leaders, from "Ministry-hired two heroes" Yang Duanliu and Liu Binglin, to "Twin Stars" in China's development economics field, Zhang Peigang and Tan Chongtai, as well as many "base camp" scholars and alumni scholars from all over the world, presenting a closely connected creation process and pedigree with clear track.

The essence and soul of the school lies in its distinctive and consistent core theory. The core theory of the "school" of economics that Luojia Economics wanted to create was jointly constructed and formed by the two core and leading figures, Zhang Peigang and Tan Chongtai, who led Luojia economists on the basis of the pioneering contributions of their teachers Yang Duanliu and Liu Binglin. Since the lifelong academic focus of Zhang Peigang and Tan Chongtai is development economics, the core theory established by this school is development economics and related economic growth and economic development theory in a nutshell. Specifically, it consists of two parts: one is the basic theory of development economics; The other is the Chinese theory of development economics.

The basic theory of development economics discusses the basic problems and principles of economic development in developing countries. At that time, Luojia scholars in the initial stage did not initiate the discipline of development economics from the perspective of basic theory; However, there are more or less discussions on the industrialization path of the developing countries, the internal relationship between the dual structure of agriculture and industry, and the role of human resources, foreign trade, technological progress, capital formation and other related factors in economic development, and even a rudimentary framework of China's industrialization thought has been initially formed. Zhang Peigang is the founder of the discipline of development economics. He created theory of industrialization of agricultural countries, the theme of development economics, in *Agriculture and Industrialization*. This theory is unique and independent, distinctive from all western economic schools. At the end of the 20th century, in response to the pessimistic view of development economics by western scholars, Zhang Peigang went beyond his own theory of industrialization of agricultural countries and further transformed and innovated development economics. He edited and published *New Development Economics* and put forward the idea of establishing a new type of development economics; Tan Chongtai also edited and published *The New Development of Development Economics*. This is a new advancement of development economics by Luojia scholars, and another leap in the theory of industrialization of agricultural countries initiated by Zhang Peigang under the new historical conditions. Almost at the same time, Yang Xiaokai, an overseas alumnus, brought a revolutionary change to the western mainstream economics, namely neoclassical economics, and created the new classical economics in Australia; In *Development Economics: Marginal and Marginal Analysis*, the author applied the extra-marginal and marginal analysis to the discussion of economic growth and created the new classical development economics. From the perspective of the establishment of the "school" of Luojia economists, although there are great differences between the new classical development economics of Yang Xiaokai and the development economics and the new development economics created by Zhang Peigang and Tan Chongtai in terms of methods, paths and theories, they are all great innovations made by Luojia economists in the field of development economics. In a sense, the new classical development economics of Yang Xiaokai can be seen as a great leap over the new development economics created by Zhang Peigang and Tan Chongtai, which is another great leap. In addition to the three leaps in the basic theory of development economics itself, Luojia economists have also led or achieved five major innovations in other basic disciplines closely related to development economics, including China's technical economics and China's quantitative economics, co-founded by Li Jingwen; China's economic geography, and China's regional economics spearheaded by Liu Zaixing; and China's consumption economics headed by Yin Shijie. These five innovations have provided a strong theoretical support and foundation for the development of basic economic theories and expansion of its application during the establishment of the school .

The Chinese theory of development economics is focused on the special characteristics and pattern of China's economic development. The discussion of China's economic development and its evolution pattern has been the key focus of Chinese economists for a long time; The greatest feature and contribution of Luojia economists lies in putting the discussion of China's economic development issues within the theoretical framework of development economics, and forming the China theory of development economics based on the basic theory of development economics. It is embodied in the whole process and all-round discussion of China's economic growth and development by Luojia economists. The whole process discussion refers to the historical investigation and experience summary of China's economic growth and development by Luojia economists; All-round discussion refers to the comprehensive research of Luojia economists on issues related to China's economic growth and economic development, including many thematic research and discussion of Luojia economists on fields or issues related to China's economic growth and economic development, such as economic development strategy, regional economic development, agricultural development, industrialization and its path, population flow and urbanization, economic structure adjustment and optimization, economic operation mode (plan and market), anti-poverty and employment, sustainable development, scientific and technological progress, knowledge economy, macro-control, transformation of economic growth mode and others.

By creating the basic theory of development economics and elucidating the Chinese theory of development economics, Luojia economists have formed an academic community with consistent academic vein, origins, aims, theories, and style of study. In essence, it is an attempt to create a "school" of China's own development economics, which can be referred to as the "Luojia School" of China's development economics. Centering on development economics and related theoretical discussion and practical exploration in China, the founders of this school utilized their respective expertise and advantages, realizing outstanding achievements and exerting great impact in the field of Chinese economics. Five of the famous scholars and relevant members have been nominated for or have received the Nobel Prize in economics. Those achievements are not only highly valued among China's top universities and in China's economics academia, but also undeniable in the world academic community. Luojia School can be regarded as a highly representative case and model of "school" establishment in the field of economics by China's famous university.

目录

绪论

中国著名高校的

经济学『学派』之称

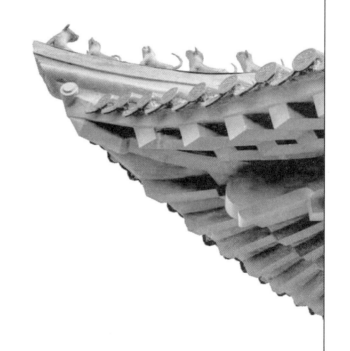

"学派"是衡量一所高校及其学术机构是否具有超高学术水准与地位的重要标志。中国许多著名高校，尤其是一些"985"高校均十分重视"学派"的培育与打造，先后出现了不少呼声或强或弱、影响或大或小的"学派"之称。据查，迄今中国至少有26 所著名高校有"学派"之称。[①]

经济学"学派"是经济学科领域的学术流派，是经济学殿堂的璀璨明珠。在中国现有"学派"之称的26 所著名高校中，涉及经济学"学派"之称的共有9 所。考察这些高校的经济学"学派"之称，对于了解中国著名高校经济学科的发展规划与学术动态，促进中国经济学科乃至整个哲学社会科学的建设与发展具有重要的理论意义与现实价值。

对于经济学"学派"研究来说，在考察中国某一特定高校特定经济学"学派"创建时，通过文献综述方式首先弄清中国著名高校"学派"之称的总貌，以及中国著名高校经济学"学派"之称的详情，不仅意义重大，而且十分必要。

一、中国著名高校"学派"之称总貌

中国著名高校经济学"学派"之称，通常都包含在其整个"学派"之称范围内，尤其是一些人文哲学社会科学综合实力较强的高校，情况更是如此。总体而言，在中国现有"学派"之称的26 所著名高校中，清华大学（简称"清华"）、北京大学（简称"北大"）两校"学派"之称的呼声相对较为强烈，其他学校"学派"之称的呼声相对弱一些，有的甚至略有提及而已。

---

① 此处所指26 所著名高校的"学派"之称，包括两种情形：一是以其校名简称直接命名的，如"北大学派""清华学派"；一是以其学校代称间接命名的，如"珞珈学派"。也就是说，在此之外或有以其他形式命名"学派"的高校及相关称谓，以及即令在这些高校之内而不直接或间接以其校名命名的相关称谓，此处及以下则均姑置不论。

（一）清华、北大的"学派"之称

截至目前，在有"学派"之称的 26 所著名高校中，清华、北大两校"学派"之称的呼声不仅频率较高，而且许多学科所称"学派"在时态上大都被视为已然存在。这种"被视"，或为"自视"，或为"他视"，或为两者兼而有之；所谓"存在"，非指愿景、规划等所表达的有待培育与打造的未来发展目标，而是通常用"诞生""产生""开创""创立""出现""形成""成为""发展""重振"之类用语来加以描述，以及虽未明确使用此类用语却实际上表达为过去或（和）现今已然的存在。两校之中，尤以"清华学派"之称的呼声最为强烈。

1. "清华学派"之称

"清华学派"之称始于清华学者们关于民国学术史的研究，最先提出这一概念的据说是著名文学史家王瑶。王瑶早年毕业于清华大学并留校任教，1952 年全国院系调整时改任北京大学教授。据说他是在 1988 年提出"清华学派"这一概念的。[①] 至于"清华学派"的起始时间，则是从 1925 年成立清华国学研究院开始算起的。据杨立华（2011）发表的《国学研究院和清华学派》一文，1925 年成立的清华国学研究院，高标准配备梁启超、陈寅恪、王国维、赵元任四大国学导师，开创了国学研究的"黄金时代"，后被视为"清华学派"的始点。

王瑶提出"清华学派"之称后，以徐葆耕为代表的学者从学术史视角对"清华学派"进行了专题探讨。他借鉴冯友兰的"信古、疑古、释古"之说，发表了《释古与清华学派》（1995）一文，认为清华学派的代表们在学术史研究中具有以近代科学思想和方法阐释传统文化的"释古"特色。他还发表《从东南学派到清华学派》（1995）一文，追溯现代学术批评史上倡导"昌明国学，融化新知"的"东南学派"，探讨了清华学派对以往既有学派的继承与综合。他最早出版了以"清华学派"命名的学术文集《释古与清华学派》（1997），其中在收录上述两篇论文的同时，还以何兆武的《也谈"清华学派"》作为序文。后来，他又对此书加以增订修改，出版了《清华学术精神》（2004），书中同样收录了上述序文和文章。他还曾出版《紫色清华》（2001）一书，通过回忆与记叙方式阐释他所主张大力弘扬的清华精神，其中收录了《清华学派：文化联姻的童话与现实》《关于〈清华文丛〉与清华学派的研究》等 35

[①] 参见何兆武："自从八年前王瑶老学长提出了'清华学派'之说以来，不少人都谈论过所谓'清华学派'。"［何兆武. 也谈"清华学派"［J］. 读书，1997（8）：3-9.］何兆武所说的"八年前"，所指的即是 1988 年。清华另一学者胡钰也曾表达过这一说法。

篇文章。清华学派研究是徐葆耕毕生从事的主要事业之一，其学生周晓云曾撰文《徐葆耕先生和他的清华学派》（2013），对他在这方面所做的工作进行了全面总结并予以充分肯定。

另一位从学术史视角对“清华学派”进行专题研究的学者为胡伟希。他曾先后发表过这方面的系列文章，如《多元文化的选择与寻求——论“清华学派”的文化观》（1993）、《传统与现代性——再论“清华学派”的文化观》（1994）、《科学理性与人文精神——三论清华学派的文化观》（1995）、《清华学派与中国现代思想文化——四论“清华学派”》（1996）、《北大学派与清华学派——中国现代学术史上的“酒神精神”和“日神精神”》（1997）、《清华学派的“日神精神”——兼论20世纪中国的学术类型》（1998）等。

此外，从学术史视角论及“清华学派”的还有一些报刊文章，如郑家栋的《“清华学派”与中国现代学术伦理》（2002）、《“清华学派”与学术伦理》（2003），张丽琴的《中国现代文学批评史上的清华学派》（2011），雷世文的《清华学派文学观念的纸媒介传播——以〈大公报·文学副刊〉为中心》（2014）；另有于双的硕士学位论文《三十年代“清华学派”的文学批评》（2008）等。

著名经济史学家、清华大学历史系教授李伯重在清华大学历史系建系90周年之际，曾发表《缅怀先贤，慎终追远——追思走在史学“国际前沿”的“清华学派”》（2016），进一步从史学视角概述了清华历史系先贤的国际视野以及清华学派的形成和影响。此前，他还发表过《20世纪初期史学的“清华学派”与“国际前沿”》（2005）一文。除李伯重外，还有学者从史学角度发表过相关文章，如刘秀俊的《“训诂治史”的会通之学——杨联陞与“清华学派”》（2010）；张铭雨的《蒋廷黻与“清华历史学派”》（2014）等。

以著名哲学家、哲学史家张岱年为代表的学者则从哲学视角探讨了“清华学派”。如张岱年发表的《回忆清华哲学系——“清华学派”简述》，认为“称三十年代至四十年代的清华哲学系为‘清华学派’，这是有事实根据的”[①]。还有一些学者也从哲学视角加以呼应，如郁振华的《冯契和清华学派》（1996）、《逻辑分析法及其限度——清华学派的哲学方法论》（1997）；陈鹏的《“清华哲学学派”与“学”的自觉》（2000）等。前述胡伟希还出版了这方面的专著——《转识成智：清华学派与20世纪中国哲学》（2005）。

---

① 张岱年. 回忆清华哲学系——“清华学派”简述 [J]. 学术月刊, 1994 (08): 11–13, 47.

值得关注的是，捷克汉学家扬·弗霍夫斯基（Jan Vrhovski）曾在国际知名逻辑学期刊《逻辑史与逻辑哲学》（*History and Philosophy of Logic*）上发表《"清华逻辑学派"：数理逻辑在清华（1926－1945）》一文，围绕清华大学哲学系金岳霖、张申府、沈有鼎、王宪钧等著名学者的学术成就，总结清华大学哲学系于1926～1945年间进行数理逻辑教学与研究的主要进展及特点。[①]

此外，闻翔还从社会学视角发表了《陈达、潘光旦与社会学的"清华学派"》（2016），阐述了1926～1952年清华大学社会学系前后两任"掌门"对清华学派的学术贡献与巨大影响。

与徐葆耕、胡伟希、李伯重、张岱年、闻翔等分别从史学、哲学、社会学等视角出发不同，刘超从人文社会科学整体学科出发对"清华学派"进行了系统梳理。他于2006年发表《"清华学派"及其终结——谱系、脉络再梳理》一文，分别就清华学派的缘起与内涵、脉络与谱系、源流与变迁、内涵及其表象、嬗变与终结进行阐述，对以人文社会科学为主体的"清华学派"做了最为系统和完整的梳理。他认为，随着1998年钱钟书先生的逝世，作为"学派"的硕学鸿儒"老清华"便已不复存在，"宣告了'清华学派'的终结"[②]。此文之后，人文社会科学的"清华学派"之说，逐渐在清华大学学校领导和相关院系中达成共识。2008年4月11日，时任校长顾秉林与部分文科院系教授座谈，提出清华文科要"出人才、出大师、出成果、出思想"，"要真正形成'清华学派'"[③]。2012年清华大学成立社会科学学院，在10月27日的成立大会上，时任校长陈吉宁在致辞中提出要"在社会科学领域形成具有中国特色、中国风格、中国气派的清华学派"[④]。

此外，在物理、戏剧领域也有"清华学派"之称。如物理学领域中虞昊的《数代师承成就"清华学派"》（2007），该文追溯了叶企孙、吴有训、萨本栋等一批物理学名师及其培养的赵九章、王淦昌、钱伟长等优秀科学家形成的"清华学派"；戏剧领域中李伟民的《莎士比亚与清华大学——兼论中国莎学研究中的"清华学派"》（2000），以及杨婷的《王文显与清华学派世态喜剧的发展》

①　参见佚名. 汉学家眼中的"清华逻辑学派"［EB/OL］. 清华大学哲学系网，https：//www. phil. tsinghua. edu. cn/info/1037/1926. htm，2021－11－05/2022－11－28.

②　刘超. "清华学派"及其终结——谱系、脉络再梳理［J］. 天涯，2006（02）：177－185.

③　记者崔凯等. 顾秉林校长与部分文科院系教授座谈［EB/OL］. 清华大学新闻网，https：//www. tsing-hua. edu. cn/info/1939/76066. htm，2008－04－14/2022－11－28.

④　佚名. 面向新时代，再创新辉煌——清华大学成立社会科学学院［EB/OL］. 清华大学社会科学学院网，https：//www. sss. tsinghua. edu. cn/info/1223/3784. htm，2012－11－02/2022－11－28.

（2010），杨文阐述了王文显世态喜剧的创作特点及对清华学院派戏剧发展的积极意义。

2020 年，清华校友网曾以"封面文章"（第08.9 期）形式登载了以"清华学派"为主题的系列文章，包括何兆武的《也谈"清华学派"》、程钢的《"清华学派"综说》、胡伟希的《清华大学与清华学派》、记者关悦的《"清华学派"与会通之路》，以及综合简介王瑶、葛兆兆、李伯重、资中筠、何炳棣、刘超等有关"清华学派"见解的《我看"清华学派"》，和以图文并茂方式绘制的《"清华学派"代表人物简介（部分）》等。①

综上可见，"清华学派"之称主要偏重于人文社会科学领域，尤以文史、哲学和社会学最为突出，理科中最为突出的是物理，具有文理兼通的特点；而且所称"学派"基本上都被视为已然的存在，尤其是"老清华"时代曾经的存在，个别学者明确断言清华学派而今已告终结。

2. "北大学派"之称

"北大学派"之称可以追溯到原北大校长蔡元培。他在北大极力倡导放任"学派"的自由发展，指出："大学者，'囊括大典，网罗众家'之学府也。"②"无论为何种学派，苟其言之成理，持之有故，尚不达自然淘汰之运命者，虽彼此相反，而悉听其自由发展。"③ 继蔡元培之后，胡适曾提出过"北大温州学派"④ 之说。他所指的是以老北大同为温州人的哲学教授、史学家陈介石和国学大师林损为代表的学术派别。后有文章就北大温州学派的变化沉浮和林损对北大温州学派的重要贡献做过专门探讨，如方韶毅的《北大"温州学派"的沉浮》（2010）、《老北大"温州学派"的那些人和事》（2011），苏婷婷的《林损——民国时期北大温州学派的中坚》（2013）。

最先开始直接命名"北大学派"之称的据说是 20 世纪 80 年代初，由厉以宁以口头方式提出的⑤；进入 21 世纪之后，"北大学派"之称在北大哲学领域正式出现。李晓南的《北大学派关于当代中国哲学建构》（2000）是北大哲学领域较早正式使用这一称谓的学术论文。其后，在哲学领域，这一称谓被广泛使用。如在 2008 年的北大

---

① 参见清华校友网，https：//www. tsinghua. org. cn/search. jsp?wbtreeid = 1952（查找"封面文章"），2022 - 11 - 28.

② 蔡元培. 北京大学月刊发刊词 ［A］. 蔡元培选集 ［C］. 北京：中华书局，1959：67.

③ 蔡元培. 致"公言报"函并附答林琴南君函 ［A］. 蔡元培选集 ［C］. 北京：中华书局，1859：79.

④ 胡颂平编著. 胡适之先生晚年谈话录 ［M］. 北京：中信出版社，2014：57.

⑤ 后文论述经济学"北大学派"之称时将会详加介绍。

哲学系简介中即称"在国内学术界，长久以来已经形成了历史资料与逻辑分析兼长的'北大学派'"①。在当代中国马克思主义哲学研究中，有学者借鉴托马斯·库恩（Thomas Samuel Kuhn）的"范式"理论与概念，将以黄楠森为代表的相关研究称为"北京大学范式学派"②。黄枬森、王东所著《哲学创新论——马克思哲学观与当代新问题》（2015）一书出版时，其推介词称该书"或许可称为北大学派'综合创新论''开源创新论'或'体系创新论'的最新代表作"③。2016 年 4 月 28 日，北大中国特色社会主义理论研究中心召开了一次座谈会，其主题即为"哲学创新的'北大学派'"④。中国哲学史研究在"北大学派"之称中显得较为突出。张岱年率其弟子曾出版《中华的智慧》（2017），该书被称为"'北大学派'中国哲学史研究的一个缩影"，"'北大学派'老、中、青三代杰出学人的联袂之作"⑤。在哲学领域，还出现了在书名中使用"北大学派"的专著，如王东的《哲学创新的北大学派——李大钊、冯定、张岱年、黄枬森列传》（2015）。

在法学领域也出现了"北大学派"之称。如 2016 年 6 月 2 日北大法学院杨紫烜应邀到中央财经大学法学院做讲座，主持人吴韬副院长对其介绍即将之称为"经济法学北大学派的代表"⑥。2018 年 9 月 18 日，法学院湛中乐教授给学生作学术讲座，针对北大罗豪才等提出的现代行政法的"平衡论"，指出"平衡论的提倡者可以称之为'北大学派'"⑦。此外，强世功还发表过《法律社会学的"北大学派"——怀念沈宗灵先生》（2019）的悼念文章。

---

① 佚名. 北京大学哲学系介绍［EB/OL］. 北京研招网，http：//yz. kaoyan. com/pku/zixun/06/200165/，2008 - 06 - 06/2022 - 11 - 28.

② 同时给予此类称呼的还有以肖前、陈先达为代表的"中国人民大学范式学派"，以高清海、孙正聿为代表的"吉林大学范式学派"，以孙伯鍨、张一兵为代表的"南京大学范式学派"，以陶德麟为代表的"武汉大学范式学派"，以叶汝贤为代表的"中山大学范式学派"，以陈晏清为代表的"南开大学范式学派"，以俞吾金和吴晓明为代表的"复旦大学范式学派"，以任平为代表的"苏州大学范式学派"，以衣俊卿为代表的"黑龙江大学范式学派"等（参见曹典顺. 建构当代中国马克思主义哲学研究的"范式"与"学派"［J］. 哲学研究，2012（03）：24 - 27）.

③ 佚名. 哲学创新论［EB/OL］. 中国吉林网，http：//culture. cnjiwang. com/ydjbxskd/201611/2256869. html，2016 - 11 - 10/2022 - 11 - 28.

④ 侯春兰. "哲学创新的北大学派"学术座谈会举行［EB/OL］. 北京大学新闻网，https：//news. pku. edu. cn/xwzh/129 - 293607. htm，2016 - 04 - 29/2022 - 11 - 28.

⑤ 参见王楷. 哲学史家对民族精神的价值自觉——张岱年主编《中华的智慧》读后［J］. 当代中国价值观研究，2019，4（01）：125 - 128.

⑥ 院研究生会. 北京大学杨紫烜教授应邀作"经济法与经济法学发展中的若干问题"讲座［EB/OL］. 中央财经大学法学院网，http：//law. cufe. edu. cn/info/1309/41130. htm，2016 - 06 - 02/2022 - 11 - 28.

⑦ 李烁. 湛中乐：如何学习行政诉讼法学［EB/OL］. 北京大学法学院网，http：//www. law. pku. edu. cn/xwzx/jj/85417. htm，2018 - 10 - 25/2022 - 11 - 28.

在文学方面，还有"北大新诗学派"之称，如古远清的《"北大新诗学派"的诞生》（2012）、《"北大新诗学派"的形成和贡献》（2016），曹天歌的《"北大新诗学派"在何方?》（2013）等。另外，北大还出现过文化史方面的"北大派"①之称。

构建人文哲学社会科学的"北大学派"现已成为北大校方确定的发展战略。2017年11月北大第十三次党代会上，校党委书记即在报告中明确提出要"进一步形成中国风格、北大学派，构建立足于中国特色社会主义成功实践的哲学社会科学体系"②。2018年在北大习近平新时代中国特色社会主义思想研究院举办的一次活动中，时任校党委副书记安钰峰提出"着力构建哲学社会科学研究的北大学派"③的要求。周航、樊芳在《北大青年研究》的文章中也同样使用了"着力构建哲学社会科学研究的北大学派"④的提法。2019年5月，学校在建校121周年之际，正式发布《北京大学国际发展战略——全球卓越：面向未来的责任与担当》，其中就制定了"构建人文社科北大学派"⑤的国际发展战略。

还需指出，前述胡伟希的《北大学派与清华学派——中国现代学术史上的"酒神精神"和"日神精神"》（1997），也论及"北大学派"的相关内容。尤其需要指出的是，在"北大学派"和"清华学派"之称问题上，还存在极为不同的声音，典型代表是著名学者季羡林。他毕业于清华大学，后在北京大学任教，对两校的情况均较熟悉，他曾撰文对"北大学派"和"清华学派"之说持完全否定态度，认为"从学术上来讲，根本没有什么北大学派和清华学派"⑥。

综上可见，"北大学派"之称也主要侧重于人文哲学社会科学领域，其中尤以哲学最为突出，法学、文学方面也有相应称呼，这些学科所称的"学派"大都被视为已然的存在；唯季羡林对北大学派和清华学派之称全然予以否定。

---

① 许小青. 中国现代文化史上的北大派与南高派 [J]. 近代史学刊，2016（02）：18 – 40 + 284 – 285.

② 拉丁，高雷. 中国共产党北京大学第十三次党员代表大会开幕 [EB/OL]. 北京大学新闻网，https://news. pku. edu. cn/xwzh/129 – 300241. htm，2017 – 11 – 18/2022 – 11 – 28.

③ 北大习近平新时代中国特色社会主义思想研究院. 北大习近平新时代中国特色社会主义思想研究院举办"新时代学习大家谈"活动 [EB/OL]. 北京大学新闻网，https：//news. pku. edu. cn/xwzh/129 – 303515. htm，2018 – 06 – 28/2022 – 11 – 28.

④ 周航，韩芳. 围绕立德树人根本任务　以宣传思想使命任务引领工作创新 [J/OL]. 北大青年研究杂志网，https：//zone. pku. edu. cn/qnyj/qkyl/2018ndsq/1298388. htm，2019 – 01 – 24/2022 – 11 – 28.

⑤ 国际合作部等. 重磅! 北大全新国际发展战略正式发布 [EB/OL]. 北京大学新闻网，https：//news. pku. edu. cn/xwzh/41c6c2e7f2f745818990714a426bf3a7. htm，2019 – 06 – 14/2022 – 11 – 28.

⑥ 季羡林说：清华那些事儿 [M]. 北京：金城出版社，2014：42.

（二）复旦、武大、南开、交大、厦大、人大、南大、浙大的"学派"之称

这几所高校的"学派"之称，其呼声的频率低于清华、北大，被视为已然存在的学科在时态的表达上也有许多显得不那么坚决或明朗。这些学校的相关"学派"之称所涉及的"学科"有大有小，有些与教育部目前规划的现行学科名称相一致，有些则属各校依其自身发展优势所凝练而成的特色学科。为便于叙述，以下暂不分学科大小，也不完全按照教育部目前规划的现行学科名称加以区分和阐述，以尽量保持各校相关"学派"之称的实情与原貌。

1. "复旦学派"之称

"复旦学派"之称较多出现在人文哲学社会科学领域。复旦大学（简称"复旦"）在文学领域颇有声望，最为著名的是语言学家、中国科学院哲学社会科学学部委员、曾任复旦大学校长的陈望道，他在20世纪中国修辞学领域独领风骚并产生重要影响，被称为"复旦修辞学派"①。为整理陈望道等前辈学者的学术资料，复旦大学中国古代文学研究中心主任陈尚君申报了2016年教育部人文社会科学重点研究基地重大项目"复旦学派前辈遗著的整理与研究"并获批准。

在新闻学领域，复旦大学有"复旦新闻学学派"之称。据称是曾任复旦大学新闻系主任的王中打下了较好的基础。刘鹏的《范式的探索：复旦新闻学学派的浮现及其学术传统——以王中为中心的考察》，即称"20世纪50年代中期和80年代初期，王中主持下的复旦新闻学研究体现出'学派'的种种特点"②。2019年有报道称：近几年来，复旦大学新闻学院已"逐渐形成了'问题意识、本土经验、学术创新、国际视野'的'复旦学派'特色"③。复旦大学现建有信息传播研究中心，该中心被评为全国首批教育部人文社会科学重点研究基地中唯一的传播学研究基地。该中心的使命之一即要"力争创造传播学研究的复旦学派，引领中国大陆的传播学研究"④。

在史学方面，方志学家黄苇领衔所著《方志学》被称为"方志学集大成之作"；

---

① 参见邓国栋. 陈望道宗庭虎与复旦修辞学派［J］. 焦作大学学报，2012（04）：33－37.

② 刘鹏. 范式的探索：新闻学复旦学派的浮现及其学术传统——以王中为中心的考察［J］. 新闻大学，2019（10）：88－105＋127.

③ 郝天韵. 复旦大学新闻学院：在传承与发展中打造"复旦模式"［EB/OL］. 人民网，http：//media. people. com. cn/n1/2019/1219/c14677－31513537. html，2019－12－19/2022－11－28.

④ 中心概况［EB/OL］. 复旦大学信息传播研究中心网，https：//cics. fudan. edu. cn/brief－introduction，2022－11－28.

他主编的《中国地方志辞典》据称是地方志领域第一本辞书，被方志学界称为"复旦学派"①。

哲学社会科学方面，前已述及，在当代中国马克思主义哲学研究中，以俞吾金和吴晓明为代表的相关研究被称为"复旦大学范式学派"。2015 年，复旦大学时任党委书记朱之文明确提出了形成"复旦学派"的要求。他主张"以马克思主义为指导，推动哲学社会科学繁荣发展"，"力争在若干重大问题的研究上形成有影响力的复旦学派"。② 此前，学校曾于 2012 年底成立了全球首家以中国模式命名的研究机构即复旦大学中国发展模式研究中心，据称该中心将"充分利用复旦大学的学科综合优势和社会科学领域的传统优势，努力建设中外学术文化交流的重要枢纽，力争到未来在若干领域形成复旦学派"③。

政治学学科也有"复旦学派"之称。如在中国考研网《复旦大学研究生专业介绍：政治学理论》中，即称该学科的"建设路径"为"关怀中国现实、创新学术空间、建构复旦学派"④。据称复旦著名政治学教授王邦佐曾说过："一个学校，要形成自己的学派、风格。过去说要成立复旦学派，别人笑话，事实上现在已经在成气候了。"⑤ 国际关系学科也有"复旦学派"之称。2014 年国际关系与公共事务学院院长陈志敏在一次庆祝活动的发言中，即表示要把学院"过去留下的传统和基业发扬光大，成为国内前列、亚洲和世界一流的学院，形成国务研究的复旦学派"⑥。

在医学领域，复旦大学国家文化创新研究中心主任孟建"给出了下一步建立医学人文的'复旦学派'的发展愿景"⑦。

总之，"复旦学派"之称主要侧重于人文哲学社会科学领域，尤以修辞学、新闻

---

① 施晨露. 打造全国首家地方志高端研究平台，上海市地方志发展研究中心在复旦揭牌成立［EB/OL］. 上观新闻网，https：//web. shobserver. com/news/detail?id =101545，2018 - 08 - 23/2022 - 11 - 28.

② 朱之文. 扎实抓好新形势下高校宣传思想工作［N］. 中国教育报，2015 - 02 - 10（003）.

③ 佚名. 复旦大学中国发展模式研究中心成立——"中国模式与中国未来"国际研讨会也于当日召开［EB/OL］. 复旦大学国际问题研究院网，http：//www. iis. fudan. edu. cn/dd/7b/c6840a56699/page. htm，2013 - 12 - 10/2022 - 11 - 28.

④ 佚名. 复旦大学研究生专业介绍：政治学理论［EB/OL］. 复旦大学研招网，http：//yz. kaoyan. com/fudan/zixun/21/391808/，2011 - 05 - 21/2022 - 11 - 28.

⑤ 佚名. 深切缅怀著名政治学家王邦佐教授!"实事求是、留有余地"是他一生的行事准则［EB/OL］. 复旦大学校友会网，https：//alumni. fudan. edu. cn/15/b9/c14600a398777/page. htm，2021 - 08 - 24/2022 - 11 - 28.

⑥ 陈志敏. 在庆祝复旦大学国政成立 50 周年暨第七届士派院友返校日活动上的发言［EB/OL］. 复旦大学国际关系与公共事务学院网，https：//sirpa. fudan. edu. cn/info/1079/2068. htm，2014 - 11 - 17/2022 - 11 - 28.

⑦ 佚名. 梅志明先生复旦大学上海医学院院董授予仪式暨梅志明医学人文创新实验室揭牌仪式在基础医学院举行［EB/OL］. 复旦大学基础医学院网，https：//basicmed. fudan. edu. cn/58/19/c30924a350233/page. htm，2017 - 11 - 24/2022 - 11 - 28.

学、方志学较为突出。其他涉及"学派"之称的学科及作为整体的哲学社会学科则大都表达为处于打造创建的愿景与规划阶段。

2. "珞珈学派"之称

武汉大学（简称"武大"）在学派创建问题上所使用的是"珞珈学派"之称。武汉大学历史上最早出现"学派"之称的是"章黄学派"。它是以民国初期任教于武汉大学的国学大师黄侃及其老师章太炎为代表，反对以胡适为代表的白话文支持者，从而形成的旨在保护保留文言文的学术流派。章太炎和黄侃均为当时著名国学大师，黄侃于1919~1926年任教于武汉大学。①

较早开始使用"珞珈学派"之称的是武汉大学的经济学科，该称谓最早以口头方式提出，时间是1993年，详情将在后面介绍中国著名高校经济学"学派"之称时集中予以阐述。②

武汉大学的国际法研究历史悠久、实力雄厚，该学科领域于2003年提出"珞珈流派"之称。是年，肖永平发文认为，武汉大学"国际法理论经过几代学人的不懈努力，形成了鲜明的学术特色和理论风格，完整的学科体系，优良的学术传统，在国内外学术界产生了广泛影响，初步形成了中国国际法学说中的'珞珈流派'"③。肖永平还与其研究生徐锦堂在《学术界》发表《中国法学流派的创生和珞珈法学派的可能》（2006）一文，是迄今见诸学术杂志有关"珞珈法学派"最早的专题文章。武汉大学国际法学科标志性代表人物是享有"新中国国际私法学的一代宗师""中国法学界的镇山之石"美誉的韩德培。2009年武汉大学恢复法学教育30周年，据称："30年来，武汉大学法学院广揽人才，潜心法学教育与科研，创造出了国内著名的'珞珈学派'。"④ 2011年武汉大学国际法研究所成立30周年，《光明日报》曾以《国际法"珞珈学派"初具规模》为题报道，称该所时任所长曾令良欣喜地宣布："经过三十年的发展，国际法学'珞珈学派'初具规模。"⑤ 2019年11月24日，武汉大学举行恢复法科教育40周年暨法科创建111周年纪念大会，国家高端智库首席专家、武汉大学国际法研究所名誉所长万鄂湘在致辞中呼吁"进一步提升'珞珈学派'的学术品

---

① 1919~1926年，学校的名称先后叫国立武昌高等师范大学、国立武昌大学、国立武昌中山大学，1928年更名为国立武汉大学。

② 有关各校经济学科（含工商管理）"学派"之称的内容，均置于后面集中阐述。

③ 肖永平. 武汉大学对中国国际法学的贡献［N］. 光明日报，2003 – 10 – 23（C02）.

④ 记者田豆豆. 武大庆祝恢复法学教育三十周年［EB/OL］. 武汉大学新闻网，https：//news. whu. edu. cn/info/1003/25646. htm，2009 – 12 – 01/2022 – 11 – 28.

⑤ 夏静. 国际法"珞珈学派"初具规模［N］. 光明日报，2011 – 01 – 03（002）.

牌，更好地履行新时代法科建设与发展的使命"①。2022 年，吴素华和王焱发文追溯历史，认为自周鲠生、王世杰开始，"近百年的学术底蕴，孕育了中国国际法的珞珈学派"②。

在哲学学科，武汉大学使用的称谓为"珞珈中国哲学学派"，武汉大学哲学学院著名哲学史家萧萐父被誉为该学派的创立者。该院于 2009 年 11 月初召开了纪念萧萐父诞辰 85 周年学术研讨会，会后报道中即明确称呼萧萐父为"珞珈中国哲学学派的创始人"③。哲学学院还曾编辑出版了旨在展示该学派部分成果的"珞珈中国哲学"丛书。列入该丛书出版的郭齐勇的论文集《中国哲学智慧的探索》（2008），被认为"浓缩地写照了郭先生承传并创新'珞珈中国哲学'的学派诉求。""亦可视为郭先生从事中国哲学研究近 30 年来的自我总结。这一自我总结属于郭先生本人，同时也属于郭先生所属的学术共同体——著名哲学家李达先生 1956 年筹划并于 1958 年正式建立的武汉大学中国哲学专业或珞珈中国哲学学派。"④ 如前所述，在当代中国马克思主义哲学研究中，以陶德麟为代表的相关研究被称为"武汉大学范式学派"。

目前"珞珈学派"之称已不仅限于经济学、法学和哲学学科，学校其他优势学科如生命科学、测绘遥感、信息科学、环境科学等相关学科也出现了使用这一称呼的报道。如校庆 110 周年时，《光明日报》即报道称："丰富多彩的学术活动推动了'珞珈学派'的形成和发展。如今，武大不仅保持了法学、经济学、生命科学、测绘遥感等学科流派在全国的领先地位，还产生了信息科学、环境科学等新的学术流派，珞珈学派在学界声誉日增。"⑤ 环境法研究所主办的期刊《环境法评论》即表示"期许《环境法评论》能以珞珈学派继往开来的胸襟打造环境法学人百家争鸣的平台"⑥。

此外，新闻与传播学院在《武汉大学报》上也从该学院特色优势学科的视角发表了名为《展现"珞珈学派"的魅力》的文章。⑦ 在文学界还有"珞珈诗派"之称。该称谓起源于 20 世纪 80 年代武大校园诗人在《武汉大学报》推出的"珞珈诗派"专

---

① 通讯员吴亦文. 学校纪念恢复法科教育 40 周年暨法科创建 111 周年［EB/OL］. 武汉大学新闻网，https：//news. whu. edu. cn/info/1002/55867. htm，2019 – 11 – 24/2022 – 11 – 28.

② 吴素华，王焱. 武汉大学：珞珈国际法学派助力中国对外开放［J］. 社会治理，2022（04）：63 – 68.

③ 通讯员黄敦兵. 纪念著名哲学史家萧萐父诞辰 85 周年［N］. 武汉大学报，2009 – 11 – 20（001）.

④ 杨海文. "珞珈中国哲学"的学派诉求——读《中国哲学智慧的探索》［J］. 武汉大学学报（人文科学版），2009（03）：383 – 384.

⑤ 记者夏斐等. "弘扬学术"识风流——武汉大学 110 周年校庆学术年回眸［N］. 光明日报，2003 – 12 – 04（B01）.

⑥ 武汉大学《环境法评论》编辑部. 武汉大学《环境法评论》约稿［EB/OL］. 武汉大学环境研究所网，http：//www. riel. whu. edu. cn/view/1102. html，2017 – 03 – 17/2022 – 11 – 28.

⑦ 佚名. 新闻与传播学院：展现"珞珈学派"的魅力［N］. 武汉大学报，2008 – 03 – 07（002）.

版；之后，自 2016 年开始每年推出一卷《珞珈诗派》诗集。刘道玉对"珞珈诗派"十分认可，他指出："珞珈诗派的形成绝非偶然，他们自觉传承了闻一多等学术大师们的诗学与美学传统，以自由包容思想和诗意生活为底蕴，逐渐形成了以高校为活动中心的代表性诗歌流派。"①

近几年来，学校又出现了社会学研究的"华中乡土学派"之称。该学派源自华中师范大学中国农村问题研究中心，2017 年底该学派重要代表人物贺雪峰正式就任武汉大学社会学系主任，现为武汉大学社会学院院长，组建和引进了力量雄厚的相关学术团队，武汉大学社会学研究的"华中乡土学派"遂成为"珞珈学派"的重要成员之一。

学校对于哲学社会科学"珞珈学派"的形成特别重视。学校 2018 年发布一流学科建设方案，明确提出要"实施'学术精品涵育工程'，健全以重大科研项目孵化创新性成果的良性机制，在哲学社会科学理论创新等方面形成特色鲜明的珞珈学派"②。2021 年，时任校党委书记韩进在一个学术论坛开幕式上致辞，强调要更加凸显哲学社会科学主体性、原创性，"推动'珞珈国际法学派''华中乡土学派'等富于影响、体现传承的'珞珈学派'生成，建构富于珞珈特色、珞珈风格、珞珈气派的哲学社会科学体系、学术体系、话语体系"③。2022 年公布的《武汉大学新一轮"双一流"整体建设方案》（公开版）采用了韩进的这一提法，表述为"推动'珞珈国际法学''华中乡土''长江文明考古'等'珞珈学派'生成"④。

总之，"珞珈学派"之称也主要侧重在人文哲学社会科学领域，其中最为突出的是国学、国际法学、中国哲学和社会学，还有后面将要介绍的经济学，它们多被视为已然的存在；其他学科"学派"之称的呼声还相对较为微弱。

3. "南开学派"之称

"南开学派"之称最初是从历史学领域开始的。据称曾任南开大学（简称"南开"）历史系主任的著名史学家刘泽华，对中国政治思想史研究精深独到，其研究团

①　刘道玉. 珞珈诗派已形成［A］. 刘道玉. 其命维新：刘道玉口述史［C］. 武汉：华中科技大学出版社，2021：358.

②　发展规划与学科建设办公室. 武汉大学一流学科高校建设方案（精编版）［EB/OL］. 武汉大学网，https：//www.whu.edu.cn/info/1118/9221.htm，2018－01－18/2022－09－20.

③　通讯员王徽. 纪念"5·17"重要讲话发表五周年　我校举办中国特色哲学社会科学话语体系建设学术论坛［EB/OL］. 武汉大学人文社会科学研究院网，http：//ssroff.whu.edu.cn/info/1154/3342.htm，2021－05－19/2022－11－28.

④　发展规划与学科建设办公室. 武汉大学新一轮"双一流"整体建设方案（公开版）［EB/OL］. 武汉大学信息公开网，http：//info.whu.edu.cn/info/1510/24358.htm，2022－05－31/2022－11－28.

队具有"鲜明的学术个性、重要的问题意识和强烈的现实关怀",因而被称为"南开学派"或"刘泽华学派"。① 据杨阳说,这一称谓始于 2005 年:"2005 年,在与刘泽华弟子的争论中,大陆新儒学代表人物陈明首先使用了'南开学派''刘泽华学派'等用语。"②

南开的另一位教授、中国古代文学研究领域著名学者罗宗强也被视为对"南开学派"有开创之功,是一位"认真超脱的'南开学派'的开创者"③。南开大学被称为中国史学研究的一大"重镇",王晓欣曾回忆南开大学历史系知名教授杨志玖,勉励年轻学子弘扬南开先贤优良学风,"盼'南开学派'的学风持久传承"④。

除史学领域的称呼之外,"南开学派"这一称谓还被运用到哲学等其他学科领域。如在哲学领域,前已述及,在当代中国马克思主义哲学研究中,以陈晏清为代表的相关研究被称为"南开大学范式学派"。在逻辑学领域,据称,中国著名逻辑史学家、南开大学哲学系崔清田主持的"名辩学"和中西逻辑思维比较研究突破了近代以来的研究方式和理解框架,其研究团队被学界誉为"南开学派"。⑤ 华继坤的硕士学位论文《从学派建构看南开学派的发展》(2013),从学派建构的要素与条件视角论证了逻辑学界"南开学派"提法的合理性。

"南开学派"现已受到南开学校领导的高度重视。2019 年,时任校长曹雪涛在《百年南开日本研究文库》的新书发布会上,称该文库的出版是向南开百年华诞献上的一份厚礼,"期待中国日本研究的'南开学派'在南开的新百年中大放异彩"⑥。

可见,"南开学派"之称,主要表现在历史学、哲学尤其是逻辑学领域,后面将要介绍的经济学领域的呼声也较为强烈,均被视为已然的存在。

4. "交大学派"之称

"交大学派"之称既见诸上海交通大学(简称"上海交大"),也见诸西安交通大

---

① 佚名. 著名史学家刘泽华去世 [N]. 每日新报, 2018 – 05 – 10 (009).

② 杨阳. 中国政治思想史学科的百年典范——评刘泽华总主编的《中国政治思想通史》[J]. 政治学研究, 2018 (05): 32 – 38.

③ 记者聂际慈. 罗宗强:认真超脱的"南开学派"的开创者 [EB/OL]. 南开大学新闻网, http://news. nankai. edu. cn/ywsd/system/2020/07/07/030040033. shtml, 2020 – 07 – 07/2022 – 11 – 28.

④ 历史学院 2019 级本科生 3 班团支部. 王晓欣:盼"南开学派"的学风持久传承——回忆杨志玖先生 [EB/OL]. 南开大学历史学院网, https://history. nankai. edu. cn/2020/1204/c16078a323449/page. htm, 2022 – 11 – 28.

⑤ 陈建强. 传授原理 引导应用——写在南开大学哲学学科重建 50 周年之际 [N]. 光明日报, 2012 – 10 – 03 (001).

⑥ 记者计亚男. "百年南开日本研究文库"新书发布会在南开大学举行 [EB/OL]. 光明网, http://di-fang. gmw. cn/tj/2019 – 09/28/content_33195965. htm, 2019 – 09 – 28/2022 – 11 – 28.

学（简称"西安交大"）。两校在该称谓的使用上，既未严加区分，也未刻意说明；似乎是两相默许、相互认可，抑或视为一体的。

上海交大的"交大学派"之称所涉及的学科领域，在 2017 年学校发布的"十三五"学科建设专项规划中做了较为完整的表述，重点强调的是工科、理科、生命医学和人文社科，其目标定位为："工科进入全球 20 强，理科进入全球 100 强，生命医学和人文社科进入全球 200 强，形成若干个具有世界影响力的'交大学派'。"①

前此，学校在 2010 年聘任 2008 年诺贝尔生理与医学奖获得者吕克·蒙塔尼（Luc Montagnier）为讲席教授时，即表示希望借此增强师资队伍总体水平，凝聚二三十个取得重要进展的研究方向，"形成交通大学独立开创的学派"②。这里是就生命医学学科而言的，所表达的是要在这一学科领域形成"交大学派"。同年，经济与管理学院时任院长周林针对经济与管理学科的发展也表述了同样的愿望，强调要"形成一个标志鲜明的交大学派"③。

之后，其他各有关学科和机构纷纷响应，在不同场合通过不同渠道几乎都不约而同地表达了这一愿望。如 2011 年，时任校长张杰在人文艺术研究院会上鼓励人文艺术学科发展，"以期形成类似'交大学派'的规模化学术阵营"④。2012 年，学校成立科学史与科学文化研究院，重要目标就是要"努力建设一个集科学史、科学文化、科学哲学、科学社会学、科学传播等为一体的具有上海交大特色的科学文化学派"⑤。2014 年，学校颁发"985 工程"三期创新能力建设实施试行意见，提出要采取措施"逐渐形成一批由我校所开创的重要科学研究方向，并开始形成交大学派"⑥。2016 年，学校成立中国公益发展研究院，其主旨之一就在于"构建全球公益交流平台，开创交大'汇通'公益学派"⑦；校党委副书记胡近也表示该院"以打造有特色的交大

---

① 上海交通大学"十三五"学科建设专项规划［EB/OL］．上海交通大学信息公开网，http：//gk. sjtu. edu. cn/Data/View/521，2017 – 11 – 21/2022 – 11 – 28.

② 佚名. 我校聘吕克·蒙塔尼任大学讲席教授［EB/OL］．上海交通大学妇女工作委员会网，https：// fwh. sjtu. edu. cn/news/category/2，2010 – 11 – 21/2021 – 05 – 24.

③ 院办公室."形成特色鲜明交大学派"——周林院长接受专访［EB/OL］．上海交通大学安泰经管学院网，http：//www. acem. sjtu. edu. cn/news_center/news/ZH2 – 1079607. html，2010 – 12 – 10/2022 – 11 – 28.

④ 佚名. 张杰校长到文研院指导工作［EB/OL］．上海交通大学人文艺术研究院网，https：//iah. sjtu. edu. cn/Web/Show/224，2011 – 09 – 26/2022 – 11 – 28.

⑤ 黄庆桥，张萌萌. 科学史研究院直属党支部：建设交大特色科学文化学派［EB/OL］．上海交大新闻学术网，https：//news. sjtu. edu. cn/ztzl_djfcxl/20180414/69243. html，2014 – 12 – 14/2022 – 11 – 28.

⑥ 上海交通大学"985 工程"三期创新能力建设实施意见（试行）［EB/OL］．上海交通大学医学院网，https：//www. shsmu. edu. cn/xxgk/info/1079/1881. htm，2014 – 10 – 10/2022 – 11 – 28.

⑦ 记者吴善阳，唐奇云. 上海交通大学中国公益发展研究院成立［EB/OL］．央广网，http：//www. cnr. cn/shanghai/shzx/jw/20161228/t20161228_523406990. shtml，2016 – 12 – 28/2022 – 11 – 28.

学派为使命"①。2018 年，法学院也提出了"努力形成法学的交大学派"② 发展愿景。2020 年，学校在即将召开党代会之际，即有代表发出"建设人工智能研究的交大学派"③ 的呼声。

西安交大的"交大学派"之称，涉及较多的是人文社会科学领域。2010 年，时任校党委书记王建华表示"人文社科的重要发展目标之一，就是通过创建一批国际一流的人文学科，形成交大特色的学派"④。2016 年，继任校党委书记张迈曾也提出："力争形成交大思考、发出交大声音、构建'交大学派'。"⑤ 2017 年，哲学系在网上发布的简介中称："在今后的 5 年里，将哲学学科建设成为在全国具有重要影响的、在国际哲学界具有相当的学术地位的优势学科，建成具有鲜明的特色的交大哲学学派。"⑥ 西安交大的实证社会学研究较有特色，据称该研究团队已占领国内外"关系社会学"研究的学术高地，"形成了中国社会学的西安交大学派"⑦。此外，外国语学院院长也提出了"在外语教学和研究领域形成'交大学派'"⑧ 的奋斗目标。

西安交大的"交大学派"之称在工科中也得到响应，如机械学院党委书记王朝晖即表示，学院将"积极建设'交大学派'"；材料学院党委书记潘希德也表示，学院将在多个层面协同发力，"提高交大学派在国内外的学术地位和学科影响力"⑨。

2016 年，西安交大还在 120 周年校庆之际，提出一个独特的"思想交大"概念，以图通过"实施学术思想领航计划，建设交大学派"⑩。朱正威、吴佳将之解读为

① 佚名. 上海交大中国公益发展研究院成立暨国家治理与中国公益发展之路论坛隆重举行 [EB/OL]. 上海交通大学国际与公共事务学院网，http：//www. sipa. sjtu. edu. cn/info/1103/4360. htm，2017－01－01/2022－11－28.

② 记者徐慧. 打造世界一流法学学科 [N]. 上海法制报，2018－12－05（B07）.

③ 马克思主义学院新闻中心. 严勇代表：建设人工智能研究的交大学派 [EB/OL]. 上海交通大学新闻学术网，https：//news. sjtu. edu. cn/ztzl_dyfc/20201222/138453. html，2020－12－22/2022－11－28.

④ 记者朱羿，通讯员谢霞宇. 争创一流学术，形成交大学派，发出中国声音 [N]. 中国社会科学报，2010－12－07（014）.

⑤ 陆航. 西安交通大学战略合作签约仪式暨人文社会科学学科发展座谈会在西安举行 [EB/OL]. 中国社会科学网，http：//m. cssn. cn/sylm/sylm_syzx/201610/t20161014_3235337. htm，2016－10－14/2022－11－28.

⑥ 佚名. 哲学系 [EB/OL]. 西安交通大学人文社会科学学院网，http：//rwxy. xjtu. edu. cn/info/1064/1899. htm，2017－01－01/2022－11－28.

⑦ 姜泓. 交大构建新型实证科学研究智库 [N]. 西安日报，2017－07－12（006）.

⑧ 陈向京. 外语学科发展前瞻 [EB/OL]. 西安交通大学外国语学院网，http：//sfs. xjtu. edu. cn/content. jsp？urltype＝news. NewsContentUrl&wbtreeid＝1244&wbnewsid＝3981，2018－07－05/2021－05－23.

⑨ 石桥. 西安交大举行工科类"思想交大"建设专题研讨推进会 [EB/OL]. 西安交通大学新闻网，http：//news. xjtu. edu. cn/info/1033/16787. htm，2016－07－23/2022－11－28.

⑩ 记者雷恺. 百廿西安交大全面推进"思想交大"建设 [EB/OL]. 央广网，http：//news. cnr. cn/native/city/20160404/t20160404_521785416. shtml，2016－04－04/2022－11－28.

"从人类文明的高度构建'交大学派'"①。

以上可见,"交大学派"之称涉及上海交大和西安交大两校,上海交大涉及学科领域为工科、理科、生命医学和人文社科,西安交大涉及学科领域主要为人文哲学社会科学;在所涉"学派"形成时态上,除西安交大的实证社会学被视为已然存在外,其余均表达为未来愿景与发展目标。

5. "厦大学派"之称

"厦大学派"之称也是在本世纪才出现的,主要集中在哲学人文社会科学领域。

2012 年底,厦门大学(简称"厦大")发布《厦门大学哲学社会科学繁荣计划(2011 - 2021)》,明确提出到建校百年时,"形成哲学社会科学研究的'厦大学派'"②。2014 年媒体开始出现厦大学派"初现"的报道。③ 但校方的提法则较为慎重,2016 年,时任校长朱崇实在学校"双一流"建设工作专题会上,所使用的提法仍是"努力形成'厦大学派'"④。2017 年,时任校党委书记张彦在一次高峰论坛开幕式致辞中所表达的意思也基本一致,即到学校建校百年之际,"在若干研究领域凸显特色优势,形成哲学社会科学研究的'厦大学派'"⑤。其后,学校有关部门和领导均表示要继续推进"厦大学派"建设,如学校社会科学处表示将制定一系列政策文件,"以提升人文社会科学学科综合竞争力为核心,优化体制机制,推动创新发展,加快形成'厦大学派'"⑥。时任校长张荣表示:进入新时代,厦大将"持续深化学科建设,努力构建独具风格的'厦大学派'"⑦。2021 年制定的《厦门大学"十四五"规划和 2035 年远景目标纲要》仍强调要"打造具有中国特色、中国风格、中国气派哲学社会科学的'厦大学派'"⑧。

---

① 朱正威,吴佳. 现代大学使命与思想交大建设——学习习近平总书记在哲学社会科学工作座谈会上的讲话 [J]. 西安交通大学学报(社会科学版),2016,36(05):31 - 36.

② 厦门大学哲学社会科学繁荣计划(2011 - 2021)文件 [EB/OL]. 厦门大学国际中文教育学院/海外教育学院网,https://oec. xmu. edu. cn/info/1030/2684. htm,2012 - 12 - 20/2022 - 11 - 28.

③ 参见通讯员李静,记者马跃华."厦大学派"初现 [N]. 光明日报,2014 - 11 - 19(001).

④ 参见陈浪. 提振精气神 激发新状态 努力形成人文学科"厦大学派" [EB/OL]. 厦门大学新闻网,https://news. xmu. edu. cn/info/1002/3288. htm,2016 - 05 - 19/2022 - 11 - 28.

⑤ 佚名. 社会学学科建设与研究生教育高峰论坛在厦门大学召开 [EB/OL]. 厦门大学研究生院网,https://gs. xmu. edu. cn/info/1197/3961. htm,2017 - 04 - 24/2022 - 11 - 28.

⑥ 社科处. 不忘初心 担当使命 为推动文科科研工作高质量发展砥砺前行 [EB/OL]. 中共厦门大学委员会党校网,https://dwdx. xmu. edu. cn/2019/1210/c18801a389953/page. htm,2019 - 12 - 10/2022 - 11 - 28.

⑦ 记者苏杰等. 立心铸魂 止于至善 [EB/OL]. 新华网,http://lw. xinhuanet. com/2020 - 02/25/c_138813629. htm,2020 - 02 - 25/2022 - 11 - 28.

⑧ 厦门大学"十四五"规划和 2035 年远景目标纲要 [EB/OL]. 厦门大学信息公开网,https://gk. xmu. edu. cn/info/1025/2168. htm,2021 - 11 - 26/2022 - 11 - 28.

人文社会学科领域中有些具体的学科或研究方向也出现了"厦大学派"之称。如厦门大学召开的第十次党代会上，有代表认为："我校台湾研究院的'台湾研究'方面，可以说基本已形成了'厦大学派'。"① 2019 年在学校社会与人类学院成立大会上，时任校长张荣致辞："期待学院能打造社会学、人类学等学科的'厦大学派'。"② 厦门大学中国语言文学研究所所长胡旭在一次主持本校中文系吴在庆教授学术讲座时，介绍称："由周祖撰、吴在庆二位先生奠定的文献考论传统，已成为古代文学厦大学派的一个重要特征。"③ 中国语言文学系前系主任李无未指出："黄典诚、南帆等一批厦大中文人，立于潮头，引领中文世界学术潮流，尽展厦大学派天骄！"④

2021 年厦大校庆百周年之际，时任校长张荣在《中国教育报》发文，称厦大"在马克思主义政治经济学、人类学、专门史、国际经济法等领域留下了'厦大学派'的巍巍丰碑"⑤。

看来，"厦大学派"之称的呼声主要来自哲学人文社会科学领域，大都表达为未来努力创建的方向；其中部分学科对于所称"学派"是否属于已然的存在，表达得相对较为委婉，唯称台湾研究方面已基本形成学派。后面将要介绍的经济学领域的"学派"之称有较多呼声，且大多被视为已然的存在。

6. "人大学派"之称

"人大学派"之称始见于 2010 年，中国人民大学（简称"人大"）法学院时任院长韩大元较早使用"人大学派"概念并发表相关文章。是年，人大法律系正值建系60 周年之际，韩大元在《法学家》杂志发表《中国法学的"人大学派"》（2010）一文，就人大学派的形成与发展、学术贡献、学术特色与未来展望等问题进行了系统的探讨。他还在《法制日报》连续发表了《"人大学派"突出的学术贡献》（2010）、《"人大学派"独特的学术特色》（2010）2 篇文章。其后，人大法律文化研究中心执行主任马小红也对"人大学派"有所论及，她在《中国人民大学法学院学术发展史》

---

① 佚名. 校第十次党代会代表心声（二）［EB/OL］. 厦门大学新闻网，https：//ddh10. xmu. edu. cn/2013/0619/c3461a63740/page. htm，2013 - 06 - 19/2021 - 05 - 23.

② 记者陈庚，通讯员李静. 厦门大学成立社会与人类学院　助推"双一流"建设［EB/OL］. 央广网，https：//www. sohu. com/a/303595328_362042，2019 - 03 - 25/2022 - 11 - 28.

③ 中文系硕士生金沛晨. 吴在庆教授"韩愈的忧谗畏祸心理及其对创作的影响"学术讲座［EB/OL］. 厦门大学中国语言文学系网，https：//chinese. xmu. edu. cn/info/1015/2371. htm，2019 - 12 - 12/2022 - 11 - 28.

④ 佚名. 百年中文　鼓浪文兴［EB/OL］. 厦门大学中国语言文学系网，https：//chinese. xmu. edu. cn/info/1015/3131. htm，2021 - 12 - 16/2022 - 11 - 28.

⑤ 张荣. "知无央，爱无疆"——回望厦大百年历程　不忘初心砥砺前行［N］. 中国教育报，2021 - 04 - 02（006）.

一书的编后记中，专门阐述了"从'中国法学的人大学派'到'人大法学派'"① 的相关问题。据称，法学"是人大的王牌学科之一"，它在"法学界逐渐形成了'人大学派'"。②

在哲学领域，人大在当代中国马克思主义哲学研究中独树一帜，如前所述，以俞吾金和吴晓明为代表的相关研究被称为"中国人民大学范式学派"。著名哲学家、中国社会科学院学部委员方克立被归为中国哲学史界的"人大学派"，"该派的开创者是方克立的恩师石峻先生"③。

在社会学领域，著名社会学教授郑杭生被视为在世界上提出了具有东方学术品格的中国人自己的原创性社会学理论。郑杭生自称，这是他及其团队在教学和科研中逐渐形成的理论，"从而形成具有一定实力的社会学学派，即有中国风格的'人大社会学派'"④。另外，人大副校长朱信凯（2020）从社会学视角探讨了中国反贫困研究的"人大学派"，认为人大反贫困研究独树一帜，"人大学派"这一研究的诸多方面有着无可比拟的优势和特色。

环境学院也提出了"着力打造环境学科发展的人大学派"的愿景目标。⑤

还有作者对"人大学派"之称进行过概念式"考释"。如万静的《"人大学派"考释》（2013）一文即做了这一工作。该文认为"人大学派"是兼具师承性、地域性和问题性的综合性学术共同体；是一个文化概念，是学术共同体逐渐创造并自觉发展和维系的精神气质和文化模式；它和而不同、异而相通，在长期的发展过程中形成了独特的风格。

创建"人大学派"现已成为该校"双一流"建设的重要内容，2017 年底该校"双一流"建设方案即提出，要促进马克思主义理论、理论经济学、应用经济学、法学、政治学、社会学、新闻传播学、统计学、工商管理、公共管理等优势学科在国内的领先地位，"争取到 2020 年进入世界一流，在 2037 年建校百年之际处于世界一流

---

① 中国人民大学法学院学术发展史编写组. 编后记 ［A］. 中国人民大学法学院学术发展史 ［C］. 北京：中国人民大学出版社，2015.

② 记者高毅哲. 因人民之名：写在中国人民大学建校 80 周年之际 ［N］. 中国教育报，2017 - 09 - 30（001 - 002）.

③ 记者刘博智，通讯员卢兴. 方克立：永远的德业之师 ［N］. 中国教育报，2021 - 09 - 14（004）.

④ 郑杭生. 中国社会研究与中国社会学派——以社会运行学派为例 ［J］. 社会学评论，2013，1（01）：5 - 13.

⑤ 我们致力于培养美丽中国的建设者！——中国人民大学环境学院简介 ［EB/OL］. 中国人民大学环境学院网，https://envi.ruc.edu.cn/xygk/xyjj/index.htm，2022 - 11 - 28.

前列，形成相关学科领域的'人大学派'"①。

可见，"人大学派"之称基本上集中在人文社会科学领域，较为突出的是法学、哲学和社会学以及后面将要介绍的经济学，它们被视为已然的存在。

7. "南大学派"之称

南京大学（简称"南大"）哲学学科实力较为雄厚，2004 年即有学者提出"马克思主义哲学研究中的南京大学学派"② 之说。如前所述，以孙伯鍨、张一兵为代表的中国马克思主义哲学研究被称为"南京大学范式学派"。作为南京大学哲学学科点的当事人之一，张一兵曾与张亮（2004）合作著文，认为该学科点比照那些做出了重大理论贡献的哲学流派还显非常不够，还不能称其为一个完全意义上的学派；但却明确表示他们确实是按照学派的模式来有意识地建设学科点的，并且已"初步建起"一支相应的学者队伍。③ 后有学者对"南京大学学派的自觉创设"予以充分肯定，认为它对于中国哲学事业的发展进步具有促进作用。④

2005 年南京大学成立全国高校首家人文社会科学高级研究院，据称"这一块'学科特区'将整合优化南京大学人文社会科学力量，打造南京大学人文社会科学精品，培育具有鲜明特色的文科'南大学派'"⑤。2012 年学校制定《哲学社会科学繁荣计划》，明确提出了"打造'南京大学学派'"的响亮口号。认为南京大学哲学社会科学领域的文化传统、创新成果与研究集群使"'南京大学学派'雏形已现"，学校将采取有力措施"主动推进'南京大学学派'的形成"⑥。2017 年学校制定"双一流"建设方案，提出至 2030 年，"中国特色的南京大学哲学社会科学话语体系进一步完善"，"'南大学派'在国际学术界的声誉显著提升"。⑦ 2018 年学校召开文科工作会议，校长吕建进一步强调，学校应"为综合性大学在新时代的引领式发展提供'南大方案'"，"在不断贡献中奠定形成'南大学派'的基础"，"逐步形成新时代背景下

---

① 一流大学建设高校建设方案（中国人民大学）［EB/OL］. 中国人民大学信息公开网，https：//xxgk. ruc. edu. cn/docs/2019 – 07/304fb85f751b41c39777659243e8d55c. pdf，2017 – 12 – 28/2022 – 11 – 28.

② 方德生. 通往阿多诺思想迷宫之路——评张亮著《"崩溃的逻辑"的历史建构》［J］. 天津社会科学，2004（03）：143 – 144.

③ 参见张一兵，张亮. 学术流派的本土建构——新世纪中国哲学发展的一项重要使命［J］. 吉林大学社会科学学报，2004（02）：11 – 14.

④ 参见裴德海. 建构中国马克思主义哲学学派：哲学家要以自己的精神还原哲学［J］. 晋阳学刊，2011（05）：48 – 54.

⑤ 王琦. "学科特区"打造文科"南大派"［N］. 江南时报，2005 – 04 – 26（007）.

⑥ 记者王广禄等. 以协同创新打造"南京大学学派"［N］. 中国社会科学报，2012 – 09 – 10（A02）.

⑦ 南京大学双一流建设方案（简版）［EB/OL］. 南京大学信息公开网，https：//xxgk. nju. edu. cn/8f/d9/c159a233433/page. htm，2017 – 12 – 27/2022 – 11 – 28.

文科发展的'南大模式'"。① 2019 年学校社科处表示，学校正采取得力举措"以'南大原创'催生标志性成果，以'南大名家'引领队伍建设，以'南大学派'扩大学术影响，努力构建中国特色、世界一流、南大风格的南京大学哲学社会科学学科体系、学术体系和话语体系"②。

南京大学还在城市规划学科领域提出了"南大规划学派"之称。由南大城市规划专业校友、中国城市规划学会秘书长石楠于 2014 年在南大规划校友会成立大会上所提出，他倡议"创建南京大学规划学派"，并"得到了校领导与广大校友的高度认同"。③ 此外，艺术理论与创意系也表示："本系是一个具有凝聚力、向心力的艺术教学与研究团队，必将为建设具有南大学派、中国风格的艺术学专业做出自己的贡献。"④

在化学领域，著名化学家、曾任南京大学化学系主任的戴安邦"很有信心地要在他所领头的配位化学（当时叫络合物化学）研究领域创立南大学派"⑤。

可见，"南大学派"之称主要表现在史学和哲学领域，且被视为已然的存在；作为整体的人文哲学社会科学以及所涉理工科的有关学科则被视为未来愿景与规划建设的发展方向。

8. "浙大学派"之称

"浙大学派"之称主要体现在数学领域，由著名数学家陈建功、苏步青所创立，亦称"陈苏学派"；因其贡献领域主要在微分几何方面，故又称"微分几何学派"。这一学派 20 世纪 40 年代在国际数学界极负盛誉，曾有"东方剑桥"之称，在数学领域与当时美国的芝加哥学派和意大利罗马学派呈三足鼎立之势。美国国家科学院院士、普林斯顿大学教授张圣容在浙江大学（简称"浙大"）成立数学高等研究院（筹）时曾说："浙江大学在中国数学发展史上起到重要作用，现在成立研究院正逢其时，将翻开浙大学派的新篇章。"⑥

① 佚名. 我校召开文科工作会议力促文科提速发展［N］. 南京大学报，2018－07－17（001）.
② 社科处. 文以载道辅新命——南京大学哲学社会科学建设工作回眸［EB/OL］. 南京大学网，https：//cms. nju. edu. cn/ddh/hmzwn/20191230/i63898. html，2019－12－29/2022－11－28.
③ 校友总会，建筑与城市规划学院. 南京大学规划校友会成立［EB/OL］. 南京大学校友网，https：//alumni. nju. edu. cn/0e/54/c285a3668/pagem. htm，2014－10－27/2022－11－28.
④ 佚名. 艺术理论与创意系［EB/OL］. 南京大学艺术学院网，https：//art. nju. edu. cn/17303/list. htm，2022－11－28.
⑤ 沈性文. 顺势而特行［EB/OL］. 南京大学校友网，https：//alumni. nju. edu. cn/10/24/c24705a331812/pagem. htm，2017－02－27/2022－11－28.
⑥ 佚名. 浙江大学数学高等研究院（筹）成立，励建书院士任院长［EB/OL］. 浙江党建网，http：//www. zjdj. com. cn/xbsydmtt/201712/t20171218_6069828. shtml，2017－12－18/2022－11－28.

近几年,"浙大学派"之称在管理学领域出现较高呼声。2019 年 10 月 18 日,浙江大学管理学院召开首届国际周暨国际顾问委员会第六次会议,会后的相关报道中即使用了管理学"浙大学派"的提法,如 985 高校网的《浙大管院首届国际周开幕,管理学"浙大学派"开始走出去》①。管理学"浙大学派"的代表人物为浙大著名管理学家许庆瑞院士,据称"在许庆瑞全面创新管理理论的基础上,弟子们将他的理论和'与企业同行'的做法继续发扬光大,这促成了管理学'中国学派'分支——'浙大学派'的形成"②。浙江大学管理学院从原来的系到后来的学院,经过 40 年的发展,至 2020 年,据称"浙大管院的学者们不断在现实中寻找突破口,致力于解决发展中的实际问题,凝练出一套基于中国情境的管理理论,即管理学'浙大学派'"③。

浙江大学现已开始注重整个人文社会科学"浙大学派"的打造。2020 年,副校长何莲珍在出席一次文科科研工作会议时,即提出"要提升声誉形成'浙大学派'"④;2021 年,她在一次讲话中进一步强调"在构建哲学社会科学学术体系、学科体系、话语体系方面要形成浙大特色,打造浙大学派"⑤;同年她再一次指出"浙大文科面向未来发展的核心是要打造'浙大学派',推动浙大文科真正地出思想、出大师、出影响,实现我校哲学社会科学的繁荣发展"⑥。打造"浙大学派"的主张也得到了浙大专家学者的大力支持。机械工程学院院长、中国科学院院士杨华勇即表示:浙大应重视师资队伍建设,"形成越来越多的浙大学派"⑦。浙江大学社会科学研究院院长周江洪对外语学院也提出了创建"浙大学派"的要求,强调外语学院未来要瞄准学科交叉发展的新动向,"努力形成'浙大学派'"⑧。

① 佚名. 浙大管院首届国际周开幕,管理学"浙大学派"开始走出去 [EB/OL].985 高校网,http://www.ganso.net.cn/huadong/86578.html,2019 – 10 – 30/2022 – 11 – 28.

② 段云成. 当年种下的种子 正在开花结果——管理学"浙大学派"的传承与创新 [N]. 中国教育报,2019 – 10 – 27(003).

③ 佚名. 浙大管院 40 年探索:用"顶天立地"研究驱动创新发展 [EB/OL]. 中新网浙江新闻,http://www.zj.chinanews.com.cn/jzkzj/2020 – 12 – 18/detail – ihaexqwa4604819.shtml,2020 – 12 – 18/2022 – 11 – 28.

④ 佚名. 浙江大学 2020 年文科科研工作推进会召开 [EB/OL]. 浙江大学网,https://www.zju.edu.cn/2020/0323/c41533a1987616/pagem.htm,2020 – 03 – 23/2022 – 11 – 28.

⑤ 佚名. 浙江大学社会科学研究院召开中层领导班子换届宣布会 [EB/OL]. 浙江大学社会科学研究院网,https://rwsk.zju.edu.cn/2021/1112/c2075a2441417/page.htm,2021 – 11 – 12/2022 – 11 – 28.

⑥ 佚名. 探讨使命愿景、凝聚发展共识——浙江大学 2021 年度文科科研工作总结会议召开 [EB/OL]. 浙江大学社会科学研究院网,https://rwsk.zju.edu.cn/2021/1225/c2075a2454781/page.htm,2021 – 12 – 25/2022 – 11 – 28.

⑦ 佚名. 杨华勇院士:打造"能人群体"成就"浙大学派" [EB/OL]. 浙江大学网,https://www.zju.edu.cn/2022/0304/c65660a2503340/pagem.htm,2021 – 03 – 04/2022 – 11 – 28.

⑧ 浙江大学外语学院. 社会科学研究院周江洪院长一行来外语学院调研 [EB/OL]. 浙江大学网,http://www.sis.zju.edu.cn/sischinese/2022/0107/c12619a2473726/page.htm,2022 – 01 – 07/2022 – 11 – 28.

（三）中大、吉大、山大、北师大及其他有关高校的"学派"之称

较之前述高校而言，这些高校"学派"之称的呼声相对更弱一些，且被视为已然存在的"学派"也更少一些，有的甚至仅停留在刚提出未来发展目标的层面上。此外，有些高校"学派"之称仅有所提及，应者寥寥；有的甚至尚无应者。

1. "中大学派"之称

中山大学（简称"中大"）最早有"学派"之称可以追溯到民国时期著名史学家"二朱"——朱希祖和朱谦之。"二朱"曾同时执掌中大文史学研究所和史学系，积极倡导文化史研究，以"文化学派"[①]自居。

2009 年，媒体上出现了"中大要创岭南学派"的报道。[②]在哲学领域，如前所述，在当代中国马克思主义哲学研究中，以叶汝贤为代表的相关研究被称为"中山大学范式学派"。2018 年，中大时任校长罗俊在一次讲话中明确提出"文科要出思想、出理论、出学派，是中大文科发展的终极目标，是中大文科学者追求的最高境界。"据他说，他在 2015 年即已提出这一主张，故他解释说："这也是我在 2015 年学校文科工作会议上讲的主要内容。"[③]罗校长的这一主张在一些院系得到响应，哲学系提出要"积极打造瞄准国际前沿和重大基础理论问题、有国际影响的团队，形成可传承的中大学派"[④]；中文系主任彭玉平提出"中山大学的戏曲学科已然达到这一高度，可以从中总结出戏曲研究的'中大学派'和'中大精神'"[⑤]。据称以吴承学为代表，其文体学研究团队"以丰厚的学术成果形成了文体学研究的'中大学派'"[⑥]。

2. "吉大学派"之称

"吉大学派"之称主要出现在哲学社会科学领域。

"吉大学派"被认为是中国法理学界的一个重要法学流派，曾任吉林大学（简称"吉大"）法学院院长的张光博则被认为是这个"法学流派的开拓者和学理上的

①　王传. "二朱"与中大史学［J］. 齐鲁学刊, 2013（06）：47-55.

②　参见樊克宁. 中山大学要创岭南学派［N］. 羊城晚报, 2009-04-19（A05）.

③　党委宣传部. 罗俊：中大文科要立志出思想出理论出学派［EB/OL］. 中山大学管理学院网, https：//bus. sysu. edu. cn/article/405, 2018-04-17/2022-11-28.

④　哲学系. 高原之上再建高峰　为唱响中国声音再踏征程［N］. 中山大学报, 2019-09-19（003）.

⑤　朱绍杰. 戏曲研究的"中大学派"——中山大学中文系教授黎国韬专访［N］. 羊城晚报, 2021-09-05（A06）.

⑥　"中国文体学研究"专栏. 编后记［J］. 中山大学学报（社会科学版）, 2019（03）：213.

奠基人"①。其后，曾任吉林大学党委书记的张文显成为"吉大学派"的领军人物，据称他"提出并倡导的'权利法学'结束了中国法学没有理论流派的历史"②。

在哲学领域，如前所述，在当代中国马克思主义哲学研究中，以高清海、孙正聿为代表的相关研究被称为"吉林大学范式学派"。2018 年，教育部人文社会科学重点科研基地吉林大学哲学基础理论研究中心主任、吉林大学哲学社会科学资深教授孙正聿的代表作《哲学通论》出版 40 周年之际，时任常务副校长邴正在学校召开的学术研讨会上致辞指出："如果说吉林大学哲学系的先驱刘丹岩教授和高清海教授提出恢复马克思本来面目的历史使命，形成了吉大学派，那么孙正聿教授则是承担起了发扬吉大学派的历史使命，《哲学通论》就是这样一部代表性著作。"③

3. "山大学派"之称

"山大学派"之称主要出现在人文社会科学领域。

山东大学（简称"山大"）素以"文史见长"，尤以儒学研究最为突出，拥有国内最大的儒学研究团队，该校儒学高等研究院原副院长曾振宇在谈及远期规划时曾明确表示"希望可以在儒学研究领域形成山大学派"④。这是迄今中国高校儒学研究领域唯一所见的"学派"之称。有学者曾撰文阐述了中国当代儒学"山大学派"的崛起。⑤ 据称，2018 年山东大学提出了推进"人文社科振兴计划"，强调要弘扬"文史见长"传统，培育"山大学派"。⑥ 2019 年的党代会上也发出了"培育造就山大学派"的强烈呼声。⑦ 同年，郭新立在学校召开的人文社会科学学术工作会上，进一步强调"要培育造就与时代同频共振的中国特色哲学社会科学'山大学派'"；校长樊丽明也

---

① 童之伟. 变革时代中国法学圈中的悲情英雄——张光博先生逝世两周年祭 [J]. 法学评论，2010（02）：3–13.

② 蔡立东. 加快建设中国特色社会主义民法理论体系 [EB/OL]. 中国教育新闻网，http：//www.jyb.cn/zggdjy/bqgz/201608/t20160822_669802.html，2016–08–22/2022–11–28.

③ 吉林大学哲学基础理论研究中心."时代精神的哲学表征——《哲学通论》出版 20 周年"学术研讨会召开 [EB/OL]. 吉林大学哲学基础理论研究中心网，http：//pftheory.jlu.edu.cn/info/1029/3177.htm，2018–07–15/2022–11–28.

④ 孙倩，刘婷婷. 曾振宇：努力，打造儒学研究山大学派 [EB/OL]. 山东大学新闻网，https：//www.view.sdu.edu.cn/info/1207/97744.htm，2017–09–25/2022–11–28.

⑤ 郭萍. 中国当代儒学"山大学派"的崛起 [N]. 中华读书报，2019–04–10（005）.

⑥ 朱新林等."文献"载道，展现山大特色，传承中国文脉 [EB/OL]. 山东大学网，https：//www.view.sdu.edu.cn/info/1023/139911.htm，2020–10–20/2020–12–15.

⑦ 张丹丹. 中共山东大学第十四届委员会第三次全体会议举行 [EB/OL]. 山东大学新闻网，https：//www.view.sdu.edu.cn/info/1003/114252.htm，2019–02–21/2022–11–28.

指出，"要着力培育造就'山大学派'"。①

4. "北师大学派"之称

"北师大学派"之称，主要出现在地理学和哲学社会科学领域。

在地理科学领域，北京师范大学（简称"北师大"）地理科学学部执行部长宋长青曾提出要"缔造地理学的中国学派和地理学的北师大学派"②。

在哲学社会科学领域，有学者对袁贵仁在马克思主义哲学价值论研究上的成就与贡献给予充分肯定，并作为与北大黄楠林、南大孙伯鍨、武大陶德麟等一并列举的例证，用以论证中国马克思主义哲学研究领域中"学派的产生和存在"③。2016年学校召开的一次座谈会上，有专家提出了在哲学社会科学领域"进一步加强北师大的学派建设"④的建议。

2017年学校制定的一流大学建设方案中使用的是"京师学派"之称，规划"倾力打造独具特色的'京师学派'"，到2020年"初步形成体现中国特色、中国风格、中国气派的'京师学派'学术品牌"。⑤

5. 其他著名高校的"学派"之称

"西北学派"："西北学派"之称既用于西北大学，也用于西北政法大学。和"交大学派"之称较为相似，两校在"西北学派"之称的使用上，也同样既未严加区分，亦未刻意说明；似乎也是相互默许、相互认可，抑或视为一体的。

西北大学的"西北学派"之称主要见诸经济学领域，后文将详加介绍。

西北政法大学的"西北学派"之称主要用于法学领域，校长范九利明确表示学校已"形成了革命根据地法制史研究、国家安全法治研究、新时代'枫桥经验'与社会治理研究、人权法治理论、法学教育研究、农村土地制度研究的'西北学派'"⑥。

"同济学派"："同济学派"之称主要出现在同济大学的建筑学领域。中国科学院院士、同济大学建筑与城市规划学院教授郑时龄曾先后发表过《同济学派的现代建筑

---

① 记者张清俐. 山东大学提出构建中国特色哲学社会科学的"山大学派"［EB/OL］. 中国社会科学网，http：//news. cssn. cn/zx/bwyc/201905/t20190503_4873893. shtml，2019－05－03/2022－11－28.

② 佚名. "经纬论坛"宋长青教授谈地理复杂性［EB/OL］. 北京师范大学地理科学学部网，https：//geo. bnu. edu. cn/xwzx/47586. html，2018－04－12/2022－11－28.

③ 参见宫敬才. 论学派——兼及我国马克思主义哲学研究中的学派问题［J］. 江海学刊，2015（02）：33－39.

④ 佚名. 加强北师大学派建设 推动哲学社会科学体系发展［EB/OL］. 人民网，http：//edu. people. com. cn/gb/n1/2016/0527/c227065－28385954. html，2016－05－27/2022－11－29.

⑤ 一流大学建设高校建设方案（北京师范大学）［EB/OL］. 北京师范大学网，http：//xxgk. bnu. edu. cn/docs/20171231160833038183. pdf，2018－01－14/2022－11－28.

⑥ 范九利. 赓续红色血脉 扎根中国大地办法学教育［J］. 民主与法制，2023，18（05）：17－20.

意识》（2012）、《同济学派的学术内涵》（2017）、《大师荟萃的"同济学派"》（2019）等学术论文。

"川大学派"："川大学派"之称出现时间较晚，仅见于 2018 年；涉及范围仅在哲学社会科学领域。是年，四川大学在哲学社会科学领域设立了"国家领军人才培育项目"和"青年杰出人才培育项目"。据称，学校设立这 2 个项目的重要目的，就是深入推进四川大学"双一流"建设，"打造具有中国气派、川大特色的'川大学派'"①。2020 年，常务副校长许唯临在"人民论坛"发文，表示学校将在文科中实施"中国特色的'川大学派'培育计划，推动川大哲学社会科学繁荣发展"②。同年，学校发布首批"川大学派"培育项目，在全国范围内征集课题承担者，以图共同推进中国"大文学"研究。③

"东大学派"：东南大学党委书记左惟在一次会上，勉励东北大学（简称"东大"）哲学人踔厉奋进、开拓创新，"传承东大文脉、打造东大学派"④。

"北理工学派"：北京理工大学的"学派"之称，仅见于其兵器学科领域，2020 年 4 月，该校新闻网上的一篇报道提及"打造'北理工兵器学派'，建设中国特色世界一流学科"⑤ 的说法。

"海大学派"：中国海洋大学提出"海大学派"之称，2020 年 9 月，校党委书记田辉在学校新入职教职工岗前培训会和校学术委员会换届选举大会上均提出要"探索推进人才培养的海大模式、科学研究的海大学派"⑥。

"中南学派"：2019 年，中南财经政法大学时任党委书记栾永玉在一次讲话中曾提及"中南学派"。他表示，作为人文社科为主的大学，理应"讲好'中国之治'成

---

① 佚名. 2018 年四川大学哲学社会科学"国家领军人才培育项目""青年杰出人才培育项目"［EB/OL］. 四川大学经济学院网，http：//sesu. scu. edu. cn/info/1096/4079. htm，2018 – 09 – 19/2022 – 11 – 28.

② 许唯临. 深入推进高校工作体系建设［EB/OL］. 人民论坛网，http：//politics. rmlt. com. cn/2020/0605/582621. shtml，2020 – 06 – 05/2022 – 11 – 28.

③ 参见佚名. 川大学派"大文学"研究学派 2020 年课题发布［EB/OL］. 四川大学文学与新闻学院网，https：//lj. scu. edu. cn/info/1035/5201. htm，2020 – 07 – 08/2022 – 11 – 28.

④ 胡珍妮，庞俊来."纪念萧焜焘先生诞辰 100 周年暨学术交流会"举行［N］. 东南大学报，2022 – 06 – 15（010）.

⑤ 机电学院. 奋斗，朝着世界一流学科前进——北理工兵器科学与技术学科发展建设纪实［EB/OL］. 北京理工大学新闻网，https：//www. bit. edu. cn/xww/lgxb21/a184877. htm，2020 – 04 – 28/2022 – 11 – 28.

⑥ 通讯员陈文蕾. 中国海洋大学 2020 年新入职教职工岗前培训［EB/OL］. 中国海洋大学人事部网，http：//rsc. ouc. edu. cn/2020/0907/c928a299050/pagem. htm，2020 – 09 – 07/2022 – 11 – 28；通讯员孙友庆，褚嘉杰. 中国海洋大学举行校学术委员会换届选举大会［EB/OL］. 中国海洋大学学术委员会网，http：//aco. ouc. edu. cn/2020/0922/c12986a300352/page. htm，2020 – 09 – 22/2022 – 11 – 28.

就，贡献'中南学派'智慧"①。

"北外学派"：北京外国语大学的"学派"之称出现在学校 2017 年制定的一流学科建议方案中，目标是至 2050 年"在外国语言文学学科形成具有世界影响力的北外学派"②。前此，即有报道称，该校社会性别与全球问题研究中心的成立预示着"一个年轻学派的崛起"③。

"北体学派"：北京体育大学的"学派"之称出现在学校制定的一流学科建设方案中，目标是到 2050 年"形成世界体育学科建设领域中的'北体学派'"④。

"山师学派"：山东师范大学也有"学派"之称，据称"许多专家都认为在中国现当代文学研究界确有'山师学派'的存在"⑤。

二、中国著名高校经济学"学派"之称详情

在前述 26 所著名高校之中，有 9 所高校明确提出了经济学"学派"之称。9 所高校之外的其他高校所提"学派"之称，要么很明显是不包含经济学的，如"北理工学派""同济学派"，这类学校多为工科大学；要么是否包含经济学并不太明显，如"清华学派""南大学派""浙大学派"等，这类高校虽然提及人文哲学社会科学，但对其中的经济学未予单独论列或语焉不详，这类学校多为综合性大学，数量相对较多。下述 9 所高校则情况不同，所提"学派"之称是明显包含经济学的，有的甚至是以经济学为主体或重点的。以下依前列顺序对其详情逐一进行介绍。

（一）北大经济学"学派"之称

从提出时间上看，北京大学似乎是改革开放后最早提出经济学"学派"之称的。

① 记者夏静等. 中南财经政法大学举办读懂"中国之治"理论研讨会［EB/OL］. 光明网，https：//news. gmw. cn/2019－11/16/content_33324841. htm?s＝gmwreco2，2019－11－16/2022－11－28.

② 一流学科建设高校建设方案（北京外国语大学）［EB/OL］. 北京外国语大学网，https：//xxgk. bfsu. edu. cn/info/1067/1090. htm，2018－01－19/2022－11－28.

③ 李洪峰. 一个年轻学派的崛起——北京外国语大学"社会性别与全球问题研究中心"成立侧记［J］. 妇女研究论丛，2007（01）：69.

④ 佚名. 北京体育大学一流学科建设方案正式公布［EB/OL］. 北京体育大学网，https：//www. bsu. edu. cn/xyyw/39230d20e40349f28e36830249dd6772. htm，2018－02－04/2022－09－20.

⑤ 魏建. 中国现代文学期刊研究与学派传承——以"山师学派"为例［J］. 山东师范大学学报（人文社会科学版），2017，62（03）：13－21.

据说该称呼最先由厉以宁以口头方式提出，北大1982级外国经济思想史专业硕士研究生胡坚曾回忆其读研期间的情形，他说："厉老师经常教导我们在学术上要创新，同学之间要团结，要一起创立一个经济学的'北大学派'。"[①] 北大中国经济思想史学科在赵靖时代发展至巅峰状态，《百科·经济百科·经济学说史》中曾列出"赵靖（北大）学派"词条，称赵靖"二十世纪九十年代《中国经济思想通史》的出版，已标志着一个富有特色和创新精神的中国经济思想史学术流派的形成（可谓'北大学派'或'赵靖学派'）"[②]。

近几年开始，建设"北大学派"经济学科的呼声逐渐高涨，成为北大经济学院的重要战略决策。2017年北京大学召开第十三次党代会，时任北大经济学院党委书记兼副院长的董志勇，作为党代表明确表达了"为建设中国风格、北大学派的经济学科而努力奋斗"的意向，表示学院要"勇于创新，敢于担当，成为形成中国风格、北大学派的哲学社会科学学科的建设者和排头兵"[③]。2018年初，校党委副书记、纪委书记叶静漪在经济学院召开的2017年度领导班子民主生活会上，进一步强调经济学院要"成为形成中国风格、北大学派的经济学科的建设者和排头兵"[④]。与经济学科紧密相连的是工商管理学科，在中国许多高校中，经济学科和工商管理学科二者通常是联为一体进行培育与打造的。北大光华管理学院也曾于2015年建院30周年之际，由时任院长蔡洪滨提出了打造"有独特风格的北大光华学派"[⑤]的战略目标。

（二）复旦经济学"学派"之称

经济学的"复旦学派"之称出现于2010年代。2015年10月，复旦大学经济学院恢复建院30周年之际，学院组建了第一届咨询委员会，吴敬琏作为校友担任名誉主席。据报道："著名经济学家吴敬琏11日在此间提出，希望创建经济学的'复旦学派'，并认为营造学术独立、思想自由的环境，才能使人才脱颖而出，最终形成'复

---

① 胡坚. 燕园木槿花满枝［A］. 北京大学经济学院编. 百年华章：北京大学经济学院（系）100周年纪念文集［C］. 北京：北京大学出版社，2012：223.

② 陈嘉珉. 赵靖（北大）学派［EB/OL］. 价值网，http：//www.chinavalue.net/Wiki/赵靖_北大_学派_C_174610.aspx，2007 - 09 - 06/2021 - 05 - 23.

③ 董志勇. 为建设中国风格、北大学派的经济学科而努力奋斗［EB/OL］. 北京大学新闻网，https：//news.pku.edu.cn/xwzh/129 - 300272.htm，2017 - 11 - 20/2022 - 11 - 28.

④ 院党委办公室. 经济学院召开2017年度领导班子民主生活会［EB/OL］. 北京大学经济学院网，https：//econ.pku.edu.cn/xwdt/338368.htm，2018 - 01 - 18/2022 - 11 - 28.

⑤ 佚名. 北京大学光华管理学院举行三十周年院庆盛典［EB/OL］. 人民网，http：//politics.people.com.cn/n/2015/0530/c70731 - 27080674 - 6.html，2015 - 05 - 30/2022 - 11 - 28.

旦学派'。"① 时任校党委书记朱之文在经济学院恢复建院 30 周年院庆大会上致辞，强调"要推动理论研究创新，努力形成中国经济学的复旦学派"②。2019 年，在上海举办的第二届中国国际进口博览会期间，周文、丁纯、尹晨、沈国兵 4 位学者撰写专文，以《复旦学派谈进博会——中国的高水平开放将为世界经济注入新动能》③ 为题予以发布，在标题上即使用了"复旦学派"之称。在管理学领域，复旦会计系老校友李达三曾回忆他们在学生时代即有同学发起建立"中复会计学会"，"希望将会计系成绩优秀的同学全部联系起来，将来在中国会计学界建立'复旦学派'"④。

（三）武大经济学"学派"之称

前已指出，武大"珞珈学派"之称，最早出现在经济学科。据经济学系 1947 级校友何炼成回忆："我记得在母校百周年大庆时，当时经济学院召开一个老校友座谈会，参会的人除了本院的领导和老教师外，还有从外校归来的老校友如胡代光、刘诗白、董辅礽、彭明朗、何炼成等人。在会上有人提出'珞珈学派'的问题（好像是彭明朗校友提出的）。"武大百年校庆的时间是 1993 年，这可能是最早以口头方式明确提出"珞珈学派"这一称呼的。何炼成此段回忆见诸他于 2007 年发表的《国际发展经济学的奠基人——张培刚教授》一文，他在文章中充分肯定了张培刚作为国际发展经济学奠基人的学术地位及谭崇台对于中国发展经济学的突出贡献，还列举刘诗白、董辅礽、何炼成、李京文等珞珈校友在发展经济学方面的杰出成就与重大影响，响亮地喊出了在张培刚和谭崇台指导下"创建珞珈学派，问鼎诺贝尔奖"⑤ 的宏伟口号。是年，他与胡代光、池莉、易中天等一起被评为武汉大学第五届杰出校友。在次年 3 月 28 日召开的第五届杰出校友座谈会上，他重提"珞珈学派"建设问题，强调武大经济学"现在完全有这个实力重振旗鼓"，建议以发展经济学为中心进行建设，断言"中国最有可能获得诺贝尔奖就是发展经济学"。⑥

① 记者陈静. 复旦经济学院恢复建院 30 载　吴敬琏望创建经济学"复旦学派"［EB/OL］. 中国新闻网，https：//www. chinanews. com. cn/cj/2015/10 – 11/7563606. shtml，2015 – 10 – 11/2022 – 11 – 28.

② 佚名. 传承、创新与发展：复旦大学经济学院喜迎恢复建院三十周年［EB/OL］. 复旦大学经济学院网，https：//econ. fudan. edu. cn/info/1024/6184. htm，2015 – 10 – 11/2022 – 11 – 28.

③ 佚名. 复旦学派谈进博会——中国的高水平开放将为世界经济注入新动能［EB/OL］. 复旦大学新闻网，https：//news. fudan. edu. cn/2019/1204/c1351a103338/page. htm，2019 – 12 – 04/2022 – 11 – 28.

④ 韩晓蓉. 李达三的复旦情缘：连续九次捐赠　最大一笔 1. 1 亿元［EB/OL］. 复旦大学管理学院网，https：//www. fdsm. fudan. edu. cn/anniversary30/30th1393503911644，2015 – 05 – 29/2022 – 11 – 28.

⑤ 何炼成. 国际发展经济学的奠基人——张培刚教授［J］. 经济思想史评论，2007（03）：331 – 338.

⑥ 记者张海东等. 母校恩　校友情——武汉大学第五届杰出校友座谈小记［EB/OL］. 武汉大学新闻网，https：//news. whu. edu. cn/info/1002/29722. htm，2008 – 04 – 01/2022 – 11 – 28.

百年校庆之后,"珞珈学派"之称在武大经济学科引起较为广泛的共鸣。除何炼成大加倡导之外,最先做出呼应的是武汉大学经济发展研究中心,该中心于 2003 年在《光明日报》对武大西方经济学重点学科进行介绍时,所使用的标题即为"把武大打造成发展经济学珞珈学派大本营"①。此后,在湖北社会科学网上介绍武大西方经济学重点学科时,也重提要"努力把武汉大学打造成发展经济学珞珈学派的大本营"②。此外,还有一些校友和武汉大学经济与管理学院的教师也对"珞珈学派"之说作出了积极回应。如杰出校友陈东升,据说他原先的目标就是要成为杰出学者,大学期间常与几位学友讨论各种问题,取名"逍遥学派","梦想建一个'珞珈学派'"③;"下海"后他也不忘用"92 派"来称呼他们那批企业家。香港《亚洲周刊》编辑吕中校校友与吴骏也在一篇记叙文章中称张培刚、谭崇台不仅在中国共同开创了发展经济学研究的全新局面,而且还与武大其他经济学者一道,"共同开创了中国经济学界的'珞珈学派'"④。知名校友、武汉大学高级研究中心主任邹恒甫所使用的称呼是"武大学派",他曾明确表示"当时中国经济学界的许多重量级人物都与我就读的武汉大学产生关联,我把他们称作'武大学派'"⑤。武汉大学经济学系的肖利平和王今朝作为本硕博都在武汉大学学习,后一直留校任教的学者,也曾回应和肯定经济学"珞珈学派"之称。2018 年,肖利平和张东祥在撰文悼念谭崇台时,盛赞谭先生"是蜚声海内外的发展经济学研究'珞珈学派'的重要开拓者"⑥。2020 年谭崇台诞辰 100 周年之际,王今朝和唐晶星发文追忆,称谭崇台 1948 年回母校任教时,武汉大学几乎云集了国内最顶尖的学者,"正是有诸多知名学者的辛苦耕耘,武汉大学的经济学后来得以在中国学界开宗立派,以'珞珈学派'闻名于世"⑦。王今朝认为,武大的经济学无论在中国计划经济时期还是后来的改革开放时期,都发挥了重要的作用;在中国特色社会主义新时代,也同样应该发挥重要作用。

---

① 武汉大学商学院经济发展研究中心. 把武大打造成发展经济学珞珈学派大本营——武汉大学西方经济学重点学科介绍 [N]. 光明日报,2003 – 12 – 25（A03）.

② 佚名. 国家重点学科分布—武汉大学—西方经济学 [EB/OL]. 湖北社会科学网,http://www. hbskw. com/xsbj/p/17107. html,2017 – 06 – 13/2022 – 11 – 28.

③ 陈东升. 武汉大学精神伴随着我事业发展的每一步 [A].《珞珈岁月》编委会编. 珞珈岁月 [C]. 武汉:武汉大学出版社,2023:453.

④ 吕中校,吴骁."武大'哈佛三剑客'漫记"[N]. 珞珈青年报,2003 – 03 – 27（004）.

⑤ 邹恒甫. 深切悼念董辅礽先生和拉丰、小凯 [A]. 邹恒甫编著. 最后的狂人:我就是邹恒甫 [C]. 北京:东方出版社,2013:207.

⑥ 肖利平,张东祥. 沉痛悼念著名经济学家、本刊学术委员会名誉主任谭崇台教授 [J]. 经济评论,2018（01）:167.

⑦ 王今朝,唐晶星. 静水流深 沧笙踏歌——记著名经济学家谭崇台 [EB/OL]. 武汉大学经济与管理学院新媒体中心,https://mp. weixin. qq. com/s/IQQNEL6qKPWQnC – NflpRJA,2020 – 06 –08/2022 – 11 – 28.

（四）南开经济学"学派"之称

2001 年南开经济史学科成为全国理论经济学科中唯一的经济史国家重点学科，被誉为经济史领域的"南开学派"。据南开大学经济史学科学术带头人王玉茹介绍："刘佛丁先生的研究从典型企业、村镇、行业、部门到近代中国经济发展的宏观分析，运用经济学理论和方法解析中国的经济发展，形成一个新的认识体系，被誉为'南开学派。'"[①] 在 2005 年中国经济学年会上，南开经济学院马如静、陶江（2005）提交的会议论文为《西方货币需求理论的基本缺陷与南开学派的动量货币需求假说》。

南开大学在经济学领域最值得称道的应该是何廉创立的"南开指数"。该指数于 1927 年南开经济研究所成立当年开始编制，1952 年后中断，2007 年南开经济研究所建所 80 周年时重新恢复。该指数具有深厚的理论基础，拥有雄厚的专家团队，定期以季刊和年刊形式发布和登载，不仅独树一帜，而且享誉中外，具备以"学派"相称的资格与条件，或可称之为"南开指数学派"。正如有学者所指出：在国内经济学界，"当时最为著名的'南开学派'"，"是中国近代经济学史上的重要学派，培养出了至今仍活跃在中国当代经济学舞台的许多经济学家。后来，南开学派虽有些式微，但著名的南开价格指数以及中国经济研究所价格指数都在中国现代经济学史上留下了浓墨重彩的一笔"。[②]

（五）厦大经济学"学派"之称

厦大的"学派"之称也是从经济学科开始的，可追溯到厦大原校长王亚南和厦大另一著名经济学家郭大力。据称，王亚南与郭大力"合译了《资本论》，创立了具有鲜明特色的'厦大经济学派'"[③]。"20 世纪 40 年代，著名经济学家、共和国老一辈教育家、马克思《资本论》中文首译者王亚南任教厦大后，在厦大开创了以马克思主义经济学为基础、站在中国人立场研究中国经济问题的具有鲜明特色的'中国经济学'

---

①　通讯员经孝芳. 清华北大南开社科院经济史沙龙探讨新时代中国经济史研究［EB/OL］. 南开大学新闻网，http：//news. nankai. edu. cn/zhxw/system/2017/12/06/000359800. shtml，2017 - 12 - 06/2022 - 11 - 28.

②　陈书. 论重建中国古典经济学优秀传统——兼及开创中国学派经济学千年辉煌［J］. 社会科学，1995（10）：74 - 77.

③　记者薛志伟. 厦门大学经济学院院长洪永淼：用"国际语言"讲好中国经济故事［N］. 经济日报，2018 - 06 - 12（012）.

厦大学派。"①

著名中国社会经济史学家傅衣凌也被视为"厦大学派"的重要代表。陈支平的《傅衣凌与中国社会经济史学派》（2008）、《〈傅衣凌著作集〉与中国社会经济史学派》（2008）曾做过这方面的专题探讨与分析。作为傅衣凌的弟子与学术传人，郑振满"注重实践的历史学人才培养模式"，立足于民间文献和田野调查的实证性开展学术研究和人才培养，"不断扩大着'厦大学派'的影响力"。②

会计学家葛家澍、余绪缨也被视为"厦大学派"的重要代表。据称，在他们手上已"形成'厦大学派'"③。葛家澍的两篇论文《试论会计核算这门科学的对象和方法》（1956）和《关于社会主义会计对象的再认识》（1961），曾在会计学界引起很大反响，据称这两篇文章的问世，"标志着会计领域的资金运动理论的确立和厦大学派的形成"④。此外，厦大著名经济学家、财政学家邓子基被誉为中国财政学界"'国家分配论'的主要代表人物之一"，"'国家分配论'成为我国社会主义财政学的一个流派"，"一直是执牛耳的主流派"。⑤

厦大的经济学科广受推崇，被称为"在中国内地经济学界独树'厦大学派'一帜"⑥ 的经济学科。

（六）人大经济学"学派"之称

人大经济学"学派"之称，有文献可查的资料将重点指向金融学领域。见诸期刊的有王元龙的《金融学"人大学派"的新贡献——读〈大金融论纲〉》（2013）；孙榕的《金融学"人大学派"：从中国到世界》（2017）等。

金融学领域的"人大学派"之称现已在人大校方、院方达成共识。在 2017 年召开的人大金融学科第一届年会上，时任校长刘伟致辞即称："经过六十多年的发展，中国人民大学金融学科形成了以黄达教授为代表的'财政金融综合平衡理论''货币

---

① 厦门大学经济学院简介 ［EB/OL］. 厦门大学经济学院网，https：//se. xmu. edu. cn/xygk/xyjj. htm，/2022 - 11 - 28.

② 佚名. 扎根田野，倡导实践教学！这位历史学教授让"厦大学派"享誉中外！［EB/OL］. 厦门大学人文学院网，https：//rwxy. xmu. edu. cn/2021/0928/c15034a440082/page. htm，2021 - 09 - 28/2022 - 11 - 28.

③ 佚名. 厦门大学会计系往事（八）［EB/OL］. 厦门大学管理学院网，https：//sm. xmu. edu. cn/info/1049/3098. htm，2016 - 07 - 28/2022 - 11 - 28.

④ 本刊编辑部. 筚路蓝缕六十三载——厦门大学学报（哲社版）的历史与现状 ［J］. 厦门大学学报（哲学社会科学版），1995（01）：120 - 124.

⑤ 张馨. 邓子基教授与我国财政学 ［J］. 福建学刊，1988（04）：83 - 86.

⑥ 记者杨伏山. 厦大王亚南经济研究院：为现行体制提供合作竞争新环境 ［EB/OL］. 中国新闻网，https：//www. chinanews. com. cn/gn/2015/06 - 06/7326601. shtml，2015 - 06 - 06/2022 - 11 - 28.

金融理论'和'资本市场与现代金融理论''制度金融理论'等理论创新成果，开创出一条具有国际视野、中国风格和人大学派特色的学科发展之路。"① 在 2019 年人大金融学科第三届年会上，时任校党委书记靳诺进一步强调"中国人民大学是新中国第一个培养金融领域高级人才的基地，在 82 年的办学历史中探索出了一条兼具国际视野、中国风格和人大学派的特色发展之路"②。

人大的金融学科设置在财政金融学院，该院的"学院简介"中即称："长期以来，学院以'大金融思想'和'国家分配论'为代表，构建学科理论体系，形成了鲜明的人大学派特色。""进入新时代，学院聚焦国家重大经济社会发展战略，秉承老一辈学者奠定的优良传统，充分发挥一流学科的引领作用，涵育'人大学派'，探索一条具有'人大品质、人大特色、人大使命'并彰显时代价值的人文社会科学创新发展之路。"③ 财政金融学院院长庄毓敏在"院长寄语"中表示，学院从建系开始，"六十多年来，以'综合平衡理论''公共需要理论'等为代表的重大理论创新从这里涌现，形成了鲜明的'人大学派'特色，为构建新中国财政金融理论体系做出了重要贡献"④。在人大举办的中国宏观经济论坛（2017－2018）报告会上，时任校长刘伟强调，论坛要"以人大学派的专业态度和社会责任感为魂"⑤，一如既往地发挥人大学术力量的重要作用。

作为未来打造目标，人大 2017 年公布的"双一流"建设方案中所提"形成相关学科领域的'人大学派'"，其所涵盖的范围要广一些。如前所述，其中包括了整个应用经济学，以及理论经济学和工商管理。

（七）中大经济学"学派"之称

中大经济学的"学派"之称侧重于金融学科，而且是与工商管理的研究与应用直接相连的。2016 年，中大在深圳成立中山大学高级金融研究院，时任校长罗俊在揭牌

① 中国人民大学校长刘伟教授在中国人民大学金融学科第一届年会的致辞［EB/OL］.中国人民大学网，http：//sf.ruc.edu.cn/info/1073/7795.htm，2017－10－27/2022－11－28.

② 佚名.中国人民大学金融学科第三届年会召开聚集全球变局下的中国金融开放路径选择［EB/OL］.中国人民大学财政金融学院网，http：//sf.ruc.edu.cn/info/1073/8835.htm?from＝singlemessage，2019－11－11/2022－11－28.

③ 佚名.学院简介［EB/OL］.中国人民大学财政金融学院网，http：//sf.ruc.edu.cn/rdcj/xyjj.htm，2022－03－01/2022－11－28.

④ 庄毓敏.院长寄语［EB/OL］.中国人民大学财政金融学院网，http：//sf.ruc.edu.cn/rdcj/yzjy.htm，2017－08－30/2022－11－28.

⑤ 赵婀娜，靳高灿.中国宏观经济论坛（2017－2018）报告会在中国人民大学举行［EB/OL］.人民网，http：//edu.people.com.cn/n1/2017/1202/c1006－29681569.html，2017－12－02/2022－11－28.

仪式上的致辞中明确提出："希望研究院的学者们能认识、理解、提炼深圳经验，开创'中大深圳学派'。"① 响应罗俊校长关于"出思想、出理论、出学派"的倡导，管理学院院长王帆进一步提出了"要创'中大管理学派'的大方向"②。

（八）吉大经济学"学派"之称

吉大经济学"学派"之称的呼声相对较弱，仅在 2018 年经济学院举办的一次论文颁奖仪式上，时任院长李晓在致辞中提及希望经济学科师生"为争创'吉大政治经济学学派'贡献力量"③。

（九）西北大学经济学"学派"之称

西北大学在经济学界被誉为"青年经济学家摇篮"，其重要代表人物为著名经济学家何炼成，他被学术界公认为"经济学界西北王"，也被称为"'西北学派'奠基人"。2003 年，记者李功耀曾发表《开发西北的号角 托举新宿的宗师——记"西北学派"奠基人何炼成教授》一文，认为何炼成"不但以卓越的学术成就赢得了无数学子的敬仰，更以亲手托起张维迎、魏杰、刘世锦、邹东涛、王忠民、张军扩、韦苇等一大批少壮派经济学家而博得广泛的惊叹！"④《陕西日报》记者樊蓉沿用了李功耀的说法，并在《陕西日报》发表了《西北经济学派的奠基者》（2018）一文。记者贺昭昭等曾采访何炼成，在人物介绍中称其为"中国'西北学派'的代表"⑤。

在西北地区还有"西北经济学派"之称，主要所指的就是以何炼成为"学术旗帜"，包括他培养的张维迎、魏杰等经济学研究领军人物，"集一批中青年经济学家为骨干形成的学术团体"⑥。

西北大学经济学"学派"之称本质上是针对何炼成而言的，在西北大学基本上也就是指的何炼成及其弟子；何炼成终身所推崇和追随的实际上是其恩师张培刚和谭崇

---

① 记者古宁. 中大校长勉励中大高级金融研究院创"中大深圳学派"［EB/OL］. 大公网，http：// edu. takungpao. com/q/2016/1102/3387147. html，2016 – 11 – 02/2022 – 11 – 28.

② 佚名. 中大管陈国强教授：乘改革开放之风，创商界黄埔之先 ［EB/OL］. 环球网校网，http：// m. hqwx. com/news/2018 – 9/15381878206419. html，2018 – 09 – 29/2022 – 11 – 28.

③ 佚名. 吉林大学举办"詹连富基金"首届马克思主义政治经济学论文奖颁奖仪式 ［EB/OL］. 吉林大学经济学院网，http：//jjxy. jlu. edu. cn/info/1058/8989. htm，2018 – 01 – 10/2022 – 11 – 28.

④ 李功耀. 开发西北的号角 托举新宿的宗师——记"西北学派"奠基人何炼成教授 ［J］. 财政监督，2003（10）：4 – 11.

⑤ 记者贺昭昭等. 关注"三农"问题 破解"支农"难题——访经济学家、西北大学博士生导师何炼成教授 ［J］. 中国农村信用合作，2004（06）：15 – 17.

⑥ 刘杰，王馨."首届西部经济学派论坛"在西安召开 ［N］. 各界导报，2009 – 07 – 10（001）.

台，从师承关系角度看，他应该归之于武大珞珈一派，他在倡导"珞珈学派"创建或重振时，就是明确将自己置于"珞珈学派"的重要成员之列的。因而，如果说经济学的"西北学派"和"珞珈学派"这2个学派之称均可成立，那么，何炼成则可以说既是经济学"西北学派"的奠基人，又是经济学"珞珈学派"的重要代表。[①] 本书以下就是将他作为珞珈经济学"学派"创建的一位重要代表来予以阐述的。

三、中国著名高校经济学"学派"之称简析

（一）提出时间：盛行于本世纪，尤其 2010 年代

从前述情况可以看出，这些高校所称"学派"尽管有不少可以追溯到很早以前，但明确提出这些"学派"之称的时间却大多在改革开放之后；而且，首先是以口头方式提出的。"北大学派"之称据说是 1980 年代初厉以宁提出来的；武大"珞珈学派"之称据说是 1993 年校庆百周年时有校友提出并经何炼成大力倡导的，这两所高校以口头方式提出和倡导的学派之称均出自著名经济学家，而且都是针对经济学科而言的。

在本绪论所搜集整理的文献资料范围内[②]，最先在学术期刊上发表文章表达经济学"学派"之称的高校，是厦大和南开，时间均是 1995 年。是年，厦大出现经济学领域的"厦大学派"之称，所指的是会计学；南开出现经济学领域的"南开学派"之称，所指的是南开指数。大体而言，各有关高校出现经济学"学派"之称较为活跃的时期，是迈入新世纪之后，尤其在 2010 年代。如北大被宣称赵靖时代形成了中国经济思想史"北大学派"的时间是 2007 年，北大经济学院表示学院应"成为形成中国风格、北大学派的哲学社会科学学科的建设者和排头兵"的时间是 2017 年；复旦校友吴敬琏提出"希望创建经济学的'复旦学派'"的时间是 2015 年，与此同时校党委书记致辞强调要"努力形成中国经济学的复旦学派"；武大经济发展研究中心提出

---

①　在西方经济学界，经济学家一人在两个及更多学派中占据一席之地的大有人在。如弗里德里奇·哈耶克（F. A. Hayek.）既是伦敦学派最重要的代表人物，也是奥地利学派最重要的成员，还是与芝加哥经济学派保持密切关系的学者；约翰·希克斯（J. R. Hicks）既综合了剑桥学派等学派的学说，又发展了洛桑学派的一般均衡论，并成为伦敦学派的一位重要代表人物；米尔顿·弗里德曼（M. Friedman）既是芝加哥经济学派的一代领军人物，又是货币学派的创始人。

②　本绪论搜集整理的文献资料，包括正文、脚注和后附参考文献中涉及与本绪论相关的所有文献资料。以下分析仅以这些文献资料为限，即只就这些文献资料展开分析；搜集文献资料的截止时间基本上为 2022 年底（个别处所时间上略有超出），此后再出现的相关文献资料以及本绪论舍象未予述及的文献资料则基本不予涉及。

"把武大打造成发展经济学珞珈学派大本营"的时间是 2003 年，校友何炼成发文倡导"创建珞珈学派"的时间是 2007 年；南开经济史学科被誉为经济史领域的"南开学派"，该学科点成为国家重点学科的时间是 2001 年；厦大追溯王亚南、郭大力创立"厦大经济学派"首次见诸报端的时间是 2018 年；人大"金融学'人大学派'"之称首次见诸期刊的时间是 2013 年，校长宣称人大金融学科已"开创出一条具有国际视野、中国风格和人大学派特色的学科发展之路"的时间是 2017 年；中大校长提出在金融研究领域"开创'中大深圳学派'"的时间是 2016 年；吉大经济学院院长提出"争创'吉大政治经济学学派'"的时间是 2018 年；西北大学何炼成被称为"'西北学派'奠基人"首次见诸报端的时间是 2003 年。可见，这些高校上述经济学"学派"之称的提出，基本上都在 2000 年代，尤其是 2010 年代。

国家教育部①自 1995 年开始推行"211 工程"建设，并于 1998 年启动"985 工程"；2017 年又正式推动"双一流"建设。在此过程中，各著名高校不断制订相应的发展规划和实施方案，有关高校"学派"之称正与这一历史背景相吻合而陆续出现并开始盛行。可以说，正是这一历史背景催生了这些高校"学派"之称的提出与盛行。

（二）学科内涵：各校所指不尽相同，各有侧重

9 所著名高校上述经济学"学派"之称，虽然都针对经济学学科而言，但从各自具体表述来看，所指学科内涵却不尽相同。即有的或有时是经济学整体学科或一般学科意义上的称呼，有的或有时则是侧重于经济学具体学科或单独学科意义上的称呼，还有的包括了工商管理学科方面的内容。

大体而言，北大、复旦、武大、西北大学的经济学"学派"之称，大多表达为经济学整体学科或一般学科意义上的称呼。如北大厉以宁提出要"创立一个经济学的'北大学派'"，经济学院强调要"成为形成中国风格、北大学派的哲学社会科学学科的建设者和排头兵"；复旦校友吴敬琏"希望创建经济学的'复旦学派'"，校党委书记强调"努力形成中国经济学的复旦学派"；武大校友何炼成倡导"创建珞珈学派"，校友邹恒甫提出"武大学派"；西北大学何炼成被称为"'西北学派'奠基人"或"西北经济学派的奠基者"等。这些显然都是基于经济学整体学科或一般学科意义而

---

① 中华人民共和国教育部的前身叫作"中华人民共和国国家教育委员会"，简称"国家教委"，1998 年改称今名；为便于叙述，本书未严加区分，一般情况下均以"教育部"相称。

言的，即并未针对某种经济学的具体学科或单独学科。

但是，即令在这些高校中，在同样使用上述经济学"学派"之称时，有时所指的却只是经济学中某种具体学科或某一单独学科及其相关领域的研究。如北大的"赵靖（北大）学派"之称，所指的只是北大的中国经济思想史学科；武大校友何炼成主张"以发展经济学为中心"，武汉大学经济发展研究中心提出"把武大打造成发展经济学珞珈学派大本营"，所针对的主要是武大的发展经济学学科。

而南开、厦大、人大、中大、吉大的经济学"学派"之称，则基本上只是针对经济学中某种具体学科或单独学科而言的。如南开被誉为经济史领域的"南开学派"，南开指数成为"当时最为著名的'南开学派'"，其所称"南开学派"就是针对经济史和南开指数而言的；厦大针对王亚南、郭大力、傅衣凌等提出的"厦大学派"之称，分别所指的主要是王亚南、郭大力以马克思主义经济学为基础对中国经济问题的研究，以及傅衣凌对中国社会经济史的研究；人大突出的是金融学的"人大学派"，强调的是在财政金融研究中形成"人大学派"特色；中大经济学的"学派"之称也侧重于金融学科；吉大"争创'吉大政治经济学学派'"等，即都只是侧重于经济学中的具体学科或单独学科而言的。

此外，有些学校如北大、复旦、厦大和中大，它们的经济学"学派"之称，明确地包括了工商管理（含会计学）学科方面的内容。如北大提出打造"有独特风格的北大光华学派"；复旦希望"在中国会计学界建立'复旦学派'"；厦大会计学家葛家澍、余绪缨被视为"厦大学派"的重要代表；中大提出"要创'中大管理学派'"等。

总体来看，这些高校的经济学"学派"之称所指学科内涵大体可用表 0-1 加以概括。

表 0-1　　　　　　　　　9 所高校经济学"学派"之称所指学科内涵一览

学校	经济学"学派"之称所指学科内涵
北大	经济学一般、中国经济思想史 + 光华管理
复旦	经济学一般 + 会计学
武大	经济学一般、发展经济学
南开	经济史、南开指数
厦大	马克思主义经济学、中国社会经济史 + 会计学
人大	金融学（财政金融）

续表

学校	经济学"学派"之称所指学科内涵
中大	金融研究 + 工商管理
吉大	政治经济学
西北大学	经济学一般

（三）形成状况：不少具体学科被视为已然存在，但整体上仍基本上表达为将来时

各校所称"学派"，从形成状况上看均有一个"时态"问题，大体上可将它们分为"已然存在"和"愿景规划"两类。已然存在表示过去和现今的存在，相当于过去时和正在进行时①；愿景规划则表示未来努力的方向与目标，相当于将来时。需要说明的是，无论已然存在还是愿景规划，均出自对"学派"之称的提出者或描述者所做表述的一种判断，亦即是对其被视为处于何种状态的结果的概括。

北大按厉以宁的说法是"要"创立一个经济学的"北大学派"，院方表示要成为"北大学派"的建设者和排头兵，可见北大作为整体学科或一般学科意义上的经济学"学派"之称，所表达的尚属一种将来时的愿景规划；但赵靖时代的中国经济思想史学科则被以"形成"相称，被视为已然存在的"学派"。复旦校友吴敬琏表示"希望创建经济学的'复旦学派'"，校方表示将"努力形成"中国经济学的复旦学派，其会计学也是"希望"建立"复旦学派"，表明仍在愿景规划之列。武大校友何炼成呼吁"重振珞珈学派"，另有校友和学者针对武大发展经济学学科，认为张培刚、谭崇台等"开创了中国经济学界的'珞珈学派'"，已"开宗立派"，表明均已将之视为已然存在。南开经济史学科"被誉为"南开学派，应视为已然存在；何廉时代的南开指数具备以"学派"相称的资格与条件，被视为当时最为著名的学派，应属过去时的已然存在。厦大针对王亚南、郭大力基于马克思主义经济学对中国问题的研究，认为已"创立了"厦大经济学派；中国社会经济史学家傅衣凌也被视为"厦大学派"的重要代表；会计学家葛家澍和余绪缨据称在他们手上已"形成'厦大学派'"，均被视为过去时的已然存在。人大金融学科据称已经"形成了"人大学派特色，当被视为已然存在。中大"希望"在深圳研究院开创金融研究的"中大深圳学派"，提出"要创'中大管理学派'"；吉大政治经济学"争创"吉大学派，均属将来时的愿景规划。西

---

① 过去时和正在进行时在阐述与统计"学派"之称时很难决然分开，因为所称"学派"大都有历史渊源可以追溯，所称历史上诞生的"学派"通常也大都可以或多或少地得到一定程度的延续与传承；况且过去时截至何时为止往往也难以清晰划定，故本绪论将两者合在一起而不加区分，将之一并归入"已然存在"加以阐述。

北大学的经济学"西北学派"被认为已由何炼成"奠基",属尚未完全形成的已然存在（见表0－2）。

表0－2　　　　　　　9所高校所称经济学"学派"形成状况描述一览

学校	已然存在		愿景规划
	学科内涵	主要代表	
北大	中国经济思想史	赵靖	经济学一般＋光华管理
复旦			经济学一般＋会计学
武大	发展经济学	张培刚、谭崇台	经济学一般
南开	经济史 南开指数	刘佛丁 何廉	
厦大	马克思主义经济学 中国社会经济史 会计学	王亚南、郭大力 傅衣凌 葛家澍、余绪缨	经济学一般
人大	金融学（财政金融）	黄达	
中大			金融研究＋工商管理
吉大			政治经济学
西北大学	经济学一般	何炼成"奠基"	

（四）发声形式及主体：基本系宣传报道式的自说自话

这些高校的经济学"学派"之称系以何种形式发声？其发声主体是谁？

先看发声形式。本绪论前面共引用各校经济学"学派"之称的相关文献（含正文、注释和后附相关参考文献）46项[①]，其中报纸文章6项、期刊＋文集析出文章15项、学术会议论文1项，电子文献24项。从这些文献资料中可以看出：第一，电子文献占据大部分比重，占52.17%，这些电子文献所涉内容基本上为宣传报道式的。第二，来自报纸的6项，分别为：《光明日报》2项（武大、厦大）；《经济日报》1项（厦大）；《陕西日报》和《各界导报》各1项（西北大学）；《珞珈青年报》（武大校内报）1项，从内容来看也基本为通讯报道、杂论或简要介绍稿，也大抵属宣传报道式的。第三，期刊文章的学术性略强一些，共有12项，但有些期刊如《财政监督》《金融博览》《中国金融家》《中国农村信用合作》等，并非经济学界的权威和主

---

① 此处只统计各校纯粹涉及经济学（＋工商管理）"学派"之称的相关文献，涉及其他学科和哲学社会科学整体学科的相关文献不在此统计之列。

流期刊，其学术性、权威性与影响力极其有限；同时，许多内容也缺少学术探索与流派研讨，其作用与效果也基本停留在宣传报道的层面上。第四，上述 46 项文献中仅有 1 项为学术会议论文，系南开硕士研究生与其导师于 2005 年提交中国经济学年会的论文，虽属学术性成果，但其学术分量与影响力却甚为有限。

再看发声主体。这些"学派"之称的发声主体大抵出自三类：官方（学校与院系）、学者（多为本校老师或校友）、媒体人士（记者、通讯员等）。首先，毋庸置疑，所有"学派"建设规划、方案、战略均出自官方，而且全都出自各自的学校或院系，实际上属于各为各校、自话自说。其次，发声学者基本上为各校自己的老师、学生、校友，尤其是影响力大、说话分量重的校友，如北大老师厉以宁、复旦校友吴敬琏、武大校友何炼成等。再次，媒体人士的稿源大多来自各校的宣传通稿，有些记者、通讯员、编辑本人就是相关学校的校友或联络员；而且媒体人士发声的渠道基本为电子文献，许多内容就来自各相关高校，相当于间接的自说自话。以北大为例，本绪论涉及该校经济学"学派"之称的电子文献共 4 条。其中，1 条来自价值网，内容系介绍"赵靖学派"的词条，由陈嘉珉编辑署名，相关资料应该源自北大经济学院，大抵属于间接性自说自话；还有 1 条来自人民网，为报道光华管理学院院长蔡洪滨在光华管理学院 30 周年院庆庆典上的主题演讲，实为对蔡院长讲话内容的整理；其他 2 条均来自北大自己的媒体，1 条来自北大新闻网，1 条来自北大经济学院网，更是自说自话了。本绪论 9 所著名高校的经济学"学派"之称所引 24 条电子文献中，直接来自各校自己网站的有 16 条，占比 66.67%，表明各校均在利用自己的宣传阵地和渠道自说自话。

（五）学派界定：多无明确阐释，略有间接表述

各校所称"学派"是在何种意义上进行使用的？即各校所使用的经济学"学派"之称在概念上是否有所界定？又是如何界定的？

毋庸讳言，愿景规划的"学派"之称多为鼓劲、激励的战略口号，并未对所称"学派"做出学术上的阐释与概念上的界定自不必说。即使被视为已然存在的经济学"学派"也大多没有做出明确的学术阐释与概念界定；基本上都是以间接方式略加表达的。

北大的"赵靖（北大）学派"之称，其概念的界定属间接表达，可概括为"四有"：即"有其杰出的学术带头人"；有"老中青结合阵容整齐、实力强劲的专业队

伍"：有"自成体系的研究方法"；有"作为代表作的高水平学术成果"。① 亦即是从领军人物、学术团队、研究方法和高水平成果四要件上对"北大学派"加以界定的。

武大的"珞珈学派"之称，校友何炼成实际上做了间接界定。在他看来，"珞珈学派"创立了一门学科——发展经济学，领军人物是国际发展经济学奠基人张培刚和中国发展经济学第一人谭崇台，在他们的"指导"下，形成一大批在发展经济学相关领域有突出贡献和重要影响的珞珈师承校友（如董辅礽、李京文、何炼成、刘诗白等），他认为"'珞珈学派'实质上就是'发展经济学派'"②。表明他是从发展经济学这一学科的创立和发展的角度来阐释和界定"珞珈学派"的。

南开经济史学科被称为"学派"是因为该学科是全国理论经济学科中唯一的经济史国家重点学科，其理论和方法创新在国内外经济史学界享有盛誉。关于"南开指数"，本绪论的解释是：该指数是南开历史上独树一帜、享誉中外的经济指数，该指数具有深厚的理论基础，拥有雄厚的专家团队，定期以季刊和年刊形式发布和登载，具备以"学派"相称的资格与条件，或可称之为"南开指数学派"。

厦大王亚南、郭大力经济学"学派"之称，是从学科特色角度来阐释和界定的。据称是因为王、郭二老"以马克思主义经济学为基础、站在中国人立场研究中国经济问题的具有鲜明特色的'中国经济学'厦大学派"③。

人大金融学科所称"学派"，其解释是黄达、陈雨露等创新金融理论体系，构建了一个实现宏观金融与微观金融的整合、虚拟经济与实体经济分析范式的统一，以及经济的普遍规律与国家禀赋有机结合的中国现代金融发展的"'大金融'理论体系"；同时"活跃在中国金融领域各前沿岗位的'人大人'所具备的'人大风格'，在中国金融业的崛起过程中成为不可或缺的组成部分，并在此进程中形成了'人大学派'的重要内涵"④。人大校长、书记将之简要概括为"国际视野、中国风格和人大学派特色"。

西北大学的"西北学派"之称，据说何炼成自己做过解释："何炼成阐释'西北学派'有两层含义：一是用西北的风格来研究当代中国经济问题，在经济学界形成'勤奋、求实、创新、严谨'的'西北风'，遵循'大胆设想，小心求证'的科学研

---

① 陈嘉珉. 赵靖（北大）学派［EB/OL］. 价值网，http：//www. chinavalue. net/Wiki/赵靖_北大_学派_C_174610. aspx，2007－09－06/2021－05－23.

② 何炼成. 国际发展经济学的奠基人——张培刚教授［J］. 经济思想史评论，2007（02）：331－338.

③ 厦门大学经济学院简介［EB/OL］. 厦门大学经济学院网，https：//se. xmu. edu. cn/xygk/xyjj. htm，2022－11－28.

④ 孙榕. 金融学"人大学派"：从中国到世界［J］. 中国金融家，2017（09）：25－29.

究方法，淡泊名利，潜心治学；二是应用当代经济理论，密切结合西部经济特点，探讨发展西部经济的基本理论。"①

可见，各校的经济学"学派"之称并无统一标准和概念界定，大多是从学派代表、学术队伍、学科特色、学术风格等方面来加以描述和表达的。正因为没有统一标准和概念界定，故大都处于各说各话、各定各调的"自视""自称"状态。

（六）总貌比较：逊于中国传统优势学科

总体而论，中国高校的所有"学派"之称，迄今尚未形成像西方大学那样影响巨大、举世公认的学派，如剑桥学派、哥本哈根学派、伦敦学派、芝加哥学派、弗莱堡学派、哈佛学派等。

相对而言，中国高校"学派"之称，表现较为突出的是中国传统优势学科，如国学，包括中国史学、中国哲学等。国学是中国特有的历史文化遗产，中国学者研究国学具有得天独厚的优势，因而在国学领域产生中国高校"学派"之称，不仅顺理成章、理所当然，而且底气十足、理直气壮。如清华大学发端于国学研究院的"清华学派"；北京大学以国学大师林损为学术中坚的"北大温州学派"；复旦大学以中国修辞学著名学者陈望道为代表的"复旦修辞学派"；武汉大学国学大师黄侃及其老师章太炎创立的"章黄学派"；中山大学朱希祖和朱谦之的"文化学派"；山东大学儒学研究的"山大学派"等。这些"学派"之称，大都表达为已然的存在。

中国史学在不少高校均有"学派"之称。以清华大学对中国学术史的研究为例，自著名文学史家王瑶提出文史研究的"清华学派"之称后，引起众多学者的广泛关注与认同，徐葆耕、何兆武、胡伟希、李伯重等先后发表了大量中国学术史方面清华学派之称的研究成果，仅本绪论引用的这方面的文献资料（含脚注与参考文献）即多达23项，为本绪论中所有高校的经济学"学派"之称引用文献资料46项的一半。不仅文献资料数量相对较多，而且文献资料的形式更趋于研究性和学术化，其中包括专著文集3部、学位论文1篇，这是经济学"学派"之称文献资料中迄今尚未出现的；期刊论文15篇，比所有高校经济学"学派"之称的全部期刊论文12项还多出3篇。

中国哲学，尤其是中国马克思主义哲学和中国哲学史，高校中相应的"学派"之称也相当突出。前者如前已述及的北大、人大、吉大、南大、武大、中大、南开、复

---

① 李功耀. 开发西北的号角 托举新宿的宗师——记"西北学派"奠基人何炼成教授 [J]. 财政监督，2003（10）：4-11.

旦等校的中国马克思主义哲学研究"范式学派"之称；后者如张岱年称中国哲学史著名学者冯友兰等于20世纪三四十年代在清华哲学系形成的"清华学派"，冯友兰到北大后与张岱年、汤用彤、朱伯崑等形成的中国哲学史研究"北大学派"，以武大萧萐父为创始人的"珞珈中国哲学学派"，人大方克立的恩师石峻开创的中国哲学史"人大学派"等。中国逻辑学在高校中也有相应的"学派"之称，如捷克汉学家扬·弗霍夫斯基所赞誉的"清华逻辑学派"，南开中国著名逻辑史学家崔清田主持的"名辩学"和中西逻辑思维比较研究团队形成的"南开学派"等。在这些高校的"学派"之称中，本绪论涉及中国哲学"学派"之称方面的文献资料共计27项。从数量上看，其中最多的是北大（8项）；而反观北大经济学"学派"之称，本绪论中涉及经济学方面的文献资料却只有4项，仅为哲学方面文献资料的一半。从结构上看，这些高校哲学"学派"之称所涉及的相关文献资料中，共有4部著作和1篇学位论文，这是经济学"学派"之称涉及文献资料中完全没有的；期刊文章12篇，与经济学"学派"之称相关文献资料持平；只有报纸文章4项和电子文献6项，少于经济学"学派"之称相关文献资料的6项与24项。表明这些高校哲学方面的"学派"之称，并不仅仅停留在宣传报道的层面上，已在学术性研讨上下了较大功夫。因而，仅从文献学视角即可看出，这些高校的经济学"学派"之称是逊色于中国传统优势学科的"学派"之称的。

（七）国际视野：总体水准存在不小的差距

现代经济学发轫于西方，经济学"学派"之称也肇始于西方。在西方经济学中，经济学派是对经济学领域中具有相同或相似经济学说和政策主张的经济学者及其群体的归总称呼。经济学说史上较为著名的有古典学派、新古典学派、凯恩斯主义、货币主义、供给学派、新凯恩斯主义等；以高校命名的学派有前已提及的剑桥学派、芝加哥学派、伦敦学派、弗莱堡学派、哈佛学派等。无论是否以高校命名，这些"学派"之称都表现出十分明显的特征：（1）具有极强的学术性。经济学派属于经济学领域的学术流派，当然要突出其学术性。西方经济学派大都具有重大的学术理论创新或学科创新，故许多学派被直接以其创新的理论命名，如供给学派、制度学派、理性预期学派、公共选择学派、边际效用学派等。（2）具有鲜明的特殊性。即在学术上独树一帜、自成一派，在理论学说、政策主张、研究方法、学术风格等方面或其中某一或某些方面，具有不同于其他学派的特殊性，表现出独有的鲜明特色。（3）具有极高的认可度。即并非自说自话、自我标榜，甚至完全没有"自视""自称"的成分，而是被学术界普遍"他视"、广泛认可。如古典学派就不是古典经济学代表者亚当·斯密、李嘉图等人的自称,而是后来研究者们的概括,最早使用这一称呼的是马克思概括和使用的古典经济学,后被西方学术界普遍接受并沿用至今。西方经济学派通常都同时具备这三大特征,而且都达到了"极"高的层级或程度。也就是说,如果只具备其中某一特征,或者只在一般性意义上具备这些特征是不足以被邀入经济学流派的高雅殿堂的。

以此为参照系,基于国际视野,考察中国上述高校的经济学"学派"之称,可以看出它们大多还存在不小的差距。大体表现为四种情况:(1)有较为重大的理论创新和学科创新,甚至开创了一门学科并得到国际经济学界的高度认可,但在"学派"之称上却鲜为人知,仍处于自说自话的"自视""自称"状态,如发展经济学创始人张培刚领衔的"珞珈学派"。(2)有一定的理论创新或学科创新,但基本上尚未走向国际学术舞台,如"赵靖(北大)学派"和金融学"人大学派"。(3)学科特色和学术风格突出,但成体系的理论创新不够,还谈不上在国际学术界有多大的影响力和认可度,如基于马克思主义经济学研究的"厦大学派"。(4)在国际学术界享有一定的知名度,也颇具特色,但却谈不上在学术上有多大的理论创新,如"南开指数学派"。

学派不是"自封"的,但却是需要提炼和总结的,需要赏识者、后来者、研究者进行必要的提炼和总结,这是学派"诞生"的通行惯例和一般规律。中国在一百多年现代化的艰辛追求与伟大实践中,创造了诸多举世瞩目的经济发展奇迹,积累了宝贵丰富的经济发展经验,存在产生经济学派的肥沃土壤,在借鉴西方经济理论的丰富成果并总结中国伟大实践经验的基础上,形成中国自己的经济学派也是顺理成章、不足为奇的。依据学派诞生惯例,提炼和总结中国自己的经济学派,从学术研究视角看,不仅具有极大的可能性和可行性,而且具有巨大的理论意义与现实价值。对于中国学者来说,提炼和总结中国自己的经济学派,是我们义不容辞的神圣使命与光荣任务。

第一章

珞珈经济学人『学派』创建概念界定

学派通常出现在一定历史条件下、一定地域范围内和一定学科领域中，特定学派通常具有特定的概念界定与边界划分。何炼成校友在当初发文提出经济学"珞珈学派"时，主旨在于强调要重视"学派"的创建，既未对学派创建的概念加以界定，也未对学派创建者的边界划分做出说明。对于珞珈经济学人"学派"创建的深入探讨与系统研究，要求我们必须首先弄清学派创建的概念界定与边界划分，以便我们从严格意义和科学内涵上去认识和了解珞珈经济学人意欲创建的是怎样的学派，其代表人物和相关人员究竟有哪些既是基础性也是根本性的问题。

第一节
珞珈经济学人"学派"创建的涵义

"学派"之称是一个十分严肃的学术问题，到底何谓"学派"？何谓经济学"学派"？所谓珞珈经济学人"学派"创建意欲何指？这些都只有在科学界定相关概念的基础上加以深入研究，才能做出较为正确的判断和令人满意的解答。

一、何谓"学派"

在中国，"学派"一词，古已有之。早在春秋战国时期，中国即已出现诸多影响深远的学术流派，如儒家学派、墨家学派、道家学派、法家学派、兵家学派等。不过当时人们尚未使用"学派"一词。中国最早开始使用"学派"一词，大抵见诸《明史》卷二八三《列传第一七一》："阳明学派，以龙溪、心斋为得其宗。"阳明学派为明朝中晚期的一个著名学术思想流派，创始人为明代大儒王守仁（别号阳明），其弟子王畿（号龙溪）、王艮（号心斋）等传承并发展其学说，成为当时的主流学派。此后，"学派"之称被广泛使用，如继王阳明之后，出现了由其弟子分化形成的诸多分支学派，被清代著名学者黄宗羲在《明儒学案》（1888）中将之分为 7 个王门学派，分别称为：浙中学派、江右学派、南中学派、楚中学派、北方学派、粤闽学派、泰州学派。其中尤以钱德洪、王畿为代表的浙中学派，以邹守益、欧阳德为代表的江右学派和以王艮为代表的泰州学派最为著名。同时，在文学领域，明后期还出现了一些以学者籍贯命名的学派，如以湖北公安人袁宏道及其兄袁宗道、弟袁中道为代表的"公安派"；以湖北竟陵（今湖北天门）人钟惺、谭元春为代表的"竟陵派"；以江西临川人汤显祖为领袖的"临川派"；以江西吴江人沈璟为领袖的"吴江派"等。此外，在理学界还有以河东（今山西境内）人薛瑄为代表的河东学派和以担任无锡东林书院主讲的顾宪成、高攀龙为代表的东林学派等。清代也出现了一些著名学派，梁启超在《清代学术概论》（1921）中概括为四大流派，分别为：皖南学派、浙东学派、桐城学派、常州学派。此外，清代还有颜李学派、考据学派、乾嘉学派、扬州学派、苏州学派等。民国时期则有以章太炎、黄侃为代表的章黄学派，以顾颉刚、钱玄同等为代表的疑古学派，以社会学家吴文藻及其学生费孝通为代表的中国学派或称中国社会学派等。

从中国历史上所称的这些学派可以看出，"学派"无非是指一个具有某种关联性的特殊学术群体。首先，它是一个学术群体；其次，该群体具有某种关联性；再次，该群体的学术思想与学术风格具有其特殊性，是一个特殊学术群体。这种具有某种关联性的特殊学术群体，或师承相同而形成"师承性学派"，如阳明学派、颜李学派、章黄学派等；或地域相同而形成"地域性学派"，如浙中学派、江右学派、泰州学派等；或学术思想相同而形成"问题性学派"，如考据学派、疑古学派、中国社会学派等。先秦儒、墨、道、法各家尽管也存在着不同的师承关系，但主要是以学术思想不同而加以划分的，因而更偏重于问题性学派；乾嘉学派因盛行于乾隆、嘉庆两朝而得名，该学派以考据为治学的主要内容，实际上为乾隆、嘉庆两朝这一特定历史时期的考据学派，也属问题性学派。

在西方，"学派"一词的英文为"school"，它在英文中为多义词，与"学校""学院""授课""求学"等同为一词；此词的德文为"Schule"，法文为"école"，皆源于希腊文"skhole"。希腊文"skhole"的本义表示"空闲、闲暇"，指不用参加生产劳动而有空闲从事诗曲画作、科学研究、学术研讨等相关的活动、场所和人。现代英文"school"所指的"学派"是"学术派别"的简称，《牛津高阶英汉双解词典》

的解释是："a group of writers，artists，etc. whose style of opinions have been influenced by the same person or ideas""a way of thinking that a number of people share"①，意谓观点风格受到同一人或同一思想的影响的一群作家、艺术家等，多人同有一种思维方式。此界定所强调的是学术思想、学术风格的传承与影响以及思维方式的相同性，在西方它通常用来称呼具有某种关联性的特殊学术群体。以西方哲学为例，在古希腊有毕达哥拉斯学派、苏格拉底学派、伊壁鸠鲁学派等，这些学派由当时著名学者及其信徒或弟子所组成，大体属于师承性学派；古希腊还有爱利亚学派、米利都学派，前者以其学派产生的城邦爱利亚命名，后者以其主要代表者出生的城邦米利都命名，这些学派的学者们虽也或多或少存在着一定的师承关系，但却是着眼于地域界限来审视其学派的，因而大体属于地域性学派；在现代西方哲学中则有意志主义、存在主义、生命主义、实用主义等流派，这些均为问题性学派。

中国学术界对于"学派"一词的解释见仁见智，众说纷纭。

《辞海》将"学派"一词解释为"一门学问中由于学说师承不同而形成的派别"，这是对传统意义上师承性学派的表述，在今天看来有欠完备，因为它不能将地域性学派和问题性学派囊括其中。当然，无论师承性学派，还是地域性学派与问题性学派，都不过是一种大体的分类，它们之间并无严格界限；而且即令地域性学派和问题性学派也大多与师承性有或多或少的关联，如有些地域性学派和问题性学派的学者就在师承性上或多或少的存在着直接（如师生）或间接（如追随者）的关联性。

《现代汉语词典》将"学派"定义为："同一学科中由于学说、观点不同而形成的派别。"此定义紧扣学术内涵加以阐释，较之《辞海》的解释略为完备和深刻一些。不过，也有过于简略粗疏之嫌，因为不清楚不同的学说、观点达到何种程度才能形成"学派"；而且不同学科之间也可能形成交叉学科或跨学科的学派，并非仅仅局限于同一学科之中。

这就涉及"学派"形成的条件和标准问题，即达到怎样的条件或标准才成其为"学派"？

胡代光、厉以宁在阐述"什么叫做资产阶级经济学的流派"时提出过"三基本说"，他们认为"资产阶级经济学流派是指一些在理论观点上基本一致，分析方法上基本一致，政策主张上基本一致的经济学家们所形成的一种经济学派别"②。

---

① ［英］霍恩比著，王玉章等译. 牛津高阶英汉双解词典（第7版）［M］. 北京：商务印书馆，2010：1782.

② 胡代光，厉以宁. 当代资产阶级经济学主要流派［M］. 商务印书馆，1982：10.

于光远在分析"自然辩证法学派"时提出过"两有说",即"有一套自己的哲学观点,有一套自己的独特的治学和工作风格,是一个学派得以成立的条件"[1]。

何兆武在阐述"清华学派"时提出过"两一致说",他认为"一个通常意义的所谓学派,亦即有着一致的立场、观点和方法,一致的主题、方向和兴趣的一个有组织的学术团体"[2]。

彭定安提出"四条件说",据称他于 2009 年在一次答青岛大学《东方论坛》编者问时曾说:"一个学派的形成,大体上需要这样一些条件:有一、二位具有学术成就、学术威望、为'众星所拱'的学术带头人;有一个学术方向与理论见解大体一致而又各有所长的学术团队与梯队;他们具有原创性理论贡献、已经形成一种为学术界大体认可的理论体系和学说;有一批在文化学术界具有广泛影响的著述,其中有几本或几篇代表作。"[3]

黄明东等概括为"七要素说",指出:"'学派'的构成通常包括七个要素。即相同的学科、相同或相近的观点和学术信念、相同的理论基础和理论阵地、相同的师承关系、相同的学术符号系统、相同的研究对象、共同结成一个集体。"[4]

国外学者也对"学派"概念做过一些阐释,如熊彼特曾指出:"从我们的意义来说的学派:有一个宗师,一个学说,私人之间的结合;有一个核心;有势力范围;有边缘末梢。"[5] 英国学者莫雷尔(J. B. Morrell,1972)和美国学者盖森(G. L. Geison,1981)对学派共有的特征有所阐述,美国学者南希·斯莱克(Nancy G. Slack,2003)对之进行总结,大致概括为 4 个方面,即:第一,依托大学机构设立;第二,领导者具备人格魅力和学术声望,在区域或全国范围内拥有学术权威;第三,专注于确定性问题的研究,有快速可开发的技术,进而开辟一个新的研究领域;第四,有一批导师可以为他们提供出版和就业机会以及资金支持的研究生。[6]

综观中外"学派"之称及学术界各种界定,可以看出,"学派"就是指在一定学

①　于光远. 当代哲学界的一个学派 [J]. 自然辩证法研究,1990(03):60 – 62.

②　何兆武. 也谈清华学派 [J]. 读书,1997(08):3 – 9.

③　参见冯光廉. 中国现代文学研究至今无学派 [N]. 中国社会科学报,2014 – 08 – 01(B01).

④　黄明东、陈梦迁,刘博文. 论学派要素培育与大学学术进步 [J]. 教育研究,2015,36(06):38 – 45 + 95.

⑤　[美] 约瑟夫·熊彼特著,杨敬年译. 经济分析史(第 2 卷)[M]. 商务印书馆,1992:141.

⑥　Nancy G. Slack. Are Research Schools Necessary? Contrasting Models of 20th Century Research at Yale Led by Ross Granville Harrison,Grace E. Pickford and G. Evelyn Hutchinson [J]. *Journal of the History of Biology*,2003(36):501 – 529 [莫雷尔和盖森的阐述分别参见:J. B. Morrell. The Chemist Breeders:The Research Schools of Liebig and Thomas Thomson [J]. *Ambix*,1972(01):1 – 46;G. L. Geison. Scientific Change,Emerging Specialties,and Research School [J]. *History of Science*,1981(19 – 1):20 – 40].

科领域内由一个具有某种关联性特殊学术群体组成的学术流派。具体来说，它形成于一定的学科，如某一学科或某几个学科范围内；它的主体是一个学术群体，或称学术团体、学术共同体；这个学术群体有众星相拱的领军人物，有独特的研究领域与对象、独特的研究方法或学术风格等；其群体成员有特殊的关联性，其关联性或为师承性的、或为地域性的、或为问题性的。识别学派的视角有 5 个：一为"学科"，它产生于一定的学科领域，表现出一定的学科内涵；二为"学者"，它由权威学者（或宗师）及关联学者群体所组成；三为"学生"，它通常有一批忠诚的授业学生或非嫡传学生的追随者相拥戴和进行传承；四为"学术"，它在学术研究上具有重大理论创新或学科创建，具有相应的学术成就或代表作；五为"学风"，具有独特的研究方法和治学风格。学派的基本特征在于它的学术性、群体性、关联性、传承性与独特性。学派形成的条件与标准可从学术带头人、学术团队、理论贡献（含代表作）、学术风格等因素上进行考量（或可称为"四因素说"），简言之，一个学派形成的重要标志在于它有独领风骚的领军人物、独当一面的学科群体、独树一帜的理论贡献和独具一格的学术风格。

学派的核心与灵魂在学术，而学派的学术水平总会有高有低、参差不齐，因而学派在内涵上也就必然会有深浅之分。衡量学派内涵深浅的维度大致有两个：一是其学术思想的形态；二是其学界认可的程度。学术思想通常表现为三种形态：一为学术观点，它简单零散而无理论体系；二为理论学说，它较为系统以至自成体系；三为独立学科，它自成体系并形成为一门独立的学科或分支学科。如果一个学派在学术上只是提出了独特的学术观点，那么它还只是停留在较为浅层的"学派"水平上；如果它形成了独特的理论学说甚至创建了独立的学科，那么它的"学派"水平就会大为提高直至登峰造极。学界认可程度可分为自家认可、同行认可、学界认可、国际认可四个层级。如果一个学派只是自己或自己学生、校友认可，那么它还只是停留在较为浅层的"学派"水平上；如果它得到同行认可，或得到学术界普遍认可，进而得到国际认可，那么它的"学派"水平就会水涨船高直至达到登峰造极的程度。当然，无论对于考量学派学术水平的三种思想形态而言，还是对于考量学派学界认可程度的四个层级来说，都只是一个大致的判别或划分；实际上它们还可做出进一步的程度细化或等次细分，如"学术观点"也有精粗深浅之分，"自家认可"也有多少厚薄之别，以此类推。不过，如此细化或细分也可能会陷于繁杂与琐碎之烦，不便进行实际操作。

二、何谓经济学"学派"

经济学"学派",顾名思义就是经济学领域以经济学说为内涵的学术流派。

经济学领域包含的范围相当广泛,它可以进一步划分出若干分支学科与研究方向,亦即对经济学还可做出进一步的学科分类。中国目前在学科分类上存在两个由政府权威部门发布的现行版本,一个是国务院学位委员会和教育部颁发的《学位授予和人才培养学科目录》;另一个是中华人民共和国质量监督检验检疫总局和中国国家标准化管理委员会颁发的《中华人民共和国国家标准学科分类与代码》。

第一个版本将经济学作为与哲学、法学、文学、理学、工学、农学、医学等相并列的学科门类,在"经济学"学科门类之下设为理论经济学与应用经济学两个一级学科。在 2011 年之前颁发的版本中,"理论经济学"下设政治经济学,经济思想史,经济史,西方经济学,世界经济,人口、资源与环境经济学 6 个二级学科;"应用经济学"下设国民经济学、区域经济学、财政学(含税收学)、金融学(含保险学)、产业经济学、国际贸易学、劳动经济学、统计学、数量经济学、国防经济学 10 个二级学科。2011 年起在一级学科下不再统一颁布二级学科,二级学科改由学位授予单位在本单位一级学科学位授权权限内,结合本单位学科建设目标和人才培养条件自主设置与调整。

第二个版本未将经济学列为学科门类,学科门类按大类设有"人文与社会科学";经济学在人文与社会科学门类之下,与哲学、文学、历史学等同设为一级学科。经济学一级学科下不分理论经济学与应用经济学,而是直接列出政治经济学、经济思想史、经济史等二级学科;但所列二级学科较细、较多,共 30 多个(首次颁发后,历年公布时常有增删和调整),其中,列有宏观经济学、微观经济学、比较经济学、经济地理学、发展经济学、生产力经济学等。该版本在许多二级学科之下还设有三级学科,有的所设三级学科还相当多,如世界经济学二级学科下所设的三级学科,首次颁布时即有 20 个之多,后来还有所增加。

第一个版本是国家针对学位授予与人才培养而制定的,为了充分调动学位授予与人才培养单位的主动性与积极性,在学科分类上有淡化行政标准、简化分类细目的趋向;第二个版本是国家用于制定科技政策和科技发展规划以及为科研项目、科研成果管理服务而颁布的，为了便于宏观管理和科技统计，在学科分类上需要详定标准并建立完备的体系，故分类较为详细。这两个版本的学科分类对于经济学派的建设与研究来说，不是一个强制性的学术指南与衡量标准；而只是一个参考性的学科分类与范围划分。这是因为，学者们在进行经济研究并创立学派时往往并不是按照所谓的学科分类去"对号入座"的；经济学科的不断创新与发展也不会拘泥于现行的所谓学科分类去"依葫芦画瓢"，所以对于经济学派的创建与研究来说它只是一个大致的参考。

还需指出的是，在传统的经济学概念中通常是包含工商管理（如会计学、审计学、企业管理、旅游管理等）方面的内容的，但在中国现行的学科分类中，两个版本均将管理学单列为一个独立的学科门类。在第一个版本中，管理学是与经济学并列的学科门类，2011 年前在其下设工商管理为一级学科，会计学、企业管理、旅游管理、技术经济及管理为二级学科，审计学阙如①；在第二个版本中，管理学与经济学甚至不同门类，管理学设置在工程与技术科学门类中，管理学也为一级学科，其下作为二级学科设有企业管理；而会计学、审计学以及旅游和技术经济方面的内容则以技术经济学和旅游经济学名称设在经济学一级学科中，也为二级学科。

为便于聚焦理解经济学领域的具体内容，以上述两个版本为参考，大体而言，我们在这里进行经济学"学派"研究中所称的经济学，大致相当于第一个版本中理论经济学和应用经济学全部内容的总和。

在西方，经济学也存在着学科分类，较为通行的是 JEL 分类。该分类由美国经济学会《经济文献杂志》（*Journal of Economic Literature*）所创立，内容上采用"主题式"范畴对经济学各研究领域进行分类，方法上采用"辞书式"方式进行技术编码，具体分为：总类教学（A – General Economics and Teaching）、流派方法（B – Schools of Economic Thought and Methodology）、数理数量（C – Mathematical and Quantitative Methods）、微观经济（D – Microeconomics）、宏观经济与货币经济（E – Macroeconomics and Monetary Economics）、国际经济（F – International Economics）、金融经济（G – Financial Economics）、公共经济（H – Public Economics）、卫生经济（I – Health, Education and Welfare）、人口经济（J – Labour and Demographic Economics）、法律经济（K – Law and Economics）、产业组织（L – Industrial Organization）、企业管理（M – Business Administration and Business Economics；Marketing；Accounting）、经济史（N –

---

① 2022 年国务院学位委员会和教育部新颁布的《研究生教育学科专业目录》中，管理学也是与经济学并列的学科门类，其下设有工商管理学、会计、审计，均为一级学科。

Economic History)、经济发展（O – Economic Development，Technological Change，and Growth）、经济体制（P – Economic Systems）、农业与自然资源经济（Q – Agricultural and Natural Resource Economics）、城市与区域经济（R – Urban，Rural and Regional Economics）、其他专题（Z – Other Special Topics）19 个大类；其下又细分为若干小类。该分类为现代西方经济学界所广泛采用。该分类中的法律经济、企业管理、经济体制大体可视为经济管理（含宏观经济管理与微观经济管理）方面的内容，总体而言，也基本上可以用理论经济学和应用经济学来加以概括。

总之，综合参考中外经济学学科分类，可将经济学"学派"研究的经济学领域大体界定在理论经济学和应用经济学的范围之内。倘若依此界定，那么，可以说经济学"学派"就是指理论经济学和应用经济学学科领域的学术流派。

这样的经济学"学派"，自有其不同于其他领域的学术流派如哲学学派、文学学派、物理学派等的特征。第一，它形成于经济学领域；第二，它的主体是经济学者；第三，它的研究对象与路径离不开人类的经济活动与经济现象；第四，它的学术思想属于经济学范畴的内容，所形成的是经济思想、经济学说；第五，它的研究方法、学术风格均与经济学具有密切相关性。

三、珞珈经济学人"学派"创建意欲何指

任何学派的创建都有其行为主体。此处所称珞珈经济学"学派"创建的行为主体是"珞珈经济学人"。要了解该"学派"创建意欲何指，首先必须对"珞珈经济学人"加以界定，明确它所指的是何等人士。

所谓"珞珈经济学人"，概括地说就是与武汉大学珞珈山经济学科相关的"学人"。"学人"通常泛指求学治学之人，学有所专的学生、学子，以及在学术上有一定成就或造诣的学者，包括在学术上建树卓著和声望显赫的学家、大师，均可笼统地包括在"学人"之列。"珞珈学人"所指的是在地域上与珞珈山有学缘或学脉关系的学人，包括在珞珈山从事教学和科研工作的教师或学者，以及曾在珞珈山求学或任教后走出去的校友学生或学者。"珞珈经济学人"是"珞珈学人"中的一部分，所指的是武汉大学经济学科的"珞珈学人"。

从学派创建的视角考察，"珞珈经济学人"具体包括这样三部分人：一是武汉大学经济学相关学科的学者，可简称为"珞珈本部学者"；二是毕业或曾任教于武

汉大学经济学相关学科的校友学者,可简称为"珞珈校友学者";三是武汉大学经济学科毕业并无"学者"身份,但对于学派创建而言,在理论探讨与实践探索中取得颇具特色的学术成就并做出相应贡献的学者型特殊校友,可简称为"珞珈特殊校友"。这三部分人中的前两部分人均为"学者",可统称为"珞珈经济学者"或简称为"珞珈学者"。由于本书是从珞珈经济学"学派"创建视角来关注和考察珞珈经济学人的,因而本书所称"珞珈经济学人"重点所指的是与珞珈经济学"学派"创建有关的珞珈学者及相关学人。具体来说,它所指的是在珞珈经济学"学派"创建中,围绕该学派创建核心理论展开理论探讨与实践探索,并取得一定学术成就与做出一定理论贡献的珞珈学者及相关学人。本书就是在这个意义上来使用"珞珈经济学人"这一概念的。追溯起来,这一概念实际上是由武汉大学知名校友刘诗白提出的,他认为使用"珞珈学人"① 的提法较为妥当,这里我们完全接受了他的建议。

在明确"珞珈经济学人"学派创建行为主体的基础上,接下来我们需要弄清的是该主体试图创建的"学派"如何称呼、意欲何指。从称谓上看,"珞珈经济学人"试图创建的学派,最早由百年校庆时校友提出并经何炼成大力倡导,叫作"珞珈学派"。这一称谓后被运用到哲学、法学乃至学校其他一些优势学科。将武汉大学意欲创建的学派称为"珞珈学派",现在似乎已成为武大一些相关人士的共识。之所以如此,原因似乎不难理解:一则直呼"武大"略嫌过于直白,而冠以"珞珈"则显得优雅含蓄、意境深邃;二则珞珈山景色秀丽,湖光辉映,建筑典雅,已成名胜之地,"珞珈"二字具有独特的品牌效应;三则珞珈山隐秘幽邃,给人以幽居避俗、远离浮躁、静心为学的遐想空间,似乎天然具有学术殿堂的禀赋与特质。

"珞珈"既是地理名称,也实际上成了学校代称,从学派分类视角看,武汉大学意欲创建的"珞珈学派"既然冠以"珞珈"地名,总体上自然属于地域性学派;但作为高等学府指称的学派,它又必然带有浓郁的师承与校友关系特征,抑或可以说,它实际上是以地域性为主兼具浓郁师承与校友关系特征的师承性学派。

在西方学术界,这种以地域性为主兼具浓郁师承与校友关系特征的师承性学派为数较多,可谓比比皆是。以古希腊的爱利亚学派为例,该学派是以古希腊城邦爱利亚命名的,它的主要代表人物有 4 位,分别为克塞诺芬尼(Xenophanes)、巴门尼德(Parmenides)、芝诺(Zeno of Elea)和麦里梭(Melissus)。在对学派的学术贡献上,

---

① 2019 年 11 月 22 日,笔者曾随武汉大学经济与管理学院有关领导和伍新木老师等前往西南财经大学拜望刘诗白先生,当谈及我们准备探讨"珞珈学派"时,他对我们所表达的意见。

克塞诺芬尼是先驱者，巴门尼德是奠基人和领袖，而芝诺和麦里梭则继承和发展了该学派的理论；在师承关系上，巴门尼德是克塞诺芬尼晚年所收的学生，芝诺和麦里梭则是巴门尼德的学生，他们 4 人是典型的三代师承关系。再以美国芝加哥经济学派为例，该学派鼎盛时期的两位主要代表人物米尔顿·弗里德曼（Milton Friedman）和乔治·斯蒂格勒（George Joseph Stigler）即为该学派创始人富兰克·奈特（Frank Hyneman Knight）的学生；该学派继弗里德曼和斯蒂格勒之后的另一位重要代表人物加里·贝克尔（Gary S. Becker）则是弗里德曼的学生，也是典型的三代师承关系。这样的例子还可举出英国的剑桥学派，该学派的创始人为阿尔弗雷德·马歇尔（Alfred Marshall），其后的代表人物为阿瑟·庇古（Arthur Cecil Pigou），再其后的代表人物为丹尼斯·罗伯逊（Dennis Holme Robertson），也为三代师承关系。这些学派均属师承关系非常明显的地域性学派。

武汉大学意欲创建的经济学"珞珈学派"，所指的就是这种属于经济学领域内以地域性为主并兼具浓郁师承与校友关系特征的学派，是对一批与武大珞珈山具有师承和校友关系的经济学人群体的归总称呼。

按从属关系而论，经济学"珞珈学派"应是武汉大学"珞珈学派"的一个重要分支，如同芝加哥经济学派之于芝加哥学派一样，它们有其特定的学科内涵。芝加哥学派不仅包括芝加哥经济学派，还包括芝加哥社会学派、芝加哥建筑学派、芝加哥传播学派、芝加哥数学分析学派、芝加哥气象学派等，由于这些学派都源自芝加哥大学（或芝加哥市①），故统称为芝加哥学派。同理，武汉大学所称"珞珈学派"也不仅局限在用于武汉大学经济学科的称呼上，还可以用于称呼武汉大学其他学科，如前所述武汉大学的中国哲学、国际法学和武汉大学其他一些优势学科，实际上即使用了此称呼。

最后需要明确的是这里所称学派"创建"意欲何指。所谓学派"创建"，它既可以理解为一种意愿，也可以理解为一种行为与过程，还可以理解为一种结果。作为意愿，它表现为对学派创建的诉求、愿景、规划等；作为行为与过程，它表现为代表者们为学派创建所采取的行动和做出的努力，表现为一个学派创建行为的发生与演进过程；作为结果，它表现为代表者们所取得的学术成就，所形成的学术思想及产生的影响，以及其"学派"之称是否可以成立并获得学术界的认可等。

---

① 源自芝加哥市而形成学派的典型代表为芝加哥建筑学派，该学派的创始人威廉·勒巴隆·詹尼（William Le Baron Jenne）和领袖人物路易斯·沙利文（Louis Sullivan）等均为芝加哥市第一批设计摩天大楼的建筑师。他们并不是芝加哥大学的学者，沙利文甚至一生都未曾直接接受过正规的学位教育。

对于珞珈经济学人"学派"的创建而言，我们需要最终弄清的就是：珞珈经济学人提出的"学派"之称可否成立，他们试图创建的是一个怎样的"学派"，他们为该"学派"创建做出了怎样的努力，取得了怎样的学术成就与做出了怎样的贡献？这些正是我们从事本研究需要深入探讨和认真解答的根本性和实质性问题。

第二节
珞珈经济学人"学派"创建者的边界

据前所述，"学派"之所以成其为学派，它必须具备一定的条件，符合一定的标准，这是就学派的形成要素而言的，它回答必须具备哪些基本要素才能成其为学派的问题；而学派创建者的边界划分则是就学派主体的范围界线而言的，它回答特定学派创建的主导者、参与者是哪些人，即哪些人是某一特定学派创建的代表者或相关成员的问题。仍以芝加哥学派为例，该学派的主体是芝加哥大学或芝加哥市的学者；但并非所有芝加哥大学或芝加哥市的学者都是芝加哥学派的代表者或成员。那么，哪些学者才是芝加哥学派的代表者或成员呢？这就需要进行学派的边界划分。

一、学派边界划分的参照依据

学派边界划分不能随心所欲，须有参照依据。中国目前在学派边界的划分上，无论是理论层面还是实际操作层面均无明确统一的参照依据；而在西方，现代学派林立，在学派边界的划分上虽然也无明确依据可资利用，但其实际做法却给我们以清晰启示，可作为我们划分学派边界的参照依据。武汉大学意欲创建的经济学"学派"总体上属于地域性学派，故我们不妨以西方地域性学派为例，看看其中可作为我们划分学派边界的参照依据到底有哪些。

综观现代西方地域性学派的主体成员，大体有如下几种基本类型：

（1）长期任职型：即学派代表者长期任职于其学派所在的特定"区域"（如大学）之内，许多人甚至终生不曾移职。如前述剑桥学派，其创始人马歇尔及其门生、也为该学派重要代表人物的庇古和罗伯逊，即均长期执教于剑桥大学，他们是终生服务于剑桥大学的学者。再如前述芝加哥经济学派，其创始人奈特及其弟子、也为该学派重要代表人物的弗里德曼、斯蒂格勒和后来的罗纳德·科斯（Ronald H. Coase）、贝克尔等均长期执教于芝加哥大学直至退休，是"从一而终"的芝加哥大学学者。

（2）短期任职型：指学派代表者在其学派所在机构只有几年甚至仅 1 年左右的任职经历。如芝加哥气象学派领袖人物卡尔·古斯塔夫·罗斯贝（Carl‑Gustaf Rossby）一生频繁辗转于美国气象研究机构与大学，曾先后在麻省理工学院、芝加哥大学和斯德哥尔摩大学任过教，在芝加哥大学全职任教的时间只有 6 年多；但他在此间成就突出，培养出许多精英学生，促进了现代气象科学的发展，创建了芝加哥气象学派。又如芝加哥经济学派早期代表人物之一的雅各布·维纳（Jacob Viner，又称为雅各布·瓦伊纳），他大学本科毕业于加拿大麦吉尔大学，博士学位是在哈佛大学获得的，并非芝加哥大学的嫡传弟子；他 1916 年才开始在芝加哥大学任教，而 1917 年又到政府部门任职，后几乎整个生涯都在政府部门做顾问，也在斯坦福大学、耶鲁大学、普林斯顿大学等任过教，也就是说他在芝加哥大学全职任教的时间实际上只有 1 年。但因他在芝加哥大学影响较大，而且该校的著名学术刊物《政治经济学期刊》（*Journal of Political Economy*，JPE）由他担任主编长达 18 年之久，故被视为芝加哥经济学派的代表人物。

（3）大学校友型：指学派代表者是从其学派所在大学毕业后到其他大学或科研机构任职的校友。以芝加哥气象学派为例，其领袖人物罗斯贝在芝加哥大学培养了 12 名博士，其中除 4 人留校外，其他人分别去了麻省理工学院、加利福尼亚大学洛杉矶分校、威斯康星大学麦迪逊分校等美国知名高校；尤其值得庆幸的是这其中还有 3 名中国学生，分别是谢义炳、郭晓岚和叶笃正[①]，其中除郭晓岚留校任教外，其他 2 人均回到了中国。这些毕业离校的学生均为芝加哥大学的校友，他们大都成为大气科学界的精英，多人获得美国气象学会的最高成就奖"罗斯贝奖"，有些校友在各自学校创办了气象学系科，传承和弘扬芝加哥学派精神，不少人即成为芝加哥学派的代表者或成员。回到中国的芝加哥大学校友也是如此，如叶笃正，他在 20 世纪 30 年代即加入罗斯贝的学术团队，"成为芝加哥学派中最年轻的成员"[②]。尤其是其博士学位论文中提出的大气运动"长波能量频散理论"，"被誉为动力气象学的三大经典理论之一，

---

① 谢义炳后任教于北京大学，是中国科学院学部委员、中国气象学界的一代宗师和奠基人；郭晓岚毕业留校任教于芝加哥大学，是美籍华人、杰出理论气象学家，曾获美国气象学会的"罗斯贝奖"；叶笃正后就职于中国科学院，是中国科学院学部委员、中国现代气象学主要奠基人之一、中国大气物理学创始人、全球气候变化研究的开拓者。

② 郑培明. 叶笃正：洞彻气象风云［N］. 中国科学报，2014‑02‑21（010）.

叶笃正则成为以罗斯贝为代表的'芝加哥学派'的主要成员之一"。① 再以弗莱堡学派为例,该学派领袖瓦尔特·欧肯（Walter Eucken）培养了一批学生,如 K. F. 迈耶尔（K. F. Maier）、利昂哈特·米克施（Leonhard Miksch）、保尔·恩塞尔（K. P. Hesel）等,他们都不在弗莱堡大学工作,是弗莱堡大学的校友;但他们大都在欧肯的指导下获得博士学位,大都以欧肯的理论学说为中心撰写博士学位论文且毕业后继续开展相应的科研工作,故均被认为是弗莱堡学派的基本成员。②

（4）特殊关联型:指既非某校校友也非其正式教职员而却成为其学派成员的学者。如普林斯顿大学的气象学家朱尔·查尼（Jule Chamey）,他大学本科、硕士、博士均毕业于加州大学洛杉矶分校;但却非常崇拜罗斯贝,也颇得罗斯贝赏识,曾多次到芝加哥大学当面讨教气象学问题或通过通信方式进行学术交流,并在芝加哥大学做临时工作近 1 年时间,虽既非芝加哥大学的正式学生,也非该校的正式教职员,但却因他在大气动力学等方面的突出成就与创新性研究方法以及他与罗斯贝情同师生的特殊关系而被视为芝加哥学派仅次于罗斯贝的代表人物。再如被列为弗莱堡学派基本成员之一的汉斯·盖斯特里希（Hans Gestrich）,他长期供职于报界和国家银行,从未在弗莱堡大学学习和工作,但他的货币理论与货币政策主张与弗莱堡学派的领袖欧肯颇为一致,可以称之为欧肯的忠实追随者,故被称为"弗莱堡学派的货币问题专家"③。

（5）延展传承型:指由学派校友在其所在学术机构培养的学生,也就是学派的异地再传弟子。仍以芝加哥气象学派为例,其领袖人物罗斯贝培养的学生到麻省理工学院、加利福尼亚大学洛杉矶分校、威斯康星大学麦迪逊分校等校后又培养了一批学生,他们是罗斯贝的学生的学生,是芝加哥学派的异地再传弟子。回到中国任教的叶笃正在其导师罗斯贝当初挽留他时,即曾表达了决意学成归国的初衷:"中国在气象方面非常落后,我回国之后要在中国建立'芝加哥学派'的中国分学派,让'芝加哥学派'在中国发展。"④ 诚如所言,他在中国气象界培养了大批杰出科研人员,仅大气科学界的中国科学院院士就有 6 人。这些人即为芝加哥学派在中国的再传弟子。

广义而论,这 5 种类型的学者都是地域性学派的成员;狭义来说,则需有所甄

---

① 易小燕. 叶笃正:全球气候变化研究的开拓者［J］. 科学大观园, 2019（09）: 42.

② 参见左大培. 弗莱堡经济学派研究［M］. 长沙:湖南教育出版社, 1988: 12;梁小民. 弗莱堡学派［M］. 武汉:武汉出版社, 1996: 14 - 15.

③ 梁小民. 弗莱堡学派［M］. 武汉:武汉出版社, 1996: 14.

④ 引自郑培明. 叶笃正:洞彻气象风云［N］. 中国科学报, 2014 - 02 - 21（010）.

别。也就是说学派不仅在内涵上有深浅之分,在外延上也有宽窄之别。就地域性学派而论,衡量其外延宽窄的维度也有两个:一是地域上与学派的关联度;二是学术上与学派的关联度。狭义的学派成员,通常与其学派在地域上和学术上的关联度较为紧密;广义的学派成员,则与其学派在地域上和(或)学术上的关联度通常相对较为松散。一般来说,一个学者,只要他在地域上和(或)学术上与某一特定学派具有某种关联性,他就可以被视为该学派的成员。但是,一个学者,如果在地域上和学术上均与某一特定学派无关,那么无论他多么优秀、取得了多么大的学术成就,也不能视为这一特定学派的成员;更进一步,一个学者,即令他在地域上与某一特定学派关联度很高,也取得了很大的学术成就,但在学术关联度上却与该学派无关,那么他也不能被视为该学派的成员。在这里,地域关联度是前置条件,学术关联度是本质特性,学派的最根本的关联度在于学术思想,包括研究领域、理论见解、政策主张等的一致性或趋同性,学派是基于这一具有本质特性的关联度而形成的学科群体或学术共同体。只有在这一给定条件下,依据其地域关联度和学术关联度的深浅差异才可做出广义、狭义的区分;而且这种区分也只是大致的、相对的,极难绝然精确。

上述5种类型都是在这一给定条件之下进行阐述的,大体而言,这5种类型大致可以具体区分为如下3种情况:第一种情况为第一类即"长期任职型"的学者,实际上为学派"大本营"的学者,这类学者只要在学术上与其学派有关联度,即理所当然属于狭义的学派代表或成员;第二种情况为第二类和第三类即"短期任职型"和"大学校友型"的学者,实际上这两类均为校友学者,其区别在于:第二类是曾在学派"大本营"任教后走出去的校友学者(无论其是否为该"大本营"所培养毕业的学者),第三类为学派"大本营"培养毕业后走出去的校友学者,这两类学者的情况较为复杂一些,不能笼统地归于狭义的学派代表或成员抑或广义的学派代表或成员,而要依其学术关联度的深浅做出进一步的区分,即学术关联度较深的校友学者为狭义的学派代表或成员,反之则为广义的学派代表或成员;第三种情况为第四类和第五类亦即"特殊关联型"和"延展传承型"的学者,这两类学者则通常被视为广义的学派代表或成员,有的甚至只能称为相关学者。

二、珞珈经济学人"学派"创建者边界的具体划分

依据我们对"珞珈经济学人"概念的界定,参照西方学派边界划分,结合武汉大

学实际情况，对珞珈经济学"学派"创建者的边界可以做出如下具体划分：

（1）长期任职型：包括终身任教武大或至今仍在武大执教的珞珈经济学者。如杨端六、刘秉麟、谭崇台等即属终身任教于武大的学者。杨端六 1930 年到武大任教，此后一直在武大从事教学和科研工作，直到 1966 年去世；刘秉麟 1932 年到武大任教，此后一直在武大工作，直到 1956 年去世；谭崇台 1943 年毕业于武大经济学系①，后赴美国哈佛大学留学，1948 年初回到武大经济学系任教，此后一直不曾脱离武大，直到 2017 年去世。这类学者在珞珈经济学"学派"创建者中数量较多，除杨端六、刘秉麟、谭崇台外，还有戴铭巽、吴纪先、刘涤源、朱景尧、周新民、黄仲熊、郭吴新、傅殷才、王治柱、李崇淮、曾启贤等，基本上均可称为武大的"终身"教授。还有一些至今仍在武大经济学相关学科执教的学者，这类学者的人数就更多了。

（2）教师校友型：指曾在武汉大学任教后又离开武大就职他处的校友。这类校友大体有三种情况：第一种情况是在武大任教的时间相对较长，如尹世杰、汤在新。尹世杰是 1953 年全国院系调整时来到武大的，曾任经济学系主任，1976 年离开武大到湖南湘潭大学工作，直到 2013 年去世，在武大工作 23 年；汤在新是 1958 年初来到武大的，曾任经济学系主任、经济学院院长，1992 年离开武大到华南师范大学经济研究所工作，直至 2007 年去世，在武大工作 34 年。第二种情况是在武大任教的时间相对较短，如杨小凯。他是 1982 年 2 月由时任校长刘道玉聘至武大的，1983 年冬离开武大赴美留学，后任教于澳大利亚。他在武大虽然只有 1 年多时间，但珞珈山却是他登入高等学府经济学殿堂的始发地；他在武大任教期间完成了 2 部对其学术生涯来说具有重要意义的著作——《经济控制论初步》和《数理经济学基础》②；在国外留学和工作期间，他仍心系武大，曾向刘道玉许诺"只要您负责武大工作，我终究会回武大的"③。第三种情况是在武大任教的时间虽然不太长，但却始终与武大保持着密切联系，是一种与武大具有长期特殊关联性的校友，如张培刚、董辅礽。张培刚大学本科毕业于武大经济学系，1946 年获哈佛大学经济学博士学位后回到武大经济学系出任系

---

① 关于"经济学系"名称的使用，在武汉大学历史上时有变化。即有时称"经济学系"，有时又称"经济系"，还有时称"政治经济学系"，有时还几种名称混用。为简便计，以下在无特殊需要并不引起混淆的情况下，统一使用"经济学系"的名称。

② 此两书是杨小凯在武汉大学执教期间讲授"经济控制论"和"数理经济学"课程基础上完善而成的。前书首次出版于 1984 年，由湖南人民出版社出版，后经补充和完善，于 1986 年改名为《经济控制理论》由湖南科学技术出版社出版；后书首次出版时间为 1985 年，由国防工业出版社出版。

③ 刘道玉．巨星早陨落——怀念杨小凯院士［EB/OL］．百度文库网，https：//wenku．baidu．com/view/8557421355270722192ef752．html，2011 – 12 – 10/2022 – 11 – 28．

主任，1952 年底被调离武大筹建华中工学院（今华中科技大学），直至 2011 年去世。张培刚与武大的特殊之处在于：首先，他是当时武大引进的特殊人才"哈佛三剑客"之一，他在武大经济学系前后担任了 5 年系主任（1946 年 8 月至 1951 年 10 月）；其次，他任经济学系主任期间邀请了一批国外留学生相继回到武大任教，其中包括吴纪先、李崇淮、周新民、刘绪贻、谭崇台、刘涤源、黄仲熊等日后各自独当一面的知名学者；再次，他在华中工学院期间，始终与武大保持密切联系，尤其在 20 世纪 90 年代，当初华中工学院还没有经济学博士点，他即利用武大平台与谭崇台合作共同招收和培养博士研究生，华中工学院经济学获批博士点后，他也一直在人才培养、学科建设、学术交流等方面与武大保持密切合作关系。董辅礽大学本科毕业于武大经济学系，并曾留校任教，1959 年离开武大到中国社会科学院工作，于 2004 年去世。董辅礽与武大的特殊之处在于他自 1979 年开始长期担任武大兼职教授，1980 年代末开始在武大招收博士研究生，培养出了包括辜胜阻（1991 届）、田源（1992 届）、杨再平（1992 届）、曹玉书（1995 届）、曹阳（1997 届）、陈东升（1998 届）、毛振华（1998 届）、艾路明（1999 届）、曾文涛（1999 届）、李军（2000 届）、华生（2001 届）等在内的一大批学界、政界、企业界的精英人才。

（3）学生校友型：指武汉大学培养毕业的学生校友。包括四种情况：一为本科校友；二为硕士校友；三为博士校友；四为多重学生校友。本科校友如胡代光、何炼成，胡代光长期任教于北京大学，他大学本科毕业于武大经济学系（1944 届），2007 年被评为武汉大学第五届杰出校友；何炼成长期任教于西北大学，他大学本科毕业于武大经济学系（1951 届），2007 年被评为武汉大学第五届杰出校友。这类学生校友数量较多，中国社会科学院的汪敬虞（1943 届）、李京文（1955 届），复旦大学的宋承先（1944 届），西南财经大学的刘诗白（1946 届），上海财经大学的席克正（1848 届），中国人民大学的刘再兴（1948 级）等均为此类学生校友。硕士校友如朱玲，她于 1978 年以同等学力考入武大经济学系研究生班，1981 年获武汉大学经济学硕士学位，后进入中国社会科学院经济研究所，曾任副所长，2010 年当选为中国社会科学院学部委员。博士校友如华生，他大学本科和硕士均非就读于武大，而博士学位却是在武大攻读的（2001 届），指导老师是董辅礽。多重学生校友如万典武，他曾任商业部商业经济研究所副所长，大学本科和硕士研究生均毕业于武大经济学系（分别为 1945 届、1947 届）；再如田源，他大学本科、硕士、博士均毕业于武大经济学系（分别为 1978 届、1981 届、1992 届），2003 年被评为武汉大学第三届杰出校友，田源硕士毕业后还曾留校任教两年，具有曾任教师和校友的双重身份。

以上 3 种类型的学者或学子，均在"珞珈经济学人"范围之列。其中第一类即"长期任职型"，即为前述"珞珈经济学人"概念界定中所简称的"珞珈本部学者"，理所当然是珞珈"大本营"从事珞珈经济学"学派"创建的主体，属于狭义的珞珈经济学"学派"创建者成员；第二类"教师校友型"和第三类"学生校友型"则为前述"珞珈经济学人"概念界定中所简称的"珞珈校友学者"和"珞珈特殊校友"，需要依其学术关联度的深浅做出进一步的区分，即学术关联度较深的校友学者或特殊校友为狭义的学派创建者代表或成员，反之则为广义的学派创建者代表或成员。

于此看来，综合而论，珞珈经济学人"学派"创建者的边界确认与范围划分大体取决于三个因素：（1）与"珞珈"有渊源关系，或受聘珞珈任教，包括长期任教和曾经任教的珞珈经济学者；或求学珞珈成才，是珞珈经济学者培养毕业走出去的校友学者或特殊校友。（2）与"经济"有学科关系，即所从事的是经济学科领域的教育、理论研究与应用探索工作。（3）与"学派"有学术关系，包括对学派学术思想的传承、传播、深化、拓展等，是珞珈经济学"学派"学术思想体系中的一分子。这些人构成广义的珞珈经济学"学派"创建者群体，本书就是着眼于从广义范围内来研究珞珈经济学人"学派"创建的。

三、珞珈经济学人"学派"创建者的核心理论与成员分类

学派作为具有某种关联性的特殊学者群体，其根本与关键在于其学者群体有共同的核心理念或理论。芝加哥经济学派的核心理念是经济自由主义思想，其成员所共同信奉的是自由市场经济中竞争机制的作用，是市场力量的自我调节能力；伦敦学派的核心理念也为传统的经济自由主义，其成员所共同反对的是国家对经济生活的干预和调节；哈佛学派的核心理论是有效竞争理论，其成员所共同研究的重点是市场结构；奥地利经济学派的核心理论是边际效用价值论，其成员所共同关注的是边际效用的个人消费心理倾向；凯恩斯学派的核心理念是国家干预主义，其成员所共同强调的是市场失灵，主张通过政府实施干预政策以扩大有效需求，增加就业。

珞珈经济学"学派"创建者也有其鲜明的核心理论，它是由其学派创建的两大核心或领军人物张培刚和谭崇台带领珞珈经济学者们所共同建构和形成的。张培刚是公

认的"发展经济学奠基人"①，何炼成称之为"国际发展经济学的奠基人"②；谭崇台最早把西方发展经济学引入中国，被誉为"中国发展经济学第一人"③。他俩在其学术生涯中，终身致力于探讨的是发展经济学，他俩的学术成就与理论贡献也主要在发展经济学领域。他俩既为武大校友，也为哈佛校友，后发展为郎舅至亲关系④，结缘在发展经济学领域比肩前行，被并称为中国发展经济学界的"双子星"⑤。在他俩的带领和影响下，武汉大学经济学科领域的一批学者和校友，包括他俩的一批弟子，纷纷投身于发展经济学的传播引进、理论创新与应用探索之中，并结合中国实际广泛开展与经济增长、经济发展问题相关的探讨与研究，形成以他俩为领军人物、以发展经济学及相关的经济增长与经济发展理论为核心的珞珈经济学"学派"创建大军。他俩在武汉大学经济学系的老师杨端六、刘秉麟等珞珈先贤们在经济发展问题上也做过一些颇有成就的学术探讨与实践研究，为"学派"核心理论的建构与形成做出了先驱性或初创性贡献。

由杨端六、刘秉麟等珞珈先贤初创，并经张培刚和谭崇台等珞珈著名学者续创与再创，从而建构和形成的珞珈经济学"学派"的核心理论，概括地说就是发展经济学及相关的经济增长与经济发展理论。就其内容而言，大体包括：（1）对西方发展经济学的传播、引进与借鉴；（2）对国际发展经济学的开创性探讨与新发展；（3）对西方和中国经济发展思想史的总结与探讨；（4）对马克思主义经济发展思想史的总结与探讨；（5）对中外，尤其是中国经济发展史的探讨与研究；（6）对发展中国家经济增长、经济发展的理论探讨与经验总结；（7）对中国经济增长、经济发展的理论探讨与实践探索；（8）对与经济增长、经济发展相关问题的探讨与研究等。其基本特征表现在：第一，以马克思主义经济理论为指导，绝大多数学者的绝大部分研究均是在马克思主义经济理论的指导下展开的，马克思主义经济理论贯穿珞珈经济学者的研究与探索过程之中；第二，以发展经济学为重心，由于珞珈经济学"学派"创建的核心或领军人物张培刚和谭崇台的主攻方向为发展经济学，因而在他俩的带领和影响下的珞珈经济学者们也大多围绕或运用发展经济学及相关的经济增长、经济发展理论开展研究工作，形成围绕学派核心理论展开研究的"众星拱月"之势；第三，以

---

① 张培刚. 发展经济学的奠基人 [J]. 江汉论坛，1998（01）：80.

② 何炼成. 国际发展经济学的奠基人——张培刚教授 [J]. 经济思想史评论，2007（03）：331-338.

③ 郭熙保等. 谭崇台先生：我国发展经济学的拓荒者和创建者 [EB/OL]. 武汉大学新闻网，http：//news. whu. edu. cn/info/1002/50213. htm，2017-12-13/2022-11-28.

④ 张培刚是谭崇台的妹夫，他俩为郎舅关系。

⑤ "双子星"之称，出自谭崇台去世后，巴曙松代表张培刚发展经济学研究基金会所发唁电。

探讨中国经济增长、经济发展问题并寻求解决方案为归宿，即紧密结合中国实际，探讨中国经济增长、经济发展中的实际问题，以寻求解决问题的有效途径与方法为最终目标。

核心理论是一个学派的学术灵魂，学派成员的关联度在形式上可以由师承性、地域性或问题性关系来考量；但本质上必须由作为学术灵魂的核心理论来判定。也就是说，在划分学派成员边界时，本质上是要看学派成员的学术成就及其贡献与学派的核心理论是否有关联及其关联度如何，以此来划分学派成员的边界及判定其在学派创建中的地位。由此也可以进一步深化对于珞珈经济学"学派"创建的内涵与外延的认识与界定，也就是说，武汉大学意欲创建的珞珈经济学"学派"不仅是对一批与武大珞珈山具有师承和校友关系的特殊经济学者群体的称呼；而且这批特殊学者群体与该学派创建的核心理论都有一定的关联度，即都围绕着发展经济学及相关的经济增长与经济发展理论开展过相应的理论研究与实践探索，尤其是围绕着中国经济增长与经济发展问题而开展过相应的理论研究与实践探索，并由此而取得过相应的学术成就及做出过相应的贡献。从一定意义上也可以说，珞珈经济学人意欲创建的"学派"就是中国的发展经济学派。①

以此认识和界定为依据，珞珈经济学人"学派"创建在成员结构上，大致可以分为下述三个大类：

（1）领军人物，指学派创建不同阶段处于领袖地位、发挥引领作用的学派代表，如张培刚和谭崇台，以及他们武大的老师杨端六和刘秉麟；

（2）学科群体，指任教于武汉大学经济学科内，在各自学科专业领域从事教学与研究，并在学派核心理论建构方面取得一定学术成就与做出一定理论贡献的珞珈经济学者，如前已述及的民国时期的任凯南、皮宗石、陶因、李剑农、戴铭巽、彭迪先，以及张培刚、谭崇台时代的吴纪先、李崇淮、刘涤源等；

（3）校友代表，指从武大毕业或曾在武大执教又走出去，并对学派学术思想有所传承、发展乃至有所超越的经济学者，前者如前已提及的董辅礽、李京文、胡代光、何炼成、刘诗白等；后者如前已提及的尹世杰、杨小凯等。

总之，珞珈经济学人意欲创建的经济学"学派"就是由与珞珈山具有师承和校友关系，并与发展经济学及相关的经济增长和经济发展理论这一学派的核心理论具有密切或一定关联度的领军人物、学科群体和校友代表所组成的学术共同体。

---

① 何炼成. 国际发展经济学的奠基人——张培刚教授［J］. 经济思想史评论，2007（03）：331–338.

四、珞珈经济学人"学派"创建者边界划分
相关情况的甄别与说明

在珞珈经济学人"学派"创建者边界划分问题上，还有一些相关情况需要加以甄别和说明。

（一）舍象了西方学派成员划分中所涉及的特殊关联型和延展传承型两类学者

西方学派成员划分中所涉及的特殊关联型学者，本质上是学派领袖在学术上的追随者。珞珈经济学"学派"创建过程中也不乏学派领军人物在学术上的追随者，如张培刚提出构建新型发展经济学设想后，当时即有一大批中青年追随者积极响应，其中不少人认真研习张培刚的学术思想并予以宣介，有些人还直接参加了张培刚主编的《新发展经济学》的编撰工作，如杨建文（副主编）、胡鞍钢（作者之一）等。因考虑到本书是依据与武大珞珈山具有师承和校友关系的经济学者来界定珞珈经济学"学派"创建者成员的，而这部分学者相当于中国科举制下"问业师"而非"受业师"的学生，与武大并不存在直接的师承与校友关系，故未将他们涵括在该学派创建者的边界范围之内。

西方学派成员划分中所涉及的延展传承型学者，实际上是学派校友在异地的再传弟子。武汉大学经济学科校友在各地的再传弟子是一支庞大的队伍，其中不乏出类拔萃的人才与杰出学者。如胡代光在北大培养的弟子苏剑；刘再兴在人大培养的弟子孙久文；何炼成在西北大学培养的弟子张维迎、魏杰、刘世锦、邹东涛、王忠民、李忠民、张曙光（中国社科院）、韦苇、姚慧琴等；刘诗白在西南财经大学培养的弟子丁任重、李义平（何炼成的硕士、刘诗白的博士）、马蔚华等。因这部分人并非武汉大学珞珈山经济学科直接培养的"珞珈经济学人"，因而也未将他们作为珞珈经济学"学派"创建主体之一而涵括在该学派创建者的边界范围之内。

上述两类学者，无论是学派领袖的追随者还是校友学者的再传弟子，由于他们与学派创建者具有一定的关联性，如果他们在学术上与学派创建者的学术思想具有一定的一致性，那么则可称之为与学派相关的学者，简称"相关学者"，类似于熊彼特所说的"边缘末梢"。对于这类学者，本书并未将之涵括在该学派创建者的边界范围之内，仅在必要时有所提及。

（二）舍象了"珞珈学人"中非武大经济学科所培养出来的学者

这类学者多为武汉大学数学系毕业，而后进入经济学领域取得成就甚至成为经济学家的。如1982年毕业于武汉大学数学系，曾任亚洲开发银行驻中国代表处首席经济学家，国务院参事汤敏；1986年毕业于武汉大学数学系，当选为美国人文与科学院院士即"世界计量经济学会院士"的陈晓红；以及被有作者列入武汉大学经济学"山头"代表人物，在武汉大学数学系获得学士学位的中国银河证券首席高级经济学家左晓（小）蕾，和在武汉大学获得理学学士学位的中国人民大学财政金融学院教授赵锡军等。从学脉关系上看，这一类学者属于"珞珈学人"而非"珞珈经济学人"，故未涵括在本书所述珞珈经济学"学派"创建者的边界范围之内。

（三）未列入学脉关系上非珞珈经济学人的讲座教授、兼职教授、名誉教授等

各校均聘任有这类教授，武汉大学也不例外，受聘者多为重量级学者或著名专家。如上述陈晓红曾受聘为武汉大学董辅礽经济学讲座教授；汤敏曾受聘为武汉大学兼职教授；著名经济学家于光远曾受聘为武汉大学名誉教授，诺贝尔经济学奖获得者詹姆斯·赫克曼（James J. Heckman）和罗伯特·蒙代尔（Robert A. Mundell）曾受聘为武汉大学名誉教授等。武汉大学经济学科聘请的这类教授估计有数十人之多，从学脉关系上看，他们并非"珞珈经济学人"，故未涵括在本书所界定的珞珈经济学"学派"创建者的边界范围之内。

（四）围绕一个中心框定"学派"创建代表者及其学术思想介评边界

本书将珞珈经济学"学派"创建的核心理论概括为发展经济学及相关的经济增长与经济发展理论，因而对珞珈经济学人的考察也就自然而然地都是以发展经济学及其相关的理论探讨与实践探索为中心的，这决定了本书必须紧紧围绕这样一个中心来框定"学派"创建代表者及其相关的学术思想，并据此来介绍和评析他们的学术成就与理论贡献。

这样一来，也就必然意味着：第一，"大本营"的有些优势学科点未能得到详细的介绍与考察，如世界经济学科点，武汉大学的该学科点与外国经济思想史和政治经济学在改革开放初期就是武大经济学最强的学科点，世界经济更是武汉大学经济学科第一个，也是改革开放后全国第一批获得硕士和博士学位授予权的学科点，还是第一批被评为国家重点学科的；但在本书以发展经济学及相关理论探讨与实践探索为中心

的考察框架内，该学科点未能得到详细介绍与全面考察。第二，有些重要学者未予重点介绍与详细述评，如吴纪先，他是武汉大学经济学科第一个，也是中国正式全面施行学位制度后首批遴选的世界经济专业博士研究生导师，曾任国务院学位委员会学科评审组经济学组成员；由于他的学术成就、学术思想与理论贡献主要在世界经济，尤其是美国经济研究领域，因而在本书考察框架内也未能得到详细介绍与述评。第三，有些重要学术成果未予重点介绍，如乔洪武作为教育部重大招标项目首席专家主著的《西方经济伦理思想研究》（2016 年，全 3 卷）是武汉大学经济学科内的一项重要的标志性成果，曾荣获第十八届孙冶方经济科学著作奖，此系武汉大学学者第一次获得该奖项中的著作奖；但在本书考察框架内也未能详加介绍与述评。第四，从研究主题上看，本书以发展经济学及相关理论探讨与实践探索为中心，这一考察框架所表达的只是本书作者对珞珈经济学"学派"创建者进行研究所选择的一个视角或主题，是从这一视角或主题出发进行探讨与研究的一种尝试。全局而论，这样做也许存在一定的局限性或片面性；但它也同时意味着沿着这一思路还可以从其他视角或主题出发进行探讨与研究，预示着在以其他学术思想为中心进行探讨与研究方面，还存在很大的空间与余地。

（五）校友学者的学术成就与贡献考察期延至其离开武大之后

这是一个有关校友学者学术成就与贡献的时限问题，本书参照和借鉴了西方学派边界划分中将"大学校友型"学者纳入学派成员范围之内的做法。"校友"是母校毕业的学子或离校他就的人员。一般来说，凡称"校友"者，均是已离开原先所在学校之人；"校友学者"就是指离开母校或曾执教学校之后而成为"校友"的学者。他们离开母校或曾执教学校之后的学术成就和贡献，在母校和原学校看来，就是他们以"校友学者"身份而取得的学术成就和做出的贡献。这就意味着，纳入他们本人至学派成员范围之内，也就必然要将他们离开学校之后取得的学术成就与做出的贡献纳入其学校学派创建的范围之内了。实际上，作为校友学者，他们虽然已经离开原先所在学校，但却通常无法割舍与其母校或曾执教学校的学脉渊源关系，大多会赓续其学脉传统和学术风格进而继续开展学术研究，有些人还始终与母校或曾执教学校保持着密切的学术沟通、交流与合作关系，成为该校学脉相承、学理相融的学术共同体成员。因而，在考察学派创建时，将他们的学术成就与贡献考察期延至其离开母校或曾执教学校之后，似乎也是顺理成章抑或约定俗成的。事实上，不仅西方学派边界划分中是这样做的，而且何炼成在倡导"珞珈学派"创建时也是以董辅礽、李京文、刘诗白和他自己离开武大之后的学术成就与贡献为依据来进行阐述的。如此看来，在学派创建成员边界划分中，将校友学者的学术成就与贡献考察期延至其离开母校之后，似乎是合情合理的。

（六）改革开放后"大本营"的新生代学者框定在享受国务院政府特殊津贴专家和二级教授范围之内

改革开放后随着中国高等教育的蓬勃发展，武汉大学经济学科涌现出大批新生代优秀学者，为便于依据统一标准进行阐述，本书选择较为简便的方法，将改革开放后涌现出的新生代学者框定在享受国务院政府特殊津贴专家和二级教授范围之内。初步统计，改革开放后武汉大学经济学科点和相关研究机构的国务院政府特殊津贴专家和二级教授，涉及的总人数为40人，其中近半数人同时具备国务院政府特殊津贴专家和二级教授两重身份。

需要指出的是，本书所主要介绍和探讨的是他们与学派创建核心理论相关的学术成就和贡献，并示例性地选择几位代表人物介绍和探讨他们的相关学术成就、学术思想与贡献，而且重点突出其中最具特色的内容来进行介绍和述评。这也意味着：第一，本书并不关注于对他们的全部学术成就与贡献进行系统考察并详加述评；第二，即令他们与学派创建核心理论相关的内容也并不一一予以介绍和述评；第三，在存在与学派创建核心理论某一方面或某些方面的学术成就、学术思想相同与相近的情况下，本书只是选择其中最具代表性的加以述评，并不毫无遗漏地对这些学者逐一加以介绍和述评。换言之，本书所采用的原则是选择性的、代表性的，这一原则也适用于本书对所有"大本营"学者及校外校友的介绍与述评。

（七）作为特殊校友代表纳入学者型企业家

学者型企业家校友是武汉大学"珞珈经济学人"群体中较为特殊也较具特色的代表人物，这里所指的主要是陈东升、毛振华和田源。对于学派创建而言，他们属于前述界定的"珞珈特殊校友"。其特殊性主要表现在：首先，他们均接受了武汉大学经济学专业的系统性、嫡传式教育，与武大经济学科的师承学脉关系十分紧密和牢固；其次，他们在创业与企业经营中始终坚持理论学习与理论探讨，发表了在国内各自领域居于前沿水准与领先地位的学术成果，表现出其学者型企业家的本质特征；再次，他们的学术成果中所体现的学术思想与珞珈经济学"学派"创建的核心理论颇相一致，表现为对该学派创建核心理论的实践探索或应用探讨，成为该学派核心理论中颇具特色的有机组成部分；最后，他们中的主要代表者陈东升颇有学派或流派创建意识，大学时即立志创建他心目中的"珞珈学派"，创业成功后又将他们那批 1992 年"下海"经商的企业家以"92 派"相称，他与毛振华、田源被誉为"92 派"企业家中的"武大三剑客"。参照西方学派中的类似情况，如前述芝加哥建筑学派的创始人詹尼（W. L. B. Jenne）和领袖人物沙利文（L. Sullivan），他们的成就与贡献并不在学术领域，他们都是建筑师，而且后者还从未接受过正规的学位教育，他们可以成为学派创始人或领袖人物，陈东升等"92 派"学者型企业家校友作为珞珈经济学"学派"创建的特殊代表者，应该也是不难理解的。

（八）"学派"创建意识与自我认可的辨析

珞珈经济学人在其"学派"创建过程中，自我"学派"创建意识总体而论并不强烈。严格说来，只有何炼成表达了态度坚决的学派创建意识；武汉大学经济发展中心提出要"把武大打造成发展经济学珞珈学派大本营"，陈东升立志创建他心目中的"珞珈学派"，大体上也表达了"学派"创建的愿景与志向。珞珈经济学人中其他大部分人，甚至绝大部分人并未明确表达过"学派"创建的意愿，抑或也未必认可自己参与了所谓"珞珈学派"的创建从而是该学派的代表者或成员；就连被我们称为该学派创建领军人物的张培刚、谭崇台也终生不曾提出创立"珞珈学派"之事。

这就涉及"学派"创建者是否一定要以有无学派创建意识，或是否自我认可学派创建行为，作为依据或标准来进行判别的问题。其实，西方经济学说史上的许多学派并非都是创建者有意创建或自我认可的；而恰恰相反，它们基本上都是在学派创建者不曾刻意追求甚至在其去世之后，由后人提炼与总结出来的。例如：古典经济学派之称是在该学派的创立者亚当·斯密去世后由马克思最先将之称为古典政治经济学加以总结；凯恩斯学派之称也是在凯恩斯去世后，西方学者根据凯恩斯经济思想及其追随者发展的有关理论与政策主张而加以概括和总结的；马歇尔创立的剑桥学派，是后人因马歇尔长期任教于英国剑桥大学，故将之称为剑桥学派的。这似乎是学派诞生的通行惯例与一般规律。有鉴于此，因而我们并未以珞珈经济学人是否具有学派创建意识，以及对学派创建是否自我认可为依据与标准，从而来划分珞珈经济学"学派"创建成员边界。

第二章

珞珈经济学人『学派』
创建过程与脉络谱系

任何学派都有一个创建过程。珞珈经济学人对于其"学派"的创建，若从其历史渊源追溯至今，大致经历了五个大的历史阶段，即学派创建前奠基阶段、学派初创阶段、学派续创阶段、学派再创阶段、学派重振阶段。各历史阶段均有一批知名学者，他们以其不懈的努力为"学派"的发轫创建做出了各自独特的贡献，开启和续写了"学派"创建过程中一代又一代珞珈经济学人薪火相传的脉络谱系。

第一节
学派创建前的发轫奠基及相关代表人物

作为超百年老校，武汉大学具有悠久的历史和深厚的学科底蕴，珞珈经济学"学派"的创建就深深地根植于武汉大学悠久的历史和深厚的学科底蕴之中。追溯起来，它在开始创建前曾经历过两个大的历史时间节点：一是 1893 年自强学堂商务门的创设；二是 1926 年国立武昌商科大学的并入。

一、商务门时期的历史渊源及其代表人物

1893 年，适应当时中国由传统农业社会向近代工业化社会转型对人才培养的需要，时任湖广总督张之洞在武昌创设了中国近代首个商学专门教育机构——自强学堂商务门。自强学堂商务门的创设标志着中国近代首个摒弃传统旧式科举应试教育、实行近代新式分科教育的商科专业的诞生[①]，是尔后武汉大学经济学科建立和珞珈经济

[①] 2005 年 10 月 20 日，时任商务部部长曾到武汉大学经济与管理学院"寻根"并与师生座谈，武汉大学被称为中国商务学科的"发祥地"。

学“学派”创建的初始源头。

对于珞珈经济学“学派”创建而言，自强学堂商务门创设的意义主要在于：

首先，它明确提出了商科教育与治学的基本宗旨。在《设立自强学堂片》中，张之洞明确阐述了包括商科教育在内的学堂办学宗旨，即“以培植人才为本”“造就人才”“备国家任使”。据此，他提出了对学生培养的要求和对教师教学的要求，对学生培养的要求是“讲求时务，融贯中西，研精器数，以期教育成材”；对教师教学的要求是“由浅入深，循序渐进，不尚空谈，务求实用”。①他的目的非常明确，就是要为国家适时培养有用人才，为此无论教师教学还是学生学习均需精深务实，这也实际上表达了他对商科教育与治学的学术追求和学风要求。

其次，它进行了商科教育与治学的初步探索。限于史料不足，自强学堂商务门是否聘有专职“教习”不得而知②；但有 3 人在这方面应该是进行过初步探索的，堪称对自强学堂商务门创设及对珞珈经济学“学派”创建前的发轫立下功勋的代表人物，这 3 人分别是张之洞、蔡锡勇和钱恂。

张之洞③对商科教育与治学的初步探索体现在他对“商务之学”的认识之中。他于 1891 年、1896 年和 1898 年前前后后做过 3 次专门阐释，分别为：（1）“商务学”，系“讲求商务应如何浚利源、塞漏卮，畅销土货，阜民利用之术”④。（2）“商务之学分子目四：曰各国好尚，曰中国土货，曰钱币轻重，曰各国货物衰旺。”⑤（3）“商学，系考求制货理法、销货道路、综核新式护商律例以及中外盈绌、银币涨落、各国嗜好、各业衰旺各情形。”⑥尽管他的视野还基本局限在国际贸易的范围之内，但他对商务之学的认识已愈来愈深、愈来愈细。揣测张之洞办学实践中的一贯风格，他通常

①　张之洞．设立自强学堂片［A］．张之洞全集（第二册）［C］．石家庄：河北人民出版社，1998：898.

②　若揆诸张之洞 1895 年所说的“商务之教习，宜求诸英国”，以及他于 1898 年所发的感慨：“惟中国设立商学，华人能任教习者断无其人”（见张之洞．设立自强学堂片［A］．张之洞全集（第二册）［C］．石家庄：河北人民出版社，1998：1082，1327.），则不妨认为，商务门当时很可能没有招聘到专职“教习”。

③　张之洞（1837～1909 年），字孝达，号香涛，祖籍直隶南皮，出生于贵州兴义府（今安龙县）。晚清名臣、洋务派主要代表人物之一，曾任内阁学士、山西巡抚、两广总督、湖广总督、军机大臣等职，官至体仁阁大学士。曾创办自强学堂、三江师范学堂、湖北农务学堂、湖北工艺学堂、慈恩学堂等多所学堂，以及汉阳铁厂、大冶铁矿、湖北枪炮厂等多家近代企业。与曾国藩、李鸿章、左宗棠并称“晚清中兴四大名臣”。现编有《张之洞全集》。

④　张之洞．札江汉关道另设学堂讲习方言商务、酌量分拨商籍［A］．张之洞全集（第四册）［C］．石家庄：河北人民出版社，1998：2814－2815.

⑤　张之洞．创设储才学堂折［A］．张之洞全集（第二册）［C］．石家庄：河北人民出版社，1998：1082.

⑥　张之洞．汉口试办商务局酌议办法折［A］．张之洞全集（第二册）［C］．石家庄：河北人民出版社，1998：1327.

会亲自命题出卷考核学生[1]，他对自强学堂商务门的学生考课活动也应是有所涉足的。

蔡锡勇[2]是自强学堂的首任总办（即今校长），颇受张之洞赏识，称其"志向端瑾，才识精详"，"实为办理洋务不可多得之员"。[3] 他在学术上有两项重大贡献：一是在中国首创了汉字速记法，著为《传音快字》一卷；二是运用西方会计学中的复式记账原理，对中国传统记账方法加以改造，首次设计出具有中国特点的复式记账法，著为中国第一部研究复式记账法的专著《连环帐谱》（1905）。[4]

钱恂[5]是自强学堂的首任提调（相当于常务副校长），张之洞对他也赞赏有加，称其"学识淹雅，才思精详，平日讲求洋务，于商务考究甚深"[6]。他在1893～1897年出任提调期间，协助总办蔡锡勇筹措经费、建筑校舍、制章立制、聘请师资、编订教材、组织教学、管理校园，居功至伟。他在学术上也做出过两大贡献，而且均与商学有关：一是依据中国海关图册编辑整理了中外通商方面的相关资料，编为《中外交涉类要表》和《光绪通商综核表》；二是编写了中国第一部财政学著作《财政四纲》（1902）[7]。

蔡锡勇和钱恂均有较深的商学造诣，他们的著述成果既是他们在学术上所做的深入探讨，也与他们的教学实践活动不无关系，有的成果如《传音快字》就是直接用于教学的，因而这些成果也可以说是他们在商科教育与治学方面进行初步探索的体现与结晶。

商科教育与治学基本宗旨的提出及其在实际运用中的初步探索，充分展示了学科

---

① 参见武汉大学经济与管理学院编辑委员会编．武汉大学经济与管理学院史［M］．武汉：武汉大学出版社，2014：9．

② 蔡锡勇（1847～1897年），字毅若，福建龙溪（今龙海）人。早年就读于广州同文馆，学习外语和自然科学知识；1872年被选送到京师同文馆深造。1875年以翻译官身份出使美国，历时9年，兼使秘鲁、日本、西班牙等国，官至参赞。归国后协助张之洞办理洋务，先后在广东、湖北开设银元局、枪炮厂、水陆师学堂以及炼铁厂、织布局、纺纱局、缫丝局、自强学堂、武备学堂等处。死后被朝廷追赠"内阁大学士"。

③ 张之洞．蔡锡勇留粤补用片［A］．张之洞全集（第一册）［C］．石家庄：河北人民出版社，1998：270－271．

④ 据潘序伦："《连环帐谱》一书，出版于光绪三十一年，由湖北官书局镌版刊行。"［潘序伦．论连环帐谱（附表）［J］．计学杂志，1941，1（01）：3－8．］

⑤ 钱恂（1853～1927年），浙江归安（今湖州）人，近代语言学家钱玄同之兄。1884年被薛福成招入门下，受命整理宁波天一阁藏书；1890年随薛福出使英国、法国、意大利、比利时诸国。回国后协助张之洞办理洋务，1893年被任命为自强学堂提调。1898年蔡锡勇病逝后，学堂不再设总办，校务全由其负责。1898年任湖北留日学生监督。后赴东西洋考察，先后出任荷兰大臣、意大利大臣、北京政府参政院参政。

⑥ 张之洞．保存人才折并清单［A］．张之洞全集（第二册）［C］．石家庄：河北人民出版社，1998：1119．

⑦ 该书于1902年首先以"自刻本"形式问世（参见佚名．绍介新著：财政四纲（归安钱恂辑著，自刻本）［J］．新民丛报，1902（06）：112－113）；次年，该书以"财政四纲叙"为题，由上海官书局刊于《皇朝蓄艾文编》中铅印出版。全书分为租税、货币、银行、公债四卷，不仅包括财政学方面的内容，而且包括货币银行学方面的内容，因而也被称为中国第一部货币学著作。

先贤致力于人才培养与学术研究的育人态度与为学初心，为尔后武汉大学经济学科的孕育和珞珈经济学"学派"创建的开启提供了一定的精神滋养与观念支撑，在一定程度上发挥了筚路蓝缕的先驱作用。

二、国立武昌商科大学的发轫奠基及其代表人物

1926 年是珞珈经济学"学派"创建前又一大的时间节点。这一年，武汉国民政府做出了一个重大决定，将武昌当时的 7 所大学合并①，组建成 1928 年更名为国立武汉大学的国立武昌中山大学。其中，对于经济学科而言最具决定性意义的是国立武昌商科大学的并入。

国立武昌商科大学成立时名叫国立武昌商业专门学校②，起初是专科学校，成立于 1916 年；1923 年更名为国立武昌商科大学，升级为本科学校。学校自成立之日起，就大力整合各方优质资源与力量，逐渐组建起成建制的商科教师队伍与学术团队，成为当时中国商学领域中师资力量最为集中和雄厚的学校。

首先是学校领导，包括学校的校长和教务长，他们大都是科班出身的相关专家、学者，而且大都有海外留学的经历。

学校首任校长汪济舟③，早年入经心书院就读，后自费赴日本早稻田大学学习政治经济学，回国后历任武昌商业中学和汉口银行讲习所教员、北京财政讲习所教务长等职，他本身就是经济学出身的专业教师。1920 年继任校长卢蔚乾④，1917～1919 年留学日本明治大学法科，归国后担任过山西大学、国立北京法政专门学校教员。1921

---

① 当时的 7 所大学分别为：由原自强学堂演变而来的国立武昌大学，以及国立武昌商科大学、省立文科大学、省立法科大学、省立医科大学、私立文华大学、私立中华大学。

② 国立武昌商业专门学校是中华民国政府 1910 年代成立的 5 所国立专门学校之一，其他 4 所学校分别为：国立北京工业专门学校（原北京大学工学院前身，1953 年院系调整后并入清华大学）、国立北京农业专门学校（中国农业大学前身）、国立北京医学专门学校（原北京医科大学、今北京大学医学部前身）、国立北京法政专门学校（中国政法大学前身），这些学校和国立武昌商业专门学校一起构成了国立专门学校的教育系统，而国立武昌商业专门学校则是唯一设在北京之外的国立专门学校。参见严清华，杜长征. 武汉大学经济学科的另一源头——国立武昌商科大学［N］. 武汉大学报，2008－11－14（004）.

③ 汪济舟（生卒年不详），字君牧，湖北远安人。

④ 卢蔚乾（1893~1971 年），湖北浠水人。早年就读于湖北省政法专门学校、国立北京政法专门学校。1920 年任湖北省长公署秘书兼国立武昌商业专门学校校长。后先后任湖北省财政厅《财政月刊》总编辑、《大江新报》社社长、湖北省财政专门学校校长。新中国成立后，曾任中央法制委员会专门委员、国务院法制局专门委员、人大常委会法制室专门委员、湖北省政府文史研究馆馆员。撰有《记汤化龙二三事》等文史资料。

年再继任校长是由湖北省议会议长屈佩兰①兼任的;1924 年再继任校长郭泰祺②,1904～1911 年留学美国,获宾夕法尼亚大学哲学博士学位,归国后曾任湖北军政府秘书、黎元洪首席英文秘书和外交部参事、广东军政府外交部次长,还曾任湖北外国语专门学校校长,办学成绩显著。

学校首任教务长葛宗楚③,曾由张之洞保荐赴日本高等商业学校深造,1916 年归国后任教育部编修。继任教务长阮钧④,早年毕业于两湖书院,后到日本留学,回国后在辽宁奉天(沈阳)和山西公立商业专门学校教过书。再继任教务长耿丹⑤,1913 年留学英国,1919 年获伦敦大学经济学博士学位,回国后在北京大学任教,深得陈独秀和李大钊的器重。郭泰祺任校长期间,开始聘任的教务长是民国时期著名教育家、后在国立武汉大学担任首任校长的王世杰⑥,王世杰曾留学英国、法国,1917 年获英国伦敦大学政治经济学士学位,1920 年获法国巴黎大学法学研究所法学博士学位,他当时为北京大学教授,因北大不放人,只得离汉返京。这些人基本上都有海外留学经历,其中有 3 位还获得了博士学位,属专家型领导。

其次是学校教师队伍,具备极强的实力,多属学科翘楚。汪济舟任校长时,聘请孙家声、陈光恒、罗兆鸿、鲁济恒、雷宝杏、孟吾祺、何润珩等为教员⑦,这些人为清一色的"海归",都具有国外留学背景,孙家声、陈光恒留学英国,其余均留学日

---

① 屈佩兰(生卒年不详),湖北麻城人。辛亥革命功臣之一,湖北省议会议长。1924 年初,曾邀旅居武汉的麻城同乡在家乡投资创办以蒸汽为动力的第一家制造厂。

② 郭泰祺(1889～1952 年),字复初、葆东,湖北武穴人。1924 年,国立武昌商科大学原校长遭学生驱逐,他以其威望而被选派为新任校长;但很快即离开学校专职外交事务。后曾担任过中国驻英大使、驻国际联盟首席代表、南京国民政府外交部长、最高国防会议外交委员会主席、中国驻联合国安理会首任代表等职。

③ 葛宗楚(生卒年不详),湖北通城人。早年求学于武昌两湖书院。

④ 阮钧(生卒年及出生地不详)。任教务长期间,亲自为学生授课,讲授银行簿记、会计学、商业政策、商业地理、投机论、交易所论等。

⑤ 耿丹(1892～1927 年),湖北安陆人。辛亥革命武昌首义时任学生军大队长、禁卫军团长。1920 年底到武昌高等师范学校任教。国立武昌商业专门学校改为国立武昌商科大学后被聘为教务长。北京现有以其名字命名的北京工业大学耿丹学院,创办于 2005 年,是经国家教育部批准由北京工业大学举办成立的一所全日制普通本科独立学院。

⑥ 王世杰(1891～1981 年),字雪艇,湖北崇阳人。早年肄业于天津北洋大学采矿冶金科,留学英国、法国后改攻政治经济学和法学。回国后先在北京大学任教,后进入政界,历任国民政府法制局局长、湖北省政府委员兼教育厅长、海牙公断院公断员。任武汉大学校长之后,又曾任国民政府教育部长、中国国民党中央宣传部长、国民政府外交部长;赴台湾后曾任总统府秘书长、行政院政务委员、中央研究院院长、总统府资政等。

⑦ 这些教员的生平事迹大都不详,仅知他们的留学国别。其中,有资料显示:罗兆鸿(1885～1938 年),字少达、子城,湖北安陆人。留学日本法科,曾任湖北法科专门学校校长。鲁济恒(1890～1962 年),湖北黄陂人。早年就读湖北存古学堂。1913 年任湖北省第一师范学校文史教员,1917 年兼任国立武昌商业专门学校国文教员,1927 年任武昌中山大学中文系教授兼系主任,1930 年任中华大学中文系主任。新中国成立后,曾受聘为湖北省人民政府文史研究馆馆员。

本。耿丹任教务长后，把时任武昌师范大学教授的中共一大代表李汉俊①请来任社会学教授，新聘毕业于日本庆应大学的南夔为银行簿记学教授，聘夏维海为商业广告学教授、于宅城为租税学教授、胡忠民为世界近代史教授，还聘任了沈质清、陆琮为教员。② 这些人也大都学有专长，有些人为相关专业领域的知名专家。郭泰祺任校长后，聘请先后留学美国哥伦比亚大学、英国伦敦大学、法国巴黎大学、德国柏林大学的周炳琳③和留学美国的吴之椿④以及程明思、陈克明⑤等任教授。王世杰任教务长时，曾邀请北大教授胡适、马寅初、周鲠生（1946 年任武汉大学校长）等来校演讲，受到师生热烈欢迎。从规模上看，1922 年全校共有教职员 48 名；查其课表，当年安排开设与商学有关课程的教师共 11 位⑥，除教务长阮钧外，另 10 位分别为张鸿冀、董维键⑦、万和怿、柳荣春、高莘、何膺恒、何羽道⑧、黄嗣文、袁蔚、王式金⑨。其中，董维键曾赴美国留学 7 年，获美国哥伦比亚大学经济学博士学位；何羽道留学日本，主攻货币银行学，是中国货币银行理论界第一代学者。由于国立武昌商科大学是当时中国仅有的两所商科大学之一⑩，因而所聘教师多为商学领域的杰出才俊与顶级学者。

从 1916 年创设国立武昌商业专门学校，到 1926 年国立武昌商科大学并入国立武

① 李汉俊（1890～1927 年），湖北潜江人。中国共产党第一次全国代表大会代表，中共创立时期最有影响的政治家、思想家之一。早年留学日本，1918 年回国，1926 年担任国立武昌商科大学教授、校务委员会委员，讲授辩证唯物论，颇受学生欢迎。1927 年 12 月 17 日，被武汉卫戍司令胡宗铎下令杀害，年仅 37 岁。

② 这些新聘教授生平事迹大都不详。据查，其中，胡忠民 1927 年时为湖北省水利局局长；沈质清和陆琮为国立武昌商业专门学校时的学生，陆琮毕业于 1919 年，沈质清则在现存档案的毕业生名单中不见其名，不知是否未获得毕业证书，抑或有何别的原因。

③ 周炳琳（1892～1963 年），浙江黄岩人。1925 年留学回国后，历任北京大学教授、武昌商科大学教授、清华大学教授、北京大学法学院院长、河北省教育厅厅长、南京国民政府教育部常务次长、西南联合大学教授。1931 年起长期担任北京大学经济系教授兼法学院院长。

④ 吴之椿（1894～1971 年），湖北江陵人。早年毕业于武昌文华书院，1917 年赴美留学，1920 年获伊利诺伊大学文学士学位；后入哈佛大学，次年获硕士学位；嗣后在伦敦政治研究院和法国巴黎大学深造。1922 年夏归国，历任中州大学、国立武昌商科大学、中山大学教授。后又先后任教于清华大学、青岛山东大学、国立武汉大学、国立西南联合大学、北京大学、北京政法学院。译有《德国实业发达史》《近代工业社会的病理》。

⑤ 程明思、陈克明生平事迹不详。

⑥ 参见武汉大学经济与管理学院编辑委员会编. 武汉大学经济与管理学院史 [M]. 武汉：武汉大学出版社，2014：23.

⑦ 董维键（1890～1942 年），湖南桃源人。早年就读于湖南省立高等工业学校，1912 年夏赴美留学。1922 年在国立武昌商业专门学校兼职教授经济原论、货币论、外国商业历史、商用英文。后曾任湖南省教育厅厅长。著有《世界农业史》。

⑧ 何羽道（1882～1928 年），湖北汉川人。1906 年赴日留学，前后 11 年，毕业于东京帝国大学法科。1917 年学成归国，定居武昌，在国立武昌商业专门学校和湖北公立法政专门学校任经济学教授，主讲货币论、银行论及宪法等课程。后曾任国民党湖北省常务委员、武昌中央农民运动讲习所教员。1928 年 1 月 4 日被国民党反动派枪杀于汉口。

⑨ 此 10 人中，除董维键、何羽道外，其他 8 人生平事迹不详。

⑩ 另一所是成立于 1921 年的国立上海商科大学（上海财经大学前身）。

昌中山大学，短短 10 年间，学校培养出了一批颇有影响的著名人物。如著名马克思主义哲学家、中国科学院学部委员（院士）杨献珍[①]；著名历史学家、中国科学院学部委员（院士）翦伯赞[②]；著名国际贸易学家、中国国际贸易学会顾问武堉干[③]等，均为这一时期的学生。随着学校的快速发展，学校的社会声誉也迅速提升并在国际上产生影响。1926 年夏，日本的一些大学商科教授曾组团来武昌商科大学应聘教职岗位，说明此时学校的名声已享誉国外。

国立武昌商科大学并入后，新组建的国立武昌中山大学在机构设置上发生了很大变化，除大学院（相当于研究院）外，本科层次首次单设"商科"并将之与文科、法科、理科、医科、预科并列为 6 科；其中商科下再设经济学系和商业学系。这样，经济学科从理论到应用均在机构设置层面得以建立，形成了相对较为完整的学科体系与体制保障。因而，国立武昌商科大学的并入，不仅带来了成建制的商科师资力量与部分经济学学术团队，成为武汉大学经济学科的实体来源；而且促成了经济学科创建与发展体制保障的形成，为尔后武汉大学经济学科的建立与发展和经济学"学派"创建的开启发挥了发轫奠基的先驱作用。

第二节
学派初创阶段及其领军人物与学科群体

承接上节所述学派创建前的发轫奠基，在珞珈经济学"学派"创建具备基本创立

---

① 杨献珍（1896～1992 年），湖北郧县人。1916 年考入国立武昌商业专门学校，1920 年毕业后留校担任英文教师。1926 年加入中国共产党，后长期致力于马克思主义哲学研究和教育工作。1955 年当选为中国科学院学部委员。曾任中共中央马列学院院长，中共中央高级党校校长、党委书记，中国科学院哲学社会科学部哲学研究所副所长，中国政法学会理事。是中共第八届中央候补委员、委员，党的十二大后任中央顾问委员会委员，第一、二届全国人大代表，第四届全国政协委员，第二、三、五届全国政协常委。主要著作有《论敌后抗日根据地的社会性质》《什么是唯物主义》《论党性》《我的哲学"罪案"》等。

② 翦伯赞（1898～1968 年），湖南桃源人。1916 年考入国立北京法政专门学校，不久转入国立武昌商业专门学校，1919 年毕业。1924 年留学美国加利福尼亚大学攻读经济学。回国后长期从事历史学研究，逐渐成长为著名的"左"派历史学家。1937 年加入中国共产党。1955 年当选为中国科学院学部委员。曾任北京大学副校长、历史系主任，是中共中央民族事务委员会委员，第一、二、三届全国人大代表，第一届全国政协委员。"文革"爆发后受到迫害，1968 年含冤自杀。主要著作有《中国史纲要》《中国史论集》《中国史纲》《中国历史哲学教程》《历史问题论丛》《先秦史》《秦汉史》等。

③ 武堉干（1898～1990 年），湖南溆浦人。1917 年考入国立武昌商业专门学校，1921 年毕业。先后任教于上海法学院、中央大学、复旦大学、湖南大学、上海财经学院、对外经济贸易大学。著有《中国国际贸易史》《中国国际贸易概论》《中国关税问题》《鸦片战争史》等。

条件之前，学派创建还经历了一个"初创"的阶段。所谓"初创"，意指学派的开始创建或初步构建；换言之，此阶段的学派创建尚未具备正式"创立"的条件。所谓正式"创立"，意味着它不仅要"创"，而且要"立"，即要正式形成为特色鲜明，无论是学术深浅度还是学界认可度都足以"立"起来的"学派"。此时虽未具备这一条件，但对于珞珈经济学"学派"的创建而言，此阶段的"初创"不仅功不可没，而且意义重大、不可或缺。

一、初创阶段的时间节点与学科发展背景

珞珈经济学"学派"的初创始于 1928 年国立武汉大学的组建。是年，国民政府改组了国立武昌中山大学，组建成立国立武汉大学，为学校的发展和学科兴盛带来绝佳契机。

新组建的国立武汉大学选址珞珈山，建筑新校舍，自 1930 年 3 月开建至 1932 年春基本落成，宏伟壮丽、典雅庄重、中西合璧、美轮美奂的武汉大学建筑群依山傍水、拔地而起，使学校的办学条件一跃而备受世人瞩目与青睐。在机构设置上，学校借鉴现代西方教育模式，实行美国式校—院—系三级体系，预设文、法、理、工、农、医 6 个学院；经济学系设在法学院下，起初还并设有商学系，4 年后于 1932 年，商学系在学校学科调整中予以撤销。在教师任用上，学校采用现代聘任制，通过签订合约选聘上岗，充分吸引优秀师资。

随着办学条件的改善与体制机制的完善，学校的影响力、吸引力骤然大增。一时间，国内一大批知名经济学者先后加盟珞珈山，任凯南、皮宗石、杨端六、陶因、李剑农、戴铭巽、刘秉麟、彭迪先等纷沓而来，堪称名师荟萃、群贤毕至。这批学者的到来成为珞珈经济学"学派"创建进入初创阶段的重要标志，因而，准确地说，该学派初创阶段的时间结点始于这批学者到珞珈山任教的这段时间。

适应学校科研发展的需要，学校于 1930 年创办了四大学术刊物：《社会科学季刊》《文哲季刊》《理科季刊》《工科年刊》。其中，《社会科学季刊》即成为经济学科教师发表科研成果的主要学术阵地，学者们在该刊上发表了大量经济学方面，尤其是评论当时中国现实经济热点问题的论文，体现了珞珈经济学者们经世致用的学术风格与理论追求。学术刊物创办不久，学校又于 1935 年 1 月成立了法科研究所，下设经济学部，由时任经济学系主任任凯南兼任学部主任。学部既是科研机构，又是研究生

培养教育机构，学校自 1935 年开始招收研究生，经济学部于 1939 年招收首位研究生，为经济学系本科毕业的刘涤源。学术阵地的开辟和科研平台的搭建，为学校经济学科的发展和经济学"学派"的初创提供了良好的条件。

二、初创阶段的领军人物

在先后来到珞珈山的一大批经济学者中，最为著名的是杨端六和刘秉麟，他俩的成就最为突出，影响最为深远，成为珞珈经济学"学派"初创阶段的领军人物。

杨端六（1885～1966 年），祖籍江苏苏州，生于湖南长沙。1908 年赴日本英语学校和高等学校求学；1913 年初留学英国，在伦敦大学政治经济学院攻读货币银行专业。1920 年回国，曾在吴淞中国公学和商务印书馆任职，后到中央研究院社会科学研究所任研究员、经济组主任兼代所长、会计主任。1930 年起执教武汉大学，先后任法学院院长、教务长、教授兼经济学系主任、文科研究所经济学部主任。曾兼任国民政府军事委员会审计厅上将厅长，当选国民党第六届中央执行委员、国立北平研究院学术会议会员。新中国成立后曾任中南军政委员会财政委员会委员。主要著作有《商业簿记》《现代会计学》《工商组织与管理》《货币与银行》《清代货币金融史稿》等。

刘秉麟（1891～1956 年），湖南长沙人。1909 年起在上海就读中学和大学预科。1917 年毕业于北京大学经济学系；1918 年到北京大学任图书馆馆员；1919 年任上海中国公学大学部教务长。1920 年出国留学，先后毕业于英国伦敦大学经济学院研究生班、德国柏林大学经济学系研究生班。1925 年回国，先后任上海中国公学大学部教授兼商学院院长、上海商务印书馆主任编辑。1932 年起受聘为武汉大学经济学系教授，曾任经济学系主任、法学院院长，并多次代理校长。主要著作有《经济学原理》《经济学》《中国财政小史》《近代中国外债史稿》等。

杨端六和刘秉麟在当时的经济学界具有很大的学术影响和很高的学术地位。

杨端六的主攻方向是货币金融学和商业会计学，被誉为中国现代货币金融学奠基人之一和中国商业会计学奠基人。他从事学术活动时间较早，1912 年即受留日同学宋教仁之托，与周鲠生、皮宗石等一起在汉口法租界创办《民国日报》；1913～1920年，又受章士钊之邀任《甲寅》杂志编委会成员并在其上发表文章；同时还在张东荪的《中华杂志》和谷种秀、杨永泰的《中华新报》上陆续发文；1917 年，更是以李剑农为国内联络人并联络其他留英同学一起在上海创办了自己的刊物《太平洋杂志》。

担任商务印书馆会计主任期间，大胆改革商务会计制度并取得成功，被誉为商务印书馆的"金柜子"。1920 年 10 月，英国现代思想家伯特兰·罗素（Bertrand Russell）来华讲学，他陪同翻译，并自己演讲了"社会与社会主义""同业组织问题"和"介绍罗素其人——与罗素一夕谈"3 个专题，产生了较大影响。到武汉大学任教后更是潜心教学与科研，取得丰硕成果，声誉愈益显赫。

刘秉麟是当时著名的经济学家。他从事学术研究起步也较早，在北大任图书馆馆员的 1918 年，即发表《马克思传略》《劳动问题是什么》等文章；1919 年又相继发表《经济学上之新学说》《分配问题》等论文；其间还翻译了美国财政学家亨利·卡特·亚当斯（Henry Carter Adams）的《财政学大纲》，并补撰概述中国财税制度历史的《中国租税史略》附于书后；之后，他出版了自己的第一本经济学著作——《经济学原理》，从生产、流通、分配等再生产环节较为系统地阐述现代经济学的基本原理。出国留学期间，他刻苦研习西方经济学说，著有《亚当斯密》《理嘉图》《李士特经济学说与传记》等书；回国后又出版了《各国社会运动史》《世界各国无产阶级政党史》等专著。尤其使其享誉学界的是他编著的经济学教科书，包括《经济学原理》及其后出版的几种版本的《经济学》，因内容丰富、系统全面、通俗易懂，在当时颇为流行，得到学术界的充分认可。他于 1926 年中国经济学社上海分会成立大会上被推举为临时主席①，并 3 次当选中国经济学社理事②；1928 年以专家身份应邀出席国民政府财政会议；1929 年成为国民政府工商部工商法规委员会委员，参与制定民国工商法；1932 年到武汉大学后陆续担任重要领导职务。

尤为突出的是，杨端六和刘秉麟均为当时中华民国教育部的"部聘教授"。教育部部聘教授在当时中国教育界享有至高荣誉，时有"教授中的教授"之称。中华民国教育部共选聘过两批，选聘条件非常严苛，杨端六是第一批入选的，是此批经济学科的唯一入选者，刘秉麟是第二批入选的。武汉大学两批共入选 3 人，另一人为法学家周鲠生。全国两批共选聘 45 人中，其中经济学科仅 3 人，武汉大学即独占其二，足见其实力之强。杨端六和刘秉麟在当时中国经济学界属于顶尖级学者，堪称民国时期经济学界的珞珈"部聘双杰"，是珞珈经济学"学派"初创阶段独领风骚的领军人物。

---

①　佚名. 经济学社上海分社昨日成立［N］. 申报，1926 – 11 – 15（008）.

②　孙大权. 中国经济学的成长——中国经济学社研究（1923 – 1953）［M］. 上海：上海三联书店，2006：68 – 70.

三、初创阶段的学科群体

除"部聘双杰"外，此间任教于武汉大学经济学系的其他教授也大都卓尔不凡，形成学派初创阶段优秀卓越的学科群体。

任凯南（1884～1949 年），湖南湘阴（今汨罗市）人。早年毕业于湖南高等实业学堂，后入日本早稻田大学深造，1921 年获得英国伦敦大学经济学博士学位。回国后曾任长沙大学大麓中学校长、湖南省立图书馆馆长、省立湖南大学经济学教授兼教务主任。1927 年，受聘为国立武汉大学筹备委员会委员、经济学教授；后任武汉大学经济学系主任，曾兼任武汉大学法科研究所经济学部主任。1937 年 7 月，应邀回湖南大学。

皮宗石（1887～1967 年），湖南长沙人。早年到日本读中学，后考入东京帝国大学学习政治经济；辛亥革命后不久赴英国伦敦大学学习经济学。1920 年学成归国后，曾应蔡元培之邀到北京大学法学院任教授兼图书馆馆长。1928 年 9 月，应蔡元培之邀与王世杰、王星拱、周鲠生等人一起共同筹建国立武汉大学，直至 1936 年离开武汉大学到湖南大学任校长。他在武汉大学工作 9 年，主讲财政学等课程，先后兼任武汉大学社会科学院院长、法学院院长、经济学系主任、武汉大学教务长、图书馆馆长等职。

陶因（1894～1952 年），安徽舒城人。早年留学日本，毕业于日本帝国大学；后留学德国，获法兰克福大学经济学博士学位。1930 年初学成归国，受时任安徽大学校长王星拱之邀担任该校法学院院长。1930 年 9 月，又随王星拱来到武汉大学经济学系；1937 年被任命为经济学系主任，任职达 9 年之久。曾兼任武汉大学教务长。1946 年转职国立安徽大学。

李剑农（1880～1963 年），湖南邵阳人。1904 年入湖南师范馆（今湖南第一师范学院）史地科专攻史学，1910 年入日本早稻田大学学习政治经济学，1913 年入英国伦敦政治经济学院专攻政治学与宪法学，1916 年回国。1930 年秋到国立武汉大学任教，主讲中国近代政治史和中国经济史课程。不久，任文法学院教授兼史学系主任。[①]

---

① 李剑农在武汉大学任教期间，其编制并不在经济学科点上，而一直在历史学系工作；但他对中国经济史造诣极深，成就巨大，是武汉大学经济史学科的权威学者和学术带头人。武汉大学历史学科中部分经济史学者也是珞珈经济学"学派"创建的有生力量与重要成员。

新中国成立后曾任中南军政委员会顾问、全国政协委员。著有《中国古代经济史》《中国近百年政治史》,武汉大学档案馆收藏有其讲义《中国古代经济史讲稿:古代之部》。

戴铭巽(1904~1970年),江苏镇江人。早年就读于南京高等师范学校商科,后留学英国伦敦大学经济学院和爱丁堡大学商科,1931年获爱丁堡大学商学学士学位。当年即回国,任国立武汉大学经济学系特约讲师,次年被聘为教授。除1940年8月至1941年10月一度离开武汉大学之外,一直在武汉大学任教,主讲簿记学、会计学、统计学等课程。

彭迪先(1908~1991年),四川眉山人。1921年就读于成都高等师范附中,1926年留学日本,1932年考入九州帝国大学经济系本科,主攻马克思主义经济学,1935年毕业后留校任教并入研究院成为研究生。1938年回国后,先后担任国立西北联合大学法商学院政治经济系教授(1938~1939年)、武汉大学经济学系教授(1940~1945年)、四川大学经济系教授兼系主任(1945~1949年)。新中国成立后曾任四川大学校长、四川省副省长、民盟第五届中央副主席和全国人大常委会委员、全国政协常委。著作编有《彭迪先全集》(全3卷共5册)。

以上6位教授均为留学归国人员,且在国外所学的大都是经济学和商学方面的专业,其中有4位(任凯南、皮宗石、李剑农、陶因)均有先到日本留学再到英国或德国深造的经历,有4位(任凯南、皮宗石、李剑农、戴铭巽)到过英国伦敦大学深造,有2位(任凯南、陶因)获得经济学博士学位,属当时经济学界的"海归"精英人才。在武汉大学执教期间,他们大都兼任过校、院、系三级管理机构的领导职务。其中,在"系"一级层面上,皮宗石、任凯南、陶因即先后担任过经济学系主任;在"院"一级层面上,皮宗石曾任社会科学院院长、法学院院长,任凯南曾任经济学部主任;在"校"一级层面上,任凯南曾任武汉大学筹备委员会委员,皮宗石、陶因曾任武汉大学教务长,皮宗石曾兼任武汉大学图书馆馆长,他们均属武汉大学行政服务和业务管理的中坚力量。在教学与科研方面,他们更是经济学系的教学主力与学术骨干。他们学有专长、术有专攻,任凯南是西方经济史专家;皮宗石是经济学、财政学专家;陶因是经济学、经济政策研究专家;李剑农是中国经济史专家;戴铭巽是会计学专家;彭迪先是经济思想史专家。他们在学术界的影响与声誉很不一般,任凯南在伦敦大学时已赫赫有名,至武汉大学执教时,在经济学界已与马寅初齐名,时有"南任北马"之说,足见其名声之大;皮宗石是当时知名教授,离开武汉大学后不仅担任湖南大学校长,还曾被选为第三届国民参政会参政员,担任过国民政府教育部教育研究委员会委员，新中国成立后还由毛泽东亲自签署委任状，命其为中南军政委员会财政经济委员会委员，影响较大；陶因在经济学界也负有盛名，曾被《大公报》评为当时中国十大著名教授之一；李剑农在中国古代经济史和中国近代政治史研究方面取得巨大成就，所著《中国古代经济史》至今仍是不可多得的学术巨著，《中国近百年政治史》被译成英文，为国内外学者广泛引用和参考，1991 年美国出版的《近代国际大史学家》① 一书中收录了 1800 年以来各国大史学家 664 位，其中 14 名中国人，李剑农位列其中，他因此而被国内学者誉为"世界级大史学家"②；戴铭巽在民国会计学界声名卓著，《中国会计学界百年星河图》将之列为"一星"级人物，排名第 30 位③；彭迪先是日本著名马克思主义经济学家河上肇的门生，是中国著名的老一辈马克思主义经济学家，有"红色教授"之誉④。

除上述著名教授外，此时经济学系还留校和引进了一些师资力量。先后留校的有张克明⑤、夏道平⑥；先后引进的有潘源来⑦、朱祖晦⑧、韦从序⑨、伍启元⑩、陈家

---

① ［罗马尼亚］吕希安·波亚主编. 近代国际大史学家［M］. 纽约：格林伍德公司，1991.

② 萧致治. 李剑农：世界级大史学家——纪念李剑农逝世 40 周年［J］. 武汉大学学报（人文科学版），2003（01）：46 - 53.

③ 参见许家林. 中国会计学界百年星河图. 中国会计视野网，http：//news. esnai. com/39/2010/1117/57804. shtml，2010 - 11 - 17/2022 - 11 - 28.

④ 参见刘诗白.《彭迪先全集》序［A］. 彭迪先全集［C］. 成都：西南财经大学出版社，2014：1.

⑤ 张克明（生卒年不详），湖北蕲春人。1933 年毕业于国立武汉大学法学院商学系并留校担任经济学系助教，任会计学实习课。曾与夏道平合作编有《湖北江河流域灾情调查报告书》。

⑥ 夏道平（1907～1995 年），湖北大冶人。1929 年以同等学力考入武汉大学文学预科班，两年后正式就读于武汉大学经济学系，1935 年毕业留校担任助教。抗日战争爆发后，随学校西迁乐山并投笔从戎，曾任国民参政会经济建设策进会研究室主任。1949 年随国民政府退居台北，参与创办《自由中国》杂志并担任主笔，曾在政治大学、东海大学、辅仁大学、东吴大学、铭传商专等校任教，退休后任中华经济研究院特约研究员。著作编有《夏道平文集》。

⑦ 潘源来（1903 年至？），湖南浏阳人。1930 年毕业于中央大学经济学专业。1931 年经周鲠生介绍到国立武汉大学法学院任助教。1935 年赴英国伦敦大学学习，1938 年获经济学硕士学位。回国后历任东北大学、湖南大学、华西大学、中央大学经济系教授等。主要从事经济学、贸易理论与实务等教学和研究。主要著作有《经济学原理》《世界倾销问题》等。

⑧ 朱祖晦（生卒年不详），江苏南京人。美国哈佛大学硕士，曾任美国布鲁金经济学研究院研究员、国民政府设计委员会设计委员、中央研究院社会科学研究所研究员、国际劳工局中国分局统计专员。1933 年到国立武汉大学担任经济学系统计学教授，1938 年离职。著有《人口统计新论》《统计学原理》《统计学教程》等。

⑨ 韦从序（1904 年至？），安徽舒城人。1926 年毕业于国立东南大学教育科；先后肄业于英国伦敦政治经济学院经济统计系（1934～1935 年）和伦敦大学统计系（1935～1937 年）。1937～1947 年在国立武汉大学担任统计学教授。后赴安徽大学任法学院院长。后又任中央大学教授、台湾东吴大学教授和政治大学教授。

⑩ 伍启元（1912 年至？），广东台山人。早年就读于沪江大学，1932 年毕业后入国立清华大学经济研究所继续深造，1934 年赴英国留学，1937 年获伦敦政治经济学院经济学博士学位。1937～1939 年到国立武汉大学任教，讲授西洋经济史、经济思想史。曾在《武汉大学社会科学季刊》发表《货币数量说及其史的发展》一文，武汉大学档案馆收藏有其《经济思想史讲义》。

芷[①]、温嗣芳[②]等。这些人也均具有不俗的实力。这 8 人中，除张克明和夏道平为本校毕业留校者外，其余 6 人均为留学归国人员。其中，从留学国别看，有 1 人（陈家芷）具有留日经历，4 人（潘源来、韦从序、伍启元、温嗣芳）具有留英经历，1 人（朱祖晦）具有留美经历；从所学专业看，基本上都是经济学、商学专业；从所获学位看，至少有 2 人（潘源来、朱祖晦）获硕士学位，1 人（伍启元）获博士学位。这些人在学术上均有一定的造诣并有一定的影响。如夏道平，他到台湾后潜心研究奥地利经济学派，发表了大量相关学术成果，成为台湾著名经济学家。再如伍启元，他是20 世纪三四十年代中国相当活跃的学者之一，尤其在抗日战争期间，他联名自己所在的西南联大的多名教授发表反对国民政府恶性通货膨胀的系列文章，在学术界和社会上引起极大反响，赢得很高声望。

此时还有一位才华出众的青年经济史学者吴其昌[③]，在中国经济史，尤其是中国田制史的研究上取得突出成就，在当时颇有影响。

综上可见，此时的武汉大学已诞生以杨端六和刘秉麟为代表的"部聘双杰"领军人物，已形成以任凯南、皮宗石、陶因、李剑农、戴铭巽、彭迪先等为代表的一批卓尔不凡、实力雄厚的学科团队，已取得一批颇具影响的学术成果并彰显出珞珈学者求真务实的优良学风。表明当时的珞珈山已大体形成一个经济学"学派"的初创雏形，或者说一个初创雏形意义上的珞珈经济学"学派"已告诞生。但是，此时的珞珈经济学"学派"还很难说已经具备正式"创立"的条件，因为此时学派创建尚存在一个十分突出的问题，即在学术上尚未形成自己独特的核心理论，在影响上也未达到应有的效果与高度。也就是说，无论从学术深浅度上看，还是从学界认可度上看，都未能使珞珈经济学"学派"创建达到真正"立"起来的程度；换言之，一个真正意义上或完整意义上的珞珈经济学"学派"尚未最终形成。因而，此时的珞珈经济学"学派"创建仅仅还只处在"初创"的阶段。

---

① 陈家芷（生卒年及出生地不详），东京大学经济研究所毕业，1942 年来到武汉大学经济学系，主讲中外经济史等课程。论文有《中国经济史的方法论》《中国战后经济建设之蠡测》等。

② 温嗣芳（1909～1995 年），重庆人。1937 年入爱丁堡大学攻读经济学，1931 年回国后先在重庆大学任教，1944 年到国立武汉大学任教，新中国成立前夕回四川，后任教于四川财经学院（今西南财经大学）。著有《西方国家货币战的演进》。

③ 吴其昌（1904～1944 年），海宁硖石人。1925 年考入清华大学国学研究院，从王国维治甲骨文、金文及古史，从梁启超治文化学术史及宋史。1928 年任南开大学讲师，后任清华大学讲师，1932 年受聘为武汉大学历史系教授。抗战期间随校西迁四川乐山，旋兼历史系主任。因患肺病、咯血，年仅 40 岁便不幸去世。著有《宋元明清学术史》等，发表有宋元及以前中国田制史系列论文。

第三节
学派续创阶段及其领军人物与学科群体

如前章所述,珞珈经济学"学派"的创建在学术上是以发展经济学及相关的经济增长与经济发展理论为核心的。张培刚是发展经济学的创始人之一,在他手上开启了创建一门新的经济学分支学科的征程。也就是说,此时的珞珈经济学"学派"创建者在学术思想上已达到"创建学科"的高度;张培刚的学术成就与理论贡献达到当时国际领先的学术水平并获得广泛赞誉,因而在学界认可度上也达到了"国际认可"的高度。① 张培刚不仅是发展经济学这门新兴学科的创始人之一,而且也使珞珈经济学"学派"在其创建过程中,在珞珈先贤做出初创性贡献的基础上得以续创,使学派创建具备基本"创立"的条件,并成为这一阶段的领军人物。

一、续创阶段的时间节点与学科发展背景

珞珈经济学"学派"续创阶段的标志性时间节点,是作为领军人物的张培刚学成归来。1946 年 10 月,应武汉大学时任校长周鲠生之邀,张培刚与同在哈佛留学、后被称为"哈佛三剑客"的韩德培、吴于廑一起回到母校任教。张培刚一回到武汉大学即出任经济学系主任,一直到他于 1952 年底调离武汉大学。其间于 1948 年 1 月至 1949 年 2 月离任一年,应聘担任联合国亚洲及远东经济委员会顾问及研究员,在武汉大学前后任教 5 年。

这段时间内,武汉大学经济学科发生了比较大的变化。首先是学科力量的进一步增强。张培刚任系主任后,亲自邀请了一批留美人员回国到经济学系任教,包括吴纪先、李崇淮、周新民、刘绪贻、谭崇台、刘涤源、黄仲熊等;同时,在张培刚

---

① 严格说来,国际学术界认可张培刚并不代表认可张培刚创立了一个学派;但是,学术界对学派的认可通常都表现为对学派创始人及主要代表者的认可,也通常都是从认可学派创始人及主要代表者开始,然后由后人总结归纳为"学派"并逐渐得到学术界广泛认可的。这是学派创立和被认可的通行惯例与一般规律。

的号召和影响下，还从留美归国人员中引进了朱景尧和黄永轼；此外，还留校和招聘了一批学有所成的优秀研究生，如贾植园、甘士杰、王治柱、曾启贤等。张培刚的到来和众多新生力量的加盟，使武汉大学经济学科的力量在原本较强的基础上再上一个大的台阶，一跃成为全国同行所瞩目的最好经济学科点之一。在新中国成立前，南开大学的经济学科在美国耶鲁大学博士何廉[①]和方显廷[②]两位著名教授的主持下，享誉学界，在很长一段时期内，不仅在国内影响巨大，而且在国外也有一定声望，被公认为在当时的中国经济学界实力最强。然而，据董辅礽在 1992 年 10 月参加张培刚从教 60 周年暨 80 寿辰庆贺会上致词时说：当年他曾去南开大学参加博士论文答辩，南开大学前校长滕维藻[③]曾对他说过："在张老师主持武汉大学经济学系的时候，武汉大学经济学系的水平是超过南开大学的。"董辅礽认为，"这不是溢美之辞，因为从经济学教授的阵营来讲，那个时候武汉大学经济系阵营最整齐、最年轻，他们的知识最新"[④]。其次是科研机构设置的变化。适应科研力量的增强和抗日战争结束后科研秩序的恢复，学校于 1947 年将原法科研究所一分为二，改设为政治研究所和经济研究所，这样原法科研究所经济学部升格为研究所。与此同时，学校原有阵地《社会科学季刊》也于 1947 年复刊，并迎来了从乐山复校后经济学研究的短暂繁荣。再次是现代经济学前沿理论与分析方法的引入。张培刚等一大批留美归国学者的到来，给武汉大学带来了现代经济学的前沿理论与分析方法。国立武汉大学组建初期引入的学者，如杨端六、刘秉麟、任凯南等，他们的留学地点基本上都在英国、法国、德国等欧洲国家，不少人早期还有过先到日本学习的经历，他们在经济学教育上倾向于传统的欧洲模式，较为注重经济学纯理论的推导与解析。而张培刚等留美学者则不仅带来现代经济学的前沿理论，而且开始引入西方经济学的计量分析方法，如张培刚在讲授微观经济学中就运用了大量的数学计算方法。[⑤] 师资力量的增强和教学与科研条件的改善与变化，使在读学生大受其益，此间培养出了董辅礽、何炼成、刘再兴、席

---

① 何廉（1895～1975 年），湖南邵阳人。1919 年赴美留学，获耶鲁大学经济学博士学位。1948 年出任南开大学代理校长。著名经济学家，被誉为"在国内最早引入市场指数之调查者"和"我国最早重视农业的经济学家"。

② 方显廷（1903～1985 年），浙江宁波人，著名经济学家。1921 年前往美国威斯康星大学深造，主修经济学；后转入纽约大学获经济学学士学位，并获耶鲁大学经济学博士学位。1929 年 1 月受聘于南开大学，任社会经济研究委员会（1931 年后改为经济研究所）主任兼文学院经济系经济史教授。

③ 滕维藻（1917～2008 年），江苏阜宁人，著名世界经济学家，国家级有突出贡献专家，世界经济学博士生导师。1981 年 10 月至 1986 年 1 月任南开大学校长。

④ 谭慧. 学海扁舟——张培刚学术生涯及其经济思想［M］. 长沙：湖南科学技术出版社，1995：266.

⑤ 参见武汉大学经济与管理学院史编辑委员会编. 武汉大学经济与管理学院史［M］. 武汉：武汉大学出版社，2014：58.

克正、郭吴新等一批著名经济学家和许多在各自行业贡献突出的优秀人才。这时武汉大学的毕业生在国际上已获得认可，1948 年英国著名的牛津大学曾致函中国国民政府教育部，确认武汉大学文理学士毕业生成绩在 80 分以上者享有"牛津之高级生地位"。

二、续创阶段的领军人物

毫无疑问，此间珞珈经济学"学派"创建的重要领军人物就是时任经济学系主任的张培刚。

张培刚（1913～2011 年），湖北红安人。1929 年春插班考入武汉大学文预科，1930 年秋进入经济学系本科，1934 年 6 月毕业并获学士学位；随即被选送到由陶孟和主持的前中央研究院社会科学研究所从事农业经济研究工作。1941 年考取清华庚款公费赴美留学生，1945 年冬获哈佛大学经济学博士学位。次年 10 月应邀回到武汉大学，任经济学系教授及系主任。1948 年任联合国亚洲及远东经济委员会顾问及研究员；1949 年任武汉大学校务委员会委员、总务长兼经济学系主任，曾代理武汉大学法学院院长并兼任武汉市人民政府委员、财经委员会委员。1951 年秋至 1952 年夏，在北京中央马克思列宁学院学习。1952 年底调离武汉大学，参与组建华中工学院（现华中科技大学）。曾任中华外国经济学说研究会副会长、名誉会长。主要著作有《农业与工业化》《宏观经济学和微观经济学》《微观宏观经济学的产生和发展》《新发展经济学》；另编有《张培刚选集》等。

张培刚在国际经济学界享有盛誉的是他的标志性成果《农业与工业化》。《农业与工业化》虽是张培刚在哈佛大学完成的博士学位论文，但却与他之前在武汉大学的学习及其后在原中央研究院社会科学研究所的工作具有密不可分的联系。在武汉大学经济学系学习期间，他系统学习了杨端六、刘秉麟、任凯南、皮宗石、陶因等著名教授开设的经济学、货币银行学、财政学、会计学、统计学、国际贸易和经济史、经济思想史等经济学专业基础课，以及著名法学家周鲠生开设的宪法、国际法等法学课程；还学习了数学和英语、法语、德语三种外语，选修了生物学。这些基础课程的学习是他"日后考上出国留学并用外文写成博士论文《农业与工业化》的直接和重要的渊源"。有些课程的学习，实际上已促成了他关于农业国工业化部分认识与见解的酝酿和形成。如他在回忆学习任凯南教授开设的外国经济史和外国经济思想史课程时，即指出：除课堂听讲外，还认真阅读了任凯南借给我的英文原版参考书——英国著名女学者诺拉斯（L. C. A. Knowles）的名著《19 世纪产业革命史》（伦敦 1929 年版），通过听讲与阅读使我认识到"像中国这样贫穷落后的农业国家，除了实现国家的工业化、兴办现代大工业之外，别无振兴经济之道"；同时，我看到"在城市大工业兴起过程中，却引起乡村工业纷纷破产，加上土地兼并之风接踵而来，又使得广大农民不得不背井离乡，流落城市街头，景象十分悲惨"，因此我认识到"在实行城市工业化的同时，也必须实行农村工业化"。① 5 年大学毕业之后，他旋即被选送到原中央研究院社会科学研究所工作 6 年多，其间他多次深入农村和乡镇调查，足迹遍及河北、浙江、广西、湖北等地，掌握了 1934～1940 年中国农村大量珍贵的第一手原始资料，写成由国立中央研究院刊印的《清苑的农村经济》（1937）和商务印书馆出版的《广西食粮问题》（1938）、《浙江省食粮之运销》（1940）等 3 部专著以及 1 部待印稿《中国粮食经济》，发表了 40 多篇农村经济、货币金融等方面的论文。可见，《农业与工业化》的不少基础资料早在他赴哈佛留学前即已基本搜集到手并得到初步整理，他关于农业国工业化的许多认识与见解，早在本科时和实地调查阶段就已开始酝酿并初步形成。诚如他自己所总结："本书写成于二十世纪四十年代中期，但思想上的酝酿，却早在三十年代初当我在武汉大学经济系学习时，以及毕业后参加前中央研究院社会科学研究所从事农业经济的调查研究工作时，便已开始。"② 可以说，他的博士学位论文《农业与工业化》，不仅是他留美学习西方经济学理论与方法取得的优异成果，也是他师承武汉大学经济学科珞珈先贤学者的学术思想并深谙当时中国作为农业大国的基本国情进行实地调研与学术探讨的完美结晶。

张培刚的这篇博士学位论文被哈佛大学授予 1946～1947 年度经济学科最佳论文奖和"大卫·威尔士奖金"。威尔士奖为哈佛大学经济学科最高荣誉奖，是诺贝尔经济学奖设立前国际经济学界影响最大的经济学奖，张培刚是中国第一个③也是迄今唯

---

① 张培刚口述，谭慧整理.《农业与工业化》的来龙去脉 [A]. 张培刚. 农业与工业化（上卷）：农业国工业化问题初探 [C]. 武汉：华中科技大学出版社，2002：10，12–13.

② 张培刚. 自序 [A]. 张培刚. 农业与工业化（上卷）：农业国工业化问题初探 [C]. 武汉：华中科技大学出版社，2002：1.

③ 在武汉大学历史上，张培刚是著名的"四个一"学生：毕业时成绩全院第一，三年一次的庚款留美考试全国第一，武大学子第一个拿到哈佛大学的经济学博士学位，第一个中国人获得哈佛大学最高奖——威尔士奖。根据邹进文的研究，在张培刚之前，中国人第一个拿到哈佛大学经济学博士学位的是朱士道，时间是 1920 年（参见邹进文. 近代中国经济学的发展：以留学生博士论文为中心的考察 [M]. 北京：中国人民大学出版社，2016：63–65）。据此可知，张培刚并不是中国第一个，而只是武大学者中第一个拿到哈佛大学经济学博士学位的。

一获得该奖的学者①。在他之后曾获该奖的保罗·萨缪尔森（Paul A. Samuelson），1970 年获得了第二届诺贝尔经济学奖。张培刚的这篇论文于 1949 年被收入"哈佛经济丛书"第 85 卷，由哈佛大学出版社予以出版；1951 年又被译成西班牙文在墨西哥出版；1969 年英文版在美国再版。该书被世界很多著名大学的经济学专业列为指定参考书，林毅夫说他在芝加哥大学读书时，其导师西奥多·舒尔茨（Theodore W. Schultz）向他推荐的必读参考书中，"就有一本是由中国人写的著作，那就是张培刚老师所写的《农业与工业化》这本巨著"②。该书不仅在国际经济学界流传广泛，而且影响巨大、深远，正如 2009 年哈佛大学出版社总编辑迈克尔·费希尔（Michael Fisher）在该书出版 60 周年之际给时任华中科技大学校长李培根的贺函中所说："哈佛大学出版社很荣幸于 1949 年在《哈佛经济研究》系列丛书中出版了此著作。张教授的著作是该系列丛书中最具影响力的巨著之一，此书被誉为发展经济学的奠基之作。哈佛大学出版社发表如此具有深远与持久影响力著作的机会屈指可数。"③

　　由于该书被誉为发展经济学的奠基之作，因而张培刚被国际经济学界公认为是发展经济学的奠基者或创始人之一。1982 年，前世界银行副行长兼高级经济学家、著名发展经济学家霍利斯·钱纳里（Hollis B. Chenery）在上海讲学时说："发展经济学的创始人，是你们中国人——培刚·张。"④ 何炼成回忆他 1986 年访问美国时，西密西根大学国际交流学院时任院长、著名经济学家美籍华人何国梁听说张培刚是其大学老师时，非常高兴地对他说："好极了！培刚·张是哈佛大学的高才生，他在美国名气很大，是发展经济学的创始人。"哈佛大学一位教授在何炼成参加的一次座谈会上也说："培刚·张才真正是发展经济学的创始人，刘易斯、舒尔茨的理论比他提出的理论要晚好些年，因此培刚·张更有资格获得诺贝尔奖金。"⑤

---

　　① 著名经济学家陈岱孙曾有过与威尔士奖擦肩而过的经历。他曾说：他在哈佛大学读书时，其博士学位论文曾被选送参评 1928～1929 年度哈佛威尔士经济论文奖，但最终委员会把奖项颁给了他的同班同学、垄断竞争理论的创立者张伯伦（E. H. Chamberlin）。18 年后，张培刚拿到了这个奖，"得悉培刚同志的论文于 1947 年获得此奖时，我觉得十分高兴。高兴的是终于看到了有一个中国留学生跻身于哈佛大学经济系论文最高荣誉奖得者的行列。"（转引自谭慧. 学海扁舟——张培刚学术生涯及其经济思想 [M]. 长沙：湖南科学技术出版社，1995：258.）

　　② 林毅夫在首届"张培刚发展经济学研究优秀成果奖"颁奖仪式上的发言。见首届获奖者林毅夫教授获奖感言 [EB/OL]. 张培刚发展经济学研究基金会，http：//pkcjjh. hust. edu. cn/info/1018/1796. htm，2009 - 02 - 13/2022 - 11 - 28.

　　③ 张培刚发展经济学研究基金会. 发展经济学与中国经济发展——第一、第二届张培刚奖颁奖典礼暨学术论坛文集 [M]. 武汉：华中科技大学出版社，2009：55.

　　④ 张培刚口述，谭慧整理. 《农业与工业化》的来龙去脉 [A]. 张培刚. 农业与工业化（上卷）：农业国工业化问题初探 [C]. 武汉：华中科技大学出版社，2002：2.

　　⑤ 何炼成. 国际发展经济学的奠基人——张培刚教授 [J]. 经济思想史评论，2007（02）：331 - 338.

张培刚学成归国出任武汉大学经济学系主任标志着珞珈经济学"学派"创建一代领军人物的诞生。如果说,该学派初创阶段杨端六和刘秉麟"部聘双杰"在当时国内经济学界达到了顶级水平的话;那么,张培刚此时则达到了国际经济学界公认的最高学术水准。张培刚不仅是珞珈经济学"学派"创建中极为重要的领军人物,而且在国内经济学界发展经济学领域也堪称独领风骚的领军人物,即令在国际经济学界发展经济学领域,他也是一位独具特色的奠基人和开创者。

三、续创阶段的学科群体

张培刚在武汉大学经济学系任系主任期间,原有教师如杨端六、刘秉麟等仍在经济学系任教,加上新引进的一批留美学者及新招聘任教的研究生,新老教师一起,共同构成了武汉大学经济学科的高水平师资队伍和珞珈经济学"学派"创建的优秀学科团队。

此间留美归国人员中最为著名的是吴纪先、李崇淮、刘涤源,以及在下一阶段将要予以重点介绍的学派另一位领军人物谭崇台。

吴纪先(1914~1997年),江苏松江(今上海市)人。1934年毕业于北平税务专门学校;1943年赴美留学,1945年获美国威斯康星大学经济学硕士学位,1947年获美国哈佛大学经济学博士学位。归国后,先在南京中央大学任教;后到联合国亚洲远东经济委员会秘书处任经济研究专员。1950年9月受聘为武汉大学经济学系教授,曾任经济学系主任、武汉大学美国加拿大经济研究所所长。著有《东南亚经济概观》,主编《战后美国经济危机》。

李崇淮(1916~2008年),江苏淮阴(今江苏淮安)人。1934年秋考入清华大学,后转入成都华西大学;1943年赴美留学,1945年获耶鲁大学经济学硕士学位。1946年回国到交通银行汉口分行任襄理,1947年起应张培刚之邀兼任武汉大学经济学系特约讲师,1949年4月正式调入武汉大学经济学系。1950年筹办武汉大学银行专修科,担任副主任;1953年任武汉大学总务长。1981年经济管理学系成立,任系主任;后任管理学院副院长。曾任中国民主建国会中央副主席、名誉副主席,第六、七、八届全国人大代表及第七届全国人大常委会委员等。享受国务院政府特殊津贴专家,副部级待遇。著有《股票基本知识和实践》《"两通"起飞:武汉经济发展战略刍议》《西方货币银行学》;另编有《李崇淮文集》等。

刘涤源（1912～1997 年），湖南湘乡人。1939 年毕业于武汉大学经济学系，1942年获武汉大学法学研究部经济研究所硕士学位。其硕士学位论文《货币相对数量说》获前中央研究院 1944 年度"杨铨学术奖"①。1944 年留学哈佛大学文理研究生院，研习西方经济理论与经济周期学说。1947 年底回国，受聘为武汉大学经济学系教授，曾兼任经济学系主任、中华外国经济学说研究会发起人之一、理事。享受国务院政府特殊津贴专家。主编《凯恩斯主义研究丛书》（首批 5 卷），其中著有《凯恩斯经济学说评论》；另著有《凯恩斯就业一般理论评议》，并与谭崇台共同主编《当代西方经济学》；另编有《刘涤源文集》等。

上述 3 位教授都是各自学科领域的著名学者。吴纪先主攻美国经济，1981 年中国正式全面施行学位制度后首批遴选为世界经济专业博士研究生导师，曾任全国美国经济学会会长、国务院学位委员会学科评审组经济学组成员，在国内享有很高的声誉，他是武汉大学世界经济学科的著名学者与学术带头人。李崇淮主攻货币银行学，是武汉大学金融学学科的著名学者与学术带头人，他在参政议政方面做出了突出贡献。刘涤源主攻西方经济学，尤其侧重凯恩斯主义经济学说的研究，是国内著名的凯恩斯主义研究专家，他和谭崇台同为武汉大学西方经济学学科的著名学者与学术带头人。

张培刚邀请归国的其他几位教授也在各自学科领域具有极强的实力。其中，周新民②主攻欧洲经济，他曾就读于美国哥伦比亚大学商学院，获硕士学位并取得博士候选人资格，曾任武汉大学经济学院西欧经济研究室主任、武汉大学欧洲资料中心主任，享受国务院政府特殊津贴专家，是世界经济学科的学术中坚与骨干教师；刘绪贻③主攻社会学，其本科所学专业及留美攻读专业均为社会学，对美国史颇有研究；黄仲熊④主攻外国经济思想史，留学美国威斯康星大学，在"文革"前曾先后发表 10篇左右外国经济思想史方面的论文，其中 3 篇在《经济研究》上发表，是此间在这一研究领域较为活跃的学者，是外国经济思想史学科的学术中坚与骨干教师。

---

① 该奖以曾任前中央研究院总干事杨铨命名，是当时国内最高的社会科学奖。

② 周新民（1911～1997 年），湖北洪湖人。1932～1936 年就读于国立清华大学经济学系。1936～1943 年在清华大学、长沙临时大学、西南联合大学等校任助教、教员。1943 年 11 月赴美国留学。1947 年 9 月回国后到武汉大学经济学系任教授，曾兼任经济学系主任、武汉大学图书馆代理馆长等。著有《欧洲统一大市场的建设及其影响》，主编《欧洲货币体系论》。

③ 刘绪贻（1913～2018 年），湖北黄陂人。1936 年考入清华大学，1944 年毕业于西南联合大学，获社会学学士学位。1945 年赴美留学，1947 年获芝加哥大学社会学硕士学位。回国后任武汉大学教授，曾任武汉大学校务委员会委员兼代秘书长。著名美国史专家，主编并撰写多卷本《美国史》，与人合著多种美国史研究专著。

④ 黄仲熊（1922～1968 年），湖南醴陵人。1940 年武汉大学经济学系本科毕业，1943 年武汉大学财政金融专业研究生毕业。1947 年赴美国威斯康星大学研究生院学习，1949 年回国，先后任湖南大学商学院副教授、海南大学教授，1950 年受聘为武汉大学经济学系副教授，主讲经济学说史课程。1968 年受"文革"冲击含冤自尽。

张培刚任系主任期间，武汉大学经济学系从留美归国人员中引进的师资还有朱景尧[①]和黄永轼[②]。朱景尧和黄永轼大学本科均毕业于武汉大学经济学系，后赴美留学，归国后均回到武汉大学任教。朱景尧主攻统计学，是武汉大学统计学尤其是世界经济统计的权威学者；黄永轼主攻农业经济，是武汉大学农业经济学科的骨干教师与学术中坚。

此间前后留校或返校任教的还有甘士杰、王治柱和曾启贤等，其中最为突出的是曾启贤，他后来成为武汉大学政治经济学学科的著名学者与学术带头人。

曾启贤（1921～1989年），湖南长沙人。1945年大学本科毕业于武汉大学经济学系，并成为武汉大学经济研究所研究生，1948年获硕士学位并留校任教。1951～1953年到中国人民大学经济系研究生班学习。回校后一直在武汉大学经济学系任教。曾任湖北省哲学社会科学联合会副主席、中国比较经济研究会副会长、湖北省经济研究中心常务干事、湖北省经济学会顾问、武汉大学学术委员会副主席和职称评审委员会副主任、经济学系副主任、经济学院社会主义经济理论研究室主任等。1984年获首届孙冶方经济科学奖。著有《社会主义经济理论与分析》。

其他2位学者也各有专长，甚为优秀。甘士杰[③]主攻金融学，对货币理论与实务有所研究；王治柱[④]主攻西方经济学说，对西方数理学派及其学说研究尤深，颇有建树。

以上这些学者大部分为国外留学人员，而且大都出自欧美名校，是优秀的"海归"精英；其中不少人本科即毕业于武汉大学经济学系，具有薪火相传的珞珈师承关系；还有一些本身即为武汉大学经济学系自己培养留校的优秀学子，有的后来还在外校或本校进行了研究生阶段的深造学习。这些学者聚集武汉大学，学有专长、业有专

[①] 朱景尧（1916～2013年），河南宝丰人。1941年毕业于武汉大学经济学系并留校任助教。1947年受美国李氏基金奖学金资助赴美国威斯康星大学研究生院经济系学习，获硕士学位。1849年转入爱荷华州立大学统计系学习。1950年元月受聘为武汉大学经济学系副教授，后升为教授。讲授统计学、经济统计学、经济数学等课程。曾兼任湖北省统计学会副会长。

[②] 黄永轼（1908～1987年），湖北大冶人。1934年毕业于武汉大学经济学系，1948年赴美国明尼苏达大学研究院攻读农业经济，1950年获科学硕士学位。同年回国，受聘为武汉大学经济学系副教授。后曾调出武汉大学，1979年重回武汉大学经济学系，长期从事农业经济研究。

[③] 甘士杰（生卒年不详），湖南望城人。1943年毕业于武汉大学经济学系；1946年获武汉大学法科研究所经济学硕士学位，后留校任教。1947～1949年在前资源委员会经济研究所任研究员。曾参编《反通货膨胀论——通货膨胀的理论与实践》（刘涤源主编）。

[④] 王治柱（1922～2005年），湖北黄陂人。1945年毕业于武汉大学经济学系，后到南开大学经济研究所读研究生，1947年获经济学硕士学位并回到武汉大学经济学系任教。1948年应聘于云南大学，1950年重返武汉大学直至退休。其间于1954～1956年到中国人民大学教师研究班统计班学习。中华外国经济学说研究会发起人之一，曾任理事。著有《数理学派和数理经济学》。

精，形成一支特色鲜明、队伍整齐、实力雄厚的珞珈经济学科团队。

重要领军人物张培刚的标志性成果《农业与工业化》使之成为国际发展经济学的奠基者或创始人，其学术成就与理论贡献已达到"创建学科"和"国际认可"的高度；以师承关系为主、群贤毕至珞珈山形成优秀的学科群体；群贤幽居珞珈山潜心治学，并彰显淡泊名利、拒绝浮躁、求是拓新的朴实学风。这些都表明，一个真正意义或完整意义上的珞珈经济学"学派"已基本具备"创立"的条件。

第四节
学派再创阶段及其领军人物与学科群体

1978 年开始的改革开放，给中国高校带来了兴盛发展和学术繁荣的春天。自此开始，武汉大学经济学科的发展及珞珈经济学"学派"的创建也逐渐振奋活跃起来，步入相对繁盛的再创阶段。所谓"相对繁盛"，它是相对于学派创建的全过程而言的，即指在学派"创建"过程中显现"相对繁盛"的景况，属于创建中的繁盛。此阶段的一个突出变化，就是涌现出了该学派创建中的另一位领军人物——谭崇台。他与改革开放后重新回到教学科研岗位的张培刚一道在发展经济学领域比肩同行，共创辉煌，他俩继其共同的老师杨端六和刘秉麟珞珈"部聘双杰"之后，成为中国发展经济学界的"双子星"。从珞珈"部聘双杰"到中国发展经济学界"双子星"，珞珈经济学"学派"创建中的领军人物实现了一次历史性的代际传承。

一、再创阶段的时间结点与学科发展背景

1978 年，谭崇台结束近 20 年的"学术流放"生涯重返经济学系教学科研岗位；同年，张培刚重启无奈间断 30 年之久的经济学教学科研工作，应邀赴北京中国社会科学院经济研究所参加主编《政治经济学辞典》外国经济思想史部分。这一年，这两位惺惺相惜的武汉大学、哈佛大学双重校友同时开启了西方经济学教学与研究的工作模式，成为珞珈经济学"学派"创建走向相对繁盛的重要时间节点。此后约至 2010 年代，即在张培刚、谭崇台和一批著名前辈珞珈学者与校友相继离世或荣退之前，大

约 30 年左右时间,是珞珈经济学"学派"创建中相对较为繁盛的再创时期。

这一时期内,随着改革开放后知识分子政策的落实,广大教师的积极性得到充分调动,师资队伍不断扩大,科研实力空前增强。2005 年,武汉大学经济与管理学院 3 万平方米的新大楼启用,此时拥有专任教师 243 人,其中教授 60 人、副教授 84 人;各类学生近万人,俨然一所规模不小的财经院校。此时的学科专业点已较为齐全,学院涵盖经济学、管理学两个学科门类;有理论经济学、应用经济学、管理科学与工程、工商管理 4 个一级学科,其中理论经济学具有一级学科博士学位授予权并设有博士后流动站;有 9 个博士点、18 个硕士点,还有一个工商管理硕士(MBA)专业学位点。世界经济为国家重点学科;政治经济学、企业管理为湖北省重点学科。此时已有众多的科研机构,如经济研究所、发展经济学研究所、美国加拿大经济研究所、经济思想史研究所、高级研究中心、人口资源环境经济研究中心、金融工程与风险管理研究中心,以及教育部 100 所人文社会科学重点研究基地之一的经济发展研究中心等。公开发行的刊物有《经济评论》,2007 年创刊《珞珈管理评论》。

二、再创阶段的另一位领军人物

谭崇台(1920~2017 年),四川成都人。1943 年毕业于武汉大学经济学系,同年考取公费赴美留学生,1947 年获哈佛大学经济学硕士学位,1948 年初受时任校长周鲠生之邀回到武汉大学经济学系任教。1957 年反右运动中被调离至外语系,1978 年重返经济学系。曾任武汉大学经济学系副主任、武汉大学校务委员会副秘书长、副主任委员、校长办公室主任,《武汉大学学报》副主编,武汉大学出版社副总编辑,武汉大学国际学术交流委员会副主席,武汉大学学术委员会顾问;经济与管理学院院长,经济学院名誉院长、学术委员会主席,经济与管理学院教授委员会主席;教育部人文社会科学重点研究基地武汉大学经济发展研究中心名誉主任、学术委员会主任。先后兼任中美经济学交流委员会中方委员,中华外国经济学说研究会副会长、名誉会长,中华外国经济学说研究会发展经济学分会名誉会长,全国高校社会主义经济理论和实践研讨会领导小组成员,湖北省外国经济学说研究会会长、顾问等。二级教授、博士生导师,享受国务院政府特殊津贴专家,武汉大学首批人文社会科学资深教授。研究方向为当代西方经济学、发展经济学,主要著作有《当代西方经济学说》《发展经济学》《西方经济发展思想史》《发展经济学的新发展》《发达国家发展初期与当今发展中国家经济发展比较研究》；另编有《谭崇台选集》等。

谭崇台重返经济学系教学科研岗位后，潜心研究发展经济学，在中国发展经济学领域创造了多项 "第一"：1982 年发表国内第一篇考察西方经济发展理论源流的学术论文①；1983 年与刘涤源共同主编出版国内第一部包含介绍发展经济学在内的当代西方经济学教材②；1985 年出版国内第一部发展经济学专著③；1987 年成为国内第一个招收发展经济学博士生的博士生导师；1993 年主编出版国内第一部系统介评西方经济发展思想史的著作④等。他将西方学术界的发展经济学首次引入中国，被公认为是继 "国际发展经济学的奠基人" 张培刚之后的 "中国发展经济学第一人"，也被称为 "中国发展经济学的启蒙者与拓荒者"。⑤ 曾入选 "影响新中国 60 年经济建设的 100 位经济学家"、湖北省首批 "荆楚社科名家"，在学术界享有极高的声誉。他以其突出成就及巨大影响而得到党和国家领导人的高度重视与充分肯定。

在张培刚调离武汉大学之后，迎着改革开放的强劲东风，谭崇台坐镇珞珈 "大本营"，杠起珞珈经济学 "学派" 创建的大旗，成为改革开放之后直至其去世之前武汉大学珞珈经济学 "学派" 创建中当之无愧的另一位领军人物。

三、再创阶段的学科群体

此间武汉大学的经济学科群体形成新旧两股强劲力量的叠加与交替，致使珞珈经济学 "学派" 创建大本营的实力更为增强、根基更为牢固。

一股力量是改革开放前积淀的师资，包括上一阶段即张培刚任系主任期间引进和留校的师资，以及此后陆续引进和留校的师资。此后陆续引进和留校的师资大部分为 20 世纪五六十年代进入武汉大学经济学系的，其中尤以 50 年代为多。这批师资在改革开放前由于一到教学科研岗位就受到接踵而至的各种政治运动，尤其是 "文革" 十年的冲击，学术生涯基本上处于停滞与休眠状态；直到改革开放后才得以焕发新生、

---

① 谭崇台. 从资产阶级经济思想史看经济发展理论的源流 [J]. 武汉大学学报（社会科学版），1982（03）：20－26，84.
② 刘涤源，谭崇台主编. 当代西方经济学说 [M]. 武汉：武汉大学出版社，1983.
③ 谭崇台. 发展经济学 [M]. 北京：人民出版社，1985.
④ 谭崇台主编. 西方经济发展思想史 [M]. 武汉：武汉大学出版社，1993.
⑤ 王今朝，唐晶星. 静水流深　沧笙踏歌——记著名经济学家谭崇台 [EB/OL]. 武汉大学经济与管理学院新媒体中心，https://mp. weixin. qq. com/s/IQQNEL6qKPWQnC－NflpRJA，2020－06－08/2022－11－28.

一展宏图。

这批师资主要包括三部分人员：一是武汉大学经济学系毕业留校的；二是1952～1953年全国院系调整时调整过来的；三是从外校或外地引进过来的。这批师资中的有些人后来成为各自所在学科的著名教授和学术带头人。如武汉大学经济学系毕业留校的郭吴新、刘光杰和傅殷才，1952～1953年全国院系调整时调整过来的彭雨新，从外校引进过来的汤在新，后来即成为各自学科领域的著名学者与学术带头人。

郭吴新（1927～2019年），湖北浠水人。1950年毕业于武汉大学经济学系并留校任教，1950～1952年到中国人民大学政治经济学研究生班学习，1955～1959年到苏联莫斯科国立经济学院做研究生，获经济学副博士学位。1960年回国后继续任教于武汉大学，曾任武汉大学经济学系副主任、美国加拿大研究所所长、武汉大学校党委委员、校学术委员会委员等，曾兼任全国美国经济学会会长、中国世界经济学会副会长、中国外国经济史学会副会长以及全国哲学社会科学"八五"规划、"九五"规划国际问题学科规划小组成员等。教授、博士生导师，享受国务院政府特殊津贴专家。著有《当代世界经济格局与中国》，主编《世界经济》（全3册）；另编有《郭吴新选集》等。

刘光杰（1930年～），湖北宜昌人。1954年毕业于武汉大学经济学系并留校任教，1956～1958年到中国人民大学政治经济学研究生班学习，毕业后回武汉大学继续任教。曾任政治经济学教研室主任、武汉大学学术（学位）委员会委员、经济学院学术（学位）委员会副主席、武汉大学港澳台经济研究中心主任、湖北省社会科学院副院长、党组成员，湖北省政府政策研究室兼职研究员、武汉市政府咨询委员会委员、湖北省高级职称评审委员会学科组成员、湖北省社会科学研究高级职务评审委员会副主任委员等；兼任中国经济规律体系研究会常务理事、湖北省社会科学联合会学术委员会委员，湖北省经济学团体联合会常务理事、执行主席，湖北省经济学会副会长、常务副会长等。教授、博士生导师，享受国务院政府特殊津贴专家。主要著作有《社会主义政治经济学基本理论问题研究》《中国经济发展战略概论》《中国经济发展战略理论研究》；另编有《刘光杰选集》等。

傅殷才（1929～1996年），湖南桃江人。1955年毕业于武汉大学经济学系，1956～1960年被选送至莫斯科大学经济系做研究生，1961年回到武汉大学经济学系任教，曾任武汉大学经济发展研究中心副主任、《经济评论》杂志主编、湖北省外国经济学说研究会会长。教授、博士生导师，享受国务院政府特殊津贴专家。研究方向为外国经济学说史，著有《加尔布雷思》《当代西方主要经济思潮》《新保守主义经济学》；

另编有《傅殷才经济论文选集》等。

彭雨新（1912～1995年），湖南浏阳人。早年就读于中央政治学校大学部财政系，曾在中央研究院社会科学研究所、曼彻斯特大学经济学院学习经济学、财政学、历史学课程，先后在中央研究院社会科学研究所、岭南大学及中山大学经济系工作。1953年全国院系调整时来到武汉大学经济学系任教，任金融教研室主任。后受命协助李剑农编撰中国经济史书稿。中国民主促进会武汉大学支部主委、湖北省政协委员。著有《清代关税制度》《清代土地开垦史》，主编《中国封建社会经济史》等。

汤在新（1931～2007年），四川成都人。1953年毕业于四川大学农业经济系，随后保送到中国人民大学经济地理和经济学说史两个专业的研究生班学习。1958年初到武汉大学经济学系任教，曾任经济学系主任、经济学院院长，湖北省《资本论》研究会会长、湖北省经济学会副会长、中国马克思主义经济思想史学会副会长等。教授、博士生导师，享受国务院政府特殊津贴专家。1992年底调到华南师范大学经济研究所工作。研究方向为马克思主义经济思想史，著有《马克思经济学手稿研究》，主编《近代西方经济学史》；另编有《汤在新自选集》等。

上述5位教授中，前3位均毕业于武汉大学经济学系，属珞珈师承关系培养的学者；有2位到中国人民大学研究班学习过，2位在莫斯科留过学；5位均曾担任过行政与学术方面的职务；4人为享受国务院政府特殊津贴专家。在各自学科专业领域，他们均有较深造诣：郭吴新主攻世界经济，是继吴纪先之后武汉大学世界经济学科的著名学者和学术带头人；刘光杰主攻政治经济学，尤其对中国经济发展战略理论有较深研究，是继曾启贤之后武汉大学政治经济学学科的著名学者和学术带头人；傅殷才主攻外国经济思想史，是改革开放后至1996年去世前这段时期武汉大学外国经济思想史学科的著名学者和学术带头人之一；彭雨新主攻中国经济史，尤其是中国财政经济史，是著名的财政经济史专家和武汉大学中国经济史学科的学术权威；汤在新主攻马克思主义经济思想史，是改革开放后至1992年调离武汉大学前这段时期武汉大学马克思主义经济思想史学科的著名学者和学术带头人。

另一股力量是改革开放后逐渐崛起的一大批新生代师资。① 这批师资主要包括两部分人员：一是本校毕业留校的；二是从外单位或外校及国外引进的。②

---

① 改革开放后崛起的新生代师资涉及人数甚多，难以一一罗列介绍。依据本书对涉及学者边界的限定，以下所介绍的仅为享受国务院政府特殊津贴专家和二级教授的学者；其他学者，则姑置不论。

② 实际上还有一部分人员，即2000年四校合并时从原武汉水利电力大学和原武汉测绘科技大学并入的；这部分人员被一次性地融入相关系或教研室，也可视为一次性引进的师资。

这批新生代师资中来自本校毕业留校的人员，在 1981 年以前均为本科毕业生；1981 年武汉大学经济学系才有第一批硕士毕业生，此后留校的才有了硕士毕业生乃至再后来的博士毕业生。这批师资中的有些人后来也先后成了各自学科的中坚骨干与学术带头人。如来自 1969 届的本科毕业生周茂荣、伍新木和来自 1981 年"文革"后首批硕士毕业生陈恕祥、陈继勇、颜鹏飞等就是如此。

周茂荣（1945 年～），广西兴安人。1969 年毕业于武汉大学经济学系并留校任教，1991 年获武汉大学经济学博士学位。曾赴日本贸易研修中心进修，曾到加拿大西安大略大学、日本创价大学、法国巴黎第三大学做高级访问学者或进行学术交流。历任武汉大学美加经济研究所副所长、世界经济系主任、商学院院长、武汉大学欧洲问题研究中心主任，曾兼任湖北经济学院国际贸易学院院长、中国世界经济学会副会长、湖北省世界经济学会会长等。二级教授、博士生导师，享受国务院政府特殊津贴专家。研究方向为世界经济，著有《美加自由贸易协定研究》，主编有《德国社会主义市场经济与中国改革》等。

伍新木（1944 年～），湖北仙桃人。1969 年毕业于武汉大学经济学系并留校任教，曾兼任经济学系副主任、经济学院副院长、武汉大学区域经济研究中心主任、中国区域科协常务理事、湖北省现代企业制度研究会会长、湖北省劳动与保障学会副会长、湖北省生产力学会副会长，湖北省人大常委、湖北省人大法制委员等。二级教授、博士生导师，享受国务院政府特殊津贴专家。研究方向为政治经济学基本理论、区域经济学，主编有《县经济概论》《长江地区城乡建设与可持续发展》等。

陈恕祥（1941～2001 年），湖北武汉人。1863 年毕业于陕西师范大学政教系，1981 年获武汉大学经济学系硕士学位并留校任教，1995 年以在职人员直接申请方式获经济学博士学位。1985～1986 年、1990～1991 年两度以美国富布赖特高级访问学者身份赴美国研修访问。曾任经济学系主任、经济学院院长、国务院学位委员会理论经济学学科评议组成员、教育部马克思主义理论课教学指导委员会委员、教育部高等学校经济学教学指导委员会副主任委员等。教授、博士生导师，享受国务院政府特殊津贴专家。研究方向为政治经济学，著有《论一般利润率下降规律》《资本主义条件下的市场经济》，主编《马克思主义政治经济学原理》；另编有《陈恕祥经济理论文集》等。

陈继勇（1953～2020 年），湖北应城人。1978 年毕业于武汉大学经济学系，1981 年获武汉大学经济学硕士学位并留校任教，1991 年获武汉大学经济学博士学位。曾赴美国匹兹堡大学经济系进修，曾以富布赖特高级访问学者身份赴美国约翰斯·霍普金斯大学访学。曾任武汉大学经济学院副院长、湖北大学副校长兼经济学院院长、湖北省社会科学院院长、武汉大学经济与管理学院院长等。曾兼任中国美国经济学会会长、中国世界经济学会副会长、中国外国经济史学会副会长、国务院发展研究中心特约研究员、教育部经济学教学指导会委员兼国际贸易组组长、湖北省经济学团体联合会执行主席等。二级教授、博士生导师，享受国务院政府特殊津贴专家，党的十六大代表。研究方向为世界经济，著有《美国对外直接投资研究》《美国"双赤字"与世界经济失衡》等。

颜鹏飞（1946 年~），湖南益阳人。1969 年毕业于北京大学经济系，1981 年获武汉大学经济学硕士学位并留校任教。曾赴美国密执安大学、德国特里尔大学和英国伦敦都市大学做高级访问学者或合作研究学者。历任武汉大学经济学系副主任、主任，武汉大学经济思想史研究所所长，《经济思想史评论》主编，兼任中华外国经济学说研究会副会长、全国马克思主义经济学史研究会副会长、中国经济发展研究会副会长，中南、西北、西南三大区外国经济学说研究会会长，湖北省外国经济学说研究会会长，中国社会科学院马克思主义研究院特聘研究员，马克思主义理论与中国实践协同创新中心研究员，世界政治经济学论坛顾问，中央"马克思主义理论研究和建设工程"首席专家，英国皇家保险学会会员，以及国内多所高校兼职教授或咨询委员。二级教授、博士生导师，享受国务院政府特殊津贴专家。研究方向为西方经济学流派、国外马克思主义、中外保险史等。著有《激进政治经济学派》，主编《西方经济思想史》等。

上列 5 位教授中，有 3 位（周茂荣、陈恕祥、陈继勇）后来又进一步深造获得博士学位；4 位（周茂荣、陈恕祥、陈继勇、颜鹏飞）出国做过高级访问学者；5 位均做过系、所、中心、学院等相关机构的负责人，3 人（陈恕祥、周茂荣、陈继勇）先后担任过学院院长；5 位均在全国性、省市级学术组织担任重要领导职务；5 位均为享受国务院政府特殊津贴专家（其中 4 位为二级教授）。他们在各自学科专业领域均有较深造诣：周茂荣、陈继勇主攻世界经济，是继吴纪先、郭吴新等前辈学者之后武汉大学世界经济学科的中坚骨干与学术带头人；伍新木的专业方向为政治经济学，后主攻区域经济学，是武汉大学区域经济学学科的开创者和学术带头人；陈恕祥主攻政治经济学，是继曾启贤、刘光杰等前辈学者之后武汉大学政治经济学学科的中坚骨干与学术带头人；颜鹏飞主攻外国经济思想史，是继傅殷才之后武汉大学外国经济思想史学科的中坚骨干与学术带头人。

本校毕业留校的新生代师资中，还有几位由历史学科培养的经济史学知名学者，其中最具代表性的为陈锋、张建民和冻国栋。

陈锋（1955 年~），山东莱芜人。1981 年毕业于武汉大学历史系并留校任教，曾在职师从彭雨新获历史学硕士学位，后获历史学博士学位。曾赴日本东京大学、同志社大学、创价大学、台湾中研院做客座教授、客座研究员。任武汉大学中国经济与社会史研究所所长，中国传统文化研究中心学术委员会主任，湖北省政协常委、九三学社中央委员，湖北省新闻出版局、新闻出版广电局副局长，湖北省政协副秘书长。兼任中国经济史学会副会长、中国古代经济史专业委员会主任、中国社会史学会副会长、中国商业史学会副会长、湖北省中国经济史学会名誉会长。二级教授、博士生导师，享受国务院政府特殊津贴专家，武汉大学珞珈学者特聘教授。研究方向为中国财政史、经济史，明清史。著有《清代财政政策与货币政策研究》（获教育部人文社会科学优秀成果奖①二等奖、湖北省社会科学优秀成果一等奖）、《清代盐政与盐税》，与张建民共同主编《中国经济史纲要》等。

张建民（1959 年~），河南长葛人。1983 年本科毕业于武汉大学历史系，师从彭雨新，于 1986 年获历史学硕士学位并留校任教，后在职攻读历史学博士学位。曾任历史学院院长，兼任教育部历史学科教学指导委员会副主任、国家减灾委员会专家委员会专家、湖北省地方志副总纂等。获教育部高校青年教师奖，被评为湖北省有突出贡献中青年专家，跨世纪学科带头人。二级教授、博士生导师，享受国务院政府特殊津贴专家，武汉大学珞珈学者特聘教授。研究方向为中国社会经济史、明清社会与经济、长江流域开发史等。著有《明清长江流域山区资源开发与环境演变》（获教育部人文社会科学优秀成果二等奖），与彭雨新合著《明清长江流域农业水利研究》（获教育部人文社会科学优秀成果二等奖）等。

冻国栋（1957 年~），河南舞阳人。1983 年本科毕业于武汉大学历史系，1986 年获武汉大学历史学硕士学位并留校任教，1991 年以在职方式获历史学博士学位，其硕士和博士研究生导师均为著名史学大师唐长孺。曾赴日本德岛大学综合科学部做客座研究员。曾任武汉大学历史文化学院院长兼历史系主任。国务院学位委员会第五届历史学科评议组成员、全国博士后管理委员会第六届专家组成员，中国唐史学会副会长。二级教授、博士生导师，享受国务院政府特殊津贴专家，武汉大学珞珈学者特聘教授。研究方向为中国魏晋南北朝隋唐史暨敦煌吐鲁番文书研究、中国中古经济与社会史研究等。著有《唐代的商品经济与经营管理》《中国人口史：隋唐五代时期》

---

① 1995 年，教育部设立"中国高校人文社会科学研究优秀成果奖"；2008 年更名为"高等学校科学研究优秀成果奖（人文社会科学）"。为便于叙述，本书一概以"教育部人文社会科学优秀成果奖"相称。

（《中国人口史》共6卷，该书获教育部人文社会科学优秀成果一等奖）。

上述3位教授均在历史学科点工作，均担任过重要的行政和学术领导职务，均为二级教授、享受国务院政府特殊津贴专家和武汉大学珞珈学者特聘教授。陈锋在中国财政史，尤其是清代财政史研究方面造诣颇深，成就突出；张建民对明清长江流域开发史的研究别具特色，成就突出；冻国栋对唐代经济有独到研究，颇有成就，他们均为武汉大学经济史学科的中坚骨干与相关专业的学术带头人。

改革开放后崛起的新生代师资中还有从外校引进的人员，如马克思主义经济思想史学科的王元璋即属这种情况。

王元璋（1943年~），湖北武汉人。1970年毕业于武汉大学历史系，后任教于荆州师范高等专科学校。1993年调入武汉大学经济学系，曾任系副主任、武汉大学马克思主义研究院经济研究所所长，兼任中国经济发展研究会常务理事、湖北省《资本论》研究会会长、湖北省马克思主义经济思想史学会理事长等职。曾被授予全国教育系统劳动模范，获人民教师奖章和中宣部"五个一工程奖"。二级教授、博士生导师，享受国务院政府特殊津贴专家。研究方向为马克思主义经济思想史，著有《马克思恩格斯经济发展思想导论》《列宁经济发展思想研究》《马克思主义经济发展思想史》等。

在珞珈经济学"学派"创建大本营学科群体实力大为增强的同时，由师承关系和校友关系形成的各路珞珈大军也乘着改革开放的春风迅速崛起并广为繁衍、遍地开花，如北京的董辅礽、李京文、胡代光、万典武、刘再兴、汪敬虞；西北的何炼成；西南的刘诗白；湖南的尹世杰；上海的宋承先、席克正；台湾的夏道平；海外学者陈文蔚、杨小凯、邹恒甫等；还有武汉弟子徐长生、张建华等；"92派"珞珈弟子陈东升等。形成一支浩浩荡荡的珞珈师承校友大军，使珞珈经济学"学派"创建乘势而兴，犹如一棵蓬勃生长的大树，根粗杆壮、枝繁叶茂，呈现出一派繁荣昌盛的景象。

第五节
学派重振阶段及其发展现状

"重振珞珈学派"是何炼成于2008年提出的，他认为武汉大学经济学"现在完全有这个实力重振旗鼓"①。当时，张培刚、谭崇台、李京文、胡代光等老一辈学者均还健在，包括他自己，还有刘诗白等重量级学者身体也还健康；但随着时间的推移，在这批老一辈学者之后，珞珈经济学"学派"创建的往日光彩今已不再，亟须"重振旗鼓"。

一、重振阶段的时间节点及存在的突出问题

如前所述，2010 年代前后是珞珈经济学"学派"创建进入重振阶段的时间节点。因为在此期间，张培刚、谭崇台和一批著名前辈珞珈学者与校友大都相继离世或淡出学术舞台，特别是 2011 年、2017 年张培刚和谭崇台两位大师的先后谢世，标志着珞珈经济学"学派"创建旗手的断然缺失，对于该学派创建的重振来说也就显得尤为突出与迫切。

该学派创建最为辉煌的时期应是其具备"创立"条件阶段，因为此阶段的学派领军人物张培刚在学术思想上已达到"创建学科"的高度，在学界影响上已达到"国际认可"的高度。迄今为止，在该学派创建史上，这两个"高度"不仅前无古人，也暂无来者。在其后该学派创建相对繁盛的阶段，虽然张培刚本人"老牛奋蹄"②、重振旗鼓，也取得了不俗的成就；但与前一阶段相比，仍显力不从心。按照董辅礽的说法："张培刚老师的学术思想，像一颗流星，在 20 世纪中叶的天空划出一道炫目的亮光之后，便旋即泯灭了。"③ 董辅礽的这段话应该是在张培刚晚期取得许多重要成果之前说的；但由于张培刚正值盛年时在学术上被迫荒废的时间太久，晚期年迈体弱，无法重放昔日异彩也在情理之中。学派相对繁盛阶段的另一位领军人物谭崇台，以及张培刚的学生辈珞珈经济学者，如何炼成在《国际发展经济学的奠基人——张培刚教授》一文中作为"珞珈学派"代表人物而提到的刘诗白、董辅礽、李京文，以及何炼成自己，他们在发展经济学领域虽然也都取得骄人的学术成就，也产生很大的影响，但却显然并未达到张培刚当年登上的两个"高度"。对于珞珈经济学"学派"创建来说，这也表明了学派"重振"的问题实际上已经提上议事日程。

---

① 记者张海东. 母校恩　校友情——武汉大学第五届杰出校友座谈小记［EB/OL］. 武汉大学新闻网，https：//news. whu. edu. cn/info/1002/29722. htm，2008 – 04 – 01/2022 – 11 – 28.

② 张培刚的出生年为牛年，他晚年常以老牛自喻，"老牛奋蹄"成为他的一句格言。

③ 薛永应. 董辅礽评传［M］. 武汉：武汉大学出版社，2000：20.

学派重振阶段存在的突出问题，至少有以下 3 个：

（1）缺乏像张培刚、谭崇台那样众望所归、独领风骚的旗手性领军人物；

（2）缺乏足够强大的学科凝聚力与学术整合力，学科整体发展方向缺少聚焦度，难以形成足以支撑学派重振雄风的原创性核心理论和特色优势显著的核心竞争力；

（3）缺乏学界公认的标志性学术精品乃至传世之作，作为学派的整体学术思想水平尚未达到学界普遍认可乃至国际认可的高度。

随着珞珈先贤们的陆续离世和逐渐淡出学术舞台，珞珈经济学"学派"重振的重任责无旁贷地落到了先贤后辈珞珈经济学子的肩上。

二、重振阶段的学科发展与学派建设现状

大约从 2000 年迈入新世纪开始，随着 1999 年学校内部机构调整将原武汉大学经济学院、管理学院与旅游学院三院合一，以及 2000 年四校合并后原武汉水利电力大学和原武汉测绘科技大学部分相关师资的并入，使武汉大学经济学科发生新的变化，形成珞珈经济学科群体力量的进一步聚合、扩充与加强，为珞珈经济学"学派"创建的重振旗鼓奠定了坚实的基础。

此时有利于学科发展和学派重振的一系列平台相继搭建起来。除前述理论经济学和应用经济学均获一级学科授予权、武汉大学经济发展研究中心获批为教育部人文社会科学重点研究基地外，理论经济学一级学科和金融学二级学科于 2007 年分别获批为国家重点学科；理论经济学于 2017 年与北京大学和中国人民大学一起获批为 3 个国家"双一流"重点建设学科的"一流学科"。学科发展平台的搭建为学者们施展学术才华提供了广阔的舞台，各学科学者空前活跃、大显身手，形成群雄并起、百花齐放、万马奔腾的局面。

首先是理论经济学学科群体的发展与强盛，如西方经济学学科群体的崛起与强盛，形成了以郭熙保、邹薇、马颖、庄子银、叶初升等为学术骨干的强大阵营；政治经济学、人口资源与环境经济学以及应用经济学中的产业经济学等学科群体的发展与强盛，形成了以辜胜阻、简新华、曾国安、刘传江等为学术骨干的强大阵营；世界经济学科除前述周茂荣外，还有张彬、齐绍洲等；经济史学科群体还有前述陈锋、张建民、冻国栋等；经济思想史学科群体，除前述颜鹏飞、王元璋外，还有乔洪武等。

其次是应用经济学学科群体，尤其是金融学和财政学学科群体的崛起与强盛，金

融学学科形成了以黄宪、江春、叶永刚、潘敏为学术骨干的强大阵营；财政学学科形成了以吴俊培、卢洪友、刘穷志为学术骨干的学术群体；还有数量经济学的童光荣、游士兵等。

此外，还有先后加盟武汉大学，曾担任学校或学院重要领导职务的顾海良、谢丹阳、宋敏，以及学院新任院长聂军等。

时至今日，武汉大学经济与管理学院已形成学科门类齐全、师资力量雄厚的知名大院。学院学科涵盖经济与管理两大门类，拥有四个一级学科：理论经济学、应用经济学、工商管理、管理科学与工程，这四个一级学科全部具有一级学科博士学位授予权并都设有博士后科研流动站。学院现有专任教师 269 人，其中国家高层次人才 12 人次、省市高层次人才 16 人次，学校人文社科杰青 4 人，学校人文社科优青 4 人，学校驻院研究员 7 人，教授、特聘研究员 97 人，副教授、副研究员、特聘副研究员 120 人。①

假以时日，只要珞珈后辈经济学子加倍努力，相信定能使学科形成优势，学者出类拔萃，学术彰显合力，学风特色浓郁，学派创建重振雄风！

---

① 学院简介［EB/OL］. 武汉大学经济与管理学院网，https：//ems. whu. edu. cn/xygk/xyjj. htm，2023 – 04 – 30.

第三章

学派初创学者们的相关

学术成就与贡献

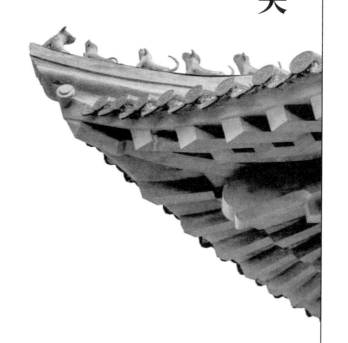

从第二章可知，珞珈经济学"学派"的初创阶段发生在民国时期，主要为 20 世纪 20~40 年代，当时的武汉大学地位较高，时有"四大名校"① 之称，国立武汉大学名列其中。此阶段学派初创学者们虽在环境极为艰难的条件下，尤其在抗日战争时期学校西迁四川乐山，条件极度恶劣的环境中，仍本着教育救国理念奋力开展教学与科研工作，并取得不俗的成就，为学科的建设与发展和学派的创建做出了不可磨灭的贡献。

第一节
杨端六的学术成就及对学派创建核心理论的相关探讨

作为珞珈经济学"学派"初创阶段的领军人物之一，杨端六的学术成就十分突出，内容主要涉及货币银行学与商业会计学，但他对经济发展理论，尤其对中国经济发展中的有关理论与实际问题做了较多探讨，为学派创建核心理论的形成和学派具备正式创立的条件做出了极为重要的初创性贡献。

一、主要学术成就

杨端六一生著述颇丰，出版各类著作 17 部。其中，独著 7 部，编著 3 部，译述、讲述 4 部，合著、合编 3 部。另外，发表学术论文 100 余篇。这些成果所涉及的学术研究领域主要在 4 个方面：（1）货币银行学，包括《卫士林支那货币论》（译述，

---

① 民国时期的"四大名校"，是指国立中央大学、国立西南联合大学（由国立北京大学、国立清华大学、私立南开大学联合办学）、国立浙江大学、国立武汉大学。

1917）、《信托公司概论》（独著，1922）、《货币浅说》（独著，1923）、《银行要义》（独著，1923）、《货币与银行》（独著，1941）、《清代货币金融史稿》（编著，1962）等；（2）会计学，包括《记账单位论》（独著，1922）、《商业簿记》（编著，1923）、《现代会计学》（独著，1943）等；（3）管理学，如《工商组织与管理》（独著，1944）；（4）其他，包括《六十五年来中国国际贸易统计》（合编，1931）、《罗素论文集》（合译，1923）、《中国改造问题》（讲述，1924）、《社会政策》（合译，1923）、《三民主义目录及索引》（独编，1940）等。

　　作为中国现代货币金融学奠基人之一和中国商业会计学奠基人，杨端六的主要学术成就也较为集中地体现在货币金融学和商业会计学方面。

（一）探讨货币学基本原理并用以剖析当时中国的币制紊乱现象

　　杨端六所撰《货币浅说》[①] 一书，是他最早系统探讨货币学基本原理的著作，被视为中国人自撰的最早的货币学著作之一。此书共分概论、货币种类、硬币铸造、硬币流通、价值本位、纸币、信用和物价八章。它虽是一本简要介绍和初步探讨货币学基本原理的小册子，但却是在当时中国币制相当紊乱的背景下撰写而成的，实际上具有很强的针对性与适用性。此书出版9年之后，他又在进一步深入探讨的基础上发表了《货币制度》[②] 一文。该文从货币本位制的基本原理讲起，运用西方本位币理论剖析清末民初币制紊乱现象，认为当时中国并无所谓本位制度。当时国币条例规定以圆（元）为单位铸成银元，其下用银、镍、铜铸成各种辅币。在实际运行中出现了相当混乱的局面，表现为：第一，同一金属下的货币彼此不统一。例如，同为银铸币，银两与银元、银元与小银元之间的兑换率就很不稳定，并不统一；即令同为银两在不同区域也各不相同，种类繁多，全国不下数百种，未能统一。第二，两种不同金属的货币更不统一。例如银元与铜元、小银元与铜元、双铜元与单铜元，兑换率就很不稳定；兑换行市每天不同，出入都要经过兑换的手续，币制相当混乱。之所以出现这一局面，他认为原因就在于"上下交征利"。"上"指各省政府当局，为谋取利益，中央政府控制力所不及的省份大肆铸造贬值的小洋与铜元，导致辅币市场失控。所谓"下"，指银炉、钱庄、烟纸店等。银炉专职铸造银锭，利用实银的铸造获取1.1%的利益；钱庄以银两为记账单位，客户用银元存入钱庄，先将其

---

① 杨端六. 货币浅说 [M]. 上海：商务印书馆，1923.
② 杨端六. 货币制度 [J]. 国立武汉大学社会科学季刊，1932，3（01）：163－202.

折合成规元，届时来取银元时，又将规元折合成银元支付，存取之间收取手续费；一些烟纸杂货店也把货币当货物买进卖出，从中获利。这一"上"一"下"，导致货币的铸造与流通乱无章法。当时有人将中国币制混乱归结为辅币"成色过低"和"不以十进"两个原因。杨端六认为"成色过低"之说不能成立，"不以十进"不是原因而是结果。他以英国币值为例加以论证，认为中国货币最基本的问题是币值不像英国那样稳定，改良货币问题的根本出路在于维持货币的价值。他主张通过废除规元和实银、统一造币行政、统一发行机关、独立货币金融行政等方法来维持货币价值、管理货币流通。

（二）借鉴西方金融理论倡导金融机构独立

几乎与《货币浅说》同时撰写的《银行要义》① 是一本简要介绍银行基本原理的入门书，其目的正如杨端六在该书的"序"中所言，"期未曾入门者得藉此以略窥其门径"。书中主要介绍银行的种类、商业银行的业务，以及银行的协同趋势与垄断政策。上述两书之后，他又充实调整合著为《货币与银行》② 一书，更为系统和全面地阐述了货币银行理论与实务。书中对货币制度、信用制度、货币理论和货币银行政策详加介绍并全面评析。在上述三书之前，杨端六还撰写过《信托公司概论》③ 一书，详细介绍信托公司的情形，还解答了当时一些人在思想上存在的金融方面的疑问。这些著作有一个共同特点，就是充分吸取了西方现代金融理论。第一次世界大战爆发时，杨端六正在英国留学，有幸接触到西方的金融理论与实务。他撰写这些金融方面的著作，一个根本的动机就是要引入西方的金融理论服务于中国的实践。他得出的一个基本结论是中国的金融机构缺乏独立性，故他大力倡导金融机构的独立。他所说的独立，并不是指金融机构完全脱离政府自由行动；在他看来，金融机构当然应该接受政府保护、监察和指导，但应和政府在财产上独立开来，不受政府直接干涉。他强调金融机构独立，旨在将中央银行与政府机构在宏观调控上的职能区分开来。为深入探讨金融理论与实务，他还大量搜集了清朝统治中国 200 多年间的货币制度变迁及货币金融史实等资料，于 20 世纪 50 年代末完成《清代货币金融史稿》④，详细论述清代货币金融情形，并论及帝国主义侵略对清末中国货币金融的影响等。

---

① 杨端六. 银行要义 [M]. 上海：商务印书馆，1923.
② 杨端六. 货币与银行 [M]. 长沙：商务印书馆，1941.
③ 杨端六. 信托公司概论 [M]. 上海：商务印书馆，1922.
④ 杨端六. 清代货币金融史稿 [M]. 北京：三联书店，1962.

（三）西方商业会计学理论及实务的引进

辛亥革命后，中国民族资本主义工商业形成，旧有经济体系日趋瓦解，中国的经济结构发生了深刻变化，传统的"中式簿记"渐渐暴露出它与机器工业生产及近代商业经济发展不相适应的种种弊端，如账簿组织不够严密、会计核算项目设置不够完整、账户体系不够健全等。在这一背景下，有关"改良中式簿记"的想法开始在一些开明人士的头脑中浮现。留学英国的杨端六在学习货币银行学之余，开始大量吸收西方会计学理论，并着手将西方现代会计方法引进中国。1917 年他撰写《会计与商业》① 一文，第一次把西方现代会计原理和商业会计方法介绍给中国商界。文章主要论述会计和商业发展的关系，总结现代会计对中国商业发展的积极作用。这篇文章发表之后，杨端六便开始大力向中国商界推介新式会计方法。他认为记账单位不统一是中国会计学的根本问题，统一货币制度是会计记账的关键。他对英国商业簿记方法十分关注，在商务印书馆主持会计制度改革时，就是从改革基本的记账方法开始的。在他看来，之所以注重记账单位的选择，是因为在当时的货币制度下，中国用来记账的单位五花八门，会计工作杂乱无章，商界无人使用复式记账方法。他的这些见解和主张集中体现在他的两部著作即《记账单位论》和《商业簿记》之中。前者将记账单位的选择视为中国会计学之根本问题，"欲于现行货币制度之下，切实研究一记帐方法，使复式簿记得以早日行用于国中"②；后者对为何采用复式簿记的原因及原理详加阐述，极力倡导国内商家采用现代会计方法，认为"单式簿记记载极不完全，使用非常危险，无论大规模之商家不可尝试，即营业狭小之店铺亦以采用复式簿记为宜"③。

二、对学派创建核心理论的相关探讨

前已指出，珞珈经济学"学派"创建的核心理论是发展经济学及相关的经济增长与经济发展理论。这里需要先作说明的是，杨端六在学术舞台上最为活跃的时期是 20世纪二三十年代，此时西方发展经济学尚未兴起④，因而他的学术探讨还不曾触及其

---

① 杨端六. 会计与商业 [J]. 太平洋（上海），1918，1（08）：1 - 10.
② 杨端六. 记账单位论序 [A]. 杨端六. 记账单位论 [C]. 上海：商务印书馆，1922：2.
③ 杨端六. 商业簿记 [M]. 上海：商务印书馆，1923：1.
④ 按照谭崇台的说法，发展经济学是在 1945 年以后兴起的，此前学术界并不存在发展经济学，其原因与依据在后面介绍谭崇台学术成就与贡献时将详加说明。

后逐渐兴起的发展经济学学科。但是，经济发展问题，尤其是中国当时作为一个饱受外国列强欺凌和内乱摧残的落后国家的经济发展问题，终究是摆在中国有良知的经济学家面前头等重要的问题，因而不得不引起杨端六的深切关注与深入探讨。他在许多论著中，尤其是在一些时评文章中，开展了对中国内忧外患条件下经济发展问题的理性分析并提出有益的对策建议。他所做的这种探讨，可以看作对内忧外患条件下落后国家经济发展问题所做出的一种先驱性尝试。他对这方面的探讨，主要体现在下述 5 个方面。

（一）基于内忧外患时代背景展开对中国"实业发展"的探讨

"实业"在近代所指的是农、矿、工、商等经济事业。"实业救国""振兴实业"是中国清末和民国初年探讨中国现代化道路的一股声势浩大的社会思潮。杨端六十分关注中国经济事业的发展，他在分析当时中国"实业"成效甚微时，所列举的事例为交通、运输、金融、矿业和出口贸易，可见他所说的"实业发展"也就是指的经济事业，尤其是现代经济事业的发展。他特别强调中国当时内忧外患的时代背景，一方面国内"内战不已"①、"政治腐败"②、经济"衰弱"③；另一方面遭受外敌欺凌，"国民经济久已被帝国主义压迫得奄奄一息"④。也就是说，此时的中国，不同于一般的经济落后国家，更不同于获得主权独立的经济落后国家，是在内忧外患，尤其是在主权不保的时代背景下发展"实业"的。他将自己对"实业发展"的分析与见解始终放在这一特殊时代背景下予以讨论。

（二）重点探讨中国当时背景下的实业发展道路

杨端六曾就中国当时的实业发展道路与来华讲学的罗素（B. Russell）进行过对话，罗素列出三条可供选择的途径："一是由资本家做去"；"二是由国家去办理"；"三是由劳动阶级自己出来主持"。而"照中国现状论起来，国家的组织既然是那样的腐败；劳动阶级的组织又是这样的幼稚，那么，中国想要发达实业，能够不由资本家的手吗？"结论是显而易见的，中国实业发展"不可跳过资本阶级"⑤，只能依靠资本

---

①④　杨端六. 世界经济会议与国际贸易［J］. 时事月报，1933，8（06）：461 - 463.
②　杨端六. 和罗素先生的谈话（在长沙演讲）［J］. 东方杂志，1920，17（22）：9 - 17（此次谈话的记录员是毛泽东）.
③　杨端六. 经济问题刍议［J］. 经济家，1948，2（05）：9 - 11.
⑤　杨端六. 和罗素先生的谈话（在长沙演讲）［J］. 东方杂志，1920，17（22）：9 - 17.

家，而且必须是中国自己的资本家。他曾明确指出："我国实业之发展，当我国人自为之"，不能受制于外人；而且"我国实业之发展，当于短日月间见之"①，不能拖延时间。

依靠中国的实业家或资本家发展中国的实业，这是此时许多知名学者、志士仁人较为普遍的主张。早在1906年，梁启超就明确主张要依靠中国的资本家来振兴中国的实业，并提出了"当以奖励资本家为第一义"②的倡议。杨端六则更进一步发表了要唤起中国实业家"自觉心"的见解。他殷切希望中国的实业家，尤其是实力较强的"有力之实业家"提高觉悟，自觉担负起振兴中国实业的责任，要让他们知道：如果中国的实业家不去自觉地发展中国的实业，那么矿山、铁路、金融等就会成为外国资本的囊中之物而"非我有也"；而且中国科技落后，急需奋起直追，也就是说中国的实业家要有使命感、责任感和紧迫感。他主张中国的实业家联合起来，像德国的卡特尔（Cartel）和美国的托拉斯（Trust）一样组成"业团"，以便形成合力参与国际竞争。他认为，国际上的工业竞争主要依靠三种力量：一是工人组成的"工团"即工会；二是政府；三是企业界组成的"业团"。在当时背景下，"我国工团之势力尚未发达，而政府又不可恃，然则今后之责任，非业团之责任乎？"③即把对外开展的国际竞争寄希望于企业界联合组成的"业团"。总之，他主张唤起中国实业家的"自觉心"来发展中国的实业，并联合起来开展对外竞争。

（三）突出强调实业发展中的人力资源因素

通过对世界上实业发达国家的了解，并借鉴西方经济学家的说法，杨端六将实业发展的因素概括为四种："一资本，二原料，三劳力，四企图。"他这里所说的"企图"是指谋划，大体相当于英国著名新古典经济学家马歇尔（A. Marshall）所说的"组织"或"管理"，以及英国经济社会学者霍布森（J. A. Hobson）所说的"经营"。杨端六曾明确表示自己参考了这些西方学者的说法。他认为，中国的实业发展，四者缺一不可。其中尤其值得重视的是"企图"。据他分析，当时国情背景下，中国资本并不匮乏，只因没有好的投资渠道而被外人所用；物产十分丰富，原料供应也不存在问题；劳力更是中国实业界的独特优势。"今中国所缺乏者，不在资本、原料、劳力，而在企业之人"，也就是缺乏"智能之士立其企图"。由此引出了他对实业发展中人力

---

① 杨端六. 实业前途之曙光 [J]. 太平洋，1918，1（11）：1-8.

② 梁启超. 杂答某报·社会革命果为今日中国所必要乎 [J]. 新民丛报，1906，4（14）：6-57.

③ 杨端六. 欧战后之世界工业（篇下）[J]. 太平洋（上海），1920，2（05）：1-13.

资源尤其是高端人力资源的高度重视，以及对于中国实业发展中人才培养，尤其是高端人才培养的高度重视。他认为，实业要发展，人才培养是关键，故他主张大力兴办实业教育。实业界要有长远的战略眼光，不能一味依赖政府政策的支持，要靠自己的"自觉"，主动承担起实业教育的社会责任，以培养出实业发展的各类专业人才，尤其是"实业界特出之人物"①，即优秀的生产经营管理者等高端人才。只有这样，中国实业的发展才有希望。

（四）论及中国的对外贸易发展战略选择

杨端六一向重视中国的对外贸易问题。在中央研究院期间，就在《太平洋》杂志上发表了《民国九十两年华洋贸易统计比较》（1922）、《最近三年华洋贸易统计比较》（1923）、《最近五年华洋贸易统计比较》（1925）等文章；后与侯厚培等人合作，根据中国 1864 ~ 1928 年间的海关清册，著《六十五年来中国国际贸易统计》一书。该书为 8 开本精装巨册，汉英对照，是中国第一部国际贸易资料集，填补了当时中国对外贸易研究的空白。

20 世纪 30 年代世界经济大萧条期间，国际上曾召开过一次以应对危机为主题的世界经济会议，中国作为主要代表国家参加了这次会议。杨端六于 1933 年 5 月发表时事评论文章，针对会议专家筹备委员会提出的"经济休战"提议，就中国作为落后国家如何选择对外贸易发展战略问题，展开分析并提出自己的对策建议。他分析了各国政府为应对全球经济不景气，从维护本国利益出发，纷纷采取打"经济战"的方式，设置关税壁垒，并停止金本位制而实行不兑现信用货币制度，使货币膨胀，让本国的物价低于他国以达到倾销的目的。在杨端六看来，中国的情况则完全不同。他指出，中国名义上是自主国，可实际上国民经济已被帝国主义压迫得奄奄一息，关税早就不能自主。中国从来不曾与其他国家打"经济战"，谈不上什么休战。他指出："我们一方面对外不能作经济战，对内倒战得不亦乐乎。厘金及其他苛捐杂税，至今未曾肃清。铁道等于私人之物，中央政府命令既不能行，地方人士受尽压迫，无处申诉。在此种内战不已之际，我们还有何面目同别人谈国际问题？"他反对撇开国内经济情形而去奢谈国际经济问题。因为中国还是弱国，无法与欧美强国站在同一个层面探讨世界问题；中国国内贸易的数量远超国际贸易之上，只要国内贸易稍有改进，国家就可以得到足够多的实惠；欧美国家大多采用的是金本位制，而中国是银本位制国家，

---

① 本自然段的引文，均见杨端六. 实业前途之曙光 [J]. 太平洋，1918，1（11）：1-8.

在国际贸易中处于不利地位。"因此，我们的经济政策，是要用大部分的力量去发展国内贸易。"① 这就告诫人们，像当时中国这种主权未保、内战未息的经济落后国家，在对外贸易的战略选择上，应将重点放在国内贸易上，应立足于国内贸易去发展本国经济。

（五）工业化主张及政府在其中作用的见解

杨端六的工业化主张，大体上源于罗素对他的影响，以及西方科学管理理论对他的启示。他主要就中国的工业化问题提出过两个方面的主张：一是关于农业工业化的主张；一是关于工业发展重点的主张。

关于农业工业化的主张，是他在《工商组织与管理》一书中论及对中国农业、工业与商业关系的看法时提出的。他认为，中国的农业有几千年的基础，只需要从科学与水利工程方面加以督导，"不必仿效美国采用机械化的方式"。在他看来，农业采用机械化生产会带来严重后果。他以 19 世纪初的美国为例，指出由于当时美国的农业采用机械化操作，致使大部分农业人口过剩，剩余劳动力一部分去新开辟的西部地区垦荒，一部分到城市中从事工商业或者自由职业，还有一部分就不得不失业了。也就是说，他认为一旦实行农业机械化，就会造成失业。而且，他指出从中国地貌来看，中国的荒地多半是在山陵丘岳之间，不适宜机械化耕作。因而，他明确表示不赞成当时的中国在农业中采用机械化方式。但是，他并不反对中国走工业化道路；恰恰相反，他认为中国应发展工业，尤其是重工业，政府应积极提倡，奖励人民自己兴办工业。从整个国民经济的角度看，兴办工业可以解决农业的困难。他指出，农业收成有丰有歉，若能发展工商业，遇丰收之年，将农产品原料制成工业品出口，就不会担心物价的下跌；遇歉收之年，出口工业品，进口粮食，就不会引起物价上涨。"因此，工业与商业可为农业之自动调节器。"② 可见，在农业工业化问题上，杨端六的基本主张是，在当时条件下农业不必自身实行机械化，而是通过工业的发展和商业的调剂来解决农业发展的问题。他的这一主张，与当时以梁漱溟为主要代表的一派学者关于中国工业化"必走振兴农业以引发工业的路"③ 的主张很不相同；而与当时以吴景超为主要代表的一派学者关于中国工业化应该具备"都市意识"，应"发展都市以救济农

---

① 本自然段的引文，均见杨端六. 世界经济会议与国际贸易 [J]. 时事月报，1933，8（06）：461－463.
② 杨端六. 工商组织与管理 [M]. 重庆：商务印书馆，1944：7，8.
③ 梁漱溟. 乡村建设理论 [A]. 梁漱溟全集（第 2 卷）[C]. 济南：山东人民出版社，2005：158.

村"① 的主张则基本一致。值得指出的是，张培刚也被视为吴景超一派的主要代表者。其实，张培刚的主张更为全面和完整；但也确实很重视发展都市工业以带动农村的发展。作为张培刚的老师，杨端六提出这一主张的时间是在张培刚完成其博士学位论文《农业与工业化》之前，张培刚很有可能在一定程度上受到了其老师杨端六的影响。

关于中国工业发展的重点，杨端六赞成英国学者沙尔德（Sir Arthur Salter）的观点，认为应首先立足于国内市场，面向国际市场时要基于天然物产及固有特殊技能的优势，将大部分工业设立在农业生产与矿藏物产之上。在轻重工业的关系上，他认为可以先从发展轻工业入手再发展重工业，但鉴于当时中国急需大规模的基础工业，因而他指出"虽则也可以从轻工业着手，但根本问题还在重工业之建设"②。故他主张不要过于侧重轻工业的发展而致使建设力量遭到分散。

至于政府在工业化建设中的作用，杨端六的基本看法是先要从政治改革入手，即先解决政治问题。他认为这是当时中国特殊时代背景下最根本的举措。因为当时的中国虽然经过辛亥革命取得了反封建的胜利，但是并没有走上独立的资本主义道路，在外国列强的侵略下，中国近代市场经济体系长期处于混乱状态。因此，"当此国难极端严重的时候，中央应该采取革命的手段，破除陈见，彻底改革政治，然后经济建设问题可以迎刃而解"③。在此过程中，他突出地强调政府要对工业化实施保护政策，倾向于由政府采用行政、金融、法律等手段来参与调控，为工业化提供支持。他曾突出地谈到了政府对落后地区工业实施保护政策的建议，提出了详细具体的内地工业保护主张。

这一主张提出的背景，是抗日战争期间，沿海地区工业为躲避战乱而纷纷迁到了内地。因为担心抗战胜利后，内迁的许多工厂会迁回沿海，动摇内地工业建设的基础，因而杨端六提出了保护内地工业的主张。他认为，按照经济自由主义理论，内地工业迟早会自发地发展起来；但眼下中国需要争取时间，不能等待它的自发发展。尽管有的企业家不一定将内迁的机器迁回沿海，但是经济建设不仅靠资本、靠机器，更需要劳力和人才。虽然内地不缺乏工人，但是他们不如沿海工人有经验和技术，如果娴熟技工和经验丰富的企业家纷纷离开内地，就算留下了物资设备，内地的工业建设也无法取得成功。所以，必须考虑如何让沿海的人力资本留在内地继续进行工业建设

---

① 吴景超. 发展都市以救济农村 [N]. 大公报（天津），1934 – 09 – 09（002）.
② 沙尔德，杨端六. 新刊介绍与批评：中国与经济恐慌 [J]. 国立武汉大学社会科学季刊，1934，4（04）：877 – 881.
③ 杨端六. 经济建设的前途 [J]. 广西银行月报，1941，1（04）：27 – 28.

的问题。当时国家已经有支持工业的保护政策，比如降低或免除出口税、降低或免除原料税、降低国营交通事业的运输费、给予奖励金、确定一定区域内享有五年以下的专制权等。这些政策在一定程度上减少了内地工业发展的成本；但是，这些政策并不是专门针对内地工业建设制定的，并不是保护内地工业的特殊优惠政策，很难让内地工业在成本上居于优势。因此，很有必要针对内地工业的发展现状，采取特殊保护和奖励的措施。这样做的目的在于：第一，奖励沿海企业家和娴熟技工长期留在内地；第二，吸引国内外资本来内地投资；第三，使内地工厂（民营工业）产品与沿海地区产品在内地市场上占据份额，有一定的竞争优势。总体来说，政府应该尽最大努力，从财政上和政策上鼓励扶持内地工业。杨端六提出的具体措施是采用差别化策略，即从财政上给予内地工业以差别化的待遇，实行"差别的关税""差别的运费""差别的利率""差别的工资"。① 除此之外，还要切实废除各项苛捐杂税，做好地方治安的维持，给内地工业建设提供最大化的保护。

第二节
刘秉麟的学术成就及对学派创建核心理论的相关探讨

作为珞珈经济学"学派"初创阶段的另一位领军人物，刘秉麟的学术成就也十分突出，内容涉及面较宽，主要在经济学理论和财政学及财政史方面；但对珞珈经济学"学派"创建的核心理论方面的内容也有所涉猎，并提出了一些有关中国经济发展的独到见解，尤其是提出了极为难能可贵的"农业工业化"见解，为该学派创建核心理论的形成和学派具备正式创立的条件做出了更为直接的开创性贡献。

一、主要学术成就

刘秉麟生前一直从事经济学的教学与科研工作，研究领域颇为广泛，涉及经济学原理、财政、税收、货币金融、工业、人口等。他的学术成果也较为突出和丰硕，共

---

① 杨端六. 战后内地工业建设问题 [J]. 改进，1939，1（12）：489-491.

出版专著、教材 15 部（不含译校和内部讲义），而且全为独立完成。主要涉及内容为：（1）经济学教科书及普及读物，如《经济学原理》（1919）、《公民经济》（1925）、《经济学》（1928）等；（2）西方经济学名家及其思想介评，如《亚丹斯密》（1926）、《理嘉图》（1930）、《李士特》（1930）、《李士特经济学说与传记》（1925）；（3）财政学及财政史、租税史、外债史，如《亚当士财政学大纲：附中国租税史略》（1921）、《中国财政小史》（1931）、《近代中国外债史稿》（1962）等；（4）国际经济与政治，如《俄罗斯经济状况》（1925）、《苏俄之设计经济》（出版时间不详①）、《各国社会运动史（上）》（1927）、《泛系主义》②（1927）、《世界各国无产政党史》（1928）等。此外，译校著作 3 部，分别为《分配论》（译，1922）、《实业革命史》（校，1929）、《社会进化史》（校，1930）；编写内部讲义 2 本，现藏于武汉大学图书馆，分别为《银行学纲要》（1927）、《近代中国财政经济：七十五年来之中国新工业》（1938）。发表学术论文 60 余篇。

刘秉麟是一位对经济学理论研究，尤其对财政史的相关研究有突出贡献的经济学者。他的突出成就与贡献主要在下述 2 个方面。

（一）对经济学理论的系统性探讨与普及性传播

刘秉麟对经济学理论做过系统性探讨与深入研究，编撰和出版过 3 种形式共 4 个版本的相关著作。

第一种形式的著作名为《经济学原理》，是刘秉麟最早关于经济学理论的书籍，书中综合吸收西方近代经济学，尤其是古典经济学家亚当·斯密和大卫·李嘉图的经济学观点，从生产、流通、分配、消费等方面对经济学基本原理作了系统的阐述。

第二种形式的著作名为《经济学》，共出版过两个版本。一个版本为"新学制高级中学教科书"；一个版本为"职业学校教科书"。两者基本内容大体相同而前者内容更多且篇幅更长，是他所有阐述经济学理论的 3 种形式的著作中内容最多、篇幅最长的。这个版本的《经济学》是刘秉麟在吸收西方经典经济学理论的基础上，结合中国实际撰写的一本普及版教科书。该书共分为 5 个部分：第一部分介绍经济学的定义、范围、研究方法及经济学的发展史与派别等经济学的基本问题；第二部分介绍人类历

---

① 该书扉页记有"此苏俄之设计经济大要，吾人如欲建设现代之新国家，至少非有此设计经济与经济建设不可。此册虽非设计经济之全豹，然今日为国民革命者必要之常识。故特刊印以贡吾党同志之研究"。落款为"蒋中正"。应是供国民党学习教育之用的重要内部参考文献。

② "泛系主义"指法西斯主义。

史上经济社会的发展变化与西方各国和中国的经济状况；第三部分从消费、生产、交易、分配 4 个方面阐述经济学的基本理论；第四部分阐述国家财政；第五部分论述经济现实问题，包括劳力问题、农民问题、田赋问题等（"职业学校教科书"版《经济学》中少第五部分的内容）。从内容上看，该书不仅涵盖了经济学基本理论知识，而且涉及对经济社会变迁与发展、各国经济状况、公共财政和经济现实问题的探讨等，可以说是一本融经济史与经济学说史、西方经济与中国经济、经济学与财政学于一体的经济普及读物。

第三种形式的著作名为《公民经济》，是依据民国新学制公民科课程纲要，作为"新学制初中公民教科书"而予以出版的。内容极为简单，是一本类似经济学启蒙教育的通俗小册子。

这些著作，主要是前两种形式的著作，曾多次再版[①]，是当时最为畅销的书籍之一，在学术界引起较大轰动。这些著作的最大特点与贡献在于：较为系统地介绍了西方经典经济学理论；结合中国发展实际，较为完整地阐述了适用于中国实际发展需要的经济学理论知识；较为注重经济学学理的应用，分析了民国时期诸多经济问题，并提出了解决方案，不仅促进了西方现代经济理论在中国的传播与普及，也为推动中国经济学的产生与发展发挥了积极的作用。

（二）对财政学尤其是中国财政史、租税史、外债史的深入研究

刘秉麟是当时财政学界的权威学者，其译作《亚当士财政学大纲》[②]，也是当时影响较广的畅销书。此书原作者为美国财政学者亚当斯（H. C. Adams），他在翻译时对原著中认为叙述美国历史过多的内容"取而删之"；同时"参考东籍，略加日本事实"；"并附以己意"[③]，加入了一些自己的认识与见解；最后还在书后附上自己撰写的中国赋税史略。因而，该书并非一般意义上的"翻译"之作，而是一本译中有述的"译著"。

---

① 据查阅资料并初步统计，《经济学原理》于 1919 年初版后，至 1935 年累计发行 13 版；"新学制高级中学教科书"《经济学》于 1928 年初版后，至 1933 年累计发行 8 版；"职业学校教科书"《经济学》于 1939 年初版后，至 1947 年累计发行 4 版；《公民经济》于 1925 年出版，仅发行 1 版，均由商务印书馆出版发行。以上各版相加，自 1919 年算起至 1947 年，前后 28 年总计发行 26 版。足见其发行之广、历时之久、影响之大。

② 该书有两个版本，一名《亚当士财政学大纲：附中国租税史略》，由商务印书馆出版，初版于 1921 年；另一个版本的书名叫作《财政学大纲》，也由商务印书馆出版。两个版本曾多次再版，总计发行约 11 版。

③ 刘秉麟. 亚当士财政学大纲序 [A]. 刘秉麟. 亚当士财政学大纲：附中国租税史略 [C]. 上海：商务印书馆，1921：1-2.

刘秉麟研究财政问题的最大特点是较为重视财政史的研究，所著《中国财政小史》①，把中国财政历史分为四个时期：秦以前、秦汉至南北朝、隋唐宋、元明清，并从财政原则、财政组织、财政制度等几个方面概述了各个时期的财政状况。这样，他不仅从时间顺序上考察了中国财政发展的历史变迁过程，而且从财政原则、财政组织、财政制度的范式框架上考察了中国财政历史的具体内容，开创了一种考察中国财政史的独特的结构体系与研究方法。

作为财政史研究的重要内容，他还探讨了中国租税史，所著《中国租税史略》附在《亚当士财政学大纲》译著之后予以发表。其内容以租税制度的重大变革为标志，按历史发展顺序分为公田时代、税亩时代、两税时代、一条鞭时代，分别概述中国古代各历史时期租税概况及其制度变迁过程，较为系统地描述了中国古代租税发展史。

他还撰有《近代中国外债史稿》②，是其生前未出版的遗著。该书是系统研究晚清以迄新中国成立前中国外债的一本专著，全书共分为三编，分别为：清政府时期的外债、北洋军阀政府时期的外债、国民党反动政府时期的外债，被称为"研究中国近代对外关系史和对外经济史不可多得的参考书"③；"是迄今为止仅有的一部述及晚清到民国外债的专著"④；"可视为全面进行中国近代外债史研究的滥觞之作，至今依然是研究外债问题的重要参考著作"⑤。

二、对学派创建核心理论的相关探讨

和杨端六一样，刘秉麟对珞珈经济学"学派"创建的核心理论也有所触及；他也是通过关注中国经济发展问题，进而对珞珈经济学"学派"创建的核心理论做出相关的先驱性探讨的。相比而言，他所做出的这种探讨，无论是广度还是深度，较之杨端六来说，似乎都略显更胜一筹。

① 刘秉麟. 中国财政小史［M］. 上海：商务印书馆，1931.
② 刘秉麟. 近代中国外债史稿［M］. 北京：三联书店，1962.
③ 武汉大学出版社. 再版说明［A］. 刘秉麟. 近代中国外债史稿；中国财政小史［C］. 武汉：武汉大学出版社，2007：1.
④ 张侃. 20 世纪中国近代外债史研究回顾［J］. 中国经济史研究，2002（02）：92 – 100.
⑤ 吴景平. 关于近代中国外债研究对象的若干思考［J］. 历史研究，1997（04）：52 – 72.

（一）置于经济发展史中定位当时中国经济发展所处的时代

参照当时学术界对于时代划分的有关说法，依据生产力标准，刘秉麟从经济发展史的视角，将人类社会的经济发展划分为 5 个大的时代，即渔猎时代、游牧时代、农业时代、手工业时代、实业时代。他所称的"实业时代"，实际上指的是机器大工业时代。他认为，当时的中国处于手工业时代与实业时代之间，他将之称为"过渡时代"。他指出："以今日中国的全国经济状况而观，欲名曰实业时代，似嫌其不妥；欲名曰手工业时代，亦若不尽然。故只好名曰过渡时代。"[①] 他认为，过渡时代的最大特点是实业发展在地区间的不平衡和时间上的不同步，整个经济社会中，各种实业上的现象并存，既有发达的，也有幼稚的；既有旧式的，也有新式的，如钱庄与银行等。这一特点，即我们今日所说的二元经济或多元经济；他所说的"过渡时代"，类似我们今日所指的经济转型时期，不过我们今日所说的经济转型侧重于从计划经济向市场经济的体制转轨，而他所指的是从手工业向机器大工业的技术转型。他在 20 世纪 20 年代即使用"过渡时代"概念来称呼中国所处的历史阶段，是颇有创意和见地的。

（二）从主要产业入手剖析中国当时经济发展的衰败境况

刘秉麟着重从农工商三大产业入手进行分析，认为当时中国的经济发展处于十分艰难的衰败境地。

农业方面，他首先从制度变迁视角回顾了中国农业的发展历史，继而从经济发展状况上分析了中国当时农业的衰落现象。他认为，中国历来以农立国，农业是国人赖以生存之本，从井田制到一条鞭法，就其影响农业发展的情形而论，"在中国经济史上，改革最大，具有完美计划的，为王莽时经济政策"[②]。但总体而言，在他看来，历代推出的这些农业改革措施，均着眼于增加农业税收，未能解决农业发展的根本问题。以致时至当今，农业因循守旧；田亩数和农民数无统计可查；种植方法和设施落后；土地缺乏改良，日渐荒芜；社会动荡不安，荒地无法开垦；农产品加工原料不足；原有出口产品如丝、茶失去竞争优势；粮食、棉织品等的供给还需靠国外进口，如此等等，表明中国的农业已陷入衰落境地。

---

① 刘秉麟. 经济学 [M]. 上海：商务印书馆，1928：107.
② 刘秉麟. 经济学 [M]. 上海：商务印书馆，1928：110.

工业方面，他首先介绍了当时工业的发展现状，指出："以工业而言，大规模的工厂，在吾国本少见；从各商埠而观，虽工厂林立，但其中多为外人所创办；以内地而言，小规模的工厂，虽亦间有一二，但大部分则碓坊仍用人力舂米，磨坊仍用牛力推磨，机器的用途，仍极有限。"他指出，中国的手工业起步极早，如蔡伦造纸、周世宗刻板印书皆为手工业中比较著名的。但是，"直至今日，除少数例外而外，各城市中所见，手工业实仍占重要地位"①。中国的新式工业，从同治（1862～1876 年）初年洋务运动举办军事工业开始，经过官督商办阶段得到一定程度的发展；至马关条约签订（1895 年）后外国在华工业的繁荣致使权益为外商所攫取；再到 1914 年第一次世界大战后，中国工业得到一次难得的发展机遇，但本土幼稚工业也只是昙花一现；南京国民政府成立后虽有积极推进举措并实施保护政策，但因外国工厂竞争和进口商品倾销，以及国内银根奇紧与资本不足，故本土工业仍然举步维艰，难以发达。他详细分析了中国新工业不振的基本原因：（1）工业上无计划；（2）资本之枯竭；（3）工厂之内部组织与技术人员缺乏；（4）原料与动力供给不足；（5）苛捐杂税过重；（6）农村生产技术落后；（7）洋商的压迫。此外，还有兵灾、匪患、失地和政治等问题。② 总之，中国的工业处于极不景气的状态。

商业方面，他认为中国的商业虽起步较早却发展较慢且欠发达，其原因在于中国自古贱商，商人地位极低；而且人们崇尚简朴，"日用品惟土物是爱，惟家制是宝，故生事所需，求诸本地已足自给，不必有贸迁有无之事"③。加以交通不便，长期闭关锁国，通商范围有限，规模狭小。五口通商后，国人看到外国商务的发达与各国商务政策的力量，颇有改革中国商业的倾向，但因不平等条约限制和关税权丧失，除部分商人仰仗外人鼻息成为外商的寄生虫外，中国的商业和商人仅靠苦苦支撑维持一线生机。再加上连年内战，苛捐杂税与强制摊派盛行，导致除商埠中的本国商业稍能维持外，内地商业苦不堪言。政府为渊驱鱼、为丛驱雀的"自杀"式政策，以及对待内地商业和租界商业在税收上的不平等政策，致使内地商人"受其箝制，受其痛苦"，"商业不振，各业均受其影响"，商人中"破家倾产的"也大有人在。④ 总之，中国的商业也处于衰败不振、难以为继的状态。

---

① 刘秉麟. 经济学 [M]. 上海：商务印书馆，1928：114.
② 参见刘秉麟. 七十五年来之中国新工业 [J]. 国立武汉大学社会科学季刊，1937，7 (4)：661－715.
③ 刘秉麟. 经济学 [M]. 上海：商务印书馆，1928：121.
④ 刘秉麟. 经济学 [M]. 上海：商务印书馆，1928：122.

（三）基于贸易保护主义立场设计中国经济发展路径

面临内忧外患、农工商业衰败不振的时代背景，刘秉麟深感焦虑和痛心，于1937年发表《发展中国经济之路线》和《发展中国经济之路线问题》两文①，针对当时中国经济发展衰败不振的突出问题，提出了自己的对策建议。他认为，当时中国经济发展衰败不振是由于国际贸易大量入超、国防压力大以及外国列强压迫造成的。基于贸易保护主义的立场，他主张采用有效的途径和办法分步骤逐渐解决这些问题。

第一步为"统一经济"，其中最为重要的在于消除省与省之间的贸易障碍。他认为，中国省界观念太强，各省几乎等同于国与国之间的歧视一样，不利于互通有无与分工合作。在他看来，经济上的统一，目的就在于打消省界的障碍，各省产品，互相供应，形成自然分工，互相合作，使彼此以有余补不足；只有确实多余或真感不足的货物，方才向外国输出或输入。

第二步为"管理外汇"，即在可能范围内，鼓励出口贸易，就是所谓造出汇兑，增加外汇收入；同时在可能范围内，限制进口贸易，也就是所谓节约汇兑。他指出，这两种办法如暂时难以做到，至少应设法采用直接贸易的形式将汇兑控制在最小限度之内，使入超减少，国际收支渐趋平衡。

第三步为"统制申汇"，所针对要解决的是资金流向上存在的不合理现象，即所谓内地资金的"贫血病"和上海资金的"充血病"问题。他认为，这一步的主要目的，在使资金少由内地流向上海；反之，使资金由上海向内地流。这样便可使内地资金充实并促进其产业发展；同时也可避免上海产业出现畸形发达的现象。

第四步为"统制贸易"，他认为这一步是要在以上三步做到以后才能实现的。实现这一步的重要举措或前提条件，他认为就在于贸易上的同业组织，因为贸易上如果无组织就不能实行统制贸易。他承认，在本国产业不发达，贸易无组织，进出口均被外商所操纵的情况下，统制贸易确实难以做到。有学者也正是基于这一背景，对照国外的情况，对中国实行统制贸易的观点予以否定。他则进行了反驳，认为这是对中外环境观察的疏忽。因为中国的经济状态根本和外国不同：外国是生产过剩，目的在倾销；中国则是入超过大，目的在抵挡。外国人渴望着倾销商品，是为着获得利润；中

---

① 此两文为刘秉麟的同一篇演讲稿。《发展中国经济的路线》发表时标注时间为"二十六年四月十六日"，这应是指演讲的日期，即1937年4月16日，署名为刘秉麟讲、刘颖记；《发展中国经济的路线问题》发表时未标注时间，署名为刘秉麟教授演讲，刘昭贻、童咏梅笔记。此两文应是同一篇演讲稿由不同记录者整理后分别在不同刊物上发表的，内容大同小异，本书以第二篇文章为主阐述其思想。

国只是求减少入超，塞住漏卮，以谋自给。在这样看来，在外国行不通的统制贸易，就不能用来证明中国也照样行不通。他认为，要做到统制贸易，眼下最紧要的，就是要解决同业组织的问题。他提出的具体办法是由国家把商人组织起来，使之负进出口贸易的专责；然后再采行许可制，任何货物或某数种货物的进口或出口，都必须获得政府的许可，签发许可证，才能出口或进口。

他认为，做到以上四步以后，"再进行第五步、第六步、第七步，方有发展国民经济的可能，方可希望做到国防工业化的地步"①。

（四）极为难能可贵的农业工业化见解

在刘秉麟的著述中，讨论中国工业发展历史和现状问题的内容不少，但阐述工业化主张的却不多，论及农业工业化见解的就更少了；但仅有的讨论却极为难能可贵。他是在讨论中国经济发展路径问题时，论及农业工业化见解的。

刘秉麟认为，"工业化"是发展中国经济各步骤中的最后一步。在当时国际背景下，工业化的重点首先当然应该是国防工业化，"在当前似应特别注重国防工业"②。他认为，国防工业的基础是重工业，故发展国防工业的重点应放在发展重工业上；而要发展重工业，首先又需要解决两个根本前提，即动力和原料的问题。他指出，水力、煤和石油是动力的来源。就中国的情况来看，四川的水力有相当的发展但却数目有限；陕西虽产石油但却数量太少；德国人发明从煤中提炼石油后，煤成为更为重要的原料。因而从这个意义上说"国防工业化，就需要国防矿业化"③。他建议，为避免帝国主义的攻击和威胁，可将重工业发展的基地放在湖南、四川等后方地区。

正是在讨论国防工业化，尤其是作为国防工业重要基础的重工业的原料问题时，引出了刘秉麟关于农业工业化的见解。他说："讲到原料，根本上就离不了农业。所以要使农业工业化，使农业得到高度的发展，有足够的农产品以供应工业的需要。"④在这里，他明确地提出了"要使农业工业化"的主张，在珞珈经济学者中首次触及"农业工业化"的概念。他的意思非常明确，就是说：工业的原料要依靠农业提供，因而工业的发展离不开农业；同时，工业所需要的农产品也要靠农业生产，因而工业的发展自然也离不开农业的发展；而农业要为工业提供"足够"数量和质量的农产

---

① 以上 5 个自然段的引文除另注出处者外，均见刘秉麟. 发展中国经济之路线问题 [J]. 经济年刊，1937（创刊号）：9 – 16.

② 刘秉麟. 发展中国经济之路线 [J]. 正论周刊，1937，1（05）：4 – 7.

③④ 刘秉麟. 发展中国经济之路线问题 [J]. 经济年刊，1937（创刊号）：9 – 16.

品，就要使自身得到"高度的发展"，而这又离不开农业自身的进步，也就意味着农业也需要工业化。因而，在他心目中，工业与农业是彼此依存、相辅相成的；工业化不仅是工业的事，也是农业的事，工业化也包括农业工业化。当然，从工业原料来源上看，他更注重的是工业对农业的依赖关系。他似乎已认识到，基础薄弱的农业是不可能支撑工业的较大发展的，在发展工业的同时必须注重农业的发展，工业化少不了农业工业化。为了实现农业工业化，他主张"施行土地政策，统制粮食，兴办水利以振兴农业"①。刘秉麟关于农业工业化的见解，形成于 20 世纪 30 年代，而此时西方发展经济学的先驱者们似也不曾如此明确而又辩证地论及农业与工业的关系，他的观点不仅颇有见地，而且极为难能可贵。他这方面的见解，我们在杨端六的前述论述中已略有所见；而在他们的学生张培刚的《农业与工业化》中则可以看到更进一步地深入探讨与充分论证。这一情形，充分显示了珞珈经济学"学派"创建学者们文脉相通、薪火相传的学术渊源关系。

第三节
陶因等的学术成就及对学派创建核心理论的相关探讨

除杨端六、刘秉麟两位领军人物之外，在珞珈经济学"学派"初创阶段的学科群体中，还有许多学者或多或少做过学派创建核心理论方面的相关探讨，同样为学派创建核心理论的形成和学派具备正式创立条件做出了初创性贡献。这其中较为突出的有陶因、彭迪先、伍启元、陈家芷和朱祖晦。

一、陶因的学术成就及对学派创建核心理论的相关探讨

陶因在学术上的主要成就体现在他对经济政策的研究方面，他曾编有《农业政策》讲义，由国立武汉大学 1936 年铅印。该讲义共分 7 章，第一章"农业泛论"，简要阐述农业的意义、农业国与工业国、土地性质、农耕方式等问题；以下第二章至第

---

① 刘秉麟. 发展中国经济之路线 [J]. 正论周刊，1937，1（05）：4-7.

七章分别介绍"土地政策""农民的利益代表团体""农业合作社""农业金融""农产物的价格及其价格的统制""五谷专卖"等内容,是一部农业经济学方面的讲稿。他还编有《经济学大纲》讲义,也由国立武汉大学铅印,时间不详。此外,他将英国著名经济学家、伦敦学派奠基人埃德温·坎南(Edwin Cannan)以亚当·斯密代表作为蓝本而编著的《国富论》(1914)一书,与史维焕合作译为中文,书名叫《富之研究》,由商务印书馆于 1924 年予以出版。另外,发表学术论文 40 余篇。

他在武汉大学任教期间(1930~1946 年),发表了诸多颇有分量的学术成果,其中与学派创建核心理论相关的探讨,主要体现在以下 3 个方面:

(一)中国经济发展阶段认识

和刘秉麟一样,陶因也论及中国经济发展阶段问题;不同于刘秉麟的五大时代划分,他借鉴社会学家卡尔·布赫尔(Karl Bucher)所提出的经济发展三阶段理论,把人类社会经济分为三个发展阶段:(1)家庭经济阶段,以家庭为单位,封闭式自给生产,无交易。(2)都市经济阶段,以都市为中心,应顾客预约而生产,都市之内和都市与周边农村采用直接交易方式,都市与都市之间的交易是偶然现象。(3)国民经济阶段,生产者为市场而生产,消费者从市场购买商品,形成一个开放交换的经济系统。借鉴这一理论,他认为中国在"海禁未开以前完全是一种都市经济,各地方自成一独立的经济区域";自鸦片战争后,中国开始向国民经济阶段迈进,此时的中国,"门户开放,外币侵入,往日地方经济的系统遂不能维持,旧时代的遗物均一一变为新社会发展的桎梏,均有根本改造的必要"。[①]

他主张实行一系列重大改革以适应中国经济发展新阶段的要求,包括:(1)"货币制度的改造",以改变当时中国币制紊乱的现象;(2)"度量衡制度的统一",以利于商品交换;(3)"内地关税的裁撤",以促进市场发展;(4)"交通系统的完成",以保障商品流通。

他特别注重交通问题,从一般意义上肯定交通的积极作用,认为交通发达可以扩大销路,促进生产,调节物价。但从保护幼稚工业和乡村手工业的需要出发,他较为客观和具体地分析了交通发达对于"产业后进国"可能产生的不利影响。认为交通发达对于欧美发达国家而言肯定具有极大的积极作用;但对于"产业后进国"而言则可能会产生一些负面的影响,如诱发偏僻地方人们的新欲望,助长奢侈堕落之风;外货

---

① 陶因. 经济进化过渡期中的我国 [J]. 新时代半月刊,1931,4(01):17-21.

因交通便利侵入穷乡僻壤，打压中国幼稚工业和乡村手工业；农产品腾贵，使下层消费者受粮食暴涨之苦。基于这一认识，他主张"产业后进国"采用适当的保护政策抑制交通发展过程中"流弊"的产生。具体来说，要通过奖励保护政策提高本国的生产力；采用严厉的关税保护政策遏制外货的侵入；设法防止农产物的大量输出，以保证国内幼稚工业的原材料供应等。总之，"产业后进国"必须实施交通发达与保护政策"同时并举"的方针。① 可见，他并不是片面地一味反对"产业后进国"发展交通，而是强调要采用必要的保护政策，防止发展交通过程中对"产业后进国"产生的不利影响。

（二）产业工业化见解

"产业工业化"是陶因自己所提出的具有特定含义的命题。这一命题所指称的对象为"产业"，他实际上指的是工业，包括重工业和轻工业；所谓的"工业化"，他实际上指的是工业发展的现代化，包括在技术上发展现代工业和经营上具备市场经济的基础条件。他认为，一切生产事业决不可墨守成规，不能继续采用落伍技术和旧式工具，需要产业在技术上实现工业化；与此同时，为了促进产业的发展，需要扩大交易、拓展市场，这就需要具备市场经济发展的基础条件，如度量衡的统一、水陆空交通网的建设、合理的关税制度的建立等。他认为只有这样，才不至于"自丧失其在世界市场上之竞争力"。基于这一认识，他明确指出："一切生产事业之经营技术应力求现代化、工业化，而后始可屹立于世。"②

产业工业化的前提是国防现代化。他认为，国防现代化是立国之本，没有国防现代化就不能保障领土的完整与主权的独立。

产业工业化的重心是发展重工业。包括矿业、机械、电气、冶金、化学等工业，他认为这类工业涉及国防现代化和其他工业的根基，是国家之命脉。他主张，抗战胜利后国家应举全国之力推进此类工业的发展。与此同时，他也强调不可忽视轻工业的发展，因为它与对外贸易有重大关系，关涉民族经济的盛衰。他将中国当时的轻工业分为两类：一类为输出工业，如丝织品业、植物油业、瓷器业等；另一类为抵制进口货的工业，如纺织业、造纸业等。前者为生产传统出口产品的工业，后者为生产进口替代品的工业。

---

① 陶因. 经济进化过渡期中的我国 [J]. 新时代半月刊，1931，4（01）：17-21.
② 陶因. 今后工商政策之商权 [J]. 中国农民（重庆），1943，3（01/02）：22-27.

至于如何发展重工业，他的主张是采用国营方式。因为此类工业费时长、成本高、利润薄，在开办之初甚至有亏本的风险，私人大多会裹足不前；而且此类工业涉及国防及国民经济的基础，不能让其成为私人牟取暴利的场所，故他认为此类工业只能采用国营方式。对于轻工业，他则认为政府不能直接经营。因为政府财力有限，不能分散财力影响重工业的投资兴办；而且此类工业所生产的都是投放市场的商品，市场的力量自会推动此类工业的发展，不待政府越俎代庖，"惟政府对于此类工业只可负提倡奖励之责"。包括采用诸如保本保息、津贴、奖金、减免租税以及金融上的政策支持等，扶持民间兴办。但他强调政府所扶持的是"必需品工业"而不是"奢侈品工业"，目的是"谋国民经济之健全发展"。①

产业落后国家要大规模开展工业化建设，必然会遇到资本与人才不足的"瓶颈"，他提出的解决办法是借鉴苏联利用外国资本和人才的成功经验，争取友邦"援助"，让他们以其多余的资本与人才为我所用，这样既有利于其投资获利，销售工业品；也为中国快速推进工业化获得千载良机。

（三）对外贸易发展战略建议

陶因是从当时中国所处时代及产业发展现状出发提出中国对外贸易发展战略建议的。他认为，当时中国产业落后，新式工业尚在萌芽之中，经营技术较之产业先进国完全不可同日而语。在这种状况下，中国只能实行贸易保护政策。借鉴国外经验，他提出三条具体保护措施建议。②

（1）"制订合理的关税税则。"他认为，关税是各国开展贸易战的重要武器，中国在抗日战争结束前关税实际上未能自主，战后各国理应消除关税壁垒，谋求经济互动与共同繁荣；但中国的情况较为特殊，幼稚工业需要保护，不得不实行保护关税的措施。当时与中国有重大关税关系的国家为英美两国，他指出：中国出口的多为轻工业生产的生活必需品，而进口的多为重工业生产的军工产品和工业建设器件等；英美已进入重工业时代，中国关税保护的重点是轻工业。因而，"采保护贸易政策既为吾迫切之要求，与英美之利害又不冲突，则战后应立即制定合理的关税税则，以谋产业之发达"。

（2）"集中输出入贸易。"他认为，实施贸易保护政策的最佳方式是集中输出和输入，实行对外贸易国营。但在当时情况下，他认为政府官员的技能、经验与道德均

---

①② 陶因. 今后工商政策之商榷 [J]. 中国农民（重庆），1943, 3（01/02）：22-27.

达不到对外贸易国营的水准与条件。他的建议是：由中国商人按商品种类分别组建若干进口或出口的专业公司，一种类型的商品只设一个公司，全国所有同业者均加入其中并成为股东，即组建类似欧美卡特尔（Cartel）、辛迪加（Syndicate）那样的企业联合组织；以此为"过渡期"，待各公司见诸成效之后，再进一步设立中华全国进出口贸易总公司。

（3）"施行汇兑管理。"所针对是发达国家实施的"汇兑倾销"战略，即通过贬低本国币值，利用汇兑业务而在国外市场以低价大肆抛售的做法。他主张通过汇兑管理，"以谋国际借贷之平衡"。

陶因也论及国内贸易问题，基本主张是国内贸易应自由放任，但应注意两条：一为统制粮食运销；二为发展消费合作社。

二、彭迪先的学术成就及对学派创建核心理论的相关探讨

彭迪先在武汉大学任教期间（1940～1945 年），讲授政治经济学和经济思想史。他有非常深厚的经济学功底，在武汉大学期间及其前后，曾撰写和出版过 3 部相关著作，分别为《实用经济学大纲》（1945）、《新货币学讲话》（1947）、《世界经济史纲》[①]。一生著述颇丰，编有《彭迪先全集》（全 3 卷共 5 册）。

他与学派创建核心理论相关的探讨，集中体现在《工业化与国家资本主义》[②] 一文中。文章发表于 1946 年，所述内容为 1945 年"二战"结束前夕的事，应是在 1945年调离武大前后写就的。

（一）工业化中农业与工业关系的认识

彭迪先关于工业化中农业与工业关系的认识，建立在对工业化概念正确认识的基础之上。他对工业化做过明确的界定："所谓工业化，简言之，就是促使中国由农业国转变为工业国。"

在他看来，在由农业国转变为工业国的过程中，农业与工业是紧密相联、相辅相

---

① 据彭迪先《我的回忆与思考》中记述，该书稿完成于 1940 年，并于当年将书稿交付生活书店出版，但未及排版付印即因生活书店遭国民党反动派迫害而转至香港，直到 1948 年才在香港出版。1949 年该书在国内由北京三联书店予以出版。

② 彭迪先. 工业化与国家资本主义 [J]. 中华论坛，1946，2（02）：22 - 24.（本目以下相关引文，均见该文。）

成的。他认为，工业的发展不可能离开农业。"因为工业所必需的原料和粮食等，需仰给于农业；而工业品的销售，亦须以农村为其主要市场。"如果农业生产力很低，农民购买力很弱，那么工业是无法发达繁荣的。同时，农业也不可能离开工业。因为"农业所必需的农具、肥料、灌溉、排水等等设备，必须依靠工业。至于农产品的运销，农业的机械化、电气化，更要依靠工业"。如果没有工业基础作用的发挥，近代农业的发达也是无法想象的。总之，在他看来，工业化应与农业的近代化紧密配合、互动发展。

彭迪先解释了资本主义先进国家为何工业突飞猛进而农业反而落后的现象，认为其关键就在于未能摆正两者的关系，使农业处于相对不利的地位。具体原因是：（1）地主所收地租大半用于城市消费，极少投资于农业以扩大农业再生产；（2）农业资本周转较慢；（3）农产品与工业品存在"剪状价格差额"；（4）农业为有机生产，常受不可抗自然因素影响。这些原因导致社会资本纷纷注入都市工业，形成农业与工业的对立。他提醒国人要注意克服资本主义先进国家的固有弊端，"在中国工业化的过程中，我们应该注意改进中国的农业，从而必须改革现行的土地关系，以配合工业化的进展"。

认为工业化过程中农业与工业紧密相联、相辅相成，应相互配合，防止两相对立，彭迪先这方面的见解与认识，较之杨端六更为全面和完整，较之刘秉麟更为具体与详细；与张培刚在哈佛博士学位论文《农业与工业化》中阐述的见解更为接近。饶有风趣的是，他的文章与张培刚1945年完成的博士学位论文在发表时间上也大体同步，两位具有师生关系的珞珈学者，一个在国内，一个在美国，竟如此心心相印、见解相近，应该不是一种偶然的巧合，而是时代发展引起的学术共鸣与师生间思想交汇碰撞导致的必然结果。

（二）主张中国工业化在制度安排上选择国家资本主义道路

从制度安排上看，彭迪先认为，中国工业化应该走国家资本主义道路。他从理论与实际两方面进行了论证。从理论上讲，他认为国家资本主义仍是资本主义，但它却可以通过国家（政府）的控制力量，使资本主义发挥其有利于极大地推动生产力发展的积极作用，而使其不至于产生资本主义的固有弊端。他指出，中国工业化的最终目标当然不是迈入资本主义，而是实现社会主义，是世界大同，天下为公。国家资本主义只是实现理想社会的一个"过渡阶段"。在目前物质基础尚不具备的条件下，"我们不能跳过这个过渡阶段"；但却可以尽量缩短。总之，从理论上讲，中国从半殖民地半封建社会向社会主义转型，其间必须经过国家资本主义这样一个过渡阶段。从实际上看，他认为中国有若干条走国家资本主义道路的理由，因为如若不走国家资本主义之路而依靠私人资本慢慢积累资本发展，既不适合中国经济建设的急切需要，也不能应对千变万化的国际局势，"大有缓不济急之感"；中国的私人资本力量脆弱，难以担当经济建设之重任，必须动用国家（政府）的力量给予支持和资助；即使私人资本实力雄厚，任其发展以至于操纵一切，也会影响民众福利从而不利于理想社会的最终实现；中国工业化需要外国资本与技术的援助，国家（政府）出面更有利于外资和外国技术的引进；英美等国其实也有国家资本主义因素，只是其国家资本所占比重较小，中国则正好相反，尤其抗战胜利后通过接收敌伪资产更有利于国家资本主义的发展。也就是说，中国选择国家资本主义道路既是实际需要，也是客观条件使然，还具有现实可行性。总之，无论是从理论上讲还是从实际上看，"目前中国经济发展的途径，均需先经过一国家资本主义的阶段，然后再渐进到将来的理想社会"。

（三）主张中国工业化在经营形式上采用国营与民营并存的方针

彭迪先认为，在经营形式上，国营应占"重要地位"；但并非"独占一切，支配一切，不让民营事业有丝毫存在与活动的余地"。在过渡阶段，民营事业仍有它存在的理由与意义，因为民营事业可以使资本得到普遍动员，而且有利于工业的自由发展，还不易产生腐败。而国营事业"却很易腐化、官僚化"；尤其在过渡阶段，情形更是如此。因此，应该允许民营事业在相当范围内存在，使之与国营事业自由竞争，通过民营竞争去刺激、淘汰国营，"使它不要腐化，不要落后。故国营事业应与民营事业并存"。至于国营与民营存在的领域，彭迪先认为应该有个明确的分工，即国防工业、重工业、交通运输等公共事业，需要大额资本的独占事业应采用国营形式；轻工业、小工业等则通通采用民营形式，由私人经营。无论是国营还是民营均需遵循一个共同原则，即"均须以经济的民主化、社会化为前提"。具体来说，国营事业不能走上官僚化、专制化、独裁化道路，从而妨害经济民主化，如果国营事业挤压民营事业从而影响整个国民经济的发展，则应对它加以抑制；反之亦然，民国事业也不能发展成为资本主义的私人垄断，以致妨碍经济的社会化。

（四）主张中国工业化在管理体制上采用统制经济与自由经济相结合的模式

与经营形式上国营与民营并存的情况相适应，在管理体制上，彭迪先认为统制经济与自由经济两种经济制度应并存不悖，不可偏废。在过渡阶段，既不能一味地实行统制经济，也不可一味地实行自由经济。因为"完全一味的统制，一手包办，极易流于独断、专横与腐化，从而妨碍经济的自由发展。反之，完全一味的自由竞争，则经济建设没有一定的轨道可循，而人力、物力的浪费又更甚"。他主张，两者并存、相辅相成，通过自由经济来激发经济发展的活力，通过统制经济来矫正自由经济的盲目运行。

彭迪先强调，国营事业与民营事业并存、自由经济与统制经济同时运行，有一个前提条件，就是要统一在国家资本主义的大原则之下，因为只有在国家资本主义的大原则下，才可能获得充分的调和与运用。

他还特别强调，中国的工业化必须与政治民主化同时并进。即必须以实行民主宪政，肃清一切官僚政治为前提；否则，国营将变为官营，国家资本主义将变为官僚资本主义，中国经济建设将永无成功之日。

在民国珞珈经济学者中，彭迪先对工业化道路选择的论述是最为详尽与具体的，他从制度安排、经营形式和管理体制上进行了全方位的探讨；他的有些认识，如关于工业化过程中农业与工业关系的认识，不仅较为具体与详细，而且较为正确；有些提法如关于"过渡阶段"的提法，与新中国成立后提出的社会主义过渡时期正相吻合；有些见解如关于防止国营经济腐化、克服自由经济盲目性的见解，即令放在今日也不为过时。

三、伍启元的学术成就及对学派创建核心理论的相关探讨

伍启元在武汉大学任教期间（1937～1939年），讲授西洋经济史、经济思想史。作为当时较为著名的经济学家，他一生著述颇丰，曾撰写和出版《物价统制论》（1941）、《当前的物价问题》（1943）、《战后世界币制问题》（1943）、《宪政与经济》（1944）、《昆明九教授对于物价经济问题的呼吁》（第一作者合著，1945）、《由战时经济到平时经济》（1946）、《中国工业建设之资本与人材问题》（1946）等著作；另著有《中国新文化运动概观》（1934）①。在武汉大学期间，著有《中日战争与中国经

---

① 除《昆明九教授对于物价经济问题的呼吁》为合著外，其余各书均为伍启元独著。

济》①。一书；在《国立武汉大学社会科学季刊》等刊物上发表学术论文 10 余篇，武汉大学档案馆还收藏有其编写的《经济思想史讲义》。

他与学派创建核心理论相关的探讨，主要体现在下述 4 个方面。

（一）关于经济建设基本原则的见解

伍启元是基于经济学基本原理的视角来探讨这一问题的。他在 1939 年发表的《经济建设之基本原则》一文中对此做了详细探讨。基于经济学的理论假设，他在此文中指出：一国用于经济建设的资源是有限的，"经济原则"的基本要求就是要把有限的资源配置到国家迫切需要发展的事业上去。他认为，当时中国迫切需要发展的事业是由国家未来发展目标所决定的，而中国未来发展目标就是要建设"现代国家"。具体来说，它对外要履行"权力国家"的职责，要维护国家主权和抵御外敌侵略；对内要履行"警察国家"的职责，要维护国家的安宁、秩序与统一。履行这两大职责的"现代国家"在未来经济建设重点的选择上应集中于三个领域：一是国防工业；二是水陆交通事业；三是满足人们衣食基本需要的生产事业。国家应把有限的资源集中配置到这 3 个产业部门中去。

国防工业或"军需工业"是重工业的一部分，所以要发展军需工业必须发展整个重工业，如果整个重工业没有基础，那么军需工业也无法得到发展。因而，他主张："我们对于基本工业，如钢铁工业、机械工业、化学工业、重要矿产……都应该作十二分的努力。"从发展军需工业的需要出发，他强调了对于重工业发展的重视。在交通方面，他根据当时状况重点强调建设水陆交通网，认为陆路应先完成西南和西北的公路网建设；水路则改良天然河道、疏通人工运河；铁路要待今后有条件时再行修筑。他认为，交通发展不仅有利于国家促进和维护统一；而且交通发展之后，"地方与地方间商品的流通增多，人与人间的接触较易，地域思想便会逐渐消失，地域斗争便会逐渐减少。这对维持国内之统一是最有用的工具"。关于衣食，他认为"维持社会的安宁和秩序，最重要的办法就是使人民'足食'和'足衣'"。"达到人人能够足食足衣的境地，应该是经济建设主要目标之一。"

伍启元指出，这 3 个产业部门不仅是未来经济建设的重点所在，也是战时经济建设的重点所在。因而，战时应该以这 3 个产业部门为重点发展目标；尤其是军需工

---

① 该书自序记为"序于四川乐山国立武汉大学"（伍启元. 自序［A］中日战争与中国经济［C］. 上海：商务印书馆，1940：3）。

业，更是战时建设的重中之重。"政府对于经济建设方面，应该集中力量于这三个目标；除此以外，任何其他与这三大目标无关的经济活动，政府都不应该注重。"哪怕所发展的事业对经济建设来说也是必要的或有价值的，但国家的资源有限，不能分散使用。他以化妆品生产为例，指出"我们如多用了一部分资源去生产化妆品，我们便少一部分资源去建设基本工业、建设交通或增加粮食和衣料的生产"。但他强调，所谓与三大目标相关的事业需要从广义上加以理解。他以桐油生产为例，指出它在表面上与三大目标无关；但实际上它是中国出口创汇的"特产"，国家可以通过这些特产的生产去国外换取军需工业和交通建设所需的机器和材料，因而这些特产的生产"实与我们的目标有很密切的关系"。他进一步强调，要发展这些经济事业就需要有适当的人才，这就涉及教育能否培养出这些适当的人才，以及政府机构能否利用这些适当的人才去办理这些事业。他得出结论："由此可见，我们必要使整个国家的各方面都能配合经济建设，然后经济建设才能成功。"据此，他反对人们在经济制度和发展道路问题上的争论，认为无论选择什么经济制度，无论选择什么发展道路，都不外乎要解决国防问题、交通问题和人们衣食基本需要问题。因此，他主张：我们不要纠缠于什么资本主义、社会主义，或是其他什么主义，"我们应该把一切精力集中于上面所提出的三大目标，把全国资源动员到这三个适宜的用途，必要如此，经济建设才可以说是符合于'经济的原则'"①。总之，他从资源合理配置的"经济原则"出发，强调集中发展国家迫切需要发展的经济事业，在当时来说，既切合时宜，也颇有见地。

（二）经济发展中技术进步问题的认识

伍启元是民国珞珈经济学者中唯一一位较为详细地讨论过经济发展中的技术进步问题的学者，他具体讨论的话题是"技术革命"。他于1945年发表《技术革命：经济建设主要目标之一》一文，对此话题做了集中探讨。在此文中，他从"根本国策"的战略高度来讨论这一话题。认为中国在抗战胜利后所要实施的"根本国策"之一就是要发展经济，从事经济建设；而"经济建设的第一个主要目标是完成'技术革命'"。他对技术革命的含义做了解释："我们所说的'技术革命'，是指采用现代的生产技术去改造国民经济（特别是工业和交通）的一种经济变革。"在他看来，技术革命是一种经济变革，这种经济变革的关键和核心是采用"现代生产技术"。他从物

---

① 伍启元. 经济建设之基本原则 [J]. 今日评论，1939，23（02）：360 - 361.

质和精神两个层面解释了"现代生产技术"的内涵、本质与特征。

从物质层面来说，他认为现代生产技术所指的是"各种机械与发明"，例如发明蒸汽机、内燃机、电机等，应用这些技术成果去推动生产的发展，使人类能使用自然力以外的动力，能克服许多自然灾害，能拉近空间的距离和有效地掌控与利用时间，能摆脱食物和原料对人类的限制与约束。现代生产技术条件下的劳动是与"技术"相结合的劳动，是劳动者愿意和有兴趣投入的劳动，其生产形态、工作方式、组织形式、工作场所都会发生前所未有的变革。现代生产技术的采用还会带来资本的大量投入，因为机械等现代设备的购买是需要资本投入的。"一国的技术愈进步，则该国所需用的资本便愈多，所以技术革命与资本使用是不能分离的。"可见，他是从自然、劳动与资本的角度来解释现代生产技术在物质层面的内涵、本质与特征的。

他强调，现代生产技术仅从物质层面来解释还远远不够，还需从精神层面来加以解释。从精神层面来说，他认为现代生产技术所指的是一种制度，这种制度的主要特征是科学和合理主义。古代和近代初期的技术进步是靠偶然的幸运的发明，带有"魔术"的成分，"缺乏科学的基础"；现代生产技术则不同，它是建立在科学研究基础之上的，是有预期、有计划、有选择地进行科学研究与开发的结果；同时它还是受合理主义支配的，包括合理地选择优良的生产工具和改良原有的生产工具，以及合理的精神态度、合理的生活态度、合理的经济道德、合理的法律政治、合理的财会制度、合理的工商管理等。这样，他就从物质与精神两个层面全方位地阐释了现代生产技术的内涵、本质与特质。

在讨论"技术革命"命题时，他还论及技术革命相关理念与工业化的关系问题，反对把心理、意识、观念、态度等视为工业化的基础和推动力量，认为"工业化的真正基础无论如何，应放在'技术'上面的"[①]。表明他是将技术进步视为工业化的基础和推动力量的。

（三）经济发展中资本形成问题的主张

伍启元还论及经济发展中的资本形成问题，具体来说，就是探讨了中国在战后经济建设第一个五年计划时期所需资本的数量及其筹措的问题。他于1943年（即在抗日战争胜利前两年）就开始思考这一问题，并发表了《战后经济建设的外币资本问

---

① 参见伍启元. 技术革命：经济建设主要目标之一 [J]. 客观，1945（06）：2，10.

题》一文；1945 年抗战胜利当年就在《财政经济》的第 3 期和第 4 期以连载方式连续发表《工矿交通等经济建设的资本问题》的长文，详细阐述自己这方面的见解与主张；在 1946 年出版的《中国工业建设之资本与人材问题》中则进一步做了归纳和总结。

他首先强调资本形成对于中国经济建设的重要性，指出："资本的问题，没有疑问地是我国经济建设最严重问题之一。经济建设系一种使用大量资本的建设。经济建设的规模愈大，则所须的资本的数目便愈大。"① 但他同时也指出，一个国家实际上所能运用的资本是有限度的，他根据"需要与供给"两个方面的具体情况进行计量分析，估算出战后第一个五年计划期间共需资本 300 亿元（指具有战前购买力的法币）。其中，工矿业 120 亿元，交通运输 80 亿元，水利港埠都市农林垦殖等 100 亿元。他强调，这还不是中国建设所需要的全部资本，因为它并不包括其他需要的资本，如商业资本、教育建设资本等；他估算的仅仅是农工交通运输等"经济建设"中的资本。他指出，300 亿元无论与战前情形相比还是从现有国力来看，都是一个庞大的数目；但从战后需要来说却是不能减少的数额。

这 300 亿元资本如何筹措？他提出两条渠道：一为"国币资本"；一为"外币资本"。两条渠道各筹资 150 亿元。

国币资本 150 亿元的主要来源，他认为是国民储蓄，它取决于国民的生产与消费，他提出的办法有 3 条：（1）"增加国民生产"；（2）"减少消费与提倡节约"；（3）"诱导资本用于经济建设的途上"。② 他这里提出的第 1 条和第 3 条办法自有其道理；第 2 条办法则是基于传统的消费理念提出的。传统消费理念认识不到消费对于经济增长的拉动作用以及拉动经济增长后对增加储蓄与投资产生的积极效果，只是片面地认为一国创造的价值用于消费的多了，用于储蓄的就会减少，故认为只有减少消费才有利于增加储蓄以用于投资，从而使资本增大。

外币资本是指用于购买外国机器及作为外币使用的资本，按当时兑换比价折算成外币为 50 亿美元。他认为，本来筹措外币资金最正当的途径是增加出口，只是中国出口能力原本有限，再加上战争的摧残更是大为减弱，但也并非全无指望。他提出的筹措外币资本之法，首先还是增加出口，即"加倍努力，用抗战的精神去增加输出量的生产"；其次是"集中我国公私的外币资产"，包括中国银行和私人持有的外国货币、存款、股票及其他资金等，集中起来"以作经济建设之用"；再次是"鼓励华侨

---

① 伍启元. 中国工业建设之资本与人材问题［M］. 上海：商务印书馆，1946：1.
② 伍启元. 中国工业建设之资本与人材问题［M］. 上海：商务印书馆，1946：14 - 21.

向国内投资"。① 此外，他特别强调"利用外资"。他认为，如有可能"最好不要勉强自行筹措这巨额的外币资金，因为这会使国民的生活过份痛苦，而且这会使中国不能不走上经济国家主义的途上"。他主张，在国际形势允许的条件下，"我们应该尽量自外国筹措我国战后所需的外币建设资金"②。首当其冲的是"要求日本赔偿"，他列举了 14 个要求日本赔偿的项目并进行了详细测算，结论是：日本所要赔偿的数目应是"40 万万美元或且 60 万万美元"。他认为这些赔偿"显然对解决我国工业建设的资本问题，是有很大的帮助的"③。当然，他认为筹措外币资金最有利的办法还是利用外资，尤其是利用来自英美的外资，主要方式是在不损害国家主权原则下的借款，以及不影响国家主权的完整和不与国家经济建设计划相冲突前提下的对华投资（包括直接投资与间接投资）。利用外资是当时有识之士和学者们的共同主张，伍启元的特点是进行了详细的算账。

（四）经济发展中人力资源问题的见解

伍启元突出强调人力资源在经济建设中的重要意义，指出："人的问题，没有疑问地是我国经济建设最严重问题之一。"他认为当时中国经济建设中急需解决人力资源方面的问题有 3 个："一是普通工人和技术工人的问题；一是技术人员的问题；一是管理人才的问题。"④

首先是普通工人和技术工人。他依据前述对抗战胜利后第一个五年计划时期建设规模的概算，再参照当时工矿交通业中通常每投资 100 万元约需 200 个工人的比率，对此间中国工矿交通业建设所需工人数加以测算，认为常年约需 450 万人。其中，新式工矿业约需 240 万人，交通运输业约需 160 万人；与工矿交通相关的水利港埠都市等建设所需工人数与投资比例要低一些，约需 50 万人。对于这些工人的供给来源，他提出了 2 条解决途径：一是复员军人，即将战后的复员军人尽量转为产业工人，此途径大致可解决 1/3 的劳工需求；剩下 2/3 的劳工需求，他认为只能求诸农村，即从农业中形成产业工人，这是第二条解决途径，也是最为重要的一条途径。他认为，要使农民愿意并且可能脱离农村转变为产业工人，前提条件是改良农业生产技术，推进农业机械化。他指出："要解决工人供给问题唯一的办法是使农业生产技术改良，使

---

① 伍启元. 中国工业建设之资本与人材问题［M］. 上海：商务印书馆，1946：23，24.
② 伍启元. 中国工业建设之资本与人材问题［M］. 上海：商务印书馆，1946：26.
③ 伍启元. 中国工业建设之资本与人材问题［M］. 上海：商务印书馆，1946：43，44.
④ 伍启元. 中国工业建设之资本与人材问题［M］. 上海：商务印书馆，1946：49.

农业生产机械化，换句话说，使较少的农业人口去生产同样的或更多的农业产品，由此从农业解放大量的过剩人口给工矿交通等业。"① 这样，他就提出了完全不同于杨端六关于中国不宜推行农业机械化的见解与主张。这是仅就战后第一个五年计划时期而言的，如果把眼光放长远一点，如20年、30年，他认为所需工人数则不啻增加上百倍。

在工人中，除普通工人外，再就是技术工人，他简称为 "技工"。他认为当时中国的这部分工人比普通工人更为缺乏。从需求上看，各行各业对技工人数在工人总数中所占比重的需求是不尽相同的，若笼而统之地大致按全体工人1/3平均计算，则战后第一个五个计划时期约需140万技工。对于这部分技工的供给问题，他主张通过实行普通学徒制、开办职业培训学校、雇用外国或华侨技工与实行特种学徒制等方式予以解决。

其次是技术人员。他所称 "技术人员"，指的是 "指导技术工作" 的技师、工程师之类的高级技术人才，而不是一般的技术工人，更不是普通工人。根据他的估算，战后第一个五年计划时期工矿交通业约需技术人员15万人。这部分人的供给渠道，他列举了海外专才及在海外研究者、大学及专科以上毕业生、中学及职业学校毕业生、熟练人员受训结业者等。

最后是管理人才。据他测算，战后第一个五年计划时期约需8万余人。解决途径在加速培养，包括：在大学扩充经济系、商学系、工商管理系、货币银行系、会计统计系以及其他与管理有关的系；在大学外设立各级管理人才培训学校；选派有眼光、有学识、有经验的人到海外进行系统学习考察；在工学院设立管理课程等。

总之，他采用计量分析的方法，从需求与供给两个侧面对战后第一个五年计划时期中国工矿交通业建设中的人力资源问题，包括普通工人、技术工人、高级技师、管理人才4个层面的问题进行详细测算，并提出具体对策建议，进行了独具特色的实证研究。这是民国珞珈先贤中，在人力资源形成问题上所做的最为详尽和具体的计量测算与实证研究。

四、陈家芷、朱祖晦的学术成就及对学派创建核心理论的相关探讨

陈家芷留下的学术成果并不太多，朱祖晦的学术研究领域主要在统计学方面；但

---

① 伍启元. 中国工业建设之资本与人材问题 [M]. 上海：商务印书馆，1946：63.

他俩在学派创建的核心理论方面也有所探及。

（一）陈家芷的学术成就及对学派创建核心理论的相关探讨

陈家芷 1942 年到武汉大学任教，主讲中外经济史等课程。曾在学术刊物上发表论文《中国经济史的方法论》（1942）、《中国战后经济建设之蠡测》（1942）、《哲学与经济学》（1947）等。

他与学派创建核心理论相关的探讨，集中体现在《中国战后经济建设之蠡测》一文中。从该文的题目来看，他似乎是要对战后中国的经济建设或经济发展进行预测与展望，但实际上却是在为中国战后经济建设出谋划策，他重点提出了未来经济发展或经济建设需要遵循的指导原则。

他首先对当时中国的经济特征进行了分析。认为鸦片战争前属于自给自足的封建经济，鸦片战争后中国的封建经济形态被资本主义列强所打破，外商在中国大肆推销洋货，并通过不平等条约，利用中国的廉价劳动力和原料设厂生产商品出售；中国自己的新式工业在欧战中因欧美列强无暇东顾而兴盛一时，但欧战后又陷入衰败境地，其根本原因在于"内有封建势力之束缚，外有帝国主义之压迫"。中国当时新式产业的基本状况是"除沿海沿江各口岸有少数轻工业（如纺织、食品、文化用品工业）外，炼铁至炼钢、制造机器等重工业，可谓凤毛麟角"。因而，他断定在当时来说"我国整个经济可说是半殖民的经济"，未来经济发展将面临极大困难。

在这种经济背景下，中国一定要明确未来的经济发展方向和应予遵循的指导原则。于是，他重点阐述了"战后中国经济建设之原则"，并就工商业、交通、财政、金融等中国战后经济建设中的重大问题，"略述其应循之途径"，提出了具体的指导原则建议。

总体来说，他认为战后中国的经济建设"既不能完全走资本主义国家的路线，也不能完全走社会主义国家的路线，唯一可能的出路，是依据民生主义的原则，从事各种的经济建设"。也即认为孙中山提出的民生主义是中国战后经济建设的总原则。依据这一总原则，他提出了战后中国经济建设的 7 条具体指导原则。[①]

（1）从战时的统制经济到战后的计划经济。他认为，在抗战非常时期实行统制经济，既有必要也很重要；但在"将来战事结束后，可根据战时统制经济的经验，实行

---

① 参见陈家芷. 中国战后经济建设之蠡测［J］. 大学（成都），1942，5（01）：23 - 26.

计划经济，使一切物品的生产、分配与消费，都有整个的计划以达到国防巩固、民生康乐的目的"。他是当时经济学者中不曾多见的明确主张中国未来实行计划经济，而且是较为彻底地实行计划经济的代表之一。

（2）从重工业建设到轻工业建设。他认为，无论现在还是将来，发展重工业都非常重要，因为它"不但与军事国防有极密切的关系，且为轻工业与农业机械化的基础"。在他看来，发展重工业是国家的永久安全与富裕"必不可少之步骤"。他同时指出，在此步之后，即在重工业有了一定的基础之后，应"用自己制造的机器，推行于各种轻工业中，则轻工业的出品，自然物美价廉，可以抵制外货"。

（3）从旧式农业经营到新式农业经营。即改变旧式农业分散经营的方式，采用合作经营方式，组建联合农场。首先，要明晰产权，使"耕者真能有其田"；其次，在生产上实行联合耕种，"由简单的农业机器之利用，到全部的农业机械化"；再次，在农产品的分配上，"除向国家交纳赋税外，应按照每家农田与劳动力之多少为标准"进行分配；最后，在农产品的加工上，"亦应以新式工业经营之"。

（4）以敷设铁路为主、开辟公路为辅。战前的主要精力用于开辟公路，而公路运力有限；"战后应根据建国方略中的铁路计划，参照目前需要之缓急，次第兴筑，期于五年十年之内，将主要线路完成。至于短距离的联络线，则开辟公路，以为辅助"。

（5）国内商业私营、国外贸易国营。战后农工交通各业既然会大力推进，那么必然带来商业贸易的空前发展。"国内商业，应允许私人经营。至于对外贸易，则与我国的关税政策、外汇管理、外债清偿等，皆有密切之关系，故应由国家经营，以收统辖全局之效。"

（6）关于战后中国的财政问题。认为战时财政负担重，政府靠增发法币和发行公债券等办法来扩充财源，结果导致通货膨胀、货币贬值；战后政府在财政上面临的最大问题是如何整饬法币和偿还公债。他提出的解决方案是"利用外资、增加租税、发行新币收回旧币等办法"。

（7）关于战后中国的金融问题。指出存在的主要问题是国有"四行"业务虽在规定上各有侧重，如中央银行为"银行的银行"，中国银行以国际汇兑为其主要业务，交通银行以发展实业为其主要业务，中国农民银行以复兴农村为其主要业务；但事实上"四行业务，大致相同"。战后则"应当使其各有所专注也"。其他私人银行多将大部分资金用来经营营利事业，对社会经济造成有害影响。"将来战事结束之后，对于私人银行，尤应严加管理，使社会有用之资金，都用建国大业，发挥其应有之效能，决不可听其为私人发财之手段。"至于其他钱庄、银号等金融机构，"政府亦应设法加以统制","此无论在战时战后，都应同样注意也"。①

总体来看，他所提出的虽是一些中国战后经济建设的指导原则，但实际上却相当于设计了一个未来中国经济发展的大致方案。该方案从工商业、交通业等实体经济建设到财政、金融等国家调控政策，从经济建设的道路选择、制度设计到产业发展的经营方式、先后步骤，从重工业、轻工业、农业的发展方向到商业、贸易乃至交通的发展计划，都大致做了描绘。简言之，这是一个有关中国战后经济全面发展的"原则"性总体指导方案。

（二）朱祖晦的学术成就及对学派创建核心理论的相关探讨

朱祖晦在武汉大学任教期间（1933～1938年），主讲统计学，是知名统计学教授。他的主要著作有《统计学原理》（1949）、《统计学教程》（1952），以及与朱通九等合编的《外汇问题与贸易问题》（1940）等。在武汉大学期间，出版著作《人口统计新论》（1934）、《三十年之汉口外汇指数》（1936）；在《国立武汉大学社会科学季刊》等刊物上发表论文近20篇。

朱祖晦与学派创建核心理论相关的探讨，集中体现在他关于对外贸易国营的见解与主张之中。

据他自己说，他是在参考英、美、德、法、苏俄、意在欧战时实行统制贸易之方法以及德、苏俄两国现行之方法，并进而分析当时中国对外贸易的地位及经营上的困难后，提出这一见解与主张的。他指出，当时的中国由于"战事发生，运货困难，兵险太大，商人踟蹰"，导致对外贸易举步维艰，日渐萎缩。

他认为，在当时条件下，实行对外贸易国营，既符合国际经济大趋势，又符合当时中国的客观需要。他指出，新重商主义在当今世界广为流行，各国奉行民族至上主义，大都以本国为一个经济利益集团，"以此集团为中心，与其他各个经济集团相交易，藉以健全本经济集团之机构。于是一切高瞻远瞩之国际经济政策，必须集合全体之智力以谋之，决不能放任个人，使之成为人自为战之势"。在他看来，眼下虽然只有苏俄一国真正实行了对外贸易国营，但其他各国大都多少带有一些国营色彩，对外贸易国营已经成为国际经济的一种大趋势。再从中国对外贸易的具体情况来看，他认为无论是进口还是出口都存在着对外贸易国营的迫切需要。就进口来说，他认为，中国急需进口的本为工业、交通及文化事业的必需品；但事实上输入最多的却是奢侈品

---

① 参见陈家芷. 中国战后经济建设之蠡测［J］. 大学（成都），1942，5（01）：23－26.

及其他非生活必需品，此类商品占据 1/3。政府虽有外汇管制措施，但却无法限制此类现象的蔓延。在他看来，只有实行国营，才能杜绝这种现象的发生。就出口而言，他指出中国的出口素由洋商经手，或经过中间商"栈号"之手，输出贸易所受束缚较重；加以商人自营，运费太大，运输费时，导致资金周转太慢，利息增多，管理成本大为提高，商人无利可图，只能望洋兴叹。倘若对外贸易国营，商人只管生产，即可免去商人运输流通之困扰。而且，对外贸易本身存在较大风险，此风险由国家承担较之商人个体承担要更为有利。"于是，吾人主张对外贸易国营。"

当时人们对于对外贸易国营存在种种疑虑与诘难，他均一一予以回应。（1）针对国营是国家垄断利益的说法，他的回答是：国家利益与个人利益并不是绝然对立的，国营后商人仍可获得商品生产的利润，而且国家还要承担其中的一切风险，商人的生产成本与合理利润实际上也由国家担保了，因而在他看来是国家完全承担了风险而并未完全垄断利益。（2）针对出口商品的收购需要大量人员，政府难以满足足够的人才需要的说法，他的回答是：中国出口商品虽有 356 种，但其中最重要的不过 10 种，这 10 种在价值上占到了全部出口商品总值的 80%，这些商品政府本已一直在做运输销售方面的工作，怎能断言人才不够呢？（3）针对国营后业务活动委托给谁的提问，他的回答是：委托给同业公会，由同业公会办理对外贸易业务。（4）针对对外贸易完全国营而私营停止进入后输出恐会减少的担忧，他的回应是：由于外贸在经营上的种种困难，商人实际上一直裹足不前，国家如不出面解决这些困难，对外贸易也就很难活跃起来，输出也就无从增加。（5）针对商人众多，其营业数量难以调查与登记的说法，他的回答是：根据最近的法令，各同业公会本来就负有对商人营业数量进行调查与登记的责任，随着办理经验的积累，此项工作会愈益增强，何难之有？总之，他认为实行对外贸易国营是当时中国最合适的办法，因而他指出："吾人所以坚决主张对外贸易国营，实因中国不能采用他种方法以获得同样之效果。"

朱祖晦详细设计了中国对外贸易国营的组织机构及运营体系，包括：

（1）设国营对外贸易局。即将原有的相关机构统一合并，"使各机关完全合并于一个组织之下，而成立国营对外贸易局，以求人才集中，思想集中，指挥统一"。国营对外贸易局隶属于行政院，下设 6 个处：秘书处，专管文书及总务；输出业务处，分科管理输出贸易；输入业务处，分科管理输入贸易；设计处，专管全国同业公会，收集国内外商业情势信息，拟订对外贸易方案，驻各国商务专员归其分管；会计处，专管财务行政；商品检验处，分驻于国内各重要商埠。

（2）设同业公会组织。仿效德国的做法，将之作为国营贸易的基础。他认为，工商业同业公会在中国已有相当历史，各种同业公会法在中国亦已渐臻完备，政府要求后方各省近期完成同业公会组织的建立，正是一个好的契机。同业公会为商人民间组织，政府要加强监管。他主张按照各地营业数量估计，将各公会分为若干等级，给予津贴，并由地方主管机构进行监督，其会计员也由地方主管机构派遣。

他详细设计了对外贸易国营体制下的商品进出口业务流程。商品出口的业务流程为：由驻国外商务专员统计所驻国需要的商品，报至国营对外贸易局；由国营对外贸易局转令该货物国内最大集散市场的同业公会联合会；再由同业公会联合会分别告知各个集散市场的该联合会代表会员；会员向国营对外贸易局请领运输执照，并将货物运至最大集散市场；国营对外贸易局对运达货物进行检验，检验合格则按保成本、保利润的原则付款，然后分别存放于各指定堆栈以便起运出口。同业公会的职能还可以由产销合作社来承担，通过产销合作社使生产与销售连为一体，所需货物直接由产销合作社运至集散市场。他对产销合作社寄予厚望，主张使之并列于同业公会，形成与普通商人竞争态势，使普通商人不能任意压低价格、操纵市场。

商品进口的业务流程为：如某地需要某种洋货，先由商人向小集散市场的同业公会申请登记，并按当地市价预缴90%的保证金（亦可由其有往来业务的银行或钱庄担保，免缴保证金）；小集散市场的同业公会每星期汇集此等申请并加以审核，如当地尚有存货，直接令商人缴款取货；如无存货或存货不足，则立即向最大集散市场的同业公会联合会申请，并预缴保证金或采用担保方式；再由大集散市场的同业公会联合会每星期汇集此等申请，会同国营对外贸易局根据贸易方案加以审核；如该地尚有存货，则由局中签发运输执照，以押汇方式运至小集散市场的同业公会，转令商人缴款取货；如无存货或存货不足，则立即由局电令驻外商务专员代购（亦可向香港、上海等地洋商订购）；再由局通知最大集散市场的同业公会联合会，以上述押运方式完成此项进口业务。

在对外贸易国营的体制下，洋商在中国设厂生产的商品也统一纳入外贸体系的构架之内，洋商不能直接与中国商人从事外贸活动，只能与国营对外贸易局往来；否则，不得向国营对外贸易局申请领取运输执照。

（3）设对外贸易专门委员会。国营对外贸易局只是国家对外贸易的执行机关，对外贸易专门委员会则是决策机关，它负责审议决定国营对外贸易局所拟的对外贸易方案。在进口方面，何种商品贸易应奖励，何种应限制，何种应禁止；在出口方面，何种市场应开发，何处应以何种政策来加以维持，均由它予以通盘筹划。

专门委员会的委员由经济学术团体及全国各地同业工会各推代表若干人组成，每年改选 1/3，使新人有机会加入，并使新旧得以衔接；同时，国营对外贸易局、经济部、财政部及交通部的主管人员为当然委员，国营对外贸易局的设计处为秘书处，便于决策机关与执行机关密切联络。专门委员会每年开 2 次大会，第一次审核通过该年度的贸易方案；第二次审查该年度的执行情况，并研究其困难。闭会期间，推举常务委员若干人常年驻会监督执行，解决执行方案中的细节问题，并审理商人与国营对外贸易局及同业公会的纠纷。

对外贸易国营体制下出口商品的收购价格关系到商品生产者的积极性问题，出口商品收购价格的定价由专门委员会进行主导。基本模式为：以保障厂商的利益为原则，理论上由生产成本 + 合理利润构成；但生产成本难以审定，故采用变通方式，以该商品在集散市场 5 年的平均价为依据。如系奖励商品，则适当加价，但提高幅度不超过海外市场价与 5 年平均价之差的 40%。收购价及奖励办法由国营对外贸易局拟出具体方案，交由专门委员会审议通过后予以执行。商人对收购价如有异议，可向专门委员会进行申诉。若专门委员会认为申诉理由成立，则由局将商人所受损失予以补偿，但无论如何商人不得拒绝出售。

国营对外贸易局拟定对外贸易方案需以国家的对外贸易政策为依据，需遵循三条基本原则：一是"取得有利之国际贸易差额"；二是"维持国际贸易平衡"；三是"保护国内幼稚工业"。他尤其强调第三条原则，指出："在工业落后国家，宜以保护幼稚工业，发展国内经济，为对外贸易之主要原则。"

上述组织构架的组建步骤为：先组织健全工业与商业的同业公会，再组建专门委员会，然后组建国营对外贸易局。

朱祖晦认为对外贸易国营的结果，可以很好地解决外汇管理问题。他指出："在实行对外贸易国营之时，一切由国家统购统销，故外汇问题不致发生。国营对外贸易局只须以售货所得外汇交给国家银行。至于购货所费外汇，则由国家银行统筹，局方只须按照每年之贸易方案办理而已。"①

民国时期，从保护幼稚工业的需要出发，倡导实行贸易保护政策是当时学者们的

---

① 朱祖晦关于对外贸易国营的文章，公开刊发的共有 3 篇，分别为《从我国外汇问题说到对外贸易国营》（《经济动员》1938 年第 2 卷第 1 期）、《从争夺外汇暗盘利益到对外贸易国营》（《经济动员》1938 年第 9 期）、《目下我国应采用之对外贸易国营方案》（《经济动员》1939 年第 2 卷第 5 期）。在第 1 篇文章的末尾，他注明"本文最初发表于中国经济学社本年年会论文集，兹再加修改以就正于国人"。此处所称"本年年会"指中国经济学社第十四届年会，该届年会原本订于 1937 年 8 月在福州召开，后因抗战爆发改于 1938 年 12 月在重庆举行，朱祖晦在会上作了主题发言［参见中国经济学社第十四届年会记［J］. 社会经济月刊，1939，6（1）］。3 篇文章大同小异，基本思想完全一致，唯第 3 篇文章内容更为详细，故本书以其第 3 篇文章为依据来加以阐述，书中上述相关引文均见此文。

主流观点；主张实行统制经济的也大有人在，有学者还曾详细讨论过实行对外贸易统制的重要性与迫切性。[①] 但在 20 世纪 40 年代以前，明确而又坚定地主张对外贸易国营、实行统购统销，并设计出如此详尽方案的却不曾多见；在珞珈经济学者中也只有朱祖晦一人。当时许多学者也都从工业化视角审视对外贸易问题，并将保护幼稚工业作为保护对外贸易的主要依据，但在保护方式上大都着眼于计划贸易、进口配额、关税壁垒等作用的发挥上，主张完全国营、统购统销的似乎也只有朱祖晦一人。[②] 可见，他是民国时期珞珈经济学者中从"保护幼稚工业发展国内经济"的目的出发，设计出一套独具一格的对外贸易完全国营的详细方案的第一人，也是唯一一人。

第四节
初创学者们对学派创建的重要贡献

初创阶段学者们基于各自从事的学科研究领域，对学派核心理论的形成和学派的创建，做出了各自程度不同、内容有别的特殊贡献。综合起来看，他们最为突出的贡献大体可以概括为下述 3 个方面。

一、"部聘双杰"引领优秀学科团队凝练学术研究特色

"部聘双杰"杨端六和刘秉麟以其杰出的学术成就和超群的声誉影响成为珞珈经济学"学派"初创阶段的领军人物，一大批知名学者的加盟形成该学派初创阶段的优秀学科群体，这些都只是表明作为一个学术共同体的学派创建在组织形态上已大体完成。一个学派的创建，仅仅在组织形态上具备超群的领军人物和优秀的学科群体是远远不够的，它至少还需要在学术研究上形成相同的学术风格并凝练出鲜明的学术研究特色。

---

① 参见郭子勳. 经济攘夺声中我国国际贸易统制之迫要 [J]. 东方杂志, 1933, 31 (14): 41 – 49; 郭子勋. 从白银外流的对策说到贸易统制 [J]. 东方杂志, 1934, 31 (19): 43 – 48.

② 关于民国时期学术界在对外贸易方面的主张, 可参见聂志红. 民国时期对外贸易保护思想 [J]. 经济科学, 2004 (06): 122 – 128; 李蓉丽. 民国时期 (1912 – 1949) 对外贸易思想研究 [D]. 武汉: 武汉大学博士学位论文, 2008.

从珞珈经济学"学派"初创学者们的学术成果来看，他们的最大学术研究特色是注重理论联系实际。张培刚曾回忆当时经济学系的老师，指出他们的重要特点之一就是"理论与实务并重"①。经济学系的老师们尽管各自从事的学科专业及其研究的主攻方向不尽相同，但他们都不曾脱离实际而注重于开展对现实问题的研究，尤其是开展对于中国经济发展中重大现实问题的研究。杨端六和刘秉麟在这方面的表现最为突出。除上述他们对于中国经济发展现状、产业发展道路、农业工业化等问题的研究之外，他们还就货币、金融、财政、贸易以及其他现实经济问题进行过大量研究，并在这方面发表了不少学术成果。

如杨端六的论文《我国海关统计改良刍议》（1920）、《上海银行调查记》（1926）、《战时财政》（1927）、《中国国际贸易的危险》（1927）、《银价跌落与中国政府责任》（1930）、《论物价高涨》（1940）、《计划经济政策下设计组织之检讨：经济建设的前途》（1940）等。

刘秉麟的论文《本年度的一个经济报告》（1932）、《目前之粮食问题》（1933）、《廿二年度中央预算案之分析与批评》（1933）、《废除不平等条约与中国经济上新纪元》（1943）等。

在他俩的引领下，经济学系的其他老师们在这方面也开展了广泛的研究，并取得一大批高质量的学术成果。这些学者的相关学术成果，除前已述及者外，还可列举一些。

如陶因的论文《三民主义的经济政策》（1931）、《我国今后经济政策的立脚点》（1932）、《我国农业之衰颓及民族之危机》（1932）、《战后土地改革方案刍议》（1942）、《战后我国土地政策之商榷》（1944）等。

彭迪先的论文《从大钞发行说起》（1948）；张克明的论文《汉口之洋例与废两改元》（1934）、《湖北省之农村合作事业》（1937）；温嗣芳的论文《中国经济之危机》（1947）等。

伍启元在武汉大学任教期间发表的论文《怎样进一步统制国外汇兑》（1938）、《中日战争与中国银行》（1938）、《论战时节约》（1938）、《外汇统制问题：外汇变动与国货出口》（1938）、《抗战以来的财政和今后应有的方策》（1939）；朱祖晦在武汉大学任教期间发表的论文《谈中国生活费用调查（附表）》（1933）、《最近中国之工资及工作时间统计（附表）》（1933 年）、《中国工业统计之展望》（1934）、《三十年

---

① 张培刚. 感恩母校　怀念恩师［A］. 武汉大学经济与管理学院党政办公室编. 商务门下：武汉大学经济与管理学院校友回忆录［C］. 武汉：武汉大学出版社，2013：9.

来之汉口外汇指数》（1936）等。

　　当时的武汉大学洋溢着一股优良清纯的学风——崇尚学术自由、求真务实。据彭迪先回忆，他于 1940 年到武汉大学任教时，"当时的校长王星拱、教务长朱光潜，都是国内外知名的学者和教育家，主张民主、自由，讲求严谨治学，学以致用"①。校友袁征益（1944 届本科、1947 届硕士）曾回忆，他在武汉大学经济学系读本科和研究生时，正值陶因任系主任，陶因提倡学术自由，他的经济学讲义，博采各家学说，能够容纳从西方经济理论到马克思主义的各种学说，他"对马克思的劳动价值学说尤为推崇"，"对于延聘教师，只要有真才实学，能教书育人，为人师表，不管他们信仰什么主义，更不分学术流派，都兼容并蓄"②。校友万典武（1944 届本科、1947 届硕士）也曾回忆："当时教我们主要课程的教授都是从英国、美国、法国、日本留学回来的，他们各自带回了他们老师的学说，也融合了他们自己的某些学术思想，学校当时的学术空气比较浓厚、自由。"③ 彭迪先在回忆自己在武大任教时曾说，他在教学中讲授了马克思主义经济学理论，被反动当局视为"异端"，斥为"思想不纯"，要求学校在他试用期满后不再续聘，后因进步学生的反对和朱光潜等学校领导的抵制，他才未被解聘。④ 可见当时学校的学术氛围是相当开放和自由的。珞珈经济学者们正是在这样的环境和氛围下，凝练出崇尚自由、求真务实、学以致用的优良学风。

二、为学派创建核心理论的形成奠定基础并初步建构思想体系

　　如前所述，珞珈经济学"学派"创建的核心理论是发展经济学及相关的经济增长与经济发展理论。初创时期的珞珈学者们当时虽然不曾开创出发展经济学学科，但却对经济发展问题，尤其是中国当时作为贫穷落后国家的经济发展问题深为关注并多有探及，为学派经济发展理论的形成进行了开创性探讨。杨端六通过"实业前途之曙光"的分析，探讨了中国经济发展道路的选择，以及经济发展相关因素如人力资源培

　　① 彭迪先. 我的回忆与思考［M］. 重庆：四川人民出版社，1992：57.
　　② 袁征益. 追忆陶因教授［A］. 武汉大学经济与管理学院党政办公室编. 商务门下：武汉大学经济与管理学院校友回忆录［C］. 武汉：武汉大学出版社，2013：128.
　　③ 万典武. 我在武汉大学是怎样学习经济学的［A］. 武汉大学校友总会. 武大校友通讯（2002 年第 2 辑）［C］. 武汉：武汉大学出版社，2003：231－234.
　　④ 参见彭迪先. 我的回忆与思考［M］. 重庆：四川人民出版社，1992：62－64.

育、对外贸易战略等问题;刘秉麟和陶因分析了当时中国经济发展所处的时代或阶段,并据此提出各自认为适应当时时代发展需要的中国经济发展路径或一系列重大改革措施;伍启元从资源合理配置的"经济原则"出发,实际上设计了一个未来中国经济发展的大致方案,并且较为详细地讨论了中国经济发展中的技术进步、资本形成与人力资源问题;陶因还较杨端六更为具体地提出了发展中国对外贸易的保护措施建议;朱祖晦更是从"保护幼稚工业,发展国内经济"的目的出发,设计了一套独具一格的对外贸易完全国营的详细方案。这些探讨、见解与主张,基本上都是围绕着中国经济发展问题而展开的,为学派创建核心理论的形成做出了开创性或奠基性贡献。

尤为重要的是,学者们在进行中国经济发展问题的探讨时,似乎都不约而同地触及一个中心议题,那就是工业化问题。由于当时中国正处于由农业国向工业国转型的初期,与经济发达国家相比存在着巨大的差距,工业化问题显得尤为明显与突出,因而顺理成章地成为学者们重点关注的议题。饶有趣味的是,这时学者们在探讨中国经济发展问题时,大都把对中国工业化问题的探讨置于思想轴心的位置;而且他们的探讨虽然各有侧重,观点也不尽相同,但若将他们的相关论述综合起来作为一个整体观之,即不难发现,他们的论述已大体涉及工业化问题的若干主要方面,并且已大体形成一个基本思想框架体系的雏形。具体表现为:

(1)工业化相关概念的界定与使用。如彭迪先明确将"工业化"概念界定为"由农业国转变为工业国"。刘秉麟在论及手工业向机器工业转轨时使用了"过渡时代"的概念;他在分析交通发达在一定发展阶段可能产生不利影响时还使用了"产业后进国"的概念。陶因则提出"产业工业化"概念,用以指称工业的现代化。刘秉麟触及"农业工业化"概念,明确提出"要使农业工业化"的主张等。

(2)工业化过程中农业与工业关系的认识。以刘秉麟和彭迪先的认识最为突出和深刻。刘秉麟的基本看法是:工业和农业谁也离不开谁,一方的发展与进步离不开另一方的发展与进步,因而两者彼此依存、相辅相成;工业化不仅是工业的事,也是农业的事,基础薄弱的农业支撑不了工业的较大发展,因而工业化少不了农业工业化。彭迪先也同样认为农业与工业是紧密相联、相辅相成的,工业化应与农业的近代化紧密配合,互动发展;他提醒人们,在工业化过程中要注意防止资本主义先进国家因为没有摆正两者关系而使农业处于相对不利的地位,从而使两者相互对立、产生弊端的问题。他们的这些认识与见解,我们在张培刚的《农业与工业化》中可以看到更为系统与深入的阐述。

（3）中国工业化道路选择的见解。中国工业化道路是学者们谈得最多的议题。杨端六的见解略显含糊与简略，他认为当时中国的农业不必自身实行机械化，而是通过工业的发展和商业的调剂来解决农业发展的问题，似乎是主张走都市工业化的道路。刘秉麟论及中国工业化的重点，认为在当时的中国，首先应该注重的是国防工业化，重中之重是发展重工业；杨端六和陶因在谈到轻重工业的关系时，也主张重点发展重工业。在中国工业化道路选择问题上谈得最多的是彭迪先，他从顶层设计上较为详细地论及中国工业化的道路选择问题。他主张中国的工业化在制度安排上应选择国家资本主义道路；在经营形式上应采用国营与民营并存的方针；在管理体制上应采用统制经济与自由经济相结合的模式。为此，他进行了较为详细的说明与论证。伍启元也论及这一问题，他的观点较有特色，认为人们不必在经济制度和发展道路问题上进行争论，而要将关注的重点放到解决国防、交通和人们衣食基本需要等现实问题上来。

（4）工业化过程中经济发展相关因素的分析。如杨端六对人力资源因素的分析与探讨；杨端六、陶因、朱祖晦对对外贸易因素的分析与探讨；伍启元对技术进步、资本形成和人力资本因素的分析与探讨等。

（5）政府在工业化中作用的认识。学者们在论及这一问题时的观点几乎完全相同，即都非常明确地强调政府在工业化过程中要发挥保护幼稚工业的作用，杨端六还从财政、金融等方面较为详细地提出了保护内地工业的一系列政策措施。

可见，学者们以初步阐述工业化相关概念、分析农业与工业二元经济结构内在关系为前提，从生产力视角探讨中国工矿交通运输等实体经济发展状况，从生产关系视角探讨中国工业化道路选择，包括工业化的制度安排、经营形式与管理体制，以及工业化过程中人力资源、对外贸易、技术进步、资本形成等相关因素作用的发挥，实际上形成了一个中国工业化思想的基本框架体系雏形。

这个框架体系雏形是初创阶段珞珈经济学者们集体智慧的结晶，体现了学者们深邃的学术眼光与可贵的创新精神，足值赞许与称道。首先，它求真务实、脚踏实地，立足于中国经济发展的客观背景与现实基础之上；其次，它高屋建瓴、理论指引，实际上置于马克思主义关于生产力与生产关系理论的指导之下；再次，它视野开阔、内容丰富，建构于从概念到原理，从理论到实际，从回顾历史、剖析现实到谋划未来，涵盖中国工业化诸多问题的多视角、多领域、全方位的考察范围之中。

当然，对于珞珈经济学"学派"创建来说，这个框架体系雏形还不够成熟，因为它还缺乏坚实的理论根基；它还只是分散于学者们的思想之中，缺乏系统思考与整体研究；它对许多问题的探讨还只是初步的，还不够系统和深入。因而，它还不是一个系统的理论体系建构；换言之，它还尚未达到珞珈经济学"学派"创建具备创立条件阶段以张培刚为代表的学者们对农业国工业化理论的系统建构高度。但却无疑地为该学派创建核心理论在尔后的形成，奠定了坚实的基础，凝聚了研究的方向，建构了基本的框架并提供了丰富的滋养。

三、培育造就大批优秀人才与学术传承精英

杨端六和刘秉麟自进入武汉大学之后，始终未离开教学岗位。杨端六为学生讲授会计学、货币与银行、企业组织与管理等课程；刘秉麟为学生讲授经济学、财政学、经济学说史等课程。他俩授课极为认真，总是一丝不苟；不仅在课堂认真讲授，还进行堂下辅导；对学生特别严厉，还要求学生阅读外文原版书。据谭崇台回忆，杨端六"教我们货币银行学，他的书里面有中文有英文，他的英文介绍当时最新的西方货币银行学的理论"①。另据介绍，杨端六在教授会计课程时"教学严厉，他要求学生读英文原版书，有一次考会计，考题是英国文官考试用的题：一个账簿被火烧了，一些地方不全，让学生根据一些会计事项、发票和其他资料把这个账补上。结果全班同学都被考倒了，最高分也只有 73 分"②。1947 级校友何炼成在回忆杨端六时说："我在武大上学时多次到他家求教，他总是热情地对我讲解一些货币与金融的问题。"刘秉麟"给我们讲授《财政学》时，既有理论，又有实践案例，给人以极大启发"③。另据著名马克思主义哲学家、曾任武汉大学校长的 1949 级经济学系学生陶德麟回忆：杨端六讲授货币学时并不限于教材，"还补充了许多材料。他对学生非常负责，常常步行到我们宿舍（现在樱园的昂字斋）里做个别辅导"。刘秉麟"每次上课前都给我们发他自己写的铅印讲义，一丝不苟"④。

对研究生的教育就更为用心，要求也更高。武汉大学经济学科的研究生教育起步

---

① 转引自吴江龙. 革命者奠基人——杨端六先生小记 [N]. 武汉大学报，2010－06－25（004）.

② 从玉华. 杨端六：中立的货币学 [N]. 中国青年报，2009－08－19（010）.

③ 何炼成. 感恩母校国立武汉大学 [A]. 武汉大学经济与管理学院党政办公室. 商务门下：武汉大学经济与管理学院校友回忆录 [C]. 武汉：武汉大学出版社，2013：67－68.

④ 陶德麟. 难忘的四年 [A]. 武汉大学经济与管理学院党政办公室. 商务门下：武汉大学经济与管理学院校友回忆录 [C]. 武汉：武汉大学出版社，2013：79.

于 20 世纪 30 年代末，当时的学制为 2 年，研究生要阅读大量专业书籍，并要提交大量读书报告给指导老师们评阅批改。以 1940～1941 学年 4 位研究生提交的读书报告为例，可以看出当时老师指导之严格、要求之严苛，研究生学习任务之繁重、用功之勤奋（见表 3 - 1）。

表 3 - 1　　　　　　经济学科研究生 1940～1941 学年提交读书报告情况一览

研究生	报告题目	提交时间	字数（万）	评阅老师
余长河	现代经济学之新趋势； 德国的劳动政策	1940 年 12 月底	2； 9.5	杨端六、刘秉麟、陶　因
	意大利的劳动政策	1941 年 3 月底	10	陶　因、杨端六
	苏联的劳动政策	1941 年 6 月底	12	陶　因、杨端六
文浩然	The Theories of Economics Planning	1940 年 12 月底	12	刘秉麟、杨端六
	丹麦农村合作制度	1941 年 3 月底	14	陶　因、杨端六
	英国农业合作	1941 年 6 月底	6	陶　因、杨端六
刘涤源	通货膨胀与战时财政	1940 年 12 月底	2	杨端六、刘秉麟
	我国战时节约储蓄问题	1941 年 3 月底	4.5	杨端六
	加塞尔的价格均衡理论； 马绍尔折中的均衡价值理论	1941 年 6 月底	4； 3.5	杨端六
黄仲熊	Report on Bagehot's Lombard Street	1940 年 12 月底	3	杨端六
	On Keynes' Monetary Reform	1941 年 3 月底	4	杨端六
	马绍尔均衡理论的巡礼 On Cassell's Foreign Exchange Since 1914	1941 年 6 月底	2 2	杨端六

资料来源：根据相关档案资料整理（参见周叶中，涂上飙. 武汉大学研究生教育发展史［M］. 武汉：武汉大学出版社，2006：35 - 36）.

在如此精心培育和严格乃至严苛的要求下，培养出了一大批优秀的精英人才，其中不少成为国内知名的经济学家和教授。如（20 世纪三四十年代在读，以本科毕业时间先后为序）：张培刚（1934 届本科）、黄永轼（1934 届本科）、夏道平（1935 届本科）、刘涤源（1939 届本科，1942 届硕士）、黄仲熊（1940 届本科，1943 届硕士）、朱景尧（1941 届本科）、陈文蔚（1943 届本科）、甘士杰（1943 届本科，1946 届硕士）、谭崇台（1943 届本科）、宋承先（1943 届本科）、汪敬虞（1943 届本科）、胡代光（1944 届本科）、王治柱（1945 届本科）、万典武（1945 届本科，1947 届硕士）、曾启贤（1945 届本科，1948 届硕士）、贾植园（1946 届本科）、刘诗白（1946 届本科）、席克正（1948 届本科）、董辅礽（1950 届本科）、郭吴新（1950 届本科）、何炼成（1951 届本科）、李守庸（1951 届本科）、程度（1951 届本科）、刘再兴（1948 级本科）、程镇岳（1952 届本科）、肖骥（1952 届本科）等。

第四章

『大本营』领军人物的
学术成就与突出贡献

本书所称"大本营",当然是指珞珈山本部,是相对于已离开珞珈山的校友,在各地继续传承和发扬光大珞珈经济学"学派"创建学术思想的"校友军"而言的。珞珈经济学"学派"在初创阶段,尚未形成在传承和发扬光大学派创建学术思想方面雄居一方的所谓"校友军";在学派创建逐渐具备创立条件和相对繁盛的续创与再创阶段,尤其在相对繁盛的再创阶段,各地知名校友学者纷纷涌现,形成多支传承和发扬光大学派创建学术思想的"校友军","大本营"的功能与作用随之日益凸显,于是发出了打造"珞珈学派大本营"的强烈呼声。①

前已指出,珞珈经济学"学派"续创阶段的领军人物是张培刚,再创阶段除张培刚之外的另一位领军人物是谭崇台。他俩之所以成为珞珈经济学"学派"创建"大本营"的领军人物,就在于他们取得的学术成就与做出的突出贡献,足以支撑学派创建具备创立条件与繁荣兴盛,对学派创建具有巨大的引领力、凝聚力与影响力。

第一节
张培刚的学术成就与突出贡献

张培刚早期取得的巨大成就是其博士学位论文《农业与工业化》,该论文的核心思想是提出了作为发展经济学主题理论的农业国工业化理论,被誉为发展经济学的奠基之作,对国际发展经济学做出了开创性贡献。改革开放后,他深刻总结中国经济改革与发展的新情况、新问题,在充分吸收西方经济学的新成果、新理论的基础上,通过系统深入地考察和研究,创新性地构建了独具特色的新发展经济学理论体系;与此

---

① 参见武汉大学商学院经济发展研究中心. 把武大打造成发展经济学珞珈学派大本营——武汉大学西方经济学重点学科介绍 [N]. 光明日报,2003 – 12 – 25(A05).

同时，他还针对中国工业化和现代化过程中出现的若干重大现实问题，有的放矢地提出了一些自己的真知灼见与对策建议。

一、学术上的最大成就：《农业与工业化》

《农业与工业化》的中译本首次出版，是其论文写出后时隔 39 年中国开始实行改革开放以后的事，由华中工学院出版社于 1984 年出版。其实，中文译稿早在 1947～1948 年间，就由当时尚为研究生跟随张培刚在武汉大学经济学系学习的曾启贤和万典武合译出来，只是当时未曾出版，用张培刚自己的话说：一直"沉睡在我的书桌抽屉底层"[①]；1984 年正式出版时张培刚亲自审阅并详加修订。

从内容上看，《农业与工业化》是国际上第一本系统探讨农业国工业化问题的学术专著。该书的中心目标是弄清第二次世界大战后像中国这样落后的农业国家将如何实现工业化，作者着眼于世界范围大视野，从历史和理论的结合上深入探讨农业国家或发展中国家在工业化过程中将要遇到的突出问题，特别是农业与工业的相互依存关系，以及这一关系将如何调整和变动的问题。该书重点探讨了如下 4 个问题[②]：

（1）工业发展对于农业改革是必要条件还是充分条件？或者相反，农业改革对于工业发展是必要条件还是充分条件？这就需要弄清工业化的一般过程以及对这种过程造成影响的基本因素；农业与工业的相互依存关系以及它们彼此发展时的相互影响。通过研究，张培刚得出的结论是：如果用农业的机械化和农场经营的规模化来表示农业的改革及改良，那么工业的发展只是农业改革及改良的必要条件而非充分条件。为何如此？他的回答是：因为农业改良所需的农场机器、化学肥料，以及其他现代耕种中使用的设备和工具，都必须由现代工业来提供；而且，只有随着现代工商业的发展而使农民增加相当多的收入，才有可能促使他们提高对农产品的需要并刺激农业的改良，这表明工业的发展是农业改良的必要条件。但是，若要农业的改革及改良能有效地实现，还需具备其他更为充足的条件，例如运输的改良、农场的合并和土地重新分配的法律规章保障等，这是使大规模农场组织得以实现的先决条件。

---

① 张培刚.《农业与工业化》中下合卷出版说明［A］. 张培刚. 农业与工业化（中下合卷）：农业国工业化问题再论［C］. 武汉：华中科技大学出版社，2002：Ⅰ.

② 以下相关内容参见张培刚. 农业与工业化（上卷）：农业国工业化问题初探［M］. 武汉：华中科技大学出版社，2002：222－227.

（2）一国内农业与工业之间能否维持一种平衡？如果可能，其情形究竟如何？如果不可能，其原因又安在？除此之外，是否尚有其他途径可循？这就需要弄清"平衡"一词的含义并从静态、动态上去考察农业与工业的平衡关系。通过研究，张培刚得出了如下结论：首先，他认为真正意义上的平衡根本就不会发生。就农业与工业两个生产部门而言，他认为农业的扩张是相对有限的，因为农业供给粮食的功能即使在变动的经济里也是可以估计出来的①；而工业则不同，它的扩张功能几乎是无穷的，工业中的新产品产生，它们的扩张变动是不确定的，无法预知。据此，他认为"在一个实际是变动不已的世界里，农业与工业二者中有一项几乎完全是未知数，所以二者之间的任何平衡都是不可能想象的"②。其次，他又认为，在理论上应该承认，若技术状况已知，则在农业与工业之间应有一个调整的适度点，可以由一系列这样的点组成一条表示农业与工业诸种调整的不规则的曲线。在他看来，农业与工业之间的平衡，或可以用相对易于获取和计算的单位来表示，例如可以用国民产品或国民收入作为单位，也可以用工作人口作为单位，即选择一个单位来加以测量。通过测量分析，他指出：无论用什么测量尺度，统计资料都表明了在经济进化的扩张过程中，农业在整个经济里的相对重要性是呈下降趋势的，其主要原因在于社会上对农产品需要的收入弹性比较低下。但这并不表示农业本身的绝对衰落，而只是表明相对于工业的扩张而言其扩张速率明显不及而已。因此，他认为即使在已高度工业化的国家，从事农业的工作人口的绝对数目和农业生产的绝对数量，都是完全可以不下降的，有的农业生产数量还会不断上升。当然，他也同时指出：这几种测量尺度将不令人满意，因为数量分析方法存在固有缺点，无法充分表示质的变动；然而在现阶段，它们却是唯一可用的测量尺度。

（3）在农业国与工业国之间能否维持和谐及互利的关系？如果一个农业国家开始了工业化，这对于已经高度工业化的国家又可能有何种影响？这就需要研究农业国与工业国之间的贸易及资本移动的情况。通过研究，他提出了如下看法：第一，如果将政治因素姑置不论，仅从经济活动上看，那么农业国与工业国之间的相互依存关系，就其深切程度而论并不亚于同一国家内农业与工业之间的关系。第二，如果基于长期观点考察，那么农业国的工业化可以认为是经济发展不可避免的结果。他着眼于"二战"后工业化的实际需要，讨论了农业国与工业国的国际经济关系，包括他所阐述的

① 他同时也指出：农业供给原料的功能，则不能确切地预知。
② 张培刚. 农业与工业化（上卷）：农业国工业化问题初探 [M]. 武汉：华中科技大学出版社，2002：224.

"从工业国到农业国的资本移动"和"农业国与工业国之间的贸易"①，他已非常清楚地认识到农业国家要实现工业化，引进外资和对外贸易是必不可少的条件。至于农业国工业化究竟对已工业化的国家会产生什么影响，他认为这需要依据正在进行工业化的国家的经济结构、工业化进行的方式和方法、工业化所处的阶段，以及老工业国调整的能力而进行具体分析。总之，他认为"其长期的影响，对于正在进行着工业化的国家和已经高度工业化了的国家两方面，都将证明是有利的。其所以会如此，是因为农业国的工业化将提高新近进行工业化各国的生产力和收入水平，这又将提高这些国家的'边际输入倾向'（marginal propensity to import）而有利于老的工业国家"②。

（4）弄清以上所提出的错综复杂情形以后，就可以落脚到中国这样一个农业国家在工业化过程中，最可能遇到的特别迫切的问题究竟有哪些？尤其是关于农业与工业相互关系的问题，究竟是怎么一回事？由于他在完成英文稿论文时"二战"刚刚结束，中国的统一大业尚未完成，因而他只是基于论文研究所得，就中国工业化的问题，预见性地提出了一些"以供今后进一步的探讨"的见解：第一，工业化的激发力量必须从农业以外的来源中去寻找。"这就是说，在未来经济大转变的过程中，农业只能扮演一个重要但比较被动的角色，而要使工业化得以开始和实现，还须另找推动力量，特别是在社会制度方面。"他已经认识到像中国这种制度环境、社会背景和文化底蕴的国家，是不能仅就工业化而论工业化的。第二，尽管工业的发展对于农业的改革及改良不是一个充分条件，但它却是一个必要条件，既然如此，那就足以证明那种认为农业不依赖工业也可以单独发展的主张是不正确的。第三，农业的改革和改良除了从工业的发展中得到激发和支持外，"最重要的是以土地改革的强烈政策为前提条件的农场合并"。第四，长期来看，中国的工业化无疑会在某些生产行业形成对于老工业国的竞争影响。"这种影响有一部分将被中国人民购买力的提高所冲销。如果老的工业国相应地立即努力调整其生产，则中国及其他农业国的工业化将会引导国际分工达到一个新的途径和水平，这在长期里对于农业国和工业国双方都将证明是有利的。"③他已预见到中国工业化和现代化的推进必将引起国际分工的变化，尽管这对农业国和工业国都是有利的，但却必然引起老的工业国即已经工业化了的发达

---

① 张培刚. 农业与工业化（上卷）：农业国工业化问题初探［M］. 武汉：华中科技大学出版社，2002：200，210.

② 张培刚. 农业与工业化（上卷）：农业国工业化问题初探［M］. 武汉：华中科技大学出版社，2002：226.

③ 本自然段的引文，详见张培刚. 农业与工业化（上卷）：农业国工业化问题初探［M］. 武汉：华中科技大学出版社，2002：226－227.

国家的警觉并做出强烈反应，即我们今日所看到的以美国为首的西方发达国家的围追堵截。

二、改革开放后学术上的新成就

改革开放前，受到各种政治运动的影响，尤其是"文化大革命"的冲击，广大知识分子无法开展正常的学术研究工作。张培刚自 1952 年底离开武汉大学后，就无奈地中断了他心爱的经济学教学与研究工作，"给他造成了从 35 岁至 65 岁整整 30 年的空白时光，这是一段比金子还宝贵的时光"①；直到改革开放后他才开始重振旗鼓，老骥伏枥，开展介绍和引进西方发达国家有关市场经济的理论和学说，并继续开展发展经济学的研究，在学术上取得了一系列新成就。

1980 年，适应青年学子对西方当代经济学知识的渴求，作为拨乱反正后最早系统介绍当代西方经济学的著作，他和厉以宁合作出版了《宏观经济学和微观经济学》一书；1986 年又和厉以宁合作出版了《微观宏观经济学的产生和发展》。

1988 年，针对当时一些西方发展经济学代表人物如阿尔伯特·赫希曼（Albert Otto Hirschman）、拉尔（D. Lal）、古斯塔夫·拉尼斯（Gustav Ranis）和费景汉（John C. H. Fei）等关于发展经济学陷入困境、走向衰落的悲观论调②，张培刚深入思考了自己提出的农业国工业化理论，认真分析了当时的发展中国家，尤其像中国这种发展中社会主义大国的经济起飞和经济发展问题，就发展经济学的发展前景提出了一些引领潮流的新颖独特见解。同年，在青岛召开的中华外国经济学说研究会华东分会上，他应邀作了以"发展经济学往何处去"为主题的学术报告。他对发展经济学的生命力问题进行了深刻剖析，认为世界上占大多数地位的发展中国家和地区都需要实现工业化和现代化，发展经济学可谓方兴未艾，仍大有可为；形成"困境"的原因应从发展经济学自身寻找，解困之途在于扩大其研究范围与改进其研究方法。于是，他响亮地提出了对现有发展经济学进行"改造和革新"，建立"新型发展经济学"的倡议，获得与会者，尤其是一批中青年学者的广泛认同与高度赞许，极大地激发了他们的研究

---

① 张培刚口述，谭慧整理.《农业与工业化》的来龙去脉 [A]. 张培刚. 农业与工业化（上卷）：农业国工业化问题初探 [C]. 武汉：华中科技大学出版社，2002：31（引文中所说"35 岁"是从张培刚 1948 年受聘赴联合国工作算起的）.

② 参见张培刚. 发展经济学往何处去——建立新型发展经济学刍议 [J]. 经济研究，1989（06）：14－27.

兴趣与热情,产生了重大深远的影响。

1990年,作为《农业与工业化》中译本的扩大版,由湖南出版社出版了他的《发展经济学通论(第一卷):农业国工业化问题》。原拟撰写并出版三卷本《发展经济学通论》,后因调整计划,"通论"只出了第一卷;调整后相关成果以"发展经济学研究丛书"形式陆续出版。

1992年,为系统探讨新型发展经济学,张培刚身体力行,"老牛奋蹄",亲自组织和主编出版了《新发展经济学》。该书立足于发展中国家的实际情况和根本立场,在充分借鉴和吸收以往发展经济学研究成果的基础上,探讨了农业国工业化过程中一系列重大问题,包括以往发展经济学中不曾论及的问题。该书的主要内容包括:战后发展经济学的现状及前景、工业化之前的社会经济文化特征、工业化的含义及其发动因素与限制因素、现代工业建立和发展的基本条件、工业化过程中产业结构的转换及区域经济的协调发展、工业化的国际条件,以及工业化过程中可能出现的特殊问题和调节机制等。该书最大特色在于:扩大发展经济学的研究范围,把以前不受重视的发展中大国纳入研究范围之内并作为重要的研究对象;改进和革新研究方法,不单从经济方面研究经济发展问题,将研究触角延展至社会、历史、文化等非经济方面进行综合探讨。该书是一部运用历史的综合的分析方法,首次试图建立发展中国家自己的发展经济学的学术专著。该书出版后,在学术界引起强烈反响,被认为"打破了由西方经济学家垄断发展经济学长达半个世纪之久的局面,解救了发展经济学的'危机',开创了发展经济学的新阶段,使发展经济学获得了新的生机"[1];是"发展经济学的历史性文献"[2],是"发展中国家经济起飞与发展的理论"[3];是"新发展经济学的开拓性研究"[4],"堪称'发展经济学中国学派'的创见之著"[5]。

2001年,张培刚又主编出版了《发展经济学教程》。针对国内外已出版的各种发展经济学教科书存在过多介绍西方发达国家经济学者的研究成果、相对忽略发展中国家(包括中国)学者自身研究成果的不足,该书兼收并蓄东西方各种经济发展学说之所长,仍以农业国工业化理论为主线,比较全面、系统地介绍了有关发展中国家经济

① 廖丹清. 开创发展经济学的新阶段——兼评《新发展经济学》[J]. 江汉论坛, 1993(05): 16-22.

② 刘朝明, 李家祥. 发展经济学的历史性文献——《新发展经济学》评介 [J]. 理论与现代化, 1994(03): 44.

③ 田昌富. 发展中国家经济起飞与发展的理论——《新发展经济学》评介 [J]. 中国图书评论, 1994(05): 20-21.

④ 杨永华. 新发展经济学的开拓性研究——评张培刚教授主编的《新发展经济学》[J]. 经济学家, 1995(01): 119-121.

⑤ 董辅礽, 万典武. 《新发展经济学》简介 [J]. 改革, 1994(01): 144-146.

发展的基本理论和主要学说，试图"在发展问题的研究内容和研究方法上完成一次综合的考察和撰述"①。

2002 年，在张培刚的主持和指导下，结合当时华中理工大学经济发展研究中心青年教师博士论文的写作，分别就建立新发展经济学的若干重要问题，以专题形式进行探讨和深入剖析，形成由张培刚任总主编的《发展经济学研究丛书》。该丛书的领头之作再次收入了张培刚的哈佛博士学位论文，题目仍为《农业与工业化》，但增加了副标题《农业国工业化问题初探》；同时，将之作为"上卷"，与在新历史条件下为进一步探讨农业国工业化问题而新编撰的"中下合卷"一并出版。中下合卷的题目亦为《农业与工业化》、副标题则为《农业国工业化问题再论》。中下合卷是由张培刚率其众弟子历经十余年探索完成的，探讨的问题包括：工业化的定义及其重新阐释；发展经济学的研究主题和分析方法的再认识；工业化的发动因素与限制因素再论；农业与工业互动关系的再考察；工业化过程中结构变动与调整；对外开放条件下的工业化；计划、市场与经济体制转型等。认为"这些问题是现实背景下农业国工业化的最为紧迫和极其关键的一些问题"②。中下合卷是在新的历史条件下，结合中国推进工业化和现代化建设的历史经验与现实问题而对其博士学位论文所做的进一步的拓展考察与深化研究，是张培刚农业国工业化理论的继承与发展。

除对发展经济学进行理论探讨以外，他还在中国经济发展问题上做了应用性探索的尝试。1990 年代，针对中国东西部沿海地区经济的腾飞和与中西部地区经济差距日益拉大，他在国家区域发展战略上，提出了形象生动、脍炙人口的"牛肚子"理论。这一理论源于"文化大革命"期间他亲身经历的牛陷泥沼事件。当时他们对一头不慎陷入泥沼的大牻牛，无论怎么牵牛鼻子拽牛头也拉不上来；后来靠几根粗木杠垫起牛肚子才使之脱险。他以此事相喻，将中部地区比作牛肚子，东部和西部地区比作牛鼻子和牛尾巴，认为中国经济能不能起飞，"在很大程度上就在于中部能不能发展起来"，"如果中部不能相应地及时崛起，全国经济的起飞和持续协调发展是不可能的"。③ 他的这个"牛肚子理论"，不仅为国家中部崛起战略的制定和实施提供了理论依据，而且也为发展经济学在中国区域发展战略中的灵活运用作出了完美的诠释。

从撰写《农业与工业化》到改革开放后重新开始学术研究，他前后两次对发展经

---

① 张培刚. 序言［A］. 张培刚主编. 发展经济学教程［C］. 北京：经济科学出版社，2001：2.

② 张培刚.《农业与工业化》中下合卷出版说明［A］. 张培刚. 农业与工业化（中下合卷）：农业国工业化问题再论［C］. 武汉：华中科技大学出版社，2002：V.

③ 张培刚."牛肚子"理论［J］. 决策，2005（01）：22.

济学进行创新性研究，并取得影响巨大的开拓性学术成果。如果说前者所进行的是"原创版"创新工作的话，那么后者所进行的则是"拓展版"创新工作。因其在发展经济学理论研究和对中国经济发展问题应用探索方面做出的突出贡献，张培刚入选"影响新中国60年经济建设的100位经济学家"。

三、对国际发展经济学的开创性贡献

作为国际发展经济学的开创者或奠基人，张培刚的学术成就与巨大贡献集中体现在他对于发展经济学这门"学科"的开创研究上。一门独立学科的创立，必有其相对独立的研究对象、研究方法、研究内容，并最终形成有别于其他学科的理论体系。张培刚正是在这些方面做出了他对于发展经济学这门学科的"开创"与"奠基"性贡献。

（一）研究对象上的"开创"与"奠基"性贡献

发展经济学的研究对象是发展中国家的经济发展问题；而从本质上讲就是经济落后的发展中国家如何通过自身的经济起飞和经济发展，实现工业化和现代化的问题。《农业与工业化》集中探讨的正是农业国的工业化问题，即农业国家或经济落后国家如何实现工业化的问题，其研究对象的主体是农业国家即经济落后的发展中国家；本质与核心是这些国家如何实现工业化和现代化。根据张培刚的界定，这些落后国家不是指的广义发展经济学研究范围内的"在没有任何先例的条件下"存在的国家，而是狭义发展经济学研究范围内的"在已经有了少数先进的发达的工业化了的国家的条件下，大多数后进的经济欠发达的国家"①。这些国家在第二次世界大战结束之前基本上处在西方列强的殖民主义统治之下，"二战"结束后一大批亚非拉国家纷纷独立，才引起了这些国家对于经济发展理论的渴求，以及发达国家，尤其是西方资本主义发达国家在新的国际背景下对这些贫穷落后国家经济发展问题的兴趣。而传统的西方经济学是基于工业化先进国家市场经济高度发达的背景而产生的，难以直接用于剖析和指导这些落后国家的经济发展，因而直接以经济落后的发展中国家为研究对象而形成一

---

① 张培刚. 农业与工业化（中下合卷）：农业国工业化问题再论 [M]. 武汉：华中科技大学出版社，2002：21.

门独立的经济学科就显得尤为迫切而且意义重大。

在《农业与工业化》问世之前，西方已有学者开始关注农业国的工业化问题，并有相关成果发表。如威廉·吕彼克（Wilhelm Ropke，1938）的论文《农业国家的工业化：一个科学的问题》，该文最早作为一个科学研究课题提出了农业国家的工业化问题；科林·克拉克（C. G. Clark，1940）的著作《经济进步的条件》，通过对 30 多个国家国民收入及其经济影响因素的长期数据统计分析，概括和论证了配第—克拉克法则，认为相对收入的差异会导致劳动人口向更高收入的部门转移，揭示了经济发展中劳动力在三次产业中分布结构的变化规律；保罗·罗森斯坦—罗丹（Paul Rosenstein – Rodan，1943）的论文《东欧和东南欧的工业化问题》，针对东欧和东南欧的工业化问题，提出过剩农业人口是其发展的力量源泉，有计划的工业化必不可少，依靠社会分摊资本开展基础设施建设等认识和主张；优格·斯塔利（Eugene Staley，1944）的著作《世界经济发展》，重点探讨工业化给世界经济发展带来的影响问题，包括对产业结构及产品结构变化的影响，以及对区域经济发展变化的影响；库尔特·曼德尔鲍姆（Kurt Mandelbaum，1845）的著作《落后地区的工业化》，提出东欧和东南欧等人口过多、经济落后地区工业化的数量模式，主张国家进行必要的干预以克服工业化过程中的障碍，如此等等。[①] 但是，正如张培刚主编的《发展经济学教程》所指出：这些"较早关注农业国工业化问题的论著与东欧和东南欧地区有关"[②]，也就是说，他们关注的重点在东欧和东南欧地区，研究对象的主体还只是区域性的、局部性的；而张培刚则认识到"农业国家的工业化是一个带世界性的问题"，更加注重"从世界范围来探讨农业国家或发展中国家在工业化过程中所将要遇到的种种问题"，因而将研究对象的主体拓展至全世界整体范围之内，在研究对象的主体上实现了从局部到整体的拓展与完善。同时，这些论著进行的虽然也是农业国的工业化这一涉及研究对象的核心与本质的探讨，但是这种探讨大都是经验性的、实证性的甚至是表象性的；张培刚则开创性地"从历史上和理论上"[③] 系统阐发了农业国工业化理论，在研究对象的核心与本质上实现了由表及里、由浅入深的理论升华。

在"扩展版"的创新研究阶段，他又将研究对象的范围进一步加以拓展，即将研

---

① 参见张培刚主编. 发展经济学教程［M］. 北京：经济科学出版社，2001：10；谭崇台主编. 发展经济学［M］. 太原：山西经济出版社，2001：30 – 32（其中，保罗·罗森斯坦—罗丹的资料，参见［美］杰拉尔德·迈耶等编，谭崇台等译. 发展经济学的先驱［M］. 北京：经济科学出版社，1988：212）.

② 张培刚主编. 发展经济学教程［M］. 北京：经济科学出版社，2001：10.

③ 张培刚. 自序［A］. 张培刚. 农业与工业化（上卷）：农业国工业化问题初探［C］. 武汉：华中科技大学出版社，2002：Ⅰ.

究对象的范围扩大至包括发展中的社会主义国家。西方发展经济学对研究对象范围的界定存在多种表述,如第三世界国家、新兴的民族独立国家、落后国家或后进国家、不发达国家、欠发达国家、穷国、低收入国家等,其中"存在一个重大缺陷,那就是没有把社会主义的发展中国家包括在内"。张培刚认为,发展中的社会主义国家在整个发展中世界占有重要地位,只有把它们也作为研究对象才能真正揭示出经济发展的一般规律。因而他明确提出"不论是资本主义制度下的,还是社会主义制度下的发展中国家,都应该作为研究对象,研究它们各自的经济起飞和经济发展问题"[①]。

(二)研究方法上的"开创"与"奠基"性贡献

在研究方法上,《农业与工业化》的最大特点是基于农业与工业二元结构的分析框架,创新性地采用了当时西方经济学前沿理论中的一般均衡分析、局部均衡分析、区位理论分析等方法。

《农业与工业化》是着重从农业与工业关系的视角来研究经济落后的发展中国家的工业化问题的,贯穿其中的一条研究主线,就是这些国家工业化过程中农业与工业的相互依存关系及其调整和变动的问题。这就决定了它在方法论上必然采用二元结构的分析框架。正如孙鸿敞所指出的:"张教授这篇论文在方法学上的最大成就是建立了农业与工业二元的结构理论框架,认为研究发展中国家的经济发展问题,必须把这个框架作为出发点;并且断言在工业化过程中农业也必须协调发展和实行现代化。"[②]西方经济学中的二元结构理论是由英国经济学家、诺贝尔经济学奖获得者刘易斯(W. A. Lewis)于 1954 年首先提出的;但张培刚早在 1945 年完成的这篇博士论文中,即已在研究方法上建立了农业与工业二元结构的分析框架,早于刘易斯近 10 年。

基于二元结构的分析框架,他认为从理论上讲,如果将农业国的工业化作为一个整体来研究,一般均衡分析似乎是可以借鉴的,因为它所着重关心的是经济现象的一般的相互依存关系。然而,这种相互依存关系只是基于静态的考察,而工业化却是一个动态的过程;而且,从历史上和经验上讲,农业国工业化过程中的农业与工业这一特殊的相互依存关系存在于一般的整体经济的相互依存关系之中,不可能绝然分离出来。因而,他指出:"在方法论的既得成果下,唯有局部分析方法才容许我们勉强地同时应用动态分析及演进性的分析",也就是说,他所要采用的是以局部均衡分析为

---

① 张培刚. 新发展经济学 [M]. 郑州:河南人民出版社,1992:30,643.
② 孙鸿敞. 张培刚教授在发展经济学研究方法上的贡献 [J]. 江汉论坛,1991(01):25 - 26.

主的方法。同时，他还主张辅之以区位理论分析方法，因为它有助于"为本书阐明区位方面所发生的问题"，并"指出各个历史阶段基本区位因素的变迁"。但他强调，采用以局部均衡分析为主的方法，需要酌情做出适当的"修正和增补"，如需要以整个经济的一般相互依存为背景来研究局部均衡情况；在某些情况下和一定范围内，还需要考虑不完全竞争和垄断竞争因素；在进行计量分析时，要适当采用总体分析方法所提倡的"总数"概念，如总收入、总生产、总人口、总资源等；还要运用区位理论，尤其是现代动态区位理论来对经济活动情形进行动态分析；等等。他强调："本书是理论的，同时也是经验的和历史的"①，因而，他主张通过创新研究方法使研究更具科学性，缩短历史和理论的差距，以及理论和现实的差距。总之，他运用当代西方经济学前沿理论的分析方法，理论、历史与经验的分析相结合，静态与动态的分析相结合，定性与定量的分析相结合，规范与实证的分析相结合，所进行的是一种多视角、全方位、立体式、综合性的考察与研究。

在"扩展版"创新研究阶段，即在改革开放后进行新发展经济学研究时，他还进一步提出了"改进研究方法，加深分析程度"的主张。认为各国情况不一，尤其像中国、印度这种情况复杂的发展中大国，"更需要我们从社会、历史、政治、文化等各个方面，开展广泛而深入的研究，追根溯源，寻找良策。如果对这一类型的国家，仍然停留在过去二三十年来那样的研究方法上，单纯就经济论经济，那就将继续难以找到从根本上解决经济发展问题的途径，和难以找到解脱'发展经济学'所处困境的出路"②。

（三）研究内容上的"开创"与"奠基"性贡献

张培刚曾从研究内容上对自己的理论贡献做过系统总结③，结合其相关学术成果略加归纳，大致包括如下 6 个方面。

1. 在阐述农业与工业相互依存关系中提出"农业五大贡献"理论

《农业与工业化》中设有专章，讨论农业与工业的相互依存关系，较为突出地探讨了农业对工业乃至整个国民经济的贡献和基础作用，"我在本书里，就已经比较全面而系统地从食粮、原料、劳动力、市场、资金（包括外汇）等 5 个方面，提出并阐

---

① 本自然段的引文，详见张培刚. 农业与工业化（上卷）：农业国工业化问题初探［M］. 武汉：华中科技大学出版社，2002：7，13，16.
② 张培刚. 新发展经济学［M］. 郑州：河南人民出版社，1992：643，645.
③ 参见张培刚. 农业国工业化理论概述［A］. 张培刚. 农业与工业化（上卷）：农业国工业化问题初探［C］. 武汉：华中科技大学出版社，2002：1 – 16.

明了农业对工业化以及对整个国民经济发展的重要作用和巨大贡献。基于这种认识，我当时已经把农业看做是工业化和国民经济发展的基础和必要条件"①。这就是他所提出的农业"五大贡献"理论。

关于农业的贡献问题，西方经济学家较为重视，较有影响的说法是"农业四大贡献"说。这一说法的提出者是继张培刚之后的美国经济学家、诺贝尔经济学奖获得者西蒙·史密斯·库兹涅茨（Simon Smith Kuznets，1961），他在《经济增长与农业的贡献》中将农业部门对经济增长和发展的"贡献"概括为产品贡献（包括粮食和原料）、市场贡献、要素贡献（包括剩余资本和剩余劳动力），以及国内农业通过出口农产品而获取收入的贡献。对这一说法给以充分肯定的是印度经济学家苏布拉塔·加塔克（Subrata Ghatak，1984）和肯·英格森特（Ken Ingersent，1984）。他们将这一说法誉为"经典分析"，并将其中最后一条说法简括为"外汇贡献"。② 对照起来，库兹涅茨以及加塔克和英格森特这三位学者所说的"农业四大贡献"中的"产品贡献"，实际上包括了张培刚所说的"粮食贡献"和"原料贡献"，如此看来"四大贡献"也就可以称为"五大贡献"了。"我们只要稍加考察，就会发现他们所说的'农业四大贡献'，同我早在20世纪40年代写成出版的这本书中所提出的'农业在五个方面的贡献'内容，几乎是完全一样的，只是他们在有些部分运用了些数量分析公式。"③

2. 克服西方传统狭隘观念的片面性并重新定义"工业化"概念

《农业与工业化》中也设有专章，系统探讨工业化理论。关于"工业化"的定义，他在初版中表述为"一系列基要的'生产函数'（Production Function）连续发生变化的过程"④。2002年的中下合卷版中，又重新增改为"国民经济中一系列基要的生产函数（或生产要素组合方式）连续发生由低级到高级的突破性变化（或变革）的过程"⑤。张培刚所下的这个定义，是从技术创新的角度对工业化的广义理解，与传统的将工业化理解为工业的产值和就业比重上升而农业比重下降的狭义定义是很不相

---

① 张培刚. 农业国工业化理论概述 ［A］. 张培刚. 农业与工业化（上卷）：农业国工业化问题初探 ［C］. 武汉：华中科技大学出版社，2002：3.

② ［印度］苏布拉塔·加塔克，肯·英格森特著；吴伟东等译. 农业与经济发展 ［M］. 北京：华夏出版社，1987：26－27.

③ 张培刚. 农业国工业化理论概述 ［A］. 张培刚. 农业与工业化（上卷）：农业国工业化问题初探 ［C］. 武汉：华中科技大学出版社，2002：3.

④ 张培刚. 农业与工业化（上卷）：农业国工业化问题初探 ［M］. 武汉：华中科技大学出版社，2002：64－65.

⑤ 张培刚. 农业与工业化（中下合卷）：农业国工业化问题再论 ［M］. 武汉：华中科技大学出版社，2002：5.

同的。按照何炼成援引孙鸿敞的说法："非常简练深刻，是前人所不明确的，以致成为经典性的定义。"①

按照张培刚自己的解释，当初"这个定义是试用性的，但它比其他学者所用的定义或解释要广泛得多，因为它'不仅包括工业本身的机械化和现代化，而且也包括农业的机械化和现代化'"。西方经济学界其他学者所下的定义通常忽略农业的发展，往往以为实行"工业化"就是单纯地发展制造工业，"我认为我关于'工业化'的这个定义，能够防止和克服那些惯常把'工业化'理解为只是单纯地发展制造工业，而不顾及甚至牺牲农业的观点和做法的片面性"。

在他看来，克服对于"工业化"的传统狭隘观念的片面性，后来逐渐发展为一种趋势。他以美国经济学家杰拉尔德·M. 迈耶（Gerald M. Meier）为例，指出其主编的《经济发展的主要问题》一书中即有相关的论述，表明"近些年来，国际经济学界一些研究发展经济学的学者，对'工业化'的含义以及对实行工业化与发展农业的关系，已经开始有了新的认识；而这种认识和看法，与上述我早在 40 余年前就已经多次提出的观点，是渐趋接近了"②。

3. 突出强调基础设施和基础工业的"先行官"作用

张培刚在阐释"工业化"定义时，不仅指出它包括了农业的现代化和农村的工业化，而且还突出强调了基础设施和基础工业的重要性和它们的"先行官"作用。他指出："从已经工业化的各国的经验看来，这种基要生产函数的变化，最好是用交通运输、动力工业、机械工业、钢铁工业诸部门来说明。"③ 他还特别强调交通运输和能源动力这样一类基础设施和基础工业的重要性，并把它们称为工业化的"先行官"。他认为，他的这一观点，在长达将近半个世纪的期间，已经多次得到了实例的经验印证。他列举亚洲"四小龙"的起飞和中国经济的崛起论证自己的这一观点。

4. 深刻阐述工业化的发动因素与限制因素

张培刚提出了五种发动和定型工业化进程的因素，具体为：第一，人口因素，包括人口数量、组成及地理分布；第二，资源或物力因素，包括其种类、数量及地理分布；第三，社会制度因素，包括人的和物的要素所有权的分配；第四，生产技术因素，着重于发明的应用；第五，企业家的创新管理才能。

---

① 何炼成. 国际发展经济学的奠基人——张培刚教授 [J]. 经济思想史评论，2007（02）：331 – 338.
② 以上 2 个自然段的引文，均见张培刚. 农业国工业化理论概述 [A]. 张培刚. 农业与工业化（上卷）：农业国工业化问题初探 [C]. 武汉：华中科技大学出版社，2002：4，5.
③ 张培刚. 农业与工业化（上卷）：农业国工业化问题初探 [M]. 武汉：华中科技大学出版社，2002：65.

他认为这五种因素是发动并制约工业化进程最重要的因素。他较为详细地分析了这五种因素,认为从相对意义上划分,尽管它们的性质和影响各不相同,但却可以做出一个大致的归纳,他实际上将它们分为三种类别:一为工业化的发动因素,包括企业家的创新精神和管理才能、生产技术;二为工业化的限制因素,包括资源、人口;三为界于上述两种类别之间的因素,即社会制度因素,认为它既是发动因素,又是限制因素。在《农业与工业化》一书中,他是把社会制度这一因素看作"给定的"条件来加以考察的,并未详加论述。在这里,他则特别予以强调,指出:"同一种社会制度,在一定时期,对于某些国家或地区的工业化,可能主要起发动因素作用,而对于另一些国家或地区,则可能主要起限制作用。即使对于同一个国家或地区,一种社会制度在一个时期可能主要起发动作用,而在另一个时期则可能主要起限制作用。究竟如何判断,我当时就认为,要依时间、地点等主客观条件而定。"①

5. 详细分析工业化对农业生产和对农村剩余劳动力的影响

在《农业与工业化》中,张培刚用全书6章中两章的篇幅,分别探讨了工业化对于农业生产和农业劳动特别是农村剩余劳动力的影响。这两个问题通常为后来发展经济学家所深切关注并详加讨论,前者涉及产业结构的转换和调整;后者涉及农村剩余劳动力的流动和吸收。他认为,这两个问题能否妥善解决,在很大程度上牵涉工业化的成功与失败,因而至关重要。

关于工业化对于农业生产的影响,他的基本观点是:第一,"工业的发展与农业的改革或改进是相互影响的,但两者相互影响的程度绝不相同";第二,"当工业化进入到相当成熟的阶段,如果让市场规律继续起作用,就必然会引起农业生产结构上的变动";第三,"随着工业化过程的进展,由于农产品市场的扩张和农业生产技术的改进,农业生产的总产量和亩产量必然会增加,农业生产规模亦必然会有所扩大"②,但相比而言,农业生产的增长速度要慢于制造工业的增长速度。

关于工业化对农村劳动力的影响,他的基本观点是:第一,"当工业化进展到一定阶段时,农业或农村的剩余劳动力就将受城市的吸引而转移到城市工业或其他行业";第二,"随着工业化的进展,最先能被城市现代工业所吸收的劳动力,将是城市的手工业者或工场劳动者";第三,"当工业化进行到比较高的阶段,农业的改进与农

---

① 张培刚. 农业国工业化理论概述 [A]. 张培刚. 农业与工业化(上卷):农业国工业化问题初探 [C]. 武汉:华中科技大学出版社,2002:8.

② 本自然段的引文,详见张培刚. 农业国工业化理论概述 [A]. 张培刚. 农业与工业化(上卷):农业国工业化问题初探 [C]. 武汉:华中科技大学出版社,2002:8-9,10.

业的机械化过程就会相应发生"。①

他深刻分析了工业化对农业生产和农村剩余劳动力影响形成的必然趋势，认为随着农业国家或欠发达国家工业化的推进，该国农业生产绝对数量必会增加，经营规模必会扩大，但其农业生产总值在整个国民生产总值中所占比重则会逐渐降低；同时，在此过程中，农村剩余劳动力必会逐渐向城市或其他领域转移，导致其农业劳动者人数在绝对数量上有所减少，占全国就业总人数的比重上就会有所降低。基于这一认识，他提出了工业化国家的两个衡量标准：一是农业生产总值占国民生产总值的比重；二是农业劳动者总人数占全国就业总人数的比重。经过具体分析，他认为，只有当这两个比重都同时由原来的 2/3 甚至 3/4 以上，降低到 1/3 甚至 1/4 以下时，这个国家才算实现了工业化，成了"工业化国家"。②

6. 在开放体系下探讨工业化过程中利用外资和开展对外贸易的问题

张培刚明确主张发展中国家要利用外资，指出："为了加速工业化，在维护政治独立的情况下，外国资本的利用是值得极力推崇的。这对于借贷两国双方也将是有利的。"他从比较利益和需求弹性的视角，分析了农业国在工业化过程中开展对外贸易的优劣条件，指出："农业国和工业国贸易条件的相对利益，首先须看所交换的是何种产品。总的来说，农业国是处于相对不利的地位，因为国外对它们的产品的需要，一般是较少弹性的。"他分析了古典学派和新古典学派传统经济学这方面理论所存在的欠缺或不足，认为"他们忽略了收入的影响"，"他们没有对供给弹性和生产调整的弹性加以考虑"，"需要加以修改和补充"。他在分析中较为突出地应用了"需求的收入弹性理论"，继他之后的国际经济学界依据这一理论不断拓展演进，他"关于农业国与工业国的贸易分析所应用的'需求的收入弹性理论'，自后在国际经济学界得到了进一步的运用和发挥；并以不同的方式演进而成为诸如'不平等交换'、'中心—外围说'、'依附论'等等学说的一种理论依据"③。

（四）理论体系构建上的"开创"与"奠基"性贡献

张培刚自认为在《农业与工业化》中提出的"农业国工业化理论"，已形成为一

---

① 本自然段的引文，详见张培刚. 农业国工业化理论概述［A］. 张培刚. 农业与工业化（上卷）：农业国工业化问题初探［C］. 武汉：华中科技大学出版社，2002：10-11.

② 参见张培刚. 农业国工业化理论概述［A］. 张培刚. 农业与工业化（上卷）：农业国工业化问题初探［C］. 武汉：华中科技大学出版社，2002：12.

③ 本自然段的引文，均见张培刚. 农业国工业化理论概述［A］. 张培刚. 农业与工业化（上卷）：农业国工业化问题初探［C］. 武汉：华中科技大学出版社，2002：13.

套完整的系统或体系,"我在书中提出了自成一个系统的一系列理论观点"①。

作为自成系统的理论,张培刚的农业国工业化理论围绕一个主题,基于二元经济结构分析框架,运用三种现代分析方法,提出一系列开创性和阐释性理论观点,形成结构严谨、逻辑严密、自成一体的理论体系。

他提出了农业国工业化理论,"亦即后来新兴学科'发展经济学'的主题理论"②。这一主题理论所要回答的是,农业国家或经济落后的发展中国家如何实现经济起飞和经济发展,最终实现工业化和现代化的问题。这也正是发展经济学的研究对象之所在,张培刚的《农业与工业化》就是紧紧围绕这一主题而展开系统深入的分析与探讨的。

要弄清这一主题,首先就需要在概念上厘清"农业""工业""工业化"等相关用语的含义,构建与主题理论探讨相适应的分析框架基础与话语体系。根据现代产业发展的特征与主题理论探讨的语境,通过旁征博引、抽丝剥茧的剖析,他对"农业""工业""工业化"概念分别做出了界定。他对农业的界定是:"'农业'(Agriculture)一词将用以包括一切形态的农场经营。"他解释道:"农场经营具有一个共同的特征,即与土地有密切的技术关系。"③他对工业的界定是:"当我们谈到工业时,我们是指制造业,以有别于农业以及商业与运输。"④关于工业化的界定已如前述,是指"一系列基要的生产函数连续发生变化的过程"。农业国的工业化是在这类国家存在传统农业部门与现代工业部门二元结构的条件下向工业化一元结构的目标迈进,一元结构是未来方向,二元结构是现实存在,农业国工业化主题理论的研究基础是现实存在的二元经济结构,因而必须也只能采用二元经济结构的分析框架。

基于二元经济结构的分析框架,他在略加"修正和增补"的前提下,慎重选择了当代西方经济学前沿理论中的一般均衡、局部均衡和区位理论三种分析方法,并理论、历史与经验相结合,静态与动态相结合,定性与定量相结合,规范分析与实证分析相结合地加以应用,展开对农业国工业化问题的全面剖析与系统分析。他将自己的分析步骤分为三个相互衔接的技术阶段:"在第一阶段,我们在静态的假设下,分析农业与工业之间的相互依存关系。""在次一阶段,我们将引入生产技术的变化",具体来说,"我们将对工业化的过程作一系统的分析,凡是影响这一过程的基本因素以

---

①② 张培刚. 农业国工业化理论概述 [A]. 张培刚. 农业与工业化(上卷):农业国工业化问题初探 [C]. 武汉:华中科技大学出版社,2002:1.

③ 张培刚. 农业与工业化(上卷):农业国工业化问题初探 [M]. 武汉:华中科技大学出版社,2002:2.

④ 张培刚. 农业与工业化(上卷):农业国工业化问题初探 [M]. 武汉:华中科技大学出版社,2002:1.

及这一过程的特性都要加以分析",同时还要分析工业化"如何对于农业生产和对于农村劳动产生影响"。这一阶段实际上是对工业化做机理性分析,考察其演化过程及其特征、影响因素,包括它对农业生产和农业劳动的影响。最后一个阶段,"我们将分析一个农业国家工业化时所包含的以及所引起的问题。这种问题有内在的及外在的两方面。内在方面,我们将以中国的情形作例证,其中着重农业和工业的关系以及两者之间可能的调整。外在方面,我们将论到国与国之间贸易和资本流动的问题。大体而言,这是应用国际贸易理论及国际资本流动理论,以解释一个农业国家在工业化时所引起的种种可能的复杂情形"①。

通过三个阶段的分析研究,他提出了一系列开创性和阐释性的理论观点,形成他的农业国工业化理论的技术支撑。这些理论观点,大都属于开创性的,在前述"研究内容上的'开创'与'奠基'性贡献"中已基本论列;这些理论观点承前启后、彼此衔接,形成一套严谨独特的理论体系。

在西方发展经济学领域,围绕落后国家经济发展问题的探讨,迄今已形成多种自成体系的理论学说。主要有四大流派:结构主义经济发展理论,该理论从结构变革角度分析和研究发展中国家的经济不发达和向发达状况转化的问题;新古典主义经济发展理论,该理论从政府干预角度寻找经济不发达原因,强调利用市场力量解决发展问题;激进主义经济发展理论,该理论着重从不发达国家"依附于"世界资本主义体系中去探求根源与寻找出路;新制度主义经济发展理论,该理论着重探讨发展中国家在经济发展中的制度障碍及政策选择。张培刚的农业国工业化理论不仅是这些理论中自成体系的一种理论,而且其形成时间较早,其主题思想最为集中与明确,对发展经济学而言具有引领学术研究潮流和学科发展方向的意义与作用。

他后期提出的新发展经济学在理论体系的建构上又有新的突破。不仅首次把大国研究和非经济因素引入发展经济学,而且从考察工业化前的社会经济文化,到工业化与现代经济的兴起;从论证现代工业建立和发展的基本条件,到工业化和产业结构的转换;从分析工业化与区域经济的发展,到工业化的国际经济贸易条件;从探索工业化过程中的若干重要问题,到描述工业化进程中的调控机制,建构了一个历史跨度更大、研究范围更广、包含内容更多、理论程度更深的宏大理论体系,实现了发展经济学的新突破与新飞跃。

---

① 本自然段的引文,详见张培刚.农业与工业化(上卷):农业国工业化问题初探 [M].武汉:华中科技大学出版社,2002:18-20.

第二节
谭崇台的学术成就与理论贡献

和张培刚一样，谭崇台的学术研究及其成就也比较集中，基本上体现在发展经济学领域。相比而言，谭崇台对发展经济学的研究较之张培刚起步要晚，他是在"文化大革命"结束重返经济学讲台后才开始迈入发展经济学领域进行学术研究的。但他此后一直潜心研究发展经济学，很快就取得誉满学界的学术成就，成为继张培刚之后在珞珈山"大本营"扛起珞珈经济学"学派"创建大旗的另一位领军人物。

一、主要学术成就

1980 年，谭崇台赴美国加州大学伯克利分校进行学术访问，此间他接触到了发展经济学，敏锐地洞悉到这门学科对中国这个发展中大国经济发展的重大意义，于是，回国后便迅速开展了对这门学科的引进介绍与研究工作。1982 年，他在《武汉大学学报》（社会科学版）发表了国内第一篇从西方经济思想史视角考察经济发展理论的学术论文①，文中从思想渊源的角度重点介绍了西方系统的经济发展理论兴起以前的经济发展思想，其中所称"系统的经济发展理论"即指的发展经济学理论；次年，他在《经济学动态》发表《综论西方发展经济学》② 一文，更为明确地将发展经济学推介到中国学术界和国人面前。自此开始，他在发展经济学领域潜心耕耘 30 多年，取得了一系列骄人的学术成果，其中分量最重、影响最大的是以下 4 部代表性著作。

（一）《发展经济学》：全面介述发展经济学的研究型"标准教科书"

此书最早问世于 1985 年，由人民出版社予以出版，是国内第一部系统述评西方经济发展理论的专著。基于发展经济学兴起和演变的视角，在大致勾勒发展经济学的

---

① 谭崇台. 从资产阶级经济思想史看经济发展理论的源流 [J]. 武汉大学学报（社会科学版），1982（03）：20 - 26，84.

② 谭崇台. 综论西方发展经济学 [J]. 经济学动态，1983（09）：58 - 63.

整体轮廓与基本框架的基础上，书中围绕与经济发展相关的一系列重大问题，如经济发展与资本形成、人力资源、工业化、人口流动、部门及地区等的优先顺序、国际贸易、外资利用、计划化、货币政策和财政政策等的关系，系统考察西方发展经济学的基本理论与相关思想，并对发展中国家自20世纪50年代中期后经济发展的主要成就和问题进行实证分析，最后对发展经济学略加评论，指出其庸俗性质与可资借鉴的成分。

在此书基础上，他于1989年主编出版了《发展经济学》（列入国家教委高等学校文科教材"七五"编写计划）。与前书相比，该书内容更为丰富，体系更为完备，涉及的文献资料更为翔实，被称为"一部全面介述发展经济学的研究型'标准教科书'"①。

从内容上看，该书最大的变化是在前书的基础上增加了三个方面的内容：一是在开头部分增加了基础理论概述的内容，包括界定发展经济学的研究对象、追溯发展经济学诞生之前的经济发展思想和描述发展经济学兴起与演进的轨迹，以及综合介绍西方发展经济学家的经济增长理论和论证经济发展问题的基本思路；二是在中间部分，即在阐述经济发展与相关发展要素、发展领域、发展政策等关系时，增加了国家干预与市场调节、社会项目评估的内容；三是在最后部分增加了讨论当时国际发展经济学界存在争议的几个重要问题，包括如何看待发展经济学的两面性、发展经济学与1945年之前的经济发展思想史的关系、凯恩斯理论在第一阶段发展经济学中居于何种地位、如何看待发展经济学中的"新古典主义复兴"以及发展经济学是否走向衰亡等问题，作者逐一详加分析并发表了独到的见解。

该书不仅确立了他在学术界的大师级经济学家地位，而且确定了他关于发展经济学的基本理论框架与学术思想内容。该书之后，他又主编出版过5个不同版本的相关教材和专著，按时间顺序分别为：（1）《发展经济学概论》（辽宁人民出版社1992年版）；（2）《发展经济学》（山西经济出版社2000年版）；（3）《发展经济学概论》（武汉大学出版社2001年版）；（4）《发展经济学》（"研究生教学用书"，山西经济出版社2001年版）；（5）《发展经济学通俗读本》（江苏人民出版社、江苏凤凰美术出版社2017年版）。其中，篇幅最长、内容最为完备和详尽的为山西经济出版社2001年出版的"研究生教学用书"（以下简称"研究生用书"）《发展经济学》，全书共16章，66.5万字。但所有这些教材和著作，基本上都是以1989年出版的《发展经济学》为基础或蓝本的，或为扩展本或为压缩本，或为普及本或为深化本。

该书出版后，在学术界引起了强烈反响。中国经济思想史著名学者胡寄窗曾评价

---

① 马颖，王爱君. 谭崇台先生对发展经济学研究的杰出贡献——写在谭崇台先生执教66周年之际［J］. 武汉大学学报（哲学社会科学版），2014（06）：128－134.

道："此书内容丰富，言论精辟，特别是将西方学者的观点进行了对比分析，为建立一门新的发展经济学做出了贡献。"① 张培刚也赞誉该书"达到了较高的理论水平"；美籍华裔学者顾应昌认为这是"一部宏大的著作"；其他美籍华人学者如张文村等认为该书达到了国外同类著作的先进水平。② 普林斯顿大学的邹至庄也曾给予高度评价。③ 著名发展经济学家、哈佛大学国际发展研究所前所长德怀特·帕金斯（Dwight Heald Perkins）在给谭崇台的信中说："本书内容充实，覆盖面广，是一本标准教科书。"④ 多年来，该书被数所重点大学用作教材，成为国内经济学界，尤其是学习和研究发展经济学的年轻学者的必读书。1992 年，该书获国家教委国家级优秀教材奖，后被教育部遴选为研究生通用教材。2002 年，为适用于本科生教学而改版发行的《发展经济学概论》，再度获全国高校优秀教材一等奖。2003 年，该书作为大陆优秀著作以繁体字版本在台湾地区出版和发行。2009 年在发行 10 年之后，该书获"第二届张培刚发展经济学优秀成果奖"。该书已连续印刷 10 余次，发行数万册。据 2012 年《中国人文社会科学图书学术影响力报告》显示，该书跃居经济学著作影响力排名前十位。

（二）《西方经济发展思想史》：经济思想史研究的突破性尝试

该书于 1993 年由武汉大学出版社出版，1995 年修订再版，被誉为国内外第一部以经济发展思想为脉络的西方经济学说史。以往经济思想史的研究成果，其分析思路通常都以价值论和分配论为主线而展开；这一框架体系下的研究，势必淡化甚至忽视经济思想史中涉及经济增长和经济发展的思想内容，不利于全面总结和深刻认识经济学家们的经济理论与经济学说。该书出版以前，无论在中国还是西方，均不曾有从经济发展思想视角阐述经济思想史的著作问世。该书则突破西方经济学说史的传统研究框架，尝试从经济发展思想的视角来总结和阐述经济思想史。

从内容上看，作者首先对"经济发展思想"作出了科学界定，将之定义为有关"国民经济发展和增长问题的原理、学说以及由此而作出的政策推论"⑤。作者将经济发展思想涉及的具体内容概括为 11 个方面，即：投入要素的数量和质量以及影响它

---

① 参见李功耀. 谦逊的学者，淡泊的宗师——记经济学家谭崇台教授 [J]. 财政监察，2002（07）：4－9.

② 参见张卫东. 发展经济学研究的新成果——评谭崇台主编的《发展经济学》[J]. 财经科学，1991（01）：67－68.

③ 参见李惠群. 采众家之长　扬一家之言——评谭崇台主编《发展经济学》[J]. 经济学家，1990（04）：121－125.

④ 谭崇台. 说明 [A]. 谭崇台. 发展经济学 [C]. 太原：山西经济出版社，2000.

⑤ 谭崇台主编. 西方经济发展思想史 [M]. 武汉：武汉大学出版，1993：2.

们的因素，如人口变动、人力资源开发、储蓄与资本形成、技术进步等；投入要素的配合、竞争与替代及相互约束；资本的配置和人口与资本的流动；部门之间在经济发展过程中的关系；对外贸易对经济增长的作用；调动国内资源和利用国外资源的关系；教育、卫生和环境与经济增长和经济发展的关系；持续经济增长的可能性和前景；对经济增长和经济发展过程的基本看法；经济增长或经济发展的阶段；可供经济增长或经济发展问题论证和分析的观点与方法等。[①] 也就是说，在作者看来，所谓经济发展思想，从其具体表现形态上看，主要就是这 11 个方面的相关思想。换言之，该书所总结和考察的就是这些思想产生发展的历史。从"历史"时段上看，该书将西方经济发展思想的起点上溯至 15～17 世纪的重商主义时期，将下限延伸到 20 世纪 40 年代末哈罗德—多马增长模式问世之前。[②] 该书用 22 章的篇幅，详细考察了这一历史时段内始自重商主义和重农学派，及至其后的亚当·斯密、李嘉图、西斯蒙第、萨伊、马尔萨斯、西尼尔、约翰·穆勒、李斯特、罗雪尔、施穆勒、J. B. 克拉克、马歇尔、庇古、维克塞尔、卡塞尔、俄林、凯恩斯、汉森、熊彼特、库兹涅茨、柯林·克拉克 21 位经济学大师的经济发展思想。

该书出版后得到了学术界的充分肯定，被认为"是一部很有价值的著作，阐述了许多重要的理论问题，丰富了中外经济发展思想史"[③]。"实现了经济思想史领域的一次突破性尝试。"[④] "填补了经济学说史在经济发展思想史研究中的国内空白。"[⑤] 该书获多项国家级奖项，1995 年获教育部首届人文社会科学优秀成果一等奖，1997 年获国家图书奖，1999 年获国家社科基金项目优秀成果二等奖。

（三）《发展经济学的新发展》：探讨发展经济学新进展的开拓性著作

该书是作者在前期研究成果的基础上对发展经济学作出的新研究，1999 年由武汉大学出版社予以出版。此前，作者对发展经济学的研究，所参考的西方学者的文献资

---

① 参见谭崇台主编. 西方经济发展思想史 [M]. 武汉：武汉大学出版，1993：4.

② 作者认为："从哈罗德—多马增长模式出现开始，对经济发展问题的研究进入了一个崭新的阶段，西方经济学家以既有的经济理论为基础，联系发展中国家的发展实际，逐渐形成了一个新的经济学科——发展经济学。"（谭崇台. 西方经济发展思想史 [M]. 武汉：武汉大学出版社，1993：11－12.）

③ 傅殷才，文建东. 发展经济学的新贡献——读谭崇台主编的《西方经济发展思想史》[J]. 世界经济，1994（07）：83－84.

④ 王元璋. 经济思想史领域的突破性尝试——读谭崇台教授主编的《西方经济发展思想史》[J]. 经济学家，1994（03）：123－125.

⑤ 马颖，王爱君. 谭崇台先生对发展经济学研究的杰出贡献——写在谭崇台先生执教 66 周年之际 [J]. 武汉大学学报（哲学社会科学版），2014，67（06）：128－134.

料大部分取材于 20 世纪五六十年代，小部分涉及 70 年代，至于八九十年代的最新成果则更少涉猎。该书正是使用西方学者 70 年代以后，特别是八九十年代的最新成果对发展经济学所作的新研究。作者的意图非常明确，就是要考察 70 年代以后发展经济学的新发展。

从内容上看，该书的思想脉络是把发展经济学的演变过程划分为三个阶段，即：（1）20 世纪 40 年代末至 60 年代中期，为以结构主义为主导思想的阶段；（2）20 世纪 60 年代中期至 70 年代末，为以新古典主义为主导思想的阶段；（3）20 世纪 80 年代初开始，为以新古典政治经济学为主导思想的阶段。该书重点考察的是 70 年代以后以新古典主义和新古典政治经济学为主导思想的发展经济学的新发展。全书除导论外，共分为 4 编，也就是分为 4 个专题，分别考察了"新古典主义的复兴""新古典政治经济学的兴起""新增长理论的形成""可持续发展研究"。这 4 个专题中，"新古典主义的复兴"所考察的是第二阶段中发展经济学的新发展；其余 3 个专题均考察的是第三阶段中发展经济学的新发展。其中，"新古典政治经济学的兴起"重点考察了发展经济学在第三阶段中出现的三种主要思路，即探讨经济发展问题的新制度主义经济学、新历史经济学和寻租经济学；剩余 2 个专题分别考察这一阶段新出现的两大理论，即"新增长理论"（亦被称为"内生增长理论"）和"可持续发展理论"。可见该书是一部全面、系统、深入地探讨西方发展经济学新进展的开拓性著作。由于这方面的学术成果以前尚不曾见，因而该书也是一部填补这方面研究空白之作。

该书出版后，在学术界产生了十分重要的影响。被认为"是我国发展经济学理论研究的又一重大突破和重要贡献"[1]。"是国内外第一部全面系统地评述近 20 年发展经济学的最新发展的专著。"[2] 被诸多著名高校西方经济学博士点列为发展经济学研究方向博士生的教材或指定参考书。该书也获多项奖励，于 2001 年获湖北图书奖，2002 年获武汉大学第九届人文社会科学优秀成果一等奖，2003 年获教育部人文社科研究优秀成果二等奖。

（四）《发达国家发展初期与当今发展中国家经济发展比较研究》：拓展发展经济学理论视野的新尝试

该书为作者对发展经济学作出的"扩大研究领域"之作，被列入"武汉大学学术

---

① 夏振坤．经济发展理论的新进展——《发展经济学的新发展》一书评介 [J]．社会科学动态，2000（06）：47 - 49．

② 郭熙保．评谭崇台教授主编的《发展经济学的新发展》[J]．经济学家，2000（04）：121 - 122．

丛书"予以出版。据说:"谭先生曾谈到,鉴于一些西方学者宣扬以英国为代表的西方国家发展模式是各国发展统一模式的错误观点,有必要写一部运用发展经济学理论对发达国家发展初期和当今发展中国家进行比较研究的著作予以反驳。"① 该书就是通过"跨期比较"进行这种"反驳"的回应之作。该书"把分析的触角延伸到发达国家早期发展的历史进程之中,历史地分析发达国家早期由传统农业社会转型为现代工业社会的具体历史条件和历史环境,并与当今发展中国家经济发展进行跨期比较,从而为当今的发展中国家经济发展提供实践经验和理论依据,并进一步丰富发展经济学的理论"②。

从内容上看,该书洋洋近 60 万字,除绪论外共分三篇:第一篇为经济发展历程考察,分别对英、法、德、美、日等发达国家的经济发展历程,以及当今发展中国家的经济发展进行历史考察,为在发展经济学分析框架中进行具体的"跨期比较"提供全方位的客观基础;第二篇为经济发展要素比较,分别从人口、资源、环境、资本形成、技术进步、对外贸易、国际投资等经济发展要素角度,对两类国家进行全面、系统的对比分析,探求与发展中国家经济发展要素相适应的经济发展途径和政策建议;第三篇为经济发展模式比较,从工业化、农业现代化、城市化与人口流动、政府作用等角度,详细比较两类国家在不同历史时期经济发展的道路或发展模式,探求不同国家选择发展道路或发展模式的历史背景、基本政策及其经济绩效。用谭崇台自己的话说:这是"拓展发展经济学理论视野的一种新尝试"③。

该书出版后,也赢得了学术界的广泛好评。被称为"一部理论体系宏大、内容丰富的发展经济学新著"④;"堪称开创性的研究成果",作者"以扎实的功力将发展经济学推进到了一个新的高度"⑤;"该书拓展了发展经济学的研究领域,取得了一系列原创性研究成果"⑥。2013 年,该书获教育部人文社会科学优秀成果一等奖。

---

① 马颖. 一代宗师驾鹤去 留得雄文在人间——缅怀我国著名经济学家谭崇台教授 [J]. 金融博览,2018 (02):68 - 69.

② 谭崇台. 发达国家发展初期与当今发展中国家经济发展比较研究 [M]. 武汉:武汉大学出版社,2008:5.

③ 谭崇台. 发达国家早期与当今发展中国家经济发展的跨期比较——拓展发展经济学理论视野的一种新尝试 [J]. 皖西学院学报,2005 (06):1 - 3.

④ 茶洪旺.《发达国家发展初期与当今发展中国家经济发展比较研究》评介 [J]. 经济学动态,2008 (10):136.

⑤ 任放. 评《发达国家发展初期与当今发展中国家经济发展比较研究》[J]. 世界历史,2009 (04):122 - 125.

⑥ 洪银兴,张二震. 在跨期比较中拓展发展经济学的研究——评《发达国家发展初期与当今发展中国家经济发展比较研究》[J]. 经济研究,2008,43 (11):157 - 159.

二、对中国发展经济学的开拓性贡献

从谭崇台的代表性著作可以看出,他的研究领域集中在发展经济学学科,主攻方向是西方发展经济学。也就是说,他毕生所从事的主要事业就是对西方发展经济学的全面考察、系统介绍与深入研究。在此过程中,他作为"中国发展经济学第一人",始终基于中国立场,紧密联系中国实际,为中国全面了解、正确认识和科学对待西方发展经济学做出创新性探讨,为促进中国经济增长与经济发展寻找有益的借鉴与启示。可以说他从为中国经济增长与经济发展寻找借鉴与启示的角度,在中国的发展经济学领域做出了创新性研究与开拓性贡献。

(一)厘清两个概念

要考察西方发展经济学,首先必须对发展经济学的研究对象做出科学界定。根据他的界定:发展经济学的"研究对象是发展中国家的经济增长和经济发展问题"①。这里涉及发展经济学研究中必须厘清的两个基本概念,即经济增长与经济发展。

西方发展经济学家在这个问题上存在各种看法,有的把这两个概念并列起来;有的在似乎应当用"发展"一词时却使用的是"增长"一词;还有的在指出两者某些区别时,又说这两个词可以交换使用。② 谭崇台在这一问题上则做出了一个重大的理论贡献,就是将"增长"与"发展"严格区分开来。早在1982年,他就明确指出:"经济增长和经济发展这两个概念是有区别的。"③ 后来,他对两者的区别做了详细解说。在他看来,经济增长是针对"产出"而言的,指一定时期内一国或一地区产出数量的增加,通常用国民生产总值(GNP)来衡量;而经济发展则表明经济增长带来的社会经济在质量提升上的变化,如投入结构、产出结构、产业比重、分配状况、消费模式、社会福利、文化教育、群众参与等的变化。因而,"经济增长的内涵较狭,是一个偏重于数量的概念,而经济发展的内涵较广,则是一个既包含数量又包含质量的概念"。同时,他也强调这两个概念既有区别也相互联系,"经济增长是手段,经济发

---

① 谭崇台. 发展经济学 [M]. 上海:上海人民出版社,1989:1.
② 参见谭崇台. 发展经济学 [M]. 上海:上海人民出版社,1989:7.
③ 谭崇台. 从资产阶级经济思想史看经济发展理论的源流 [J]. 武汉大学学报(社会科学版),1982(03):20-26,84.

展是目的。经济增长是经济发展的基础，经济发展是经济增长的结果。一般而言，没有经济增长是不可能有经济发展的，但有经济增长不一定有经济发展"。他特别强调要防止"有增长而无发展"或"无发展的增长"[①] 现象的发生。这一思想对中国经济发展战略的制定具有重要启示意义，与中共中央先后提出的"科学发展观""五大发展理念"和"高质量发展"要求颇相吻合。

（二）理清演进脉络

和任何学科一样，西方发展经济学也有一个产生发展演进的历史过程；甚至在其产生之前还有一个"前史"的孕育过程。谭崇台创新性地对西方发展经济学的这个历史过程做了"全程"梳理。

首先，他追溯了西方发展经济学的"前史"。他指出："在发展经济学作为一门学科兴起之前，西方经济学说史中已经发现有丰富的经济发展思想，经济发展思想是和资本主义同步出现的。"[②] 他在著作《西方经济发展思想史》和自己发表的相关论文中对西方上自15～17世纪的重商主义、下讫20世纪40年代末哈罗德—多马增长模式问世之前的经济发展思想进行了全面考察与系统梳理，追溯了西方发展经济学的理论渊源与萌生过程。

其次，他确定了西方发展经济学的起点。他指出：尽管早在第二次世界大战前，不少西方经济学家头脑中即已产生了各有侧重点的经济增长和经济发展思想；但是"这些思想还不具备作为一门学科的发展经济学的应有条件和必要条件"[③]，因而并不存在所谓"1945年以前的发展经济学"。这就为发展经济学的诞生确定了起点。也就是说，从时间上看，发展经济学是1945年以后随着殖民体系的瓦解并适应发展中国家独立发展的需要才诞生的一门新兴学科；从内容上看，它是在哈罗德—多马增长模式问世之后才正式产生的。

再次，他梳理出发展经济学兴起演进的"第三阶段"，并创新性地概括了这一阶段的理论特征。西方发展经济学经历的第一阶段和第二阶段，即20世纪40年代末至60年代中期和60年代中期至70年代末，这两个阶段的理论特征是什么，在发展经济学领域已大体形成共识，即大都认为第一阶段以结构主义为主导，第二阶段以新古典主义复兴为特征。进入20世纪80年代之后，发展经济学发生了巨大变化，实际上已

---

① 谭崇台. 发展经济学 ［M］. 上海：上海人民出版社，1989：10.
② 谭崇台. 发展经济学 ［M］. 上海：上海人民出版社，1989：17－18.
③ 谭崇台. 发展经济学 ［M］. 上海：上海人民出版社，1989：656.

形成一个新的发展阶段,他将之称为"第三阶段";这一阶段的理论特征是什么,发展经济学界此前尚不曾做出权威性概括和总结。从这一阶段与前一阶段发展经济学的联系与区别的比较中,他探讨了这一阶段的理论特征。认为这一阶段的发展经济学既继承了前一阶段新古典主义的分析方法,又纠正了它们的一些理论缺陷,如忽视政府和制度因素在经济发展中作用的缺陷等。这个"第三阶段"所特别强调的是制度在经济发展中的关键性作用,本质上体现出新古典政治经济学的理论特征。因此,他把第三阶段的发展经济学概括为新古典政治经济学阶段。他对发展经济学"第三阶段"所做的概括及其理论特征的分析,得到了学术界的普遍认同和广泛赞誉,被认为是对发展经济学的一个重要理论贡献。[①]

最后,他回答了发展经济学是否"停滞"或"衰亡"的问题。针对西方一些发展经济学家看衰这门学科,甚至认为它已陷入"停滞"或走向"衰亡"的观点,他指出:发展中国家是不容忽视的客观存在,其经济发展并未停滞;各发展中国家的历史条件、社会经济基础和文化传统不尽相同,所走的道路也不一样,会积累多样的经验教训。这些都是发展经济学取之不尽的源泉,需要经济学家们认真总结,揭示本质,找出规律。因此,他断言:"发展经济学是一门具有生命力的年轻科学。"[②] 这就相当于郑重宣告:发展经济学这门学科的演进过程并未"终结",它方兴未艾,大有发展前景。

(三)秉持科学态度

首先,谭崇台对西方发展经济学在总体上持两面观。在他看来,怎样对待西方发展经济学,这是一个研究发展经济学必然会面临,而且必须要处理的重要问题。他的看法是,应当全面考察,坚持两面观。

一方面,他指出,西方发展经济学是出自西方学者的立场和观点而形成的学科,它在形成初期就不免带有几分殖民主义的色彩;它在理论上受到带有内在缺陷的新古典主义的强大影响,在实践上与发展中国家的实际情况不相符合;学者们大都持有显而易见的偏见,如新古典主义经济学家主张"单一经济学",认为各国经济发展途径相同,强调他们提出的理论见解和发展模式既适用于解释发达国家的经济发展,也适用于不发达的发展中国家。他认为,这种说法显然带有明显的庸俗性质。因而,他提

① 参见郭熙保.谭崇台先生对中国发展经济学发展的贡献 [J].经济评论,2008 (06):5-8,30.
② 谭崇台.发展经济学 [M].上海:上海人民出版社,1989:675.

出对于西方发展经济学"不宜全盘肯定而主张无所取舍地、无所鉴别地学习它、接受它"①。

另一方面,他认为西方发展经济学形成的背景是发展中各国经济发展的实践及其经验教训的总结,学者们提出的发展思路及理论学说对发展中国家又具有启发作用和借鉴意义。例如,结构主义思路重视发展中国家社会经济结构的特殊性,强调发展过程具有失衡的特点,提出相应的结构改革主张;新古典主义思路注重运用实证分析方法,对经济发展中的人口、工业、农业、贸易、财政、金融、教育等因素进行大量细致的实证性研究,得出的结论既具有一定的理论价值,又具有一定的实际意义等。在他看来,这些都"比较正确",具有"参考价值"或可资"洋为中用"。因而,他提出对于西方发展经济学"也不宜全盘否定而给它帖上'庸俗经济学'的标签,对它不屑一顾"②。

其次,谭崇台对西方发展经济学的许多理论观点作出了客观公允的分析和评价。

例如,对于"新古典主义的复兴"③问题,西方学者存在迥然不同的看法,谭崇台则作出了客观的分析和公允的评价。他联系西方发展经济学演进变化的历史背景,客观地分析了新古典主义的复兴。他认为,这种复兴并不代表对前阶段发展经济学有关理论和政策的全盘否定,因为这些理论和政策在一定程度上还是发挥了有益的作用的;同时,这种复兴也不表明它已成为西方发展经济学的唯一体系,因为结构主义和激进主义的发展经济学实际上仍在继续坚持发声并产生影响。在他看来,这种复兴所表明的是此阶段发展经济学家们对前阶段理论和政策的纠偏和修正,"正表明人们对经济发展问题有了比过去较为全面、较为深刻的了解和认识,正表明了发展经济学在某些方面和某种程度上的自我完善"④。

他对新古典主义复兴所做的评价,是从积极意义和消极影响两个方面展开的。

就其积极意义而论,他指出:从理论上看,新古典主义的复兴导致了经济发展思想在认识上的重大转变,"概括起来就是,从片面强调工业化,转而重视农业进步;从片面强调物质资本的积累,转而重视人力资源的开发;从片面强调计划管理,转而重视市场机制;从片面强调保护性的内向发展,转而主张开放性的外向发展,特别是在贸易战略上从进口替代转而采取出口鼓励"。从实践上看,他指出:这些转变集中

---

①② 谭崇台.发展经济学 [M].上海:上海人民出版社,1989:645.

③ 20世纪70年代,发展经济学在许多问题的分析中,恢复了新古典主义的观点,并扩大了新古典主义的应用,大有新古典主义卷土重来,把发展经济学纳入"单一经济学"一统天下之势。这种情况被人们称为"新古典主义的复兴"。

④ 谭崇台.发展经济学 [M].上海:上海人民出版社,1989:673.

到一点，就是促使"发展中国家必须从僵硬的、低效率的、缺少活力的计划管理模式的束缚中解脱出来，迈步走向市场经济"①。他以"亚洲四小龙"为例，总结和肯定了较早走向市场经济道路取得经济快速增长的发展中国家与地区的成功经验。

就其消极影响来说，他指出："新古典主义经济学的灵魂，是把市场调节这只'看不见的手'提到至高无上的地位，特别是以'自由主义'（Liberal）自称的新古典经济学更是反对任何力量对市场的干预，主张一国经济无论对内对外都要一切放开，实行完全的'自由化'"，它所带来的消极后果是"金融自由化理论和政策受到了过分的推崇""出口鼓励战略的利益受到了过分的渲染""一些发展中国家忽视了金融体系的健全"。② 他还以1997年发生的东南亚金融危机为例，论证了新古典主义复兴带来的消极影响。他联系发展经济学演进变化的历史背景，结合东亚经济奇迹的创造和东南亚金融危机的发生，从理论和实践两个方面对新古典主义复兴所作出的这些分析与评价，客观公允，见地深刻。

再如，对经济发展过程中的市场调节与国家干预问题，西方发展经济学家也众说纷纭。他在详加介绍的基础上略加综合，进行了客观公允的分析和评价。他认为，西方发展经济学家关于发展中国家必须大力发展商品经济，充分发挥市场机制作用的看法；关于发展中国家不能听任国民经济完全由市场机制引导，因为市场有其固有的缺陷，应当"两手"并用的主张，是"正确的"，"值得一切发展中国家重视"。西方发展经济学家在对计划管理和市场机制所做出的比较细微、深刻的分析中，提出的有些论点是有一定道理的。例如，他们认为失控的市场机制会引起垄断，会带来投机，会出现外在经济负效益，会在未达到最优规模前片面追求数量的增长，会不能保证国家目标的实现等，就很有道理。他联系中国实际，认为西方发展经济学家的"两手"分析会"使我们对经济体制改革方向的正确性加强认识"③，即会增强我们对经济体制改革方向正确性的认识，坚定不移地实行中国特色的社会主义经济体制改革。这是他在20世纪80年代发表的看法，是中国较早客观分析和公允评价西方发展经济学家关于市场调节与国家干预问题观点的真知灼见。其后，他在许多论著中多次谈到这一问题，并形成了较为系统的见解与主张。他的见解与主张是：向市场经济迈进是发展中国家谋求经济发展的必由之路；但实行市场经济必须加强政府的宏观调控，发展中国

---

① 谭崇台. 发展经济学的新发展 [M]. 武汉：武汉大学出版社，1999：91.
② 谭崇台. 发展经济学的新发展 [M]. 武汉：武汉大学出版社，1999：95 – 102.
③ 谭崇台. 西方发展经济学家对"看得见的手"与"看不见的手"的对应分析 [J]. 经济研究，1987（02）：69 – 75.

家尤应如此；宏观调控必须是适时适度的，应当更多地采用经济手段，防止往昔的计划管理意识潜入宏观调控之中；宏观调控是外生变量而非内生变量，因而不属于市场经济范畴；要防止工作人员滥用权力，把权力推入市场。他特别重视西方发展经济学家的“两手”分析，强调既要重视市场机制这只“看不见的手”，又要重视国家干预这只“看得见的手”，要“两手并举”。他还强调市场经济从初生、成长到成熟是一个渐进的过程，宏观调控的作用在这一过程中会表现出不同的情形与特征，政府的宏观调控应同市场经济的有序发展相适应，防止滥用权力的“寻租行为”发生。[①] 这些见解和主张，不仅相当系统和深刻，而且在当时来说，大都富有前沿性、新颖性和开创性的特征。

（四）建构学科体系

由于发展经济学是第二次世界大战后才兴起的年轻学科，因而其体系尚不够完备；而且西方学者们对这一学科的建构也各行其是、五花八门。谭崇台深感有必要借鉴西方学者已有成果，并结合中国实际，建构一个独具特色的完备学科体系。他指出：“发展经济学是经济学科的分支，应该有相对独立的理论体系。”[②]

他对发展经济学学科体系的建构工作，始终贯穿他撰写和主编的发展经济学专著和教材之中，尤其以 1985 年由人民出版社出版的第一部专著《发展经济学》、1989 年由上海人民出版社出版并被列入国家教委高等学校文科教材“七五”编写计划的《发展经济学》和 2001 年由山西经济出版社出版的“研究生教学用书”《发展经济学》这 3 部书为代表，大致经历了一段“三步曲”，即从 1985 年版的初步构建，经由 1989 年版的基本成型，再到 2001 年版的臻于成熟。2001 年版的《发展经济学》可视为其学科体系建构得较为成熟的代表作。

综合起来看，他所建构的发展经济学，是一个围绕发展中国家经济增长和经济发展问题的探讨，通过基础理论概述、专项理论分述、发展现实验证、重要问题阐释的板块布局与逻辑结构，而有机形成的独特的理论框架与学科体系。以 2001 年版的《发展经济学》为例，全书共 16 章，“基础理论概述”为前 3 章，其内容包括：界定发展经济学的研究对象、追溯发展经济学的思想渊源与发展经济学兴起和演进的轨

---

① 参见谭崇台. 发展中国家向市场经济迈进时必须加强宏观调控 [J]. 经济学家，1994（06）：25 – 33，122.

② 谭崇台. 应该重视大国经济发展理论的研究——欧阳峣等著《大国经济发展理论》评介 [J]. 经济研究，2014，49（06）：189 – 192.

迹;介述西方经济增长的基本理论和西方学者关于经济发展的基本思路。"专项理论分述"为第4~14章,其内容围绕发展中国家为谋求经济发展所必须通盘考虑的主要问题,分若干专题分别展开讨论,所讨论的问题包括:资本如何积累、人力资源如何开发、工业化与农业现代化如何进行、人口在部门之间如何流动、发展优先次序如何选择、对外贸易如何开展、国外资源如何利用、财政政策与货币政策如何制定、计划与市场调节的关系如何处理、投资项目的成本与收益如何评价、可持续发展如何实现等。这一部分是全书的主体和重点,它实际上是以专题形式分别阐述经济发展的各种因素、相关战略与政策、内在机制、外部条件等各项具体的理论或原理。"发展现实验证"为第15章,内容为考察20世纪50~90年代末发展中国家经济发展的现实。"重要问题阐释"为第16章,逐一阐释怎样对待西方发展经济学、是否存在着1945年以前的发展经济学、凯恩斯理论在第一阶段发展经济学中居于什么地位、怎样看待"新古典主义的复兴"4个问题。可见,从技术上讲,他所建构的是一个基础理论与专项理论相结合、理论阐述与现实验证相结合、一般阐述与重点阐释相结合的叙述结构与分析框架;从内容上讲,他实际上是围绕着发展中国家经济增长和经济发展问题,在科学界定发展经济学研究对象和充分吸收西方发展经济学合理成分的基础上,建构的一个全方位、多角度、多层次、成系统的发展经济学理论框架与学科体系。"这一体系与国外同类著作体系的不同在于,它是按照一门学科的体系来设计的,体现了规范、完整、系统、精确的要求,因而自1985年提出到1989年定型后,受到了国内外同行的认可和好评,对这门学科在我国的发展产生了重要影响,以后的许多发展经济学教材,多是以这个框架作为基础来构建的。"①

这一体系有两个较为明显的特色:一是它的理论阐述建立在充分吸收西方发展经济学合理成分的基础之上;二是它的技术风格是教科书式的。

仍以2001年版《发展经济学》为例,该书从目录到内容再到参考文献,都非常明显地显示了作者对西方发展经济学的充分吸收。从目录上看,该书的有些"节"标题就是直接以西方学者理论或西方学术范式命名的,如第二章第一至第三节的"哈罗德—多马经济增长模式""新古典增长模式""新剑桥学派的经济增长模式";第三章第一至第四节的"经济发展的结构主义思路""经济发展的新古典主义思路""经济发展的新古典政治经济学思路""经济发展的激进主义思路";第七章全四节的"刘易斯模式""拉尼斯—费模式""乔根森模式""托达罗模式";第十二章第一节的

① 薛进军. 谭崇台经济学思想述评 [J]. 中国社会科学, 1994 (06): 50-63.

"罗森斯坦—罗丹、拉尔和约翰逊的论证"等。从内容上看，该书所阐述和介绍的基本上都是西方发展经济学家的相关理论、认识、见解与主张等；有些章节下所设的"目"就直接显示为西方学者的理论，如第四章第二节"资本形成的基本理论"之下六个"目"的小标题，分别为"纳克斯的'贫困恶性循环'理论""纳尔逊的'低水平均衡陷阱'理论""莱宾斯坦的'临界最小努力'理论""罗森斯坦—罗丹的'大推进'理论""缪尔达尔的'循环积累因果关系'理论""对'惟资本论'的批评"，其下所述内容即均为对西方学者相关理论的介述与简评。从参考文献看，该书页下注约370条，其中仅10余条为国内学者的文献，其余全为西方学者的文献；该书后附参考文献共列268项，其中，外文文献232项；中文文献仅36项，而且大都为外文译著与少量中文作者（含作者自己）发展经济学方面的文献。换言之，其所注所列的基本上都是西方发展经济学的相关文献。所以，作者对发展经济学理论框架和学科体系的建构，充分体现了对西方发展经济学合理成分的吸收。当然，这种"吸收"并非不讲原则，而是基于作者对西方发展经济学的两面观而有分析、有批判地吸收的，可以说，是一种详加分析批判地充分吸收。此外，从技术风格上看，该书被指定为"研究生教学用书"，相较于作者编写的其他几种本科生教学用书和普及本读者用书而言，是专业性更强、学术性更高的书；但无论哪种用书，其出发点都是为了给阅习者提供全面系统的西方发展经济学基础理论与专业知识，所体现的是教科书式的特色。所以，著名发展经济学家帕金斯（D. H. Perkins）致函谭崇台，赞誉其主编的《发展经济学》"是一本标准教科书"①，是相当中肯和贴切的。

（五）联系中国实际

谭崇台在引进和研究西方发展经济学的过程中，始终不忘联系中国实际，利用西方发展经济学的相关理论考察和分析中国经济发展中的困难和问题，从中寻找有益的借鉴和启示，并在此过程中为发展经济学注入中国元素，拓展和深化西方发展经济学的研究，他在这方面做出了诸多颇有创意和特色的理论贡献。其中，最为突出者可列出如下三点：

1. 将中国经济发展问题的探讨纳入发展经济学研究的理论框架之内

这是谭崇台的一贯认识和主张。早在1985年出版的《发展经济学》中，他就明确提出了要把中国的经验教训和其他发展中国家的经验教训进行比较，"建立崭新的、

---

① 谭崇台. 说明［A］. 谭崇台. 发展经济学［C］. 太原：山西经济出版社，2000.

科学的发展经济学"①。此后，他在系统和大量引入西方发展经济学的同时，也一直致力于从发展经济学视角探讨中国经济发展问题，"希望通过总结和概括中国发展道路及其经验，建立适合于中国国情的发展经济学理论"②。在他看来，中国在经济发展过程中有许多经验教训，也面临许多发展经济学所研究的问题，"发展经济学所研究的基本问题也是我国长期以来在经济建设中力图解决而未能很好解决的问题"，因而，发展经济学应该关注和研究中国经济发展的问题，中国经济发展的问题也应该纳入发展经济学研究的理论框架之内进行探讨。他呼吁，中国的经济学家要勇敢地承担起这项研究和探讨工作，"在马克思主义理论指导下，采用科学的分析态度，对西方发展经济学进行鉴别比较，去粗取精，不断地总结各种类型的发展中国家特别是我国的经济发展的经验教训，以建立适合我国国情的发展经济学，这是摆在我们面前的一项具有重大意义的工作"③。他指出，这项研究和探讨工作，不能寄希望于西方发展经济学家，这是因为"西方发展经济学家所研究的一般是发展中的小国或小地区，对发展中国家的情况往往知之不多，知之不深。特别是，能以马克思主义为指导，以有中国特色社会主义市场经济发展为对象的研究成果在国外尚未出现，也不可能出现。而这一历史任务还有待中国经济学家去努力完成"④。这就是说，纳入发展经济学研究的理论框架之内探讨中国经济发展的问题，既有必要，也有意义，是中国经济学家责无旁贷的光荣任务和神圣使命。

20 世纪 80 年代末期，张培刚就曾明确提出在发展经济学的研究中"发展中大国应该成为重要的研究对象"的命题，这与谭崇台关于把中国经济发展问题的探讨纳入发展经济学研究的理论框架之内的见解不谋而合。谭崇台明确指出："关注大国的经济发展是发展经济学的重要工作"，他强调："对大国的关注还不能仅仅停留在经济的总量上，如对 GDP、国土面积、人口数量等问题的研究，而应更多地关注大国经济结构的调整上，这才是经济发展的内涵。一些发展中国家在经济取得一定的发展之后，却难以摆脱'中等收入陷阱'，中国在较长的时间中不易实现经济结构转型的问题，都在不断地证明这个问题的重要性。"⑤即认为这种研究的关注点应放在经济发展的内涵而不是经济总量上，为在发展经济学研究的理论框架下探讨发展中大国的经济发展问题指明了方向。

---

① 谭崇台. 发展经济学 [M]. 北京：人民出版社，1985：182.

②⑤ 谭崇台. 应该重视大国经济发展理论的研究——欧阳峣等著《大国经济发展理论》评介 [J]. 经济研究，2014，49（06）：189 - 192.

③ 谭崇台. 十年来我国对发展经济学的研究和应用 [J]. 中国社会科学，1990（02）：135 - 149.

④ 谭崇台. 评《发展经济学与中国经济发展》[J]. 经济研究，2001（11）：82 - 83.

2. 借用凯恩斯用语创造性地分析中国"丰裕中贫困"现象

凯恩斯（J. M. Keynes）曾用"丰裕中贫困"来描述资本主义发达国家存在的贫困和失业现象。谭崇台颇有创意地借用这一用语用以分析中国的类似情况，他最初是在一个学术会议上提出这一问题的，后在《经济学动态》（2002）和《经济学家》（2003）发文详加阐述。① 他认为，中国在进入 21 世纪后，总体上已告别短缺经济时代，但同时也出现了类似于凯恩斯所说的"丰裕中贫困"的现象，具体表现为：有效需求不足，主要是消费需求不足；相对贫困扩大和绝对贫困继续存在；失业问题尚难解决；环境污染和生态破坏严重等。他认为，这是发展中国家经济发展史上的一个新问题、新现象。如何看待这种现象？他对照凯恩斯的用语做了认真分析，指出中国出现的这种现象虽然在表象上与凯恩斯所说的"丰裕中贫困"相似，但却存在着本质的差异：资本主义发达国家存在这种现象是不可避免的，是固有的特殊现象和弊端，而中国则是社会主义国家，经济发展的目标是摆脱贫困，最终实现共同富裕，这种现象只是暂时的、阶段性的；中国的这种贫困呈现出的特点是结构性的，除需求不足和存在失业外，还表现为发展中国家通常出现的庞大的剩余劳动力和相对贫困现象；中国改革开放后显露出来的部分"贫困"问题，在之前即已存在，被旧体制给掩盖了；从短缺经济转为丰裕经济，按照客观经济规律，决不可能一蹴而就。但他认为，对于这种现象决不能听之任之，他提出了解决这一问题的对策建议：首先，在大前提、大方向上要坚定不移地走中国特色社会主义市场经济道路，坚持改革开放，使国民经济增强生命力，提高竞争力；其次，政府要采用积极措施，对收入不均问题采取必要的分配政策和使用可行的租税手段；最后，中国贫困问题的重中之重，是农业问题，因而要全力以赴采取积极措施，为农村剩余劳动力开辟通畅的渠道，弥补加入世界贸易组织对农业造成的重大经济损失，彻底减轻农民的沉重负担，提高广大农民收入，改变农村经济凋敝落后的面貌等。

在西方发展经济学家眼里，"丰裕中贫困"是发达国家经济的特有现象；发展中国家，特别是高度集中计划管理的发展中国家经济只会出现"稀缺中贫困"。因而，他们对发展中国家在经济发展进程中可能出现的"丰裕中贫困"缺乏足够的思想准备和理论研究。谭崇台则敏锐地观察到这一问题，并开创性地做出自己的分析，提出相应的见解与主张，是对发展经济学的一大理论贡献。正如其弟子、武汉大学经济发展研究中心前主任郭熙保所指出："剖析中国在经济发展到一定阶段后出现的'丰裕中

---

① 谭崇台. 论快速增长与"丰裕中贫困"［J］. 经济学动态，2002（11）：8－14；谭崇台. 中国经济的快速增长与"丰裕中贫困"［J］. 经济学家，2003（01）：19－26।

贫困'现象,阐述这种新现象的理论蕴涵,研究消除'丰裕中贫困'的发展战略,是谭先生在发展经济学研究中的一个重大的理论创新。"①

3. 在发展经济学视野下探讨中国的农业问题

谭崇台充分肯定西方发展经济学家关于农业在国民经济中重要地位的认识和见解,将西方发展经济学家概括的"农业四大贡献"进一步归纳为"要素贡献"和"市场贡献"两大类。认为处于低收入发展阶段国家的农业生产率一般较低,对经济发展起着很大的制约作用;对这些国家来说,提高农业生产率将对经济发展做出极大的贡献。② 他主张,在国民经济发展战略选择中要牢固树立农业是国民经济基础的思想,充分认识到农业在中国经济发展建设过程中的战略地位和关键作用。他认为,中国长期实行的是以牺牲农业为代价来强化发展工业特别是重工业的倾斜发展战略,农业始终被放在服从于、隶属于、服务于国家工业化的次要的、消极的、被动的地位。今后必须彻底清除重工轻农思想,保证农业成为国民经济的牢固基础。③

他注重从发展经济学视角来探讨解决中国农业问题的对策措施。他指出:农业发展问题是所有发展中国家经济发展中不容忽视的重大问题。④ 长期以来,西方发展经济学家把发展中国家的农业视为一个"问题部门",提出"唯工业化论""唯资本论""唯计划论"以及重内向发展而轻对外开放等各种论调和主张。他认为这些论调和主张明显地体现出结构主义思路的特征,这种畸重畸轻的思路是不利于发展中国家的农业发展的。他承认,在中国,农业确确实实也是一个问题部门。要解决这个"问题部门"的问题,必须彻底清除畸重畸轻的结构主义思路的影响,采取符合中国实际的对策措施,其中最为重要的是必须坚定不移、积极有序地引导农业剩余劳动力转移;努力提高农民收入,减轻负担,预防外部风险;尊重农民意愿,保护并调动农民的生产积极性。⑤ 从借鉴西方发展经济学关于农业基础地位的认识出发,他还提出要制定合理的农产品价格政策,大力发展农村教育和农业科技,推进农村金融改革,加强对农

---

① 郭熙保. 谭崇台先生对中国发展经济学发展的贡献 [J]. 经济评论, 2008 (06): 5–8, 30.

② 参见谭崇台. 西方发展经济学的演变和我国经济发展的反思 [C] // 全国高校社会主义经济理论与实践研讨会领导小组. 社会主义初级阶段与深化企业改革. 四川人民出版社, 1987: 602–617.

③ 参见谭崇台. 西方发展经济学对农业重要性的再认识及其借鉴意义 [J]. 武汉大学学报 (社会科学版), 1990 (01): 3–12.

④ 参见谭崇台, 邹薇. 评郭熙保教授新作《农业发展论》 [J]. 经济学动态, 1995 (08): 78–81.

⑤ 参见谭崇台. 从发展经济学看我国农业问题 [J]. 当代经济研究, 2002 (01): 26–31, 2.

业的领导等一系列对策建议。①

他借鉴西方发展经济学家的有关理论考察了中国农业剩余劳动力的转移问题。他认为,刘易斯的"无限剩余劳动模式"和舒尔茨的"传统农业改造论",对发展中国家农业部门存在的问题和出路做出了开创性的探索,产生了重大影响;但两者又存在着明显的缺陷。前者无视农民工的教育培训以提高其素质,不关心将农业剩余劳动力资源提升为人力资本;后者无视农村剩余劳动力的存在,从而淡化劳动力作为生产要素在流动中产生的有益的经济效果。② 他认为,"单纯数量上的乡村—城市人口流动的正面效应是有限的。如果不重视农民工体力和智力的开发,使原始的劳动力转化为人力资本;如果不重视农民工社会地位的改善,使他们融入城市生活的各个方面,和市民一样得到社会保障,农民工便将长期'异化'在城市之中,他们经济状况的改善是有限的,他们给城市的贡献也是有限的"。他指出:"为农民工开发人力资本,给农民工构建社会资本,是解决农民贫困、农业落后的必由之路。"③ 他所强调的人力资本开发,就是指增加人力资本投资;而所谓"社会资本",实际上所指的是由社会配置资源而形成的资本。他特别强调社会资本的构建,认为中国在农业剩余劳动力转移中存在着社会资本缺失的现象,主张通过"提升人力资本""提供社会资本"这两个重要环节,将农业剩余劳动力转移融入乡—城人口流动机制之中,具体措施包括改革现行户籍制度,建立劳动安全与保障制度,建立健全城乡统一的就业制度和城乡一体化劳动力市场,实现农民工市民化,使其融入城市社区发展等。

第三节
"双子星"对学派创建的巨大贡献

由于张培刚和谭崇台在珞珈经济学"学派"创建中处于"领军人物"的重要地位,因而他俩对学派创建的作用与贡献必然是巨大的;同时,由于他俩在学派创建中

---

① 参见谭崇台. 西方发展经济学对农业重要性的再认识及其借鉴意义 [J]. 武汉大学学报(社会科学版),1990 (01): 3 – 12.

② 参见谭崇台. 发展中国家农业问题的两种重要理论与中国现实的再思考 [J]. 经济学动态,2005 (11): 11 – 13.

③ 谭崇台. 开发人力资本 构建社会资本——解决农民贫困、农村落后问题的必由之路 [J]. 宏观经济研究,2004 (11): 26 – 30.

发挥作用的时间有先有后,学派创建在他俩发挥主要作用的时候处于先后不同的历史阶段,因而他俩对于学派创建的贡献也表现出不尽相同的情形与特点。

一、张培刚对学派具备创立条件的巨大贡献

张培刚对珞珈经济学"学派"创建发挥作用的时间段,主要在他担任武汉大学经济学系主任期间,他所承接的是珞珈先贤对该学派的初创,他的主要贡献表现在对该学派具备"创立"条件所发挥的巨大作用上;当然,他后来也为该学派创建步入相对繁盛的再创阶段做出了重要贡献。

(一)竖起学派大旗,成为学派创建具备创立条件的标志性领军人物

张培刚回到武汉大学之前,珞珈山已聚集以"部聘双杰"杨端六和刘秉麟为首的一批著名经济学者,他们也取得了令人瞩目的学术成就,并在学术界产生了较大影响;但是,无论是当时还是后来,人们都不曾将他们称为"学派"。也就是说,他们还只是"学者"或"学家"。

张培刚的到来,则彻底改变了这一状况。首先,他是哈佛大学的高才生,在哈佛大学师从一批经济学名师大家,如以"创新理论"而蜚声国际经济学界的大师熊彼特(J. A. Schumpeter),以"垄断竞争理论"而闻名的张伯伦(E. H. Chamberlin),被誉为"美国农业经济学之父"的约翰·布莱克(John D. Black),被称为"美国凯恩斯"的阿尔文·汉森(Alvin H. Hansen),以研究技术革命为中心线索的经济史学家厄谢尔(A. P. Usher),以《繁荣与萧条》一书而闻名于世的国际贸易专家哈伯勒(Gottfried Haberler),以及当时还较年轻,以倡导"投入—产出"而崭露头角,后来获得诺贝尔经济学奖的华西里·里昂惕夫(Wassily Leontief)等①,所谓名师出高徒,他是这批名师培养的高足,人才特殊;其次,他是国立武汉大学时任校长周鲠生亲赴哈佛大学聘回武汉大学经济学系的,与韩德培、吴于廑一道被誉为武汉大学"哈佛三剑客",是带着满身光环和荣耀回到武汉大学的;再次,他一回到武汉大学就受到重用,成为经济学系主任,后被任命为武汉大学校务委员会委员、总务长兼经济学系主任,曾代

---

① 参见张培刚口述,谭慧整理.《农业与工业化》的来龙去脉[A]. 张培刚. 农业与工业化(上卷):农业国工业化问题初探[C]. 武汉:华中科技大学出版社,2002:22.

理武汉大学法学院院长，一直被委以重任，是当时武汉大学经济学科的中坚骨干与学术带头人；最后，他回到武汉大学经济学系的第二年（1947年）即已接到哈佛大学关于博士学位论文获最佳论文奖和威尔士奖金的通知，越二年（1949年）该论文即被列为"哈佛经济丛书"第85卷予以出版，当时国内就有报纸以《哈佛论经济，东方第一人》为题作了报道①，可见他在武汉大学任教期间，即已声誉鹊起，蜚声海内外。

从学派创建视角考察，张培刚在武汉大学期间的最大贡献，是为武汉大学创建珞珈经济学"学派"竖起了一面旗帜。如果没有他的到来，武汉大学经济学科领域当时尽管有雄厚的师资力量，也有珞珈"部聘双杰"这样引以为豪的先贤领军人物；但无论从学术造诣与成就上看，还是从学界影响与声望上看，都还不具备独树一帜、开宗立派的成熟条件。张培刚则青出于蓝而胜于蓝，他的学术造诣与成就，他的影响与声望，在当时的中国经济学界几乎没有太多的人能望其项背，可以说他本身就是一面光彩夺目的"旗帜"。也正因为有了这面"旗帜"，所以武汉大学经济学科才得以具备创建"学派"的基本条件。因而，从这个意义上说，没有他的到来，武汉大学珞珈经济学"学派"的创建也就不会显山露水。他是一位"开创"和"奠基"了一门经济学学科的经济学大师，是一位得到国际经济学界认可的"世界级"大师，因而无论是从学术深浅度还是学界认可度来考量，他都达到了相当高的程度，是使珞珈经济学"学派"创建具备"创立"条件的标志性领军人物。

（二）确立学派创建核心理论，彰显学派有别于其他经济学流派的最大特色

如前所述，张培刚的农业国工业化理论是发展经济学的主题理论。对于国际发展经济学来说，他为这门新兴学科确定了一个"主题"；而对于珞珈经济学"学派"创建来说，他则为其从理论上确立了一个"核心"，这个"核心"就是张培刚所"开创"和"奠基"的以农业国工业化理论为主题理论的发展经济学及相关的经济增长与经济发展理论。这一核心理论所包含的内容与范围较为深邃与广袤，不仅包括张培刚的农业国工业化理论，还包括他在"拓展版"研究阶段形成的"新发展经济学"；不仅包括张培刚的相关理论，还包括在他之前和与他同时及他之后的其他诸多珞珈经济

① 参见张培刚口述，谭慧整理.《农业与工业化》的来龙去脉［A］. 张培刚. 农业与工业化（上卷）：农业国工业化问题初探［C］. 武汉：华中科技大学出版社，2002：25.

学者的相关理论；不仅包括相关理论、观点、学说，还包括相关政策主张及应用探索；不仅包括与西方发展经济学相关的理论与政策主张，而且尤为重要和极富特色的是，还包括中国作为一个发展中大国的经济增长、经济发展的相关理论与应用探索等。这一核心理论，之所以成为"核心"，其表现就在于它始终贯穿珞珈经济学"学派"创建的整个过程之中；它在珞珈经济学者作为一个学派创建共同体的学术思想体系中居于核心的地位，成为珞珈经济学者们或多或少共同关注的研究领域及发展方向，不少珞珈经济学者大都围绕着它而展开自己的学术研究并形成相关学术成果。

张培刚创立的这一核心理论，成为珞珈经济学者试图创建的珞珈经济学"学派"区别于其他经济学流派的最大特色所在、根本标志所在。首先，在国际经济学界，被称为"学派"的经济学流派很多，经济学说史上较为著名的有古典学派、新古典学派、凯恩斯主义、货币主义、供给学派、新凯恩斯主义等，以及我们在前面曾多次提及的剑桥学派、伦敦学派、芝加哥学派、弗莱堡学派等，但所有这些学派都不是以农业国工业化理论为主题理论的，都不是据此主题理论而形成其学派的系统学说与理论体系的，更不是系统深入探讨中国作为一个发展中大国的经济增长与经济发展理论与实践的；而张培刚领衔试图创建的珞珈经济学"学派"，则是以农业国工业化理论为主题理论的发展经济学及相关的，尤其与中国作为一个发展中大国的经济增长与经济发展相关的理论探讨与实践探索，彰显出与这些学派迥然不同的鲜明特色。其次，即令在发展经济学界，也同样存在着不同的流派或"学派"，如前已述及的结构主义经济发展理论、新古典主义经济发展理论、激进主义经济发展理论、新制度主义经济发展理论等。张培刚的农业国工业化理论与这些理论极为不同，它立足中国，特色鲜明，自成一派。因而，它实际上是发展经济学的一个独立学派，按照何炼成的说法也可概括为"珞珈发展经济学派"。

（三）延揽培育优秀人才，为学派创建繁盛奠定坚实基础

张培刚对于珞珈经济学"学派"优秀人才的延揽培育，发生在两个时段之内：一是在武汉大学经济学系担任系主任期间；二是他到现在的华中科技大学创建经济学科期间。

他在武汉大学经济学系担任系主任期间，如前所述曾亲自邀请了一批国外留学人员回国到武汉大学经济学系任教，包括谭崇台、吴纪先、李崇淮、刘涤源，以及周新民、刘绪贻、黄仲熊等。此间还留校了一批年轻教师，如贾植园、甘士杰、曾启贤

等。此外，还培养了一批后来成为知名学者和著名经济学家的优秀学生，如董辅礽、何炼成、刘再兴、曾启贤、万典武等。

华中科技大学①原本是一所工科院校，改革开放后张培刚曾一度想离开该校而返回母校工作；后因该校时任校长朱九思盛情挽留，他便放弃原来的想法继续留在该校，并不遗余力地为该校开展经济学科的创建工作。1981年该校设立经济研究所，他任所长；1988年创设经济发展研究中心，他任主任，1985年和1994年先后任经管学院和经济学院名誉院长；1998年该校获批西方经济学博士点，他以85岁高龄成为博士生导师。2007年西方经济学又获批为国家重点学科。

在此期间，他从无到有，不仅在华中科技大学创建了一个令人瞩目的经济学完整学科体系，而且培养了一批出类拔萃的经济学，尤其是发展经济学的优秀人才，包括他所指导的优秀硕士毕业生和优秀博士毕业生。优秀硕士毕业生如国家发展和改革委员会学术委员会原秘书长、中国国际经济交流中心首席研究员张燕生；1998年度孙冶方经济科学奖获得者、国务院发展研究中心原副主任张军扩；北京大学汇丰金融研究院执行院长、香港证券交易所首席经济学家巴曙松；国务院发展研究中心公共管理与人力资源研究所党委书记李佐军等。优秀博士毕业生如华中科技大学经济学院前任院长、二级教授、享受国务院政府特殊津贴专家徐长生；华中科技大学经济学院现任院长、二级教授、享受国务院政府特殊津贴专家张建华；华中科技大学经济学院原副院长、二级教授、博士生导师宋德勇；华中科技大学经济学院教授、博士生导师汪小勤；华中科技大学经济学院经济系原主任、教授、博士生导师方齐云；华中科技大学经济学院教授、博士生导师张卫东等。这6位优秀博士毕业生当时均为华中科技大学经济学院的青年教师，为培养学术梯队，在华中科技大学尚未获批经济学科博士点前，由张培刚和武汉大学谭崇台合作招收并共同培养，谭崇台为第一导师，张培刚具体指导，所授予的均是武汉大学经济学博士学位。他们也都参加了张培刚主持的相关课题的研究，参与了张培刚主编的《新发展经济学》和《发展经济学教程》等专著和教材的写作，其中张建华还担任了《发展经济学教程》的副主编，他们都是华中科技大学发展经济学学科点的中坚力量和重要成员。以这些教师为骨干，张培刚在华中科技大学组建了一支实力雄厚的西方经济学，尤其是发展经济学的学科队伍，后来进一步将经济发展研究中心扩展为"张培刚发展研究院"，还成立了独立法人社团"张培刚发展经济学研究基金会"，并面向海内外设立"张培刚发展经济学研究成果奖"

---

① 华中科技大学最早名为华中工学院，1988年更名为华中理工大学，2000年合并组建更为今名。为便于叙述计，以下不加区分，一律以今名相称。

和"青年学者奖",成为中国经济学界的重要学术奖项。

张培刚带领的这支队伍,成为紧靠珞珈山,直线距离仅三四千米的喻家山下又一个中国发展经济学的重要团队。纵向来看,它与张培刚在武汉大学经济学系任主任期间组建的珞珈学科团队经由张培刚之手而一线相连、首尾对接;横向来看,它也同样得益于武汉大学谭崇台的合作培养与共同指导,张培刚与谭崇台两位发展经济学大师紧密联手,武汉大学与华中科技大学两个孪生"经济发展研究中心"密切合作,两校相关学科团队师承相传、珠联璧合,共同组成了中国发展经济学的武汉大本营,为珞珈经济学派创建繁盛打下了坚实的基础。

二、谭崇台对学派创建繁盛的巨大贡献

谭崇台对学派创建发挥作用的时间段,集中在中国改革开放后学科兴盛繁荣的时期。对于珞珈经济学"学派"创建而言,他所肩负的基本任务是如何使该学派创建得以振兴繁盛,因而他的主要贡献表现在对该学派创建的"繁盛"上。

(一)以"中国发展经济学第一人"美誉扛起学派创建振兴大旗

谭崇台是学术界公认的"中国发展经济学第一人"。他不仅在中国发表第一篇有关发展经济学的研究论文(1982年),出版第一本发展经济学专著(1985年);而且还与刘涤源合作主编第一部含有西方发展经济学内容的西方经济学教材(1983年),出版第一部列入国家教委高等学校文科教材"七五"编写计划的发展经济学专业教材(1989年),第一部以经济发展思想为脉络的经济学说史专著(1993年),第一部以发展经济学研究范式跨期比较发达国家早期发展与当今发展中国家经济发展的学术著作(2008年);也是第一位招收发展经济学研究方向研究生的博士生导师(1987年)等。称他为"中国发展经济学第一人",乃实至名归,无可争议。

在具体称呼上,除称他为"中国发展经济学第一人"外,还有一些类似称呼,如"发展经济学首倡者"[1]"发展经济学的播种人"[2]"中国发展经济学引路人"[3]"发展

---

[1] 吴志菲. 中国"发展经济学"首倡者谭崇台 [J]. 财经界,2010(13):34-39.

[2] 佚名. 谭崇台:发展经济学的播种人 [J]. 江汉论坛,1998(11):80.

[3] 明海英. 谭崇台:中国发展经济学引路人 [N]. 中国社会科学报,2015-03-02(A02).

经济学引领者"①"发展经济学之父"②"发展经济理论之父"③ 等。这些称谓,都在赞誉他对发展经济学所起的作用及所做的贡献,有的突出他的"首倡"之功,有的强调他的"传播""引领"或"引路"之劳,还有的则以"父"相称,将之推向至高无上的地位。相比而言,这些称谓似均不及"中国发展经济学第一人"表达得更为贴切。因为"首倡"局限于倡导,"传播""引领""引路"偏重于影响,均未充分显示其在学术上对发展经济学所做的深入探讨及取得的巨大成就;而以"父"相称则明显欠妥,因为在中国发展经济学领域,此称多是用于赞誉张培刚的。称其为"中国发展经济学第一人",首先表达的是在"中国"范围之内,当然也是在"发展经济学"领域;此称的重点在"第一人"。这里所称"第一人"至少包含三层意思:第一,从时间上看,他是中国第一个系统引入发展经济学的;第二,从学术上看,他是中国发展经济学领域取得"第一"成就最多的;第三,从影响上看,他以其专著、教材和论文影响了一代经济学人和广大读者,是中国发展经济学领域影响最广的。④"中国发展经济学第一人"正是对谭崇台学术生涯的高度总结与准确概括。

称谭崇台为"中国发展经济学第一人",与称张培刚为"国际发展经济学奠基人",正好形成一种紧密相联的对应关系。这两个称谓,均表示在发展经济学领域,一在"中国",一在"国际";一在中国创造"第一",一在国际开拓"奠基",武汉大学珞珈经济学"学派"创建中的这两位领军人物互为呼应,交相辉映,相得益彰。

前面曾指出,在张培刚调离武大之后,迎着改革开放的强劲东风,谭崇台坐阵珞珈大本营,扛起珞珈经济学"学派"创建的大旗,成为改革开放之后直至其去世之前武汉大学珞珈经济学"学派"创建中当之无愧的又一位领军人物。作为"中国发展经济学第一人",他以其学术成就、影响与声望,在张培刚为珞珈经济学"学派"创建具备创立条件并取得巨大成功的基础上,为该学派创建的振兴与繁盛做出了卓越贡献。首先,他坐阵珞珈大本营发挥了学派创建振兴的大师效应。张培刚调离武大之后,如果没有谭崇台这样一位鼎鼎有名的大师坐阵,那么也就很难想象有珞珈经济学"学派"创建在武大的振兴与繁盛。其次,他与张培刚紧密相联形成为学界所称道的中国发展经济学界"双子星",他俩联手打造了以武汉大学学科点为平台、武大与华中科技大学联姻培育的珞珈经济学"学派"创建武汉基地,使武汉成为了中国发展经

---

① 华南. 谭崇台:中国"发展经济学"引领者 [J]. 中华儿女,2013(21):19 – 22.

② 余玮."发展经济学之父":谭崇台 [J]. 中国人才,2010(01):38 – 40.

③ 吴志菲. 中国"发展经济理论之父"谭崇台 [J]. 商场现代化,2013(31):1, 38 – 43.

④ 在中国发展经济学领域,可以说张培刚的国际影响"最大",而谭崇台的国内影响则"最广"。

济学引领风潮的一大重镇。再次，在他领军珞珈经济学"学派"创建之际，也正是该学派创建过程中阵营强大、群雄并起、振兴繁盛之时。在此期间，在发展经济学及相关学科领域，不仅珞珈大本营、武汉基地兵强马壮、群英荟萃；而且一大批出类拔萃的杰出校友在全国乃至海外境外风起云涌、横空出世，如前面一再述及的北京的董辅礽、李京文、胡代光、万典武、刘再兴、汪敬虞，西北的何炼成，西南的刘诗白，湖南的尹世杰，上海的宋承先、席克正，台湾的夏道平，海外的陈文蔚、杨小凯、邹恒甫等，形成了珞珈经济学"学派"创建中群星闪烁、光彩夺目的振兴繁盛局面。

（二）坐阵珞珈大本营筑就经济发展研究中心国家基地

学派的创立与发展有赖于相应学术机构及学术阵地的支撑。芝加哥经济学派的学术支撑机构设立在芝加哥大学，为"芝加哥大学经济与国家研究中心"（Center for the Study of the Economy and the State，University of Chicago）；其学术成果发表的主要阵地为《政治经济学期刊》（*Journal of Political Economy*，JPE）。珞珈经济学"学派"创建的振兴与繁盛，也与谭崇台在武大创立的专门学术机构武汉大学经济发展研究中心及其连带开辟的相应学术阵地密不可分。

武汉大学经济发展研究中心创立于1990年，是在谭崇台的亲自主持下创立的。它所依托的骨干学科是武汉大学经济学领域的4个国家级重点学科，即西方经济学、世界经济、人口资源与环境经济学和金融学，更广的学科群则包括武汉大学经济与管理学院的所有经济学科；其学术团队则集聚了校内外发展经济学领域的一大批优秀学者，是集理论研究、政策分析和教学于一体的学术机构和智库。该中心的主要研究领域为发展经济学，尤其注重以发展经济学理论和方法研究中国经济实践，以中国经济发展的经验事实推动发展经济学的理论创新。该中心于2000年被批准为教育部人文社会科学重点研究基地，成为当时国内唯一一个以"经济发展研究中心"命名的国家级研究基地。对于珞珈经济学"学派"创建而言，该中心设立的意义主要在于聚焦和引领发展经济学的学科研究方向，集聚和培育发展经济学领域的优秀人才，为学者们开展发展经济学方面的学术研究与学术交流搭建平台，为学派创建提供强有力的支撑。

该中心连带开辟和主导的学术阵地有3个，分别为：

（1）《经济评论》，创刊于1980年，是由武汉大学主办的经济学术理论双月刊，后由该中心和武汉大学经济与管理学院共同承办，谭崇台长期为编辑委员会重要成员，现任主编为该中心联席主任叶初升。此刊现为全国中文核心期刊、全国人文社会科学核心期刊、CSSCI 来源期刊、全国优秀经济期刊、国家社会科学基金资助优秀期刊、中国最具国际影响力学术期刊、湖北省人文社会科学优秀精品期刊、湖北最具影响力十大人文社科学术期刊。

（2）《发展经济学研究》，创刊于 2003 年，由该中心创办，以年刊形式刊行，集中发表该中心学者对发展经济学理论和中国经济增长与发展问题进行深度分析研究所形成的高水平系列研究成果。

（3）《珞珈智库·经济观察》，创办于 2017 年，是该中心学者探讨现实问题，转化学术成果，发表调研报告、政策建议等的园地。

此外，该中心还以"武汉大学经济发展研究中心学术丛书"形式，陆续推出中心作者的系列学术著作。还主持编辑出版《中国发展经济学年度发展报告》，记录梳理中国发展经济学研究的历史进程，反思和评析中国发展经济学研究状况并探寻进一步发展的方向。

该中心通过其搭建的平台与国内各高校和科研机构广泛开展学术交流与合作，尤其是开展国际交流与合作。多次举办学术研讨会和召开国际学术会议，邀请国内外学者前来交流、访问和讲学；中心学者也多人次赴美国、加拿大、德国、意大利、印度、韩国、俄罗斯、日本等国和中国香港、澳门、台湾地区参加国际学术会议或进行学术访问与交流。

（三）培养大批发展经济学精英人才传续学派薪火

谭崇台从 1948 年回武大任教算起，从教近 70 年；从 1978 年重返经济学讲台算起，全身心开展教学科研工作近 40 年，培养了大批经济学专业人才。特别自 1981 年他作为学术带头人之一的学科点获得硕士学位授予权，并于 1986 年获批为博士生导师之后，他更是亲自指导和培养了一大批西方经济学，尤其是发展经济学的高端精英专业人才。其中，作为合作导师指导了 4 位博士后；另指导和培养了 70 名博士及硕士研究生。

这些人中的相当一部分人毕业后成为武汉大学经济学科的师资力量，其中不少人已成为武汉大学经济学科，特别是西方经济学、发展经济学的师资骨干与学术中坚，有的还是学术带头人。例如：

潘敏（博士后）：日本神户大学经济学博士，二级教授，博士生导师，教育部新世纪优秀人才支持计划入选者。曾任武汉大学经济与管理学院执行副院长。

郭熙保（1992 届博士）：二级教授，博士生导师，享受国务院政府特殊津贴专家,教育部新世纪优秀人才支持计划入选者。曾任武汉大学发展经济学研究所执行所长、经济发展研究中心主任。

江春（1993 届博士）：二级教授,博士生导师,享受国务院政府特殊津贴专家,教育部新世纪优秀人才支持计划入选者,武汉大学珞珈学者特聘教授。曾任武汉大学经济与管理学院金融系主任,现任武汉大学金融研究中心主任。

叶永刚（1993 届博士）：二级教授,博士生导师,享受国务院政府特殊津贴专家。曾任武汉大学金融学系主任、武汉大学经济管理学院副院长,现任金融工程与风险管理研究中心负责人。

马颖（1994 届博士）：二级教授,博士生导师,国家级精品课程和双语教学示范课程"西方经济学"主持人。曾任武汉大学经济发展研究中心副主任。

王永海（1994 届博士）：二级教授、博士生导师。曾任武汉大学会计系主任、武汉大学商学院副院长、经济与管理学院副院长,会计信息质量研究中心负责人。

邹薇（1996 届博士）：二级教授,博士生导师,享受国务院政府特殊津贴专家,国家新世纪百千万人才工程入选者,武汉大学珞珈学者特聘教授。曾任武汉大学经济学系副主任、发展经济学研究所副所长、数理经济与数理金融系主任、劳动经济学与经济增长研究中心负责人。

庄子银（1998 届博士）：二级教授,博士生导师,教育部新世纪优秀人才支持计划入选者。

王祖祥（2001 届博士）：教授,博士生导师。曾任数量与技术经济学系副主任。

叶初升（2002 届博士）：二级教授,博士生导师,武汉大学经济发展研究中心联席主任,《经济评论》主编,中华外国经济学说研究会发展经济学学会副会长兼秘书长。教育部新世纪优秀人才支持计划入选者。

王今朝（2003 届博士）：教授,博士生导师。

除为武汉大学培养如此之多的优秀师资人才外,如前所述,他还和张培刚合作,为华中科技大学培养了一批经济学科的师资力量,其中不少人已成为西方经济学、发展经济学的师资骨干与学术中坚,有的还是学术带头人,如前所述的徐长生（1992 届博士）、张卫东（1992 届博士）、张建华（1996 届博士）、汪小勤（1996 届博士）、方齐云（1998 届博士）、宋德勇（1999 届博士）等。

第五章
「大本营」学科群体的相关学术成就与贡献

学科是学派创建的根基，一定的学派通常都创建在一定的学科领域之中，建立在一定的学科基础之上，是一定学科领域中一定学科基础上特定学术共同体集体努力的结果和群体意识的结晶。珞珈经济学"学派"的创建，就深深蕴含在武汉大学经济学科奠定的坚实基础和珞珈经济学者群体力量提供的强有力支撑体系之中。作为该学派创建发源地和中心的珞珈"大本营"，其学科群体的相关学术成就与贡献，是该学派创建的重要组成部分与有力支撑根基，对于学派的创建来说显得极为重要与突出。

第一节
经济学科的坚实基础与特色优势

武汉大学经济学科的设置，除在民国时期短暂另设过商业学系或商学系外，长期都只设有一个经济学系，未曾作进一步的细分。改革开放后，国家教育部于 1983 年颁布了高等学校学科专业目录，1997 年又对学科专业目录做了调整。此后，武汉大学在经济学学科门类中才有了理论经济学与应用经济学两个一级学科之设。此处所称"经济学科"，所指的就是武汉大学理论经济学与应用经济学，以及这两个一级学科各自所涵括的相关二级学科。

一、理论经济学的坚实基础与特色优势

武汉大学的理论经济学中，世界经济、经济思想史和政治经济学是传统优势学科；西方经济学和人口、资源与环境经济学是新兴学科；经济史学科较为特别，它既分属于经济学科，也分属于历史学科，它在武汉大学也是传统优势学科。

（一）传统优势学科的坚实基础与特色优势

1. 世界经济

武汉大学的世界经济学科点，始建于 1964 年在经济学系内设立的世界经济教研室，吴纪先任室主任；1962 年即已开始招收硕士研究生；1981 年成为改革开放后全国第一批同时获得硕士、博士学位授予权的学科点，吴纪先被遴选为第一批世界经济专业博士生导师。[①] 1987 年该学科点又被评为全国第一批国家重点学科；1996 年成为国家"211 工程"重点建设学科之一；同时是教育部 100 所人文社会科学重点研究基地——武汉大学经济发展研究中心的重要组成部分。

该学科点始终注重研究的领域是当代世界经济重大理论与实际问题，尤其在战后美加经济研究、世界经济理论、世界经济格局、国际经济一体化，以及国际金融、国际贸易与国际投资方面的研究，形成自己的特色与优势，居于国内领先地位。

吴纪先是该学科点最早的学科带头人，曾任武汉大学美国加拿大经济研究所所长、全国美国经济学会会长，主要研究方向为美国经济，在国内享有很高的声誉。此外，还有周新民、朱景尧、郭吴新等一批知名教授。周新民研究欧洲经济，颇有建树；朱景尧主攻统计学，在世界经济统计方面造诣颇深；郭吴新研究世界经济，曾任全国美国经济学会会长、中国世界经济学会副会长。这些学者都有出国留学的经历。他们在新中国的世界经济研究领域做出了重要贡献，奠定了武汉大学世界经济学科在全国领先地位的坚实基础。

到了 20 世纪 90 年代前后，该学科又逐渐涌现出一批新生力量，如高玉芳、周茂荣、陈继勇、张彬、齐绍洲等。高玉芳为该学科点 1966 届硕士毕业生，曾任武汉大学美国加拿大经济研究所副所长；周茂荣曾任世界经济学系主任、武汉大学原商学院院长、中国世界经济学会副会长；陈继勇曾任武汉大学经济与管理学院院长，中国美国经济学会会长、中国世界经济学会副会长；张彬曾任世界经济学系主任，中国世界经济学会常务理事、副秘书长，以及中国美国经济学会常务理事、副会长兼秘书长等，主讲的"世界经济概论"获国家级精品课程；齐绍洲任武汉大学欧洲问题研究中心主任、中国欧洲学会理事、湖北省世界经济学会副秘书长，近些年对全球能源环境和低碳经济颇有研究，任武汉大学气候变化与能源环境研究中心主任。

[①] 1981 年全国第一批遴选的经济学博士生导师共 24 人，其中世界经济学科 5 人。除吴纪先外，其他 4 位分别为南开的滕维藻、人大的吴大琨、北师大的陶大镛、华东师范大学（简称"华东师大"）的陈彪如。

世界经济学科一直是武汉大学的优势学科，在全国颇有影响，全国（现称中国）美国经济学会总部至今仍设在武汉大学。

2. 经济思想史

武汉大学经济思想史①学科点也是 1981 年全国第一批获得硕士学位授予权的，获批专业名称为外国经济思想史；1986 年该专业获批博士学位授予权；1990 年马克思主义经济思想史专业也获批硕士学位授予权，并于 1991 年获批博士学位授予权；1997 年 3 个专业方向合并为一个经济思想史学科后同时具备了硕士和博士学位授予权。

该学科的缘起可以追溯到民国时期，当时经济思想史是为学生开设的必修课，伍启元、彭迪先曾任主讲老师。新中国成立后，经济思想史学科队伍不断壮大，李守庸、汤在新、傅殷才、唐岳驹、王治柱、黄仲熊等先后成为该学科专业的任课教师。其中有 3 位为出国留学人员，包括傅殷才和唐岳驹留学苏联，黄仲熊留美；汤在新和王治柱则是中国人民大学研究生班毕业的，只有李守庸是武汉大学本科毕业后留校的。"文化大革命"结束后，刘涤源和谭崇台回到该学科点，师资力量更是大为增强。当时，刘涤源、谭崇台、傅殷才、唐岳驹、王治柱、黄仲熊的研究方向是外国经济思想史；汤在新的研究方向是马克思主义经济思想史，李守庸的研究方向是中国经济思想史。这几位学者中，刘涤源成名较早，他于 1942 年完成的硕士学位论文《货币相对数量说》曾获当时国内最高荣誉的"杨铨学术奖"，在中国货币理论史和中国经济思想史上产生过重要影响。汤在新对马克思主义经济思想史研究造诣较深，曾任中国马克思主义经济思想史学会副会长。傅殷才成果颇丰，也较有影响，曾任湖北省外国经济学说研究会会长；王治柱对数理经济学派颇有研究，1965 年即出版相关专著；黄仲熊在"文化大革命"前曾在《经济研究》等刊物上发表多篇经济思想史方面的论文。

20 世纪 90 年代开始，又崛起一批新生力量，如王元璋、颜鹏飞、乔洪武等，一度还有顾海良于 2002~2010 年在武汉大学先后任党委书记和校长并加盟该学科点。此间，该学科点一度出现过 3 个研究方向 5 位教授博士生导师同时挂牌招收博士研究生，并在 3 个相应学科的全国性学会担任会长（2 人）和副会长（1 人）职务这样一种在全国高校此学科中迄今唯一仅见的繁盛局面。当时，顾海良任全国马克思主义经济学说史学会会长；颜鹏飞任中华外国经济学说研究会副会长，并兼任中南、西北、

① 1997 年教育部学科专业目录调整前，没有单独的"经济思想史"学科专业之称。当时，外国经济思想史、马克思主义经济思想史和中国经济思想史分别为 3 个独立的学科专业，1997 年将三者合一，才统称为"经济思想史"。为便于叙述统计，这里不加以区分，一并以"经济思想史"相称。

西南三大区外国经济学说研究会会长;严清华在此间先任中国经济思想史学会副会长,后任会长。

顾海良是中国著名经济学家和马克思主义理论家,长期致力于马克思经济思想史、马克思主义发展史以及中国特色社会主义经济理论和社会主义市场经济理论的研究,成就突出,影响颇大;王元璋成果丰硕,曾获中宣部"五个一工程奖";颜鹏飞较早向中国学术界介绍和系统阐述激进政治经济学,对西方兼容理论和市场社会主义学派的研究在国内有一定影响,他首次提出和界定"李嘉图定律",并比较系统地剖析关于西方和谐—冲突思潮这一经济思想史发展主线,借鉴、移植和应用西方经济学说及其制度设计的合理成果,主张尊重理论移植和制度移植的原则和规律,倡导马克思"四大重要贡献论",凸显马克思理论的原创性、理论张力和当代意义,现为武汉大学人文社会科学研究院驻院研究员;乔洪武长期潜心研究西方经济伦理思想这一经济学中的"冷门绝学",作为教育部哲学社会科学研究重大课题攻关项目首席专家主著《西方经济伦理思想研究》(全3卷,2016),从浩繁的经典论著中系统梳理了西方经济伦理思想发展演变的历史特征,认为"边际革命"后主流西方经济学以"价值中立"立场否定经济学中伦理判断的价值,但仍有许多重要的当代西方经济学家认为从经济到伦理的研究范式是存在的,弥补了该领域国内研究的不足,获孙冶方经济科学奖,现为武汉大学人文社会科学研究院驻院研究员;严清华在中国经济思想史研究中也取得一些学术成就。

3. 政治经济学

和经济思想史学科一样,武汉大学政治经济学也是1981年全国第一批获得硕士学位授予权的学科专业;1986年获批博士学位授予权。该学科点实际上在1961年就开始招收了首届研究生,是新中国成立后武汉大学经济学科最早招收研究生的学科专业。该学科点中,老一辈的学者为曾启贤、刘光杰、李裕宜、吴佩钧、熊懿求等。他们均毕业于武汉大学经济学系,均曾于20世纪50年代或60年代初到中国人民大学经济系研究生班学习,专业方向均为社会主义政治经济学。其中曾启贤曾任湖北省哲学社会科学联合会副主席,于1984年获首届孙冶方经济科学奖。20世纪70年代或80年代初,依据教育部文科教材编写计划,南方16所大学协作编写了具有统编性质的《政治经济学》教材,分为资本主义部分和社会主义部分,武汉大学经济学系的肖骥和熊懿求分别参加了编写。

改革开放后继起的学者为经济学系的伍新木、陈恕祥、曾国安等。伍新木在改革开放初期相当活跃,被誉为当时著名的中青年经济理论工作者之一而编入李连第主编的《中国经济学希望之光》①；陈恕祥曾任武汉大学经济学院院长、国务院学位委员会理论经济学学科评议组成员；曾国安曾任经济与管理学院副院长，现任武汉大学发展研究院院长，国家新世纪百千万人才工程入选者。

除经济学系的学者外，武汉大学经济研究所的简新华以及经济思想史学科点的颜鹏飞等对政治经济学也有较多研究，他们被有的作者誉为"当代中国马克思主义经济学家"②。《中国政治经济学学术影响力评价报告：2021》评选了中国政治经济学最具学术影响力的 100 篇论文（2011～2020 年），其中入选简新华的论文 2 篇，颜鹏飞的论文 1 篇；此外还有顾海良的论文 3 篇。③

4. 经济史

武汉大学的经济史学科，尤其是中国经济史学科底蕴深厚，源自民国时期，知名学者为 1930 年受聘于武汉大学的李剑农和 1932 年受聘于武汉大学的吴其昌。李剑农是武汉大学的一代经济史名师，是 1956 年中国首批评选的一级教授④；吴其昌曾师从王国维和梁启超治学，到武汉大学后曾任历史系主任，成果丰硕，可惜英年早逝。

1953 年全国院系调整后，武汉大学经济史学科的学者分属于经济学系和历史学系，在机构编制上形成两个分支。经济学系分支的学者有主攻中国古代经济史的尹景湖和主攻中国近代经济史的代鲁；历史学系分支的学者为著名财政经济史专家彭雨新。改革开放后，两个分支在学科专业点的设置上各不相同，经济学系分支的经济史专业于 1993 年获批硕士学位授予权，1998 年成为博士学位授权点；历史学系分支的经济史则挂靠在"专门史"学科下，专门史专业于 1997 年成为博士学位授权点，2003 年中国经济史专业增列为博士学位授权点。

在经济学系分支，颜鹏飞对中国保险史做了开拓性的研究，在国内外保险史学界颇具影响力；另一学者乜小红是国家社会科学基金重大项目首席专家，对中国古代畜牧经济、契约发展及敦煌吐鲁番文书深有研究，可惜英年早逝。

比较起来，改革开放后发展得更快、更为活跃的是历史学系分支，涌现出了一批颇有成就和影响的知名学者，如彭雨新的弟子陈锋、张建民，唐长孺的弟子冻国栋等。陈锋任武汉大学中国经济与社会史研究所所长，对中国财政史，尤其是清代财政

---

① 参见李连第主编. 中国经济学希望之光 ［M］. 北京：经济日报出版社，1991：134 – 143.

② 参见刘思华编著. 当代中国马克思主义经济学家：批判与创新 ［M］. 广州：世界图书出版广东有限公司，2012：479 – 484，496 – 504.

③ 参见王立胜，程恩富. 中国政治经济学学术影响力评价报告：2021 ［M］. 济南：济南出版有限责任公司，2022.

④ 全国首批评选出的一级教授共 163 名，武汉大学 3 人，除李剑农外，还有李国平、高尚荫。

史的研究造诣颇深，曾获教育部人文社会科学优秀成果二等奖和湖北省社会科学优秀成果一等奖；张建民曾任历史学院院长、教育部历史学科教学指导委员会副主任，对长江流域生态环境和经济社会发展深有研究，曾获教育部人文社会科学优秀成果二等奖；冻国栋曾任武汉大学历史文化学院院长兼历史系主任、国务院学位委员会第五届历史学科评议组成员，对隋唐五代人口和唐代商品经济颇有研究，曾获教育部人文社会科学优秀成果一等奖。这3位学者均为二级教授、享受国务院政府特殊津贴专家、武汉大学珞珈学者特聘教授。

（二）新兴学科的坚实基础与特色优势

1. 西方经济学

在理论经济学中，西方经济学是一个后起的学科，直到20世纪90年代，它才从外国经济思想史学科中分离出来成为一个独立的学科专业点。1996年武汉大学的西方经济学获批博士学位授予权，是国内最早获批此专业博士学位授予权的学科专业之一；武汉大学此博士点授予权的获批，也就标志着武汉大学西方经济学作为一个独立的学科专业点而得以建立。该学科专业点虽然建立较晚，但却发展迅猛，在谭崇台、刘涤源等老一辈学者的带领下，该学科点很快就成为武汉大学的优势学科，尤其是发展经济学，更是成为中国发展经济学的重要研究基地和"大本营"。

除谭崇台、刘涤源外，该学科点从20世纪90年代开始，逐渐涌现出如前所述的郭熙保、邹薇、马颖、庄子银、叶初升等一批杰出学者。此外，自2013年以来先后受聘为武汉大学经济与管理学院的3位院长谢丹阳、宋敏、聂军，他们的研究方向虽各有不同，但大体上从事的都是西方经济学前沿理论的研究工作，因而他们的加盟无疑为武汉大学西方经济学学科点增添了有生力量。颜鹏飞对西方经济学也颇有研究，他作为首席专家主持编写了中共中央马克思主义理论研究和建设工程重点教材《西方经济学》（2019），为该学科点增色不少。

2. 人口、资源与环境经济学

武汉大学的该学科点于1990年获批硕士学位授予权[①]，1998年获批博士学位授予权。该学科点源自1979年创立的武汉大学经济学系人口研究室，谭崇台为创始人；1984年升格为武汉大学人口研究所，刘光杰、辜胜阻先后任所长；1995年改建为社

[①] 1990年获批硕士学位授权点时，此专业名称叫作"人口经济学"；1997年国务院学位委员会调整学科专业目录时改为今名。

会经济与人口研究所，辜胜阻任所长；2004 年组建为武汉大学人口资源环境经济研究中心，简新华、刘传江先后任主任，该中心现为湖北省高校人文社会科学重点研究基地。该中心前主任简新华，曾任武汉大学经济学院副院长、经济研究所执行所长、湖北省产业经济学会会长，国家社科基金学科评审组专家，国家社会科学基金重大项目首席专家，曾获中宣部"五个一工程奖"，现为武汉大学人文社会科学研究院驻院研究员；现任主任刘传江，兼任武汉大学经济研究所所长、中国地理学会人口地理专业委员会副主任、中华发展经济学研究会理事、全国生态经济教育委员会副秘书长，2004 年入选教育部首届新世纪优秀人才支持计划。

二、应用经济学的坚实基础与特色优势

武汉大学成建制的应用经济学学科专业点建设起步相对较晚，改革开放前只在经济学系下设有一个部门经济教研室；现在的金融学学科专业点是在 1980 年代才逐渐建立起来的，财政学、产业经济学、区域经济学等学科专业点大都是在 1990 年代末获批建立的。

（一）金融学

该学科点是武汉大学应用经济学中最为突出的学科。其前身可追溯到 1945 年武汉大学创办的银行学专业，杨端六为该学科专业的奠基人。改革开放后，武汉大学是全国最早恢复金融学科的综合性重点大学之一。1984 年创设保险学专业，是全国最早开设此专业的 4 所院校之一，该专业于 1987 年获批硕士学位授予权；1988 年又获批货币银行学和国际金融 2 个专业的硕士学位授予权。此时，武汉大学金融学学科的学术带头人是知名货币银行学家李崇淮；保险学学科的学术带头人是张旭初。张旭初是武汉大学金融保险学系的第一任系主任，是武汉大学保险学科的开创者，1989 年去世，时年仅 54 岁。2002 年，武汉大学设立金融工程专业，是全国最早开设此专业的 5 所院校之一。目前，该学科点设有金融学、金融工程 2 个博士点，金融学、金融工程、金融学硕士专业学位 3 个硕士点。2007 年，武汉大学金融学被评为国家重点学科；2009 年被评为湖北省优势学科，金融工程被评为湖北省创新学科。

该学科点现拥有一批颇有成就和影响的学者，形成武汉大学实力雄厚、别具特色的金融学学科群体，主要代表有黄宪、文显武、江春、叶永刚、潘敏等；保险学学科

继张旭初之后的学术带头人、2021 年去世的魏华林也是该学科群体中的重要成员。

黄宪曾任武汉大学原商学院副院长,现为武汉大学金融发展与政策研究中心负责人,中国金融学会学术委员会委员和常务理事、中国国际金融学会学术委员会委员和常务理事;文显武曾任武汉大学国际金融(经济管理)学系主任、中国国际金融学会理事及湖北省金融学会常务理事;江春是武汉大学珞珈学者特聘教授,曾任武汉大学金融学系主任,现任武汉大学金融研究中心负责人,国家教育部首届新世纪优秀人才支持计划入选者;叶永刚曾任武汉大学金融学系主任、经济与管理学院副院长,是武汉大学金融工程与风险管理研究中心负责人、中国金融学会理事、中国金融学会金融工程研究会常务理事;潘敏曾任武汉大学经济与管理学院副院长、常务副院长,是教育部新世纪优秀人才支持计划入选者;魏华林曾任武汉大学金融保险学系主任、中国保险监督管理委员会专家咨询委员会委员、中国金融学会常务理事暨学术委员会委员、中国保险学会副会长、第一届教育部保险教学指导委员会委员、国务院学位办保险专业学位委员会委员,曾获国家级有突出贡献的中青年专家称号。

(二)财政学

武汉大学财政学学科的历史可以追溯到民国时期,刘秉麟是当时财政学界的权威学者。1998 年武汉大学财政学(含税收学)专业获批硕士学位授予权,2003 年获批博士学位授予权。此间,原中南财经大学校长吴俊培于 2000 年 8 月调入武汉大学出任副校长;卢洪友于 2001 年 12 月调入武汉大学财政与税收系,他们成为该学科专业点的学科中坚与学术带头人。吴俊培为武汉大学财政金融研究中心主任,中国国际税收研究会顾问、中国财政学会常务理事、湖北省财政学会副会长、湖北省人民政府咨询委员会成员,现为武汉大学人文社会科学研究院驻院研究员;卢洪友现任武汉大学经济与管理学院财政与税收系主任,教育部教学指导委员会委员、中国财政学会理事、中国国际税收研究会理事。此外,还有该学科点新生代学者刘穷志,他现任武汉大学经济与管理学院财政与税收系副主任,为武汉大学珞珈学者特聘教授,教育部高校财政学类教学指导委员会委员,国家社会科学基金重大项目首席专家。

(三)产业经济学

该学科点于 1998 年获批硕士学位授予权;2005 年成为博士学位授权点。当时,该学科点挂靠在社会经济与人口研究所,所长为辜胜阻;2001 年,社会经济与人口研究所整合为经济研究所,设有产业经济学研究室,主要学者为辜胜阻、简新华、刘传江等。除该所学者外，其他经济学科的学者也对产业经济问题有所研究，如政治经济学学科的刘光杰、李裕宜、伍新木、曾国安；金融学科的叶永刚、潘敏；财政学科的吴俊培、卢洪友等，形成武汉大学产业经济学的相关学科群体。

（四）区域经济学

武汉大学的区域经济学学科于 1998 年获批硕士学位授予权；2009 年成为博士学位授权点。该学科点起步于 1993 年成立的县域政治经济文化研究中心，伍新木任主任；2005 年改而成立区域经济研究中心，伍新木为负责人。

伍新木在改革开放初期开始研究县域经济，提出要有中国自己的《国富论》《县富论》，他运用现代经济学原理研究县经济，首次提出"县经济学"概念，探讨富县的理论与方法、途径与策略，在当时产生较大反响；他还广泛深入县市调研和应邀做发展规划，在为武汉市汉南区探索农业产业化道路过程中，提出了当时曾在学术界和社会上引起广泛关注的"汉南模式"；后又在流域经济研究领域做了许多理论研究与应用探讨，受到社会和政府有关部门的赞许与重视。

除伍新木外，其他相关学科的学者们也对区域经济问题有所研究，其中包括著名学者李崇淮、刘光杰，以及辜胜阻、简新华、曾国安、刘传江等，形成武汉大学区域经济学的相关学科群体。

（五）其余学科

第一是数量经济学。该学科点于 1998 年获批硕士学位授予权；2006 年成为博士学位授权点。早在 20 世纪 60 年代，王治柱即出版《数理学派和数理经济学》（1965）一书，是国内最早出版的相关专著。改革开放后，该学科点最早开展数量经济学研究的是冯文权，曾任中国数量经济学会副理事长、学术委员会委员，湖北省数量经济学会理事长；他编著的《经济预测与经济决策技术》（1983）再版六次，在国内较有影响，很多高校指定为研究生教材。继他之后对数量经济学有较多研究的是童光荣，其研究方向为宏观经济分析和数量经济学，曾任中国统计学会理事、学术委员会委员，湖北省统计学会副理事长，另任中国数量经济学会常务理事、学术委员会委员，湖北省数量经济学会常务副理事长。他编著的《动态经济模型分析》（1999）曾获中国统计科研奖二等奖；他还曾获中国社会科学院、中国数量经济学会颁发的中国数量经济研究杰出学者奖；他承担的国家科技部重点研究课题"政府投入对就业的宏观效应研究"获湖北省科技进步二等奖。此外，还有讲授统计学的游士兵也加入了数量经济学学科点的教学与科研工作。除上述 4 位学者外,在其他学科尤其是西方经济学学科中,也有不少运用数理模型和计量模型进行学术研究的学者,如邹薇、庄子银等。

第二是国际贸易学。武汉大学国际贸易学于 1999 年获批硕士学位授予权;2002 年成为博士学位授权点。该学科专业点在机构上隶属于武汉大学世界经济系,从事学术研究的也基本上为世界经济专业的学者们,如周茂荣、陈继勇、张彬等均有较多研究。

第三是国民经济学。武汉大学国民经济学于 1983 年获批硕士学位授予权,获批时名称叫作国民经济计划与管理,后改为今名。从事该学科领域研究的大都是管理学科的学者,在我们限定的学者范围内,仅经济学系的游士兵在该学科点招收过硕士研究生。

第四是统计学。民国时期的朱祖晦为武汉大学经济学系的统计学教授;改革开放前武汉大学经济学科中最著名的统计学教授是朱景尧。统计学作为学科专业点具有跨学科的特点,武汉大学的统计学专业学位点分属于数学学科和经济学科,其研究生分别授予理学硕士或博士学位、经济学硕士或博士学位。经济学科的统计学严格说来是经济统计学,获批学位授予权的时间是 2011 年。武汉大学经济学科中专门从事该学科领域研究的学者很少,在我们限定的学者范围内,也仅游士兵承担该课程的教学工作并指导硕士和博士研究生。

第五是劳动经济学。武汉大学有此学科专业的硕士和博士学位授予权,但从未招收研究生,学院设有相关的科研机构——劳动经济学与经济增长研究中心,邹薇为负责人。在我们限定的学者范围内,这一学科领域似无专人从事研究,故姑且不论。

此外,应用经济学中还有国防经济学,该学科专业点武汉大学阙如。

三、整体形态上经济学科的特色优势与学科地位

从整体形态上看,武汉大学经济学科具有自己较为明显的特色优势,在中国著名高校和经济学领域占据较为重要的学科地位。

(一)商科起步的先发优势与民国学者的领先地位

武汉大学经济学科发轫起步较早,其历史渊源可以追溯到 1893 年张之洞创设的

自强学堂商务门，其实体来源则是 1916 年成立的国立武昌商业专门学校。国立武昌商业专门学校是中国最早设立的国立商业专门学校，由于该校设立时间早，具有先发优势，因而当时中国商学领域中许多优秀师资与知名学者纷纷来到该校，很快就成为当时中国商科实力最强的专门学校。

国立武汉大学成立之后，一批经济学领域的知名教授汇集珞珈山，杨端六和刘秉麟成为中华民国教育部选聘的 3 位经济学教授中的 2 位"部聘教授"，在当时中国高校经济学领域，武汉大学经济学科的地位骤然凸显。张培刚任经济学系主任后，更是引进了一大批留美学者，形成董辅礽所称的当时全国经济学科中"最整齐、最年轻""知识最新"的教授阵营，以至于被南开大学原校长滕维藻认为张培刚主持武汉大学经济学系时经济学科的水平，已然超过了当时学术界公认的中国经济学实力最强的南开大学。[1]

（二）理论经济学居于中国著名高校一流学科水平

如前所述，世界经济、经济思想史、政治经济学和经济史是武汉大学理论经济学中的传统优势学科。从形成时间上看，经济史在民国时期即已具备较强的实力；世界经济与外国经济思想史则是张培刚任系主任期间，由于引进一大批"海归"学者，因而异军突起，形成两支优秀、前卫的学科团队；政治经济学是新中国成立后仿效苏联高等教育模式，通过中国人民大学研究生班苏联专家培训，形成一支师资骨干队伍从而发展壮大起来的学科。

改革开放后，适应中国经济改革与发展事业的快速向前推进，西方经济学大量传入中国并成为经济学中的热门学科或"显学"，武汉大学在张培刚任系主任期间引进的这批"海归"学者恰逢其时，大显身手，成为中国经济学界一支甚为活跃的生力军，西方经济学也就迅速成为武汉大学经济学科中的新兴优势学科。

在西方经济学学科发展的过程中，武汉大学的发展经济学更是强势兴起，不仅成为武汉大学经济学科中最具特色和优势的学科，而且成为中国发展经济学领域最有影响力的学科。

人口、资源与环境经济学也是武汉大学的新兴学科。该学科专业点是教育部学科专业目录调整后中国第一批同时获批硕士学位和博士学位授予权的 4 家单位之一，在首次博士点申报的通讯评议中，得分名列全国同专业第 1 名；2003 年在教育部学科评

---

[1] 参见本书第二章第三节"一"相关内容。

估机构的评估中，名列全国第 3 名。该专业现为湖北省优势学科。

从学科地位上看，至 2007 年，教育部经过组织三次认真评审，评选出北京大学等 6 所大学，包括武汉大学在内的理论经济学一级学科为国家重点学科；按规定，一级学科所覆盖的二级学科均为国家重点学科，这也意味着武汉大学理论经济学中的上述 6 个二级学科都成了国家重点学科。2017 年，教育部开启"双一流"建设，武汉大学的理论经济学与北京大学和中国人民大学一起获批为 3 个国家"双一流"重点建设学科的"一流学科"。① 表明武汉大学理论经济学达到了中国著名高校一流学科建设的水平，居于全国同类学科的领先地位之列。

（三）应用经济学强势兴起并具备较强的竞争实力

相对于理论经济学而言，武汉大学应用经济学兴起的时间基本上在改革开放以后。其中，学科专业点获批硕士学位授予权最早的是依托于管理学科的国民经济学，其次是金融学的相关专业，其他学科专业基本上都是 1997 年教育部对学科专业目录进行调整之后，才先后获批的；获批博士学位授予权的时间则相应更晚一些。

武汉大学的应用经济学各专业虽然兴起时间相对较晚，但却发展迅速、势头强劲。其中最为突出的是金融学，该学科改革开放初期的学者，较为著名的实际上只有李崇淮一人，不过较快就培养了一批优秀学者组成学科团队。该学科点在制度金融理论、银行管理理论、风险管理、保险学及金融工程等方面的研究与成就处于全国前列水平。武汉大学财政学虽然是迈入本世纪之后才兴起的学科，但却由于有国内知名财政学专家吴俊培的加盟和领衔，因而很快就在中国财政学前沿领域占据一席之地；产业经济学则因有辜胜阻、简新华等珞珈知名学者担纲而实力强大。这两个学科现均为湖北省重点学科。区域经济学在区域规划咨询等方面颇具特色，尤其在为地方经济服务方面产生了较大影响。总体而论，武汉大学的这些学科已具备较强实力和竞争优势。其余学科虽然实力不够强大，但也各有所长、各具特色。

从学科地位上看，在 2007 年评选出的国家重点学科中，应用经济学一级学科入选的学校共 4 所，分别为人大、中央财经大学、南开和厦大，武汉大学的应用经济学一级学科未能进入国家重点学科之列；但在应用经济学下设的金融学二级学科中，武汉大学则名列其中，该二级学科共有 6 所学校入选，武汉大学排名第三。表明武汉大学应用经济学的整体实力虽然并不那么突出，但其金融学却已达到全国同类学科的先

---

① 2022 年第二轮"双一流"重点建设学科名单中新增了南京大学。

进水平，居于前列地位。经过这些年的发展，武汉大学应用经济学的整体水平已进入全国同类学科的先进行列。

第二节
学科群体相关学术成就概述

学科群体是学科建设与发展的主体，武汉大学经济学科坚实基础的奠定与特色优势的形成，离不开整体形态上优秀学科群体的共同努力与付出，离不开他们在各自学科领域取得的诸多学术成就。从珞珈经济学"学派"创建视角看，他们的学术成就有很大一部分是与该学派创建的核心理论直接相关或紧密相联的，成为该学派创建丰富多彩的学术思想内容和不可分割的有机组成部分。

一、理论经济学方面的相关学术成就

从整体形态上看，珞珈经济学者们在理论经济学方面的学术成就，基本上侧重于经济学理论层面与宏观经济视野的相关探讨与研究。由于本书是以发展经济学及相关理论探讨与实践探索为中心的，因而对于学者们理论经济学方面的学术成就与贡献的探讨也基本上围绕着这一中心而展开。基于这一视角，学者们有关学派创建核心理论的相关探讨与研究大体可以概括为下列 6 个方面。

（一）发展经济学理论研究

西方经济学学科点的学者们在这方面的研究较多，由于这些学者所从事的都是西方经济学，尤其是发展经济学的教学与科研工作，因而，他们在这方面所取得的学术成就基本上都与该学派创建的核心理论紧密相联。

1. 发展经济学理论的系统研究

除前已详述的谭崇台取得的诸多发展经济学的重大成果之外，后面将要详加介绍的郭熙保的相关学术成果，也基本上属于这方面的探讨与研究。此外，还有一些西方经济学学科点的学者，如邹薇、庄子银等在这方面也做过深入的探讨与研究。这些探讨与研究，集中体现在他们编著和主编的相关专著与教材中。

2. 西方发展经济学的新发展研究

这方面最为重要的成果是谭崇台主编的《发展经济学的新发展》（1999）；此外还有许多其他学者进行了相关研究。如马颖的博士学位论文《论经济发展理论中的新古典主义和结构主义》（1994）；邹薇的博士学位论文《经济发展理论中的新制度主义研究》（1996）；庄子银的博士学位论文《新增长理论研究》（1998）；马颖主编的《发展经济学前沿理论研究》（2013）；庄子银、邹薇的论文《发展经济学理论的新发展》（1994）等。

3. 发展经济学理论的应用研究

学者们这方面的学术成果较多，基本特点是运用发展经济学的基本原理研究经济发展中的突出问题，包括发展中国家的普遍性问题与中国经济发展中的特殊性问题。主要涉及如下问题的研究：

收入差距、中等收入问题研究。收入差距是发展中国家经济增长中必然碰到的问题，邹薇对此问题做过深入系统的探讨，如邹薇等的著作《中国经济增长与收入差距：理论与实证研究》（2011）；此外，还有叶初升等的论文《发展经济学视野中的收入分配问题》（2005）；郭熙保等的论文《城镇化水平影响收入不平等的机制分析——基于中国综合社会调查数据》（2018）；叶初升的论文《中等收入阶段的发展问题与发展经济学理论创新——基于当代中国经济实践的一种理论建构性探索》（2019）等。

技术创新与知识产权保护研究。庄子银在这方面做了较多研究，如他的著作《创新、模仿、知识产权和全球经济增长》（2010）；庄子银等的论文《知识产权保护、模仿与南方自主创新》（2013）、《FDI、知识产权与中国的专利结构》；此外，还有邹薇的论文《知识产权保护的经济学分析》（2002）等。

后发优势、比较优势研究。郭熙保对这一问题的研究较多，如他的论文《后发优势与跨越式发展》（2004）、《后发优势与中国经济的高速增长》（2008）；郭熙保等的论文《论发展中国家的后发障碍与后发优势》（2000）、《后发优势新论——兼论中国经济发展的动力》（2004）等；此外，还有邹薇的论文《论竞争力的源泉：从外生比较优势到内生比较优势》（2002）等。

经济发展理论应用，尤其是中国应用与实证对策研究。如郭熙保的著作《发展经济学理论与应用问题研究》（2003）；叶初升的著作《国际资本形成与经济发展》（2004）；邹薇的著作《经济发展理论中的新古典政治经济学：一种分析中国经济改革与发展的理论框架》（2000）；以及郭熙保的论文《从发展经济学角度看待中国经济发展模式及其转变》（2011）；马颖的论文《发展经济学与中国经济发展》（2009）；庄子银、邹薇的论文《公共支出能否促进经济增长：中国的经验分析》（2003）等。

（二）经济发展史和经济发展思想史的研究

从事这方面研究的主要是经济史和经济思想史学科的学者，也包括一些其他学科的学者开展了这方面的研究。从珞珈经济学"学派"创建视角考察，经济史学科学者们的研究侧重于对中国经济发展及其制度变迁史的研究，可以说是从经济发展及其制度变迁史的角度充实和拓展了该学派创建核心理论的研究；经济思想史方面研究的学者们则侧重于从思想演进视角探讨中外经济发展思想，包括西方经济发展思想、马克思主义经济发展思想和中国乃至日本的经济发展思想的相关内容，从思想史视角充实和拓展了对该学派创建核心理论的探讨。

1. 经济发展史的研究

学者们在这方面取得的学术成就主要表现为：

中国经济发展史的系统性研究。如李剑农的著作《中国古代经济史稿》（全3卷，1957~1959年，1990年重版）；彭雨新主编的《中国封建社会经济史》（1994）；陈锋、张建民主编的《中国经济史纲要》（2007）等。

清代土地开垦史和中国古代田制发展史的系列研究。如彭雨新的著作《清代土地开垦史》（1990）；吴其昌的系列论文《秦以前中国田制史》（上、下，1935）、《北魏均田以前中国田制史》（上、下，1936）、《宋以前中国田制史》（上、下，1937）、《宋元时代中国田制史》（1942）等。

财政税收历史问题研究。如彭雨新等的著作《川省田赋征实负担研究》（1943）；彭雨新的著作《县地方财政》（1945）；陈锋的著作《清代盐政与盐税》（1988）、《中国财政经济史论》（2013）等。

中国历史上人口、资源与环境经济发展问题研究。如冻国栋的著作《唐代人口问题研究》（1993）、《中国人口史（第2卷）：隋唐五代时期》（2000）；张建民的著作《明清长江流域山区资源开发与环境演变：以秦岭—大巴山区为中心》（2007），张建民主编的《10世纪以来长江中游区域环境、经济与社会变迁》（2008）等。

中国古代商品经济研究。如冻国栋的著作《唐代的商品经济与经营管理》（1990）；尹进（尹景湖）主编的《中国古代商品经济与经营管理研究》（1991）。

中国保险史研究。如颜鹏飞等主编的《中国保险史志（1805－1949）》（1989），颜鹏飞与周华孚共同主编的《中国保险法规暨章程大全（1865－1953）》（1992）等。

2. 经济发展思想史的研究

学者们在这方面取得的学术成就主要表现为：

对西方经济发展思想史的研究。最重要的成果当然是谭崇台主编的《西方经济发展思想史》（1993）；其他学者也有一些研究，如傅殷才的论文《论李斯特对发展经济学的贡献》（1987）；乔洪武的论文《从中国实际看西方发展经济学的理论缺陷》（1997）等。

对马克思主义经济发展思想史的研究。王元璋在这方面有系统深入的研究，如他的著作《列宁经济发展思想研究》（1995）、《马克思恩格斯经济发展思想导论》（1998，该书获中宣部"五个一工程奖"）、《马克思主义经济发展思想史》（2006，"这是国内外第一部《马克思主义经济发展思想史》"[①]）等。

中国经济发展思想以及中日经济发展思想的比较研究。如刘光杰主编的《毛泽东经济变革与发展思想研究》（1993）；李裕宜的论文《重温毛泽东关于社会主义建设的思想》（1983）；严清华的论文《毛泽东的经济发展战略思想》（1993）；严清华的著作《中日现代化经济发展思想比较研究》（1996）等。

（三）经济发展战略研究

刘光杰在中国经济发展战略理论与实践探讨方面有较为系统深入的研究，如他的著作《中国经济发展战略概论》（1878）；刘光杰主编的《中国经济发展战略理论研究》（1995）、《2010 年武汉经济发展战略与对策研究》（1997）；刘光杰等的论文《21 世纪中部地区面临的形势及其发展战略思考》（1998）等。李崇淮对武汉经济发展战略有独到的研究，并产生了重大影响，其成果汇集于他编著的《"两通"起飞：武汉经济发展战略刍议》（1986）之中。

其他学者也有一些相关研究，如郭熙保等的文章《我国经济发展战略应实现四个转变》（2011）；张彬等的论文《经济全球化与湖北经济国际化发展战略研究》（2001）；陈继勇等的论文《新经济与武汉 21 世纪发展战略》（2009）；周茂荣等的论文《实现中部崛起的战略分析》（2007）；刘传江等的论文《西部大开发与中部发展战略的比较与思考》（2000）等。

（四）工业化及其道路研究

如简新华等的著作《中国工业化与新型工业化道路》（2009）；简新华的论文

---

① 谭崇台. 序言［A］. 王元璋. 马克思主义经济发展思想史［C］. 乌鲁木齐：新疆人民出版社，2006：4.

《论以信息化带动工业化》（2002）；刘光杰等的论文《乡镇企业与中国特色的工业化道路》（1993）；辜胜阻的文章《用信息化推动工业化的战略选择》（2001）；辜胜阻的论文《中国新型工业化发展模式及其比较研究——兼评中国民营科技企业区域发展》（2004）；辜胜阻等的论文《新型工业化与高技术开发区的二次创业》（2005）；郭熙保的论文《工业化、城市化与经济发展》（2002）、《迈向 21 世纪：中国工业化和当前的主要战略》（2007）；曾国安的博士学位论文《论工业化过程中市场与政府的关系》（1995）；曾国安等的论文《论县域新型工业化发展面临的制约因素及对策思路》（2018）等。

（五）可持续发展研究

如伍新木等主编的《长江地区城乡建设与可持续发展》（1999）；刘传江等的著作《经济可持续发展的制度创新》（2002）；伍新木等的论文《科学的制度安排与可持续发展》（2003）；辜胜阻的文章《研究制定百年战略，促进可持续发展》（2010）；刘传江等的论文《制度变迁与经济增长方式转变：可持续发展视角的考察》（2003）等。

还有学者开展了环境政策、能源合作发展方面的研究。如简新华等的论文《中国环境政策矩阵的构建与分析》（2003）；张彬等的论文《能源持续利用、环境治理和内生经济增长》（2007）；辜胜阻等的论文《深化丝绸之路经济带能源合作的战略构想》（2016）等。

不少学者进行了低碳经济发展问题的探讨。如刘传江等的论文《生态文明时代的发展范式转型与低碳经济发展道路》（2012）、《低碳产业与产业低碳化》（2013）；周茂荣等的论文《低碳经济时代气候变化的中国应对》（2010）；齐绍洲等的论文《经济增长与贸易隐含碳——基于生产侧与消费侧碳排放的视角》（2017）、《创新碳交易机制　促进低碳产业发展》（2017）等。

（六）宏观调控、经济体制改革与经济发展方式转变研究

如吴佩钧主编的《经济运行机制与宏观调控体系》（1995）；辜胜阻主编的《中国跨世纪的改革与发展》（1996）；简新华的两部姊妹篇著作《中国经济改革探索》和《中国经济发展探索》（2007）；李裕宜的论文《经济体制改革与政府的作用》（1988）；曾国安的论文《关于市场经济中政府调控经济的几个理论问题》（1999）；简新华等的著作《中国经济结构调整和发展方式转变》（2009）；曾国安的论文《后进国家经济增长方式加速转变的可能性及其条件》（1999）；曾国安等的论文《论经济

增长方式转变的政策条件——以经济政策的根本性系统性调整促进经济增长方式的转变》（2015）等。

二、应用经济学方面的相关学术成就

珞珈经济学者们在应用经济学方面的学术成就，主要基于应用经济学视野与经济发展政策层面进行探讨与研究；以发展经济学及相关理论探讨与实践探索为中心，学者们围绕学派创建核心理论所进行的探讨与研究主要体现在以下 6 个方面。

（一）财政视角对经济发展与经济增长问题的研究

学者们这方面的学术成就主要表现为：

1. 财政宏观调控对经济波动、经济稳定、经济增长的影响研究

吴俊培在这方面有较多研究，如吴俊培等的论文《经济常态、经济波动与财政宏观调控》（2005）、《经济波动与财政宏观调控政策》（2005）、《中国财政宏观政策的经济稳定功能研究》（2015）、《人口老龄化、公共人力资本投资与经济增长》（2015）；卢洪友等的论文《政府投资与经济周期波动实证研究——兼论三次产业的政府投资效应》（2010）等。

2. 财政政策的绿色发展效应研究

卢洪友在这方面有较多研究，如卢洪友等的论文《中国财政政策的绿色发展效应研究》（2016）；卢洪友等涉及中国财政政策的碳减排效应、污染减排效应、环境税费政策效应的论文《中国财政政策的碳减排效应研究——基于符号约束模型》（2016）、《中国环境保护税的污染减排效应再研究——基于排污费征收标准变化的视角》（2018）、《我国环境税费政策效应分析——基于"三重红利"假设的检验》（2017）等。

3. 经济增长与财政激励理论及政策研究

刘穷志在这方面有较多研究，如他的专著《经济增长与社会公平：财政激励的理论模型与实证研究》（2009）；他的论文《促进经济增长与社会公平的公共支出归宿机制研究——兼论中国公共支出均等化的政策选择》（2008）；刘穷志等的论文《经济增长与收入不平等：财政均衡激励政策研究》（2012）、《吸收能力视角下财政支出激励经济增长效应》（2020）等。

（二）金融视角对经济发展与经济增长问题的研究

学者们这方面的学术成就主要表现为：

1. 金融环境或金融发展对经济增长、经济发展的作用与影响研究

如李崇淮、江春的论文《90 年代国际经济金融形势对中国经济发展的影响与我们的对策》（1991）；黄宪等的论文《金融发展对经济增长的促进作用及其持续性研究——基于英美、德国、法国法系的比较视角》（2019）；潘敏等的论文《金融去杠杆对经济增长和经济波动的影响——基于金融发展的视角》（2018）等。

学者们还就金融支持背景下对区域经济发展的作用与影响进行了研究，如江春的论文《谈金融业在实现中部崛起中的作用》（2005）；叶永刚等的文章《金融支持区域经济发展的路径选择》（2014）；叶永刚等的论文《以金融工程驱动湖北经济跨越发展》（2014）等。

2. 经济发展中的外汇市场、货币政策与金融发展相关问题研究

如叶永刚的著作《我国经济发展中的外汇市场研究》（1995）；潘敏的论文《经济发展新常态下完善我国货币政策体系面临的挑战》（2016）；江春等的论文《金融监管与金融发展：理论框架与实证检验》（2005）、《发展中国家金融发展的制度分析》（2009）等。

3. 经济增长、经济发展中的金融市场产权问题研究

江春将产权理论运用于研究经济增长、商业银行的改革、金融市场的发展、利率的市场化、资本账户的开放、汇率的市场化、收入分配与金融发展等领域，尝试构建"新制度金融学"的理论框架。他出版了 4 部这方面的专著，分别为《经济增长中的产权问题》（1996）、《产权制度与金融市场：中国金融市场的产权问题研究》（1997）、《产权制度与微观金融》（1999）、《产权、货币自由兑换与经济发展》（2003）。

（三）区域经济发展研究

学者们在这方面的学术成就主要表现为：

1. 区域经济发展的一般性探讨

该探讨指地域上不针对具体地区的相关探讨，如刘光杰的论文《地区经济发展战略理论初探》（1987）；伍新木主编的《县经济概论》（1988）；伍新木等的论文《区域经济发展"双倒 U 型假说"——对倒 U 型理论的完善与发展》（2006）；辜胜阻等的论文《区域经济文化对区域创新模式的影响机制研究》（2008）等。

2. 武汉、湖北及中部地区经济发展的相关探讨

除李崇淮、刘光杰有较多较深研究之外，其他学者也做了一些研究，如伍新木等的论文《以武汉为中心建设长江中游城市群》（2002）；刘传江等的论文《武汉都市圈经济发展差距研究》（2007）；简新华等的论文《城市化：湖北经济跨世纪发展的目标和动力》（2000）；伍新木的论文《关于"中部崛起"的经济学思考》（2005）等。

3. 长江经济带经济发展的相关探讨

如李崇淮、辜胜阻的论文《关于加快长江中游地区发展的建议》（1994）；辜胜阻等的论文《长江流域经济开发和缩小东、中、西部差距》（1997）；伍新木等的文章《长江经济带在中国经济发展中的战略地位与作用》（1997）、《建设城市圈实现长江经济带跨越式发展》（2004）、《用绿色理念引领长江经济带建设》（2016）；刘传江等的论文《长江经济带全要素碳生产率的时空演化及提升潜力》（2016）等。

4. 其他地区经济发展的相关探讨

如刘光杰等的著作《香港经济的发展趋势及港深经济一体化》（1997）；辜胜阻的论文《推进"一带一路"可持续健康发展的战略思考》（2016）；刘传江等的论文《异质人力资本流动与区域经济发展——以上海市为例》（2007）等。

5. 国际区域经济合作与发展相关问题的探讨

张彬在这方面做了较多研究，如张彬等的著作《国际区域经济一体化比较研究》（2010）；张彬等的论文《APEC 推动创新增长合作的成效与前景分析》（2014）、《APEC 创新增长合作进程、成效与展望》（2015）、《多边化区域主义的新发展与中国的对策选择》（2017）等。

（四）人口流动与城镇化相关研究

经济研究所的学者们对人口流动与城镇化发展，包括农村剩余劳动力转移问题做了较多研究。这方面的著作如辜胜阻的《非农化及城镇化理论与实践》（1993）；辜胜阻、简新华主编的《跨世纪的社会经济工程：当代中国人口流动与城镇化》（1994）；辜胜阻、刘传江主编的《人口流动与农村城镇化战略管理》（2000）。这方面的论文如辜胜阻、刘传江的《中国人口流动与城镇化的理论思考和政策选择》（1996）；简新华等的《从"民工潮"到"民工荒"——农村剩余劳动力有效转移的制度分析》（2005）、《从农民到农民工再到市民——中国农村剩余劳动力转移的过程和特点分析》（2007）等。

财政学科的学者对中国城镇化问题也有所研究，如吴俊培等的论文《政府投资、民间投资对城镇化发展差异性影响效应分析》（2016）、《中国城市群城镇化发展水平的比较研究及政策建议》（2016）；卢洪友等的论文《城镇化、人口流动与地方政府债务水平——基于中国地级市的经验证据》（2020）等。

（五）产业发展研究

学者们在这方面的学术成就主要表现为：

1. 农业发展研究

郭熙保在这方面有系统深入的研究，如他的著作《农业发展论》（1995），这是一部从经济发展理论视角系统探讨农业发展问题的专著。除系统性专著外，学者们还有许多探讨农业发展问题，包括农业发展中较为突出的农村贫困问题的学术论文，如郭熙保等的《中国农村代际多维贫困实证研究》（2017）；叶初升等的《中国农村经济亲贫增长的测度与分析》（2011）；邹薇等的著作《反贫困的中国路径：基于能力开发的视角》（2019）等。

2. 产业结构调整与优化研究

如刘光杰等的论文《我国产业结构调整的深层思考》（1992）；李裕宜的论文《促进产业结构合理化和现代化》（1991）；伍新木的文章《历史方位下的湖北产业结构新思路》（2003）；辜胜阻、刘传江的论文《技术创新与产业结构高度化》（1998）；简新华等的论文《改革开放以来中国产业结构演进和优化的实证分析》（2011）、《服务化：中国产业结构调整优化的新主攻方向》（2013）；潘敏等的论文《产业结构调整与中国通货膨胀缺口持久性》（2012）；吴俊培等的论文《调整产业结构的税收政策研究》（2012）等。

3. 产业集群发展研究

如辜胜阻的文章《产业集群演化与文化创新》（2009）；曾国安等的论文《增长极、产业集群与落后地区的区域经济发展》（2004）、《高新技术产业集群的发展与地方政府的作用——北京市高新技术产业集群发展给我们的启示》（2005）等。

4. 高新技术产业发展研究

辜胜阻在这方面有较多研究，仅专著即出版4部，分别为：辜胜阻的《创新与高技术产业化》（2001）；辜胜阻主编的《新世纪的战略选择：武汉高新技术产业发展研究》（2000）、《高技术产业经济研究》（2003）；辜胜阻等的《民营经济与高技术产业发展战略研究》（2005）。此外，还有叶永刚等的论文《中部崛起视角中的高新技术产业化与技术产权资本市场》（2006）等。

（六）对外开放和国际贸易问题研究

如吴纪先等的论文《中国对外贸易发展与中美贸易前景》（1988）；周茂荣的著作《美加自由贸易协定研究》（1993）；陈继勇等的著作《中国互利共赢的对外开放战略》（2014）；陈继勇等的论文《中国实施互利共赢的对外贸易战略》（2009）；张彬等的著作《中日韩自由贸易区问题研究》（2013）；张彬等的论文《欧洲经济一体化的贸易效应对中欧贸易的影响探析》（2008）、《浅析美国次贷危机对我国出口贸易的影响》（2009）等。

第三节
李崇淮、刘光杰、辜胜阻、郭熙保的相关学术成就与贡献

在"大本营"经济学学科群体中，从前述内容可以明显地看出，有许多人从自己的专业视角对中国经济增长、经济发展问题做过或多或少的探讨，对珞珈经济学"学派"创建核心理论的形成与发展做出了积极的贡献。作为这些学者的代表，下面仅列举李崇淮、刘光杰、辜胜阻、郭熙保 4 位，就他们有关该学派创建核心理论中最具特色的内容，略加阐述。

一、李崇淮的武汉"两通"起飞发展战略

李崇淮是中国著名经济学家，尤其在货币金融方面造诣极深。曾编著出版著作 2 部，主编 4 部，第一主编 3 部，译著 3 部（含独译 1 部、合译 1 部、校译 1 部）。另编有《李崇淮文集》；发表学术论文 50 余篇。

他是中国改革开放后"较早提出运用股份制促进经济发展的学者之一"。20 世纪 80 年代初开始，中国出现了一批主张股份制改革的学者，其中最具代表性的"北有厉以宁，南有李崇淮"[①]。李崇淮曾主编出版《股票基本知识与实践》（1984）

---

① 辜胜阻，王建润. 李崇淮先生的学术贡献与社会影响 [J]. 经济评论，2016（06）：3-8.

一书，被誉为“我国建国以来第一本介绍股票知识的专著”①。作为银行家出身的李崇淮，还是中国较早提出金融改革的学者之一。早在 1985 年，他发表《关于加快金融改革步伐的十点设想》一文，明确主张在全面经济改革的同时加快金融改革的步伐，提出“建立起以中国人民银行为核心的、多层次的横向金融网络”“推广发薪转账办法”“逐步推广支票存款”“开放商业信用”“大力发展社会主义集体所有制的股份公司”“推广公司债券和政府债券的发行”“在较大的中心城市中逐步建立起短期票据市场和长期证券市场”“发挥专业银行对微观经济的服务、指导和监督作用”“充分发挥中国人民银行对宏观经济进行计划调节的中央银行作用”② 等一系列改革建议。20 世纪 80 年代，中国学术界围绕人民币性质问题发生了一场大讨论，他是“非黄金派”的重要代表之一。他在《金融研究》《中国社会科学》《世界经济》等权威期刊发文，认为各国实际上已废除金本位制，黄金已不再作为世界货币；人民币和各国纸币都不再代表黄金，都是信用货币。③ 他还结合自己对马克思关于货币流通规律理论的理解，解释自己对货币的见解与主张。他的金融改革建议与货币理论主张，为中国的金融体制改革与货币制度建设提供了理论依据与决策参考。

他在武汉大学长期从事金融学，特别是国际金融学的教学与科研工作，改革开放后又担任了武汉大学经济管理学科和金融学科建设的领导职务，对武汉大学管理学科、金融学科乃至经济学科的建设与发展做出了重要贡献。他于 1977 年开始讲授《资本主义国家的货币与银行》，1990 年主持翻译出版美国学者的《货币、银行和金融市场原理》教材；接着自己主编出版了《资本主义货币银行学》（1992），后增订再版并更名为《西方货币银行学》（1998），该书是国内最早系统介绍现代货币银行学的教材，当时很多名校都把这本书作为教材和参考书，“影响了一代又一代金融学及经济学专业的学子”④。

从珞珈经济学“学派”创建视角考察，他最为突出的学术成就与贡献是提出了武汉“两通起飞”的发展战略建议。可以说，他通过理论联系实际的探索，从城市经济

---

① 时文.《股票基本知识与实践》简评 [J]. 江汉论坛，1985（03）：81.
② 李崇淮. 关于加快金融改革步伐的十点设想 [J]. 金融研究，1985（03）：12 - 14.
③ 参见李崇淮. 试论人民币与黄金的关系 [J]. 金融研究，1981（S1）：3 - 8，12；李崇淮. 论货币形式发展的新阶段——兼同刘光第同志商榷 [J]. 中国社会科学，1982（02）：79 - 98；李崇淮. 当前黄金是否仍是世界货币并在决定国际汇价中发生作用 [J]. 世界经济，1983（12）：7 - 15；李崇淮. 就当前货币形式问题答谭寿清同志 [J]. 中国社会科学，1984（04）：163 - 166；等等.
④ 辜胜阻，王建润. 李崇淮先生的学术贡献与社会影响 [J]. 经济评论，2016（06）：3 - 8.

发展的视角，提出了以区域经济为对象的经济发展战略构想，丰富和充实了珞珈经济学"学派"创建的核心理论。

（一）基于改革开放初的特殊历史背景

改革开放初，中国刚开始对计划经济体制进行改革。经济建设中普遍注重的是发展生产，不太重视流通环节，市场调节机制尚未建立，地区之间相互封锁，"条块分割"较为严重，流通极为不畅；在思想理论界，长期弥漫着"左"的气息，奉行的是"生产决定论"，否定和批判所谓的"流通决定论"。武汉作为中国"九省通衢"和中部地区最大中心城市，其经济发展及中心城市作用的发挥受到极大的影响与制约。为推进改革，武汉市积极争取进行经济体制综合改革试点，实行计划单列。1981年起，武汉市委、市政府开始研讨发展战略问题，并成立武汉市咨询委员会，听取专家学者们的建议，探寻武汉市的正确发展方向和改革开放的突破口。正是在这一背景下，李崇淮于1983年5月在一次学术会议上，首次提出了武汉经济体制改革要以交通和流通（简称"两通"）为突破口的建议，引起市委、市政府的高度重视和学术界的广泛关注与热烈讨论。为深入阐述自己的见解与主张，他先后发表了一系列文章详加探讨，这些文章后集结为《"两通"起飞：武汉经济发展战略刍议》（1986）一书。

（二）"两通"起飞战略建议的主要内容

从内容上看，"两通"起飞战略大致可以概括为：从武汉地处全国交通中心的地位出发，凭借加强交通和流通，实现两翼起飞，把武汉建成"内联华中，外通海洋"或"内联九省，外通海洋"的经济中心，以带动并促进武汉地区、湖北地区以及内地有关省区经济全面和迅速的发展。

李崇淮从广义上来界定"两通"的含义，他所称的"交通"包括运输和电讯；"流通"包括商流、物流、资金流和信息流。他所称要把武汉建成的"经济中心"是一个多功能中心，包括交通运输中心、内地贸易中心、对外经济贸易中心、工业基地、农副产品集散中心、金融中心、旅游中心、科技教育中心以及信息、咨询和管理服务中心等。

他认为特定区域经济发展战略的制定应重点考虑三大因素：一为"依据"，即制定战略所依据的条件，亦即这个地区的特点和优势；二为"目标"，指战略所要达到的目标；三为"手段"，指达到这个目标所应采取的主要手段或途径。沿着这一思路，他构思了武汉经济的发展战略。

他首先分析武汉的特点和优势，认为其主要表现是：地理位置适中，交通四通八达；商业基础较好；工业拥有雄厚的物质技术基础；高等学校、科研、设计机构比较集中，智力基础雄厚；水电能源丰富等。在这些特点和优势中，他特别强调武汉地理位置的重要性，认为武汉的地理位置正处于全国总战略设想（"东靠西移、南北对流"）的"十"字中心，亦即南北铁路大动脉（京广线）和东西水路大动脉（长江）的交叉点，占据得天独厚的战略优势。基于对武汉特点和优势的分析，他提出了武汉经济发展的战略目标。他认为，武汉的战略目标不能局限于武汉本身的经济发展，必须使武汉经济发展能够带动和促进有关地区经济的迅速发展，使其在国家实现新时期总的发展战略目标中充分发挥应有的作用。他特别强调武汉"内联"和"外通"的作用，认为在"内联"上要尽力拓展范围，打破条条块块的分割；在"外通"上要充分发挥武汉"九省通衢"的优势，因为在内地中心城市中只有武汉可以通过长江直通外洋。至于实现战略目标的手段或途径，他的主张是"两通"起飞，更为形象的说法是"以两通（交通和流通）为两翼起飞"。他解释说：凭两翼起飞，并不是说只飞两翼，主体就不动了。一只鸟两翼起飞身体当然也会动，身体不动鸟是飞不起来的。武汉凭借两翼起飞，需要工业站稳脚跟。他明确表示："我不反对'要使工业站稳脚根'，也不反对'增强市属工业实力'，而且认为，在加强'两通'的同时，应该这样做。我们要搞好'两通'，正是为工业大发展开辟道路。"[①] 很明显，他是主张以"两通"为两翼，通过两翼起飞带动工业乃至整个区域经济的发展。

为了实现"两通"起飞，他还提出了 12 条具体的配套战略措施，分别为：加强交通运输条件；改革商品流通体制，大力发展商业；实行经济体制改革，建立起合理的经济网络；整顿工业，加快改革步伐，充分发挥工业基础作用；沿江开辟带形新市区；面向农村，支援农村；开发江湖，发展水产；支援湖北，发展中等城市；以武汉为金融中心，建立地区金融网络；大力发展服务行业；积极发展旅游事业；组织科技和教育力量等。

（三）从实际与理论两个方面阐述武汉"两通"起飞的理由

武汉为何要选择"两通"起飞的发展战略？他从实际和理论两个方面进行了论证。

---

① 李崇淮．"两通"起飞：武汉经济发展战略刍议［M］．武汉：武汉大学出版社，1986：21．

从实际方面看，他认为武汉选择"两通"起飞是由武汉的经济发展战略目标所决定的。因为武汉的经济发展战略目标不仅是要谋求武汉自身的发展，而是要建成区域经济中心。而区域经济中心和它所联系的地区是互相依存的，地区的各点之间要有一定的纽带，需要交通和流通使之连接起来。他把区域经济中心比作一个地区的心脏，把运输条件比作血管，商品流通则喻为血液循环。指出："没有血管和血液流通，心脏发挥不了作用。同样，没有'两通'，中心城市也发挥不了经济中心的作用。因此，'两通'是一个城市能够成为有关地区经济中心的首要条件。"他认为，这个道理具有普遍意义，也适用于其他中心城市，"也就是说，凡是经济中心，都应该搞好'两通'"①。

从理论上讲，他认为武汉选择"两通起飞"是符合生产和流通的相互关系的经济学原理的。他指出，在商品经济条件下，商品是为交换而生产的产品，它要通过流通环节才能到达消费者手中并实现其价值；厂家生产商品所需的原材料如果买不进来，它的再生产也无法进行。因而，"整个社会的商品生产过程，就是生产与流通相互交迭的过程（其他环节这里略而不论）。生产决定流通、工业决定商业；但流通又反转来影响生产，商业又反转来影响工业。它们是互为前提、相互促进而又是相互制约的。随着生产力的发展，社会化生产愈发达，分工愈细，协作愈强，对流通和商业的要求也愈高。或者说，生产越发展，工业门类越多，交换越频繁，流通就越要通畅，商业就越要发达。生产和流通，工业和商业，应该齐头并进，才能使社会再生产顺利进行"。在这里，他运用马克思主义再生产理论阐述了生产与流通、工业与商业的关系。他是针对人们受计划经济条件下极"左"思想的影响，片面理解马克思主义理论，一味强调生产而忽视流通的现象有所感而发的。他认为，过去我们"两通"并非过头，而是不足，不能适应经济发展的需要。"因此，当前的首要任务，就是使'两通'的发展赶上生产发展的需要，不让它们拖住生产发展的后腿。"②

（四）被政府采纳并取得显著效果

"两通"起飞战略提出后，虽然出现过反对的声音，但几经论争，终为大多数专家学者所接受和认可，并最终为政府部门所采纳。1984 年，武汉市委、市政府决定采

---

① 李崇淮. "两通"起飞：武汉经济发展战略刍议［M］. 武汉：武汉大学出版社，1986：22 - 23.

② 本自然段的引文，详见李崇淮. "两通"起飞：武汉经济发展战略刍议［M］. 武汉：武汉大学出版社，1986：23 - 24.

用"两通"起飞建议，并据此制定了《武汉市经济体制综合改革试点实施方案》，其宗旨是以"两通"为突破口，发挥中心城市的优势，给予武汉市相当于省一级的经济管理权限。方案很快得到中央和国务院批准。自此，武汉市以"两通"为突破口的综合改革试点全面展开。

"两通"战略实施后，很快即收到显著成效。"两通"的本质是市场的开放，时任武汉市市长吴官正当即宣布：武汉三镇市场彻底敞开，地不分南北，人不分公私，欢迎国内外客商前来开发投资和经营工商业。三镇大门敞开后，过去条块分割、地区封锁的人为束缚被打破，流通渠道得以畅通，市场呈现出一派生机和活力。吴官正在为《"两通"起飞：武汉经济发展战略刍议》一书所写的"代序"中曾描绘过这一兴盛景象："两通"战略的实施，"彻底敞开了'三镇'大门，通开了各种流通渠道，出现了'江摇千家橹，河泊万户船'，'货旺连三江，物丰贯四海'的局面，促进了全市产业结构的调整，促进了企业的转轨变型，提高了城市的综合服务能力"[①]。很快，武汉的开放格局得以形成，商业、交通、工业等大获发展，多项经济数据一跃而达到了名列全国前茅的水平，创造了武汉历史上继近代开埠之后的第二个鼎盛期。1985 年 1 月，武汉市政府对李崇淮进行了隆重表彰，给他颁发了第一号嘉奖令。1993 年 10 月，武汉市召开纪念"两通"起飞十周年暨发展社会主义市场经济学术研讨会，时任市长赵宝江在会上指出："武汉改革开放的十年，是'两通'突破战略开花的十年。"2001 年 8 月，武汉市委对"两通"突破给予高度评价："在新一轮经济体制综合改革中，以'两通'为突破口，推动了全市经济发展，取得了令人瞩目的成绩，为推动城市综合配套改革，探索新的经验，奠定了坚实的基础。"[②]

二、刘光杰的中国经济发展战略理论

刘光杰也是珞珈学者中的著名经济学家，他的主攻方向是社会主义经济理论，尤其在中国经济改革与发展两大领域做了较为深入的理论研究，并取得丰硕的学术成果。出版各类著作和教材 12 部，其中独著 3 部，第一作者合著（编）4 部，主编 3

---

① 吴官正. 代序 [A]. 李崇淮. "两通"起飞：武汉经济发展战略刍议 [C]. 武汉：武汉大学出版社，1986：1.
② 涂天向，汤红娟. "两通"起飞战略决策形成的历史过程 [J]. 武汉文史资料，2009（03）：15 – 20.

部，第一主编 1 部，第一副主编 1 部。另编有《刘光杰选集》；发表学术论文 90 余篇。他的学术成果主要涉及以下 4 个方面的内容：

（1）社会主义政治经济学基本理论研究，如《社会主义分配》（第一作者合著，1980）、《政治经济学基本原理》（第一作者合编，1985）、《社会主义政治经济学基本理论问题研究》（独著，1988）；

（2）中国经济发展战略相关研究，如《中国经济发展战略概论》（独著，1989）、《中国经济发展战略理论研究》（主编，1995）、《2010 年武汉经济发展战略与对策研究》（主编，1997）；

（3）中国经济体制改革理论和毛泽东经济改革与发展思想研究，如《我国经济体制改革的理论探讨》（第一副主编，1983，获湖北省哲学社会科学优秀成果二等奖）、《我国全民所有制经济改革的理论与实践》（独著，1992）、《毛泽东经济变革与发展思想研究》（主编，1993）；

（4）香港经济发展及其他问题研究，如《香港经济的发展趋势及港深经济一体化》（第一作者合著，1997）、《改善管理增加收益方法十讲》（第一作者合著，1984）、《中国社会主义建设简明教程》（第一主编，1987）等。

在 20 世纪八九十年代，刘光杰在中国经济学界享有较高声誉。江苏人民出版社编的《我的经济观：当代中国百名经济学家自述（3）》（1992）中收录了他的《我的改革与发展观》；《中国经济科学年鉴》编委会等主编的《当代中国经济学家录》（1988）中，只收录了 52 名理论经济学学科的学者，他即名列其中。

从珞珈经济学"学派"创建视角考察，刘光杰最为突出的成就与贡献是他对中国经济发展战略理论所进行的开创性研究。可以说，他通过对中国经济发展战略理论的开创性研究，为珞珈经济学"学派"创建的核心理论拓展了新的领域并充实了新的内容。

（一）研究中国经济发展战略理论的背景及过程

1982 年，党的十二大提出到 20 世纪末中国的经济发展战略，迫切需要从理论上阐明经济发展战略的内涵，制定经济发展战略的依据，以及中国经济发展的目标体系、战略要素、速度效益、产业与区域结构、战略与改革的关系等一系列重大问题。刘光杰敏锐地洞察到从理论上探讨这些问题的必要性与重要性，立即投入到对这些问题的研究之中，并将自己的研究所得运用到教学中去。1984 年起，他在研究生中开设了"我国经济发展战略概论"这门崭新的课程。据他回忆："在全国高校系统中，把经济发展战略作为一门独立的课程来开设，可能这是最早的。"① 以此为基础，经过几年的研究，他于1989年出版了《中国经济发展战略概论》这部系统探讨中国经济发展战略理论的专著。后又带领几位博士研究生，经过进一步的修订和补充，于1995年主编出版了内容更为充实、体系更为完备的《中国经济发展战略理论研究》。该书被列入谭崇台主编、他为副主编之一的"经济发展理论研究丛书"，还被列为1991~1995年国家重点图书和武汉大学学术丛书。从内容上看，该书分为导论篇、目标篇、因素篇、结构篇和体制篇，较为全面地考察了国内外的经济发展战略理论、方法和实践经验，在经济发展的含义、目标、战略要素以及经济发展与经济结构、经济发展与经济体制的关系等方面做了系统的论述。

（二）明确将中国定位为发展中的社会主义国家

研究中国的经济发展战略，首先需要明确中国是一个怎样的国家。刘光杰以马克思主义经济学为指导，认为中国是一个发展中的社会主义国家。具体来说，从发展阶段上看，它是一个"发展中的"国家；从制度属性上看，它是一个"社会主义的"国家；综合来看它是"发展中的社会主义国家"。这样的国家在经济建设中所面临的重大问题有两个："一是适应本国生产力的现实水平和逐渐发展的情况，建立和不断完善社会主义经济体制，以解决社会主义生产关系的具体形式同生产力发展之间的矛盾；另是从本国的实际出发，制定在一定时期内的经济发展战略，以解决社会主义建设中各种经济因素之间的矛盾，确定各个时期的经济建设的指导方针和原则。"② 也就是说，制定中国的经济发展战略，就要从本国的实际出发，联系中国的生产关系来研究和解决中国作为发展中社会主义国家的生产力发展的问题。这也就从理论上明确了中国经济发展战略研究的出发点和落脚点。

（三）较早完整、准确界定"经济发展战略"概念的内涵

在国际学术界，"经济发展战略"这一概念最先是由美国发展经济学家赫希曼（A. O. Hirschman，1958）提出的③；但他并未对这一概念的内涵做出明确的界定。在国内经济学界，最早倡导研究经济发展战略的是于光远，他于1981年提出了对"经济社会发展战略"问题进行研究的倡议，并从发展目标上论及经济社会发展战略的含

---

① 刘光杰. 武汉解放50年与我的学术生涯 [J]. 学习与实践，1999（10）：21-23.
② 刘光杰. 前言 [A]. 刘光杰. 中国经济发展战略概论 [C]. 北京：中国物资出版社，1989：1.
③ 参见 [美] 艾伯特·赫希曼著，曹征海等译. 经济发展战略 [M]. 北京：经济科学出版社，1991.

义。他指出："一个国家经济社会发展战略目标,指的是制定这一战略的主体(通常是这个国家的政府和政党),对一定时间后的这个国家的经济和其他社会状况的发展程度进行预测,并把这种程度的发展作为目标,制定总的和各方面的战略方针,确定战略的步骤,动员这个主体认为可以和应该依靠的力量,来为这个目标的实现作出努力。"[①] 他是从战略目标的视角连同社会整体发展一并论及发展战略问题的,并未纯粹从经济层面来阐述发展战略的内涵。中国社会科学院工业经济研究所时任副所长薛葆鼎则从经济层面阐释过发展战略的概念,他指出:"按照毛主席对战略学的定义,我们可以说,经济发展战略是研究经济发展全局的规律性的东西的。它要照顾各个阶段、各个局部之间与带关联性的内在规律的。"[②] 刘光杰则更进一步阐述了"经济发展战略"的内涵,指出:"'经济发展战略'就是研究经济发展中带全局性的规律的东西,或者说,经济发展战略是指从经济发展的全局出发,分析构成经济发展全局的各个局部、部分、因素之间的关系,找出影响并决定经济全局发展的局部或因素,而相应作出的谋划和决策。"[③] 他的这一界定,最早见诸他于 1984 年发表的《关于经济发展战略理论的几个问题》一文中。[④] 同年,另一位经济学家刘国光也对"经济发展战略"概念的内涵有所表述,认为"经济发展战略是指在较长时期内,例如五年、十年、二十年,根据对经济发展的各种因素、条件的估量,从关系经济发展全局的各个方面出发,考虑的制定经济发展所要达至的目标,所要解决的重点,所要经过的阶段以及为实现上述要求所采取的力量部署和重大的政策措施而言"[⑤]。综合来看,要正确认识和阐释经济发展战略的内涵与本质,必须把握住它的全局性、规律性和谋略性特征。也就是说,要明确经济发展战略所要研究和解决的是带全局性、规律性和谋略性的经济发展问题。就上述界定而论,薛葆鼎虽然强调了经济发展战略的全局性和规律性特征,但对它的谋略性特征却有所忽略;刘国光虽然强调了经济发展战略的全局性特征,但对它的规律性与谋略性特征却有所忽略。比较起来,刘光杰的界定与解释是较为全面和完整的,他是这一时期较早从理论高度来完整、准确把握经济发展战略的内涵和本质的学者之一。他对经济发展战略内涵的界定,当时即为国内有些论著所接受,如王启荣等主编的《中国社会主义经济理论》(1986)一书中就

① 于光远同志在经济社会战略问题座谈会上的三次发言[J]. 技术经济研究,1981(08):33-46.

② 薛葆鼎. 谈谈经济发展战略[J]. 赣江经济,1981(12):3-10.

③ 刘光杰. 中国经济发展战略理论研究[M]. 武汉:武汉大学出版社,1995:6.

④ 参见刘光杰. 关于经济发展战略理论的几个问题——在湖北中心城市经济发展战略讨论会上的发言(摘要)[J]. 江汉论坛,1984(06):1-7.

⑤ 刘国光. 中国经济发展战略问题研究[M]. 上海:上海人民出版社,1984:2-3.

是采用了这种解释和概括。①

(四)提出制定经济发展战略的"直接依据"

经济发展战略不能凭空制定，必须遵从一定的依据，刘光杰认为制定经济发展战略不仅要从经济发展状况出发，还应遵循三个方面的"直接依据"："首先决定于该社会经济制度的性质，不同社会制度的国家具有性质截然不同的经济发展战略"；"其次，经济发展战略是体现经济发展中带全局性的规律，它反映着构成这个全局的各个部分、因素之间的本质联系"，不同发展阶段"对全局起决定作用的局部也不可能是不变的"；"再次，在现实的国际关系背景下，一个国家的经济发展不仅受本国政治经济形势的影响，而且也受国际政治、军事、经济形势的制约的"。② 他提出的这三个方面的制定经济发展战略的"直接依据"受到学术界的首肯与关注，李成勋（1999）在系统总结中国的"经济发展战略理论"演进过程时，就从战略决策形成的视角完整地介绍了刘光杰的这一见解。③

(五)构建经济发展战略目标体系

刘光杰认为，中国经济发展战略目标不是单一的，而应是多重的，应当包括"三个基本的、不可分割的因素：人民的需要；产值水平或速度；经济效益"。其中，满足人民需要是社会主义经济发展战略目标的核心内容，力求合理的增长速度是社会主义经济发展战略目标的支柱，实现最好的经济效益是社会主义经济发展战略目标的精髓。他认为，这三者在本质上应当是统一的。因为"经济增长快，生产出来的产品多，有利于人民需要的满足；不断增长的人民需要，又会反过来成为一种刺激力，推动经济进一步迅速地发展；经济效益好，同样的人力、物力资源，可以生产出更多的产品，使经济得到迅速地增长，能够更好地去满足人民需要，经济的增长和人民需要的扩大，也为提高经济效益创造了良好的经济环境和产品实现的条件"④。然而，在他看来，这三者在实践中往往又是矛盾的，特别表现在经济增长同经济效益的矛盾上。这是因为，经济增长对经济效益的作用可能是正向的，也可能是负向的。他的看法

---

① 参见王启荣等. 中国社会主义经济理论 [M]. 武汉：华中师范大学出版社，1987：353 – 354.
② 刘光杰. 中国经济发展战略理论研究 [M]. 武汉：武汉大学出版社，1995：14 – 15.
③ 参见李成勋. 经济发展战略理论 [A]. 张卓元. 论争与发展：中国经济理论50年 [C]. 昆明：云南人民出版社，1999：449 – 450.
④ 本自然段的引文，详见刘光杰. 中国经济发展战略理论研究 [M]. 武汉：武汉大学出版社，1995：159，161 – 162.

是：如果高的产出是依靠过多的物化劳动和活劳动的消耗而取得和实现的，那么这种高产出就不会带来好的经济效益，甚至带来经济效益的下降；如果经济的高速增长靠牺牲产业结构的协调关系来实现，或者直接带来了产业结构协调关系的破坏，那么，在这种高速经济增长的运行过程中，也必然会出现社会某些产品紧缺和某些产品积压并存、有些生产能力不足和有些生产能力过剩并存，以致造成社会经济秩序的混乱和社会资源的浪费，即使高速经济增长的目标勉强达到了，经济效益却下降了。这些都是经济高速增长对经济效益产生负效应的具体表现。他既客观地分析了人民需要、速度与效益之间的统一性，又冷静地考察了三者之间的矛盾性，并从三者之间这种既统一又矛盾的内在关系来构建经济发展战略的目标体系，是别具一格并富有创新意义的。

（六）探讨社会主义经济增长速度及其演变规律

刘光杰不仅从总体、宏观和谋略的视角分析了中国经济发展的战略目标，而且从长期、久远的视角探讨了社会主义经济增长的速度及其演变规律。他在分析社会主义经济增长过程的一般规律性和考察中国经济增长历史过程的基础上，得出了"社会主义经济增长具有高速度增长特征的结论"；但同时他又指出，这种高速度不可能一直递增，"经济增长的进程是一个不断波动的过程，或者说，是宏观经济变量的增长速度围绕其长期趋势而产生扩张和收敛的过程"，"中国经济增长的波动是客观存在的"。他客观地分析了经济过度波动带来的负效应。首先，经济过度波动必然会给经济发展带来巨大的破坏；其次，经济过度波动意味着经济建设中的高投资低产出，经济效益低下；最后，经济的过度波动对人民生活水平和经济发展会产生不利影响，甚至对国民经济持续稳定协调发展带来危害。他指出，"我国经济增长出现波动是多方面原因综合作用的结果"[①]。他深入探讨了经济波动的生成机制和中国经济过度波动产生的原因，认为经济波动通常是由总供给与总需求的平衡变化决定的；中国的经济过度波动则具体表现为总需求侧的过度变动，即其主要原因在于市场有支付能力的需求过度波动。他详细分析了中国的投资波动、农业波动和政治因素变化对经济波动的影响，不仅从理论上揭示了中国经济波动产生的原因和机理，而且为中国制定经济发展战略提供了科学依据。

---

① 本自然段的引文，详见刘光杰. 中国经济发展战略理论研究［M］. 武汉：武汉大学出版社，1995：57，64.

早在 20 世纪 50 年代，他就深入分析了社会主义经济高速增长的特征与规律，认为社会主义经济是高速度发展的，但这种高速度基本上是波浪起伏前进的，"这就是我们分析社会主义高速度规律性时所必然得出的结论"①。他的这一见解在 20 世纪末被认为是"目前国内学术界能见到的关于社会主义经济周期波动的最早的观点"②。

（七）在经济发展战略因素方面提出创新性见解

刘光杰系统探讨了影响和决定经济发展的八大战略因素，分别为：资金形成、技术发展与选择、人口发展、对外贸易、产业结构、生产力布局、经济体制、企业制度。在对这些战略因素进行具体阐述的过程中，他提出了不少创新性的见解。例如，在生产力布局的分析中，他不仅就如何优化区域间生产力布局，走中国特色区域协调发展新路，提出了较为详细的理论见解与对策建议；而且较为突出的对学术界颇具影响的"梯度推移"理论提出了不同的看法。他认为，实施"梯度推移"战略不仅会扼制落后地区直接引进先进技术，实现赶超式发展战略，使其只能接受从发达地区淘汰下来的或"推移"过来的"夕阳"产业和技术，抑制其经济发展及效益提高，使之只能循着高投入、低产出，低速度、低效益的道路缓慢爬行，长期处于落后状态；而且反过来也会因为落后地区的制约而抑制发达地区经济增长速度和效益的进一步提高。而且，在"梯度推移"过程中，如果不顾国情片面追求发达地区经济超速发展，势必会加重这些地区产业过分密集、城市过度膨胀、人口过度稠密的态势，加剧这类地区产业结构失衡与经济发展的矛盾、经济发展与社会发展的矛盾，以及生态环境恶化与保障人民长远利益的矛盾等。这也就违背了生产力区域布局合理化原则，给国民经济发展总体战略目标的实现带来负效应。因此，他认为"'梯度推移'论以及在现实中操作所带来的问题，使我们有理由认为，这一生产力区域布局的原则在我国这样的发展中大国经济发展中是不可取的"③。再如，在经济体制方面，他强调合理的经济体制是实现经济发展战略目标和战略重点的制度保证，因而他十分注意改革与发展关系的处理，将改革问题有机地融入经济发展战略问题的研究之中。他认为，改革并不是目的，改革是为了发展，改革是发展的保证；但改革也受发展的制约，发展为改革

---

① 刘光杰. 从我国第一个五年计划看高速度与按比例问题 [J]. 武汉大学人文科学学报 （经济专号），1959 （05）：1 – 8.

② 杨胜刚. 扎根于现实的理论之树长青——读《刘光杰选集》[J]. 武汉大学学报 （哲学社会科学版），1997 （04）：126 – 127.

③ 刘光杰. 中国经济发展战略理论研究 [M]. 武汉：武汉大学出版社，1995：389.

提供条件，改革不能随心所欲；中国的改革必须从中国的实际出发，渐进性地推进，逐步建立起社会主义市场经济体制和完善的宏观调控体系。在当时来说，这些都是具有开创性的新颖见解。

他主编的《中国经济发展战略理论研究》出版后，得到学术界的充分肯定和高度重视，被称为"是他积多年研究之所得而主编的一部探讨中国经济发展战略理论的总结性著作，也是我国目前从理论上研究中国经济发展战略问题的一部具有代表性的著作"[①]。"堪称经济发展战略研究的一部小百科，是研究、制定、实施经济发展战略的理论工作者和实际工作者的一部很好的参考书。"[②]《经济研究》编辑部在其所编辑的《建国以来社会主义经济理论问题争鸣》（1949－1984）中，曾对他之前发表的关于经济发展战略内涵、发挥地区经济优势的条件是扬长补短而不是扬长避短等见解，作为代表性的观点之一分别加以介绍和引用。前述李成勋在张卓元主编的具有记录新中国成立 50 年来中国经济理论发展简史意义的《论争与发展：中国经济理论 50 年》（1999）中，在《经济发展战略理论》专题内，不仅多处引用了刘光杰的观点或实际上介绍了他所进行的研究，而且还将他的《中国经济发展战略理论研究》作为该专题所列主要参考文献之一。

1993 年，刘光杰还主持承担了武汉市一项重大软科学课题"2010 年武汉经济发展战略研究"，对武汉经济发展提出了一些新的战略构想，如重塑武汉工业优势战略、金融推进战略、转制与调构联动战略、汉沪港"V"型拓展战略、西进战略等。其成果《2010 年武汉经济发展战略与对策研究》于 1997 年由武汉大学出版社出版。1997 年，刘光杰应邀参加由中共湖北省委、省政府和中国社会科学院联合召开的 21 世纪中部地区五省发展战略研讨会，并提交了名为《21 世纪中部地区面临的形势及其发展战略思考》的论文，该论文提出的 21 世纪湖北面临"东西夹击"的严峻态势，应当采取"东拓西进"的双向发展战略等观点，不仅会后《光明日报》发表的会议报道予以重点介绍，而且在 2000 年 7 月 15 日召开的湖北省委七届四次全体扩大会议上，该观点被时任省委书记贾志杰谈及湖北发展战略时予以全部采纳。该论文相继被《咨询研究》《学习与实践》《武汉大学学报》予以刊载，2001 年获湖北省社会科学优秀成果一等奖。

---

① 严清华. 探讨中国经济发展战略理论的力作——《中国经济发展战略理论研究》简评 [J]. 江汉论坛，1998（10）：77.

② 张荐华. 一部经济发展战略研究的小百科——《中国经济发展战略理论研究》介评 [J]. 创造，1998（05）：56.

三、辜胜阻的城镇化、民营经济与创新发展研究

辜胜阻（1956 年~），湖北武汉人。1982 年大学本科毕业于武汉大学经济学系并留校任教，1986~1988 年在美国密西根大学进修硕士学位课程，回国后师从董辅礽和曾启贤教授，于 1991 年获武汉大学经济学博士学位。先后在武汉大学任武汉大学人口研究所所长、经济研究所所长、战略管理研究院和国家发展研究院创始院长。二级教授、博士生导师，享受国务院政府特殊津贴专家。历任武汉市副市长、湖北省副省长、全国工商联副主席、民建中央常务副主席，全国人大常委会委员及全国人大内务司法委员会副主任委员和全国人大财政经济委员会副主任委员，第八届全国政协委员，第九届全国政协常委，第十届全国政协委员，十三届全国政协副主席。

辜胜阻注重社会调查研究，不断进行理论创新，学术上成就斐然，迄今出版各类著作 30 余部。其中，独著 13 部，第一作者合著 7 部，主编 5 部，第一主编 8 部，参编或参与主编 3 部。研究领域集中在中国经济改革与发展，主要涉及 4 个方面的内容：

（1）改革发展与经济转型相关研究，如《中国跨世纪的改革与发展》（主编，1996）、《改革发展中的金融创新》（第一作者合著，2001）、《教育发展与改革热点问题探索》（独著，2007）、《危机应对之策与经济转型之道》（独著，2010）、《发展方式转变与企业战略转型》（独著，2011）、《创新驱动战略与经济转型》（独著，2013）、《转型时代的创业与创新》（独著，2017）等；

（2）人口流动与城镇化研究，如《非农化与城镇化研究》（独著，1991）、《非农化及城镇化理论与实践》（独著，1993）、《跨世纪的社会经济工程：当代中国人口流动与城镇化》（第一主编，1994）、《中国再就业工程》（第一作者合著，1999）、《人口流动与农村城镇化战略管理》（第一主编，2000）、《城镇化与经济发展热点问题探索》（第一作者合著，2007）、《新型城镇化与经济转型》（独著，2014）、《城镇化转型的轨迹与路径》（独著，2016）等；

（3）民营经济与高技术产业相关研究，如《新世纪的战略选择：武汉高新技术产业发展研究》（主编，2000）、《创新与高技术产业化：新世纪的增长源泉》（第一作者合著，2001）、《新经济的制度创新与技术创新》（第一作者合著，2001）、《高技术

产业经济研究》（主编，2003）、《民营经济与高技术产业发展战略研究》（第一作者合著，2005）、《民营企业技术创新与制度创新探索》（主编，2008）、《民营经济与创新战略探索》（独著，2009）、《民营经济转型与新时代新动能》（独著，2018）等；

（4）人口、家庭与其他问题研究，如《世界人口政策简编》（第一编者，1989）、《城市老年人问题综合研究》（第一主编，1989）、《老年人健康和社会生活的国际比较研究》（第一主编，1989）、《婚姻·家庭·生育》（主编，1988）、《家庭新论》（独著，1989）、《中国国情及其国际比较研究》（第一主编，1991）、《政府与风险投资》（第一主编，2001）、《社会经济热点问题探索：辜胜阻建言议政》（独著，2006）等。他领导的学术团队在国内外发表学术论文600余篇。

作为学者型官员，他依托坚实的学术研究，坚持以学资政、以政促学、政学相长。培养近百位硕士和博士研究生；向高层报送一批基于深厚调查研究的决策咨询报告，受到决策部门重视和采纳，数十项研究成果获得党和国家领导人重要批示，不少被政府决策部门所采纳。团队智库创造的研究成果不仅产生重大学术影响，而且有很强的决策影响力和社会影响力。其学术成就受到学术界广泛关注与社会各界的好评，获得诸多奖项和荣誉。曾获孙冶方经济科学奖（1994）、中宣部"五个一工程奖"（1995）、教育部人文社会科学优秀成果二等奖（1995）、湖北省社会科学优秀成果一等奖（2001）等。被授予"国家有突出贡献的留学回国人员"（1991）、第三届"中国十大杰出青年"（1992）、"国家有突出贡献的中青年专家"（1998）等称号；入选国家"百千万人才工程"（1996）、国家教委"跨世纪人才工程"（1997）等。

从珞珈经济学"学派"创建视角考察，他最突出的成就与贡献是对中国经济改革与发展中的城镇化、民营经济、创新驱动发展进行了创新性的研究。他紧紧围绕中国和全球发展进程中的城镇化与工业化、创新经济与高技术产业、民营经济与中国改革这些重大问题进行探索。董辅礽曾对他这方面的研究大加赞赏，认为他"研究人口问题卓有成绩，特别是在非农化和城镇化问题方面更有突出的贡献"[①]。他最初从事这一问题的研究，与他较早在国外的访学经历有关。1987～1990年间，他在美国做访问学者并进行人口流动与经济发展的国际合作项目研究，到美国、联邦德国、法国、印度、韩国和日本对城镇化与非农化进行实地考察和资料搜集。回国后，师从董辅礽攻读博士学位。他在博士学位论文的后记中写道："根据我的专业背景和工作情况，确定将城镇化与非农化作为我的博士论文题目"；同时，谭崇台和张培刚也"鼓励我从

---

① 董辅礽.序 [A].辜胜阻.非农化及城镇化理论与实践 [C].武汉：武汉大学出版社，1993：6.

发展经济学的角度来探讨城镇化与非农化问题"。"在写作过程中,他们给我提出了许多建设的意见。"① 显然,他对这一问题的研究与珞珈经济学"学派"创建中的 3 位最重要人物的指导与鼓励直接相关,也可以说是秉承珞珈经济学"学派"创建核心理论趣旨而开展的一种师承性研究。

他在非农化、城镇化领域迄今已出版 8 部专著并发表大量论文。他在这方面所进行的理论探讨与对策研究,为我国推进新型工业化、新型城镇化和农村现代化提供了重要的理论依据和思路。

(一)对城镇化、非农化基础理论的科学阐释

辜胜阻认为,用"城市化"一词不能很好地概括中国人口和劳动力流动的过程。在中国,农民在其经济生活中同城市直接打交道的很少,主要是同县城或建制镇打交道。绝大部分农民把自己生产的农产品,通过镇或县城进入流通,然后在镇上换回自己需要的生活用品和生产资料。因此,在中国,随着工业化、非农化发展,农村人口不仅会向城市集中,更主要的是向县域范围内的城镇集中。用"城镇化"来概括中国农村人口向城镇集中的过程更准确,更符合中国的实际。董辅礽在为他的《非农化及城镇化理论与实践》作序时就接受了他的这一用法,称:"我在此序中使用的'城镇化'这个概念就是他提出来的。"② 虽然中国 20 世纪 80 年代即有"城镇化"概念见诸报刊③,但大都未对其内涵深加考究;他则结合中国实际,科学界定了非农化、城镇化的含义。他认为,劳动力的非农化和人口城镇化"是经济发展过程中的两个重要的结构转换"。劳动力的非农化是指社会劳动力不断由农业转向非农产业的社会经济过程,一般用非农产业劳动力在总劳动力中的比重来衡量;人口城镇化指的是农村人口不断向城镇转移的一个人口地域转换过程,可以用城镇人口在总人口中的比重来度量。"前者的主要标志是职业变换,可分为就地转换和异地转移;后者涉及的是地域转换,会引起人口的空间再分布。"④ 他还明确提出,中国城镇化的一个重要特点是城市化与农村城镇化、非农化并举。⑤ 此后,我国学术界大多接受了他的"城镇化"概念,党和国家的重要文件中也主要采用了"城镇化"这个概念。

---

① 辜胜阻. 后记 [A]. 辜胜阻. 非农化与城镇化研究 [C]. 杭州:浙江人民出版社,1991:222 - 223.
② 董辅礽. 序 [A]. 辜胜阻. 非农化及城镇化理论与实践 [C]. 武汉:武汉大学出版社,1993:6.
③ 参见罗清澄. 安徽省城镇特点和城镇化问题初探 [J]. 城市规划,1981 (03):34 - 38;吴万齐. 中国城镇化道路问题学术讨论会在南京举行 [J]. 建筑学报,1983 (03):16 - 17.
④ 辜胜阻. 前言 [A]. 辜胜阻. 非农化及城镇化理论与实践 [C]. 武汉:武汉大学出版社,1993:1.
⑤ 参见辜胜阻,朱农. 中国城镇化的发展研究 [J]. 中国社会科学,1993 (05):45 - 58.

他对非农化、工业化和城镇化相互作用机制进行了深入分析。他从思想史视角系统总结了马克思、恩格斯、列宁关于非农化与城镇化的相关理论，并根据中国发展实际，深入分析了工业化、非农化与城镇化之间的相互作用机制和关系。他认为，工业化、非农化和城镇化在一定的历史阶段是紧密相联的。工业化、非农化是城镇化的动力，城镇化是工业化、非农化的伴生物，它会带来生产力的高速发展；虽然城镇化会带来"城市病"，但从总体上说，城镇化会极大地推进经济的发展，它会产生集聚效益、规模效益和分工效益①；城镇化的实现机制是人口迁移与人口流动，要保持生产力内部的平衡关系，必然会出现人口迁移与流动；人口迁入地的相对优越性与人口迁出地的相对落后性形成了人口迁移与流动的"拉力"与"推力"，人口迁移是这两种力量作用的结果②；人口迁移同农业现代化相互促进，农业现代化会加速人口迁移，人口迁移会促进农业经营规模化和农业机械化，人口迁移是促进国民经济发展的"推进器"。但他也指出，城镇化过程不能放任自流，完全由市场机制来调节存在较大风险，需要社会宏观调控来加以规避。③ 他这方面的研究与见解集中体现在《非农化及城镇化理论与实践》一书中。该书受到董辅礽的高度赞赏，他在该书序言中写道："这本《非农化及城镇化理论与实践》，不仅阐述了马克思主义在非农化和城市化方面的理论，而且根据社会主义国家特别是我国的实践，把马克思主义的有关理论推进了。"④

（二）对中国城乡二元结构转变、城乡融合发展的创新探索

辜胜阻认为，在工业化背景下，非农产业走向集中，农村人口向城镇转移是一种历史的必然趋势，不可抗拒。但农业发展是推进人口城市化过程中非常关键的因素，农业的发展和供给能力的增加是城镇化发展的首要前提。政府应加强对农业的投入，加快农业现代化的步伐，提高农业劳动生产率，并通过转移农村剩余劳动力来发展农业规模经营，促进农业现代化和非农化、城镇化的良性循环。为此，他主张中国在实行市场经济的条件下，城镇必须改变过去的封闭状况，向农业剩余劳动力和农村人口敞开大门，消除乡城人口流动和迁移中的不合理因素，将市场机制引入城镇就业制

---

① 参见辜胜阻. 前言 [A]. 辜胜阻. 非农化及城镇化理论与实践 [C]. 武汉：武汉大学出版社，1993：1 - 13.

② 参见辜胜阻. 非农化及城镇化理论与实践 [M]. 武汉：武汉大学出版社，1993：15, 265.

③ 参见辜胜阻. 前言 [A]. 辜胜阻. 非农化及城镇化理论与实践 [C]. 武汉：武汉大学出版社，1993：11 - 15.

④ 董辅礽. 序 [A]. 辜胜阻. 非农化及城镇化理论与实践 [C]. 武汉：武汉大学出版社，1993：6.

度。他认为只有使农村大量的过剩劳动力逐步离开土地，消除城乡隔绝的鸿沟，才能从根本上改变乡村贫困落后的状况。农村剩余劳动力异地转移，离土又离乡，进厂又进城，是社会经济发展的客观要求和必然趋势。针对改革开放初期，中国的城镇化滞后于工业化和非农化发展的现实，他明确提出通过加快城镇化来促进城乡二元结构转变，消除城乡差距，实现城乡融合发展的政策主张。

他特别强调农村城镇化对于中国解决"三农"问题的战略意义。他认为，经过改革与发展，中国农业生产和农村非农化取得了突破性进展，农村城镇化具备了加快发展的条件和基础。在农民收入增长乏力、国内需求不旺的形势下，加快农村城镇化进程，对于启动农村市场、转移农村剩余劳动力、推动乡村工业和农业产业化进一步发展、转变农民生活方式等都具有十分重要的战略意义。[①] 他对农村城镇化的战略意义做了系统归纳与总结，指出："农村城镇化为农村剩余劳动力转移提供了广阔的空间，成为吸纳农村富余劳动力的'蓄水池'"；"农村城镇化打破了原有城乡格局，使农民既发生职业转换，也实现异地转移，使农村由封闭走向开放，是实现城乡一体化的重要举措"；"农村城镇化推动着乡村工业的集聚发展和结构升级，成为乡镇企业集约化发展、农村非农化及其增长方式转变的'突破口'"；"农村城镇化延长了农业链条，拓展了农业产前产后发展的空间，孕育和培植了大批龙头企业和农副产品交易市场，成为农业产业化向深层次发展的'助推器'"；"农村城镇化能有效地克服农民收入徘徊和停滞的局面，使农民收入再上台阶，成为农民奔小康的'新亮点'"；"农村城镇化改变了农民的生活方式，转变了农民的生育观念"，"改变了农民小富即安的心态和观念"，"成为激发农民创新精神和冒险精神、塑造一代新农民的'催化剂'"[②] 等。

在1994年出版的《当代中国人口流动与城镇化》一书中，他重点结合城镇化的实现机制，对人口流动与城镇化问题进一步深入思考。他认为，人口的合理流动，农村剩余劳动力向非农产业的转移，农村人口的城镇化，是中国跨世纪的伟大而艰巨的社会经济工程；实现人口的合理流动和城镇化是决定中国能否由二元经济转变为现代经济，由落后农业国发展成新兴工业化国家的关键。他提出，对于改革开放后中国农村出现的人口流动，尤其是20世纪90年代形成的"民工潮"，政府在政策选择上绝不能"堵"，而只能"导"。在农村剩余劳动力转移过程中，中国大城市既不能将农

---

① 参见辜胜阻，成德宁. 农村城镇化的战略意义与战略选择 [J]. 中国人口科学，1999（03）：32 - 37.

② 辜胜阻. 我国农村城镇化的战略管理（代序言）[A]. 辜胜阻，刘传江. 人口流动与农村城镇化战略管理 [C]. 武汉：华中理工大学出版社，2000：2 - 6.

民拒之门外,也不能敞开城门让其自由流入;而应设置"门槛"防止人口流动洪峰对大城市的迅猛冲击,避免"城市病"。大量农村剩余劳动力转移出来之后,农村经济结构应谋求高度化,推进土地使用权市场的发育和户籍制度的改革,使转移出来的劳动者的耕地向种田能手集中,实现农业的规模化、企业化经营。中国在思考城镇化道路选择时,既不能试图走通过价格保护提高农民收入的农业发展道路,也不能继续走 80 年代就地职业转换"离土不离乡、进厂不进城"的分散性乡村工业化道路;而只能走所谓的"第三条道路",即走乡村工业与农村城镇化同步发展之路,尤其要大力推进农村城镇化,走一条城市化和农村城镇化并重、"据点发展式"城镇化和"网络发展式"城镇化同步的二元城镇化道路。从实施策略上考虑,他认为县城是中国农村剩余劳动力转移的希望之光,尤其在广大的中西部地区,应把"一县建一市"当作战略目标;同时,在城镇化推进过程中,要避免"普遍开花""一哄而起"的小城镇化倾向,把少数基础设施好、具有经济吸引力的城镇作为城镇化的"龙头"。[①]

可见,他是把农村城镇化置于解决中国"三农"问题,实现城乡一体化,促进社会经济可持续发展的战略高度来加以认识的。这一认识,与张培刚的农业国工业化理论,以及其他一些珞珈经济学者,如前已述及的杨端六、刘秉麟的农业工业化见解和彭迪先关于农业的近代化认识,有一定的相通相似之处,即都是着眼于从农村农业视角提出问题的;但有所不同的是张培刚和上述这些学者大都是从工业化、近代化或现代化方向来寻找出路的,而辜胜阻则另辟蹊径,从城镇化方向寻找出路,提出了一条可供选择而且更适宜于中国新历史条件下经济发展需要的新途径。

(三)对中国特色城镇化道路的系统思考和探索

在大多数实行市场经济的发展中国家,普遍存在的问题是农业基础薄弱,而工业化畸形发展,且普遍面临庞大的人口压力。其结果是人口流动的农村推力过强而城市拉力不足,工业化没有发挥吸收农业剩余劳动力的作用,一个或数个大城市盲目发展膨胀,出现城市化超前于工业化的过度城市化。中国属于发展中国家,而且是一个建立在分散、落后的小农经济基础上的社会主义国家。在改革开放之初,中国面临着城镇就业岗位饱和与农村剩余劳动力基数庞大的矛盾,农村劳动力职业转移和地域转移

[①] 以上相关内容参见辜胜阻,简新华. 跨世纪的社会经济工程:当代中国人口流动与城镇化 [M]. 武汉:武汉大学出版社,1994:1-20.

即农村非农化和城镇化的动力非常强烈。如果听任农村人口流入城市，不仅牺牲了农业，而且无助于城市的繁荣。走中国特色的城镇化道路是影响中国式现代化的重大问题。辜胜阻运用马克思主义基础理论，基于中国工业化、非农化和城镇化的特征，系统探索了中国特色城镇化道路，提出了许多具有前瞻性和可操作性的战略思路和对策建议。

在《非农化及城镇化理论与实践》一书中，他明确提出了中国城镇化应当遵循的基本原则：经济效益和社会效益兼顾；"据点"发展式和"网络"发展式结合；政府发动型机制和民间发动机制并举；内涵的城镇化和外延的城镇化相结合；城市化和农村城镇化并重；集中和分散相结合；非农产业的集聚与城市文明的扩散并重等。在 20 世纪 90 年代，他依据中国城市化与农村城镇化、非农化并举的特点以及中国城镇化区域发展的不平衡状况（滞后、超前、同步三类型并存），提出中国城镇化的发展战略应是多元的。尤其要推进网络型城镇化和据点式城镇化。即一方面利用当时的 400 多个城市，以发展交通、通信等基础设施为重点，充分发挥现代城市经济效益，增强城市与城市之间的经济联系，在长江三角洲、珠江三角洲、京津唐和辽中南这种城镇比较密集的地区发展城市群或城镇圈带。另一方面，基于当时 2 000 个县中有 1 万多个镇，向农民开放县城或县域首位城镇的"城门"，允许农村劳动力在县域范围内的流动，将一部分县城或县域首位镇发展为城市。①

基于二元城镇化的战略思路，他主张中国城镇化应走适当集中的均衡发展道路，坚持"两条腿"走路：一方面大力发展城市群，利用大城市的集聚效应和扩散效应，将周围中小城市融入城市群发展体系内，形成合理分工、协调发展的现代化城市群；另一方面依托县城和县域中心镇发展中小城市，充分利用现有的产业基础和城镇基础设施吸引人口集聚，并将具有一定发展基础和潜力的农村社区建设成为城镇化的末端，鼓励更多人就地城镇化，实现城镇化的均衡发展。既防止人口过度分散于小城镇，又避免人口过度集中于大城市。②

他认为中国农村城镇化的增长极是县城（少数地方例外），主张中国走以发展县城为中心的农村城镇化道路。具体对策措施是实现"一县一城"，打开县城城门，允许农民以"自理型户口"的方式进入县城；防止农村劳动力超高速转移，弱化城市偏好倾向；在推行"一县一城"的同时，实行县管市的管理体制；在县城建立乡镇企业

---

① 参见辜胜阻. 二元城镇化战略及对策 [J]. 人口研究，1991 (05)：7 – 12.

② 参见辜胜阻，郑超，曹誉波. 大力发展中小城市推进均衡城镇化的战略思考 [J]. 人口研究，2014，38 (04)：19 – 26.

开发区，吸引乡镇企业进城；改变城镇建设体制，广开集资渠道；把交通和通信作为突破口，在县城范围内对交通和通信这类基础设施的建设采用更大的投资倾斜政策。其中特别值得指出的是，他创新性地提出了"经济导向、人口素质导向和社会规范导向三位一体的社会综合方案"①，该方案也深得董辅礽赞许②。

这些见解和主张大多是在 20 世纪 90 年代中期提出的，不仅详细周全，而且独到深刻、恰合时宜，有些内容已融入他当时的一些提案之中，为政府部门的相关决策提供了有益的依据与参考。

（四）提出新时期的新型城镇化转型任务与实现路径

在 2013 年党的十八届三中全会确定全面深化改革之后，面临新的历史时期，他对非农化与城镇化进行了新的研究，提出了新的见解。认为中国城镇化在经历了高速发展之后，处于一个向新型城镇化转型的新阶段。以往中国推进城镇化时存在的突出问题是城镇化忽视了人与自然、人与社会等多方面的协调，产生了人口"半城镇化"、大城市病、土地等要素利用效率低等问题，表现为一种不平衡、不协调、不可持续发展的城镇化。为了解决这些问题，他提出，我国城镇化要实现六大转型任务，走新型城镇化道路。（1）从以地为中心的城镇化向以人为核心的城镇化转型；（2）从高耗能、高排放、高污染的城镇化向人口资源环境可持续发展的城镇化转型；（3）从低效利用劳动、土地、资本要素的低效城镇化向高效率的城镇化转型；（4）从分散型"摊大饼"式的城镇化向集约型城镇化转型；（5）从"政府主导"型的城镇化向"市场主导、政府引导"的城镇化模式转型；（6）从城镇化与工业化、信息化、农业现代化发展不协调向"四化同步"的方向转变。③ 他提出，实施新型城镇化，要处理好"人、业、钱、地、房"五大要素的关系。"人"是城镇化的核心，新型城镇化要以人的市民化为核心，让农业转移人口享受城镇基本的公共服务，实现安居乐业。"业"是指城镇化要有产业支撑、市民化要稳定就业。要强化城镇化的产业支撑，促进产城融合，通过推动产业发展来提高城镇吸纳就业能力，实现城镇化与工业化、信息化的深度融合。"钱"是城镇化的重要保障。要改革财税制度和金融体制，建立多元化的改革成本分担机制和市场化的投融资机制，解决城镇化"钱从哪儿来"的问题。"地"是指土地的集约使用，要推进新一轮的土地改革，让转移人口能够保留承包权，

---

① 辜胜阻. 非农化及城镇化理论与实践［M］. 武汉：武汉大学出版社，1993：288.
② 参见董辅礽. 序［A］. 辜胜阻. 非农化及城镇化理论与实践［C］. 武汉：武汉大学出版社，1993：6.
③ 参见辜胜阻. 序言［A］. 辜胜阻. 城镇化转型的轨迹与路径［C］. 北京：人民出版社，2016：1－7.

用好抵押权，能够用土地换股权，实现使用权的有序流转，在土地改革中使农民利益最大化。"房"是指解决进城人口的住房问题，要建立覆盖不同收入群体的多元化城镇住房供给体系，使进城人口实现安居梦想。①

辜胜阻关于城镇化、非农化与经济发展的所有研究与探讨，不仅视野开阔、高屋建瓴，而且贴近现实，紧跟时代步伐，贯穿中国改革开放后工业化、城镇化从起步发展到转型升级的全过程。可以说他既是中国经济改革与发展这一过程的见证者，也是研究者、探索者，还是影响政策制定的建言者。他自 1994 年在全国政协大会上就"民工潮"和农村剩余劳动力问题进行发言，至 2002 年的 9 年间，共有 8 次就农村剩余劳动力和城镇化及相关问题在全国政协大会或全国政协常委会大会上发言。他的这些发言，广受关注，其中 1994 年的发言正式发表后获孙冶方经济科学奖；1996 年就城市流动人口管理问题所做的发言获全国政协优秀提案奖。② 2005 年在国务院《关于解决农民工问题的若干意见》文件起草座谈会上提出的解决农民工问题要"分类指导"的建议，被采纳并写入文件。③ 他堪称珞珈经济学"学派"创建学者中在参政议政方面所做工作最多，对国家经济政策制定和政府管理部门决策影响最为突出的一位代表。

（五）对民营经济与共同富裕的深入探讨

2002 年底，他被推选为全国工商联副主席，这与他长期研究民营经济和中小企业问题所取得的学术成就是分不开的。运用马克思主义基本原理并与中国具体实际相结合，他在《民营经济转型与新时代新动能》一书中，对改革开放以来党对中国基本经济制度的艰辛探索进行了系统梳理，将中国民营经济发展历程概括为 4 个阶段：理论上的"有益补充"论与实践中的曲折发展；理论上的"重要组成部分"论与实践中的快速发展；理论上的"毫不动摇"与实践中的跨越式发展；理论上的"三个平等"与实践中的转型发展。他指出："民营经济在稳定增长、增加就业、推动创新、出口创汇、改善民生等方面发挥着越来越重要的作用。"④ 强调"我国基本经济制度探索走

---

① 参见辜胜阻，郑超，曹誉波. 大力发展中小城市推进均衡城镇化的战略思考［J］. 人口研究，2014，38（04）：19 - 26.

② 参见辜胜阻. 社会经济热点问题探索：辜胜阻建言议政［M］. 武汉：武汉大学出版社，2006：185，189.

③ 参见作者简介［A］. 辜胜阻等. 城镇化与经济发展热点问题探索［C］. 北京：科学出版社，2007.

④ 辜胜阻. 民营经济转型与新时代新动能［M］. 北京：人民出版社，2018：3.

的是富有鲜明中国特色的改革道路"①，而中国改革开放模式具有"增量改革和存量改革并举""自上而下和自下而上两条路径""顶层设计与基层创新的有机结合""'有效市场'与'有为政府'相结合""市场化与法治化'双轮驱动'""摸着石头过河"（"先局部试点后整体推进"）"既注意保护中央政府的权威性，又充分调动地方政府的积极性""统筹国内国际两个大局"八个特征。②

共同富裕是中国式现代化的本质特征，他结合中国式现代化的时代主题深刻阐释了民营经济在共同富裕征途中的重要作用，主张在坚持基本经济制度中促进共同富裕，强调广大民营企业要"向上""向善"，"努力成为促进共同富裕的市场中坚力量"。为此，他提出了4个方面的对策建议：（1）"要处理好'先富'与'共富'关系，发展国有企业和民营企业共生共荣的混合所有制经济，形成国有投资与民间投资的合力，循序渐进推进共同富裕"；（2）"要营造'实业能致富，创新致大富'的环境，构建'亲''清'政商关系，鼓励更多社会主体投身创新创业，鼓励勤劳致富和创新致富"；（3）"要在按多种要素参与分配中处理好由市场评价贡献、由贡献决定报酬的关系，完善协调配套的基础性制度，推动形成'中间大、两头小'的橄榄型分配结构"；（4）"要发挥企业家作为'关键少数'和特殊人才在实现共同富裕中的积极作用，进一步激发企业家精神，继续做大蛋糕和分好蛋糕"。③

（六）对创新驱动发展与高技术产业发展的创新探索

1998年3月，民建中央主席成思危领导的民建中央在全国政协九届一次会议上提交过《关于尽快发展我国风险投资事业的提案》，这是后来被认为引发一场高科技产业新高潮的"一号提案"。辜胜阻参与了该提案的一系列研讨活动，包括该提案形成前受成思危之托，利用在哈佛大学访学的机会对美国高技术产业和风险投资进行系统研究和实地考察。此后，他在担任武汉市副市长和湖北省副省长期间，亲自参与和领导了推动武汉市高新技术产业发展的工作，并结合工作实际进行了深入系统的理论研究。他从理论上提出了光电子信息产业发展对中国创新发展的重要意义，提出了一系列武汉高新技术产业发展的战略构想，如战略主线是使技术、资本、管理的所有者形成互动，克服资源分散、组织分制的局面，将科技资源转化为经济优势；战略主攻方

①③　武汉大学改革开放研究课题组. 基本经济制度探索：中国道路与治理效能［J］. 经济管理，2021，43（11）：5-15.

②　参见武汉大学改革开放40年模式研究课题组. 中国40年改革开放模式的八大特征［N］. 中国经济时报，2018-12-26（005）.

向是按知识经济特区模式，培育"硅谷土壤"，推进高新技术产业成果产业化的载体建设，以及加速国民经济的信息化和管理现代化，并强化支柱产业、壮大优势产业与培植新兴产业。① 他认为，完善国家创新体系必须激发国家和民间两股力量，既要官方运用行政、经济、法律手段有组织地实施自上而下的创新，也要支持市场主体依据自身力量、技术水平和制度安排实施自下而上的创新。② 他自 1998 年进入武汉市政府工作后，每年都结合自己的政府分管工作，深入企业、学校、城乡社区，以及全国各类高新技术开发区和海内外科技园区进行调查研究，亲自撰写研究报告，他的多项调研成果已经转变为政府决策和社会实践。在地方政府任期内，他充分将其在经济管理和科技管理方面的学术优势转化为政府管理的实践优势，领导推动武汉东湖新技术开发区（"武汉·中国光谷"）的建设和发展，科学谋划开发区内构建高效合理的运行机制，开创了武汉光谷快速发展的大好局面，为武汉光谷成为具有全国影响力的科技创新和产业发展高地发挥了重要作用。他在光谷实施了一系列卓有成效的管理创新实践，包括采用"托管"式行政管理模式促进科技金融支持创新创业和高技术产业发展，创造性地解决包括发展空间在内的许多现实困难和体制机制障碍等，成为"软科学"支撑"硬科技"发展的经典案例，为各地高新区制度设计产生了示范效应、提供了重要参考。

在创新驱动发展战略方面，他具有深厚的研究积累，研究成果不仅在学界引起广泛关注，也引领了实践。随着 20 余年理论研究和实践活动的深入，他逐步发展出推动创新驱动高质量发展的系列战略构想。他提出，创新和创业是一对"孪生兄弟"，实现创新驱动高质量发展的关键是打造"创新—创业—创投"的"铁三角"以及"创新—创业—创富"的"金三角"，构造让创新源泉充分涌流的创新创业生态。他将创新创业生态系统概括为主体、资源要素、制度安排和创新环境四大要件，形象化地称大学、科研院所和企业等主体如"物种"，它们相互协作，共生共荣。人才、资本、技术等要素构成"土壤"，它为各类创新创业活动提供物质、信息、资源支持。对于创新"森林"来说，不仅要有具有极大控制力的"大树"，而且要有"小草"甚至"杂草"；不仅要有促进"物种""遗传—变异—选择"的环境，而且要有适宜于小草或杂草变成大树的"阳光""空气""雨露"。繁荣向上的创新创业生态系统不仅要有起着中心枢纽作用的"基石物种"，还要有层次丰富的创新"种群"；不仅要有大学及研究机构、科技型大企业等创新的核心"物种"，还要有风险投资、中介服务、

---

① 参见辜胜阻. 武汉高新技术产业发展战略研究［J］. 中国软科学, 1999（10）：53 – 58.

② 参见辜胜阻, 洪群联. 国家创新体系要汇集政府和民间两股力量［J］. 求是, 2008（09）：29 – 31.

孵化器等服务于创新创业的组织机构,特别是要完善"正金字塔"型的多层次资本市场建设;不仅要有顶天立地的"大企业"发挥主力军作用,还要有"铺天盖地"、充满活力的中小微企业;不仅要有基础设施的"硬件",还要有支持创新创业的机制和文化"软件"。[①] 他在构建粤港澳大湾区创新生态系统等区域创新体系,以及推动制度创新与技术创新双轮驱动,深化创新驱动高质量发展的资本市场改革研究,以及完善教育改革应对新一轮科技革命和产业变革等具体问题上也进行了一系列创新探索,发表了一大批富有影响力的论著。

四、郭熙保的农业发展论与中国发展经济学构建的理论思考

郭熙保(1954 年~),湖北武穴人。1982 年毕业于武汉大学经济学系,并于 1985 年和 1992 年分别获得武汉大学经济学硕士学位和博士学位,是谭崇台培养的首届博士研究生。1985 年留校任教,历任武汉大学经济学系副主任,武汉大学经济发展研究中心副主任、主任、学术委员会委员,发展经济学研究所执行所长。兼任中华外国经济学说研究会发展经济学分会会长,湖北省外国经济学说研究会副会长。二级教授、博士生导师,享受国务院政府特殊津贴专家,教育部新世纪优秀人才支持计划入选者。

他参与了谭崇台主编的多部发展经济学著作和教材的编写,如谭崇台任总主编的《发展经济学研究丛书》,他是编委之一;谭崇台主编的《发展经济学》(1989),他是 3 位助编之一;《发展经济学概论》(1992;2001),他是作者之一;《西方经济发展思想史》(1993),他是主要作者之一;《发展经济学》(2000;2001),他是两位副主编之一,为第一副主编。

他自己迄今出版的各类著作和教材共 27 部。其中,独著(编)5 部,第一作者合著(编)5 部,主编 8 部,第一主编 1 部,第二主编 1 部;译著 7 部(含独译 2 部,第一译者合译 4 部,第二译者合译 1 部)。发展经济学方面的著作和教材主要有:《农业发展论》(1995)、《经济发展:理论与政策》(主编,2000)、《发展经济学理论与应用问题研究》(独著,2003)、《发展经济学》(第一作者合编,2007)、《发展经济学》(编著,2011)、《发展经济学》(主编,2019)、《迈向高质量发展的经济结构转

---

① 参见辜胜阻等. 优化"双创"生态与实现"双创"升级的制度政策选择 [J]. 财经科学,2018,362(05):56 – 66.

变研究》（第一作者合著，2019，获第五届刘诗白经济学奖）等。西方经济学方面的著作和教材还有：《西方市场经济理论》（编著，1995）、《微观经济学》（第一作者合编，2002）、《西方经济学说研究》（独著，2003）、《现代宏观经济的奠基人：梅纳德·凯恩斯》（第一作者合著，2005）等。译著有：《经济增长与农业》（第一译者合译，1991）、《农业发展的国际分析》（第一译者合译，2000）、《经济增长的阶段：非共产党宣言》（第一译者合译，2001）、《增长与发展》（独译，2001）、《发展经济学》（第一译者合译，2015）、《经济增长与农业》（独译，2015）等。发表论文200余篇。

他的论文《长期多维贫困、不平等与致贫因素》（合撰，2016），利用 Alkire & Foster 多维贫困测度方法和 Foster 的持续时间分析法，构建了长期多维贫困与平均贫困持续时间指数，以 CHNS 数据为样本从静态和动态双重视角分析中国的长期多维贫困程度，并通过多层回归模型探讨致贫的宏微观因素。该文获教育部人文社会科学优秀成果二等奖；同时还获第八届"张培刚发展经济学优秀成果奖"，是武汉大学继人文社科资深教授谭崇台之后，第二个获此奖项的学者。

（一）经济发展理论视角的农业发展论

从珞珈经济学"学派"创建视角考察，他的主要学术成就与突出贡献，是从经济发展理论视角系统探讨了农业发展问题，其成果集中体现在他的《农业发展论》一书中。该书是在其博士学位论文《农业在经济发展中的地位与作用》（1992）的基础上，借鉴他在美国哈佛大学进修研习的发展经济学和农业发展理论，按照自己设计的理论框架和逻辑关系撰写的学术专著，被列入 1991～1995 年国家重点图书"经济发展理论研究丛书"，由武汉大学出版社出版。

1. 基于农业转型的理论分析与经验考察建构农业发展理论的结构体系

从传统农业向现代农业转型是发展中国家农业发展的最本质特征，《农业发展论》一书正是基于这一本质特征，从理论分析和经验考察的结合上，建构起农业发展的理论框架与结构体系。全书共分为五篇：第一篇"发展理论中的农业发展思想"，基于传统农业向现代农业转型的历史背景，追溯西方学者从忽视农业到重视农业、从把农业仅视为促进经济发展的工具到视农业本身为发展目标、从研究视野偏重微观领域到拓展至宏观领域乃至注重农业的持续增长的思想演变轨迹，亦即基于农业转型的视角对发展经济学中的农业发展理论进行思想史考察。第二篇"农业在经济发展中的地位与作用"，基于农业与国民经济发展内在联系的分析，阐述农业增长对国民经济发展的重要意义，重点分析农业部门的产品贡献、市场贡献与资本贡献，通过经验考察与理论分析，阐述农业增长对农业转型的依存性与互动关系。第三篇"传统农业的基本特征与增长源泉"；第四篇"现代农业增长的特征、源泉与道路"。此两篇对比传统农业的粗放型增长方式与现代农业的集约型增长方式，论证处于传统农业向现代农业转变过程中的发展中国家进行农业增长方式转变的必要性，以及农业增长道路选择的相关理论与历史经验。第五篇"现代农业增长的因素与条件"，从农业的技术进步，土地制度变革，教育、金融与市场的发展，工业化、城市化的推进等方面，详细考察影响现代农业增长的主要因素，探讨发展中国家如何依据自己的资源禀赋与发展阶段有效促进现代农业持续增长，实现从传统农业向现代农业的转型。可见，全书是紧紧围绕农业转型来建构以发展中国家为对象的农业发展理论体系的。"作者按照自己设计的思路，建立了一个较为完整的农业发展理论体系"，"是该书对农业发展理论研究的一个贡献"。[1]

2. 广泛介绍西方发展经济学中的农业发展理论

他在书中不仅以一整篇的篇幅系统介绍了发展经济学中农业发展理论的演进轨迹，而且还将介绍西方发展经济学中有关农业发展的理论贯穿全书的其他各篇之中。例如，美国著名经济学家舒尔茨（T. W. Schultz）关于传统农业的经典论述[2]；丹麦经济学家博赛洛普（Ester Boserup）在人口与农业增长关系问题上的反马尔萨斯观点[3]；美国农业发展经济学家约翰·梅勒（John W. Mellor）的"农业发展阶段与资源互补论"[4]；日本农业发展经济学家速水佑次郎（Yujiro Hayami）和美国农业发展经济学家弗农·拉坦（Vernon Rutton）的"诱导的技术变革与资源替代论"[5]；美国著名经济学家刘易斯（W. A. Lewis）的劳动力转移模型[6]等，书中在相应部分做了详细介绍，并略加评析。其中有些理论在国内还是由他首次提及或详加介绍的。综观全书，几乎所有篇章都可看到作者对西方农业发展理论的介绍与评析。从一定意义上可以说，该书也是一部系统介绍西方发展经济学中农业发展理论的专著。

3. 出色地采用理论分析与经验考察紧密结合的分析方法

注重理论联系实际，把理论分析与经验考察紧密结合起来，进行理论层面与政策

---

[1] 夏振坤. 可贵的探索 可喜的进展——评郭熙保新著《农业发展论》[J]. 江汉论坛，1995（08）：89 - 90.

[2] 参见郭熙保. 农业发展论 [M]. 武汉：武汉大学出版社，1995：121 - 122，127 - 130.

[3] 参见郭熙保. 农业发展论 [M]. 武汉：武汉大学出版社，1995：151 - 156.

[4] 参见郭熙保. 农业发展论 [M]. 武汉：武汉大学出版社，1995：203 - 210.

[5] 参见郭熙保. 农业发展论 [M]. 武汉：武汉大学出版社，1995：210 - 219.

[6] 参见郭熙保. 农业发展论 [M]. 武汉：武汉大学出版社，1995：346 - 348.

层面紧密相连的深入探讨，是他撰写本书的一大特色。

例如，在探讨农业在经济发展中的地位与作用时，他首先进行经验考察，通过对发达国家和发展中国家农业部门在国民收入和国民资源中所占相对份额的历史考察与经验总结，揭示出一个带规律性的现象，即任何国家和地区在任何时期农业相对地位与经济发展水平成反相关关系，也就是说随着经济的发展，农业的相对地位呈下降趋势。而这种下降趋势与经济增长是呈正相关关系的，也就是说，经济增长越快，农业的相对地位下降越快；反之亦然。在经验考察的基础上，他接着进行深入的理论分析，即从经济发展水平与农业相对规模、经济发展过程与农业部门相对地位下降趋势，以及影响农业部门地位下降速度的因素等方面做出了详尽的理论解读与机理剖析。

又如，在探讨现代农业增长道路时，他首先展开理论分析，详细介绍和评析了梅勒的"农业发展阶段与资源互补论"和速水—拉坦的"诱导的技术变革与资源替代论"；接着进行经验考察，围绕农业技术进步道路问题对发达国家和发展中国家特别是中国分别进行历史考察与实证分析。

再如，在探讨工业化对农业发展的影响时，首先通过理论分析，说明现代农业的发展表现为农业生产率的不断提高，而农业生产率的提高是以工业化的进步为前提条件的；接着通过经验考察，追溯发达国家的经济发展史，特别是以美国、英国、法国、日本和丹麦为例，论证了工业化是促进农业生产率增长和农业现代化的必要条件的结论。

他尤其注重结合中国的实际，将研究的出发点和落脚点置于中国农业发展的问题上，为中国的农业发展寻求理论依据与经验借鉴。如在分析现代农业增长道路选择时，他在理论分析与经验考察的基础上，提出了两条具体的途径：一是以机械进步为主；一是以生物技术为主。他认为地多人少的国家可以选择前一条道路；而地少人多的国家则应该选择后一条道路。对于中国来说，他明确表示，中国地少人多，属于土地资源稀缺而劳动力资源相对丰富的国家，中国过去农业机械化之所以没有"化"起来，就是因为中国地少人多的这种资源禀赋决定了中国不能走前一条道路。"中国只能在相当长的时间里走生物技术进步的道路。一方面提高土地生产率，以满足经济发展对农产品日益扩大的需求；另一方面解决农业剩余劳动力的就业压力。"[1] 当然，他同时也强调，走生物技术进步为主的道路并非完全排斥农业机械技术的发展，而只是

---

① 郭熙保. 农业发展论 [M]. 武汉：武汉大学出版社，1995：235.

意味着要优先考虑以提高土地生产率为目标的生物化学技术的研究、开发、推广和采用。又如在考察城市化与农业发展的关系问题时，他在一般理论分析与经验考察的基础上，具体分析了中国城市化进程滞后的原因及其消极影响，以及中国推进城市化的有利条件，提出了加速中国城市化建设的战略措施主张。他认为城市化对于农村和农业发展具有重要意义，一方面它可以推动第三产业的迅速发展、社会资源的有效配置、农村剩余劳动力的顺利转移、土地资源的合理利用和社会事业的充分发展；另一方面它可以促进土地的规模经营、劳动生产率的大幅度提高、农民收入的持续增长和农业现代化的加快实现。他尤其强调要注重中国的农村城市化，主张"以小城市和县域为中心，以现有的建制镇为依托"[①]，加速农村城市化建设进程。

4. 对发展经济学中的某些农业发展理论实现了新的突破

例如，他在关于农业在经济发展中地位与作用问题的考察中，对农业地位理论中的部门间资本流转核算体系与方法实现了新的突破。部门间资本流转核算体系是用来计算农业资本贡献时的计量评估体系与方法，它最初由美国发展经济学家费景汉（John C. H. Fei）和拉尼斯（G. Ranis）在 20 世纪 60 年代初所提出。[②] 中国台湾的李登辉在美国康奈尔大学攻读博士学位时，借鉴并发展了这个核算体系与方法，他于 1968 年在其所提交的博士学位论文《1895—1960 年台湾经济发展中部门间资本流动》[③] 中提出了一个更便于计算的部门间资本流转核算体系与方法。郭熙保在美国访问期间，接触到李登辉提出的这一核算体系，经过认真分析，他感到李氏的这一核算体系存在较大缺陷，其中最为重要的是李氏用不变价格来计算和调整农业资本净流出，不能正确地反映农业部门实际资本流出量。李氏的核算体系建立在两个不切实际的"假定"条件之上，一是假定基期部门间交易是等价交换的；二是假定部门间劳动生产率不变或只发生同比例变化。根据马克思劳动价值论的基本原理，基于自己的深入研究和理解，郭熙保对李氏的这一核算体系做了重大修改，提出了"一个调整部门间资本流动的新方法，即用两部门平均每个劳动者净产值指标来调整农业资本转移数量"[④]。这一新方法的核心是按劳均净产值来进行计算和调整，能够充分反映劳动生产率和交易价格两大变动因素对农业实际资本净流出的影响，因而是一个更趋科学的资本流转核算体系与方法。夏振坤赞誉郭熙保"为计算农业对经济发展的贡献提供了一

---

① 郭熙保. 农业发展论［M］. 武汉：武汉大学出版社，1995：367.
② 参见［美］费景汉，古斯塔夫·拉尼斯著；赵天朗等译. 劳动剩余经济的发展：理论与政策［M］. 北京：经济科学出版社，1992：44.
③ 李登辉. 1895－1960 年台湾经济发展中部门间资本流动［M］. 康奈尔大学出版社，1971.
④ 郭熙保. 农业发展论［M］. 武汉：武汉大学出版社，1995：93.

个较为科学的计量方法。我国有不少学者按照不同的方法对我国农业部门的农业剩余进行了数量分析，但我认为郭熙保同志提出的方法更为恰当些"①。

又如，他在考察农业剩余劳动问题时，重新审视与界定了农业剩余劳动的定义或判别标准，实现了对传统理论的新突破。在发展经济学中，农业剩余劳动力通常被置于边际劳动生产率视角来加以界定，认定这部分劳动力即令从农业部门中转移出去，农业总产量也不会因此而减少，因而实际上认为他们的边际劳动生产率是等于零或接近零的。在郭熙保看来，农业剩余劳动的这个传统定义有违发展中国家的实际情况，因为这个定义建立在农业技术停滞的基础之上，而今大多数发展中国家的农业技术是在不断进步的。从发展中国家的实际情况出发，"我们对农业剩余劳动提出一个新的判别标准：当一个国家（或地区）农业劳动者人均耕地面积长期呈下降趋势时，我们就认为该国（或地区）存在农业剩余劳动。这个标准反过来说也成立，当一个国家（或地区）农业劳动者人均耕地面积长期呈上升趋势时，我们则认为该国（或地区）不存在农业剩余劳动"②。这个新的判别标准注重的是长期趋势，而不是短期波动；它既适应于技术进步的社会，也适应于技术停滞的社会；它只需知道一国（或地区）农业劳动人数和耕地面积的长期时间序列资料即可作出判断，比需要取得十分抽象的边际劳动生产率的资料具有更强的可操作性。

《农业发展论》一书受到学术界的广泛好评，"这是我国目前不多见的系统介绍和研究农业发展理论与政策的一本学术专著"③；"第一次从发展经济学的角度系统地探索了农业发展的问题"④；"许多自成体系的研究在国内农业发展理论中尚属首次"，"的确不失为一部有深度的佳作"⑤。该书获 1998 年教育部人文社会科学优秀成果一等奖。

（二）中国发展经济学构建的理论思考

自 20 世纪 80 年代初谭崇台等引入西方发展经济学之后，发展经济学在中国经济学界很快便成为一门倍受人们关注与重视的"显学"。国内最先使用"中国发展经济

① 夏振坤. 可贵的探索　可喜的进展——评郭熙保新著《农业发展论》[J]. 江汉论坛，1995（08）：89 – 90.

② 郭熙保. 农业发展论 [M]. 武汉：武汉大学出版社，1995：165.

③ 夏振坤. 序 [A]. 郭熙保. 农业发展论 [C]. 武汉：武汉大学出版社，1995：3 – 4.

④ 陈雪梅. 一部创新性的发展经济学教科书——评郭熙保主编的《经济发展：理论与政策》[J]. 经济评论，2000（03）：121 – 122.

⑤ 谭崇台，邹薇. 评郭熙保教授新作《农业发展论》[J]. 经济学动态，1995（08）：78 – 81.

学"这一概念的，是1989年时任中国人民大学经济研究所所长的胡乃武，他与周振华在介评董辅礽的著作《经济发展战略研究》时，认为"这是一部有中国特色的发展经济学著作"，是"中国发展经济学的开创性研究"。① 董辅礽的这部著作研究的是中国经济发展战略问题，无论是董辅礽本人还是胡乃武和周振华都还没有明确地从学科建设的角度提出创建中国发展经济学的问题。在珞珈相关学者中，首先从学科建设角度提出创建中国发展经济学的是何炼成，他于20世纪末本世纪初在这方面做了大量研究工作，主编出版了3部中国发展经济学的相关著作。自90年代中期开始，关注和开展中国发展经济学研究的学者不断增多，尤其是珞珈经济学者，对中国发展经济学的关注与探讨显得相当活跃与突出，郭熙保就是其中一位有代表性的学者，他的主要特点是对中国发展经济学的构建做了较为深入的理论思考。

1. 论证构建中国发展经济学的必要性

他认为，中国经济经过持续几十年的高速增长，取得了举世瞩目的巨大成就，西方经济学理论已无法解释中国经济成功的奥秘，因为中国经济并没有遵循所谓"华盛顿共识"拟定的私有化和自由化思路发展；西方传统发展经济学原本是针对低收入国家的经济发展而提出其理论见解与政策主张的，对于中等收入国家，尤其是像中国这种已进入中高收入阶段的国家来说显得无能为力。因而，他指出，"根据中国伟大实践创建中国特色、中国风格和中国气派的发展经济学是时代的呼唤"，"是中国经济学家当前的重要任务"。②

2. 阐述构建中国发展经济学的指导思想与理论基础

他认为，构建中国发展经济学的指导思想是马克思历史唯物主义和辩证唯物主义，要依据解放和发展生产力这一社会主义的本质要求，把生产力和生产关系的辩证关系和矛盾运动作为主要研究思路。

他指出：构建中国发展经济学的理论基础是中国特色社会主义经济发展理论，包括发展目的论、全面发展论、发展阶段论、发展动力论、发展方法论等，尤其要以中国经济社会进入新时代背景下中国特色社会主义经济发展理论的最新成果即习近平的新发展理念作为理论指导。

3. 确定中国发展经济学的研究对象并解析当代中国经济的主要特征

毋庸置疑，"中国发展经济学以中国的经济发展问题作为研究对象"。在现阶段，

---

① 胡乃武，周振华. 中国发展经济学的开创性研究 [J]. 中国社会科学，1989（04）：219–222.

② 此处及以下相关引文，除另注出处者外，均见郭熙保. 构建中国发展经济学的理论思考 [J]. 教学与研究，2021（05）：27–39.

中国的经济发展既存在与中国历史上不同的情况和问题，也存在与其他发展中国家不同的情况和问题，表现出当代中国经济的独有特征。

他将当代中国经济的主要特征概括为5个方面：

一是发展中经济特征。即中国经济虽然发展得很快，但仍具有发展中经济的显著特征，如收入水平较低、二元经济结构仍然比较显著、工业化任务还没有完成等。

二是中等收入经济特征。中等收入阶段是居于低收入阶段和高收入阶段之间的一个特殊发展阶段，它在发展方式、发展动力、发展模式、发展战略等方面均呈现出不同的经济特征。

三是大国开放经济特征。指中国作为开放性大国，在世界经济中的影响力及受影响程度方面，在国内区域发展不平衡及整体增长速度与韧性方面，以及需求潜力巨大并具有显著的规模经济效益等方面表现出的独有特征。

四是转型经济特征。指通过经济改革、体制转型激发经济发展活力，释放经济发展潜力从而带来经济发展的特征。

五是社会主义市场经济特征。中国的市场经济，既与那些原本一直奉行资本主义制度的发展中国家不同，也与那些苏联解体、东欧剧变后的所谓社会主义国家不同，它是以公有制占主导地位和中国共产党居于绝对领导地位的社会主义市场经济。因而在制度层面具有完全不同的经济特征。

他认为，"构建中国发展经济学必须以这些特征为基础，否则，构建的发展经济学就不符合中国国情，不具有'中国特色'"。

4. 构思中国发展经济学的理论框架

基于中国经济主要特征的分析，以马克思主义基本原理为指导，以中国特色社会主义经济发展理论为基础，尤其以习近平提出的创新、协调、绿色、开放和共享"五大发展理念"为依据，同时"以我为主"地借鉴西方发展经济学的理论和方法，他构思了一个中国发展经济学的理论框架。

这个理论框架由六大板块组成，分别为"创新发展篇""协调发展篇""绿色发展篇""开放发展篇""共享发展篇""制度变迁篇"。

他的解释是：第一篇考察总体经济发展动力的转换，即从发展初期的要素驱动发展向中高收入阶段的创新驱动发展的转变；第二篇研究经济结构变迁问题，探讨工业化、信息化、城镇化和农业现代化及其同步发展，以及城乡与区域经济发展的动态平衡问题；第三篇讨论发展与环境的动态关系，也就是生态文明建设与经济发展之间的平衡关系；第四篇论述开放条件下贸易与外资以及经济全球化对经济发展的作用；第五篇讨论发展本质内涵、收入分配和贫困与反贫困问题，也就是发展概念的演变、经济发展过程中收入分配变化趋势，以及贫困的根源和反贫困战略与路径问题；第六篇探讨制度与发展之间的关系，即制度变迁对经济发展的影响机制，以及政府在经济发展中的作用问题。综合来看，前4篇大体探讨的是生产力本身的发展问题，后2篇大体探讨的是生产关系和上层建筑的调整问题。总之，他所设计的是一个以马克思主义为指导的中国特色社会主义发展经济学理论框架。

5. 与其他珞珈经济学者有关探讨的简要比较

除郭熙保之外，进入新世纪之后，尤其最近几年，珞珈经济学者对中国发展经济学的关注与研究也不断增多。

首先是"大本营"本部的学者，如简新华、叶初升、陈忠斌和李静老师等均发表过这方面的文章。简新华（2008）认为西方发展经济学不能很好说明和解决中国经济发展的问题，中国已成孕育经济学的一块沃土，应该而且必将成为发展经济学研究的重要基地，主张以问题为导向，从什么是发展、为什么发展、发展的要素和动力、发展的制约及优势和劣势、怎样发展、发展的过程、发展的前景等方面入手构建中国发展经济学的框架体系。叶初升（2019）基于中国所处的中等收入阶段思考中国发展经济学的体系构建，主张通过此阶段客观存在的问题逻辑、经济学的认识逻辑与发展经济学研究范式三者的融合，阐述中国发展经济学的理论逻辑、基本架构与研究任务。他（2020）还基于中国经济发展取得巨大成就的经验事实，从发展动力的激励、发展的韧劲、经济结构及其变迁的内生性等方面予以解析，论证了中国发展经济学的重要意义。陈忠斌（2009）发表了加强中国特色发展经济学理论体系研究的学术会议纪要文章。李静（2019）提出了新时代中国需要怎样的发展经济学的问题，认为中国的发展经济学应该树立以人民为中心的发展理念，建立有效市场和具备强大国家能力的有为政府相互协作的机制，增强创新推动经济发展的作用。

尤其值得指出的是，毕业于武汉大学金融系，现为武汉大学马克思主义学院教授、博士生导师的周绍东，还出版了这方面的专著——《中国特色发展经济学：探索与构建》（2019）。依据张培刚在《农业与工业化》中界定的有关概念，他将张培刚所称"基要生产函数或生产要素组合方式"理解为劳动者与生产资料相结合的生产方式，创新性地提出"生产方式的系统性变迁"命题，并将之作为中国发展经济学的研究对象或主线，形成"生产力—生产方式—生产关系"的研究框架。该书被誉为"是一部较有特色的发展经济学专著，为中国发展经济学的发展增添了浓墨重彩的一笔"①。

其次是珞珈校友学者，除何炼成外，冯金华、张建华等也发展过这方面的文章，冯金华等（2016）主张基于创新、协调、绿色、开放、共享的新发展理念构建中国特色的发展经济学。张建华等（2021）强调基于中国实践开展发展经济学的理论创新，提出一方面要重视中国发展实践的总结和提炼，将其上升到系统化的经济学说；另一方面要基于中国实践对现有理论框架和范式进行改造和创新，推进发展经济学不断进行理论创新。

比较起来，这些珞珈经济学者和人士都以中国经济发展实践为基础，以马克思主义（含当代中国马克思主义）理论为指导，以西方现代发展经济学为借鉴；有所不同的是，他们各自探讨的侧重点或设计的理论框架具有不尽相同的独到特色。简新华设计的是一个问题导向性框架体系；叶初升强调中国经济实践对学科创建与发展的重要意义；陈忠斌发表的是学术会议纪要文章；李静提出了新时代中国需要怎样发展经济学的问题；张建华突出强调基于中国实践开展发展经济学理论创新；尤为突出的是何炼成和周绍东，他们通过出版著作展示了各自所构建的中国发展经济学研究框架与理论体系；郭熙保主张以新时代习近平新发展理念为指导，其见解与冯金华较为接近，但郭熙保有所创新地增加了制度变迁发展的内容，据此构建一个中国特色社会主义发展经济学理论框架。这么多珞珈经济学者和人士都关注和探讨中国发展经济学的理论体系构建，表明这一问题在珞珈经济学"学派"创建中的重要地位与重大意义。

---

① 颜鹏飞．经济发展思想的中国印记——评《中国特色发展经济学：探索与构建》［J］．经济思想史研究，2020（00）：107–109.

第六章

北京老一辈校友学者的相关学术成就与贡献

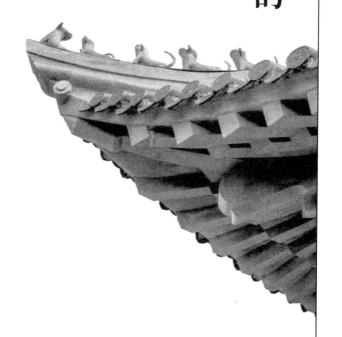

在母校"大本营"之外,其他各地还有一批取得突出成就的知名校友学者,他们中的许多人由于不仅与母校"大本营"在学术渊源上存在学脉关系,而且在学术思想上具有密切关联性,因而形成对珞珈经济学"学派"创建有所建树和贡献的校友学者群体。

在这批校友学者群体中,北京的人数相对较多,其中毕业于 20 世纪四十五年代的老一辈校友学者,即有前已述及的董辅礽、李京文、胡代光、万典武、刘再兴、汪敬虞等。他们的学术思想,有许多与学派创建的核心理论密切相关,成为该学派创建核心理论形成、传承与发展的有机组成部分。其中尤以董辅礽、李京文最为突出。

第一节
董辅礽的相关学术成就与贡献

从学派创建成员边界划分视角看,董辅礽是与珞珈经济学"学派"创建关联性最强的校友学者,这不仅因为他曾留校任教,后又长期在武汉大学兼职招收和培养博士研究生,本身就是珞珈经济学科师资中的一位重要成员或兼职教授;而且因为他的主要研究领域为中国经济改革与发展,所从事的就是直接与珞珈经济学"学派"创建核心理论相一致的学术研究,因而他是珞珈校友学者群体中一位重要的学派创建代表人物。

一、主要学术成就

董辅礽(1927~2004 年),浙江宁波人。当代中国最有影响的著名经济学家之一，有"一代经济学大师"① 之称。1950 年毕业于武汉大学经济学系并留校任教；1953 年留学苏联莫斯科国立经济学院，获经济学副博士学位；1957 年归国后回武汉大学经济学系任讲师。1959 年调至中国科学院经济研究所，历任中国科学院经济研究所国民经济平衡组副组长，中国社会科学院经济研究所副所长、所长、终身名誉所长。长期在武汉大学任兼职教授并招收培养博士研究生，同时还兼任过中国社会科学院研究生院副院长，北京大学、中国人民大学等校的兼职教授。曾任第七、八届全国人大代表，全国人大常委会委员，全国人大财经委员会副主任委员；第九届全国政协委员，全国政协经济委员。曾入选"影响新中国 60 年经济建设的 100 位经济学家"，1999 年被评为武汉大学第二届杰出校友。

他一生潜心经济研究，著作等身，在国内出版各类著作 27 部。其中，独著 15 部，第一作者合著 1 部，主编 3 部，第一主编 5 部，参与主编 3 部。另编有《董辅礽选集》《董辅礽集》《董辅礽序言集》；发表论文 300 余篇。他的学术成果主要涉及下述 5 个方面的内容。

（1）国民收入及社会主义再生产研究，如《苏联国民收入动态分析》（独著，1959）、《社会主义再生产和国民收入问题》（独著，1980），前书是其在苏联撰写的学位论文中的部分内容；

（2）中国经济体制改革研究，如《经济体制改革研究（上、下卷）》（独著，1995）、《中国国有企业制度变革研究》（第一主编，1995）、《集权与分权：中央与地方关系的构建》（第一作者合著，1996）；

（3）中国经济及其发展研究，如《中国经济纵横谈》（独著，1996）、《董辅礽纵论中国经济》（独著，2005）、《经济发展战略研究》（独著，1988）、《经济发展研究（上、下卷）》（独著，1997）；

（4）社会主义市场经济研究，如《论社会主义市场经济》（独著，1998）、《市场经济漫笔》（独著，1999）、《走向市场化的中国经济》（独著，2001）、《用辩证的眼光看市场经济》（独著，2002）、《在争论中发展的中国证券市场和期货市场》（独著，2002）；

（5）中国经济理论相关研究，如《大转变中的中国经济理论问题》（独著，1981）、《论孙冶方的社会主义经济理论》（独著，1983）等。

此外，还在国外出版过 4 部外文著作，其中独著 2 部，分别为 *Rural Reform*，*Non-*

---

① 佚名. 学界缅怀"一代经济学大师"［J］. 宁波经济（财经视点），2004（09）：31－34.

farm Development, *and Rural Modernization in China*（1988）和 *Industrialization and China's Rural Modernization*（1992）；合著 2 部，分别为 *Market Forces in China – Competition and Small Business*（1989）和 *The Chinese Economy and Its Future*（1990）等。

这些成果突出表现在 3 个研究领域：社会主义再生产和国民收入研究、经济体制改革研究（包括社会主义市场经济研究）、经济发展研究。学术界公认他最重要的学术成就与贡献是经济体制改革，尤其是所有制改革研究，被誉为中国"所有制改革第一人"①。据说于光远曾对他做过这样的评价："他的最重要的理论贡献是在 20 世纪 70 年代末挑战所有制理论禁区，提出了所有制改革问题，这在当时可以说是破冰之举，在中国学术界产生了重大的和持续的影响，并对经济理论界的思想解放运动起了重大推动作用。随着时间的推移，他在所有制改革问题上逐步形成了一个严密的理论体系。"② 这个理论体系的内容，按照董辅礽自己的说法，就是"经济体制改革应包括不可分割的两个方面，即所有制的改革和经济运行机制的改革，运行机制的改革必须以所有制的改革为基础，两者必须相互适应、相互配合"③。其中最为关键的是所有制改革，他自己将之概括为 5 个方面的内容，亦即他的 5 个方面的贡献④：（1）20 世纪 70 年代末最早提出改革所有制，而且最早提出改革国家所有制和人民公社所有制，最早提出"政企分离"和"政社分离"，80 年代逐渐形成按国有企业功能改革国有企业的分类改革思想。（2）提出社会主义经济是以多种公有制为主导的多种所有制的混合经济，俗称"董氏八宝饭理论"，强调社会主义市场经济是社会主义与市场经济的结合，是社会公平与市场效率的结合。（3）从 1985 年起就把非公有制经济正名为"社会主义经济的不可分割的有机组成部分"，不赞成把它看作外在于社会主义经济的"有益补充"。（4）指出单一公有制基础上不可能形成市场和市场经济，只有在多种所有制的混合经济条件下形成的市场中，由于公有制企业也必须按照市场规则行动，才能使公有制与市场机制兼容。（5）1978 年就提出公有制的实现形式问题，把公有制与公有制的实现形式相区别，提出要寻找能促进社会生产力发展的公有制实现形式；1997 年提出公有制有两大类：一类是共同所有制（其实现形式如国家所有制、集体所有制），另一类是公众所有制（其实现形式如合作社所有制、公众持股的股份公司所有制、养老基金、投资基金等），认为不同的公有制及其实现形式各有其产生的

① 黄铦坚. 董辅礽与中国经济改革［A］. 董辅礽经济学发展基金会. 追思董辅礽［C］. 北京：社会科学文献出版社，2005：59.

② 参见中国社会科学院经济研究所. 董辅礽［EB/OL］. 中国社会科学院网，http://ie. cass. cn/scholars/seniors_masters/201904/t20190425_4870158. html，2022 – 11 – 28.

③④ 董辅礽. 对社会主义市场经济的再认识［J］. 宁波经济，1998（08）：6 – 9.

原因和条件，各有其不同的强点和弱点，各有其最适合存在和发展的领域，它们应在各自最适合的领域发展。

二、对经济增长理论的创新探讨

中国在改革开放以前，对"增长"与"发展"的概念并未从经济学意义上做出区分；改革开放后，随着西方发展经济学的逐渐传入，人们才开始认识到这对概念的确切含义以及对之做出区分的重要意义。"董辅礽教授是国内传播发展经济学理论的先行者之一"[①]，不仅对这对概念有清晰的认识，而且还将其融入中国经济问题的研究之中。他关于经济增长理论的创新探讨，集中体现在他于 20 世纪 60 年代初建构的经济增长模型和 90 年代中期对经济增长方式转变所做的阐释。

（一）独具特色的董氏增长模型

在改革开放以前，尤其是在 20 世纪五六十年代，董辅礽的主要精力放在研究社会主义再生产和国民收入问题上。这与他当时的学习和工作经历是分不开的。他在大学时代就开始学习马克思主义经济学，并通读了《资本论》，在苏联留学时又系统学习了国民经济计划原理和国民经济平衡理论，他的两位苏联指导老师布列也夫（А. М. Брылеев）和图列茨基（Ш. Я. Турецкий）也都是研究经济计划和国民经济平衡的专家；到中国科学院经济研究所后，他又在国民经济平衡组工作，这为他从事社会主义再生产以及计划平衡的研究打下了坚实的基础并提供了有利的条件。正是在这一背景下，他开展了对社会主义再生产和国民收入的深入研究，并创造性地建构了分析社会主义再生产数量关系和数字平衡的经济增长模型。他的模型以马克思的社会再生产理论为依据，将马克思的再生产理论运用到社会主义经济增长的分析中，是马克思主义再生产理论的具体化。有所创新的是，马克思所考察的是资本主义社会的再生产，为便于揭示资本主义生产方式的本质，舍象掉了一些具体的变动因素；他则根据自己所确定的研究对象的特殊需要而将其中的有些因素纳入自己的分析范围内，同时，他还借鉴了现代经济学的一些新方法，如苏联著名经济学家列昂捷夫（Wassily Leontief）的投入产出分析法的一些优点，独具特色地建构了一个新的经济增长模型。

---

① 叶辅靖. 董辅礽：当代中国经济学家学术评传 [M]. 西安：陕西师范大学出版社，2002：91.

他的模型，有的称为"董氏再生产模型"；有的称为"经济成长论"；有的称为"经济增长模型"；学术界多简称为"董模型"①。

从内容上看，"董模型"建立在国民收入理论基础之上。国民收入的最终用途是积累和消费，它在价值形态上表现为积累基金和消费基金，"董模型"的核心就是要确定积累和消费的比例关系。在他看来，在社会再生产中，积累和消费的比例与下述4个比例有着直接的依存关系，即社会生产两大部类的比例；生产资料用于积累和补偿的比例；消费资料用于积累和消费的比例；积累基金中生产资料和消费资料的比例。

"董模型"正是建构在确立积累与消费的比例以及与之直接依存的各种错综复杂的比例关系基础之上的。

在模型建构中，他把对积累基金和消费基金的需要划分为最低需要和追加需要这样两个部分，阐述了两者的界限划分与制约因素。同时，他从价值形态和实物形态两个方面对积累基金和消费基金之间在总量上的比例关系进行总体分析；并对两种形态的基金在价值形态上总量相等但在实物形态上存在不相等的情形，以及即令两种形态的基金在价值形态和实物形态上总量均相等但仍可能发生的相关现象进行具体分析。这些都表现出"董模型"在内容和方法上的新颖独到之处。

"董模型"的基本宗旨或现实目标是要实现宏观经济增长的平衡，即实现平衡发展、均衡增长。他坚决反对以破坏平衡为代价的经济增长。当时人们在平衡问题的认识上还存在"左"的倾向，似乎强调平衡增长就是右倾保守。他不惧风险、坚持真理、详加阐述，指出："任何事物的存在和发展都是运动和平衡的统一"，"保持平衡是经济正常运行的前提和条件"，"如果平衡遭到彻底的破坏，那么这个事物本身也就不存在了，更谈不上在保持它的质的规定性的范围内的发展了"。② 这就从理论上阐述了平衡增长的必要性与合理性。

在注重总量平衡的同时，他更强调结构的平衡。他认为，平衡与否归根结底取决

---

① "董模型"在他1963年撰写的4篇系列论文中即已提出。4篇论文分别为：《从社会产品生产和使用统一的角度探索马克思再生产公式具体化问题》《关于不同扩大再生产途径下的社会主义再生产比例关系问题——马克思再生产公式具体化问题的再探索》《产品的分配和使用与两大部类比例的关系——马克思再生产公式具体化问题的探索之三》《论社会再生产诸比例与积累和消费比例之间的关系——马克思再生产公式具体化问题的探索之四》。其中，前两篇分别发表在《经济研究》1963年第3期和第11期；第3篇写于1963年，发表在《经济研究》1964年第8期；第4篇未曾单独发表，也写于1963年，收录于1980年由三联书店出版的《社会主义再生产和国民收入问题》一书中。此后，他又发表过一些相关文章做了进一步的阐述。

② 董辅礽. 国民经济平衡的几个问题［A］. 董辅礽. 董辅礽选集［C］. 太原：山西人民出版社，1985：58.

于国民经济结构的状况，经济结构的合理化是实现国民经济平衡的根本保证。只有结构平衡才能避免造成经济结构的不合理和经济比例的严重失调。

为了保证平衡增长的实现，他主张建立实现平衡的反馈机制。在他看来，实现平衡的反馈机制必须具有灵敏性和有效性，而市场机制就是这样一种经历史证明为灵敏和有效的反馈机制。因而，他明确主张：必须以市场机制作为实现平衡的反馈机制，通过市场机制来保证平衡的实现，并保证不平衡现象出现时能及时被认识、被克服，以建立新的平衡。^① 这是他在 20 世纪 80 年代初传统计划体制才开始实行改革的背景下提出的，既见地新颖、见解深刻，又颇具理论勇气。

这一模型是对计划体制下实现国民经济平衡增长的有益探索和科学论证，对于计划体制下实现国民经济的平衡增长和稳步发展具有较大的参考价值和指导意义。

（二）对经济增长方式转变的缜密阐释

中国早在 20 世纪 60 年代就提出了转变经济增长方式的问题，但一直没有实现；90 年代中期在即将跨入新世纪之前，又引起人们对这一问题的广泛关注。针对当时人们在经济增长方式转变问题上的一些认识误区，董辅礽开展了对这一问题的深入探讨，并有针对性地进行了一些缜密的阐释。^②

（1）外延的增长与内涵的增长并非相互排斥。他指出：经济的增长，归根结底要靠两个途径：一是增加劳动力人数；二是提高劳动生产率。前者表现为外延式增长，后者表现为内含式增长。但这种区分只是理论上的抽象，两者并非彼此排斥。外延式增长可以包含内含增长的因素。例如，乡镇企业吸收农业中的剩余劳动力，增加劳动者人数，是外延式增长；但这些劳动力在进入乡镇企业前其边际劳动生产率为零，甚至是负数，当他们转入乡镇企业后，其劳动生产率较之他们在原农业中大大提高了，因而这种外延的增长同时又包含有内含增长的因素。同样，内含式增长也可以包含外延增长的因素。例如，新建一个技术更先进的企业，使得本行业的劳动生产率提高，这是经济的内含增长；但这个企业新雇了工人，这又是外延的增长。一个企业，有时可以只是外延增长，如劳动生产率不变，通过增加劳动者人数使得生产增长；有时可以只是内含增长，如使用机器取代人工，提高劳动生产率使得生产增长；有时可以既

---

① 参见董辅礽. 国民经济平衡的几个问题［A］. 董辅礽. 董辅礽选集［C］. 太原：山西人民出版社，1985：67 - 83.

② 董辅礽. 关于经济增长方式转变的几个问题［J］. 国有资产管理，1996（01）：7 - 9；董辅礽. 转变增长方式需要澄清的几个误解［J］. 中国机电工业，1996（04）：20 - 21；董辅礽. 再谈经济增长方式的转变［A］. 董辅礽. 中国经济纵横谈［C］. 北京：经济科学出版社，1996：9 - 12.

是外延增长又是内含增长，如企业扩大再生产，增添先进设备提高劳动生产率，同时又增加劳动者人数。

（2）外延增长未必经济效益就差，内涵增长未必经济效益就好。他指出，外延增长与内含增长是两种不同的经济增长方式，与经济效益的好坏并没有必然的联系。只能一般地说，内含增长的经济效益比外延增长的经济效益好，因为它可以提高剩余产品率。但是，在具体的场合，两者中何者能取得较好的经济效益，则要看实际的条件，要做投入与产出的比较。如果劳动者的工资比较低，机器设备比较贵，那么采用外延式增长方式，多用劳动力，少用机器设备，其经济效益可能更好；反之亦然。增长方式与效益之间的关系是相当复杂的，在不同产业、不同规模的企业、不同地区都是不同的。因而，"不能简单地认为外延的增长，经济效益就一定差，内涵的增长，生产效益就一定好"①。

（3）对外延增长与内涵增长在资本投入上的多与少要具体分析。无论是外延增长还是内含增长，企业要扩大再生产，均需投入资本。一般来说，在外延增长的情况下，需要增加劳动者人数，当然也要相应地增加其他各种投入，如增加厂房、机器设备、原材料等，但其投入相对于内含的增长为少；在内含增长的情况下，往往也要增加资本的投入，如增加流动资金、增加固定资产投资、购置更先进的设备等，所需资本的投入较外延的增长为多。但是，内含增长有两种情况：一种是节约劳动力的内含增长，它相对减少了对劳动力的投入；另一种是在节约劳动力的同时还节约资本投入的内含增长，如由于电子工业发生了巨大革命，企业购置的计算机等电子产品，其性能越来越好，价格越来越便宜，这"就是节约资本的内含增长，相对于产出的增长，资本的投入反而可减少"②。

（4）不能把经济外延的增长理解为发展劳动密集型产业，把经济内涵的增长理解为发展技术密集型或资本密集型产业。他认为，一种产业是劳动密集型还是资本或技术密集型，不仅与该产业运行的技术水平有关，而且也与该产业的性质有关。例如，服装制造业是劳动密集型产业，这与服装制造的特点有关；飞机制造业是技术密集型产业，则是由飞机制造对技术要求较高决定的。当然，如果将来技术发生根本的变化，有些劳动密集型产业也可能变成技术密集型或资本密集型产业，不过也总会有一些行业依旧是劳动密集型的，如餐饮业、工艺品制造业之类。实际上，无论哪种产业都存在依靠什么增长方式来实现增长的问题。某一服装企业，如果技术水平不变，劳

---

① 董辅礽. 转变经济增长方式需要澄清的几个误解 [J]. 中国机电工业，1996（04）：20-21.
② 董辅礽. 关于经济增长方式转变的几个问题 [J]. 国有资产管理，1996（01）：7-9.

动生产率不变，靠增加工人并相应地增加缝纫设备来增加产量，那是外延的增长；如果用机器剪裁代替手工，采用性能更好、效率更高的缝纫设备来增加产量，那是内含的增长。同样，一个飞机制造业，其产量的增加也有依靠外延增长和内含增长的区分。

（5）外延增长不能混同于粗放经营，内含增长也不能混同于集约经营。针对有人以为外延增长就是粗放经营、内含增长就是集约经营的误解，他指出，外延的增长不等于粗放经营，内涵的增长也不等于集约经营。因为，不管是在外延式增长中还是在内涵式增长中都可能发生粗放经营。一般地说，与外延式增长相比，采用内涵增长方式会更有利于实现集约经营并取得更好的效益。但是否一定这样，那就要看具体的经营状况了。如果把外延增长混同于粗放经营，那很容易引起另外一种误解，就是在反对粗放经营的同时，连外延的增长方式也给否定了。其实，即使在发达国家，尽管企业的经营较好，但也还是需要有经济的外延增长的。因而，他指出："不能把经济增长方式与企业的经营混为一谈。"①

（6）要把增长方式的宏观层次问题与微观层次的问题区别开来。他在阐释这一问题时，首先强调要明确经济增长方式"转变"的确切内涵。在他看来，一国之内总会既有外延的增长又有内含的增长，两者往往是并存的，即使在发达国家，外延的增长也仍是经济增长不可缺少的部分。因此，他指出，经济增长方式的"转变"，"确切地说，应是由以外延的增长为主向内含的增长为主的转变"②。基于这一认识，他指出，经济增长方式由外延为主向内含为主转变，是从宏观层次提出的要求，提出这个要求是完全必要的。因为只有推进并实现这个"转变"，中国经济才能由不发达状态进入发达状态，才能实现现代化。处于微观层次的企业当然应该与国家的这一总体进程相一致，在扩大再生产时应逐渐地由主要依靠外延的增长方式转向主要依靠内涵的增长方式。但是，在具体场合则又另当别论，可以不相一致。因为，在微观层次上，企业扩大再生产，可能选择外延增长，也可能选择内含增长，还可能选择两者的组合，而且组合的情形又可能各不相同，这些都要着眼于企业自身的经济效益。因此，"不能把增长方式的宏观层次问题与微观层次问题混为一谈，不加区别"③。

（7）要为经济增长方式的"转变"积极创造条件。他认为，经济增长方式由外延为主向内含为主"转变"，是一个客观的过程，它与经济发展的阶段密切相关。一国经济在其不发达阶段，由于存在着大量的未就业或就业不足的劳动力，工资水平

---

①③　董辅礽. 转变经济增长方式需要澄清的几个误解［J］. 中国机电工业，1996（04）：20－21.

②　董辅礽. 再谈经济增长方式的转变［A］. 董辅礽. 中国经济纵横谈［C］. 北京：经济科学出版社，1996：10.

低，劳动力素质差，掌握和开发新技术的能力低，管理水平低，因而通常所采用的是以外延为主的方式，以此求得经济的增长。在这个阶段，大多建立和发展一些技术水平和产品品质较低而使用劳动力较多的企业。尽管如此，这些企业的技术水平从全社会来看仍然比以往有所提高，劳动者的劳动生产率也比从前提高了，因而实际上也包含有内含增长的因素。当一国的经济进一步发展的时候，出现了劳动力的短缺，劳动力素质提高，掌握和开发新技术的能力加强，管理水平提高，内含方式在经济的增长中所占的比重便会逐渐提高，并成为经济增长的主要源泉。此时，便需要创造有利条件去推动经济增长方式实现这一"转变"。他强调，这种"转变"是市场作用的结果，因而必须以市场为导向，通过市场机制促使越来越多的企业逐步由外延为主的增长向内含为主的增长转变。对政府来说，"最重要的是制订适当的经济发展战略和改革经济体制"①。

他对经济增长方式转变所做的这些阐释，既思考缜密、全面系统，又见解深刻、富有哲理，同时还极具指导意义，不愧是出自经济学大师之手的权威性阐释。

三、对中国经济发展理论的重要贡献

作为珞珈经济学"学派"创建的一位重要校友学者代表，董辅礽对中国经济理论与现实的研究大都与中国经济发展问题有或多或少的关联性，从学派创建研究的视角看，他是一位对中国经济发展理论做出了重要贡献的校友学者。他的相关贡献，主要表现在以下 5 个方面。

（一）结合制度因素思考中国经济发展战略

董辅礽思考中国经济发展问题有两个显著的特点：一是居于战略高度；二是立足制度因素。这两者又是紧密结合的，也就是说，他是立足制度因素来从战略高度思考中国经济发展问题的。

他认为，每个发展中国家在思考和运筹自己的经济发展时，都会碰到经济发展战略的选择和制定问题。而选择和制定经济发展战略就必须建立在研究本国国情的基础

---

① 董辅礽. 再谈经济增长方式的转变［A］. 董辅礽. 中国经济纵横谈［C］. 北京：经济科学出版社，1996：11.

上，"我国的新的经济发展战略应该根据我国的国情来制定"①。他对中国现实国情的认识非常清醒，正如朱玲所概括的："在对历史的回顾中，董辅礽对现实中国经济的特点有了更为清醒的认识：第一，它在世界上属于人口众多的落后国家，与其他发展中国家一样面临着如何实现现代化的难题；第二，高度集中的计划经济体制阻碍经济协调发展，摒弃旧体制和转向市场经济将不可避免，市场机制与计划体制互不相容，将二者结合起来的设想行不通。因此，中国还是一个需要经历体制转变的国家。"② 正是基于对中国作为一个需要经历体制转轨的发展中国家这一基本国情的认识，决定了他将中国的经济发展战略与体制改革紧密结合起来进行思考。

他从理论与实践的结合上论证了结合制度因素思考中国经济发展战略的必要性与重要性。从理论上讲，他指出："一种经济发展战略的实行是同一种相应的经济体制分不开的。" 从实践上看，他指出："我们过去实行的高度集权的排斥市场机制的经济体制，正是同过去实行的经济发展战略相适应的。" 原有的指令性计划体制适应的是传统的工业化战略，现在"要实行一种新的经济发展战略，不改革原有的经济体制，不实行一种与新的经济发展战略相适应的经济体制，是不可能的"③。他一再强调，经济发展战略的转变与经济体制的改革，两者必须互相配合、互相协调、互相照应，以避免彼此脱节，发生摩擦，甚至两相冲突。正如朱玲所总结的："纵观董辅礽改革以来发表的论著，绝大多数体现了这样一个特点，即从体制改革的角度寻觅发展的道路，从发展的角度探索改革的途径。"④

正是基于结合制度因素的思考，他对中国新的经济发展战略做了科学的表述，将其内涵与特征概括为：（1）在发展目标上，从把高速增长作为经济发展的目标转变为以满足人民的需要为根本目标；（2）在发展重心上，从把重工业作为发展重心转变成重点与一般相结合的平衡协调发展；（3）在发展途径上，从以粗放发展为主逐渐转向以集约发展为主；（4）在对外关系上，从闭关自守转变为立足自力更生为主的对外开放。他指出，这四者是一个有机的整体，"它们彼此是密切联系的"⑤。具体来说，后三者都是为了实现满足人民的需要这个根本目的；只有以满足人民的需要为根本目的，才能从根本上克服过去的经济发展战略所造成的弊端，使经济的发展得以平衡协调并富有经济效益；而经济的平衡协调发展，需要以集约的发展为主要途径；而且也

---

① 董辅礽. 经济发展战略研究［M］. 北京：经济科学出版社，1988：9.
②④ 朱玲. 从经济增长到可持续发展［A］. 董辅礽经济科学奖励基金编. 追求彻底的理论创新：董辅礽经济思想评述［C］. 北京：经济科学出版社，1997：180.
③ 董辅礽. 经济发展战略研究［M］. 北京：经济科学出版社，1988：10－11，80.
⑤ 董辅礽. 经济发展战略研究［M］. 北京：经济科学出版社，1988：57.

只有平衡协调发展才能避免大起大落和严重失调所带来的巨大损失，使经济效益提高；实行对外开放则是实现新的经济发展战略其余三者的必要条件，经济的平衡协调发展同时又为扩大对外开放创造了条件。

这一新的经济发展战略要求对传统经济体制实行彻底改革，这就是他在经济改革理论中所提出的要重点改革所有制和经济运行机制，以适应新的经济发展战略的实行。

总之，他的基本主张就是要实现改革与发展的互动，一方面，通过经济体制的改革，把原来单一公有制的、高度集中的、排斥市场机制的经济体制，改革成为以公有制为主体的、多种所有制并存的、多层次决策的、发挥市场机制作用的经济体制；另一方面，通过经济发展战略的转变，把原来的以片面追求高速度为目标的、以突出发展重工业为中心的、以粗放为主要发展途径的、以闭关自守为特征的经济发展战略，转变为以满足人民的需要为目标的、各部门协调发展的、以集约发展为主要途径的、对外开放的经济发展战略。[1]

西方发展经济学也重视经济发展中的制度因素，新制度经济学的代表者道格拉斯·诺斯（Douglass C. North）更是把制度作为经济增长的内生变量，将制度变迁视为经济增长的重要因素之一。董辅礽虽然没有明确提出制度是经济增长的内生变量，但他极为强调紧密结合制度因素来制定和实施经济发展战略，实际上是将制度因素纳入经济发展的分析框架之内来予以思考的；他从所有制理论视角强调制度变革与经济发展的内在联系更是触及了经济发展问题的核心与灵魂，是极有见地和非常深刻的。

（二）对农业现代化的创新性探讨

农业现代化或农村现代化[2]是董辅礽研究中国经济发展战略时重点探讨的一大问题。他是从二元经济结构的判定问题开始探讨的。他借鉴刘易斯（W. A. Lewis）二元经济结构理论的分析框架，用产业结构、人口分布和就业结构、农业劳动生产率、城乡居民收入差距等指标对照中国的情况进行了详细的分析，结论是："从各个方面都反映，中国的经济具有二元结构的特征。1949 年以来，尽管中国的经济有了巨大的发展，但是二元经济结构改变不太大。"依据刘易斯等人的理论，发展中国家的经济只

---

① 参见董辅礽. 经济体制改革研究（上卷）[M]. 北京：经济科学出版社，1995：245.

② 在董辅礽的著述中，他对"农业现代化"和"农村现代化"并未在概念上刻意作出区分，有时用"农业现代化"，有时用"农村现代化"，有时两者并用。

有当二元经济结构变为一元经济结构时，才算进入发达阶段。参照刘易斯等人的这一理论，董辅礽断定："中国的农业现代化、农村现代化也必须经历这样的过程。"[①]

基于对中国二元经济结构现状的判定和二元经济一元化未来转变方向的确定，他详细探讨了中国如何由二元经济结构转变为一元经济结构的问题，他是着眼从农业、农村角度来探讨中国二元经济结构如何实现向一元经济结构转变的问题的。也就是说，他在探讨中国经济结构由二元向一元"转变"时，其着眼点在农业、农村，而不是在城市和其他非农业部门。他的基本目标是要探寻农业、农村如何实现这一"转变"的途径问题，即通过什么途径来实现这一"转化"的问题。

他首先分析了发展中国家通常采用的城市工业化途径，即发展经济学所设计的通过发展城市工业来吸收农业中的过剩劳动力以促进工农业的协调发展和农村现代化的途径。他指出："这无疑是一个途径。我国一直是这样做的。"[②] 但是，他认为采用这一途径会遇到一系列困难，例如要求有大量的资金投入城市工业和其他产业的发展，投入城市的住房建设和市政建设，农村转移出来的劳动力需要进行系统的教育和训练等，而这些条件不是短时间能够具备的，会是一个缓慢而又漫长的过程。其间还可能出现像一些发展中国家如印度那样大量剩余劳动力涌向城市，造成城市中种种令人触目惊心的社会恶果；或者像中国实行的限制农民迁入城市的政策，而这种政策虽然可以避免城市恶果的出现，但却仍然将大量农业劳动力束缚在有限的土地上，农业劳动生产率难以提高，农业的现代化技术难以推广，农民的生活水平提高缓慢；同时，为了发展城市中的大工业和其他产业，又不得不从农业集中大量积累，从而造成农业发展的落后。因而，他得出结论："只靠在城市发展非农产业，在人口众多、农业比重很大的中国，只能延缓二元经济结构向一元经济结构转变的进程。"[③]

他充分肯定和极力推崇的是另一条途径，即在农村大力发展工业和其他非农产业的途径。如果说前一条是城市工业化途径的话，那么这一条就是农村工业化途径。这条途径是他在大量实地调研基础上对中国非农产业发展经验所做的理论总结。他通过对江苏、浙江、河南等地的实地调查，发现"在农村发展非农产业是改变二元经济结构，推进农村现代化的一条重要途径"[④]。他认为，采用这条途径可以避免前一条途径所遇到的某些困难。因为，在农村或乡镇发展的工业和其他产业，一般来说规模小、技术相对落后，所需资金少，易于筹集；而且对劳动者的文化教育水平和技术水平的

① 董辅礽. 经济发展战略研究［M］. 北京：经济科学出版社，1988：116.
② 董辅礽. 经济发展战略研究［M］. 北京：经济科学出版社，1988：285.
③④ 董辅礽. 经济发展战略研究［M］. 北京：经济科学出版社，1988：223.

要求低，劳动者可就地或在住地邻近就业于非农业部门，不必举家迁移。因此，比起前一条途径，采用这一条途径较易于大量地吸收农业中的剩余劳动力，便于农村走上现代化道路，而且还可以防止城市恶性膨胀及各种社会问题的发生。

他总结了采用这条途径的两种具体形式："苏南模式"和"温州模式"。① 他从产权角度将它们概括为发展乡镇公有制企业的模式和发展农民私有制企业的模式。对于这两种模式，他的基本看法是：首先，它们代表的是中国农村发展非农产业的不同道路，对于中国广大农村来说，其经验具有巨大的示范作用和普遍的借鉴意义；其次，它们的最大作用是能够促进农业的现代化，而且有些作用是传统社会主义工业化战略或者只发展城市工业的战略难以做到的；再次，它们各有其特点、优点和缺点，各有其长处和短处，在资金、能源、原材料、技术进步、智力支持、产品市场等方面都有许多问题要在发展中解决；最后，它们产生于中国沿海经济发达地区或有经商历史传统的地区，是不同社会经济条件下的产物，各地农村应该采用哪种模式，应根据各自的具体条件酌情做出相应的选择，或者像有些地方农村那样采用两种模式兼而有之的混合模式，或者自己创造另外的发展模式。

十分难能可贵的是，他在强调发展农村工业积极作用的同时，也非常客观冷静地洞悉了其作用的有限性，不仅指出这类工业特别是家庭工业大多规模小、技术落后、产品质量不高，确实不能与城市中的大工业相提并论；而且将之作为二元经济结构向现代一元经济结构转变的一个"中间阶段"来看待。指出"落后农村的现代化，从传统的自给自足的农业转变成现代化的农业，是不可能一蹴而就的，要经历许多的中间阶段，单从技术上来说也是如此"②。

他这方面的思想具有极为重要的理论意义，被给予很高的评价："董辅礽把中国农村工业和非农产业的发展作为工业化和农村现代化的一条可供选择的途径和'中间阶段'的思想，可以说是对发展经济学核心理论——改变二元经济结构为现代一元经济结构的途径问题的一个重大的理论贡献。"③

为了顺利推进农村现代化，他特别强调制度因素的保障作用，认为制度的改革对农村经济的发展起着重要的作用，甚至可以说是农村经济能否顺利发展的前提之一。基于这一认识，他主张改革社会经济制度，建立能够促进农业现代化、农村现代化的

---

① 参见董辅礽. 经济发展战略研究［M］. 北京：经济科学出版社，1988：175－184，196－221.

② 董辅礽. 经济发展战略研究［M］. 北京：经济科学出版社，1988：287.

③ 林青松. 勇敢的科学探索 独到的理论贡献——重读董辅礽有关中国农村现代化论著的感想［A］. 董辅礽经济科学奖励基金编. 追求彻底的理论创新：董辅礽经济思想评述［C］. 北京：经济科学出版社，1997：209.

社会经济组织结构；同时，还提出要注意和解决好一系列与发展农村非农产业相关的种种问题：如资金来源、能源原材料供给、技术进步、智力保障、产品销售、传统影响、农业与非农产业的协调、发展非农产业的代价等问题。①

他还论及农业机械化问题，认为农业中存在大量剩余劳动力是阻碍农业实现机械化的主要因素之一；但他指出，农业机械化是农业发展的方向，要让农民从切身利益中懂得农业机械化的作用与意义，主张"用市场经济办法推进农业机械化"②。

（三）可持续发展问题的创新见解

自 1987 年挪威首相布伦特夫人主持的世界环境与发展委员会提出"可持续发展"概念后，"可持续发展"成为学术界普遍关注的一大热门话题。1992 年在巴西里约热内卢召开了联合国环境与发展大会，1995 年又在丹麦首都哥本哈根召开了联合国社会发展世界首脑会议，董辅礽分别作为中国政府代表团的高级顾问或成员参加这两次会议，促使他对可持续发展问题倍加关注，并发表了许多相关的创新性见解。厉以宁将他这方面的主要创见概括为三点："第一，从可持续的生产方式和可持续的消费方式这样两个方面来讨论可持续发展问题"；"第二，把环境问题与生态问题区分开来，并探讨了二者之间的交互作用"；"第三，论证了环境保护中的'知'与'行'的关系"。③ 叶辅靖认为他这方面的创见主要在于："第一，他对可持续的生产方式与消费方式问题进行了深入的阐述和发挥；第二，他结合中国实际，对影响社会可持续发展的许多问题诸如贫困、失业问题做了深刻论述；第三，他对环保问题有独特的见地；第四，他从我国经济和社会协调发展的角度对社会参与和机会均等问题进行了新颖独到的分析。"④ 朱玲重点强调了他对可持续发展方式的界定，肯定"他准确地将'可持续发展方式'表达为节省资源的发展方式、保护环境的发展方式、提高生存质量和促进人类进步的发展方式"⑤。从他对可持续发展理论的独特贡献和在珞珈经济学"学派"创建有关可持续发展理论中所体现的最大特色的视角考察，其中最值得总结和称道的是他以下两个方面的创见。

---

① 参见董辅礽. 经济发展战略研究［M］. 北京：经济科学出版社，1988：222，117，196 - 221.

② 董辅礽. 用市场经济办法推进农业机械化［A］. 董辅礽. 中国经济纵横谈［C］. 北京：经济科学出版社，1996：186.

③ 厉以宁. 可持续发展问题的有益探索——论董教授在可持续发展理论研究中的创见［A］. 董辅礽经济科学奖励基金编. 追求彻底的理论创新：董辅礽经济思想评述［C］. 北京：经济科学出版社，1997：167.

④ 叶辅靖. 董辅礽：当代中国经济学家学术评传［M］. 西安：陕西师范大学出版社，2002：116 - 117.

⑤ 朱玲. 从经济增长到可持续发展［A］. 董辅礽经济科学奖励基金编. 追求彻底的理论创新：董辅礽经济思想评述［C］. 北京：经济科学出版社，1997：188.

1. 对可持续生产方式和可持续消费方式的开创性阐释

可持续生产方式和可持续消费方式问题，在 1992 年里约热内卢会议和 1995 年哥本哈根会议的文件中即已提出，但并未展开论证。董辅礽敏锐地洞察到这一问题的重大意义，经过深思熟虑，于会后发表多篇文章，对这一问题做出了开创性的阐释。

什么是可持续生产方式和可持续消费方式？在他看来，它所指的是可以使生产和消费持续不断地进行下去的生产方式和消费方式。他指出："人要生存，延续生命以及繁衍后代，消费和生产都必须是延续不断的。"① 这就是说，生产和消费能否"延续不断的"持续进行下去是评判是否为可持续生产方式和可持续消费方式的根本标志。为了使生产能够"延续不断的"持续进行下去，就需要节约资源，因为"如果资源不济，生产就难以持续下去。因此，为了使生产是可以持续的，必须注意资源的节约以及可再生资源替代不可再生资源"②。与此同时，为了使生产能够"延续不断的"持续进行下去，还需要保护环境，因为"环境越破坏，人们的生存和发展越困难，从而为了生存和发展又进一步破坏环境，如此恶性循环"③。因此，为了使生产能够"延续不断的"持续进行下去，"最主要的在于资源的保护和节约使用以及环境的保护方面，它们是实现可持续的生产的主要条件"④。对于可持续消费方式来说，情形也是如此，"什么是可持续的消费方式？就是这样一种消费方式，它既节约资源又保护环境，而保护环境也是支持持续发展的一个条件"⑤。

更进一步地，他指出，在现实生活中"并不是任何消费和生产方式都可使消费和生产持续不断"⑥。于是，他创造性地提出了与可持续的生产方式和消费方式相对立的概念，即非可持续的生产方式和消费方式。非可持续生产方式不仅表现为"资源的浪费"，是"耗费甚至浪费不可再生资源的生产方式"；而且也表现为对环境的破坏，"非可持续的生产方式之所以是非可持续的，也在于其对环境的破坏"。它会带来极大的危害，"生产方式如果是非可持续的，终将使生产无法持续下去，其后果将是难以想象的"。他深刻分析了中国存在非可持续生产方式的深层次原因，"在中国，非可持

①⑥　董辅礽. 应提倡可持续的消费方式［A］. 董辅礽. 中国经济纵横谈［C］. 北京：经济科学出版社，1996：245.

②　董辅礽. 什么是可持续的生产方式［A］. 董辅礽. 中国经济纵横谈［C］. 北京：经济科学出版社，1996：2.

③　董辅礽. 环境与可持续发展［A］. 董辅礽. 改革与发展——论大转变中的中国经济［C］. 香港：中华工商联合出版社，华南经济新闻出版有限公司，1995：320.

④　董辅礽. 什么是可持续的生产方式［A］. 董辅礽. 中国经济纵横谈［C］. 北京：经济科学出版社，1996：3 - 4.

⑤　董辅礽. 应提倡可持续的消费方式［A］. 董辅礽. 中国经济纵横谈［C］. 北京：经济科学出版社，1996：248.

续的生产方式之所以得以长期存在，除了只注重建设新的企业，忽视对现有企业的技术改造等原因外，往往是同一些政府部门、企业追求短期利益有关"①。至于现实中存在的非可持续消费方式，他则进行了具体分析。对于个人或一个家庭而言，非可持续消费方式就是"今朝有酒今朝醉"，有了钱不知积蓄；当然这并不是非可持续消费观念关注的根本意图所在。人们更为关注的是非可持续消费方式带来的环境恶化，"非持续的消费方式首先是从环境恶化的角度提出的。这是说，存在着一类消费方式，它们会引起环境的恶化，从而使消费无法持续。这种消费方式在经济相当原始的时代有过，但主要是现代文明带来的，而且其危害和影响的规模很大"②。他以现代交通工具汽车消费带来的大气噪声污染和能源大量耗费，以及现代旅馆中一次性消费的牙膏、牙刷、肥皂等造成的资源浪费和环境污染为例，用以说明非可持续消费的危害性和可持续消费的必要性。

通过对非可持续的生产方式和消费方式的剖析，他认为可以使人们进一步充分认识可持续发展观念的重要意义。"可持续的生产方式的概念的提出，使我们对生产有了新的考虑，其意义是巨大的。"③ "提出可持续的消费方式的主要意义，在于从生活的各个方面去研究其中的消费方式是否可持续的，用可持续的消费方式去取代非可持续的消费方式。对于经济不发达的中国，这更具有特殊意义。"④

2. 对环境问题与生态问题两个概念的首次区分及对两者交互作用的创新性探讨

董辅礽是在讨论环境对经济发展的制约作用时做出这种区分和探讨的。在他之前，人们在讨论环境对经济发展的作用时，通常将着眼点放在可持续发展的目标上，并未将环境问题与生态问题严加区分，更未细究两者之间的交互作用关系。实际上，这是可持续发展探讨中一个更为细致和深入的问题，对于深化可持续发展的理论研究与政策制订具有重要意义，引起董辅礽的高度重视并进行了开创性的探讨。

他指出，人类在其生存与繁衍中离不开自然，"这里存在着两个交互作用。一个是人与自然之间的交互作用：人作用于自然界，自然界作用于人；一个是自然界内部的交互作用：有机界与无机界之间、微生物与动植物之间、动物与植物之间、

---

① 董辅礽. 什么是可持续的生产方式［A］. 董辅礽. 中国经济纵横谈［C］. 北京：经济科学出版社，1996：1，2，3.

② 董辅礽. 应提倡可持续的消费方式［A］. 董辅礽. 中国经济纵横谈［C］. 北京：经济科学出版社，1996：246.

③ 董辅礽. 什么是可持续的生产方式［A］. 董辅礽. 中国经济纵横谈［C］. 北京：经济科学出版社，1996：4.

④ 董辅礽. 应提倡可持续的消费方式［A］. 董辅礽. 中国经济纵横谈［C］. 北京：经济科学出版社，1996：248.

各种动物之间、各种植物之间等等。这两种交互作用之间又发生交互作用"。这就是说，人类生存于自然界，存在着两种基本的交互作用：一种发生在人与自然之间；另一种发生在自然界内部，而且这两种交互作用之间也存在着交互作用。基于这一分析，他进一步明确地给环境问题和生态问题下了定义："前一个交互作用是环境问题，后一个交互作用是生态问题。"① 这样，他就把环境问题和生态问题这两个概念严格区分开来了。这种区分是他的创新性见解，是他在可持续发展问题上的一大贡献。

作出这种区分的意义何在呢？在他看来，就在于寻求两者乃至它们之间的平衡，即寻求环境平衡、生态平衡以及环境与生态之间的平衡。他指出："人与自然界的交互作用中要保持环境的平衡，自然界内部的交互作用则保持生态平衡。人与自然之间的环境平衡，是人类得以生存、繁衍，经济和社会得以持续发展的条件。自然界内部的生态平衡，是自然界得以生生不息的条件，它作为环境问题的自然界的一方，也是人类得以生存、繁衍，经济和社会得以持续发展的条件。"两种平衡比较起来，各有其特点。自然界内部的平衡，如果没有人类活动的介入，它会自我调节，即令发生大变故也会自我演变达成新的生态平衡；"人与自然界之间的环境平衡则往往不是这样，这种平衡被打破以后，如果人们不加以治理，甚至反而继续破坏这种平衡，环境平衡就不能恢复。"不仅如此，人与自然的环境平衡被破坏后，还会进一步破坏自然界内部的生态平衡，甚至使自然界原本可以自我修复的生态平衡无法得到恢复。"当人与自然界的环境平衡遭到严重破坏从而导致自然界内部的生态平衡遭到破坏达到一定程度，如果人类继续破坏其与自然界的平衡，自然界内部的生态平衡就难以恢复，甚至不能恢复。"与此同时，"自然界内部的生态平衡遭到破坏，必然会进一步加剧人与自然界的环境平衡的破坏"。这样就势必形成环境平衡破坏与生态平衡破坏之间的恶性循环。"这样人类就得自食其恶果了，人类的生存和繁衍就遇到困难了，甚至难以为继了。"②

总之，他通过对环境与生态两个概念的区分、两种基本交互作用的阐释和两种平衡关系的考察，实际上向人们最终揭示了保护生态、保护环境、治理环境的必要性、重要性与紧迫性，不仅具有理论上的开创意义，而且具有现实中的指导意义。

---

① 董辅礽. 应提倡可持续的消费方式［A］. 董辅礽. 中国经济纵横谈［C］. 北京：经济科学出版社，1996：223.

② 董辅礽. 环境对中国经济发展的制约［A］. 董辅礽. 中国经济纵横谈［C］. 北京：经济科学出版社，1996：223，224.

（四）探讨中西部经济发展的"超越梯度理论"

"超越梯度理论"是袁钢明在介评董辅礽的中西部发展理论时所做的概括。[①] 董辅礽在并不否定梯度发展理论的基础上，分析了其不合理之处，从而提出了超越梯度理论的见解与主张。

董辅礽对梯度发展理论以及中国改革开放初期推行的向东部沿海地区倾斜的梯度开发政策并不全然否定。他明确表示："'梯度发展理论'有其合理之处。"[②] 原因在于：中国3个地带的经济发展水平原本就存在着差异，呈东、中、西部递减的比较优势，为了争抢发展时间，客观上会使政策制定者将有限的资源更多地首先投入东部，然后是中部、西部，因为这样投资的效益较好。同时，东部沿海地区率先发展起来以后，3个地带相互间的比较优势也会变化，从而改变资源的投向，使经济的发展态势由东部到中部再到西部逐步推移，从而发挥东部率先发展对于中西部发展的带动、推进作用。这就是说，基于比较优势原理和效益优先原则，将有限资源首先用于东部培育"增长极"从而逐步推移带动中西部地区经济的发展，无论从理论上看还是政策上讲都具有合理性。

但是，他又明确指出："'梯度发展理论'也有其不合理之处。"[③] 原因在于：

首先，它忽略了中国开放态势的变化，"没有考虑到中国的开放由单方向的向东向南开放发展为全方位开放"[④]。"冷战"结束后中国与周边国家着力发展睦邻友好关系，一些边远地区实际上已成为对外开放的前沿，中部地区也因交通、通信设施的改善而加快了对外开放的步伐。

其次，它忽略了中国区域比较优势格局的变化，因为进入20世纪90年代以后，开放态势的变化已"改变了原有的东、中、西部的比较优势的格局"[⑤]。由于东部地区地价、房价上涨，工资上升，资源短缺；而中部和西部基础设施和投资环境改善，市场容量扩大，以及沿海地区的某些优惠政策扩大到中、西部的某些地区，因而致使东部的比较优势开始减弱，中部、西部的比较优势逐渐增强。比较优势格局变化的结果，导致出现了与梯度理论描述不相吻合的区域发展态势，以及与政策倾向不相一致

① 袁钢明. 超越梯度理论 力倡加快发展——董辅礽关于中西部地区发展理论与政策的研究 [A]. 董辅礽经济科学奖励基金会编. 追求彻底的理论创新：董辅礽经济思想评述 [C]. 北京：经济科学出版社，1997：225.

② 董辅礽. 评"梯度发展理论" [A]. 董辅礽. 改革与发展——论大转变中的中国经济 [C]. 香港：中华工商联合出版社；华南经济新闻出版有限公司，1995：224.

③④⑤ 董辅礽. 评"梯度发展理论" [A]. 董辅礽. 改革与发展——论大转变中的中国经济 [C]. 香港：中华工商联合出版社；华南经济新闻出版有限公司，1995：225.

的资源逆向流动。

最后，它忽略了中国倾斜政策导致区域经济发展水平差距扩大的现实，"由于原有的经济基础、对外交往的地理条件以及政府政策的倾斜，使得东、中、西部的经济发展水平的差距扩大，特别是在东部西部之间的差距更加突出"①。经济发展水平差距的扩大不仅会带来严重的社会问题，而且还会直接影响和制约东部乃至全国经济的发展。因为中国的自然资源大部分在中、西部，东部经济的发展需要得到中、西部在自然资源、劳动力资源和市场等方面的支撑；如果中西部资源产业和购买力市场发展不起来，必然会影响甚至损害东部乃至全国的经济发展。

基于以上分析，他提出了突破或超越梯度发展理论的见解和主张。从理论上讲，在他看来必须突破或超越梯度发展理论的思维定势，认识到"'梯度发展理论'不应成为东、中、西部发展次序的刻板的公式"。从实践上讲，在他看来必须突破或超越所谓改革开放政策要保持稳定、不能倒退的僵化认识，对东部倾斜发展政策适时做出必要的调整。他特别强调联系时代发展背景来评判和认识区域发展政策，认为倾斜发展政策产生效率是有时间条件的，并非总是有效。在中国开放态势、区域比较优势格局和现实发展需要已经发生变化的时间条件下，"在中、西部的局部地区有可能突破东部—中部—西部的发展次序而加快发展，提前发展"。因此，他肯定和支持当时中西部人士提出的"跳跃式发展理论"，认为"'跳跃式发展理论'也有其可取之处"。主张中西部地区提前加快发展，包括"加快中、西部的基础设施建设（尤其是交通与通信的建设）、人才培养，造就良好的投资环境，并在一些有条件的地点造就一些'发展极'"②。这就是他的"超越梯度理论"，它实际上是一个在中国时代背景发生变化的条件下，适应中西部加快发展需要从而促进整个中国经济快速发展的经济发展理论。

（五）解决经济与社会协调发展中的贫困与就业问题的创见

他在考察国外经济发展经验时发现，许多国家，包括发达国家和发展中国家，都曾发生过这种情况，即经济发展了，各种社会问题却并未随之自然地得到解决，有些反而越来越尖锐；而各种社会问题不解决，又会反过来约束经济的进一步发展。他提

---

① 董辅礽. 评"梯度发展理论"［A］. 董辅礽. 改革与发展——论大转变中的中国经济［C］. 香港：中华工商联合出版社；华南经济新闻出版有限公司，1995：223.

② 董辅礽. 评"梯度发展理论"［A］. 董辅礽. 改革与发展——论大转变中的中国经济［C］. 香港：中华工商联合出版社；华南经济新闻出版有限公司，1995：225.

醒人们：对于正在致力于经济发展的发展中国家来说，这是必须记取的。他认为，中国也不例外，为使经济与社会协调发展，必须处理好诸如人口、贫困和收入差距扩大、失业、环境保护等问题。他对这些问题均进行了深入探讨，尤其值得总结和称道的是他在贫困与失业问题上所发表的创新见解。

1. 提出从 3 个层面界定和消除贫困

首先，他阐述了贫困现象存在的必然性。他指出："经济增长固然是减少和消灭贫困的基础，但经济增长并不会自然而然地消灭贫困。即使在经济发达的国家如美国，由于种种原因，也存在着贫困问题，有一批人的基本生活需要没有保障。对于发展中国家来说，情况更是如此。"① 这种情况并不像有的发展经济学家提出的"滴下理论"（trickle-down theory）所说的那样，经济的增长会产生"涓滴效应"，惠及社会各阶层，包括最贫穷的阶层。除去一部分人由于懒惰等原因陷于贫困以外，社会中总会有一部分脆弱者如残疾人、智力低下者、病人、孤寡老人、孤儿、单亲家庭等无力参与竞争，无法获得必要的生存资料。因而，在他看来，无论是发达国家还是发展中国家，贫困的存在都是一种必然的现象。

其次，他结合中国的情况从 3 个层面对"贫困"进行了界定。他指出，对贫困的界定并非易事，"因为它是一个动态的、比较的概念"。在不同的国家，由于经济和社会的发展水平不同，贫困的概念也不相同。就中国的情况来说，他认为可以从生理需要、精神需要、社会需要这 3 个层面来对"贫困"加以界定。生理需要方面的贫困有两个层级的考量标准：一个是"人们要生存必须要有维持生存所需要的最低数量的食品、饮水、衣着、住房，以及生产性资源。低于这个标准就是绝对贫困"；另一个是"人们要求能健康地生存，为此必须有足够的营养、安全的饮水、温暖的衣着、适宜居住的住房、必不可少的医疗保健，以及较多的生产性资料。低于这个标准也是贫困"。中国的情况如何呢？"对中国来说，当前提出的消除贫困，仍属于维持生存所必需的不可更低的生理需要。也就是说，当前仍需消减绝对贫困。"精神需要是随着经济和社会的发展而产生的需要，他指出，在贫困的概念中也应包括人的某些精神方面的需要不能满足的内容，如教育水平、就业的技能、参与文化活动、观看电影等，以后还应包括定期休假等。"在中国当今要消灭的贫困中显然就并没有包括精神需要方面的内容。"社会需要是指人们参与各种社会生活，如参与社会交往和公共事务、获得必要的法律服务和其他社会服务等方面的需要。他认为，只有保障能参与这些社会

---

① 董辅礽. 关于经济与社会的协调发展［A］. 董辅礽. 中国经济纵横谈［C］. 北京：经济科学出版社，1996：18 – 19.

活动，才不致被排除在经济和社会发展进程之外，才能享有经济和社会发展的成果，对于那些脆弱的群体如残疾人、老年人等，满足这种社会需要尤其重要。当属于生理方面的需要和精神方面的需要的贫困得到解决时，满足社会方面的需要也就越来越迫切。"当然把社会方面的需要的不能满足状况列为贫困的内容，应在经济和社会的发展达到较高程度以后。"① 而且，这方面的贫困标准也很难量化。

最后，他提出了消除贫困的对策。他指出，改革开放以来中国承认存在贫困问题，这是一个很大的进步。消灭贫困是一项很艰巨的任务，"绝非一段时间的任务，随着经济和社会的发展，不仅贫困的标准在提高，而且贫困的内含也在扩大，因此，消灭了这一标准和这一内含的贫困，又会产生消灭另一更高标准和更广内含的贫困的任务"。"由于中国的经济和社会发展水平低，贫困的标准仍是很低的，贫困的内容也是很窄的。对此应有足够的认识，否则会低估对于消灭贫困的艰巨性的认识。"②

至于消除贫困的具体办法，他首先分析了以往通常采用的救济和贷款投资。他认为，救济的作用有限，不能从根本上解决问题；贷款投资是一种积极的扶贫途径，实施得好可以从根本上解决贫困问题，但它会受到贫困地区是否有可供开发的自然资源、旅游资源以及能否取得必要的投资回报等条件的限制。上述两种途径对于自然条件恶劣、缺少人类生存起码条件和资源的地区都是不可行的，因而对这类地区的贫困人口来说，只能采取第三种办法，即异地扶贫。就是将他们迁移到其他地区，以解决其贫困问题。这是一种新的扶贫途径，呈现出新的特点：它把扶贫与市场机制结合起来，适应市场优化资源配置的导向；它把扶贫与城镇化结合起来，适应农村剩余劳动力逐渐转为城市人口的城市化进程。他对这种办法较为赞赏；但他指出，这种办法要取得成功还需要解决许多实际问题，而且，其他办法也不能放弃，必须多途并用方可见效。③

2. 主张从 5 个方面入手解决失业问题

经济增长无疑会提供更多的就业机会，但并非总能减少失业，有时甚至会产生新的失业。即使在发达国家，失业也是一个令人头疼的问题。经济增长中存在失业的状况是不容回避的，董辅礽一直不同意那种把"失业"说成"待业"的文字游戏，明确指出改革开放前即存在大量隐性失业，当前④更为严峻。

---

① 董辅礽. 怎样理解贫困 [A]. 董辅礽. 中国经济纵横谈 [C]. 北京：经济科学出版社，1996：39 – 42.
② 董辅礽. 怎样理解贫困 [A]. 董辅礽. 中国经济纵横谈 [C]. 北京：经济科学出版社，1996：43.
③ 参见董辅礽. 中国扶贫的多种途径 [A]. 董辅礽. 中国经济纵横谈 [C]. 北京：经济科学出版社，1996：44 – 47.
④ 这里所称"当前"，指作者撰文时所处的 20 世纪 90 年代。

中国之所以出现严峻的失业问题，他认为这是多种因素造成的：

第一，发展的因素。他指出，作为发展中国家，中国经济在由不发达状态向发达状态转变的过程中，必然出现农业人口向工业和城市转移的过程，产生大量的农村剩余劳动力，造成巨大的就业压力；加之中国人口基数大，农业人口中原本就存在大量潜在的就业不充分情况，人口政策又发生过失误，使就业问题变得更为严重；再就是地区发展的不平衡，导致大批中西部欠发达地区的劳动力较为集中地流向东南沿海城市，引起那里发生新的就业问题。

第二，经济体制的因素。他指出，在计划经济时期，依靠牺牲劳动生产率和实行低工资，以及不允许劳动力自由流动来解决就业问题，造成一种不存在失业的假象，实际上不仅在农村而且在城市都存在大量的隐性失业。一旦向市场经济体制转换，城市中的企业迫于竞争的压力，就会裁减冗员，致使大量职工下岗、失业；一些经不住市场竞争考验的企业就会减产、停产甚至破产，也必然引发失业；加之劳动力市场不发达，就业信息不畅通，劳动力流动遇到种种壁垒等，会使劳动力供需脱节。农村实行家庭联产承包责任制释放出大量剩余农业劳动力，也是经济体制转换导致的结果。

第三，经济结构的因素。计划经济时期留下许多经济结构中的突出问题，如第二产业比重突出地高，第三产业比重突出地低；第二产业中资本密集型重工业比重不恰当地高，轻工业特别是劳动密集型轻工业比重不恰当地低；落后技术的比重突出地高，先进技术的比重突出地低；低质量产品的比重突出地高，高质量产品的比重突出地低，还有军工企业比重过高等。改变这种结构，必定会产生失业。还有一些行业如纺织、家电行业生产能力大量过剩，在被迫调整中也会造成失业。

第四，经济周期的因素。就业状况在经济周期性变化的不同阶段各不相同，大量失业通常发生在经济下行阶段。当需求增长减缓、经济增速放慢时，新的就业机会就会减少，甚至会使一些原已就业的职工失业。

第五，政策因素。许多政策如技术政策、人口政策、货币政策、财政政策等，都会影响就业。非公有制经济发展本可增加就业，但有些地方政策上不鼓励非公有制经济的发展，结果造成就业门路狭窄，出现较多失业人口。

他认为，上述5种因素对就业的影响不尽相同。经济发展是长期因素，经济体制和经济结构是中期因素，经济周期是短期因素，政策则既可以是长期、中期因素，也可以是短期因素。影响中国就业状况因素的多样性，决定了解决中国失业问题必须采取相应的不同办法。

就经济发展因素来说，为解决在二元结构转换中所引发的失业问题，根本的办法就是要持续地加快发展国民经济和其他各项事业。如加快小城镇建设，发展城镇中的工业和其他产业，发展农村非农产业，以便吸收从农业中释放出来的大量剩余劳动力；加快中西部地区的发展，以便更多地就地解决那里剩余劳动力的就业问题。

就经济体制因素来说，需要加快向市场经济体制的转轨，促进统一完善的市场的建立；加快建立失业保险和最低收入制度；发展和完善劳动力市场，沟通劳动力供需信息，帮助失业者就业。

就经济结构因素来说，要防止盲目投资和重复投资导致结构不当，由此而导致必须进行结构调整而带来的失业；要促进第三产业更快地发展，以便增加更多的就业机会；要重视对失业者进行就业再培训，以便他们掌握再就业所需的新知识和技能；还要改变就业观念，让他们能够接受有些城市居民不愿承担的工作等。

就经济周期因素来说，应该运用财政政策、货币政策以及其他手段对市场的运行进行调节，以减轻经济的周期波动。

就政策因素来说，鉴于中国就业压力很大，许多政策的制定和实施，都应当考虑是否有利于增加就业。①

总之，他注重从中国的实际出发，既从理论高度进行深入分析，又从实操角度提出具体对策，体现了他作为经济学大师经世致用、求真务实的治学精神与学术风范。

第二节
李京文的相关学术成就与贡献

李京文在珞珈经济学"学派"创建核心理论方面也进行过较多相关的研究，他在这方面所取得的学术成就不仅相当突出，而且颇具特色。如果说改革开放后董辅礽主要是采用定性分析方法对中国经济发展问题进行了深入研究的话，那么，李京文则主要是采用技术经济和定量分析方法对中国经济发展问题进行详细考察，为发扬光大珞珈先贤学者的学术思想和拓展深化学派创建核心理论探讨做出了重要贡献，因而他也是珞珈老一辈校友学者中的一位重要的学派创建代表人物。

---

① 上述相关内容，参见董辅礽. 简论当前的失业问题［A］. 董辅礽. 市场经济漫笔［C］. 南宁：广西人民出版社，1999：80 - 84.

一、主要学术成就

李京文（1932～2021 年），广西陆川人。1951 年考入武汉大学经济学系，1955 年毕业；其间，于 1953 年经选派到苏联留学，就读于莫斯科普列汉诺夫国民经济学院和莫斯科国立经济学院，1958 年获经济学硕士学位后回国。1985 年任中国社会科学院数量经济与技术经济研究所所长，1999 年任北京工业大学经济与管理学院院长。中国工程院院士、中国社会科学院学部委员及学部主席团原成员、俄罗斯科学院外籍院士、俄罗斯人文科学院院士、国际欧亚科学院院士、世界生产力科学学院院士。第八届全国人大代表，第七、九届全国政协委员，全国政协经济委员会委员，兼任全国博士后管理委员会经济组召集人、国家软科学研究工作指导委员会委员、国家社会科学基金应用经济评审组副组长、国家中长期科学和技术发展规划总体战略专家组成员；国家有特殊贡献专家、国家级有突出贡献的中青年专家；科技部高新技术开发区专家咨询组成员、北京市政府专家顾问团顾问。曾入选"影响新中国 60 年经济建设的 100 位经济学家"，2003 年被评为武汉大学第三届杰出校友。

李京文长期从事技术经济理论与方法、工程管理理论与方法、数量经济理论与方法等方面的研究工作。一生著述颇丰，出版各类著作 60 多部。其中，独著 8 部，第一作者合著 17 部，主编 17 部，第一主编 14 部，参与主编 5 部，还有一些副主编和参编的著作等。另编有《李京文文集》；发表论文 300 余篇，内部政策报告 100 多篇。从研究主题上看，他公开出版的研究成果主要涉及以下 7 个方面的内容。

（1）技术经济与科技进步问题研究，如《技术经济理论与方法》（独著，1987）、《科技富国论》（独著，1995）、《人类文明的原动力：科技进步与经济发展》（独著，1997）、《技术进步与产业结构》（全 4 册，分别为"概论""分析""模型""选择"；第一主编，1988～1989）、《技术经济手册（理论方法卷）》（第一作者合著，1990）、《国际技术经济比较》（第一主编，1990）、《走向国际市场：国际高技术市场与中国对外高技术交流》（第一作者合著，1997）、《科技进步与中国现代化》（主编，1998）等。

（2）数量经济学及其应用研究，如《数量经济学的新发展》（第一主编，1991）、《生产率与中美日经济增长研究》（第一作者合著，1993）、《中国生产率分析前沿》（第一主编，1998）、《现代人力资源经济分析——理论·模型·应用》（第一作者合著，1997）等。

（3）中国经济发展预测、展望与战略选择研究，如《快速发展中的中国经济：热点·对策·展望》（独著，1996）、《当代中国经济热点分析与展望》（独著，1999）、《走向 21 世纪的中国经济》（主编，1995）、《21 世纪中国经济大趋势》（主编，1998）、《2000 年中国经济全景》（主编，1999）、《中国经济前景：2001》（主编，2000）、《中国经济："十五"预测与 21 世纪展望》（第一作者合著，2001）、《21 世纪的中国经济发展战略》（第一作者合著，2002）等。

（4）区域经济发展研究，如《中国区域经济教程》（主编，2000）、《北京市经济增长与结构优化研究（1996－2010 年）》（主编，1996）、《北京经济社会重大问题研究报告（2006－2007）》（第一作者合著，2008）、《北京现代制造业发展研究基地报告：2015》（第一作者合著，2016）、《京津冀现代制造业发展研究报告：2014》（第一作者合著，2015）、《面向两岸三通加速经济发展》（主编，1993）、《南宁市 1998－2020 年经济发展战略研究》（第一主编，1998）、《广州城市经济与城市经营战略》（第一主编，2005）、《柳州市阳和工业新区发展战略研究》（主编，2008）等。

（5）产业发展研究，如《建材工业技术经济问题研究》（主编，1985）、《中国交通运输要览》（主编，1989）、《电力与发展》（第一主编，1996）、《铁道与发展》（主编，2000）、《文化力与文化产业》（第一作者合著，2007）、《北京制造业发展史》（主编，2012）等。

（6）知识经济研究，如《知识经济：21 世纪的新经济形态》（独著，1998）、《迎接知识经济新时代》（独著，1999）、《知识经济概论》（主编，1999）、《知识经济与决策科学》（第一作者合著，2002）等。

（7）重大工程项目评估与管理研究，如《跨世纪重大工程技术经济论证》（第一作者合著，1997）、《高速磁浮交通系统在长大干线的适用性研究》（第一作者合著，2014）、《水利工程管理发展战略》（第一作者合著，2016）等。

《生产力研究》杂志将其主要学术贡献概括为 6 个方面[①]：（1）中国技术经济学的奠基人之一；（2）对中国工程论证、规划与决策理论的奠定和制度的建立做出了开拓性贡献；（3）中国开展经济预测的创始人之一；（4）中国数量经济、生产率研究的创始人之一；（5）主持了三峡工程、南水北调、京沪高速铁路、磁悬浮等多项国家重大工程技术经济论证；（6）从 1991 年起主持总理基金项目"中国经济形势分析与预测"。

曾获多项重大奖励，包括国家科技进步奖一等奖 2 项、二等奖 3 项、三等奖 1 项；

---

① 参见佚名. 李京文先生学术档案 [J]. 生产力研究，2004（11）：1.

部委级科技进步奖一等奖 3 项；北京市社会科学优秀成果一等奖 1 项；孙冶方经济科学论文奖 2 项；中国社会科学院优秀成果奖多项；并获中国技术经济学会技术经济奖"终身成就奖"。

在参政议政方面也有突出贡献。为了落实邓小平关于科学技术是第一生产力的重要指示，1989 年在国家科学技术委员会（简称"国家科委"）召开的会议上建议中央在"四项原则是立国之本，改革开放是强国之路"的表述后面，加上"科技进步是富国之源"；1990 年 5 月，江泽民总书记在科学家座谈会上的讲话中，采用了这一观点。2007 年 12 月"关于大力开展'节能减污'的建议"，胡锦涛、温家宝、回良玉做出批示。温家宝指出：京文同志的意见很好，农业和农村节能减排工作应予高度重视，并纳入节能减排总体规划予以加强。

二、为中国经济发展研究建构新的理论支撑

从珞珈经济学"学派"创建视角考察，李京文的最大贡献是为该学派创建核心理论的深入发展进行了新理论支撑的创新性探索，即为中国经济发展问题的深入研究建构起了新的理论支撑，具体表现为他为中国的技术经济学和数量经济学所做的奠基性和开创性的贡献。

（一）建构新理论支撑的缘起与过程

作为独立形成的学科，"数量经济学和技术经济学都是中国首创的新兴学科"[1]。这两门学科产生的缘起，从根本上讲，就是为了适应中国经济迅速发展以及对中国经济发展中的问题进行深入研究的需要。20 世纪 50 年代的社会主义建设高潮中，中国曾从苏联引入 156 项重点工程[2]；为确保这些工程项目在技术上的先进性和经济上的合理性，中国在引入这些重点工程项目的同时也从苏联引入了"技术经济论证"方法。在西方，对技术经济和数量经济的研究起步较早，美国、英国、日本等工业发达国家在 20 世纪三四十年代即开始对技术方案进行经济、财务方面的计算和评估，对基本建设项目进行可行性研究和价值分析等，由此而产生了技术经济分析相关理论与

---

① 李京文. 科技富国论［M］. 北京：社会科学文献出版社，1995：89.
② 参见陈夕. 中国共产党与 156 项工程［M］. 北京：中共党史出版社，2015：3 – 13.

方法。50 年代中期，波兰经济学家奥斯卡·理沙德·兰格（Oskar Ryszard Lange）和苏联经济学家涅姆钦诺夫（B. V. Немчинов）等发起现代经济数学的研究，形成一批以"经济数学方法"命名的标志性成果。就是说，在西方和苏联虽然没有形成以"技术经济学"和"数量经济学"命名的学科，但却已产生丰富的技术经济与数量经济的理论与方法。中国的技术经济学和数量经济学就是借鉴和吸收西方和苏联的相关理论与方法，适应中国经济发展和现代化建设的需要而产生的。

中国的技术经济与数量经济的研究工作，据李京文回忆：始于 20 世纪 50 年代，"一五"时期基础建设和生产管理中开展技术经济分析，并在经济研究中引入数学方法；60 年代初，在总结中国经济建设经验教训的基础上，以著名经济学家孙冶方、于光远等为代表的中国经济学家提出要十分重视经济效果问题，倡议开展技术经济和投入产出法等经济数学方法的研究；"文化大革命"中这一研究过程被迫中断，直到改革开放后重新恢复这方面的研究工作。[①]

在上述背景下，1978 年 11 月召开全国技术经济与管理现代化科学规划会议，并成立了中国技术经济研究会；1980 年 1 月国务院批准在中国社会科学院成立技术经济研究所；1981 年国务院成立技术经济研究中心；1982 年中国社会科学院在原技术经济研究所的基础上合并组建成立数量经济与技术经济研究所。据张守一回忆：1979 年 3 月在中国技术经济研究会第一次学术研究会上，相关学者共同商定了"数量经济学"这个名称[②]，并成立中国数量经济学会。另据李京文回忆：1980 年 6 月，诺贝尔经济学奖获得者、美国宾夕法尼亚大学劳伦斯·克莱因（Lawrence Robert Klein）曾带领一个由美国 7 位教授组成的专家组，在北京颐和园举办了为期 7 周的"经济计量学讲习班"。[③] 这一时期，培养和形成了一大批中国数量经济学的研究者。随后各地各部门相继成立与技术经济学和数量经济学相关的研究会、研究所或中心，许多院校设立了相关的专业、教研室等。伴随着这一过程的推进，技术经济学和数量经济学在中国迅速发展起来。李京文自 20 世纪 50 年代开始，就一直参与这一过程之中，是这两门学科创建和发展的直接参与者、推动者和见证者。

（二）建构新理论支撑中的主要创见

在参与和推动技术经济学和数量经济学的创建与发展过程中，李京文对这两门学

---

① 参见李京文. 前言 [A]. 李京文. 科技富国论 [C]. 北京：社会科学文献出版社，1995：1.

② 张守一. 数量经济学概论 [M]. 沈阳：辽宁人民出版社，1985：3.

③ 编者. 编者的话 [A]. 李京文，张守一. 数量经济学的新发展 [C]. 北京：社会科学文献出版社，1991：1.

科的基本内容发表过一些自己独到的创新性见解。

例如，对两门学科属性的认识，他指出："它们是研究经济运行过程中的数量关系及其规律性、技术与经济的关系及其最佳结合的理论与方法的边缘科学，也是社会科学与自然科学、经济科学与数学和技术科学的交叉学科。"①

再如，对两门学科产生的必要性与必然性的认识，他指出："它们的诞生是社会生产力空前提高、社会生产关系日益复杂的客观要求，是科学技术飞速发展并日益向综合化、高度化发展，以及科学技术转化为生产力的速度不断加快的必然结果。"②

又如，对两门学科理论意义与现实价值的认识，他指出："技术经济学与数量经济学两门学科作为以方法论见长的应用学科，不仅为经济学发展和经济建设作出了巨大贡献，也对管理学、社会学等其他学科发展提供了方法论支持。"③

这些概括和表述，既简明扼要、甚为清晰，又深刻透彻、颇有见地。

两门学科之中，李京文对技术经济学有更为系统的研究。他于 1987 年出版《技术经济理论与方法》④。该书分为 3 个部分，分别介绍了技术经济学的对象、内容、方法等基本原理以及技术经济分析的标准、原则和指标体系；固定资产投资的技术经济分析，特别是基础建设工程项目的可行性研究和经济评价；工业生产的技术经济分析，包括生产专业化协作、标准化的技术经济分析，价值工程在工业生产中的应用及决策方法等。1990 年又出版《技术经济手册（理论方法卷）》⑤（与郑友敬合作编著）。该书分为导论、理论、方法、评价、应用、部门、资料共 7 篇。被誉为"我国第一次公开出版的大型的技术经济理论方法工具书"⑥；是"为建设统一、权威的学科理论方法体系而努力"⑦ 的成果。此外，还发表许多相关论文，提出了不少颇具特色并产生较大影响的创见。

例如，对于技术经济学研究对象的认识，学术界存在不同的意见，李京文将之归纳为 4 种看法：（1）研究各种技术方案、技术政策、技术措施的经济效果，对其进行分析评价，他将这种观点简称为"效果论"；（2）研究技术与经济两种因素的内在联系，使之最佳结合，他简称为"因素论"；（3）研究技术与经济的关系及其矛盾统一

①②　李京文. 科技富国论［M］. 北京：社会科学文献出版社，1995：89.

③　李京文. 新时期数量经济学与技术经济学任重而道远［N］. 中国社会科学报，2010 - 01 - 14（011）.

④　李京文. 技术经济理论与方法［M］. 成都：四川科学技术出版社，1987.

⑤　李京文，郑友敬编著. 技术经济手册（理论方法卷）［M］. 北京：中国科学技术出版社，1990.

⑥　纪经正. 技术经济手册（理论方法卷）简介［J］. 中国软科学，1990（01）：62 - 63.

⑦　京原. 为建设统一、权威的学科理论方法体系而努力——评《技术经济手册（理论方法卷）》［J］. 技术经济，1991（02）：62 - 63，65.

规律，并求得最佳的结合，他简称为"关系论"；（4）研究经济效果的生产和分配，他简称为"生产分配论"。李京文认为，这几种看法各有其道理，从内容上看，它们实际上是相互联系的。① 他比较赞同的是"关系"与"效果"的结合说，他的界定是："它研究的是在一定社会条件下技术与经济的关系、技术与经济的矛盾与统一，并在此基础上寻求技术与经济的最佳结合，使技术的应用取得最佳的经济效果。"②

再如，对于技术经济学理论来源的认识，李京文做了开创性的概括并进行了较为详细的阐述，将之概括为："马克思主义政治经济学、特别是它的剩余价值理论和扩大再生产理论"；"西方经济学有关价值、效益、费用等方面的理论"；"历代科学家关于科学技术发展及其作用的理论"。③

又如，对于技术经济学研究任务的认识，李京文认为是"以马克思主义政治经济学的基本原理为指导，密切结合我国社会主义建设的具体情况，吸收世界各国有关学科研究成果的有用成分，建设我国的社会主义技术经济学，更好地为提高经济效益，为我国四化建设服务"④。

在李京文的思想上，他是较为明确地将技术经济学和数量经济学这两门学科的创建和发展，视作为中国经济发展问题的深入研究来建构新的理论支撑的。他指出，这两个学科的创建和发展是与孙冶方的大力提倡和支持分不开的，"因此，我们今后一定要继续学习孙冶方同志的开拓精神和扎实学风，努力把这两个新兴学科建设好，为社会主义现代化建设做出更大贡献"⑤。他在阐述这两门学科的历史责任时表达得更为具体，指出："数量经济学与技术经济学两个学科背负着重要的历史责任"，因为"解决我国经济增长与资源环境的矛盾，转变经济发展方式，发展循环经济、低碳经济、绿色经济、生态经济，都需要中国建立新的技术经济范式，需要技术经济学和数量经济学提供综合的技术经济解决方案；中国要从世界制造中心向世界技术创新中心转变，需要技术经济学研究新的创新路径，加速我国自主创新速度；在发展新能源、应对气候变暖的进程中，需要不断进行定量的技术经济分析与论证"。⑥ 就是说，根本的目的就是解决中国经济发展中的实际问题，为对中国经济发展中面临的各种问题进行深入研究提供技术经济解决方案与技术经济分析工具。

---

① 参见李京文. 技术经济学的过去、现在和未来［J］. 数量经济技术经济研究，1987（01）：7-13.
② 李京文. 技术经济理论与方法［M］. 成都：四川科学技术出版社，1986：1.
③ 李京文. 科技富国论［M］. 北京：社会科学文献出版社，1995：94，95，97.
④ 李京文. 技术经济理论与方法［M］. 成都：四川科学技术出版社，1986：18.
⑤ 李京文. 科技富国论［M］. 北京：社会科学文献出版社，1995：88.
⑥ 李京文. 新时期数量经济学与技术经济学任重而道远［N］. 中国社会科学报，2010-01-14（011）.

（三）对新理论支撑形成的影响与贡献

追溯起来，中国的技术经济学和数量经济学这两门学科，发源地在中国社会科学院，发起人是著名经济学家孙冶方和于光远，所以它们的孕育和产生一开始就具备高起点、高层次、权威性的特征。李京文在中国社会科学院就职期间，正值这两门学科形成、发展较为活跃的时期。他被任命为经济学科片领导小组组长，并兼任数量经济与技术经济研究所所长，主抓技术经济学，实际上即担负起该学科创建的领导职责，也可以说居于该学科研究中心的权威地位。中国技术经济研究会①成立后，他任副总干事长，后为顾问，是学术核心圈的重要成员。他与中国数量经济学会保持密切联系，曾出席该学会第三届年会并致开幕词，后为该学会顾问。也就是说，在这两门学科形成和发展过程中，他既居于学科研究中心的权威地位，又处于学术核心圈的顶级层面。

李京文大学本科在武汉大学所学的是经济学，在莫斯科国立经济学院所攻读的是物资技术经济系的硕士学位，具备经济学和技术经济学方面的专业知识储备与学术素养优势；到中国社会科学院之前在国家建材局政策研究室工作时即已开始技术经济学方面的研究工作，并撰有《关于技术经济学的几个问题》的论文，系统地阐述了技术经济学的研究对象及其任务，技术经济学的研究范围、内容和方法，技术经济学的性质和发展概况，技术经济学的特点及其与其他学科的关系，加强技术经济工作的重大意义等。该文收录于他主编出版的《建材工业技术经济问题研究》② 一书中。也就是说，他很早就开始了技术经济学的开创性研究与学科创建工作。到中国社会科学院数量经济与技术经济研究所后，他更是主持技术经济学的学科建设与学术研究工作，逐渐成为技术经济学与数量经济学学科领域的顶级学者。

作为技术经济学和数量经济学学科领域居于学科研究中心和学术核心圈的顶级学者，他不辱使命，为这两门学科的创建和发展做出了奠基性和开创性的贡献，概括地讲，他的贡献主要体现在如下三个层面作用的发挥上：

（1）个人作用的发挥。指他个人积极投身于这两门学科的研究与探讨，发表了大量相关成果，前述他的科研成果基本上都与这两门学科，尤其与技术经济学有关，亦即基本上都是对这两门学科，尤其是技术经济学的理论研究与应用探索。不仅如此，他还为这两门学科培养了大批中青年优秀人才，包括他指导培养的研究生，以及当时

①　该研究会于 2011 年更名为"中国技术经济学会"。
②　李京文 . 关于技术经济学的几个问题［A］. 李京文 . 建材工业技术经济问题研究［C］. 成都：四川科学技术出版社，1985（该文署名：李京文，落款为本文作者工作单位：国家建材局政策研究室）.

从事技术经济与数量经济研究工作，尤其是在中国社会科学院数量经济与技术经济研究所从事这方面研究工作的一批中青年研究人员。通过大量科研成果的发表和大批优秀人才的培养，为这两门学科，尤其为技术经济学的创建和发展做出了奠基性和开创性的贡献。

（2）组织作用的发挥。指他在中国社会科学院数量经济与技术经济研究所担任所长及其后在北京工业大学经济与管理学院担任院长期间，组织承担了大量国家级、省部级与这两门学科研究领域相关的课题研究、项目论证，在此过程中为这两门学科，尤其为技术经济学的创建和发展做出了奠基性和开创性的贡献。

（3）学会作用的发挥。指他在技术经济研究会和数量经济学会中发挥的积极作用。如他在 1985 年召开的全国技术经济理论方法体系学术研讨会上，做了题为"技术经济学的过去、现在和未来"的开幕式演讲，对中国技术经济学发展状况进行了估计，对当时技术经济学学科建设面临的形势进行了分析，提出了加强技术经济学学科建设的 5 点意见。[1] 1988 年在中国技术经济研究会成立 10 周年学术会议上又做了同一主题的开幕词演讲，嗣后在《技术经济》发文，总结了技术经济学研究会成立头 10 年的成绩、不足，并分析了学会担负的历史使命，指明了未来的发展方向。[2] 他在学会中颇有威望，通过在学会中发挥积极作用，促进了学会工作的展开，对学科的建设与发展发挥了重要的引领和指导作用。

三、新理论支撑下的中国经济增长、经济发展研究

在为新理论支撑做出奠基性和开创性贡献的同时，他还理论联系实际，运用这种新的理论支撑，即采用技术经济学和数量经济学的理论与方法，对中国的经济增长、经济发展进行深入的探讨与研究。具体来说，他的这种探讨与研究主要体现在以下 4 个方面。

（一）提出科技富国理论并定量分析科技进步对经济增长的贡献

20 世纪 80 年代，响应邓小平提出的"科学技术是第一生产力"的重要论断，李

---

[1]　参见李京文. 技术经济学的过去、现在和未来 [J]. 技术经济，1986（05）：5 - 11.
[2]　参见李京文. 技术经济学必须有一个新的大发展——为纪念中国技术经济研究会成立十周年而作 [J]. 技术经济，1988（06）：2 - 5.

京文系统阐述了自己提出的科技富国理论。他的这一理论，主要体现在他的《科技富国论》专著之中，其核心命题为"科技进步是富国之源"，基本主张是以科技进步强国富民，让科技在经济发展中更好地发挥第一生产力的作用。

他首先强调要在认识上摆正科技进步在财富创造中的位置，具体来说，他是联系劳动创造财富的过程来阐述科技进步在财富创造中的作用的。他指出："应该首先指出创造财富的源泉是劳动，但劳动创造财富的过程从古代社会起就离不开技术进步。"也就是说，劳动创造财富离不开技术进步的作用，需要依靠技术进步的力量，"而且随着社会的进步和技术的发展，其依靠程度越来越高"[1]。

他详细阐述了提出"科技进步是富国之源"的理由与依据，包括：（1）科技进步是现代生产力中最活跃、最重要的因素；（2）科技进步是不断增加社会财富的主要源泉；（3）科技进步是经济增长的主要因素；（4）科技进步是生产关系改善和社会变革的先导。他尤其强调科技进步对于经济增长、经济发展的重要作用。指出："科学技术是巨大的生产力。自从机器大工业出现以来，科学技术在经济发展中的作用日益增大。特别是近三四十年来科学技术的发展极为迅速，科学技术进步已成为经济增长的决定性因素。"[2] 在他看来，科技进步不仅对经济增长、经济发展作用重要，而且对于提高人类生存环境质量、防治日益严重的环境污染问题也不可或缺。因为人类在片面追求经济快速发展过程中，由于对资源的掠夺性开采乃至对技术的无节制滥用，结果在世界范围内造成严重的环境污染和生态破坏，最后还是要依靠技术进步来解决环境污染和生态破坏的问题。除此以外，他指出，科学技术现已成为国际间政治斗争、经济对垒、贸易竞争等领域的主要武器，它已渗透到人类社会一切活动之中，科学技术的水平已成为衡量国家综合实力的主要指标之一。[3]

基于这一认识，他联系中国实际，分析了中国科技进步的成绩与问题，提出了中国当代科技进步的基本思路和主攻方向，主张把科技兴国作为国策确定下来，主张将中国科技进步的重点放在科技兴农、科技兴工，以科技加快交通运输、信息和通信事业的发展，以科技推进社会发展。他认为，建立社会主义市场经济体制是促进中国科技进步的重要保证。因此，他主张在向市场经济过渡的大潮中加快中国的科技进步，并提出一系列具体的政策措施建议，包括以市场价值为主要依据，确定科技工作规划与任务；用新技术和"适用技术"改造、提高中国主要产业的技术水平和生产能力；

---

① 李京文. 科技富国论［M］. 北京：社会科学文献出版社，1995：11 – 12.

② 李京文. 科技富国论［M］. 北京：社会科学文献出版社，1995：11 – 16，52.

③ 参见李京文. 科技富国论［M］. 北京：社会科学文献出版社，1995：462 – 463.

重点突破，加快发展高新技术和高新技术产业；加快改革，建立符合科学技术发展客观规律的、与社会主义市场经济相适应的、科技与经济有机结合、相互促进的科技新体制；加强教育事业，培养人才，建立一支强大的科技队伍等。① 他还提出要在理论上重视对科技进步的研究，加强社会科学与自然科学的联合，促进软科学的迅速发展；尤其强调技术经济学必须有一个新的大发展。②

为了论证"科技进步是富国之源"的核心命题，通过理论联系实际，他进一步系统深入地逐一讨论了科技进步与经济增长、产业结构、区域发展、部门发展、对外开放、市场经济的关系，构建了一套完整的科技富国理论的结构体系与分析框架。

他提出的"科技进步是富国之源"的命题不仅被江泽民所采用，而且他的科技富国理论"对我国确立科教兴国战略起了理论铺垫作用"③。他的《科技富国论》，获中国社会科学院优秀成果奖。

值得指出的是，他在《科技富国论》中所阐述的"科技进步与产业结构"是他具有创见性的探讨。他特别看重产业结构的合理化以及技术进步在其中的作用问题，认为中国产业结构是否合理，不仅要通过总供给与总需求是否平衡来加以衡量，而且更要看这种平衡是在什么样的技术水平上实现的。他的基本主张是产业结构合理化必须建立在技术进步的基础之上。因为在他看来，不如此我们与世界发达国家的技术、经济差距就会拉大，经济发展就缺乏后劲，对外开放就将失去活力。因此，他强调必须依靠技术进步来促进产业结构的合理化，认为只有这样才能实现产业高度化。④

围绕科技进步与产业结构问题，他主持完成了多项科研课题并取得诸多影响巨大的研究成果。如他主持的课题"技术进步与产业结构研究"，其成果被当时的国家计划委员会采纳，成为制定中国改革开放后第一份产业政策的重要参考，并获国家科技进步奖二等奖；课题"国家 12 个重要领域技术政策研究"，获国家科技进步奖一等奖；论文《技术进步与产业结构问题研究》，获孙冶方经济科学论文奖等。

尤其值得重视的是，他在强调科学技术的重要意义时，对科学技术对经济增长的贡献进行了定量分析。他是在具体考察经济增长促进因素时进行这种定量分析

---

① 参见李京文. 科技富国论 [M]. 北京：社会科学文献出版社，1995：459 - 461.
② 参见李京文. 科技富国论 [M]. 北京：社会科学文献出版社，1995：76；李京文. 技术经济学必须有一个新的大发展——为纪念中国技术经济研究会成立十周年而作 [J]. 技术经济，1988 (06)：2 - 5.
③ 佚名. 李京文学术成就简介 [J]. 江汉论坛，2007 (01)：144.
④ 参见李京文. 科技富国论 [M]. 北京：社会科学文献出版社，1995：190 - 191.

的。他指出，推动经济增长的基本因素有 3 个，即资本投入、劳动投入和科技进步，这 3 个因素在推动经济增长的过程中表现出 3 种不同的类型：第一种是技术不变，资本、劳动投入增加，其结果是产出与投入等比例增长；第二种是三项投入不变，但调整它们之间的匹配关系，其结果可使经济适度增长；第三种是资本、劳动投入不变，但科技水平提高，其结果是单位投入的产出可成倍增加。之所以会如此，他认为其原因就在于"科技进步是一种智力投入，其成果往往辐射到各个领域，产生连锁反应。这种高效的产出所带来的巨大效益，远远超过它原来的投入量"[1]。

为了论证自己的观点，他采用美国科学院院士、哈佛大学终身教授戴尔·乔根森（Dale W. Jorgenson）的核算体系并结合实际，对中国 1953～1990 年经济增长和生产率变动进行定量分析。[2] 结论是：1953～1990 年的 38 年中，中国经济年均增长率虽然保持在 6.78% 的水平，但基本上依靠的是投资和劳动投入的贡献；生产率在其中的贡献极其有限，年均增长率只有 0.37%，表明技术进步是非常缓慢的。尤其是在改革开放前，即 1953～1978 年的 26 年中，中国经济大起大落，生产率的贡献率更是极其低下，年均增长率降至 -13.51%[3]，出现了负增长。这并不意味着这一时期技术退步了，而是表示这一时期技术进步的作用被投入的过分增长所全部抵销。这正是中国在改革开放前一直未能摆脱"高增长贫困"的根源，也说明这种低效率的高增长是用高投入和牺牲人民生活水平提高支撑的。

改革开放后，在 1979～1990 年的 12 年中，中国经济年均增长率提升至 8.35%，其中生产率年均增长率为 2.53%；在整个国民经济年均增长率中，资本和劳动投入对经济增长的贡献占 69.7%，生产率增长的贡献已达 30.3%。[4] 这说明改革开放使中国的技术进步作用显著增强。形成这一状况的原因，主要在于加强了国际经济合作与交流，大量引进先进技术，采用先进的机械设备、先进工艺，改造老企业和建设新企业等，也包括改革经济体制和科技体制，调动了人的积极性，改善了管理，优化了生产

---

[1] 李京文. 科技富国论 [M]. 北京：社会科学文献出版社，1995：16.

[2] 之所以用生产率变动来衡量技术进步对经济增长的作用，是因为李京文认为生产率既是经济增长的重要因素，也是反映技术进步的综合性指标。他指出，测度技术进步的方法和指标有许多，但比较科学的是用生产率测度。他对生产率概念的界定是"它一般是指资源（包括人力、物力、财力资源）开发利用的效率"。（李京文. 科技富国论 [M]. 北京：社会科学文献出版社，1995：163. ）他注意到，生产率是一个较为复杂的概念，因而在进行具体分析的过程中，他对单要素生产率、全要素生产率以及他自己提出的纯要素生产率均进行了必要的概念界定与应用说明。（除参见《科技富国论》相应部分外，另参见李京文，钟学义. 中国生产率分析前沿 [M]. 北京：社会科学文献出版社，1998. ）

[3] 参见李京文. 科技富国论 [M]. 北京：社会科学文献出版社，1995：135.

[4] 参见李京文. 科技富国论 [M]. 北京：社会科学文献出版社，1995：136.

要素配置等技术进步方面的因素。因此，后 12 年数据表示的生产率增长在经济增长中贡献的提高，反映了科技进步对经济增长的积极影响。

他还根据经济合作与发展（简称"经合组织"）组织（OECD）对西方主要工业化国家对 1960~1985 年的全要素生产率所做的测算，阐述了技术进步在工业发达国家经济增长中的作用。从 20 世纪 60 年代到 1973 年第一次石油危机期间，除两个北美国家外，其他国家的生产率对经济增长的贡献都在 60% 以上。1973 年和 1979 年的两次石油危机使这些国家的经济增长率和生产率大幅度下降；但生产率对经济增长的贡献，除北美国家外，其他国家仍都在 50% 左右。通过比较，他看到了中国的差距，指出中国全要素生产率提高对经济增长的贡献，不但比发达国家繁荣期要低，而且比其衰退期还低。如果扣除全要素生产率中生产潜力释放因素，那么中国技术进步对经济增长的贡献就更小。① 他实际上是要告诉人们，中国的全要素生产率与发达国家相比还有很大差距，也还有很大的提升空间。

他所做的这种定量分析，在当时来说，具有首创之功，实际上是"在我国首次具体计算了中国 1953~1990 年的经济增长与生产率变动，这个计算揭示了中国经济增长的具体源泉变化情况"②。为深入研究这一现象，他还与乔根森等合作出版《生产率与中美日经济增长》，对中国、美国、日本生产率进行系统考察和比较，在国内外引起很大反响。日本庆应大学教授、产业研究所所长黑田昌裕称："该研究以中国、日本、美国经济增长过程的定量描述和探索经济增长缘由为目的，越过各国经济体制的差异和发展阶段的不同，得出了比较可行的分析框架，具有特别深远的意义。"③ 乔根森赞许"这一重要成果的完成，使我们对中国经济引人注目的增长及增长来源中资本供给和劳动投入的惊人的扩张有了更清晰的了解，这是对增长经济学一个重大贡献，并将成为支撑和促进世界经济增长及政策发展的重要依据"④。

（二）模型模拟与实证分析相结合的中国经济发展形势分析与预测

该项工作是从 1990 年开始的，背景是中国出现了不同于计划经济时代无须预测

---

① 参见李京文. 科技富国论［M］. 北京：社会科学文献出版社，1995：139.

② 李京文. 回顾与反思（代序）［A］. 李京文. 探索与追求：献给中国改革开放 30 周年［C］. 北京：方志出版社，2008：11.

③ ［日］黑田昌裕. 序言［A］. 李京文，［美］D. 乔根森等. 生产率与中美日经济增长研究［C］. 北京：中国社会科学出版社，1993：9.

④ ［美］D. 乔根森. 序言［A］. 李京文，［美］D. 乔根森等. 生产率与中美日经济增长研究［C］. 北京：中国社会科学出版社，1993：8.

的根本变化，表现为：由单一所有制和统一决策变为多种所有制并存和决策多元化；改革的"市场取向"越来越明确，经济市场化程度越来越高；经济国际化水平大为提高，中国经济实现了从封闭向开放的大转变。总之，正如李京文所概括指出的那样："我国已经出现了对经济发展进行中长期和短期预测的客观需要。"[①] 在这一背景下，中国社会科学院成立经济学科片经济形势定量分析小组，刘国光为总负责人，李京文为主持人，于1990年正式启动中国经济形势分析与预测工作。这一工作试行一年后，正式上报国务院，经总理批准，每年从总理基金中拨出专款（后称为"总理项目"）进行滚动研究，每年春秋两季预测分析中国经济发展趋势，年终发表正式成果《中国经济形势分析与预测》。1991年起该成果又名《经济蓝皮书》。李京文从1990年开始直到2005年，主持该项工作16年，其中头4年的成果，他为副主编，后12年均为主编之一。

从内容上看，该成果采用统一的范式与风格，首先包含一篇由课题组撰写的题为《中国经济形势分析与预测》的主体研究报告。该报告是课题组在模型模拟与实证分析相结合的基础上形成的，通常由3个部分组成：一为采用定量分析方法，对主要国民经济指标（如总量及产业指标、全社会固定资产投资、价格、居民收入与消费、消费品市场、财政、金融、对外贸易等）进行预测；二为采用定性分析方法，对经济形势进行总体分析；三为针对年度现实情况，进行具体剖析并分析发展趋势、提出对策建议等。除主体研究报告外，其余就是众多的分论文章，既包括综合预测方面的，也包括分类预测方面的如政策分析、企业改革、市场物价、财政金融、产业部门、地区经济等。整个成果相当于经济形势分析与预测的研究文集或研究报告汇编。但是，它"不同于政府部门的工作报告，它是各方面专家、学者运用自己研制的经济数学模型，对下一年经济发展进行定性与定量相结合的预测和分析的学术性研究成果"[②]。

刘国光对这项工作予以充分肯定，指出："利用定性分析与定量分析相结合的方法，对即将来临的下一年度的经济发展进行预测，并相应地组织出版预测文章，这在我国尚属一项有意义的探索性工作。"[③] 其成果为中央、地方政府及企业提供决策依据与参考，在国内外产生了很大影响。成果问世的头两三年，香港、澳门等地区大报，

---

　　① 李京文．预测工作的重要性和对当前我国经济形势及今后发展趋势的几点看法［J］．数量经济技术经济研究，1994（08）：3 - 8.
　　②③ 刘国光．序言［A］．刘国光.1992年中国：经济形势分析与预测（经济蓝皮书）［C］．北京：中国社会科学出版社，1991：1 - 2，1.

美国、法国等国媒体就纷纷刊登和播发该书分析和预测结果，有的还被香港地区编为英文摘要予以出版。该成果被《新闻出版报》评为1992年中国出版界十件大事的第一件；1993年、1994年获评《经济日报》全国十佳经济读物奖；并获中国社会科学院1977～1991年优秀科研成果奖，于1996年获国家科技进步二等奖。

除短期预测外，李京文还做了大量中长期预测、展望及发展战略的研究工作。如前已述及的他的著作《快速发展中的中国经济：热点·对策·展望》《当代中国经济热点分析与展望》；他主编的《走向21世纪的中国经济》《21世纪中国经济大趋势》；他为第一作者与人合著的《中国经济：“十五”预测与21世纪展望》《21世纪的中国经济发展战略》等，即属此类成果。其中，《走向21世纪的中国经济》是1994年受国家计划委员会委托对2010年中国经济进行预测分析的成果，成为制订“九五”计划和2010年规划的重要基础性参考材料，于1996年获中宣部“五个一工程奖”。

在分析和预测经济形势的基础上，他为中国制定区域和部门经济发展战略与规划做了大量工作。如主持制定了环渤海经济圈、中部地区、海南、深圳等地区的经济发展战略；他带领其团队先后应邀开展了新疆维吾尔自治区、环渤海湾经济区以及中国地区经济发展战略的研究；在中国工程院承担了中国东北三省、山西和重庆等老工业基地可持续发展战略重大咨询项目与规划的制定工作；主持和参与了北京市、广州市、南宁市、柳州市、桂林市、北海市、舟山市、福州市、长乐市、龙海市、鄂州市等城市的发展战略与规划制定工作；还主持或参与了制定电力、建材、水利、铁道、物流、航天等部门发展规划和技术政策的工作，为中国区域经济和部门经济的发展做出了数量众多、影响广泛的突出贡献。

（三）经济发展中重大建设项目可行性研究的倡导与探索

李京文对重大基建项目可行性研究的倡导与探索，始于20世纪70年代末期。据他回忆：“改革开放之初，我根据在国家计委、建委和建材工业部工作的体会，感觉到我国的建设规模很大，资金来源单一（主要是国家投资），决策机制不科学（基本上是由各级政府主观判断决策），认为急需改革。于是主动、较早地参与研究改革基建投资制度，并参考了国外的经验，提出要通过建立建设项目可行性研究制度来实现投资决策的科学化、民主化。”[①] 与此同时，他利用中国技术经济研究会内部刊物《技

---

① 李京文. 回顾与反思（代序）[A]. 李京文. 探索与追求：献给中国改革开放30周年 [C]. 北京：方志出版社，2008：12.

术经济通讯》及公开刊物《技术经济》，撰写系列文章，全面系统介绍"可行性研究"的基本原理与方法，大力推动中国基本建设投资体制、决策机制改革。据称："'可行性论证'这个科学概念最早在中国提出的就是李京文。"①

　　1980 年，中国科学技术协会（简称"科协"）和国家机关党委曾为司局级干部联合举办过一次技术经济专题讲座，由科协主席主持，李京文主讲，其讲稿为《关于可行性研究的理论与方法》，属首次在较高层次上宣讲当时在中国尚属较为陌生的建设项目可行性研究问题。该讲稿后被收入其著作《跨世纪重大工程技术经济论证》中。从内容上看，该讲稿对项目可行性研究进行了系统的理论阐述与方法介绍。他指出："可行性研究是分析、评价各种技术方案、建设方案和生产经营决策的经济效果的一种科学方法，是技术经济分析的一种重要手段。"这种科学分析方法是第二次世界大战以后发展起来的，几十年来经过不断的完善充实，已经发展成为一套完整成熟的科学研究方法，广泛应用于工业发达国家，特别用来论证工程建设项目的技术先进性、经济合理性和建设的可能性。"进行可行性研究的目的，实质上就是保证取得尽可能好的经济效果。"为了达到这个目的，就要使生产中采用的各个技术方案、技术措施或建设设计方案合理可行，就要从方案的起草到实施实行全过程的认真的科学的计算、分析、比较和评价，以便制定和选取劳动、物资和资金投入尽可能少而获取的成果或产出尽可能多的最佳方案。"这个计算、分析、比较、评价的过程，就是可行性研究的过程。"可行性研究的内容主要包括论证技术上、财务上、经济上、商业上乃至管理上的可行性。他系统详细地介绍了可行性研究的各种具体方法。尤其强调要从市场出发进行可行性研究，认为"从市场出发是可行性研究的一个重要特点"②，强调要重视市场调研、市场预测，联系市场变化进行动态分析以评价项目投资效果。他还联系中国情况，提出了当时中国开展可行性研究必须解决的问题，包括把可行性研究纳入国家计划管理和基本建设程序；明确主管单位和经费来源；做好可行性研究的各项基础工作，如要有一套完整的资料、科学的方法、先进的工具，以及建立一支可行性研究队伍等。③

　　除可行性研究的理论阐述与方法介绍之外，他还直接参与了中国工程建设项目可行性研究制度的创建与实践探索。他主持或领导课题组参加了中国几个跨世纪超大型

---

①　黄健. 李京文：从经济学到工程管理的跨跃［J］. 沿海企业与科技，2003（04）：25 - 27.

②　本自然段的引文，详见李京文等. 跨世纪重大工程技术经济论证［M］. 北京：社会科学文献出版社，1997：41，42，53.

③　参见李京文等. 跨世纪重大工程技术经济论证［M］. 北京：社会科学文献出版社，1997：68 - 69.

工程的技术经济评价工作或项目审订工作，为这些项目的科学决策做出了重要贡献。主要有3个工程：（1）三峡工程，他被指定担任该工程论证综合经济评价专家组副组长，并作为10个专题预审组中的经济预审组专家和综合预审组专家参加了预审工作的全过程。在参加这项工作的同时，主持了国家科委委托中国社会科学院数量经济与技术经济研究所承担的"三峡工程经济评价研究"课题组工作，该课题成果获国家科委科技进步一等奖。（2）京沪高速铁路工程，他是"京沪高速铁路重大技术经济问题前期研究"课题组总体组成员，并担任该课题组技术经济分组组长，主持课题中的财务评价、国民经济评价、国力分析和对沿线地区经济发展影响等分课题的论证工作。这部分论证成果同整个论证成果一起，先后获国家科委科技进步一等奖、国家科技进步二等奖。（3）南水北调工程，他承担该工程中线工程经济效益的分析工作，后被指定为以时任副总理邹家华为首成立的南水北调工程审查委员会的委员，并作为该委员会下设的5个预审组之一的综合预审组副组长（组长为刘国光）参加预审工作。这三大工程中取得的相关成果，"既凝结了许多技术经济专家团结协作、勤奋工作的心血，又反映了李京文教授组织领导集体攻关的才能与成果。李教授作为课题组负责人，在课题研究中做了大量工作，特别是在课题申请、设计、理论与方法研究、组织协调和研究报告起草修改、定稿等方面，做出了突出贡献，对课题的优质完成起了决定性作用"[1]。

他对中国经济发展中重大基建项目可行性研究的倡导与探索，不仅在实践中带来了直接的经济效果，而且促进了中国工程项目可行性研究制度的建立，为中国工程论证、规划与决策的理论及方法的推行和制度建设做出了开拓性的贡献。

（四）知识经济形态下的新增长理论探讨与中国知识经济发展对策思考

在上世纪末本世纪初的世纪之交，曾在世界范围内掀起过一场"知识经济"的滚滚浪潮，李京文作为中国技术经济学的顶级学者，敏锐地察觉到这场浪潮的深远影响与重大意义，迅速投入对"知识经济"的研究之中。他在1998～2000年的3年之内就发表以"知识经济"命名的论文20多篇；并于1998年出版个人专著《知识经济：21世纪的新经济形态》，1999年出版个人专著《迎接知识经济新时代》；同年主编出版著作《知识经济概论》，2002年出版作为第一作者合著的《知识经济与决策科学》。

---

① 编辑组.前言［A］.李京文等.跨世纪重大工程技术经济论证［C］.北京：社会科学文献出版社，1997：3-4.

他的这些成果涉及知识经济各方面的内容，显示了他深厚的理论功底与广博的专业知识。从珞珈经济学"学派"创建视角考察，这些成果中最具特色和最值得称道的是他基于技术经济学视野的新增长理论探讨与中国经济发展对策思考。

1. 对强调知识贡献的新经济增长理论的探讨

经济增长理论是西方经济学中较为流行的理论。早在 18 世纪亚当·斯密时代，即已出现古典增长理论，后发展为新古典增长理论；新经济增长理论则是 20 世纪 80 年代中期后才出现的理论。新增长理论的最大特征是强调知识对经济增长的贡献，将知识和专业化的人力资本引入增长模式。

李京文从技术经济学视角考察知识经济形态，在探讨西方新经济增长理论时，突出强调的是科学技术对经济增长的重要贡献。他指出，在 20 世纪，由于科技的迅速进步和生产率的大幅度提高，全球经济规模（GNP 总值）增长了 20 多倍，由 1 万多亿美元增加到近 30 万亿美元。"而在全球经济高增长中，科技进步（或知识）的贡献已由 20 世纪初的 5% 左右上升到 60% ~ 70%，科技进步（或知识）已成为一个国家富强的源泉，成为人类文明的主要动力和源泉。"[①] 在这里，他将"科技进步"与"知识"视若等同，即在他看来，上述经济增长中的贡献率既可以称为是由科技进步带来的，也可视为是由知识带来的。这就涉及对"知识经济"概念的理解，他虽然基本认同经合组织（OECD）在《1996 年科学、技术和产业发展》报告中的定义："是建立在知识和信息的生产、分配和使用之上的经济"[②]；但更倾向于从技术经济学视角来认识和使用这一概念。他指出："'知识'和'科学技术'有时候被看作同意词"，其实它们"既兼容又有一定差异"。[③] 他基本上接受毛泽东所表达的科学是知识的结晶的阐释，他指出："随着知识及其结晶——科学技术突飞猛进的发展，人类已远离农业经济时代，跃上了工业经济时代最辉煌的巅峰，并开始向知识经济时代迈进。"[④] "可以认为，西方正在兴起的'知识经济学'，实质上是强调经济发展要依靠科技进步。"[⑤] 可见他是基于科技进步对经济增长贡献巨大这一历史事实来认识知识经济并探讨新经济增长理论的。

① 李京文.《挑战知识经济丛书》总序 [A]. 李京文. 知识经济：21 世纪的新经济形态 [C]. 北京：社会科学文献出版社，1998：1.

② 他基本上同意这一定义，但认为还应加上"主要"二字："我个人认为，更确切点讲，应是'主要建立在知识和信息的生产、分配和使用之上的经济'。"（李京文. 前言 [A]. 李京文. 迎接知识经济新时代 [C]. 上海：上海远东出版社，1999：1.）

③⑤ 李京文. 关于知识经济的几个问题 [J]. 数量经济技术经济研究，1997（07）：42 - 48.

④ 李京文. 迎接知识经济新时代 [M]. 上海：上海远东出版社，1999：1.

在他看来，新经济增长理论是由于知识经济的出现和兴起而引起的。根据他的分析，正是由于知识经济这一新经济形态的出现和兴起，才导致了知识在经济运行中的地位和作用的提升，改变了西方增长理论长期把知识排除在生产要素之外的传统思维。知识经济这一新经济形态出现和兴起以后，一些传统经济理论无法解释的现象与问题，如为什么资源增量不大、资源存量不多时，经济能够保持长期持续增长的势头；为什么传统的资本增加边际效率递减规律在今天发生了逆转等现象与问题，就可以从知识价值和劳动力价值角度得到合理的解释。基于这一分析，他充分肯定美国经济学家保罗·罗默（Paul M. Romer）在《新经济增长理论》中的观点："在计算经济增长时，必须把知识直接放到生产体系中考虑，即把知识列入生产函数。"他较为详细地介绍了罗默模型，还介绍了美国另一位经济学家罗伯特·卢卡斯（Robert Lucas）提出的卢卡斯模型，以及英国学者莫里斯·斯科特（Maurice Scott）提出的斯科特模型。①

李京文从总体上对新经济增长理论做出评价和展望，指出："从总体上看，新经济增长理论虽然尚不成熟，观点和理论尚需继续完善；但它毕竟开创了在知识经济的社会形态里经济增长理论研究的一个新领域，代表着知识经济社会形态中经济增长理论的一个新的研究方向。可以预言，强调知识和人力资本作用的新经济增长理论，在知识经济的社会形态中必将取得进一步的重大的理论突破，并很快地被各个国家用于指导本国经济的发展实践。因此，以研究知识重要作用为主要内容的新经济增长理论，在未来的经济增长理论研究中必定要占据统治地位。"②

2. 新经济增长理论探讨中的知识贡献测度方法介绍

在知识已成为重要生产要素的经济形态下，如何对这一重要生产要素的贡献进行量化测度，即"如何测度科技知识及其物化形态的科学技术在经济活动中的投入产出，即它们在经济增长中的贡献的测度成为经济理论界不能回避的问题"③。

要进行这种测度，有各种不同的方法可供采用。李京文认为，从宏观管理角度出发，对宏观经济知识化的测算，首先"应该采用社会经济知识化指数法"④。因为，这是一种参数少、计算简单的指数法，参数少便于统计数据的收集，计算方法简单就具有很强的可操作性。该方法的统计指标体系共 6 大类：知识投入指标、知识产出指标、知识进步指标、知识与经济相结合指标、劳动者科技素质指标、知识与经济社会

---

① 参见李京文. 迎接知识经济新时代 ［M］. 上海：上海远东出版社，1999：14，19，20，24.
② 李京文. 迎接知识经济新时代 ［M］. 上海：上海远东出版社，1999：28.
③④ 李京文. 迎接知识经济新时代 ［M］. 上海：上海远东出版社，1999：310.

总量指标。每大类指标又分为若干小项指标，小项指标共 40 项。他从计算方法角度具体介绍了这 6 大类指标和 40 小项指标相应的计算公式。

除从宏观上对社会经济知识化进行总量测度外，他还进一步从体现知识的发明—传播—运用 3 个过程的角度出发，介绍了可供相应采用的无形资产—教育投资—科技对经济增长贡献的 3 种测度方法。这 3 种测度方法中，无形资产对应的是知识的发明和创造；教育投资对应的是知识的传播和再创造；科技对经济增长贡献对应的是知识的运用。这 3 种对知识进行测度的方法分别是：（1）无形资产对经济增长作用的测度，李京文具体介绍了无形资产价值测度的收益现值法和技术估价分成法、无形资产测度的重置成本法与技术含量估价法、以节约社会必要劳动时间为依据的估价方法；（2）教育投资效益的测度，李京文主要介绍的是舒尔茨（T. W. Schultz）和爱德华·富尔顿·丹尼森（Edward Fulton denison）建立在生产三要素基础上的生产函数法，分别为舒尔茨的"投资增量"分析法、丹尼森的增长因素分析法；（3）知识运用（科技进步）对经济增长贡献份额的测度，他主要介绍的是柯布—道格拉斯（Cobb – Douglas）的生产函数、索洛（R. M. Solow）的余值法、丹尼森的增长因素分析法、乔根森度量生产率的方法、CES 生产函数法等。[①]

3. 知识经济形态下的中国知识经济发展对策建议

面对滚滚而来的知识经济浪潮，中国应该采用怎样的对策？李京文借鉴和运用西方新经济增长理论，着眼于自己最擅长的技术经济学视角，对知识经济形态进行了认真思考，在此基础上提出了一系列针对性与操作性较强的对策措施建议。具体来说，他从中国基本国情和现实条件出发，提出了面对知识经济挑战、发展中国知识经济的 10 个并举方针和 9 条具体对策建议。[②]

10 个并举方针为：（1）在经济发展模式上，工业化与信息化并举，物质（工业）经济与知识经济并举；（2）在经济增长方式上，支柱产业、新兴产业量的扩张与整体经济依靠科技进步实现质的提高并举；（3）在技术发展模式上，自主研究开放与有重点地引进吸收国外先进技术并举；（4）在产业发展模式上，积极实现高新技术产业化、加速发展高技术产业与用高新技术改造提高传统产业并举；（5）在城乡发展模式上，提高城市化水平与发展农村城镇化、大力建设小城镇并举；（6）在市场发展模式上，全方位开辟国际市场与促进国内市场成长，更多依靠内需并举；（7）在对外开放上，积极与国际经济接轨和注意国家经济安全并举；（8）在区域经济上，继续发展东

---

① 参见李京文. 迎接知识经济新时代［M］. 上海：上海远东出版社，1999：321 – 368.
② 下述相关内容参见李京文. 迎接知识经济新时代［M］. 上海：上海远东出版社，1999：420 – 431.

部沿海地区优势和加强对中西部扶植，逐步将经济增长重心向中西部推进，实现区域协调并举；（9）在发展知识经济的布局上，支持北京、上海、深圳等少数科技实力强、高技术产业基础好的城市优先行动和全国普遍进行观念更新并举；（10）在宏观经济管理上，充分发挥市场机制作用与适度发挥政府在宏观经济调控中的作用并举。

9条具体对策建议为：（1）从中国实际出发，有重点地大力发展中国信息产业和其他高技术产业；（2）运用高新技术改造提升传统产业；（3）在完善市场经济体制的同时，进一步发挥政府在宏观调控中的作用，增加科技的投入；（4）实施引进吸收创新战略，加强外资引进的导向能力；（5）重视人在知识生产、分配、应用中的特殊作用，大力发展教育，尽快提高中国人力资本素质；（6）促使高新技术产业开发区成为迎接知识经济挑战的前沿阵地；（7）创建国家创新体系，使之成为发展知识经济的基础和引擎；（8）加强软科学研究，建立经济和社会健康发展的科学支撑体系；（9）营造一种积极向上而又谨慎的舆论环境。

第三节
胡代光、万典武、刘再兴、汪敬虞的相关学术成就与贡献

除董辅礽、李京文之外，在20世纪四五十年代毕业的老一辈校友学者中，北京大学的胡代光、原商业部的万典武、中国人民大学的刘再兴和中国社会科学院的汪敬虞这几位校友代表，也从各自学术专长出发，在与珞珈经济学"学派"创建相关的核心理论方面进行过一些相关的探讨，并取得各有侧重、特色鲜明的学术成就，为学派创建繁盛添砖加瓦，做出了有益的贡献。

一、胡代光借鉴西方经济学对中国经济问题的探讨

胡代光（1919~2012年），四川新都人。1944年毕业于武汉大学经济学系；1947年在南京国立中央大学研究院获经济学硕士学位；1947~1949年任湖南大学经济系讲师；1950~1952年任西南军政委员会财政经济委员会科长。1953年调入北京大学，

先后兼任经济系副主任、主任，北京大学经济学院首任院长。曾任北京大学校务委员会委员、北京大学外国经济研究中心主任；第七届全国人大常委会委员、全国人大财政经济委员会委员，第六、七、八届民革中央委员会常务委员；中华外国经济学说研究会副会长兼总干事、会长、名誉会长，中国《资本论》研究会副会长、顾问，北京市经济学总会副会长，中国数量经济学会顾问。北京大学哲学社会科学资深教授，享受国务院政府特殊津贴专家。2007 年被评为武汉大学第五届杰出校友。武汉大学毕业论文为《资本蓄积论》（1944），指导老师是陶因。

出版各类著作 21 部，其中独著 3 部，第一作者合著 5 部，主编 2 部，第一主编 9 部，参编 2 部。另编有《胡代光选集》《胡代光文集》；发表论文 100 多篇。从涉及主题上看，他的著作基本上都是对西方经济学的评介与研究，如独著《米尔顿·弗里德曼和他的货币主义》（1980）、《现代资产阶级通货膨胀理论批判》（1982）、《西方经济理论和经济计量学评论》（1988）等。多部著作获重要奖项，如以第一作者与厉以宁编著的《当代资产阶级经济学主要流派》（1982），获北京市哲学社会科学和政策研究优秀成果一等奖（1987）；以第四作者与罗志如、范家骧、厉以宁合著的《当代西方经济学说（上下）》（1989），获北京市第二届哲学社会科学优秀成果一等奖（1991）；以第一作者与周安军编著的《当代国外学者论市场经济》（1996），获北京市第五届哲学社会科学优秀成果一等奖（1998）；第一主编的《评当代西方学者对马克思〈资本论〉的研究》（1990），获孙冶方经济科学著作奖、第二届吴玉章哲学社会科学一等奖（1992）、教育部首届人文社会科学优秀成果一等奖（1995）、首届国家社会科学基金项目优秀成果二等奖（1999）等。

从内容上看，胡代光的学术贡献，"主要是对西方经济学进行研究和评介，并从中国经济实际出发，探讨西方经济学对我国改革开放的借鉴意义"，"是国内在计划经济条件下较早注意向西方经济学学习和借鉴的经济学家"。[①] 早在"文化大革命"前就在北京大学开设"当代西方经济学说""经济计量学""当代西方经济学主要流派"等课程。1960 年代初与巫宝山、孙世铮合作编写国内最早的"西方经济计量学"教材（1964）；20 世纪 70 年代末和 80 年代初在《经济研究》《世界经济》等学术刊物发表 10 余篇评介西方经济学方面的论文；并于 1980 年和 1982 年出版了这方面的个人专著。

---

① 王志伟. 胡代光教授的学术贡献［N］. 光明日报，2013 - 01 - 25（011）.

（一）借鉴西方经济学探讨中国经济问题的审慎态度

注重借鉴西方经济学探讨中国经济问题是许多珞珈经济学"学派"创建者们的共同特征之一；胡代光的主要特点在于，他是一名终生专攻西方经济学的顶级专家，对西方经济学有更为深入的研究和更为深刻的理解，因而，他对西方经济学的吸取和借鉴更能把握分寸，审慎周密。他对西方经济学的基本态度是，坚持以马克思主义经济学为指导，一分为二地辩证予以对待。他认为，在实行改革开放中，我们吸取和借鉴国外先进的科学技术和成功的经营管理经验，有分析、有批判地参考或利用西方经济学中有益的东西，是应该的和不可缺少的。但是，我们应切忌"食洋不化"，"不能盲目推崇，全盘照搬"。①

基于当时中国国情，胡代光认为，西方经济学中提出的4个重要问题最值得我们加以参考和思考：（1）微观经济与宏观经济是否可能配合以及如何配合，他针对当时中国的情况提出的是如何做到宏观控制和微观搞活的问题；（2）西方经济学关于"看不见的手"和"看得见的手"的分析，即市场机制与计划管理的关系以及它们两者之间的配合问题，他指出这对于中国建立一种使计划调节与市场调节相结合的有计划商品经济，是有许多借鉴意义的；（3）西方经济学提出的宏观经济政策目标，在他看来在一定条件下和具体环境中是可供我们参考的；（4）西方经济学者中许多人建议经济学应该回归政治经济学或社会经济学，分析经济问题不能忽视社会的、政治的、制度的、历史的、文化的和心理的因素的作用等，在他看来是可供我们参考和具有借鉴意义的。②

他对这些问题均有深入的探讨和详尽的分析。以西方经济学者提出的宏观经济政策目标的论断为例，他认为西方经济学者提出的5大政策目标，即充分就业、经济增长、物价稳定、国际收支平衡、分配目标，对中国具有借鉴意义。具体来说，他认为其中有7个方面可供借鉴：（1）西方经济学者提出的宏观经济政策的5个主要目标，在理论界、舆论界和政治界几乎已成共识，可资借鉴；（2）据西方经济学者的论断，宏观经济政策目标之间存在着内在矛盾，因而不可能同时实现宏观经济政策的所有目标，必须有所选择，这是符合实际情况的；（3）充分就业作为宏观经济政策的目标，西方经济学者和西方发达工业国家都是极为强调和重视的，可资中国

①　胡代光. 关于借鉴西方经济学的几个问题［J］. 中国社会科学，1990（01）：31 – 44.
②　参见胡代光. 从现代西方经济学中可以借鉴什么［J］. 高校社会科学，1989（01）：33 – 45.

借鉴用以解决失业问题；（4）稳定一般物价水平，即克服通货膨胀，在西方经济学者看来，始终是制定宏观经济政策的一个重要目标，他们揭示的通货膨胀的代价，对于我们同样有着借鉴意义；（5）西方经济学者所论证的经济增长的性质和测量以及经济增长的代价等问题，确实值得我们参照和借鉴；（6）西方经济学者提出的国际收支平衡作为宏观经济政策的一个重要目标的论断，以及他们提出的长期内之所以有必要实现经常项目平衡的理由，同样可供我们参照、借鉴；（7）西方经济学者提出需要注意分配目标在宏观经济政策中的实现问题的见解，尤其值得我们深思和探究。但是，他也明确指出，对中国来说仅有这 5 项目标还不太够，"我们还必须注意把'效率与公平'作为我国宏观经济政策的另一重要目标，适时、切实地予以运用，并真正落实"①。

（二）澄清市场经济建设中宏观调控问题上的认识误区

中国市场经济建设之初，经济体制要实现从传统计划经济向现代市场经济转型，在此过程中，许多人对市场经济建设中是否需要宏观调控以及如何进行宏观调控认识不清，存在许多认识误区，迫切需要从理论上予以澄清。

他在 20 世纪 90 年中国社会主义市场经济体制改革目标尚未确定之前，就明确指出："应当肯定，为要建立社会主义商品经济新秩序，发挥市场机制的作用确实是必要的，因为市场机制的作用在于及时地、灵敏地反映市场信息变化，从而使企业的活力加强，以适应复杂多变的社会需要。"但是，他也同时指出："也需要注意到确如西方一些学者指出的，不应对'万事依靠市场'这样的理论误解为正确的，因为没有理由假定，仅仅市场过程将指导国民经济沿着吸引人的路线发展。"他引用西方经济学的观点指出，在任何市场经济中必定存在如下基本弱点：失业威胁；导致投资失误的不确定性；过度的收入差距；周期性经济波动；贪得无厌精神的刺激等。事实上，资本主义自发调节的所谓自动稳定器教条已宣告失败，连资本主义国家也不得不宣扬"有计划调节资本主义"了。②

1992 年中国确立社会主义市场经济体制改革目标之后，随着中国市场化改革的深入，他又及时地提出要坚决反对"市场万能论"和"市场万岁论"。告诫人们："我

---

① 胡代光. 西方经济学者论宏观经济政策目标——我们从中可以参照或借鉴什么 [J]. 宏观经济研究，2001（01）：23－29.

② 本自然段的引文，详见胡代光. 关于借鉴西方经济学的几个问题 [J]. 中国社会科学，1990（01）：31－44.

们确实需要清醒头脑,对建立在新自由主义思想基础上的'市场万能论'和'市场神化说'的宣扬,我们切勿迷糊和模拟,谨防陷入其误区。"① "我们必须破除西方经济学中的'市场万能论'和'市场万岁论'的神话。"②

当时,人们在社会主义市场经济建设中的宏观调控问题上,他认为还存在着如下的认识误区:(1)有人以为,建立社会主义市场经济体制不需要宏观调控,愿意怎么干就怎么干,甚至随心所欲减免税收,低费出让国有土地,贱价向内部职工配售股份,不规范地给企业以各种优惠政策等;(2)有人断言,加强宏观调控是"强化了中央集权体制",与"搞市场经济必然是地方分权化"不相容;(3)有人积极主张,应该实行中央和地方"两级宏观调控",或"分层次宏观调控,以中央为主",这种主张不过是受传统计划经济体制的观念影响;(4)有人不顾社会目标,不择任何手段,只要捞到巨额钞票就是好样的,被表扬为"杰出企业家";(5)有人以为,开放市场和放开价格,就不受任何法律、法规的约束,就不用政府部门管理和过问了,于是漫天要价、欺行霸市、坑宰顾客,竟被誉为"市场经济观念强";(6)有些人不从国情出发,完全照搬资本主义市场经济,甚至把人家的弊端也拿了过来,还振振有词地说什么"先发展经济,后反对腐败","腐败是现代化的必要成本"等。

在他看来,这些认识都是十分错误和有害的,从理论上追究就是"由于对市场经济理论缺乏真正的研究和正确的理解"。他指出:"建立社会主义市场经济体制,就是要使市场在国家宏观调控下对资源配置起基础性作用。国家宏观调控本是社会主义市场经济的题中之义,更是这种体制建立中的必要的有机组成要素。"他强调,连西方经济学者都已认识到市场经济条件下实行宏观调控的必要性和重要性,保罗·萨缪尔森(Paul A. Samuelson)就曾针对中国情况说:中国"如果实行完全的自由市场经济,那也是非常大的错误。我认为,应该保持政府在经济中的重要角色"③。胡代光的观点非常明确,中国正在建设的社会主义市场经济必须实行宏观调控。

(三)依据发展经济学阐述经济增长方式转变的重点

胡代光依据发展经济学的观点,将经济发展和经济增长在概念上加以区分,指出

---

① 胡代光. 剖析新自由主义及其实施的后果 [J]. 当代经济研究,2004(02):17 – 21,73.

② 胡代光. 破除市场万能论和市场万岁论的神话 [C]//全国高校社会主义经济理论与实践研讨会领导小组. 当代中国经济问题探索(下册). 成都:四川大学出版社,2004:6 – 18.

③ 以上 2 个自然段的引文,均见胡代光. 西方经济学者论宏观经济调控和我们的思考 [J]. 经济学家,1994(06):5 – 15.(其中,萨缪尔森的话,参见刘洪潮等. 外国要人名人看中国 [M]. 北京:中共中央党校出版社,1993:262.)

经济增长指的是产量或人均产量的增长；而经济发展的含义则更全面、更深刻，"它是指通过提高人均收入来提高发展中国家居民的生活水平和福利的过程"。"发展不仅是物质生产的提高，而且还是人们的文化修养、社会观念、教育、科技水平的提高以及卫生健康状况、生态环境等的改善，乃至社会纪律的普遍加强和贪污、贿赂等腐败现象的坚决根除。"① 他是珞珈校友学者中又一个较早明确主张从概念上区分经济发展与经济增长的代表性人物。

基于这一认识，他主张将转变经济增长方式的重点放到提高增长效益上。他指出："说到经济增长问题，首先我们必须重视其素质的提高，即是一定要认认真真、切切实实地提高真实经济增长率，切忌搞泡沫经济，被虚拟经济的一时扩张而冲昏了头脑，而且在经济增长中，必须实现其效益增长高于速度增长。"在他看来，为了在经济增长中实现效益增长高于速度增长，就必须由粗放型增长向集约型增长转变，即不能单纯依靠各生产要素投入量增加，而是要依靠投入的全要素生产率的提高，从而实现经济增长的提升。他认为，只有这样"才能保证经济效益增长高于经济增长速度"。在提高经济增长率的诸多要素中，他突出强调提高劳动者素质和发展高新技术这两方面因素的重要作用，并将之与"科教兴国"战略联系起来进行思考，他指出："这两方面因素相结合对经济发展所起着作用，也就是现在我们提出的实施'科教兴国'战略。"②

为了实现国民经济的可持续发展，他还提出要正确处理好经济建设和人口、资源、环境的关系，避免"有增长而无发展"或"无发展的增长"这种现象的发生。③

二、万典武的商业体制改革与流通发展理论见解

万典武（1921～2018 年），湖北汉阳人。1945 年毕业于武汉大学经济学系，1947 年武汉大学法科研究所经济学部研究生毕业。1947～1949 年在中央研究院社会科学研究所任助理研究员，1949～1979 年先后在西南贸易部、中央商业部、中共中央东北局、中共北京市委等党政机关任职。1979 年参与组建商业部商业经济研究所，任副所

---

① 胡代光．正确处理经济建设和人口、资源、环境的关系［J］．学术月刊，1997（02）：41－46.

② 本自然段的引文，均见胡代光．试论我国经济体制和经济增长方式的根本转变问题［J］．经济经纬，1999（01）：11－12，41.

③ 参见胡代光．正确处理经济建设和人口、资源、环境的关系［J］．学术月刊，1997（02）：41－46.

长、研究员。后任国内贸易部商业经济研究中心研究员，中国商业经济学会副会长、顾问，中国人民大学、北京工商大学等院校兼职教授，中国社会科学院财贸研究所学术委员、综合开发研究院理事，全国工商联顾问、北京市政府顾问。曾任国务院经济体制改革领导小组流通组办公室主任。1991 年被授予首批"国家有突出贡献专家"荣誉称号，并成为首批享受国务院政府特殊津贴专家。2003 年被中国十大商业新闻及年度人物评委会授予"终身成就奖"；2008 年获中国商业服务业改革开放 30 年功勋人物奖。武汉大学本科毕业论文为《凯恩斯利息学说的综合研究》（1945），指导老师是杨端六。

结合长期从事经济管理工作，尤其是在商业流通领域工作的实践经验，他深入进行理论研究，先后出版各类著作 25 部。其中，独著 5 部，第一作者合著 6 部，主编 11 部，第一主编 3 部。另编有《万典武选集》；发表论文 200 余篇。他的所有论著，几乎都是探讨商业经济方面的成果，其中尤以探讨商业体制改革的居多。主要有《中国的商业》（独著，1982）、《商业体制改革的探讨》（独著，1983）、《城市商业体制的重大改革》（第一作者合著，1985）、《商业的调整和改革》（独著，1988）、《商业企业股份制原理与实务》（第一作者合著，1990）、《商业布局与商店设计》（第一作者合著，2004）等。他的著作中，只有一部是探讨市场竞争的专著，即《市场球场论：市场竞争规则浅识》（独著，2000），但这部书也基本上是从商业贸易的视角出发探讨市场竞争规则的。此外，他曾与曾启贤合作翻译了张培刚的哈佛英文博士论文《农业与工业化》，被誉为"中国高产经济学家"之一，"对中国商业改革发展和商业经济研究工作做出了杰出贡献"①。

从珞珈经济学"学派"创建视角考察，万典武的最大成就与突出贡献是在中国商业体制改革与流通发展方面所做的理论探讨与实践探索。具体表现在以下 4 个方面。

（一）脚踏实地从剖析饮食服务业开始寻求商业改革思路

起步于 1979 年，他曾深入实地，先后到天津、湖北、四川、辽宁等地进行饮食服务业的行业调研，撰写大量内部调研报告并公开发表相关论文②，从理论上按照马克思关于服务劳动创造"特殊使用价值"的观点，并参考发达国家饮食业发展经验，阐述饮食服务业的行业特征、重要意义与发展趋势。针对该行业手工劳动等特点，提出适当调整经济形式、经营形式等建议。"这些意见，大多已为当时商业部和有关总

---

① 中国商业经济学会. 深切悼念万典武同志［J］. 商业经济研究，2018（21）：53.

② 如万典武. 饮食服务业要有一个大发展［J］. 红旗，1979（05）：73 - 80；万典武. 放手调整饮食业、服务业的经济形式［N］. 人民日报，1982 - 12 - 15（008）.

公司所接受，取得了成效。我对这个行业的剖析，也为我对商品流通体制的全面改革提供了许多事实依据和重要思路。"①

（二）突破思想禁锢寻求商业体制改革与流通发展的理论支撑

首先，他从理论上否定斯大林提出的社会主义社会商品供不应求优越论。斯大林认为商品供不应求是社会主义制度的优越性，甚至是一种规律。斯大林的这一观点，被国内文章所引用，形成人们思想上的禁锢；万典武则明确予以否定。在他看来，社会主义社会商品供不应求，既不表明优越性，也不具有必然性。这种现象是由于我们指导思想和工作上的失误造成的，是社会主义制度优越性未能得到充分有效发挥的结果。②

其次，他运用所有制理论、生产关系一定要适应生产力水平和商品流通在社会再生产中作用的原理，论证商品流通领域实行多种经济成分的必要性。20 世纪 80 年代初，他就发表多篇文章，明确指出：中国经济尚不发达，只有实行多种所有制、多条流通渠道的商业模式才是合理的。③ 除从所有制理论等角度进行论证外，他还联系中国国情和发展阶段以及商业、饮食业、服务业的行业特点与发展趋势，论证中国商品流通领域实行多种经济成分的必然性。④

最后，他阐述市场竞争理论，强调商业贸易中市场调节的重要作用。早在 1980 年，他就明确提出要充分重视市场调节的作用。⑤ 他曾将国内商业贸易中心比作"球场"，把进入贸易中心的交易者、经营者比作"球队"，把全体人民比作"球迷"，形成了他提出的生动形象的"市场球场论"。经过 20 年探讨，他不断对这一理论进行深化，并于 2000 年出版专著《市场球场论：市场竞争规则浅识》。基本观点是认为：球队是球场的主体，企业是市场的主体；球场竞赛规则科学而透明，有利于公平竞争，市场规则也应当这样；球场裁判以水平高、公正为标准，市场裁判也应当如此；球赛

① 万典武. 商品流通体制改革的理论和构想［A］. 何伟，魏杰. 中国著名经济学家论改革［C］. 北京：北京出版社，1992：738.
② 参见万典武. 商品流通体制改革的理论和构想［A］. 何伟，魏杰. 中国著名经济学家论改革［C］. 北京：北京出版社，1992：739.
③ 参见万典武. 多种经济成分并存和以国营商业为主导［A］. 商业部商业经济研究所. 论社会主义商品流通［C］. 北京：中国商业出版社，1981：95－107；万典武. 关于疏通流通渠道的几个问题［N］. 人民日报，1981－06－29（005）；万典武. 实行多渠道商品流通的理论根据［J］. 红旗，1982（02）：29－44.
④ 参见万典武. 商品流通体制改革的理论和构想［A］. 何伟，魏杰. 中国著名经济学家论改革［C］. 北京：北京出版社，1992：742.
⑤ 参见万典武. 充分重视"市场调节"的作用（1980 年 2 月所写内部研究报告）［A］. 万典武. 商业的调整和改革［C］. 北京：中国展望出版社，1988：89－104.

的组织者以协调服务为主，政府作为整个市场活动的最高组织者，也应以协调服务为主。他的基本思想是要遵循市场规则，让市场机制在商品贸易中发挥调节作用，他以"球场"为喻形象化地予以阐述，既通俗易懂又富有新意。

（三）探讨商品流通体制改革模式的总体构想

1986 年，受商业部党组委托，他主持完成了研究报告《商品流通体制改革的初步设想》，系统提出了商品流通体制改革的模式和目标。他提出的商品流通体制改革的模式可以简称为"四商"，即商品自由流通、商人自主经营、商品市场和生产要素市场体系完善、商品流通间接调控；他将商品流通体制改革的总目标定为"国家间接宏观调控下的商品自由流通"①。当时中国尚未提出社会主义市场经济体制的建设目标，他所提出的商品流通体制改革模式与目标是极具创新性和前瞻性的。该报告曾被作为当年全国商业厅局长会议的正式参阅文件，国务院主要领导还听取过专题汇报，对全国商品流通体制改革起到了引导和推进作用。

报告中还从行政管理职能角度提出了"政企分开"的见解。强调"政企职责分开，行政管理部门要迅速转变职能"。行政部门要从过去直接干预企业经营活动中解脱出来，要变直接干预为间接管理；在管理方法上，要从过去对企业定指标、批项目、要物资、要资金为主，转变为积极搞好所属范围的有关规划、协调、监督和服务工作为主。② 这实际上是从商业流通体制改革需要出发，对董辅礽等提出的"政企分离"主张做了进一步的探讨与具体化的阐释。

（四）基于流通体制改革总体构想的商业企业改革与发展思考

在流通体制改革总体构想的基础上，针对当时国营商业企业占绝对地位的情况，他重点思考并认真总结了国营商业企业股份制改革试点，形成了一系列相关成果。如他主持和指导完成的"国有商业企业股份制改革研究"课题，发表的《关于商业企业试行股份制的若干问题》（1989）、《商业企业试行股份制要认真评估无形资产》（1989）等论文，出版的《商业企业股份制原理与实务》（合著，1990）、《股份制——商业企业改革的选择》（主编，1992）等著作。在这些成果中，他分析了股份

---

① 万典武. 商品流通体制改革的理论和构想［A］. 何伟，魏杰. 中国著名经济学家论改革［C］. 北京：北京出版社，1992：745.

② 万典武. 商品流通体制改革的理论和构想［A］. 何伟，魏杰. 中国著名经济学家论改革［C］. 北京：北京出版社，1992：747.

制试点的实践效果，并结合股份制的一般原理，阐述了中国商业企业实行股份制的根据。他认为，实行股份制是发展商品经济和商品流通、发挥国有商业优势、转换企业内部机制、发挥国有商业企业群体优势的需要。在国营商业企业股份制改革试点中，他提出了国有商业企业的无形资产评估问题，这在当时是极为大胆的一种创见。在此过程中，他还论证了商业企业中的个体与群体的关系，充分肯定个体经济的积极作用，倡导商业多元化发展。认为商业企业个体和企业群体相辅相成，群体优势非常明显，发挥群体优势乃势在必行，能提高经济效益、追求群体效益是世界商业发展的一种趋势，股份制是调节企业群体经济关系比较成熟而规范的形式。基于这一认识，他主张通过提高商业组织化程度增强群体效益，建议以大店、名店为龙头，组建大型联合集团，按行业组织联营、连锁，走规模经营之路，认为连锁是整合大量分散零售店铺的必由之路。①

此外，他还提出完善日用工业品批发体制和国有商业企业劳动、人事、分配制度的改革建议②，以便促进商业企业的发展。

他的这些见解与主张，在当时来说，大都是前瞻性和开创性的。有学者赞誉他："在承包制大行其道的上世纪 80 年代，万典武致力于商业股份制改革的研究和推动，不仅体现了他的理论功底，还有作为一个学者的政治勇气。"③

他还非常重视商业经济学的学科建设工作。先后主编了《中国商业百科全书》（1993）、《当代中国百名商业经济专家学者》（1993）、《当代中国商业简史》（1998）、《当代中国中青年商业经济专家学者》（1999）等，为加强商业经济学学科的基础建设工作做出了重要贡献。

三、刘再兴对经济地理学和区域经济学的开创性贡献

刘再兴（1926～1999 年），湖北新洲人。1948 年考入武汉大学经济学系，1950 年

---

① 他这方面的见解与主张受到时任商业部部长的高度重视。他于 1991 年 11 月，在中国商业经济学会召开的"提高国营商业组织化程度"理论研讨会上，作为主持人之一在会议结束时作了系统发言，阐述了上述看法。时任商业部部长对这个发言记录稿作了批示："老万的见解，请各有关司局重视，发挥商业的群体优势，方向是对的。目前需要在舆论和理论上多作探讨，同时总结一些实践成功的经验，积极推广。"（参见万典武. 商品流通体制改革的理论和构想［A］. 何伟，魏杰. 中国著名经济学家论改革［C］. 北京：北京出版社，1992：751.）

② 参见万典武. 商品流通体制改革的理论和构想［A］. 何伟，魏杰. 中国著名经济学家论改革［C］. 北京：北京出版社，1992：753－755.

③ 本刊记者. 商品流通理论界在京研讨万典武商业思想［J］. 商业时代，2011（17）：145－146.

离校；1952 年中国人民大学经济地理专业研究生毕业，并留校从事经济地理、生产布局的教学与科研工作。1955 年开始重点研究中国工业布局，1980 年后重点研究中国生产力总体布局、西部开发、区域经济理论和国土规划等。1982 年和 1986 年先后开始招收硕士研究生和博士研究生，是中国改革开放恢复学位制度后，全国首批区域经济（经济地理）专业的硕士生导师和博士生导师。曾兼任全国经济地理研究会理事长、全国产业发展规划协会理事、中国国际工程咨询公司专家委员会委员。享受国务院政府特殊津贴专家。

学术成果丰硕，出版各类著作 16 部。其中，独著 5 部，主编 4 部，第一主编 2 部，第一作者合著 2 部，参编 3 部。发表论文 120 余篇；其弟子编有《刘再兴文集》。主要代表作有《中国工业布局学》（编著，1981）、《生产布局学原理》（第一作者合著，1984）、《中国区域经济：数量分析与对比研究》（主编，1993）、《中国生产力总体布局研究》（主编，1995）、《区域经济理论与方法》（主编，1996）、《工业地理学》（独著，1997）等。

多项成果获重要奖项并产生重大影响。《生产布局学原理》于 1986 年获中国人民大学优秀著作奖；《中国生产力总体布局研究》于 1986 年获北京市第四届哲学社会科学优秀成果一等奖，1999 年获国家社会科学基金项目优秀成果三等奖；第一参编作者合著的《中国经济地理概论》（孙敬之主编，1983）于 1999 年获国家社会科学基金项目优秀成果二等奖。课题研究成果获奖较多，如"京津唐地区工业结构与布局问题综合研究"（与杨树珍合作）于 1987 年获北京市首届哲学社会科学优秀成果一等奖；"甘肃发展中若干重大问题考察研究"于 1988 年获中国人民大学科研成果一等奖；"黄土高原地区综合治理开发重大问题研究及总体方案"于 1992 年获中国科学院科技进步一等奖；"中国地区协调发展战略与政策综合研究"于 1996 年获国家科学技术委员会科技进步二等奖。在中国经济地理学性质、中国经济区划、生产布局规律、地区差距和区域发展等问题上有领先研究，做出了开创性贡献，产生了重大影响。"是中国经济地理学的代表性学者，也是中国区域经济学的重要开创者。"①

从珞珈经济学"学派"创建视角考察，他是老一辈珞珈校友中唯一一位专业从事经济地理学和区域经济学研究，而且获得卓越成就的著名学者。他对学派创建的主要贡献在于，从经济地理学和区域经济学角度丰富和充实了珞珈经济学"学派"创建核心理论的学术底蕴与科学内涵，为学派创建进一步夯实基础理论提供了有力保障。

---

① 孙久文，李青. 中国区域经济学开创者刘再兴先生学术思想回顾［J］. 区域经济评论，2017（05）：135－138.

他的硕士开门弟子、中国人民大学经济学院教授、时任区域与城市经济研究所所长、全国经济地理研究会会长孙久文等总结了他 40 年中的 7 大学术贡献①，概括起来，主要表现为以下 4 个方面。

（一）领先提出中国经济地理学的经济学性质

早在 20 世纪 50 年代，中国学者即开始对经济地理学的属性问题展开讨论。在一段时期内，大多数高校在中国经济地理的教学和科研中，基本上将之纳入地理学领域，以描述和分析经济地理现象和规律为主，所注重的是地理学属性。而刘再兴在 1961 年经济地理学术讨论会上提交的《关于经济地理学研究对象及其科学性质的探讨》中，则开创性地基于经济学视角来审视经济地理学，将其界定为"研究生产布局规律的科学"，并对其含义加以解释，指出其中所说的"生产"是指的"生产力与生产关系的统一"；"生产布局"也"不只是区域生产部门的组合或地区生产综合体"，而同时是指国民经济各主要生产部门在全国范围内的部署，各主要生产部门、各工农业企业在空间上的结合以及各地区间的劳动分工。也就是说，他是从生产力与生产关系、整体与局部、部门与地区、人与物等的结合或统一的角度来认识和界定经济地理学的，亦即把地理区域条件和空间因素纳入经济学的研究框架，因而他断言经济地理学"是经济科学"。他还"以专门研究生产布局规律为其中心任务"②的独特性为由，阐述了经济地理学与政治经济学、部门经济学、国民经济计划学等其他相关经济科学的联系与区别。

他的见解引发了地理学界的广泛讨论，激发了许多相关学者与年轻学子对经济地理学的学习与研究热情，催生了一些相关专业如区域经济学、城市经济学的逐步建立，促使中国经济地理学一跃而成为中国经济学领域的一门重要学科，成为国家经济发展研究与决策中备受关注的一门"显学"。

（二）领先研究中国经济区划并率先提出空间梯度推移"主导论"

刘再兴是中国最早提出"三个经济地带"区划见解的学者之一。早在 20 世纪 80

---

① 参见孙久文，李青. 中国区域经济学开创者刘再兴先生学术思想回顾 [J]. 区域经济评论，2017（05）：135–138；孙久文. 构建中国区域经济学学科体系——评《刘再兴文集》[J]. 经济研究，2020，55（08）：206–208；李青，孙久文，胡细银等全体刘再兴教授学生. 序 [A]. 刘再兴. 刘再兴文集 [C]. 北京：经济管理出版社，2017：1–5.

② 本自然段的引文，详见刘再兴. 关于经济地理学研究对象及其科学性质的探讨 [A]. 刘再兴. 刘再兴文集 [C]. 北京：经济管理出版社，2017：7，12.

年代初，他就在《中国经济地理概论》中，明确提出"根据自然资源、社会资源条件、历史发展特点、经济发展程度和发展趋势，除台湾外全国大体上可分为'三大经济区域'"，即"沿海发达地区""边疆待开发地区""介于上述两大地区之间"的"内地"①，并对比分析了三大地区的发展条件、生产特点和发展方向。80年代中期进一步明确将三大地区"划分为东部、中部、西部三大经济地带"②。

基于三大经济地带的划分，他深入探讨了中国空间梯度推移问题。他指出：从现实情况看，中国东部、中部、西部三大经济地带，客观上存在着两个"梯度"：就经济技术发展水平及多数反映生产的经济效益指标而言，基本上是从东向西呈阶梯形下降；就空间的广度和资源的丰度而言，基本上是从西向东呈阶梯形下降。③ 基于这一认识，他既不同意简单地按"梯度"理论认识中国经济分布和空间特征，也不同意不符合历史基础和现实可能的"反梯度论"，以及多种推移形式并存的"并存论"；而是开创性地提出了空间梯度推移的"主导论"。他认为在中国区域经济发展的过程中，起主导作用的是梯度推移，但同时要坚持大范围内的梯度推移与局部范围的反梯度推移相结合。他说："在全国大的空间推移顺序上，应由东向西逐渐推进。但这并不排斥中西部的局部地区、局部领域，也可以超前发展而后来居上。因此梯度推移并不是板块式的、整齐划一的，也会有些交错。只是这种局部的超越，在整体上不占主导地位，占主导地位的是梯度推移。"他强调，这样做对于从宏观战略上做好全国生产力布局工作是十分必要的，"在我国的布局战略中，要妥善处理东中西三大经济地带间的发展比例关系，这个宏观地带间的关系处理好了，全国生产力布局大框架就能做好"④。他开创性地提出的这种空间梯度推移"主导论"，考虑得相当周全、缜密和深刻，也较符合实事求是的原则，具有可操作性。

（三）领先总结生产布局规律并重点探讨中国生产布局战略

为指导社会主义现代化建设，作为经济地理学研究的中心任务，他开创性地全面总结了生产布局规律。针对当时学术研究领域中出现的片面强调生产布局一般规律而

---

① 孙敬之. 中国经济地理概论［M］. 北京：商务印书馆，1983：583.（"三个经济地带"区划的内容出现在该书第五篇，该篇由刘再兴和连亦同执笔。）

② 刘再兴. 地区经济布局中的几个方向性问题［A］. 刘再兴. 刘再兴文集［C］. 北京：经济管理出版社，2017：83.

③ 参见刘再兴. 地区经济布局中的几个方向性问题［A］. 刘再兴. 刘再兴文集［C］. 北京：经济管理出版社，2017：84.

④ 刘再兴. 论梯度理论——兼评《论中国工业布局的区位开发战略》［A］. 刘再兴. 刘再兴文集［C］. 北京：经济管理出版社，2017：92.

否认有社会主义生产布局特殊规律的思想倾向，他从理论与实践的结合上进行了较为全面系统的阐释，认为不仅存在生产布局的一般规律，而且存在社会主义的特有生产布局规律。通过回顾世界代表性国家工农产业布局的演化脉络，他将生产布局的一般规律概括为"随着生产的发展（包括生产力及与之相适应的生产关系），生产的空间不断扩大，生产部门、生产要素、生产环节的空间组合日趋复杂化和多样化"①。在探明生产布局一般规律的基础上，他立足中国国情，重点深化了对于中国生产布局特殊规律的研究。他强调要着重从战略上思考和认识生产布局，认为布局战略是经济社会发展战略的重要组成部分，生产布局是经济社会发展总战略的空间表现；布局战略的中心问题是协调地区间的发展比例关系；布局政策的指导思想是引导生产分布沿着什么方向发展变化及取得什么样的预期成果；政策目标取向是要寻求效益与均衡最佳的"结合区间"。② 基于这一认识，他提出了中国生产布局的战略构想。20 世纪 80 年代中期，他将今后战略布局的构想概括为"立足沿海，循序西移，中间突破"③；生产布局的总体框架是："以沿海为主轴""促长江干流腾飞""深化黄河上中游优势资源的开发""加快西南重化工业带的建设""以沿边开放为突破口，启动南北边疆地带的发展"。④ 他的基本主张是梯度开发，即东西兼顾，按三大经济地带由东向西进行梯度推移，并同局部范围的逆梯度推移相结合，有步骤、有秩序地开展生产力布局。

在从宏观上探讨中国社会主义生产布局总体战略的同时，他还从微观上考察了生产布局中集聚与分散间的关系。通过总结中国 30 年经济建设的经验教训，他发现企业间集聚能够产生组合效应，助推城市化进程；但是，当集聚达到一定程度后，在资源环境的双重约束下，会产生"消聚"力量。由此，他得出结论："社会主义国家在布置工业企业时，既不能走分散—高度集中—分散的路子，也不能走分散—分散的路子，只能走适当分散和适当集中相结合的路子。"⑤

在探讨中国生产布局规律与战略的过程中，他还参与了大量国土规划的理论研究与应用探讨工作。20 世纪 70 年代末到 90 年代中前期，他参加了国内几十个省、地、市、县国土规划的编制和评审工作，深受有关省区国土部门的欢迎与重视；同时，他发表许多成果，对国土规划的基本理论和方法、规划框架和基本内容，以及国土规划中的重大问题，进行系统的探索和论述，做出了开拓性的贡献。

---

① 刘再兴. 论生产分布规律［A］. 刘再兴. 刘再兴文集［C］. 北京：经济管理出版社，2017：97.
② 参见刘再兴. 刘再兴文集［M］. 北京：经济管理出版社，2017：72，73，78，300.
③ 刘再兴. 论生产力的战略布局［A］. 刘再兴. 刘再兴文集［C］. 北京：经济管理出版社，2017：75.
④ 刘再兴. 中国生产力总体布局研究［M］. 北京：中国物价出版社，1995：240 – 296.
⑤ 刘再兴等. 生产布局学原理［M］. 北京：中国人民大学出版社，1984：129.

（四）领先研究地区差距和区域发展问题

改革开放初期，国家为了加快现代化建设的步伐，采取了向发展条件相对较好的东南沿海地区倾斜的政策，导致了地区发展差距的拉大。刘再兴在肯定东南沿海地区发展成就的同时，通过大量实地调查，于20世纪80年代初就在剖析沿海与内地的关系中洞悉到地区发展差距拉大的问题，明确指出："沿海与内地的关系，本质上是先进地区与落后地区的关系。"① 90年代中期更是系统分析了地区发展不平衡或地区发展差距问题，包括东部倾斜政策导致的东部与中、西部地区差距不断扩大；经济重心的大幅度南移，导致北方与南方经济发展差距拉大；在沿海地带，东南沿海四省迅速崛起而北方沿海三省相对滞后；新兴工业地区迅速成长，老工业基地相对萎缩等问题。② 他不仅较早注意到并且较早系统地考察了中国客观存在的区域发展差距，还尝试性采用定量方法测度区域发展差距。

为了缩小地区发展差距，他对中国区域发展问题进行了广泛研究，尤其对中国东、中、西部的发展战略进行了深入探讨，提出了许多真知灼见与战略构想。如对于东部发达地区，他强调要充分发挥其区域综合优势，采用结构导向与技术导向相结合的发展模式，通过"外引内联"，使之在全国经济建设中起先导作用；中部地区则应突出其在全国经济战略布局中"承东启西"的地位与作用；西部地区要重点发挥资源优势，扬长避短，西部工业化应沿着有特色的重化工业化道路推进，由单一的经济增长目标模式向多层次的增长与发展相结合的目标模式转变，以经济建设为中心，以提高效益为前提，以加快速度为标志，以提升产业结构为重点，保持社会、经济、生活、生态与人类自身的协调稳定发展。③

20世纪80年代初，他还针对当时普遍否定三线建设的主张，发表了自己的见解。他认为，不能把它简单地当作"包袱"丢下不管，而是要从实际出发，实事求是地予以分析，正确评估三线地区的建设成果与潜力，看到三线地区的资源优势，"在正确总结三线建设经验教训的基础上，真正从国家需要和三线地区的条件、特点出发，研究制定这片地区正确的发展战略"④。

---

① 刘再兴. 论新形势下沿海与内地的关系 [A]. 刘再兴. 刘再兴文集 [C]. 北京：经济管理出版社，2017：275.

② 参见刘再兴. 中国生产力总体布局研究 [M]. 北京：中国物价出版社，1995：54-57.

③ 参见刘再兴. 刘再兴文集 [M]. 北京：经济管理出版社，2017：391，441，550-551.

④ 刘再兴. 总结经验发挥三线地区的优势 [A]. 刘再兴. 刘再兴文集 [C]. 北京：经济管理出版社，2017：459.

在区域经济研究过程中，他还通过定性分析与定量分析相结合，先后建立诸多计量指标，用以研究中国生产力布局及区域经济的发展状况，并通过对所构建的指标进行系统归纳，建立了中国生产力布局及区域经济分析的计量指标体系。对中国区域经济学的科学化和规范化发展起到很大的推动作用。

四、汪敬虞对中国经济史研究的独到贡献

汪敬虞（1917～2012 年），湖北蕲春人。1943 年毕业于武汉大学经济学系；1946年中央研究院社会研究所研究生毕业并留该所工作。中国社会科学院经济研究所研究员、博士生导师，中国社会科学院荣誉学部委员，享受国务院政府特殊津贴专家。曾任中国经济史学会副会长，第七、八届全国政协委员。从事学术研究 70 余年，研究方向为中国经济史，尤其主攻中国近代工业史。武汉大学毕业论文为《纽约钱币市场之分析》（1943），指导老师是杨端六。

早在中央研究院工作时期，即参与巫宝三主编的《中国国民所得（1933 年）》（1947）一书的编撰，负责其中工业部分的研究。一生出版各类著作 17 部。其中，独著 10 部（含专题文集 5 部），主编 1 部，史料编辑 1 部，参编 5 部。代表作有《唐廷枢研究》（独著，1983）、《赫德与近代中西关系》（独著，1987）、《中国资本主义的发展和不发展：中国近代经济史中心线索问题研究》（独著，2002）、《中国近代资本主义的总体考察和个案辨析》（专题文集，2004）、《中国近代工业化研究》（专题文集，2017）等。早年曾用英文发表专著《中国的工业生产，1931 - 1946》（*China's In-dustrial Production*，1931 - 1946）（1947）；在英国皇家经济学会英文杂志《经济学报》（*The Economic Journal*）发表论文《战前中国工业生产与就业》（Industrial Production and Employment in Prewar China）（1946）。另编有《汪敬虞集》；发表论文 100 篇左右。

他是著名的中国经济史专家，他主编的《中国近代经济史（1895 - 1927）》（全 4册，2012）是国家哲学社会科学"八五"重点项目成果，被称为"金字塔式著作"，"为中国经济史研究树立了一座里程碑"。[①] 曾获第九届孙冶方经济科学奖著作奖、第四届吴玉章人文社会科学一等奖、第二届郭沫若中国历史学奖一等奖、第四届中国社会科学院优秀成果一等奖等。入选"影响新中国 60 年经济建设的 100 位经济学家"。

[①] 丁长清. 纪念汪敬虞 [J]. 中国经济史研究，2013（04）：9 - 11.

（一）以"坚忍不拔"精神终身从事中国近代经济史研究

汪敬虞终身专于一业，正如其子、中国社会科学院研究员、学部委员汪同三所记述："他干的一件大事就是在严中平先生的科研队伍里做中国近代经济史，他们从20年代50年代就做这件事情，到60年代还在做这件事情，一直到80年代后期他们的成果才完成，获得了中国社会科学院第一个科研成果一等奖。中国社会科学院对于学术成果的评奖是非常严格的，甚至一等奖在开始的几年都是空缺的。"①

他对中国近代经济史的研究生涯，其实是从搜集史料开始的。在他一生所从事的中国近代经济史研究过程中，在很大程度上始终都是与做史料的收集和整理工作联系在一起的。他协助巫宝三编撰《中国国民所得（1933年）》一书，就查阅了大量工业方面的文献史料，其中许多数据都是他第一次使用。1957年，他汇编的《中国近代工业史资料》（第2辑）正式出版，这是一部近百万字的资料巨著，是为中国近代经济史研究所做的一件史料汇编的基础性工作。1959年和1962年，为编写《中国近代经济史（1840－1895）》，他与编写组同仁两次到上海收集资料，前后工作一年以上，先后共收集到中西文资料数百万字。为收集和整理中国近代经济史资料，他在其研究生涯中坚忍不拔，倾注了大量心血。

史料收集工作是如此，理论探讨工作也是如此。对于经济史的研究来说，史料收集是前提和基础，理论探讨则是核心与灵魂。为弄清中国近代经济史中的理论认识问题，他坚持认真思考，反复进行推敲。例如，关于中国近代经济史研究的"中心线索"或"主线"问题，早在20世纪60年代初即已提出。严中平最先提出相关见解，经济史学界还在"文化大革命"前及"文化大革命"后进行过一些讨论。但真正一直坚持认真思考并取得系统研究成果的却并不多见。除"文化大革命"10年外，汪敬虞一直都在思考这一问题，"这个问题，事实上在我脑中盘桓了近三十年"，"三十年间，有过反反复复的思考。"② 最后形成他的个人专著《中国资本主义的发展和不发展：中国近代经济史中心线索问题研究》。正如该书推荐专家之一王方中所指出："40年来，个别学者在个别问题上就此进行过探讨。但全面地论证这个问题，最终写成这么一本高水平著作的还只有汪敬虞教授一人。作者这种几十年如一日坚韧不拔、锲而不舍的精神十分值得钦佩。"③

---

① 汪同三. 家父汪敬虞先生与中国经济史研究［J］. 经济学动态，2019（06）：146－147.
② 汪敬虞. 中国近代经济史中心线索问题的再思考［J］. 中国经济史研究，1990（02）：1－13.
③ 王方中. 专家推荐意见［A］. 汪敬虞. 中国资本主义的发展和不发展：中国近代经济史中心线索问题研究［C］. 北京：中国财政经济出版社，2002：455.

（二）把"发展和不发展"作为中国近代经济史研究的一条"主线"

他认为，厘清中国近代经济史研究的"主线"或"中心线索"非常重要。"中心线索就像一支糖葫芦棍，是贯穿事物整体的一条主线，通过这条主线能更紧密地联结主体的各个部分，更好地认识主体。"没有中心线索就像一口袋马铃薯，互不连接，一盘散沙。他把"中心线索"又比喻为"葡萄串"，指出："一部具有比较理想的中心线索的历史，不但是一部正确的历史，而且是一部丰富的历史，它不仅像一串糖葫芦，而且更像一根藤上的葡萄串"，"葡萄串上的葡萄，大小不同，色泽各异，疏密有间，错落有致。如果说糖葫芦串上的葫芦，是机械的排列，那么葡萄串上的葡萄，就是有机的构架"。① 在他看来，这个"中心线索"不仅可以理出清晰的内在逻辑联系，而且可以带动一系列学术问题的重新认识和理论研究高度的提升，有助于丰富中国近代经济史的涵义和内容。

那么，中国近代经济史的"中心线索"究竟是什么？他的回答是："贯穿中国近代经济史的中心线索，个人认为，缩成一句话，就是中国资本主义的发展和不发展。"② 把中国资本主义的"发展和不发展"作为中国近代经济史的中心线索，是20世纪60年代初严中平在主持讨论《中国近代经济史》编写提纲时"首先提出来的"；但当时并未形成一致和明确的意见。"文化大革命"后重启编写工作时，"这条主线已成明日黄花"，"包括主编严中平先生自己在内，已无人再重提旧事了"。③ 甚至后来严中平公开致信批评汪敬虞所论证和坚持的这条由他自己"首创"的"中心线索"。所以，这条"中心线索"，如果说严中平是首创者的话，那么汪敬虞则是坚持者和论证者，而且是在首创者已明确放弃和坚决反对这样一种情况下的顽强坚持者和系统论证者。

他解释说："我们提中国资本主义的发展和不发展，指的是有所发展而又不能充分发展。"④ "在中国资本主义发展和不发展的过程中，不发展是主导的一面。"⑤ 就是说，在中国近代经济发展的过程中，中国的资本主义一方面是有所发展的；另一方面又未能得到充分发展，而且不能充分发展是占主导地位的。他认为，这样一个提法要着重解决两个问题，即提发展时要着重分析和研究它是怎样发展的；提不发展时要着重分析和研究它为什么不能发展。正是围绕"发展与不发展"这一中心线索，他发表

①⑤　汪敬虞. 中国近代经济史中心线索问题的再思考 [J]. 中国经济史研究，1990（02）：1-13.
②　汪敬虞. 论中国近代经济史的中心线索 [J]. 中国经济史研究，1989（02）：1-11.
③　汪敬虞. 前言 [A]. 汪敬虞. 中国资本主义的发展和不发展：中国近代经济史中心线索问题研究 [C]. 北京：中国财政经济出版社，2002：2.
④　汪敬虞. 前言 [A]. 汪敬虞. 中国资本主义的发展和不发展：中国近代经济史中心线索问题研究 [C]. 北京：中国财政经济出版社，2002：7.

了系列论文并最终完成个人专著进行系统论证和详细阐释。他详细分析了中国资本主义不能充分发展的表现，认为它不仅表现在资本主义的总体水平远远低于资本主义国家的状况上，而且表现为点与面的不协调，表现为点上的发展与面上的不发展并存，先进的工业与传统的农业并存，机器大工业与手工业并存等现象上。至于中国资本主义既有所发展而又不能充分发展的原因，他认为这是由其产生时的历史条件和生存期间的时代环境所决定的。具体来说，一方面，中国资本主义的产生，不是来自封建社会内部新生力量对旧的生产关系的突破，不是封建社会内部资本主义生产关系的直接临盆，而是来自外国资本主义势力入侵的冲击，来自中国原来的正常发展过程的中断，因而它表现为"先天不足"；另一方面，它在其生存发展期所面临的时代环境，是已经进入垄断阶段的外国资本主义在整个中国资本主义经济中居于优势和统治地位，以封建皇帝、军阀官僚集团为首的封建主义势力继续维持着在中国城乡的统治，其后又是官僚资本主义，亦即买办的、封建的国家垄断资本主义在本国占居优势和统治地位，民族资本主义在其发展过程中承受着外国资本主义、帝国主义和国内封建主义、官僚资本主义的压力，因而它表现为"后天失调"。这种情况表明，中国资本主义的发展与不发展，既有主线与主体间的内在联系，也有发展前途与历史条件之间的内在联系。因而在他看来，中国资本主义发展与不发展这条主线的存在不仅有逻辑的连贯性，而且有历史的规定性。他还指出，资本主义的发展和不发展这条主线的提出，不仅要求我们把目光投向广泛的经济基础，而且要投向各种层次的上层建筑。[①]他强调，对近代中国来说，只有从根本上改变半封建、半殖民地的中国为独立、自由、民主和统一的中国，才能实现真正的工业化。[②]

他在《中国资本主义的发展和不发展：中国近代经济史中心线索问题研究》中围绕这一中心线索，就中国资本主义的萌芽和产生、中国资本主义发展的外部条件和内部机制、中国近代经济发展水平以及产业革命精神等展开详尽的探讨与分析，并提出了一系列独到的见解。"这部书稿是他将近60年来学术研究工作的一个总结，也是他学术思想的核心部分。""这部书稿最重要的学术贡献就是提出了将资本主义的发展与不发展作为中国近代经济史的中心线索。这一思想具有鲜明的理论意义，为中国近代经济史研究提供了一条新的思路。"[③]

---

① 参见汪敬虞. 中国近代经济史中心线索问题的再思考［J］. 中国经济史研究，1990（02）：1 – 13.

② 参见汪同三. 家父汪敬虞先生与中国经济史研究［J］. 经济学动态，2019（06）：146 – 147.

③ 学术委员会评审意见［A］. 汪敬虞. 中国资本主义的发展和不发展：中国近代经济史中心线索问题研究［C］. 北京：中国财政经济出版社，2002：453.

（三）以"艰难跋涉"描绘近代中国现代化的不懈追求

在《中国近代经济史（1895 - 1927）》中，他曾指出，中国资本主义的产生是近代中国社会前进的历史走向，发展中国资本主义是近代中国人民寻求富强之路的强烈愿望，产业化是中国人百年来梦寐以求的理想。他在多项研究成果中都描述了近代中国人民为着这一理想而进行的不懈追求。

在纪念辛亥革命 80 周年的 1991 年，他曾撰写《论近代中国的产业革命精神》一文，指出：在近代中国半殖民地半封建的土地上，不具备进行产业革命的前提条件，不可能开辟一个为资本主义充分发展作准备的产业革命的场所，因而没有发生像资本主义国家那样的产业革命；但是，"近代中国充满着产业革命的精神，这也是一个客观的存在。中国的半殖民地半封建的地位，激发了中国独立发展民族资本主义的强烈愿望，激发了几代人为这个目标而进行的艰苦奋斗，激发了中国人民为实现祖国的现代化而进行的奋勇拼搏。一句话，激发了中国的产业革命精神"①。这种产业革命精神，不仅表现在工业各部门之中，也表现在交通运输以及农业垦殖等一系列经济部门之中，集中展示了中国民族资本实业家为发展现代企业而奋起的强烈愿望。

2002 年，他又发表《中国现代化黎明期西方科技的民间引进》一文，作为上文的姊妹篇，此文着重描述洋务运动官方主流活动之外广泛存在于民间的先行者们的相关活动，以及他们在中国现代化黎明期为新生产力的引进和开发而进行的不懈努力。民间活动"不具有洋务派官方活动的声势，但却体现了中国人民对现代化执着追求的主动精神"②。

近代中国人民以产业革命精神所进行的这种不懈追求，并未使中国的现代化得以实现，而是始终在现代化征程上"艰难跋涉"。他发表多篇系列文章，从农业、工厂矿场、铁路交通、轮船航运、贸易、文教卫生等多个方面进行系统考察，并通过对华商与英商合办大型煤矿、台湾地区购办水陆电线和开采煤矿与石油矿等案例的剖析，以及《赫德日记》中相关记载的分析，说明近代中国的历史，是一部现代化征程艰难跋涉的历史。③

---

①　汪敬虞. 论近代中国的产业革命精神 [J]. 近代中国，1991（01）：1 - 24.

②　汪敬虞. 中国现代化黎明期西方科技的民间引进 [J]. 中国经济史研究，2002（01）：3 - 18.

③　参见汪敬虞. 中国现代化征程的艰难跋涉（上）[J]. 中国经济史研究，2007（01）：3 - 11；汪敬虞. 中国现代化征程的艰难跋涉（下）[J]. 中国经济史研究，2007（03）：3 - 11；纪辛，汪敬虞. 中国现代化征程的艰难跋涉 [J]. 中国经济史研究，2008（03）：78 - 85；汪敬虞. 中国现代化征程中的艰难跋涉——《赫德日记》中的一个启示 [J]. 近代中国，2009（00）：227 - 239.

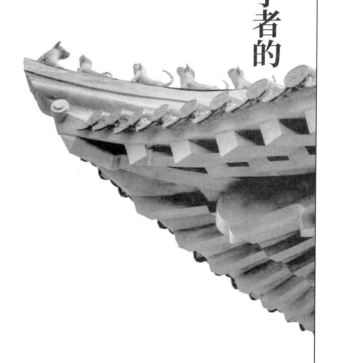

第七章

其他地区老一辈校友学者的

相关学术成就与贡献

北京而外，在其他地区也有一批 20 世纪四五十年代毕业于武汉大学的老一辈校友学者，较为著名的如前已述及的西北的何炼成、西南的刘诗白、上海的宋承先和席克正；另外，还有此间来到武汉大学经济学系，曾执教多年后又调离珞珈山的老一辈校友学者，如湖南的尹世杰。这批校友学者群体在学派创建核心理论的研究方面也取得了较多的成就并做出了一定的贡献，其中尤以何炼成、刘诗白最为突出。

第一节
何炼成的相关学术成就与贡献

从学派创建成员划分边界角度看，何炼成也是一位与珞珈经济学"学派"创建关联性较强的重要校友学者。他虽在西北大学任教，却长期担任武汉大学经济学系的兼职教授，一直与珞珈经济学"大本营"保持着密切的学术合作与交往关系；他曾将自己的本科得意弟子朱玲推荐到武汉大学经济学系攻读硕士学位，让自己的硕士弟子李义平到西南财经大学刘诗白校友处攻读博士学位，通过多种形式保持与母校和校友间的学术联系；最为重要的是，他是珞珈经济学"学派"创建的强烈倡导者和坚定践行者，他将珞珈经济学"学派"创建的学术理论概括为"中国发展经济学"，创新性地提出要创建中国自己的发展经济学，为珞珈经济学"学派"创建核心理论的形成与发展进行了大胆探索并取得突出成就，因而他是珞珈校友学者群体中又一位重要的学派代表人物。

一、主要学术成就

何炼成（1928～2022 年），湖南浏阳人。1951 年毕业于武汉大学经济学系；同年分配至西北大学任教；1953 年被选拔到中共中央党校师资部政治经济学研究生班学习，毕业后回西北大学继续任教。历任西北大学经济系主任、经济管理学院院长、名誉院长，兼任中国西部经济发展研究中心学术委员会主任，中华外国经济学说研究会发展经济学研究分会名誉会长，陕西省中国西部发展研究院院长，中国经济规律系统研究会副会长，中国《资本论》研究会、中国宏观经济研究会常务理事，陕西省人民政府顾问，陕西省政协委员、文史委员，陕西省社会科学联合会名誉主席等。日本同志社大学、美国西密歇根大学、德国吉森大学以及武汉大学、山东大学、兰州大学、西北工业大学等多所大学的兼职教授。

他著述勤奋，成果丰硕，出版各类著作 41 部。其中，独著 8 部，主编 20 部，第一主编 10 部，第一作者合著 3 部。另编有《何炼成选集》《何炼成文集》《何炼成学术争鸣集》；发表论文 500 余篇。他的学术成果主要包括下述 6 个方面的内容：

(1) 马克思主义生产劳动理论与劳动价值理论研究，如《生产劳动理论与实践》（独著，1986）、《深化对劳动和劳动价值论的研究和认识：四十年来我的研究轨迹》（独著，2002）、《坚持和发展马克思的劳动价值论》（主编，2004）、《社会主义劳动新论》（主编，2004）、《社会主义社会劳动和劳动价值论新探》（第一主编，2010）等；

(2) 中国社会主义初级阶段与市场经济研究，如《中国社会主义初级阶段经济学》（主编，1987）、《中国市场经济理论与实践》（主编，1992）、《市场经济面面观》（主编，1993）、《社会主义市场经济学》（主编，1993）、《中国市场经济发展的无序与有序》（第一主编，1993）、《社会主义商品经济论》（主编，1998）、《社会主义市场经济与所有制改革》（独著，2003）、《中国特色社会主义经济问题研究》（第一主编，2010）等；

(3) 中国经济发展与中国发展经济学研究，如《中国经济发展新论》（主编，2005）、《中国发展经济学》（主编，1999）、《中国发展经济学概论》（主编，2001）、《中国特色社会主义发展经济学》（第一主编，2009）等；

(4) 西部经济发展研究，如《历史与希望：西北经济开发的过去、现在与未来》（主编，1997）、《中国西部区域市场经济研究》（主编，1998）、《〈两个决定〉与陇西经济发展》（主编，1998）、《西部大开发：战略·政策·论证》（主编，2000）、《西部城市化与社会经济发展研究》（第一主编，1993）等；

(5) 经济思想史研究，如《中国经济管理思想史》（主编，1988）、《中国古近代价格观和经济管理思想介评》（独著，1989）、《邓小平经济理论专题研究》（第一主编，2000）、《中国历代经济管理与发展思想新论》（第一作者合著，2001）、《中国古近代的商品价格观和经济管理思想》（独著，2004）、《价值学说史（修订本）》（独著，2006）、《影响历史进程的 50 部经济名著》（第一主编，2010）、《走向近代化的思想轨迹：名人·名著·经济思想》（第一作者合著，2013）等；

（6）《资本论》研究，如《〈资本论〉和我国社会主义经济问题》（主编，1990）、《〈资本论〉教学与研究》（第一作者合著，1997）等。

在其学术生涯中，何炼成获得诸多科研奖项和荣誉称号。曾先后获孙冶方经济科学奖 2 次，中国图书奖 2 次，国家教委优秀教材奖 2 次，教育部人文社会科学优秀成果奖 2 次，陕西省社会科学优秀成果奖 6 次，陕西省教委教学优秀成果特等奖 1 次、一等奖 1 次，陕西省教委人文社会科学优秀成果一等奖 2 次，其他奖 10 余项；入选"影响新中国 60 年经济建设的 100 位经济学家"，享受国务院政府特殊津贴专家、全国劳动模范、首届陕西省社科名家、陕西省教学名师，2007 年被评为武汉大学第五届杰出校友。

二、社会主义经济理论和经济思想史研究的突出贡献

何炼成非常重视经济学基础理论的研究，尤其长期关注社会主义经济理论和经济思想史，较早即开始进行深入系统的研究，并取得引人注目的成果，在这两个领域做出了突出的贡献。

（一）引发社会主义生产劳动理论大讨论并自成"新中派"一家之言

20 世纪 60 年代初，围绕社会主义生产性劳动与非生产性劳动问题，曾在中国经济学界发生过一场大讨论。何炼成是这场大讨论的直接引发者。针对当时经济学界较为普遍地把生产劳动仅仅解释为生产物质产品的劳动的说法，他运用马克思关于生产劳动与非生产劳动的理论进行分析并提出质疑，于 1963 年连续发表《试论社会主义制度下的生产劳动与非生产劳动》《也谈生产劳动与非生产劳动》等论文阐述自己的观点，引发了这场大讨论。这场大讨论在"文革"后的 80 年代初达到高潮，并且形成了以孙冶方、卫兴华为代表的"窄派"，以于光远为代表的"宽派"，以杨坚白为代表的"中派"；他的观点则独成一派，被称为"新中派"。

"窄派"只以物质生产为限来界定生产性劳动；"宽派"将服务劳动统统纳入生产性劳动范围之内；"中派"认为服务部门的营业性服务才属于生产性劳动。何炼成

则明确反对"窄派",也不同于"宽派"和"中派"。他的基本观点是：首先，将一般内涵意义上界定的生产劳动与特殊内涵意义上界定的生产劳动区分开来，他所探讨的是反映社会主义生产关系特殊内涵意义上的生产劳动；其次，反映社会主义生产关系特殊内涵意义上的生产劳动，除创造物质产品的劳动外，"还应当包括非物质生产领域中的各种服务部门和文化、教育、卫生等业务部门"。也就是说，在非物质生产领域中，各种服务部门和文化、教育、卫生等部门的劳动并非都是生产劳动，只有这些部门中的"业务部门"的劳动才是生产劳动；最后，非物质生产领域中有些部门的劳动属于社会主义社会所特有的非生产劳动，"属于社会主义社会所特有的非生产劳动范畴的部门是：纯粹商业部门、财政金融部门、文化、教育、科学、卫生的行政部门、各级党政机关部门、国防部门等等"①。也就是说，在非物质生产领域中，有一部分属于"行政部门"，行政部门的劳动属于非生产劳动。这样，他就通过"业务部门"与"行政部门"的划分，将各种服务部门与文教卫部门中的生产劳动与非生产劳动明确区分开来。根据这一划分，在科教文卫部门工作的知识分子也创造价值，也应划归生产劳动者的范畴。这在当时是极富创新和大胆的见解与主张。

他的相关观点体现在他前后发表的 10 篇论文中，后经系统整理，形成《生产劳动理论与实践》（1986）一书。该书于 1988 年获西北西南地区优秀图书奖，1990 年获陕西省社会科学优秀成果一等奖；其中的《社会主义制度下生产劳动与非生产劳动的特殊含义》②，1984 年获首届孙冶方经济科学论文奖。

（二）坚持马克思劳动价值论并贯穿于社会主义商品经济分析之中

他较早开始并长期坚持和发展马克思的劳动价值理论，取得一批令人瞩目的研究成果，这些成果后集中收录在《深化对劳动和劳动价值论的研究和认识：四十年来我的研究轨迹》一书之中。他对马克思劳动价值论与古典学派价值论的本质差别以及马克思劳动价值论的基本内容做了系统分析和论证；对价值概念的本质进行了深入研究和科学论证；对价值、平均价值、市场价值等经济范畴之间的联系和区别进行了详细阐述；尤其在价值决定问题上提出了独到的见解并进行了深入的理论论证。在价值决定问题上，中国学术界存在着不同的看法，他有针对性地提出了自己的见解，概括地说就是两种含义的社会必要劳动时间共同决定价值。他指出："所谓两种含义的社会

① 何炼成. 生产劳动理论与实践 [M]. 长沙：湖南人民出版社，1986：132 - 133.

② 何炼成. 社会主义制度下生产劳动与非生产劳动的特殊含义 [A]. 杨坚白. 社会主义国民收入的若干理论问题 [C]. 北京：中国社会科学出版社，1983：57 - 59.

必要劳动,一是指同一部门内生产单位产品所耗费的社会必要劳动,二是指不同部门之间按照社会的需要成比例地分配到各个部门的劳动总量。"① 也就是说,在同一部门内和不同部门间存在着两种含义的社会必要劳动时间,它们共同决定价值。这样,他就通过更为细致的分析和更为深刻的阐释,新颖而又独特地表述了自己关于价值决定的观点。

在理论上坚持马克思两种含义的社会必要劳动时间共同决定价值观点的同时,在实践中,他将自己对马克思商品经济理论的独到见解,贯穿于对中国社会主义商品经济的分析之中,形成了系统的社会主义商品经济理论。"较早地提出商品经济从其运动机制上讲是市场经济的观点,从而成为我国经济理论界市场经济派的主要代表及支持者。"②

(三)阐释中国社会主义所有制结构理论并提出"飞机型"模式和"非国有化"方案

以马克思主义所有制理论为指导,他对中国社会主义生产资料所有制结构进行深入的理论研究。认为在中国生产力还不发达的社会主义初级阶段,应当实行多元化、多层次的所有制结构,采用"飞机型"模式。"所谓所有制结构的'飞机模式',是我在 1987 年全国高校社会主义经济理论讨论会上首先提出来的。我当时的原意是,认为在我国现阶段生产力还不发达的情况下,国家所有制的比重不宜太大,集体所有制的比重不能太小,还应当允许私有制一定的发展。而这三种所有制的关系,应当是以国有制为主导(好比飞机头)、集体经济为主机(好比机身)、私有经济为重要补充(好比机翼)。三者的结构比例关系,现阶段以保持 30∶40∶30 为宜,因此又被称为'343'模式。"③ 他认为,所有制结构达到这样的程度,整个国民经济就可以腾飞了。这一模式引起学术界极大关注,并在以后中国所有制结构的变化和发展趋势中得到一定程度的验证。

20 世纪 90 年代初,面对国有企业改革步履维艰、国有资产流失严重、现代企业制度试点推进缓慢等现象,他经过慎重思考与深入研究,又大胆地提出了国有企业的"非国有化"方案。主张将一部分中小国有企业特别是小企业,如小型商业、服务企业变为非国有企业;将大部分大中型国有企业通过混合所有制改造变为股份有限公

---

① 何炼成. 深化对劳动和劳动价值论的研究和认识:四十年来我的研究轨迹 [M]. 北京:经济科学出版社,2002:232.

② 丁文锋. 何炼成经济思想研究 [M]. 西安:西北大学出版社,1997:10.

③ 何炼成. 调整和完善所有制结构 加快推进国有企业改革——学习十五大报告的体会 [J]. 人文杂志,1997(06):51-52.

司；其余小部分大中型国有企业变为有限责任公司，只有极少数国有大企业，如军工、核工业、铁路、大油田、大煤矿、国家银行等仍保持国有甚至国营；将国家所有制形式变为人民所有制形式，与政府机关完全脱钩，改属全国人民代表大会委托专门资产管理公司经营管理。[①] 这一改革方案的基本思路与中国公有制多种实现形式的改革方向是相一致的，也在中国企业改革实践中得到一定程度的验证。

（四）经济思想史研究的两大突出贡献

何炼成是中国较早开展经济思想史研究的权威学者。在这一研究领域，他的主攻方向有两个，一是中国经济思想史，尤其是中国经济管理思想史。他于 1957 年即在《西北大学学报》发表《试论孙中山的社会经济思想》。后对中国经济思想史多有研究，并逐渐集中到对中国古近代价格理论和经济管理思想的研究上，形成前已列出的一批相关成果。其中，最为突出的是《中国经济管理思想史》，被誉为"国内外头一部以'中国经济管理思想史'命名的著作"，"是一部名副其实的中国经济管理思想史"。[②] 该书于 1993 年获国家教委系统优秀图书奖，1995 年获国家教委人文社会科学优秀成果二等奖。这是他在经济思想史研究领域中最为突出的一大贡献。

他的另一主攻方向和最为突出的贡献是他对价值学说史的系统研究，其成果是他的专著《价值学说史》。该书初版于 1984 年，2006 年重新修订后予以再版。该书以历史发展为线索，以古今中外思想家们的商品价格观和价值理论为对象，详细介绍和简要评析了中国古近代思想家的价格理论、西欧古近代思想家的价格观和价值观、马克思和恩格斯的科学劳动价值理论、西方近代各流派的价值理论、当代西方经济学的价值理论等；还以附录形式收录了作者坚持和发展马克思主义劳动价值理论的 11 篇反映"新中派"观点的系列论文。该书是"对古今中外价值理论的系统梳理"[③]；"无论是对于丰富和发展马克思主义经济学，构建有中国特色的社会主义经济理论，还是对于其他经济学科的发展，都提供了深厚的理论基础"[④]。该书于 2009 年获第十三届孙冶方经济科学著作奖。

---

① 参见何炼成. 深化国有企业改革的理论思考 ［J］. 当代经济研究，1995（05）：1 – 6.
② 赵靖. 序 ［A］. 何炼成. 中国经济管理思想史 ［C］. 西安：西北大学出版社，1988：4 – 5.
③ 任保平. 对古今中外价值理论的系统梳理——读何炼成教授的《价值学说史》（修订版）［J］. 经济学家，2008（01）：113 – 114.
④ 褚志远. 何炼成教授荣获第十三届孙冶方经济科学奖 ［J］. 西北大学学报（哲学社会科学版），2009，39（06）：217.

三、中国发展经济学的倡导之功与创建之举

从珞珈经济学"学派"创建视角考察,何炼成最为突出的贡献是从学科建设意义上倡导建立中国自己的发展经济学即"中国发展经济学",并为此而做出了巨大的努力,取得了引人注目的重要学术成就。

(一)倡导并创建中国自己的发展经济学——中国发展经济学

"中国发展经济学"这一概念是胡乃武和周振华在介评董辅礽的著作《经济发展战略研究》时首先提出的,但正如我们在第五章中所指出的那样,董辅礽的这部著作研究的是中国经济发展战略问题,无论董辅礽本人还是胡乃武和周振华都还没有明确地从学科建设的角度提出创建中国发展经济学的问题。[①] 何炼成则是从学科建设角度大力倡导创建中国发展经济学的学者。1992 年,他以"建立中国社会主义发展经济学"为题申报陕西省社会科学重点项目,并获得批准;1995 年又以"建立中国发展经济学"为题申报国家教委人文社会科学规划项目,也获得批准。[②] 可见,此时他已从学科建设的角度明确地提出了"建立"中国发展经济学的命题。当时,在他的相关课题申报和研究成果中,"中国社会主义发展经济学"和"中国发展经济学"是互用的,但他似乎更倾向于用"中国发展经济学"这个名称。他曾说过,以前我"用的是'中国社会主义发展经济学'的名称,后改为'中国发展经济学'。我认为这个名称比较规范"[③]。

从 20 世纪 90 年代初开始,他致力于中国发展经济学的创建并取得一系列重大成果,包括前已列出的他所主编的《中国发展经济学》《中国发展经济学概论》《中国特色社会主义发展经济学》等。其中,最为突出的是《中国发展经济学》,该书被视为中国自己的发展经济学诞生的重要标志,"《中国发展经济学》的出版,表明了中国真正有了自己的发展经济学"[④]。该书于 2001 年获陕西省社会科学优秀成果一等奖,2006 年获首届张培刚发展经济学一等奖;此外,《中国发展经济学概论》于 2005 年获

---

① 参见本书第五章第四节"四"中的相关内容。
② 参见韦苇. 何炼成经济思想再研究 [M]. 北京:社会科学出版社,2012:33.
③ 何炼成. 也谈中国特色社会主义经济学研究 [N]. 人民日报,2003 – 12 – 12 (009).
④ 赵炳章. 发展经济学的新发展——评何炼成教授主编的《中国发展经济学》[J]. 西北大学学报(哲学社会科学版),1999 (04):162.

陕西省高校教学优秀成果特等奖。

从学科建设角度倡导创建中国发展经济学，并最先规范化地使用"中国发展经济学"的名称申报课题和出版学术专著，这是对发展经济学研究的重大突破，也是对中国经济学研究的重大贡献。正如有学者在介评他主编的《中国发展经济学》时所指出的："本书以'中国发展经济学'为名，其旨在于研究'世界上最大的发展中国家在社会主义初级阶段经济发展的特点及其规律性问题'，这本身就具有重大的贡献价值。"[①]

（二）确定中国发展经济学的研究对象与学科地位

关于中国发展经济学的研究对象，他指出：发展经济学是研究发展中国家和地区经济发展的科学。"中国发展经济学就是研究我国经济发展的科学，对现阶段来说就是研究我国社会主义初级阶段经济发展的科学。"[②]

他将中国发展经济学置于中国经济学的整体学科中加以审视，认为"中国经济学的核心内容是中国发展经济学"[③]。就是说，中国发展经济学是中国经济学的核心内容，在中国经济学中居于核心的地位。他不同意少数学者将"过渡经济学"作为中国经济学核心内容与主要研究方向的主张，认为研究过渡经济学确有必要，但它不能成为中国经济学的核心内容与主要研究方向，更不能用它来取代中国经济学。因为中国经济学研究是以促进中国经济发展为出发点和归宿的，而过渡经济学所着力研究的体制转轨问题是服务于经济发展研究的，因而它在中国经济学研究中只能处于辅助地位。

（三）阐释中国发展经济学的主要内容

1998 年，他发表《实现中国现代化的发展经济学》一文，系统阐释了构建中国发展经济学的主要内容、基本框架和方法论特点等。

在他看来，构建中国发展经济学的主要内容需要以一定的理论和实践为依据。他的依据有三：一是邓小平建设有中国特色社会主义经济理论和中国近 20 年来建立社会主义市场经济体制的基本实践；二是张培刚正在创建的"新发展经济学"的基本原

---

① 曹钢. 发展经济学研究的新突破——读何炼成主编《中国发展经济学》一书［J］. 当代经济科学，2000（03）：105 – 106.

② 何炼成. 自序［A］. 何炼成. 中国发展经济学［C］. 西安：陕西人民出版社，1999：1.

③ 何炼成，丁文锋. 中国经济学向何处去？［J］. 经济学动态，1997（07）：6 – 15.

理；三是参照西方发展经济学的新发展和"二战"以来一些发展中国家和地区经济发展的经验教训。以此为依据，他将中国发展经济学研究的主要内容概括为"八化"及相应必须处理好的若干关系。所谓"八化"，他将之概括为 4 对相应的概念，并就 4 对相应的概念所需探讨和阐释的内容，做了简要的说明①：

（1）工业化与城市化：根据张培刚《农业与工业化》的研究主题，探讨中国工业化的目标及其发动的条件、工业化的道路和模式，以及工业化过程中必然伴随的城市化道路选择问题等；

（2）商品化与市场化：揭示社会主义制度下实行商品化和市场化的客观必然性，探讨社会主义基本制度与市场经济的结合，以及工业化与市场化的关系问题等；

（3）社会化与国际化：认为工业化必然促进经济社会化、生产社会化，社会化的进一步扩展又必然导致经济国际化，据此考察中国经济社会化的进程及其特点，并进而考察中国经济的国际化及其发展的前景问题等；

（4）信息化与知识化②：中国四个现代化的基础是工业现代化，在科技革命浪潮中，中国经济现代化的前景就是经济信息化和知识化，探讨中国如何建立信息高速公路和信息网络，以及在知识化和信息化过程中的制度创新问题等。

在后续研究中，他对这"八化"又有所补充和调整，列为"九化"，即工业化、信息化、生态化、社会化、城市化、国际化、商品化、市场化、资本化。其中，他删除了"知识化"（或"现代化"）；增加了"生态化"和"资本化"。他认为，"这些问题主要涉及生产力和一般生产关系问题"③。

为了实现这"八化"或"九化"，他又提出必须正确认识和处理好与经济发展相关联的各种关系。在《中国发展经济学》一书中，他所提出的与"八化"相关联的关系为基本经济制度、产业结构转换、区域经济发展、国际经济关系、政治社会文化因素等。在《中国发展经济学概论》中，又进一步明确概括为"八大关系"，即必须正确认识和处理好经济发展与三次产业结构、区域经济、外向型经济、金融资本、人力资本、人口资源与环境、政府职能转变、制度文化的关系。在提出"九化"概念时又相应提出必须正确认识和处理"九大关系"，即基本经济制度及其运行机制的关系，经济发展要素与企业发展的关系，产业发展及其相互关系，产业集群、城市群与区域

---

① 以下相关内容，参见何炼成. 实现中国现代化的发展经济学——邓小平经济思想研究之一 [J]. 西北大学学报（哲学社会科学版），1998（04）：2－6.

② "信息化与知识化"中的"知识化"，何炼成有时使用的是"现代化"；即在"八化"中，有时包括了"现代化"而无"知识化"。

③ 何炼成. 构建中国特色的社会主义发展经济学 [J]. 西部商学评论，2008，1（01）：1－3.

经济发展关系，国内经济发展与国际经济发展的关系，人力资本与物力资本的关系，人口、资源、环境与社会经济可持续发展的关系，政府与市场经济发展的关系，制度文化与经济发展的关系，等等。他认为，"这些问题主要涉及生产关系，也涉及生产力和上层建筑的有关问题"①。

（四）论述中国发展经济学的方法论特点

他指出，和其他马克思主义经济学科一样，中国发展经济学的研究，也必须遵循辩证唯物论与历史唯物论的基本方法论原理，运用抽象分析法、矛盾分析法、历史与逻辑一致、理论与实际相结合、定性与定量相结合、规范分析与实证分析相结合等方法，总结和提炼出中国经济发展的基本规律性及其一些主要规律。在此基础上还需应用一些新的方法，他着重强调的方法包括：经济发展的一般规律与中国经济发展的特殊规律相结合的方法；中国发展经济学既研究中国经济发展中人与人之间的关系及其发展的规律性，也研究人与物之间的关系及其发展的规律性；理论与实际紧密结合；历史与现实紧密结合，厚今薄古，古为今用，洋为中用；努力做到经济学研究方法与其他学科的研究方法相结合等。②

（五）在创建中国发展经济学中传承恩师张培刚的学术思想

何炼成创建中国发展经济学在很大程度上传承了其恩师张培刚的学术思想。他曾一再强调，是张培刚将他引进经济学殿堂的，并称自己仔细拜读了张培刚的《农业与工业化》及其他论著，是在张培刚的论著和理论指导下构建自己首倡的中国发展经济学的。他认为，"构建中国特色的社会主义发展经济学，必须以马克思主义经济学的基本理论为指导，突出当代中国的马克思主义——邓小平有中国特色的社会主义经济理论，充分吸收张培刚教授创建的新发展经济学思想，并借鉴古今中外有利于社会主义建设的思想观点，形成有中国特色的社会主义发展经济学"③。

他声称自己编写的《中国发展经济学》，在很大程度上参考和吸收了张培刚的论著与理论。"在编写《中国发展经济学》的过程中，也吸收了国内外发展经济学家的理论观点，特别是我国著名经济学家、国际发展经济学的奠基人——张培刚教授的许多理论观点。他在40年代初所写的博士论文《农业与工业化》，以及80年代以来所

---

① 何炼成. 构建中国特色的社会主义发展经济学 [J]. 西部商学评论, 2008, 1 (01): 1-3.
② 参见何炼成. 中国发展经济学 [M]. 西安: 陕西人民出版社, 1999: 47-49.
③ 何炼成. 国际发展经济学的奠基人——张培刚教授 [J]. 经济思想史评论, 2007 (03): 331-338.

发表的《发展经济学通论》和《新发展经济学》两本专著，是我们编写《中国发展经济学》一书的重要参考。"①

他不仅重点参考和较多吸收了张培刚的论著与理论观点，而且还较好地运用了张培刚提出的研究方法。正如谭崇台在为《中国发展经济学》所写序言中称道的那样，该书"在研究方法方面，比较好地体现了张培刚教授提出的'要对发展中国家进行多层次和全方位考察'的方法，除了主要是研究我国的经济发展外，还涉及我国的政治、社会、历史、文化、技术以至意识形态等问题"②。

（六）中国发展经济学之西部经济发展研究

在倾心创建中国发展经济学过程中，何炼成还投入大量时间和精力研究西部经济发展问题。他认为，西部地区是发展中大国的发展中大区，西部经济发展滞后必然制约中国整体经济的腾飞，中国发展经济学必须研究西部地区经济的发展。西北大学是陕西省省属重点院校，研究西北、西部地区经济发展也是责无旁贷之举。作为西北经济学家、西北大学经济管理学院院长和陕西省政府决策咨询委员会顾问，他身先士卒、身体力行，"一直活跃在西部大开发理论与对策研究的前沿阵地，为西部大开发出谋划策、呐喊呼吁，奉献自己的满腔热血与聪明才智"③。

他在这方面取得一系列重大研究成果，除前已列出的《历史与希望：西北经济开发的过去、现在与未来》等著作外，还曾发表大量论文，其中《西部大开发四十条》一文，全面概括了他关于西部经济发展的基本思想与对策建议。"四十条"共分为5个方面，每个方面8条建议，分别为：8条指导思想、8大战略思路、8条政策建议、8大重点工程、8条筹资渠道，共40条。以其中的8大战略思路为例，其具体内容分别为："富民强区"的目标战略、可持续发展的长远战略、科教兴区的人才战略、非均衡发展的常规战略、跳跃发展的非常规战略、差异化战略、水资源战略、产业结构调整战略。④

他认为，没有科学的理论，就没有科学的实践；没有科学的实践，也就不可能振兴西部经济。正是基于这一认识，他在1986年即提出"建立西部学派，振兴西部经

---

① 何炼成. 实现中国现代化的发展经济学——邓小平经济思想研究之一 [J]. 西北大学学报（哲学社会科学版），1998（04）：2-6.

② 谭崇台. 序言 [A]. 何炼成. 中国发展经济学 [C]. 西安：陕西人民出版社，1999：3.

③ 韦苇. 何炼成经济思想再研究 [M]. 北京：社会科学出版社，2012：180.

④ 参见何炼成. 西部大开发四十条 [J]. 经济学动态，2001（01）：20-23.

济"① 的倡议，被视为"西北学派"的奠基人。他指出："'西部学派'的任务是：在马列主义和党的基本路线方针指引下，密切结合西部地区特点，探讨振兴西部经济的理论、战略规划和联合协作等问题。"②

四、"创建珞珈学派"的强烈愿望与肩托新星的"何炼成现象"

从珞珈经济学"学派"创建视角考察，何炼成的突出贡献不仅表现为他具有与该学派创建完全一致的学术思想与学术成就，而且表现为他具有强烈的学派创建意识，明确表达了"创建珞珈学派"的强烈愿望，培养出了一大批出类拔萃的优秀学术传承学者。

（一）"创建珞珈学派"的强烈愿望与方案建议

"珞珈学派"这一概念虽然不是他最先提出来的，但"创建珞珈学派"的强烈愿望则是他最先明确表达的。关于"珞珈学派"的概念，据他回忆："在母校百周年大庆时"，"好像是彭明朗校友提出的"，在当时的座谈会上并未引起与会者们的注意，没有展开讨论；但他却甚为关注，会后即与彭明朗进行了交谈。后来，他学习和研究了张培刚和谭崇台的相关论著，进一步思考了"珞珈学派"的问题。他认为，以张培刚的《农业与工业化》博士论文为起点，标志着发展经济学的奠基；张培刚回到母校后培养了一批学术接班人，后来取得了显著成绩。除张培刚外，还有部分珞珈经济学者和校友也取得了诸多相关的学术成就，如谭崇台的《发展经济学》《发展经济学的新发展》以及一套《发展经济学研究丛书》，在全国经济学界产生了巨大影响；刘诗白的《构建面向21世纪的中国经济学》，被评为国家重点学科的代表作；董辅礽的众多论著，在全国影响极大，在国际经济学界也具有较大的影响；他自己主编的《中国发展经济学》《中国发展经济学概论》《中国特色社会主义发展经济学》，被列入教育部"面向21世纪研究生课程教材"，受到经济学专业研究生的热烈欢迎；李京文院士的有关论著，在全国也具有重大影响。他认为"这些论著都是'珞珈学派'的代表作"。在这里，他不仅列出了一批"珞珈学派"的代表者，还列出了一批"珞珈学

① 参见何炼成.西部大开发战略与对策新探［J］.西北大学学报（哲学社会科学版），2004（01）：5-9.
② 毛增余.与中国著名经济学家对话［M］.北京：中国经济出版社，2003：70.

派"的代表作。他所列举的这些代表作都是发展经济学方面的，因而他认为"'珞珈学派'实质上就是'发展经济学派'，这完全是名实相符的"。他推断，可以预期，发展经济学将会有一个大发展，因此，"珞珈学派"也将有一个大发展。据此，他响亮地提出了"创建珞珈学派"的宏伟口号。[①]

2007年，他与胡代光、池莉、易中天等一同被评为武汉大学第五届杰出校友。在次年3月28日召开的第五届杰出校友座谈会上，他进一步向母校提出建议："以发展经济学为中心，重振珞珈学派。学校已经培养了一批青年学者，现在完全有这个实力重振旗鼓。"[②] 他甚至鼓励青年学子奋发努力，问鼎诺贝尔经济学奖。他说这是他在西北大学"211工程"立项时提出的奋斗目标，即第一步：打出潼关，争取全国发言权；第二步：走向国际，问鼎诺贝尔经济学奖。他认为，第一项目标我们已经基本达到了，第二项目标的实现仍遥遥无期。"我想，在以培刚师和崇台师为首的'珞珈学派'的旗帜下，总有一天是可以实现的。"[③] "现在来看，中国最有可能获得诺贝尔奖的就是发展经济学。如果母校能把珞珈学派组织起来，深入研究，创造中国特色的社会主义发展经济学，在此基础上问鼎诺贝尔奖也大有可能。"[④]

为在"珞珈学派"旗帜下"重振旗鼓"甚至问鼎诺奖，他提出了6条具体实施方案建议：（1）在张培刚和谭崇台指导下，进一步发扬"珞珈学派"的创新精神，推出新的发展经济学的精品成果，并翻译成英文版，进入国际经济学界；（2）以全国发展经济学研究会为基础，联合武汉大学、华中科技大学、北京大学、西北大学、西南财经大学、浙江大学等校的经济发展研究中心，在张培刚、谭崇台指导下，集中力量攻关；（3）将有关发展经济学的代表作翻译成英文，迅速打入国际图书市场，并分送诺奖评选委员会评选委员和历届诺贝尔经济学奖获得者；（4）创办一个全国性的"发展经济学"刊物，分中英文两种版本，打入国际书刊市场；（5）扩大张培刚发展经济学研究基金的数量和范围，增设谭崇台发展经济学研究基金；（6）与美国哈佛大学经济学部和发展研究中心结成战略伙伴关系，争取它们的大力支持和帮助。[⑤]

（二）突出创新、肩托新星、攀登高峰的"何炼成现象"

20世纪90年代，中国经济学界涌现出一批相当活跃的中青年学者，其中不少

---

①③　何炼成. 国际发展经济学的奠基人——张培刚教授 [J]. 经济思想史评论，2007（03）：331-338.

②④　记者张海东. 母校恩 校友情——武汉大学第五届杰出校友座谈小记 [EB/OL]. 武汉大学新闻网，https：//news. whu. edu. cn/info/1002/29722. htm，2008-04-01/2022-11-28.

⑤　参见何炼成. 国际发展经济学的奠基人——张培刚教授 [J]. 经济思想史评论，2007（03）：331-338.

是何炼成的学生。针对这一现象,《光明日报》曾发文提出一个问题:这么多经济学家缘何出自西北大学?[①] 当时,经济学界还出现一个专有名词,叫作"何炼成现象"。

这批经济学家主要包括:

张维迎:曾获英国社科类最高奖学金,曾任北京大学光华管理学院院长,被视为其英国牛津大学导师、诺贝尔经济学奖获得者詹姆斯·莫里斯(James Mirrlees)的学术传人。1977 年恢复高考后首批考入西北大学经济系,本科毕业后又成为何炼成的硕士研究生,师从何炼成整整 7 年。他坦言:"是何老师将我引入经济学的殿堂,教给我经济学知识,滋养了我自由的习性。这份师生情,值得我永远珍惜。"[②]

魏杰:曾享有"改革少壮派"美誉,曾任清华大学中国经济研究中心常务副主任、国家国有资产管理局科研所所长。是何炼成最为看重的学生,上了两年本科就被他收为研究生,曾希望他成为自己的学术接班人。

刘世锦:曾 2 次获孙冶方经济科学奖,国务院发展研究中心副主任、办公厅主任、产业经济研究部部长。1982 年毕业于西北大学经济系并留校任教,后在职攻读硕士学位,何炼成是其导师。

邹东涛:经济学界"进京三杰"[③] 之一,曾任西北大学经济管理学院院长、国家体改委经济体制改革研究院副院长、中国社会科学院研究生院常务副院长,兼任世界生产力科学院院士。西北大学物理系本科毕业后成为何炼成的硕士研究生,获经济学硕士学位。

王忠民:历任西北大学经济管理学院副院长,西北大学副校长、校长,全国社会保障基金理事会党组成员、副理事长,中央纪律检查委员会委员。1982 年毕业于西北大学经济系并成为何炼成的硕士研究生,获经济学硕士学位。

李忠民:陕西省发展和改革委员会主任、陕西省金融工作办公室副主任。1995 年获西北大学经济学硕士学位,1998 年获经济学博士学位,何炼成是其导师。

张曙光:中国社会科学院经济研究所研究员,曾 4 次获孙冶方经济科学奖。1963 年毕业于西北大学经济系。

李义平:经济学界"进京三杰"之一,中国人民大学经济学教授。中国设立经济学博士流动站后第一批进站者,北京大学首位经济学博士后。1985 年考入西北大学经

---

①　陈蓬,刑宇皓. 这么多经济学家缘何出自西北大学 [N]. 光明日报,1997 – 01 – 14 (002).
②　张维迎. 恩师何炼成引我进入经济学研究领域 [J]. 金秋,2020 (09):54 – 55.
③　参见李成勋. 从"四大名旦"到"进京三杰" [J]. 经济学家,1998 (01):118 – 120.

济系，成为何炼成的硕士研究生；后考入西南财经大学，师从刘诗白获经济学博士学位。

张军扩：国务院发展研究中心副主任、党组成员兼中共国务院发展研究中心机关委员会书记，1998 年获孙冶方经济科学奖。1982 年大学本科毕业于西北大学政治经济学专业；后在张培刚指导下获武汉大学经济学硕士学位。

丁文峰：中央党校（国家行政学院）经济学部教授，享受国务院政府特殊津贴专家，中国西部人才开发基金会第四届理事会理事长。以同等学历考取何炼成的博士研究生，获经济学博士学位。

张宝通：陕西省社会科学院学术委员会副主任、研究员，陕西省有突出贡献专家。西北大学物理系本科毕业后成为何炼成的硕士研究生，获经济学硕士学位。

石磊：复旦大学教授，中国设立经济学博士流动站后第一批进站者。现任复旦大学经济学院党委书记。是何炼成的硕士研究生。

高帆：复旦大学经济学院教授、博士生导师，教育部 "国家级人才项目" 青年学者，教育部新世纪优秀人才支持计划入选者。是何炼成的博士研究生。

龚唯平：暨南大学经济学院教授、博士生导师。获西北大学经济学硕士学位，何炼成是其导师。

宋则：中国社会科学院研究员，被授予国务院 "国家有突出贡献专家" 荣誉称号，享受国务院政府特殊津贴。1982 年硕士毕业于西北大学，同年获武汉大学经济学硕士学位，何炼成是其导师。

韦苇：西北大学经济管理学院教授、博士生导师，中国经济思想史学会副会长。曾任教育部人文社科重点研究基地西北大学中国西部经济发展研究中心主任，兼西北大学经济管理学院副院长。大学本科毕业于西北大学经济管理学院，后在职攻读博士学位，何炼成是其导师。

姚慧琴：西北大学经济管理学院二级教授、博士生导师，陕西省三秦学者。曾任教育部人文社科重点研究基地西北大学中国西部经济发展研究中心常务副主任。大学本科毕业于西北大学经济管理学院，后在职攻读博士学位，何炼成是其导师。

正因为这么多经济学者和经济学家出自西北大学，所以有人把西北大学经济管理学院誉为 "青年经济学家的摇篮"，把何炼成誉为 "经济学界的西北王"。

为什么能够培养出这么多出类拔萃的优秀人才？他自己曾做过一个回顾与总结，其标题叫作《突出创新，肩托新星，攀登高峰》，他对学生 "高标准，远目标，严要求"，最大 "奥妙" 在于 "启发学生的创新思维，把学生推向学科的前沿阵地，让学生踩着自己的肩膀攀登科学高峰"①。可见，他是把学生作为未来的经济学"新星"来培养的，也要求学生按此标准和要求来打造自己，大胆创新，勇攀高峰。他在另一篇"对话"文章中强调要形成一种良好的学术风格，认为"这种风格可以概括为：勤奋、求实、创新、严谨。遵循'大胆设想，小心求证'的科学研究方法，这个群体学术环境宽松，不唯上、不唯书、不唯师，只唯实；团结勤奋，理论功底扎实；淡泊名利，潜心治学"②。

他的学术风格及对学生的精心培养，使学生受益匪浅。魏杰回忆："何教授的学风极为民主与开明，一直鼓励我们要敢于提自己的新见解，强调做学问必须要有创新，创新是做学问的必备素质。""学生提出了完全与他不同的观点，他都是鼓励与支持的。"他曾对我深情地说过："学生与老师可以进行学术争论，但应是平等的。我主张学生超过老师，学生校正老师的观点。"③ 张维迎回忆："常常听说不少大学老师总是按自己的模子塑造学生，要求学生按老师的观点想问题，写文章。但何老师从不这样。事实上，他总是鼓励学生独立思考，有自己独到的见解。可以说，当何老师的学生，享有最大的自由。我上研究生后，常常谈一些在当时看来是'离经叛道'的观点，何老师不仅没有批评我，反而鼓励我。他的唯一要求是：'言之有理'、'论之有据'、'自圆其说'。"④ 邹东涛回忆："他总是使自己身边保持一个宽松的学术空气，让各种学术观点都得以正常地存在和发展。"⑤

第二节
刘诗白的相关学术成就与贡献

和何炼成一样，刘诗白也是武汉大学老一辈校友学者中的著名经济学家。在当时经济学界，何炼成被誉为"西北王"，他则可称为"西南王"。正如何炼成所指出，他在中国经济学构建方面取得了突出的成就，实际上也是为珞珈经济学"学派"创建

---

① 何炼成. 突出创新 肩托新星 攀登高峰——培养经济硕士、博士生的几点体会〔J〕. 学位与研究生教育，2000（01）：18 – 20.

② 毛增余. 与中国著名经济学家对话（第4辑）〔M〕. 北京：中国经济出版社，2003：106.

③ 魏杰. 永记恩师何炼成教授的教诲〔A〕. 一代师表〔C〕. 北京：中国人事出版社，1997：45 – 47.

④ 张维迎. 恩师何炼成引我进入经济学研究领域〔J〕. 金秋，2020：54 – 55.

⑤ 邹东涛. 跟随何炼成教授十年〔A〕. 一代师表〔C〕. 北京：中国人事出版社，1997：63.

核心理论的形成与发展做出了重要贡献，因而他也是珞珈校友学者群体中一位重要的学派创建代表人物。

一、主要学术成就

刘诗白（1925 年~），重庆万县人。1946 年毕业于武汉大学经济学系；应彭迪先之邀，毕业后即受聘于四川大学经济系；1951 年全国院系调整至成华大学①。历任四川财经学院经济系主任、副院长，西南财经大学校长、名誉校长。1977~1979 年曾被借调至中国社会科学院经济研究所参加许涤新主编的中国第一部《政治经济学辞典》编审工作。第七届全国人大代表，第八届全国政协委员、常委，四川省政协副主席，四川省社会科学联合会主席、名誉主席，四川省社会科学学术基金会理事长，四川省科技顾问团成员、顾问，全国高等财经院校《资本论》研究会会长、名誉会长等。兼任《经济学家》杂志主编、新知研究院院长。武汉大学毕业论文为《论资本主义农业之发生》（1946），指导老师是陈家芷。

共出版各类著作 30 多部。其中，独著 13 部，主编著作和文集 23 部（种）。另编有《刘诗白文集》（10 卷本）、《刘诗白选集》（13 卷本）、《刘诗白经济文选》；发表论文 200 多篇。其学术成果的研究内容主要体现在以下 7 个方面：

（1）国际资本主义研究，如《原子能利用的两条路线》（独著，1957）、《帝国主义殖民体系及其危机》（独著，1957）等；

（2）《资本论》教材编写与相关研究，如《〈资本论〉教程》（全 3 卷，主编，1984；1987；1989）、《〈资本论〉难句解》（全 3 集，主编，1985；1987；1989）、《中国〈资本论〉年刊》（主编，2003 年起每年 1 卷，至今已出 17 卷）等；

（3）政治经济学教材编写与相关研究，如《政治经济学》（主编，1989）、《政治经济学教程（社会主义部分)》（主编，1994）、《政治经济学教程（资本主义部分)》（主编，1995）、《马克思主义政治经济学原理》（主编，2003）、《简明政治经济学小词典》（主编，1986）等；

（4）社会主义经济理论问题研究，如《社会主义商品生产若干问题研究》（独著，1983）、《社会主义所有制研究》（独著，1985）、《社会主义经济理论探索》（独

---

① 成华大学是西南财经大学的前身，1952 年改组为四川财经学院，1985 年更为今名。

著，1987）、《论社会主义所有制》（独著，1988）、《社会主义经济理论新探》（独著，1988）、《社会主义经济学原论》（主编，1992）、《社会主义市场组织与管理》（主编，1992）、《社会主义市场经济理论》（主编，2004）等；

（5）体制改革相关问题研究，如《治理整顿、深化改革的理论和对策思考》（主编，1991）、《国有经营性资产的经营方式和管理体制》（主编，1994）、《我国转轨期经济过剩运行研究》（独著，2000）、《中国转型期有效需求不足及其治理研究》（主著，2004）、《产权新论》（独著，1993）、《论体制创新》（独著，1995）、《主体产权论》（独著，1998）、《体制转型论》（独著，2008）等；

（6）现代财富理论研究，如《现代财富论》（独著，2005）、《科技文化、知识产品、自然财富、公共产品理论》（独著，2018）等；

（7）中国经济学构建与地区经济发展研究，如《构建面向 21 世纪的中国经济学》（主编，2001）、《构建大成都经济圈发展战略研究》（主编，1997）、《知识经济与四川》（主编，1999）等。

曾获多项重要奖项和荣誉，包括孙冶方经济科学奖（1990），吴玉章奖（1992），教育部人文社会科学优秀成果一等奖、二等奖（1995、2009），四川省哲学社会科学优秀成果一等奖（1983、1986、1994、2005），中共中央纪念党的十一届三中全会三十周年论文奖（2008），国家社会科学基金优秀成果奖（1999），中宣部纪念改革开放十周年论文奖（1988），吴玉章人文社会科学终身成就奖（2017）等。先后荣膺"影响新中国 60 年经济建设的 100 位经济学家""改革开放进程中的经济学家""影响四川改革开放 30 周年"十大最具标示性"风云人物""2011 成都全球影响力人物"等称号。1999 年被评为武汉大学第二届杰出校友。

二、社会主义经济理论的创新研究

老一辈经济学家有一个共同特点，就是较为重视经济学基本原理的研究；结合中国的实际，他们大都将研究的重心落脚到社会主义经济理论的研究上。刘诗白就是这样一位较有代表性的学者，而且他较早关注并探讨中国社会主义市场经济理论，在这方面做出了一些颇有影响的创新性研究。

（一）中国社会主义市场经济理论的先驱探索

作为社会主义市场经济理论研究的前提，刘诗白较早地将中国当时社会主义所处阶段概括为"社会主义初始阶段"。早在 1979 年，他就在《论社会主义商品经济与利用市场》一文中提出"不发达或不完全的社会主义阶段""社会主义生产方式初始阶段"① 的概念；在 1981 年 1 月发表的《论社会主义社会所有制的多样性》一文中，更是明确提出了"社会主义初始阶段"的命题，并从概念上将其内涵清晰地加以界定："指不发达的社会主义，即从经济不发达的国家产生的社会主义社会的初始阶段。"② 他的提法，早于 1981 年 6 月，党的十一届六中全会第一次正式提出的中国社会主义制度还处于初级阶段的表述。

改革开放初期，中国尚未明确社会主义市场经济的改革方向；把建立社会主义市场经济体制确定为中国经济体制改革目标，是 1992 年 10 月党的十四大明确提出的。但在此前，学者们已开始进行社会主义市场经济理论的探索，"刘诗白是中国较早探索社会主义市场经济理论的学者之一"③，是"中国社会主义市场经济理论的先驱研究者"④。他在上述《论社会主义商品经济与利用市场》一文中，通过提倡并论证"大力发展社会主义商品经济"的见解与主张，表达了充分利用市场机制的必要性与必然性。在他看来，社会主义在其尚不发达的初始阶段，必然存在多种所有制；社会主义初始阶段所有制的多样性决定了它必然存在着普遍的商品生产和广泛的商品经济。基于这一认识，他指出要"大力发展与完善社会主义商品经济"，强调"要充分发挥和利用社会主义市场的积极作用"。⑤

同年（即 1979 年）4 月在无锡召开的一次全国性学术会议上，他更是明确提出了"社会主义经济仍然具有市场经济性质"的命题。他认为，市场属于商品经济的范畴，市场经济就是指为市场而生产的商品经济。他指出："社会主义经济仍然具有市场经济性质"，"它是崭新的社会主义的市场经济"。针对"市场经济就是资本主义"这一以往学术界长期流行的传统教条，他旗帜鲜明地指出：市场经济"不是资本主义社会特有的经济范畴，而是自原始公社解体时就开始萌芽、几乎存在于人类社会各个不同经济形态中的一般性的经济范畴"⑥。

---

① 刘诗白. 论发展社会主义商品经济与利用市场［A］. 刘诗白. 刘诗白选集（第 5 卷）：社会主义市场体制研究（上册）［C］. 成都：四川人民出版社，2018：3.

② 刘诗白. 论社会主义社会所有制的多样性［J］. 财经科学，1981（01）：1-7.

③ 盖凯程，柏晶伟. 创新社会主义经济理论 构建新政治经济学体系［N］. 中国经济时报，2012-12-14（010）.

④ 刘方健. 刘诗白：经世济民著学问［N］. 四川日报，2020-12-21（012）.

⑤ 刘诗白. 论发展社会主义商品经济与利用市场［A］. 刘诗白. 刘诗白选集（第 5 卷）：社会主义市场体制研究（上册）［C］. 成都：四川人民出版社，2018：4，8.

⑥ 刘诗白. 试论社会主义计划管理与利用市场机制［A］. 刘诗白. 刘诗白选集（第 5 卷）：社会主义市场体制研究（上册）［C］. 成都：四川人民出版社，2018：16.

1992 年 7 月，他在中国《资本论》学术年会上提交了《社会主义市场经济之我见》一文，对社会主义市场经济概念进行了全面、系统的阐释。他指出，较之于"有计划的商品经济"和"有计划的市场经济"的提法，"社会主义市场经济以其抓住和突出了新的商品经济体制运行的本质特征"，可以作为经济体制改革的"首选"。[①] 1992 年 8 月在另一会议上，他进行了"构建社会主义市场经济"的发言，详细阐述了他对社会主义市场经济概念及其基本内容的深刻认识，并就如何构建社会主义市场经济提出对策建议。该发言的内容，后经整理以《论社会主义市场经济》为题发表在 1992 年第 5 期《经济学家》杂志上。其中最值得重视的是就"如何构建社会主义市场经济"提出了一系列具有很强针对性和操作性的对策建议，具体内容是强调要按照社会主义市场经济固有的内容与要求，深化 5 个方面的改革：（1）重塑社会主义市场经济的微观主体；（2）全面发育市场，强化市场机制；（3）完善计划机制，搞好市场与计划的结合；（4）搞好政府调控，转换政府职能；（5）大力构建市场规则，形成市场经济的运行秩序等。他明确指出："由传统的计划经济体制转变到社会主义市场经济体制，是我国经济体制的一次意义重大、影响深远的根本性变革，这是在我国创建一个能大大解放生产力的、充满生机与活力的社会主义新经济体制的必由之路。"[②]

在中国正式确立社会主义市场经济体制为经济体制改革目标的前夕，他系统阐述社会主义市场经济理论，详细论证中国经济体制转轨的必要性与重大意义，并具体提出实现这种转轨的对策措施，为中国正式确立社会主义市场经济体制的改革目标发挥了理论指引与思想先导的积极作用。

（二）社会主义所有制的多元化特征分析

在社会主义所有制改革方面，针对改革开放前长期流行的社会主义"纯公有制论""单一公有制论"，他较早提出了社会主义所有制具有多元化特征的论断，并进行了详细深入的剖析与论证。他在 1979 年即发文提出"要调整所有制领域与生产力不相适应的关系与形式，使它不断完善，而不能把全民所有制形式凝固化"[③]，表达了社会主义所有制不能凝固为单一所有制的思想倾向。1981 年更是明确提出了"社会主义

---

① 刘诗白. 社会主义市场经济之我见［A］. 刘诗白. 刘诗白选集（第 5 卷）：社会主义市场体制研究（上册）［C］. 成都：四川人民出版社，2018：56.

② 刘诗白. 论社会主义市场经济［A］. 刘诗白. 刘诗白选集（第 5 卷）：社会主义市场体制研究（上册）［C］. 成都：四川人民出版社，2018：293.

③ 刘诗白. 试论经济改革与社会主义全民所有制的完善［J］. 经济研究，1979（02）：24 – 29.

社会所有制多样性"的主张，指出："在所有制领域还必须有社会主义全民所有制、社会主义集体所有制、个体所有制和其它所有制形式并存。"①

他论证了社会主义所有制具有多元化特征的必然性与长期性。认为多种所有制并存，并非社会主义社会特有的现象，而是一切社会形态的共同特征，尤其在一切社会形态的初级阶段更是如此。他指出，中国现阶段的所有制即属于不发达的社会主义所有制，尽管受到生产力发展水平的限制而具有不成熟的特征，而且还带有旧形式的痕迹，但却完全可以服务于社会主义新经济的发展。也就是说，中国存在多种所有制不仅是必然的，而且也是适宜的和有用的。同时，它也"不是一时的权宜之计，而是在一个相当长的历史时期内生产力的发展所要求的"②。因而它的存在也不是短期的，而是长期的。

他将中国社会主义所有制多元化特征的表现概括为 3 个方面，即他自己所概括的"三性"：（1）社会主义所有制结构的多元性。指所有制在结构上并非由某一种所有制组成，亦即不是单一结构，而是由性质不同的多种所有制组成的复合结构，既有全民所有制，也有集体所有制、个体所有制等。（2）社会主义所有制形式的多样性。指所有制在存在形式上表现出不同的状况与类型，它不仅以全民所有制或集体所有制或个体所有制形式而存在，而且以联合或混合所有制形式而存在，"它存在全民 + 集体、全民 + 集体 + 个体、集体 + 集体、集体 + 个体等多种多样形式"。（3）社会主义公有制具体形式的多层次性。即无论是全民所有制、集体所有制还是联合所有制，都在具体形式上表现为多层次性。以全民所有制为例，"它在经营形式上，有国有国营，国有、企业经营，国有、集体租赁，国有、个人租赁；在资金结构与分配结构上，有吸收了部分职工资金和实际按股分红的，也有吸收集体资金、社会个人资金和实行按股分红的，还有向其他企业进行投资和按股分红的，等等"③。即在经营形式、资金结构、分配结构等层面上都会表现出不同的状况与特征。

他当时主要是针对全民所有制改革问题进行讨论的，因而重点强调要"把全民所有制和全民所有制具体形式这两个范畴区别开来"④，他已清晰地认识到所有制与所有制的实现形式是两个不同的范畴。在 20 世纪 80 年代中国社会主义经济体制改革的初期，他的这些认识、见解与主张，既具有前瞻性，也具有先导性，为中国所有制改革提供了极为难能可贵的理论依据与决策参考。

---

① 刘诗白. 论社会主义社会所有制的多样性 [J]. 财经科学, 1981（01）: 1 - 7.
② 刘诗白. 社会主义所有制研究 [M]. 上海: 上海人民出版社, 1985: 80.
③④ 刘诗白. 论社会主义所有制 [M]. 西安: 陕西人民出版社, 1988: 77.

（三）社会主义新产权理论的独创阐释

对中国所有制改革的进一步探讨，必然深入触及企业产权制度改革问题。依据马克思主义产权理论，刘诗白从市场微观主体视角出发，阐述了独具特色的社会主义新产权理论，即他创造性地提出的"主体产权论"。

"主体产权论"探讨的"主体"即市场经济的细胞——企业，它是市场经济的微观主体。中国传统计划体制下的企业，特别是国有企业的产权制度存在诸多弊端，其中最为突出的是产权的单一性、集中性和模糊性。他指出，在这种体制下的国有企业，并不是真正意义上的企业，而只是上级行政管理机构的附属物，它既无产权也无法人身份和主体地位，"这种企业模式完全不适应市场经济的需要"。企业改革的目标，就是要"把计划体制下作为行政附属物的国有企业，变成自主决策、独立营运、自负盈亏的市场主体，成为能够对市场价格信号作出灵敏反应，不断开拓创新，自我完善，自我调整的真正企业"。

要使国有企业成为市场主体的真正企业，其核心与关键在于该主体是否具有"实在"的而不是"虚置"的"产权"。他认为，市场经济建立在多元化主体产权基础之上，企业是市场主体也必然是产权主体。这就意味着，企业"必须是一个拥有对资产的支配权的产权主体和法人实体，如果企业不具有财产主体的地位，没有由法律规定的、边界明晰的财产权，没有享有民事权利与承担民事义务的法人身份，企业就不可能真正获得和拥有自主权及相应的利益，也不可能切实地承担起市场经营主体固有的责任"[①]。针对当时人们思想上存在的"私有化"诘难与疑虑，他指出，这种国有企业产权改革，并不是实行财产制度私有化。因为它只是把国家作为出资人的所有权和企业法人财产权分开，也就是说，它所改变的只是财产所有制的实现形式，国家所有制的性质并不发生变化。

从主体产权视角出发，他把财产权作为一个四维权利的具体结构来进行分析，并创新性地提出了"权利束"概念。在人们通常所讲的产权的具体结构，即所有权、占有权、收益权、处置权的基础上，他进一步从企业主体产权的角度强调了财产权的内涵，将产权概念概括为："产权指经济主体拥有的财产权利，它以财产所有权为基础，包括与所有权相关连的由非所有者实施的实际支配权。"并将之列为一个简单的公式：

---

① 此处及上一自然段的引文，均见刘诗白. 序言［A］. 刘诗白. 主体产权论［C］. 北京：经济科学出版社，1998：2.

"财产权 = 产权主体 + 主体实行占有的权能。"他断言："一切财产权均是一个若干权利的组合，即权利束。"①

他特别强调"权利束"在具体表现形式上的多样化与复杂性，认为在现代市场经济中，交易方式和经营方式十分复杂，特别是信用经济变化多端，使得财产权在所有者和各种当事人中形成多种多样的分解与组合，人们面对着十分复杂的主体产权结构和权利束。因而，我们必须以马克思主义经济学为依据，从实际出发，进行具体深入的剖析，这样才能了解现代市场经济的财产组织和主体行为的特征与经济运行的规律。②

立足于"主体产权论"，他提出了将所有权与经营权分离开来，有效利用产权主体多元化推行股份公司制，推进国有资产的流动重组和国有企业的战略性重组等一系列政策建议。这些见解与主张，是他在 20 世纪八九十年代提出的，别具一格，被称为当时中国三大产权理论流派之一。

（四）现代财富理论的创新探索

财富创造既是社会主义经济理论研究的基本内容，也是社会主义经济发展问题探讨中的重要议题。围绕财富创造这一研究主题和核心问题，刘诗白基于当代高科技发展与市场经济条件，进行全方位、深层次的理论思考，做出了许多创新性的探索。

首先，他创新性地阐述了现代社会财富的多样性，确立了全面的社会财富观。他将财富的内涵界定为"生产品拥有的能满足人的需要的有用性"，认为"财富在市场经济形态下主要表现为商品财富，但是不从属于市场机制的产品性财富也是社会财富的组成部分"。③ 在他看来，人类需要的多样性决定了社会生产活动要采用多种多样的具体形式，从而决定了社会财富结构的多样性。他认为，现代社会大生产的发展，形成了由物质生产、服务生产和知识精神生产三大部门组成的三维产业结构；从而也就相应地生产出了物质产品、服务产品和知识精神产品三大类产品。"现代财富也就是物质产品、服务产品、知识精神产品的总和。"④ 这一概括和认识，揭示了现代社会财富结构多样性范畴的丰富内涵，远远超越了物质财富的范畴。在这一认识的基础上，

---

① 本自然段的引文，详见刘诗白. 主体产权论 [M]. 北京：经济科学出版社，1998：31，32，43.
② 参见刘诗白. 主体产权论 [M]. 北京：经济科学出版社，1998：37.
③ 刘诗白. 现代财富论 [M]. 北京：三联书店，2005：21 - 22.
④ 刘诗白. 现代财富论 [M]. 北京：三联书店，2005：13.

他进一步强调，在社会财富生产中既要讲求财富量的增大，又要讲求财富质的提高，还要讲求财富结构的优化。为此，他强调"人们首先应该确立一种全面的财富观念，特别是整体的财富观念"①。

其次，他创新性地发掘了现代社会财富的新源泉，断言科学力正成为社会财富形成的主要动因。他认为，劳动并不是创造社会财富的唯一源泉；人类社会财富创造的主要依托或主要源泉，大体经历了由人力到工具力再到科学力的演进过程。现代市场经济中社会财富并不是独一的，而是呈多样化特征，除劳动力、工具力外，还有对象力、科学力，乃至管理力、环境力等，出现多种社会财富的新源泉。他特别强调科学力在财富创造中的地位与作用，认为在当代世界经济发展中，科学已日益广泛和深入地融入生产过程，成为财富创造的最高层次和最先进的生产方式，"科学力成为现代财富形成的主要动因"②。为充分发挥科学力在财富创造中的积极作用，他强调要特别重视科技创新、知识生产和文化生产对社会财富形成的贡献，提出科技创新是现代财富创造的决定因素，知识生产是发达市场经济中的一种新的生产方式，文化生产是现代市场经济的重要生产部门等一系列见解深刻的新颖论断。

最后，他创新性地深化了对劳动价值概念内涵的认识和外延的拓展，丰富和发展了马克思的劳动价值论。

马克思提出了生产商品的抽象人类劳动物化为价值的重要论题，他基于这一论题重新解释了抽象人类劳动"物化"的概念，认为"物化"并不等同于"物质形态化""实体化"；"物化"概念的本质是"对象化"，"劳动'物化'指的是抽象人类劳动这一商品关系的'对象化'"③，即抽象人类劳动这一商品关系体现、依托于某一劳动生产物或商品对象之中。也就是强调要从商品关系或生产关系的层面来认识和把握劳动"物化"问题，深化了对马克思劳动价值概念内涵的认识。

从劳动价值的外延上看，他认为，市场经济中各部门生产的产品，无论是物质产品还是精神产品，无论是实物形态的产品还是非实物形态的产品，无论是固化的产品还是流动形态的产品，只要它具有使用价值，具有满足人们需要的属性，所投入的社会劳动就会"对象化"于其中并形成价值。社会主义市场经济中的情况也是如此，各商品生产部门中，无论物质、实物产品生产部门，还是商业、金融等服务部门以及科学、文化产品生产部门，所有这些部门参加产品生产和服务的劳动，就都参加了商品

---

① 刘诗白. 现代财富论［M］. 北京：三联书店，2005：23.
② 刘诗白. 现代财富论［M］. 北京：三联书店，2005：104.
③ 刘诗白. 现代财富论［M］. 北京：三联书店，2005：484.

使用价值的形成。因而在他看来，他们的这些社会劳动也就会"对象化"于商品之中，成为价值创造的有机组成部分。①

他特别强调科技创新劳动的价值，认为科技劳动是劳动的一种具体形式，科技创新劳动是拥有科学知识功底和创造性思维能力的科技人才提供的劳动，是高度社会化的劳动，它具有创造高知识含量使用价值和高价值的双重功能，能创造崭新的使用价值和更大的价值。②

他的上述认识与见解，较为集中地体现在《现代财富论》一书中，该书被称为是对"社会主义经济理论的重大创新"③，"实现了当前高科技时代马克思主义劳动价值论的继承、发展与创新"④，于2005年获四川省哲学社会科学优秀成果一等奖。

三、新时代发展背景下的中国经济学构建探讨

如前所述，刘诗白是珞珈经济学者中对中国经济学的构建做出过系统研究和深入探讨的学派代表人物。他是从新时代发展背景下来探讨中国经济学的构建的，实际上是从经济学理论的视角，深化和丰富了珞珈经济学"学派"创建中有关中国经济发展理论的研究。他这方面的研究和探讨，较为集中地体现在他于1997年发表的《中国经济学构建的若干问题》一文中，后又有新的研究成果发表，尤其在2001年主编出版的《构建面向21世纪的中国经济学》一书中做了更为详细的阐释。

（一）适应改革开放新时代发展的需要

开宗明义，他在《中国经济学构建的若干问题》的提要中明确指出："改革开放和建设有中国特色的社会主义，需要构建理论与实践密切结合，具有强实践功能的中国经济学。"⑤ 在他看来，在新时代发展背景下，改革开放要求人们必须解放思想，立足实际，针对新情况、新问题进行创造性思考，进而得出新答案，形成新原理。

---

① 参见刘诗白. 现代财富论 [M]. 北京：三联书店，2005：488－489，472.
② 参见刘诗白. 现代财富论 [M]. 北京：三联书店，2005：519－522.
③ 袁文平. 社会主义经济理论的重大创新——刘诗白教授专著《现代财富论》读后 [J]. 经济学家，2005（05）：117－120.
④ 黄新生. 劳动价值理论在中国经济实践中发展——兼评刘诗白《现代财富论》的劳动价值新论 [J]. 经济学家，2009（08）：19－21.
⑤ 参见刘诗白. 中国经济学构建的若干问题 [J]. 经济学家，1997（01）：3－12，125.

他指出，中国是改革开放之后才真正开展独立的经济学研究的。因为改革开放后，中国逐渐把社会主义市场经济体制作为经济改革的目标模式，所要走的是一条建设社会主义的崭新道路，没有现存的理论和经验可供直接搬用。① 同时，中国实行对外开放后，面临的是一个社会经济正在大变革的国际背景，各国都在这一背景下进行社会经济变革和调整，国际经济大变革的时代潮流和实践也需要经济理论有新的发展和创新，需要我们从经济理论上深刻认识和清晰阐明新时代经济发展的趋势和规律。② 因而，中国自己的经济学的理论创新，乃是新时代发展的需要。

（二）阐释中国经济学的本质内涵与"致用功能"

他认为，中国经济学的核心和主干是理论经济学或政治经济学，因为政治经济学旨在揭示社会经济活动的本质联系。建立中国经济学，首先要着眼于政治经济学的革新，谋求在构建社会主义市场经济的新的历史条件下，重新审视和科学阐述经济学的基本原理。他指出，中国经济学本质上是社会主义中国实行改革开放这一伟大历史性的制度创新的产物。在他心目中，理想的中国经济学应该是：以马克思主义和邓小平理论为指导，以中国改革开放和建设社会主义的实践为泉源，科学地反映和深入揭示当代中国社会主义建设的规律，批判地汲取西方经济学的积极要素和继承中国历史上的经济学优秀遗产，这样一种具有中国的理论特色、风格与气派的新经济学，是马克思主义经济学的新发展。

他强调，科学不只是要说明世界，而且要指导人们去改变、发展和完善世界。对于作为社会科学的经济学来讲，它的指导实践、服务于社会经济生活的"致用功能"显得十分明显。中国在改革开放和建设有中国特色社会主义的新时期，更需要构建一门理论与实践密切结合、具有较强实践功能的经济学。需要这样的经济学来从理论上说明什么是市场经济和什么是社会主义市场经济，以及怎样来建设社会主义市场经济。在这一过程中，经济学家应发挥更为重要的作用，以各种形式参与政府决策和企业经营决策，并通过实践的总结，形成新结论和新原理，不断推动经济学理论的发展和创新。因而，他指出："发扬'学以致用'的务实精神，更加自觉地使经济学研究聚焦于改革开放和经济发展的实际问题，是进一步发展经济理论的需要，也应该是中国经济学的重要特征。"

---

① 参见刘诗白．构建面向 21 世纪的中国经济学［M］．成都：西南财经大学出版社，2001：4.
② 参见刘诗白．走向 21 世纪的新时期政治经济学研究之我见［J］．学术月刊，1999（03）：3－6.

（三）最大特色在于拓宽经济学的研究范围

改革开放前，中国长期奉行的是传统的政治经济学，其蓝本是斯大林的《苏联社会主义经济问题》以及苏联专家编写的《政治经济学教科书》。这种传统经济学存在的突出问题是其研究对象的狭隘性，它的研究范围仅限于生产关系，在内容上着眼于对基本经济规律的抽象阐述，目的在于论证社会主义制度的优越性；它实际上将生产力和经济运行置于研究范围之外，远离了经济运行的现实问题和矛盾，使社会主义经济理论内容十分空洞，越来越不反映也更不解决实际问题。

刘诗白主张拓宽经济学的研究范围，具体包括如下 5 个方面的内容：

（1）为解放和发展生产力服务。他指出，社会主义的本质要求是解放和发展生产力，以实现社会共同富裕。"为解放生产力和发展生产力服务，理所当然成为中国经济学的重大现实使命。"中国经济学的重要任务，就是要从理论上阐明社会主义中国解放和发展生产力的规律，发挥政治经济学的致用功能，这既可使政治经济学获得新的视野，也可大大拓宽它的研究范围。

（2）生产关系的完善。他认为，社会主义生产关系的不断完善是发展生产力的根本前提。在新的历史条件下，中国正在进行史无前例的社会主义市场经济建设，需要通过推进经济体制改革来解放和发展生产力；但在这一过程中，又要坚持使改革充分体现以公有制为主体并实现共同富裕，这表明中国经济学在完善社会主义生产关系方面面临着更为繁重和复杂的历史任务。在他看来，为了解放和发展生产力，在完善社会主义生产关系方面，中国经济学应从两个方面进行拓展：一是要正确引导和解决好改革中出现的各种各样的新情况、新问题；二是要深入研究改革中生产关系方面的深层次问题，特别是占有和分配问题。通过这两个方面的拓展研究，通过处理和解决好这两个方面的问题，从而为解放和发展生产力创造根本经济条件。

（3）经济体制结构的优化。他认为这一问题对于生产力的发展具有决定性意义。经济体制结构的优化意味着社会主义市场经济体系的建立与完善，市场主体地位的明确与清晰，宏观调控体系以及科技、文体、教育体制等均较健全。在这种情况下，主体行为就不会失序，经济运行就顺畅，经济活动就充满活力，经济效率就高，就会加快经济增长，促进生产力发展。他认为，如果不是这样，经济体制不适合，就会带来截然相反的结果。因而，他将经济体制结构优化作为中国经济学研究的重要任务。

在他看来，这方面需要拓展研究的内容非常多，涉及许多全新的课题，例如，如何改革和重组国有制经济，寻找和形成公有制的新实现形式，使它充分适应于市场机制的作用；如何在多种所有制、经营形式发展中，保证公有制的主体地位；如何形成社会主义市场体系，在实行全面市场化、放开价格、充分发挥市场调节作用的同时，加强和完善政府的宏观调控，做到在增强经济活力的同时保持价格和宏观经济运行的稳定；如何形成社会主义保障体制，在允许存在收入差距的情况下防止贫富悬殊和两极分化等。他认为，要较好地解决这些问题，就需要对社会主义市场经济的体制构架进行深入的理论剖析，揭示社会主义国家市场体制的共性与特性，用以指导中国社会主义市场体制的构建。"这一任务，天然地应由政治经济学来承担。"把研究范畴拓展至经济体制结构的优化，从理论上进行科学探讨，他认为这是中国经济学的独特优势所在，"这一中国经济学独特优势的研究领域的理论成果将成为对世界经济学的重要贡献"。

（4）经济运行机制的研究。在他看来，经济运行机制表现为经济活动的运行状况，研究经济运行机制需要从经济活动的运行状况入手。他将经济运行状况按经济活动的性质分为不同的领域与层面，如生产、交换、分配、消费等的运行状况；宏观、中观、微观视角的运行状况；一个企业、一个城市、一个地区或一个国家的经济活动状况；不同主体如个人消费行为、企业经营行为、政府调控行为的状况等。他认为，在市场经济条件下，经济具有自发性，经济运行具有不确定性。为了实现中国社会主义市场经济条件下的经济增长与健康稳定发展，就需要对各种经济运行状况和发展态势进行研究，需要对各种运行规律进行理论阐述，"这是中国经济学必须承担起一项任务"，"是中国经济学研究具有的开放性和与国际接轨的表现"。

（5）生产组织形式的研究。生产组织形式是生产过程中以劳动者为主体要素的一种组织形式，他将之理解为马克思经济学中所使用的"劳动方式"范畴。劳动方式构成社会经济组织的基础和社会生产关系的物质载体，是产生经济效果的直接决定因素。他认为，为实现最大限度地解放和发展生产力的中国经济学，除分析发展生产力的制度条件、体制前提、运行机制外，还应特别关注和突出阐明直接决定产生经济效果的生产要素组合方式。具体来说，中国经济学应基于中国国情，研究生产组织形式方面的一系列问题和规律，如从中国社会主义初级阶段的实际出发，研究现代化过程中大生产与中小生产、使用先进技术的生产与使用一般技术和落后技术的生产的合理结构；资本、技术密集型生产与劳动密集型生产的合理结构；经济发展不平衡条件下，技术水平和效率不一的多样生产组织和劳动方式存在的合理界限；以及基于社会主义现代化和增长方式转换这一历史趋势，深入阐明中国生产组织发展变化的规律；基于中国农村的具体条件和家庭生产能力，深入研究农业领域的家庭生产、合作生产、农业产业化分工协作生产的发展趋势和道路，探索并阐明中国农业和农村现代化的规律。总之，"深入研究实现要素有效组合的生产组织形式或劳动方式，揭示生产力发展的规律是中国经济学的不可缺少的内容"。

（四）改进经济学研究方法的新见解

从方法论上看，他认为构建和形成中国经济学，首先必须坚持唯物辩证法和历史唯物主义；其次要用好科学抽象法；此外还必须引入和正确地使用数量分析法。尤其关于使用数量分析方法，他提出了一些引人注目的新见解。

他承认，传统政治经济学在研究方法上，存在过于重视定性分析，忽略定量分析，缺乏度量概念的缺陷，结果导致在实践中出现无视现实经济关系差别的"一刀切"现象；在理论上很难准确解释和说明改革开放后中国生产关系的现实状况。他肯定，西方经济学中流行的数量分析方法具有较强的实用价值，因为它既可用来对需求、生产、成本、供给、分配等函数进行精细化分析，又可通过宏观经济模型对市场价格波动、主体行为变化和国民经济总体运行进行前瞻性预测。

但是，他指出，西方经济学中使用数量分析方法也存在片面性和局限性，表现为：它片面强调经过所谓精确数量分析推导出的趋势性规律，把受到十分复杂的因素制约、处在不断变动中的"趋势"的规律，等同于自然物质的规律；有些学者费尽心思搜罗各种参数进行数学逻辑推演，多半停留在市场经济运行的表层研究，不能或者甚至是有意回避对市场经济深层结构的分析。他提醒人们，尤其是年轻学者"切不可陷入数学崇拜的误区"。他的基本主张是："我们只能有取舍地吸取西方经济学中数量分析方法的积极成果，而不能全面照搬，更不能用数学计量来取代理论分析。"他的这些见解与主张，是在20世纪90年代中国改革开放还不太充分的背景下提出的，较为客观、中肯和周全，是十分难能可贵的。

四、大成都圈经济发展战略研究

在重点开展经济理论研究、深入探讨中国经济改革与发展问题的同时，刘诗白也非常关注区域经济，尤其是四川地区经济的发展和体制改革问题。他曾任四川省委经济咨询小组成员，省科技顾问团成员、顾问，省政协副主席，有较多机会深入实地，了解省情，研究四川地区经济发展，并向省委、省政府提出政策建议。在这一过程中，逐渐形成了他关于大成都经济圈的发展战略构思。

（一）长期关注四川经济发展并多次提出相关政策建议

1986 年，在四川省委、省政府召开的"振兴四川经济讨论会"上，他建言：千方百计搞活大企业；充分重视中小企业的作用；加快乡镇工业的发展；重视流通，以商促农，以商促工；进一步解放思想，坚持改革，放宽搞活。主张"用深入改革来促进发展，这样，四川新的经济高涨和经济振兴一定会来到"[1]。

1989 年，他发表《东西部经济关系亟需调整》一文，分析东西部经济存在的差距及在经济运行中引发的矛盾与摩擦，强调地区经济协调发展是宏观调节的一项经常性任务，提出实行东西部协调发展的"双向战略"。[2]

1991 年，提出四川经济建设中要抓住重点不搞平推，加快中心地带发展，带动全川经济的战略，被省委所采纳。

1993 年，在加快大西南出海通道建设速度战略研讨会上，他提出四川应对三策：一是东线充分利用长江；二是拓宽北口，修建宝成复线；三是扩大南口，修建内昆线，实行大通道建设和区域经济发展与产业开发相结合的战略。[3]

1995 年，他带队对四川省 22 家国有大中型企业建立现代企业制度试验情况进行实地考察，就推进改革试验的发展，提出了以理顺产权关系，完善国有资产管理体制为重点的政策建议。[4]

1996 年，他承担西南财经大学"新四川发展战略研究"课题，次年完成课题研究报告《构建大成都经济圈战略研究》一书，系统地形成了他关于大成都经济圈发展战略的基本思路与整体架构。该书于 1997 年 7 月出版，正值同年 6 月重庆升格为直辖市正式挂牌之际，对于四川行政区划调整后新四川、大成都经济圈如何全面、系统和长远地考虑其发展战略，具有现实指导意义。

---

[1]　刘诗白. 振兴四川经济的几点思考——在四川省委、省政府"振兴四川经济讨论会"上的发言 [J]. 财经科学，1986（06）：4 - 7.

[2]　刘诗白. 东西部经济关系亟需调整 [J]. 经济学家，1989（05）：11 - 17，126.

[3]　参见段海燕. 振兴经济 惟献良策——记著名经济学家刘诗白教授 [J]. 四川党的建设（城市版），1994（12）：25 - 27.

[4]　参见刘诗白，赵国良，丁任重，罗珉. 对四川省建立现代企业制度的考察 [J]. 中国社会科学，1995（03）：36 - 46.

（二）大成都经济圈战略的总体思路

他提出的大成都经济圈总体战略思路是：发挥成都中心城市功能，搞好大成都经济圈建设，以此带动全川经济快速发展，他将之概括为"依托一个点、构建一个圈、带动几大片"[①]。

"一个点"指成都市，即以成都这个特大城市为依托点。他指出，世界经济发展的实践表明，区域经济的发展要有一个增长极核。增长极核的作用，在于通过发挥聚焦功能和辐射功能，带动周围地区经济的发展。他认为，成都市就是这样一个经济中心，它是大成都经济圈的增长极核，大成都经济圈的发展应立足于充分发挥成都市中心城市功能的基础之上。这就需要强化成都的城市功能，包括搞好城市功能定位，做到功能齐全、功能强化和各功能协调。具体来说，成都应具备八大功能，即形成八大中心：制造中心、商贸中心、金融中心、信息中心、交通枢纽、科技中心、教育文化中心、旅游业的中心。通过八大中心功能的发挥，辐射联系次级中心城市和区域腹地，带动整个区域经济的发展。

"一个圈"指大成都经济圈，其建设包括两个圈层：分别为小圈和大圈。"小圈"为核心圈，由成都市及 7 区 12 县组成，即成都经济圈。他认为，小圈的建设至关重要，小圈建设的状况决定着大成都经济圈建设的状况，小圈建设应先行。"大圈"即大成都经济圈，大圈的范围除包括成都经济圈小圈外，还包括绵阳、德阳、乐山、内江等地。这个经济圈正处于四川省的中心，其工业总产值等指标占四川比重的 50% 以上，这个地区是各种生产要素的密集聚集区，拥有强劲的辐射能力，在四川经济发展中的作用举足轻重。[②]

"几大片"指大成都经济圈以外的四川其他地区，包括攀西、川北、川南以及民族地区等几大片区。

他认为，依据经济极核和经济辐射的发展理论和抓点带面的发展战略，把成都市作为核心，以成都平原为依托，构建和形成快速增长的大成都经济圈；并通过重点地区的快速发展，带动全省经济的全面发展，这是四川行政区划调整后一项可行的和较

---

① 刘诗白.前言 [A].刘诗白.构建大成都经济圈发展战略研究 [C].成都：西南财经大学出版社，1997：2.

② 参见刘诗白.前言 [A].刘诗白.构建大成都经济圈发展战略研究 [C].成都：西南财经大学出版社，1997：1−2.

佳的发展战略。①

（三）建设大成都经济圈的战略措施

他重点提出 5 条战略措施，具体包括：

（1）发展和健全城市功能，特别是强化特大中心城市成都的功能，使之成为四川经济的强势增长极和强力辐射源。为此，要加快现代大工业的发展，形成一系列支柱产业，着力发展高新技术产业，优化工业结构和一、二、三产业结构；要加快现代商业的发展，形成大商流，构建开放性的大市场网络，建设大市场体系；要加快金融业的发展，形成西部金融中心；要充实科研院所和高等院校的力量，充分发挥科技中心的作用，切实形成科技转化为生产力的机制，扩大转化半径；要加强交通和城市基础设施的建设，形成以城市为中心向周边扩散的大物流、大商流、信息流；要加快发展现代旅游业；要加快改革的步伐，不断扩大对外开放；要积极转变政府职能，在政策、体制、组织、管理等方面为大成都经济圈建设提供保障。②

在强化成都城市功能的同时，还要实施加快中等城市发展的战略，搞好城市的地区布局，有效发挥城市的功能，促进一批中等城市崛起，形成四川广大领域内一大批中等城市交相辉映、群星灿烂的格局。③

（2）通过经济联系、利用市场力量建构大成都经济圈。他认为，经济圈不同于行政区划，它是一个经济范畴；经济区域是在市场经济中自发形成的，是市场力量配置资源的结果。大成都经济圈不能通过行政方法任意划分，其范围应依据成都和其他相邻地区之间的经济关联度来认定。他的基本主张是依据经济联系、利用市场力量，沿着"点""线""面"的逻辑思路来进行大成都经济圈的构建。具体来说，就是遵循市场经济及其交换关系的发展规律，通过成都这个特大城市"点"，发展为若干在产业和地缘关系上紧密联系的"线"，进而由"线"扩展为"面"。实施这一逻辑思路的有效途径有两条：一是城镇层面的途径，即通过特大中心城市—中小城市—集镇递次推进；二是产业层面的途径，即通过中心城市大产业—市县工业—乡镇企业—农业的递次带动。实施这一逻辑思路的具体方式有两种：一是把经济圈建设由中心向外推；二是使相邻市向内靠，亦即采用"外推""内靠"方式，形成在经济上密切联

---

①　参见刘诗白．前言［A］．刘诗白．构建大成都经济圈发展战略研究［C］．成都：西南财经大学出版社，1997：2.

②　参见刘诗白．构建大成都经济圈发展战略研究［M］．成都：西南财经大学出版社，1997：23－24，35.

③　参见刘诗白．构建大成都经济圈发展战略研究［M］．成都：西南财经大学出版社，1997：27.

系、互相依存、互相促进的区域或经济圈。①

（3）大力发展和建设两大快速经济增长带。一是广元—成都—乐山的快速经济增长带；二是成都—内江—泸州的快速经济增长带。他认为，在走向现代化过程中，往往会出现在地域上相邻近的一系列城市的同时兴起，这些城市之间在商贸上和产业上的分工协作关系不断发展，在经济上的互相依存、互相促进表现得更加明显，形成一个快速增长的经济带。经济带的功能一方面是要素的聚合和生产力水平的提升；另一方面是对周边地区经济的辐射和带动作用的增强。由于它是在一个长条形地域内发挥增长极的作用，能带动一大片地域经济的发展，因而，经济带的形成，意味着城市化的发展，中心城市功能的进一步扩大和提升，对加快发展起着十分重要的作用。他指出，这两条线中，一条以成都为依托，以川西平原城市为链条形成快速经济增长带；另一条以成都和重庆两个特大城市为依托，处在双向辐射的良好区位，完全可能走向快速增长轨道。通过两条线的经济增长，分别带动平原经济和成都经济区的经济发展和川中与南北相邻地区经济的发展。即通过实行"一圈、两线"的经济增长及带动模式和机制，突出增长的中心和重点，强化中心的扩散力和带动力。②

（4）建立各具特色的五大经济区。即攀西经济区，包括攀枝花市和凉山州；川南经济区，包括自贡、泸州、宜宾三市；川中经济区，包括遂宁、内江二市全部及广安地区大部，达川市的渠县和绵阳的梓潼、三台等；川东北经济区，主要包括南充全部、达州市大部等；川西北经济区，包括阿坝、甘孜全部，以及绵阳平武、北川等县。③

（5）正确处理六个关系和抓住两个关键。需要处理的六个关系为：处理好成都市建设中各个功能的关系，实现各功能协调和互补互促；处理好省市关系，形成共建机制；处理好成都与所属市县关系，统一规划，密切协作；处理好成都与有关市的关系，通过一定形式共谋发展，理顺利益关系；处理好成都与重庆的关系，加强成渝联系；处理好成都与中央的关系，取得中央的大力支持。需要抓住的两个关键为：深化改革，发挥市场作用；扩大开放，大力引资。④

---

① 参见刘诗白. 构建大成都经济圈发展战略研究［M］. 成都：西南财经大学出版社，1997：24，47－48，54.

② 参见刘诗白. 构建大成都经济圈发展战略研究［M］. 成都：西南财经大学出版社，1997：24－25，36－40.

③ 参见刘诗白. 构建大成都经济圈发展战略研究［M］. 成都：西南财经大学出版社，1997：42－46.

④ 参见刘诗白. 构建大成都经济圈发展战略研究［M］. 成都：西南财经大学出版社，1997：54－55.

第三节
尹世杰、宋承先、席克正的相关学术成就与贡献

在老一辈珞珈校友学者群体中，湖南的尹世杰和上海的宋承先、席克正在珞珈经济学"学派"创建的核心理论方面也取得了一些各具特色的学术成就。尹世杰学术成就的主要特色在消费经济领域，宋承先和席克正学术成就的主要特色分别在货币金融领域和财政学领域，他们在各自的学科领域从学术上为珞珈经济学"学派"创建繁盛做出了特色各异的有益贡献。

一、尹世杰创建消费经济学并据以对经济增长的创新性探讨

尹世杰在老一辈珞珈校友学者群体中，具有与众不同的特殊性。首先，他曾在武汉大学经济学系任教长达 23 年之久，属珞珈经济学"学派"创建学科群体中"老师校友型"的典型代表；其次，他是中国消费经济学的主要创始人，是珞珈经济学"学派"创建学科群体中在消费经济学领域做出巨大贡献的唯一学者；最后，他依据消费经济学理论创新性地探讨中国经济增长问题，为丰富和拓展学派创建的核心理论做出了特殊的贡献。因而，他是武汉大学老一辈校友学者中一位别具特色的学派创建代表者。

（一）尹世杰的主要学术成就

尹世杰（1922～2013 年），湖南洞口人。1946 年毕业于湖南大学经济系；1948年开始在湖南大学经济系任教。1951～1953 年在中国人民大学读研究生。1953 年调入武汉大学经济学系，历任经济学系党总支书记、系副主任、系主任。1976 年调至湘潭大学，先后任湘潭大学政治系主任、经济系主任，1985 年起任湘潭大学消费经济研究所所长。1993 年起任湖南师范大学消费经济研究所教授，并兼任武汉大学、西南财经大学、湘潭大学教授和博士生导师。湖南省政协第五、六届委员会委员。

出版各类著作 19 部，其中，独著 7 部，第一作者合著 2 部，主编 9 部，第一主编 1 部。另编有《尹世杰选集》（全 3 卷）；发表论文 500 余篇。其学术成果的内容主要涉及以下 4 个方面：

（1）社会主义再生产理论研究，早期主要从事该方面的研究，主要成果如《论劳动生产率与平均工资的增长速度的比例关系》（独著，1958）、《论国民经济综合平衡》（独著，1981）等；

（2）消费经济学研究，1978 年开始研究消费经济学，主要成果如《社会主义消费经济学》（主编，1983）、《消费经济学》（主编，1985）、《消费经济学原理》（第一作者合著，1992）、《消费需要论》（独著，1993）、《消费力经济学》（独著，2001）、《消费文化学》（独著，2002）、《闲暇消费论》（独著，2007）、《消费与产业结构研究》（独著，2010）等；

（3）中国消费问题研究，如《中国消费结构研究》（主编，1988）、《中国消费模式研究》（主编，1993）、《中国小康水平研究》（主编，1994）、《中国"九五"时期消费结构发展趋势研究》（主编，1998）、《中国消费结构合理化研究》（主编，2001）等；

（4）消费思想史研究，这方面成果的内容主要涉及中国消费思想史，成果形式主要为论文，共 10 余篇，涉及中国古代的孔子、孟子、墨子、庄子、荀子、韩非子、管子，以及中国近现代的孙中山、毛泽东、刘少奇、邓小平、陈云、于光远等的消费思想。如《略论孔子的消费思想》（2004）、《略论孟子的消费思想》（2004）、《略论毛泽东的消费思想》（2009）、《论邓小平的消费思想》（2009）等。

上述成果中，影响最大的是消费经济学方面的教材与专著。其中首屈一指的是他主编的第一部消费经济学著作《社会主义消费经济学》，该书是"具有拓荒性和创造性的成果"，被众多专家齐声称道，赞誉它"填补了我国经济学科的空白"，"开拓了经济学科的新领域"，"丰富了社会主义经济学的内容"，"在经济学说史上树起了一块新碑"。[①] 该书于 1984 年获首届孙冶方经济科学奖。继该书之后，他又主编了多种不同版本的《消费经济学》及相关课程的系列教材，供财经类院校和部分综合大学以及其他院校开设相关课程使用，影响了几代学子。他还直接培养了一大批从事消费经济教学科研工作的学术传人和经济学研究领域的学者，如曾任湖南师范大学消费经济研究所所长、经济与管理学院院长的蔡德容；曾任教于湘潭大学、暨南大学的袁培

---

① 肖浩辉. 论尹世杰消费经济思想的特色 [J]. 消费经济，2002（06）：11 – 14.

树；西南财经大学消费经济研究所所长张恩碧；曾任深圳大学当代金融研究所所长的国世平[①]等。他的另一著作《中国消费结构研究》也影响较大，被专家誉为"是继《社会主义消费经济学》之后向纵深发展的一个里程碑"[②]，"与《社会主义消费经济学》一样，是我国消费经济理论研究的又一重大突破"[③]。该书于1988年获湖南省首届社会科学优秀成果一等奖。

他在消费经济研究方面拥有全国"六个第一"：第一个把消费经济学作为独立学科进行研究；出版了第一本系统研究消费经济的专著；获第一届孙冶方经济科学奖；第一个招收消费经济学专业研究生；创办了第一个消费经济研究所即湘潭大学消费经济研究所；创办了第一家消费经济专业刊物《消费经济》。他被国内公认为"我国消费经济学的主要创始人和学术带头人"，1991年获批国务院"有突出贡献的专家"。他还是第一个获得中国保护消费者基金会首届"保护消费者杯"个人最高奖、国家工商行政管理总局和中国消费者协会等单位联合颁发的全国"消费者维权十佳"和"3.15金质奖章"的学者。

（二）基于消费经济学对中国经济增长问题的创新性探讨

从珞珈经济学"学派"创建视角考察，他的最突出的成就与贡献是基于他作为主要创始人而创建了消费经济学并据以探讨中国的经济增长问题，提出了一系列创新性的见解与主张。

1. 认为促进经济增长以满足人民日益增长的物质文化需要是消费经济学研究的根本任务

根据他的定义：消费经济学是研究消费关系和它的运动规律的科学。其研究内容以消费者的需要及其不断满足的程度为主线，考察消费与生产、分配和交换诸要素之间的内在联系和相互作用，从消费领域的特殊矛盾中，揭示消费关系发展运动的规律性。诸如：社会主义下消费的特点；需要的形成和内容、特点及其变化的规律性；消费水平、消费结构、消费方式、消费市场、消费效果、消费模式等。[④]在他看来，研究这些内容的基本目的和根本任务，就是满足人民日益增长的物质文化需要；而为了

---

①　国世平的硕士学位是在湘潭大学获得的，导师是尹世杰；后到武汉大学经济学系任教并在职攻读博士学位，导师是刘光杰。

②　石辛玉.《中国消费结构研究》简评［J］.财经理论与实践，1989（01）：63－64.

③　廖九如.我国消费经济理论中的又一重大突破——兼评尹世杰主编的《中国消费结构研究》［J］.湘潭大学学报（社会科学版），1989（01）：28－29.

④　参见尹世杰.社会主义消费经济学［M］.上海：上海人民出版社，1983：22.

满足人民日益增长的物质文化需要，就必须促进经济增长和社会经济的全面发展。也就是说，要通过促进经济增长来满足人民日益增长的物质文化需要。

他特别强调满足人民消费需要的问题，认为消费经济学必须把人民的最终消费需要及其满足程度作为一条研究的"主线"或"红线"。他指出：贯穿消费经济学中的一条红线是消费需要及其满足程度。社会主义消费经济学应该从研究消费需要出发，分析消费需要的提高及其可能性，分析不同生产力水平所决定的消费水平、消费结构、消费方式的差异及其发展趋势和规律性，分析如何组织消费品（包括劳务）的供应来满足消费需要，如何改善消费方式、提高消费效益来提高消费需要的满足程度，分析如何调整产业结构来适应消费结构的变化等。[①]

他认为，人民消费需要的满足与经济增长密不可分，与经济建设目标紧密相连，"满足人民消费需要的过程，是社会经济不断增长的过程，也是经济建设战略目标逐步实现的过程"[②]。因而，他将自己的一系列研究与经济增长和社会经济发展紧密联系起来进行思考。例如，关于消费结构的研究，在他看来，就需要探讨如何适应消费结构的变化，进一步扩大消费需求，促进产业结构合理化，促进经济的增长。[③] 又如，关于消费模式的研究，就需要探讨如何使消费模式合理，因为消费模式合理了，就有利于促进产业结构和国民经济结构的合理化，有利于促进经济持续、稳定、协调的发展。[④] 再如，关于物质消费力的研究，就需要探讨如何促进物质消费和物质消费力层次的不断提高，因为物质消费和物质消费力层次的不断提高，是促进消费结构、产业结构不断升级和优化，促进经济增长的动力。[⑤]

总之，基于对消费领域中各种关系的探讨，"消费经济学就是研究消费领域这些关系及其发展趋势和规律性，使消费关系不断完善，促进生产发展，以尽可能地满足人们日益增长的物质文化的需要"[⑥]。"我们的任务，就是逐步实现经济发展战略，使生产不断增长，人们的消费水平不断提高，使全体人民共同富裕，过最美好、最幸福的生活。"[⑦]

2. 认为消费是实现国民经济良性循环的关键

他运用马克思再生产理论，从经济运行视角，突出强调消费在国民经济循环中的

---

① 参见尹世杰. 社会主义消费经济学一些值得研究的问题 [J]. 求索，1983（03）：1-10.

② 尹世杰. 前言 [A]. 尹世杰. 社会主义消费经济学 [C]. 上海：上海人民出版社，1983：3.

③ 参见尹世杰. 绪言 [A]. 尹世杰. 中国消费结构合理化研究 [C]. 长沙：湖南大学出版社，2001：4.

④ 参见尹世杰. 绪论 [A]. 尹世杰. 中国消费模式研究 [C]. 北京：中国商业出版社，1993：4.

⑤ 参见尹世杰. 消费力经济学 [M]. 北京：中国财政经济出版社，2001：69.

⑥ 尹世杰. 社会主义消费经济学一些值得研究的问题 [J]. 求索，1983（03）：1-10.

⑦ 尹世杰. 绪论 [A]. 尹世杰，蔡德容. 消费经济学原理 [C]. 北京：经济科学出版社，1992：5.

地位。① 指出：在国民经济中，生产、分配、交换、消费是不断运转、不断循环的。其中，生产是起点，消费是终点，分配和交换是中间环节。这个再生产过程结束后，也就是达到消费这个终点后，又开始新的运动过程，这样循环往复，使国民经济螺旋式上升。消费构成这个过程中的先导性因素，是使国民经济不断循环的原动力。

他从社会生产目的出发，揭示了消费需要的导向规律。认为消费直接体现满足人民日益增长的物质文化需要的社会生产目的，并存在一个消费需要导向规律在国民经济循环中自发地发挥作用。这一规律显示：消费需要是一切经济活动的出发点；消费需要的总量影响生产总量；消费需要的结构影响生产结构；消费需要及其满足程度不断提高，是国民经济不断运行的落脚点或最终归宿。

他从分析国民经济主要比例关系入手，结合中国实际论证了消费在促进国民经济良性循环中所起的关键作用。指出：国民经济中的一些主要的比例，包括社会生产两大部类的比例（具体表现为农业、轻工业、重工业的比例）、积累与消费的比例等，都与消费有极为密切的联系。中国40多年实践经验表明，这些比例关系处理得好不好，直接关联到生产发展和人民消费水平提高与否及其快慢状况，关系到国民经济运行是否形成良性循环。其中，消费问题能否得到合理解决是国民经济能否形成良性循环的重要关键。

他还论及消费需要的层次性上升和消费在两种生产间的相互转化。在他看来，消费需要的层次性上升，表现为三个阶段的递进趋势，即由以满足基本消费需要为主的阶段向以满足发展需要为主的阶段上升，再进而向以满足享受需要为主的阶段上升，它成为国民经济不断发展的基本动因；消费是两种生产即物质资料生产和人类自身生产相互转化、相互促进的过程。通过消费这个桥梁，促进物质资料生产的发展，促进人口质量、劳动力质量的提高，促进两种生产之间的良性循环，促进人的全面发展，体现社会主义生产关系最本质的要求。

他强调，为使消费促进国民经济良性循环，必须从消费需要出发，正确处理农、轻、重的关系；必须合理分配国民收入，正确处理积累和消费的关系，并合理分配个人收入；必须合理调整产业结构，开拓消费领域和消费市场；必须促进消费合理化，促进消费结构合理化，提高消费的文明程度，提高消费主体的质量。②

---

① 他这里所讲的消费，是指生活消费，不包括生产消费。

② 以上相关内容，参见尹世杰. 消费是实现国民经济良性循环的重要关键［A］. 江苏人民出版社. 当代中国百名经济学家自述：我的经济观（2）［C］. 南京：江苏人民出版社，1992：655 - 700.

3. 认为市场经济是消费需求拉动型经济

尹世杰认为，消费需求在市场经济条件下的作用日益凸显，已成为拉动社会经济发展的强大力量。他断言："市场经济是消费需求拉动性经济。"①

市场经济之所以是消费需求拉动型经济，在他看来，这是由消费需求对经济增长具有的导向作用与拉动作用所决定的。他指出：在市场经济条件下，经济的发展，主要取决于市场的需求；而市场需求，首先是消费需求。他引用著名经济学家马歇尔（A. Marshall）的话："一切需求的最终调节者是消费者的需求"②，用以说明消费需求的重要性。他还引用马克思关于消费作用的经典阐述来加以论证，马克思曾指出："没有生产，就没有消费，但是，没有消费，也就没有生产，因为如果这样，生产就没有目的。"社会生产的目的，是最终满足全体人民日益增长的物质文化需要，即消费需要。因而，在尹世杰看来，从社会生产的目的出发，为了满足人们日益增长的消费需要，必然引导和拉动经济增长。同时，他还指出，消费是一切经济活动的起点、落脚点和新的起点。他同样引用马克思的经典阐述来加以论证，马克思说："没有需要，就没有生产。而消费则把需要再生产出来。"③ 也就是说，生产和消费是相互促进、互为条件的。人们通过消费，满足了需要，又会产生新的需要。人们的需要是不断发展变化的，新的需要又会推动生产不断地发展。因而，在他看来，从需要永无止境地不断发展及其与生产相互促进的辩证关系视角看，消费需求引导和拉动经济增长也是具有客观必然性的。

在《尹世杰选集》的"小传"中，他对自己这方面的认识做过简要概括，指出："我深深感到，市场经济与消费经济有极密切的联系，我认为，市场经济就是人们的消费需要不断得到满足的经济，是消费居先、有利于促进整个国民经济进行良性循环的经济，是真正实现消费者主权的经济。我们要研究市场经济下消费对经济运行的作用，也要研究如何进一步发挥消费的作用来促进市场经济的健康发展。"④

4. 指出消费需求拉动经济增长的两大途径

尹世杰认为，消费需求拉动经济增长要在两个方面下功夫，"一方面要从扩大消

---

① 尹世杰. 市场经济是消费需求拉动型经济 [J]. 经济经纬, 1999 (03): 12 – 14.

② [英] 阿尔弗雷德·马歇尔著, 陈瑞华译. 经济学原理（上卷）[M]. 西安: 陕西人民出版社, 2006: 111.

③ 马克思上述引文, 均见马克思恩格斯选集（第2卷）[M]. 北京: 人民出版社, 1972: 94.

④ 尹世杰. 小传 [A]. 尹世杰. 尹世杰选集 [C]. 武汉: 武汉大学出版社; 长沙: 湖南师范大学出版社, 1994: 5.

费需求下功夫，另一方面要从经济增长本身相关的方面下功夫"①。这就从宏观的视角指出了消费需求拉动经济增长的两大途径：一大途径来自扩大消费需求；一大途径来自经济增长本身。

就扩大消费需求来说，它拉动经济增长的作用具体表现在：第一，扩大消费需求可以提高消费率，提高消费水平和消费质量，促进消费结构优化升级，从而也就会促进产业结构的优化升级，形成新的消费热点和新的经济增长点，促进经济不断增长。第二，扩大消费需求有利于促进劳动力就业。因为，消费需求的扩大和结构优化升级，必然落脚到第三产业，包括文化、教育、旅游、生活服务等这些劳动密集型的产业，能吸收大量劳动力，提高就业率，促进经济增长。第三，扩大消费需求有利于转变经济增长方式，改变高投资、高增长、高消耗、高污染的"四高"现象。因为扩大消费需求形成的产业结构优化升级，可以引导资金选择资源节约和环境保护的投资发展方向，有利于提高经济效益并实现经济的可持续增长。第四，扩大消费需求有利于提高人的素质，提高消费力和生产力。因为随着消费需求的扩大和消费质量的提高，消费中的文化含量必会提高，这就不仅有利于从根本上提高人的素质，而且有利于促进消费力和生产力的提高，促进经济增长。② 他认为，扩大消费需求对经济增长的这种导向作用和拉动作用应予以充分肯定，"正如一些同志所说的：只有从扩大消费需求入手，才能真正抓住了扩大内需的'牛鼻子'。应该说，最终需求是经济增长的根本动力"③。

就另一途径即经济增长本身来说，他则是从供给侧进行思考的，也就是强调要从供给侧引导和扩大消费需求从而拉动经济增长。他认为，发挥消费需求的导向作用，必须有正确的导向，从供给侧引导和扩大消费需求，最为重要的是要掌握4个"点"：第一，消费需求的出发点，即提高消费水平和质量，促进人的身心健康和全面发展；第二，消费需求的凝结点，即促进消费热点的形成和发展；第三，消费需求的升华点，即形成新的经济增长点；第四，消费需求的落脚点，即促进人与经济、社会协调发展。④ 为此，势必要求从供给侧转变经济发展方式，实行产业结构优化升级。他认为，消费需求的导向作用应体现为引导消费结构优化升级，从而促进产业结构优化升

① 尹世杰. 消费需求与经济增长 [J]. 消费经济，2004（05）：3－7.
② 本自然段上述相关内容，参见尹世杰. 再论以提高消费率拉动经济增长 [J]. 社会科学，2006（12）：20－26.
③ 尹世杰. 充分发挥消费需求的拉动作用 [J]. 经济纵横，2002（03）：2－7.
④ 参见尹世杰. 发挥消费需求的导向作用加速转变经济发展方式 [J]. 湖南商学院学报，2011，18（03）：5－10.

级。而消费结构优化升级，主要在于提高消费质量；产业结构优化升级，主要在于加快发展第三产业。消费需求导向作用的最好结果是在经济领域实现"三三佳境"，即第一，满足 3 个需要，包括人的物质需要、精神文化需要、生态需要；第二，实现 3 个促进，即促进人的身心健康和全面发展、促进生产力和消费力良性互动、促进经济社会协调发展；第三，弘扬 3 个文明，包括物质文明、精神文明和生态文明。①

5. 提出消费需求拉动中国经济增长的对策措施

为了发挥消费需求对中国经济增长的拉动作用，他提出了一系列极具针对性和可操作性的对策措施②：

第一，优化产业结构，增加消费品的有效供给。他主张，要适应消费者心理和消费市场的变化趋势，及时优化产业结构和调整产品结构，生产适应市场需要的消费品，避免产品趋同，出现无效供给；要运用高科技改造传统产业，促进产业结构和产品结构的优化升级；要加速发展新产业，开发新产品，开辟新市场；要提高劳务消费特别是精神文化消费在消费结构中的比重，使消费层次、消费质量不断提高，促进人的素质的提高和人的全面发展，促进经济增长和社会全面进步。

第二，培育消费热点，形成新的经济增长点。他认为，消费热点具有较强的带动作用和扩散效应，因而要尽力培育。城镇居民在解决温饱问题以后，最迫切的需要是进一步改善住房，城市居民住房消费成为消费热点是社会经济发展的必然趋势。随着信息化的发展，信息消费必将成为消费热点。旅游消费、文化消费也将不断升温，尤其是文化教育将会得到较大发展，成为第三产业领域的第一消费力。家用电器将成为农村居民的消费热点。小汽车消费也将成为中国居民特别是城市居民的消费热点。要善于挖掘潜在的消费需求，采用强有力的经济政策进行培育和引导，使之形成新的经济增长点。

第三，提高居民收入，提高消费力与消费率。他提出，要千方百计提高城乡居民收入，包括提高职工工资和农民收入，特别是低收入阶层的收入。要从消费力的角度进一步认识消费在国民经济运行中的作用，以人为本，提高消费者的消费能力与消费水平，增强消费力，提高消费率。

---

① 参见尹世杰. 略论消费需求的导向作用［N］. 人民日报，2010－05－28（007）.

② 以下相关内容，参见尹世杰. 扩大消费需求，拉动经济增长［J］. 南方经济，1999（Z1）：21－23；尹世杰. 市场经济是消费需求拉动型经济［J］. 经济经纬，1999（03）：12－14；尹世杰. 充分发挥消费需求的拉动作用［J］. 经济纵横，2002（03）：2－7；尹世杰. 提高消费率 拉动经济增长［J］. 经济学动态，2002（10）：14－17；尹世杰. 消费需求与经济增长［J］. 消费经济，2004（05）：3－7；尹世杰. 再论以提高消费率拉动经济增长［J］. 社会科学，2006（12）：20－26.

第四，发展消费信贷，充分发挥各种经济杠杆的作用。他认为，消费信贷是增加有效需求、培育消费热点、活跃消费市场的重要手段。他主张充分发挥金融信贷在培育消费热点、发展支柱产业等方面的作用，采用消费信贷以及分期付款、抵押贷款等方式，增加有效需求；运用价格杠杆，对有些热点消费品的价格加以调控，使其逐步降价，以利于扩大消费需求；废除那些限制消费的政策、措施，大力鼓励消费；等等。通过综合运用各种经济杠杆培育消费热点，扩大有效需求。

第五，改善消费环境，完善社会保障体系。他提出，要继续整顿市场经济秩序，改善消费环境，加大打假力度，净化市场，使人们敢于消费，放心消费。要完善社会保障制度，特别是要通过社会保障体系建设解决养老保险、失业保险以及最低生活费等问题，免除消费者的后顾之忧。农村社会保障体系的建立、完善，是极为重要而又比较困难的问题，要下大力气逐步予以解决。

第六，转变思想观念，引导消费倾向。他提出，要转变或更新观念，彻底破除"重生产、轻消费""高积累、低消费"等传统观念，提高对消费需求导向作用和拉动作用的认识。要适当鼓励消费，而不能限制消费；要引导消费需求倾向和购买力的流向，引导居民减弱储蓄倾向，将购买力尽量用于消费；即令用于投资的购买力，也要尽量将其引入最终消费需求领域。

总之，他主张采用一切行之有效的政策措施，使消费需求得以扩大，经济增长得以实现。"消费需求扩大，就能促进消费结构、产业结构的优化、升级，促进经济增长。经济增长了，反转来又进一步促进消费需求的扩大。这样就形成了消费需求与经济增长之间的良性循环。"①

二、宋承先在通货膨胀与经济增长问题上的独到见解

宋承先是老一辈珞珈校友学者群体中，在学术上与母校老师和校友保持联系较为紧密的一位。他的学术成果中，有 2 部他所主编的当代西方经济学说方面的著作和 1 部参与主编的《资本论》研究方面的著作，主要合作者即为母校的有关老师和校友。②

---

① 尹世杰. 消费需求与经济增长 [J]. 消费经济，2004（05）：3 - 7.
② 1985 年，他主编出版的《当代外国经济学说》，是在上海举办的"当代外国经济学说"专题讲座稿基础上编辑整理而成的，应邀参加该讲座的有母校的谭崇台、吴纪先、傅殷才，以及时任北京大学经济系主任的校友胡代光；1986 年，他主编出版的《当代西方经济思潮》，作者中除上述 4 位之外，还有张培刚；1990 年，他参与主编了胡代光任第一主编的《评当代西方学者对马克思〈资本论〉的研究》，校友刘诗白也为主编之一。

他基于马克思主义立场、观点和方法系统介绍现代西方经济学，在中国通货膨胀与经济增长问题上提出反对国内外流行观点的独到见解，颇受学界关注与好评，与珞珈经济学"学派"创建核心理论与创新风格形成紧密的呼应关系。

（一）宋承先的主要学术成就

宋承先（1921～1999年），四川青神人。1944年毕业于武汉大学经济学系，1947年获南开大学经济研究所硕士学位。1951～1987年在复旦大学经济学系任教，教授、博士生导师。1987～1994年任华东理工大学工商经济学院（后更名为商学院）院长；1994年开始任上海财经大学教授。曾任中华外国经济学说研究会理事、上海外国经济学说研究会会长。大学本科毕业论文为《论利率在经济循环中之作用》（1944），指导老师是杨端六。

他历年始终如一致力于西方经济学和马克思主义经济学的教学与研究。在中国经济学界，他以其既精通马克思主义经济学，又精通西方经济学，并将两者融会贯通、独树一帜而大受称道。[1]

出版各类著作14部。其中，独著6部，第一作者合著2部，第一编者合编1部，主编1部，第一主编1部，参与主编1部，第一译者译著2部。此外，发表论文50余篇。其学术成果主要涉及如下3个方面的内容：

（1）西方经济学教材与专著，如《马尔萨斯经济理论的批判》（独著，1955）、《论重农主义》（独著，1957）、《资产阶级经济危机理论批判》（独著，1962）、《增长经济学》（第一作者合著，1982）、《当代外国经济学说》（第一编者合编，1985）、《当代西方经济思潮》（第一主编，1986）、《西方经济学名著提要》（主编，1989）、《现代西方经济学（微观经济学）》（独著，1994）、《现代西方经济学（宏观经济学）》（独著，1994）等。

（2）马克思《资本论》研究，如《〈资本论〉提要（第四册）》（独著，1983）、《评当代西方学者对马克思〈资本论〉的研究》（参与主编，1990）。

（3）中国经济问题研究，如《过渡经济学与中国经济》（独著，1996）。

上述成果中，在学界影响最大的是《现代西方经济学》（分为微观经济学和宏观经济学两册）。该书初版于1994年，后修订、再版2次，数次印刷总计逾10万册。

---

① 参见张军. 经济学系举行庆祝宋承先、张薰华教授70华诞暨从事学术活动45周年纪念会 [J]. 复旦学报（社会科学版），1991（02）：106.

据他自己介绍，该书是"作为国家教委组织编写"，"向我国读者比较全面系统地介绍现代西方经济学的主要内容的一本教科书"，它的最大特点是"在适当的地方，用对比分析的形式，陈述了我学习马克思《资本论》的一些心得体会"。①

该书的前两版为他自己所撰写；从第 3 版起，他的学生许强②在他去世后，在不改动全书结构的前提下，根据西方经济学的新发展增补了一些新的内容。许强是抱着十分敬畏的心态来做此项工作的，他对其老师的原著给予很高的评价，指出："在教科书中宋先生总结概括了当时西方经济学的要点，并且深入地评析了西方经济学与马克思主义经济学的差异。西方经济学的教科书可能有成百上千种不同的版本，既可以是经济学诺贝尔奖获得者的大作，也可以是近年经济学界新秀们的创新，但是，像宋承先先生以介绍西方经济学为主，又用马克思主义政治经济学对此评判的教科书，即集马克思主义经济学与西方经济学于一身的教科书确实是极少有的。"③ 该书被很多高校用作本科生的教材和研究生的入学考试教材，成为学界学习、编写西方经济学教科书所参照的经典范本。曾获第三届普通高校优秀教材一等奖、第十届中国图书奖。

（二）通货膨胀与经济增长问题上反流行观点的独到见解

改革开放初期，中国在实施价格改革、逐步放开市场价格的过程中，不可避免地出现了截然不同于中国计划经济时代物价长期稳定不变的通货膨胀现象。如何认识这一现象？经济增长与通货膨胀之间有无关联？是何种关联？成为当时在理论上和政策上争论激烈的一大热点问题。宋承先运用马克思主义经济学和西方经济学对该问题进行探讨，"提出了与国内外普遍流行的观点针锋相对的不同见解"。他的见解，据他自己回顾："基本上形成于我在 1985 年 3 月 27 日一次关于形势和对策的小型理论研讨会的书面发言中"④；后不断完善，构成他关于通货膨胀与经济增长问题的一整套反流行观点的独到见解。

1. 认为中国当时的通货膨胀源于"成本推动"而非"需求拉上"

当时学术界较为流行的观点，是认为中国改革开放后的通货膨胀起因于需求膨

① 宋承先. 序言 [A]. 宋承先. 现代西方经济学（微观经济学）[C]. 上海：复旦大学出版社，1994：5－6.

② 许强，美国纽约州总经济计量师及纽约州预算调研部主任（Chief Econometrician and Director of Research），纽约州立大学经济学系客座教授。1982 年获复旦大学经济学硕士学位，1992 年获纽约州立大学经济学博士学位。

③ 许强. 第三版序言 [A]. 宋承先，许强. 现代西方经济学（宏观经济学）第 3 版 [C]. 上海：复旦大学出版社，2004：1.

④ 宋承先. 自序 [A]. 宋承先. 过渡经济学与中国经济 [C]. 上海：上海财经大学出版社，1996：1，2.

胀、投资饥渴和货币超量发行，是需求拉动型的。他坚决反对这一观点，指出中国改革开放前，生产资料和消费品长期处于紧缺状态，表现为科尔内（J. Kornai）从匈牙利经验总结出来的"短缺经济"，这并不是由于资源约束以至不存在发展生产的潜力，而是指令性计划安排的资源配置和价格政策失误，遏制了潜在的生产能力转变为现实的生产力。具体来说，是片面强调以粮为纲，忽视农林牧副渔五业的综合协调发展；片面强调优先发展重工业，忽视消费品生产；片面理解物价稳定，强调计划价格，导致无人愿意赔本生产。①

在宋承先看来，改革开放后，为了解决"短缺经济"问题，将潜在的生产能力转化为现实生产力，于是实行价格改革，通货膨胀是在这一背景下出现的。因而，他指出："改革开放以来，我国出现的通货膨胀完全是我们有计划地逐步调高最后放开农副产品价格和矿产品基本原材料等生产资料价格的成本推动（Cost Push）造成的，是价格改革绝对无法避免的现象；与所谓信贷'失控'的货币总需求超过了潜在总供给的需求拉上（Demand Pull）通货膨胀毫不搭界。"② 他断言，改革开放以来中国通货膨胀至少80%～90%是为了促进农副产品和矿产品增产而有计划调高其价格的产物。③因而，"我国价格改革及其由此引起的通货膨胀，完全是'成本推进'；而不是改革开放前，根源于'投资饥渴'引致的货币供应量过多的'需求拉上'"④。

2. 认为中国当时的通货膨胀是价格改革中发展经济所"必需付出的代价"

既然中国的通货膨胀是由于实行价格改革后"成本推动"所导致的，那么，也就必然涉及对价格改革的认识问题。他认为，中国在改革开放初期选择以价格改革作为突破口，对于实行经济体制转轨，告别"短缺经济"，将潜在的生产能力转变为现实生产力，是十分必要的，"我国经济体制改革必须以价格改革作为突破口配套进行其他改革"。对于这一改革的性质，他提出了与众不同的见解，断言："中国与价格双轨制配套的'双轨过渡'的改革，我认为并不是国内外普遍认为的'渐进改革'，而是'激进改革'，或者更简明的提法——反'休克疗法'的'激进改革'。"⑤ "可以简括表述为：坚持实践后毛泽东思想的邓小平思想指导的反'休克疗法'的激进改革。"⑥也就是说，这种改革并不是"休克疗法"，但却属于"激进改革"；虽然引起成本推动通货膨胀，但却取得了成功。

---

① ③　参见宋承先. 关于我国高速增长与通货膨胀问题 [J]. 特区经济，1993（04）：10－12.
② ⑤　宋承先. 自序 [A]. 宋承先. 过渡经济学与中国经济 [C]. 上海：上海财经大学出版社，1996：2－3.
④　宋承先. 自序 [A]. 宋承先. 过渡经济学与中国经济 [C]. 上海：上海财经大学出版社，1996：3.
⑥　宋承先. 中国经验：反"休克疗法"的激进改革 [J]. 上海经济研究，1995（03）：8－17.

他的思维逻辑非常清晰：为了告别"短缺经济"，将潜在的生产能力转变为现实生产力，必须实行经济体制改革；经济体制改革必须以激进式的价格改革作为突破口；而激进式的价格改革必然引起成本推进通货膨胀，因而，在他看来，中国出现的通货膨胀是价格改革无法避免的现象，"是为了增加生产所必需付出的代价"①。

3. 理论联系实际论证经济增长与通货膨胀的关联性

他认为，经济增长与通货膨胀存在着一定的关联性。为了论证两者的关联性，他运用和借鉴了马克思的通货膨胀理论，尤其是西方经济学的有关理论，如哈罗德—多马模型、弗里德曼通货膨胀理论、凯恩斯有效需求与充分就业理论等；同时，还列举和总结了一些"二战"后发展起来的国家和地区，如日本、韩国和中国台湾，以及当时的一些社会主义国家如玻利维亚、波兰、匈牙利等国的实践经验。

通过理论分析和实践论证，他总结出凯恩斯在经济增长与通货膨胀的关联性问题上所论及的4种不同情况：（1）"古典区间"，即由于以充分就业为前提，所以货币供应量增加不能导致产量增加，必然出现需求拉动型通胀；（2）"30年代大萧条的凯恩斯区间"，即货币总需求（有效需求）增加，全部导致产量增加，促进经济增长；（3）"70年代两次'滞胀'"，即经济增长率与通货膨胀率存在着负相关；（4）"中间区间"，即一般物价水平与实际国民收入呈现正相关，亦即人们所说的以一定的通货膨胀为代价换得经济增长。他进一步细化分析，根据不同时期、不同国度和不同历史条件下的具体情况，列出经济增长与通货膨胀近10种不同的相关性。通过对经济增长与通货膨胀的关联及其量化关系存在的4种不同情况、近10种不同类型相关性的具体表现的分析，他强调了经济增长与通货膨胀两者关系在一般规律性基础上所表现出的特殊性状况及其多样性与复杂化关系。他所得出的基本结论是："经济增长与通货膨胀之间存在着某种关联，包括某种直接的或迂回曲折的因果关系"；但是，对于某一具体研究对象而言，例如对于某一特定时期或历史条件下的某一国家来说，其经济增长与通货膨胀到底处于一种怎样的关联状况，"只能从具体的经验事实出发，用经济增长理论和通货膨胀理论这两把锋利的手术刀，解剖分析"。② 亦即强调依据具体情况，实事求是地对经济增长与通货膨胀的关联性做出客观、实在的评析，以便确定正确的政策取向。

---

① 宋承先. 关于我国高速增长与通货膨胀问题 [J]. 特区经济, 1993（04）: 10 - 12.
② 宋承先. 试论经济增长与通货膨胀的关系 [J]. 学术月刊, 1995（08）: 49 - 54, 48.

4. 政策层面上倾向以适度通货膨胀促进经济增长

在政策层面上，他坚决反对当时的中国采用银根紧缩政策。指出，客观事实已经雄辩地证明，中国存在着巨大的潜在生产能力，这意味着货币供应量的增加被物价上涨消化掉以后，货币需求的产出弹性是相当大的。[①] 在这种情况下，如果紧缩银根，势必"导致本来可以由劳动者创造出来的财富，由于没有劳动就业机会被白白浪费了。而且，这种损失一定会通过'乘数'与'加速数'相互作用被多倍地扩大"[②]。他之所以坚决反对把当时中国通货膨胀的成因归结为需求拉动型，也是因为担心这种判断会误导中国政府在政策取向上做出错误选择，如曾出现过的"压缩规模，砍信贷"等"一刀切"的错误作法。

他倾向于中国当时应采用以适度通货膨胀促进经济增长的财政政策与货币政策。他指出："只要一国存在着'潜在生产能力'，搞建设所需资金，除了已有的积累以外，还有很大一部分贮存在中央银行调控的印钞机器之中。因为马克思曾经指出，货币可以变成资本，所以新增货币 ΔMo 可以变成新增资本 ΔK（积累基金）。"[③] 即认为，在存在着潜在生产能力的情况下，国家可以通过多印钞票增加货币发行量以扩大投资。也就是说，在这种情况下可以实行适度的通货膨胀政策。

他以"二战"后有些国家如日本、韩国等为例进行论证，指出：这些国家在发展初期曾借助通货膨胀发展经济，确实取得成效。它们的做法是：国家凭借垄断货币发行权增发钞票，用以雇用工人，建厂房购买生产资料，形成需求拉动型通货膨胀，导致老百姓手中货币和存款贬值。他举例说，假设货币贬值30%，原100元只值70元，这等于物价固定不变条件下交纳了30元所得税。他将之称为"通胀税"。他认为，这种税对于收入低下没有存款的工人和贫穷的农民来说，他们基本上属于免税阶层；而对存款和债券较多的人来说，他们的存款和债券越多对国家的贡献越大。国家通过征收这种"通胀税"，可以起到推动经济增长的积极作用。诚如韩国和中国台湾，在一段时期内均经历过相当高的通货膨胀，韩国和中国台湾在20世纪50年代资本原始积累很少，"通胀税"对于其后的高速增长，发挥了很大的作用。[④] 日本的情况也大体如此，日本战后较好地运用凯恩斯主义理论，通过银行对企业实行"超贷"，使其潜在生产能力得到开发，创造了日本奇迹。[⑤]

他还列举了社会主义国家的例子，指出所有社会主义国家在经济体制改革初期，

---

①④ 参见宋承先. 试论经济增长与通货膨胀的关系 [J]. 学术月刊, 1995 (08): 49 – 54, 48.

②③ 宋承先. 经济增长、通货膨胀与我国当前的宏观调控 [J]. 特区经济, 1994 (11): 7 – 11, 13.

⑤ 参见宋承先. 关于我国高速增长与通货膨胀问题 [J]. 特区经济, 1993 (04): 10 – 12.

为了发展国民经济，大都实行过通货膨胀政策。他分析道，社会主义国家经济体制改革之初，面临的一个突出问题，就是国家通过行政手段直接控制价格，导致价格不能反映市场供需状况，农民和企业的生产积极性严重受挫，形成"短缺经济"。社会主义国家解决这一问题所采用的一个共同做法，就是放开价格或缓慢地放开价格。其结果必然伴随通货膨胀的出现，但却给人民生活带来实惠，促进了经济的发展。他看到了价格改革所带来的积极作用，故强调整个经济改革要以价格改革为先导，并且认为应该先从与人们生活息息相关的食品价格改革开始，主张"价格改革最好以'菜篮子'工程作为突破口"①。

由于他倾向于采用适度通货膨胀政策以促进经济增长，因而他对当时中国饱受抨击的所谓"信贷规模失控"现象做出与众不同的正面回应。他以乡镇企业为例，指出：乡镇企业在一无资金二无技术人员的情况下，之所以异军突起，正是依靠了迅速增加的银行信贷的支持，被误认为中国通货膨胀罪魁祸首的银行信贷失控，恰好成为带来大好形势局面的重大功臣之一。②

总之，他主张中国货币政策应经常保持足够的有效需求，"以适度的通胀换取较高的就业"，把"适度爬行的通货膨胀，作为垄断货币发行的国家一种变相的税收通货膨胀税"。值得注意的是，他非常注重"适度"，认为"宏观调控并不神秘，'管住货币'困难在于'适度'"，但政府只需将货币供应量控制在安全范围之内就可以了。当然，经济过热又未能及时降温，也会导致通货膨胀③，在他看来，政府对这类通货膨胀更要严加管控。

三、席克正对促进中国经济增长的财政学框架与调控政策构思

如前所述，席克正的学术成就主要表现在财政学领域，特点是借鉴西方财政理论对促进中国经济增长的市场经济财政学框架与调控政策进行了构思。

（一）席克正的主要学术成就

席克正（1924～1996年），四川成都人。1948年毕业于武汉大学经济学系，

---

① 宋承先. 自序［A］. 宋承先. 过渡经济学与中国经济［C］. 上海：上海财经大学出版社，1996：2.
②③ 宋承先. 关于我国高速增长与通货膨胀问题［J］. 特区经济，1993（04）：10－12.

1951 年获美国密西根大学硕士学位，1955 年回国，先后就职于上海财经学院、上海社会科学院经济研究所。1981 年出任世界银行中国执行董事顾问，兼发展委员会优惠资金工作组中国代表。1983 年回国后任上海财经学院（现上海财经大学）教授、经济系主任、博士生导师，享受国务院政府特殊津贴专家。曾兼任中国财政学会理事、中国世界经济学会理事、财政部财政委员会委员、《辞海》编委等。武汉大学毕业论文为《宋代之海上对外贸易》（1946），指导老师是李剑农。

他长期致力于财政理论与政策研究，主编著作 1 部，为《财政理论与政策选择》（1996）；参编 2 部，分别为《资本主义国家财政》（曹立瀛总纂，1985）、《利用外资的实务与政策》（陈彪如主编，1987）；发表论文 20 余篇，主要有《古典学派财政学说》（1982）、《凯恩斯学派的财政学说和财政政策》（1987）、《西方财政学的变化和发展》（1988）、《关于我国国债战略研究的几点思考》（1991）、《比较研究的方法是促进财政科学发展的重要方法》（1992）等。

上述成果中，《资本主义国家财政》一书被誉为"是一部较为系统地介绍西方财政学的入门教材"[①]，曾获上海市 1979～1985 年哲学社会科学著作奖；《古典学派财政学说》一文，在国内财政学界同行中引起较大反响，被认为是一篇"学术水平相当高的不同凡响的佳作"[②]。

席克正多年坚守教学岗位，为上海财经大学培养了一批在国内财政学领域颇有影响的著名学者。如上海财经大学原常务副校长、上海金融学院院长、财政部部属院校跨世纪学科带头人、博士生导师储敏伟；上海财经大学党委书记、国务院学位委员会应用经济学学科评议组成员、博士生导师丛树海；财政学专业学科带头人、博士生导师杨君昌；公共经济与管理学院院长、博士生导师蒋洪；公共经济与管理学院博士生导师、财政部跨世纪学科带头人胡怡建；研究生部副主任、博士生导师朱为群；公共经济与管理学院副院长、博士生导师毛程连等。

1992 年获"上海市侨界优秀知识分子"称号，1994 年被上海市人民政府授予上海市劳动模范称号，曾被美国 1984 年出版的《世界名人录》、英国 1987 年出版的《国际荣誉人物志》等多种权威性名人录列出专条介绍。

---

① 周慈铭.《资本主义国家财政》简介 [J]. 财政，1986（07）：17.
② 樊天和. 深深怀念席克正教授 [A]. 上海财经大学离退休教育工作者协会，上海财经大学离退休工作处编. 振兴路 奉献歌：上海财经大学老同志回忆录 [C]. 上海：上海财经大学出版社，2007：259.

（二）借鉴西方财政理论构思促进中国经济增长的市场经济财政学框架与调控政策

中国在改革开放以前，实行的是高度集中的计划管理体制，理论上受影响较深的是苏联计划经济理论，实践上财政的作用基本上局限在预算收支管理的狭隘范围之内，学术上缺乏研究如何借鉴西方财政理论与政策的动因与条件。改革开放之后，特别是中国确立建立社会主义市场经济体制的目标模式之后，了解西方市场经济财政理论发展现状与趋势，研究西方市场经济国家财政实践与财政政策的运作状况并从中寻求有益借鉴，日益显得十分必要与重要。

1. 借鉴西方财政理论与政策的倡导与创见

席克正是财政学界较早倡导研究与借鉴西方财政理论与政策的学者之一，早在1980 年就同上海财经学院原院长、经济学家姚耐发表《研究外国财政理论，促进四化建设》[①] 一文，分析战后西方财政理论发展趋势并提出正确借鉴西方财政理论的一系列新见解和建设性意见。其后又发表一系列论文并主编专著《财政理论与政策选择》详加阐述。

他认为，西方财政理论与政策是适应西方市场经济发展需要而产生和形成的，现代西方财政理论和实践已经历了两个多世纪的变化和发展。尽管中国的社会主义制度与西方的资本主义制度存在着本质区别，中国以马克思主义为指导的财政学，与西方以边际效用理论、有效需求不足理论等西方经济学为基础的财政学，在理论根基上存在着完全不同的情况；但是，两者"也存在彼此进行研究，相互吸取成功的经验，借鉴行之有效的方法，以促进社会进步和经济发展的可能"。"研究和借鉴外来文化中先进的理论知识和行之有效的政策措施，是提高社会主义理论和政策水平、促进社会主义经济建设发展的有力措施。"[②] 也就是说，在他看来，研究和借鉴西方财政理论与财政政策既是可能的，也是必需的和具有现实意义的。

他特别注重从西方财政政策中寻找借鉴与启示，认为理论指导实践是通过政策的桥梁作用得以实现的，西方的财政政策既体现在宏观层面，也体现在微观层面。宏观财政政策的中心问题是怎样实现社会总供需的平衡，西方宏观财政政策给予我们的启示是：首先，国家应重视财政在国民经济中的重要地位，不能把财政仅视为实现国家计划的一种单纯筹集资金的手段，而应认识到财政政策在促进社会总供需平衡，以及

---

① 姚耐，席克正. 研究外国财政理论 促进我国四化建设 [J]. 财经研究，1980（02）：5 - 10.

② 席克正，杨君昌. 财政理论与政策选择 [M]. 上海：上海财经大学出版社，1996：42，43.

稳定经济和发展经济中的作用；其次，国家应灵活地采用谨慎的财政政策，控制社会需求过度扩张，促使社会总供给与社会总需求保持基本平衡；最后，国家应执行促进产品结构和产业结构不断调整的财政政策，使那些社会需要和消费者爱好的产品不断增加，解决供需结构矛盾，实现供需总量平衡。微观财政政策的主要任务是处理国家与企业之间的关系，调动企业的生产积极性，促进经济的发展。西方微观财政政策也给予我们诸多有益启示，如对企业所采用的加速固定资产折旧的政策；鼓励企业增加投资的政策；照顾企业亏损的补贴政策；解决企业资本短缺困难的低息贷款政策等。“凡适合于我国的实际情况，有利于正确处理国家和企业之间的经济关系，调动国有大中型企业的生产经营积极性，提高企业经济效益的微观财政政策就应该借鉴或采纳。”①

借鉴或采纳西方财政理论和财政政策并不是无原则的，他反复强调：必须从中国实际出发，切忌生搬硬套，“在研究和借鉴西方理论和政策中，取其精华、弃其糟粕、为我所用便是当前我们迫切需要解决的问题”。“总的来说，研究和借鉴西方财政学的理论、制度、分析方法以及政策运用等方面的内容，都要根据我国的实际情况、经济发展的进度，以及社会、政治、历史等条件的差异，取其精华，弃其糟粕，而不能生搬硬套。”②

在中国财政学界，在改革开放初期西方财政理论尚不为许多人所熟知的情况下，他关于借鉴或采纳西方财政理论和财政政策的论述属较为精辟与独到的创见。

2. 促进中国经济增长的社会主义市场经济财政学框架构思

他对社会主义市场经济财政学的框架构思，包括如下 5 个方面的内容：

第一，以社会主义市场经济理论为基础，研究财政职能转换。其前提与背景是中国刚确定以建立社会主义市场经济体制为经济改革目标，尚未系统全面地弄清社会主义市场经济完整的理论模式，他是在社会主义市场经济理论模式的概念尚不十分清楚的前提和背景下来开展社会主义市场财政学框架构思的。③

在这一前提和背景下，他认为“有一点可以说是比较明确的，那就是这种理论模式，具有社会主义本质的特征，是以市场作为配置资源的主要手段，同时，又有政府宏观调控的经济体制”。既然要以市场作为配置资源的主要手段，那么过去在统收统支、计划调控基础上形成的财政分配和监督的两个职能，显然就再也不适应市场经济

---

① 席克正，杨君昌. 财政理论与政策选择［M］. 上海：上海财经大学出版社，1996：47.

② 席克正，杨君昌. 财政理论与政策选择［M］. 上海：上海财经大学出版社，1996：45，47.

③ 参见席克正. 财政学框架建设的几点意见［J］. 财经研究，1994（09）：3－8，64.

发展的需要，于是"以市场经济理论为基础，研究财政职能的转换问题，就成为构建社会主义财政学框架的首要问题"①。

第二，以公共产品理论为重点，研究财政的性质和范围。他认为，社会主义市场经济下在资源配置中发挥基础作用的是市场；财政的作用在于弥补市场失灵所导致的资源配置低效与收入分配不公平的缺陷。财政配置资源的范围应该是市场不愿提供的公共产品，因而就要从公共产品理论视角来认识财政作为国家或政府在弥补市场失灵中经济行为的性质与功能。于是，从建构社会主义市场经济财政学框架的需要出发，"根据我国的实际情况，借鉴已有的研究成果，深入探索在社会主义市场经济条件下公共产品提供的均衡条件、效率标准以及决策问题等，应是财政理论研究的重要课题"②。

第三，以效率、公平、稳定增长三个原则为主线，研究财政收支的经济效应。他认为，构建社会主义市场经济财政学框架，必须有一条贯穿其中的理论主线；在他看来，这条最好的理论主线就是效率、公平、稳定增长三个基本原则，它体现于财政收支的全过程之中。就财政收入而言，他主张，在研究中不仅要重视财政收入规模和结构等传统内容，而且更要沿着效率、公平、稳定增长这条主线，基于市场经济理论探讨财政收入的相关问题，特别是税收对劳动力供应、储蓄规模以及投资数量等经济变量的影响，税收转嫁与归宿，税收负担以及建立最佳税收制度等问题。就财政支出而言，他主张，在研究中要注重财政支出项目的成本效益分析，改变过去只重视财政支出数量而不考虑财政支出效益的分配方式，并在决策上解决财政支出是否体现公平的问题，致力于研究财政支出决策的改进与完善。③

第四，以公共产品具有层次性的特点，研究各级政府间的财政关系。他将公共产品按受益范围大小区分为全国性公共产品与地区性公共产品，主张中央政府承担全国性公共产品的提供，地方政府提供地区性公共产品。在他看来，按公共产品具有这种层次性的特点来划分中央政府与地方政府之间的事权与财权，可使其权力明确、职责清晰。这样做，不仅关系到资源的有效配置和建立适应市场经济发展的财政体制，而且还可以为改革税收制度以及建立转移支付制度提供理论和现实的依据。④

第五，重视财政政策研究，探索财政宏观调控的措施，促进经济的稳定和增长。针对传统财政学不研究政策的做法，他强调建构社会主义市场经济财政学框架要重视财政政策的研究。在他看来，财政政策的本质在于政府实施有效的财政宏观调控措

---

①②　席克正. 财政学框架建设的几点意见［J］. 财经研究，1994（09）：3－8，64.

③④　参见席克正. 财政学框架建设的几点意见［J］. 财经研究，1994（09）：3－8，64.

施，而财政宏观调控的主要职能在于规避市场经济下投资不稳定性带来的风险。他认为，在追逐利润最大化的市场运行机制中，投资的不稳定性必将给经济发展带来周期性波动的风险，财政宏观调控就是要防范和规避这种周期性波动风险，保障经济的稳定增长。"因此，在社会主义市场经济财政学中，研究财政政策，包括宏观财政政策和微观财政政策，探索财政宏观调控的目标和手段，以及协调财政政策与货币政策的配合等，以促进社会总供需的基本平衡和经济的稳定增长，显然是十分必要的。"①

3. 促进中国经济增长的财政调控政策思考

他在全面阐述社会主义市场经济条件下财政职能的过程中，着重从投资角度阐述财政调控政策对于促进经济增长的积极作用。在他看来，在利益主体多元化、分配主体多元化、投资主体多元化以及私人储蓄有较大增长的市场经济下，利用财政调控政策引导投资促进经济增长是十分必要的；否则，经济增长率不可能达到国家预期的要求。他从短期和长期两个角度分析了投资对经济稳定和增长的影响。他指出：从短期看，投资的不稳定性是导致经济不稳定的原因；从长期看，投资的增长可以更新设备，提高技术水平，增强生产能力，实现国家预期的经济增长目标。"因此，在宏观经济中，充分发挥财政调控投资和储蓄的作用，引导储蓄流向投资，实现国家的产业政策，是财政稳定和发展经济职能的重要内涵。"②

基于投资的视角思考实施促进经济增长的财政调控政策，他提出了 3 个方面的具体措施：一是在国家既定的经济增长率目标下，增收节支，扩大财政结余，增加政府储蓄，用于加强社会基础设施建设，满足社会公共需要和巩固社会主义公有制的投资；二是在私人储蓄有较大幅度增长的情况下，财政更应重视和动员这笔财力，发展和健全资金市场，引导私人将闲置资金投资于急需发展的部门和企业，贯彻国家的产业政策，促进经济的发展；三是在国内资金不足时，利用国外储蓄，吸引国际上的信贷资本，以弥补国内储蓄与投资需求之间的差额。③

强调投资的作用必然涉及对财政赤字的认识，他的看法是要辩证地加以对待。一方面，要看到赤字财政可能导致通货膨胀、阻碍经济发展的消极作用，警惕赤字财政的严重危害性，特别是决策者对此不能有丝毫麻痹大意；另一方面，又要考虑在经济发展初期，在一定条件下通过赤字财政来解决经济发展资金问题的可行性及其对经济发展的积极作用。他认为，国家在采取赤字财政筹措资金时，如果既重视财政收支平

① 席克正. 财政学框架建设的几点意见 [J]. 财经研究, 1994 (09)：3-8, 64.
② 席克正. 论社会主义市场经济下的财政职能 [J]. 社会科学, 1993 (12)：31-35.
③ 参见席克正. 论社会主义市场经济下的财政职能 [J]. 社会科学, 1993 (12)：31-35.

衡以控制通货膨胀，又能根据经济发展需要对赤字的数量、使用方向以及使用效率等方面严加管控，避免出现严重的财政赤字，使财政赤字的水平与较低的通货膨胀率、较为有利的投资环境，以及较好的国际收支平衡情况相协调，那么，"这样的赤字水平对于促进经济发展和经济结构调整是利多弊少的"[①]。

---

① 席克正. 财政学框架建设的几点意见 [J]. 财经研究，1994（09）：3–8，64.

第八章

海外及台湾地区校友学者的
相关学术成就与贡献

在考察珞珈经济学"学派"创建时，除学校"大本营"本部和国内大陆各地校友学者外，还有一支重要的力量不可忽视，就是海外及中国台湾地区的部分重要校友学者。这支力量包括两个方面的代表性学者：一为武汉大学经济学系毕业在海外及台湾地区工作的学者，如陈文蔚、邹恒甫、夏道平；一为曾在武汉大学经济与管理学科任教后出国深造成长起来的校友学者，如杨小凯。

第一节
陈文蔚的相关学术成就与贡献

陈文蔚是与谭崇台、汪敬虞同班的 1939 级武汉大学经济学系校友学者，是老一辈学者在美国取得突出成就的杰出校友代表。他不仅在经济学基础研究方面有卓越建树，而且对台湾经济问题有独到探讨，对珞珈经济学"学派"创建核心理论做出了较为独特的贡献。

一、主要学术成就

陈文蔚（1921~2009 年），著名经济学家、教育家。1943 年毕业于武汉大学经济学系；1945 年赴哈佛大学文理学院成为经济系研究生，1947 年转入芝加哥大学，1954 年获经济学博士学位。1948 年受聘于美国著名文理学院玛丽埃塔学院（Marietta College）经济系，曾任教授、系主任。1985 年，被授予玛丽埃塔学院"特级杰出讲座教授"；1988 年，玛丽埃塔学院向其颁发"教研 50 年优绩服务学校"镌像镀金奖牌，并设立"陈文蔚经济学奖学金"；2005 年，玛丽埃塔学院为其铸半身铜像，置入荣誉教授纪念堂作永久纪念，这是华人在该校历史上的最高荣誉。他于1965 年当选为美国经济教育基金会会员；1970 年起担任拥有 185 所大学分会的美国"大学际领导师生桂冠荣誉会"财务主任；1970 ~ 1971 年担任俄亥俄州拥有 70 所大学分支机构和 550 名以上会员的俄亥俄州经济学人暨政治学人联合学会副会长，次年出任会长；1970 ~ 1973 年担任美国联邦政府劳工部全国人力发展及训练委员会委员长。

他与母校和国内有较多联系，曾任武汉大学兼职教授，西南财经大学、广东商学院等院校名誉教授。2003 年，他收到武大校友寄赠对联，"五十年为学为文著作等身，半世纪做人做事桃李满园"[①]。2005 年被评为武汉大学第四届杰出校友。曾任国务院外国专家局成员，1998 年受邀参加"中国加入世界贸易组织专题会议"，关于中美经贸关系及中国加入世界贸易组织面临的机遇和挑战的精辟观点为参会国家领导所认同和吸纳。

他在经济学领域长期耕耘，卓有建树。1965 年被选入俄亥俄电力公司（Ohio Riven Company），在辛辛那提做"水上运输经济的比较观"专题研究。曾任美国《经济学期刊》（*Journal of Economics*）审稿委员会委员。1982 年进入剑桥大学经济研究所从事研究工作。先后出版数十种中、英文著作，发表论文 80 余篇。其中，中文著作与论文包括：《经济学导论》（2000）、《经济学导论习题解答》（2000）、《西方新兴学派对凯恩斯主义的反击和挑战》（1987）等。由于学术成就突出，他的名字先后被收录于《美国杰出教育名录》《美国名人词典》《国际名人传记》《英国剑桥国际传记中心》等辞书和工具书。

《经济学导论》是他中文著作的代表性成果。这一著作是 20 世纪末所撰写的，其背景是台湾地区在 20 世纪 80 年代创造了经济奇迹，家庭与人口结构发生了急剧转变，急需社会科学，尤其是现代经济学理论来对这些现象做出系统分析与深入阐释。在这一背景下，台湾五南图书出版集团于 20 世纪末邀请岛内外著名社会科学家执笔撰写社会科学丛书，介绍社会科学各领域的学术经典、前沿理论及其应用。第一批被列入经济学科的著作，即包括陈文蔚所承担的《经济学导论》，于 2000 年正式出版。美国普林斯顿大学经济学博士、美国政府驻约旦前经济顾问、玛瑞艾塔学院前院长谢瑞·克里兰（Sherrell Cleland）为该书作序。

该书是一本系统阐述经济学基本理论的教科书。但陈文蔚在对经济学基本理论进

---

① 陈建华. 汗洒杏坛五十年（武大校友在美国）［N］. 人民日报海外版，2003 - 12 - 05（002）.

行阐释时，又呈现出一些新的特色；同时，因该书在台湾出版，故书中紧密联系台湾经济发展实际，进行了一些独特的分析。

二、经济学基本原理及经济增长理论阐释的新特色

陈文蔚多年从事经济学基本理论，尤其是西方经济学基础理论的教学与研究，对于西方经济增长理论情有独钟，他长期致力于经济学基本原理和经济增长理论的阐释，其中所体现出的新特色至少包括以下几个方面。

（一）基于资源的稀缺性从更为宽泛的视角界定经济学概念并指出其研究难点

他认为，经济学是一门研究一切经济活动的手段和目标的关联问题的社会科学。经济学研究人类如何使用有限但可做不同用途的经济资源来生产或消费产品与劳务，以使最少量的稀少资源能达成最大的欲望而获得最大的满足。他强调经济学定义的重点在于：经济学是一门社会科学；经济资源是有限的；经济的产出包括货品和劳务，且两者均有价格，并可在市场交易；遵循最小手段原则；经济学是理性选择的科学。[①]可见他仍是从资源的稀缺性来界定经济学的内涵的，但其界定的视野却更为宽泛。

基于他对经济学的定义，他认为经济学在研究过程中会遇到诸多难点，包括：第一，影响经济现象的因素众多，且常常变动，研究者要想在假定其他因素都不变的情况下，研究其中任何一个因素对经济现象的影响，是不现实的。第二，各经济现象间的因果关系错综复杂，且或互为因果，也或倒果为因。可运用电脑和数学方程式辅助解决运算和推理的困难。第三，可能因经济现象或政策所经过的时间长短不同，而有不同的结论。第四，经济计量模型过于抽象，因为假定不变的因素太多，用以做经济预测，导致运用其做经济预测的准确度有限。[②]

（二）详述四种市场类型并注重其经济绩效分析

首先是完全竞争市场。他指出，十八、十九世纪古典经济学派讨论的产品市场是小生产规模的完全竞争市场；但现在除了农业上的谷物、家畜、蔬菜、水果等市场

---

① 参见陈文蔚. 经济学导论［M］. 台湾：五南图书出版公司，2000：3 - 4.
② 参见陈文蔚. 经济学导论［M］. 台湾：五南图书出版公司，2000：11.

外，完全竞争只在少数服务和财务行业内存在，如餐馆、旅馆、股票市场、货物市场。在制造领域已无完全竞争，基本上为大型公司企业和垄断性竞争所取代。他认为，完全竞争的经济绩效主要体现在效率上，效率是成本对效益之比，它谋求生产效益最高而成本最低。他指出，完全竞争尤其是在长期均衡的条件下，其市场是极有效率的，生产者和消费者也是双方都享有绝对自由的；又因长期内完全竞争的厂商都在产品同一价格下，只能获得收支相抵的正常利润，又不能抬价，能使消费者均沾价格公道合理的收益。生产的完全流动性会使社会资源得到最有效的分配和使用，其自由的流动性与竞争性会使生产要素得到相应于其边际生产力而言的合理回报。因而，在他看来，完全竞争的效率优点极为明显，是经济学的理想市场模型。

其次是完全垄断市场，他称之为"独占市场"。他将独占分为四类，即自然独占、合法独占、区域独占和经济独占。他从 3 个方面分析了独占经济绩效的负面性：第一，生产效率低下。单位成本一般高于完全竞争厂商的单位成本。第二，欠公平性。完全竞争在长期内每一厂商只能获得正常利润，而独占厂商短期和长期均可获得经济利润，因缺乏竞争，独占厂商不但以高价将产品出售给消费者，而且以低价购得所需生产要素，故缺乏公平，导致社会福利受损。第三，对经济增长与经济稳定产生负面影响。独占厂商因无竞争者，地位稳固且赚取超额利润，故缺乏创新与进一步发展的刺激因素，因而有碍经济发展。而且独占商能控制其产品价格，可随时涨价或减产并减少对生产要素的购买，从而使经济波动更难趋于稳定。

再次是寡头垄断市场，他称之为"寡占市场"。对其经济绩效他做出了如下分析：第一，从效率观点看，因寡占厂商固定成本极高，享有大规模生产的内部经济而利于产量增大，使平均总成本迅速下降，故其生产效率颇高。第二，从福利观点看，寡占厂商可降低单位生产成本，使其产品对社会的供应量充足，且为生产要素供给者提供工作机会，可对市场福利做出贡献。但寡占产品价格持高胶着不变，且在其均衡产量时会高出其边际成本，故其价格不利于消费大众，是对福利的负面因素。第三，从经济增长观点看，部分经济学家认为寡占厂商价格不变，经济利润有保障，故缺乏诱因从事研发以促使科技和经济发展；但持相反意见者认为，大规模生产厂商为求其产品特异于众，而投巨资于研究与发展。

最后是垄断竞争市场。他指出，垄断竞争市场的竞争性和垄断性介于完全竞争和独占市场之间。其产品价格大于其边际成本，两者差异大小决定于提价乘数。垄断竞争产品价格较完全竞争价格高。经济绩效上，垄断性竞争企业在生产能量和生产要素上均利用不足，实际上属于资源浪费。此外，对产品差异化的追求使研发成本增加，造成产品价格上升。但差异化产品的提供会使消费者得到更多选择购买机会，以适应其所需和偏好，因而增进消费者福利，这是其正面影响。①

（三）突出企业家精神生产要素阐释利润理论

他在阐释利润理论时较为突出地强调了企业家精神生产要素。他认为，厂商从事生产，收支相抵仅获得正常利润，其实是一种机会成本，而不是真正的利润；真正的利润是超过正常利润以上的超额部分，称为经济利润，是企业家精神生产要素的报酬。他接受新古典学派对企业家与资本家所作的区分，分析了两者的不同功能。指出，资本家仅为不冒企业经营风险的贷款人（如银行、债券持有人），其报酬为确定的一定百分率的贷款（利息），是生产成本的一部分；而企业家却要冒企业经营失败的风险从事生产或营运，其报酬是不确定且不是固定量的"利润"，或者是亏损（负数利润），是收支相减后的盈余。故企业家与资本家的生产功能明显截然不同。

他对企业家精神生产要素做出具体剖析，包括：（1）企业所有权的经营风险。经营得好可获得利润，经营不善或者经济不景气时，则蒙受损失甚至倒闭，故企业家需具此冒险的精神。（2）企业组织能力，即将土地、劳动力、资本等要素以适当比例组合而从事生产。（3）创新能力。企业为应对市场竞争，必须接受新观念，进行研发工作，以求科技突破，管理有效。历史上成功的大企业家都是冒险者、创新者和富有能力的组织者，这些特点可使其增加企业获取厚利的机会，否则只是常规管理而已。

他指出，经济利润是企业总收入减去支出后的盈余。追求利润是诱导风险性投资的主要因素，利润的增加有利于企业扩张投资额，有助于刺激国民生产总值增加，提高经济增长率，所以利润是企业家精神生产要素的适宜报酬。②

（四）从经济增长代价视角关注世界生态保护与能源危机

他指出，20世纪五六十年代，世界各国都在以各种方法极力推动本国经济增长，以提升人民生活水准，增加国家财富。该时期的主要认知是经济加速增长有百益而无一害。直到六七十年代，才开始有学者不断提出或预言快速经济增长的代价。

他介绍了发布于1972年的《罗马俱乐部报告》（*Club of Rome Report*）。该报告是在美国麻省理工学院著名经济学教授丹尼斯·梅多斯（Dennis L. Meadows）领导下完

---

① 以上相关内容参见陈文蔚. 经济学导论［M］. 台湾：五南图书出版公司，2000：160，182 - 183，202 - 203，218 - 219.

② 以上相关内容参见陈文蔚. 经济学导论［M］. 台湾：五南图书出版公司，2000：284，285，288.

成的，也称"梅多斯报告"。报告于 1972 年正式出版，名为《成长的极限》（《增长的极限》）。该报告以电脑收集人口和自然资源的统计资料，对数据进行分析归纳，得出相关结论：如果资源以目前使用的速度推算到 2010 年或更早期内，这种"脱缰式成长"（unchecked growth）将会为全世界带来"颇为突然且不可控制的经济崩溃"（A sudden and uncontrollable collapse in both population and industrial capacity sometime before 2010）。无论从何种角度研究，这个灾难都是不可避免的（inevitable）。他也介绍了罗马俱乐部另外做的一个研究，是于 1978 年发表的第 2 个报告，名为《人类在转折关头》（Mankind at the Turning Point），称 1972 年梅多斯报告不适用于全世界，而只有限的适用于一些经济落后的国家，主要在亚非中南美洲，为求经济的高度成长而滥用资源，损害环境与生态的平衡；应以梅多斯报告加以警告。成长也是减少消费，以增加储蓄和投资。[①] 他通过对罗马俱乐部两个报告的介绍，表达了对于世界生态保护与能源危机的高度关注。

第二节
邹恒甫的相关学术成就与贡献

邹恒甫是 1977 年中国恢复高考后首批考入武汉大学经济学系的大学生，在中国经济学界他是一个颇受关注且富有争议的人物；他在经济学教育与研究方面做出了较大成就，得到不少经济学家的充分肯定与赞许。对于珞珈经济学"学派"的创建，他也做出了一些有益的贡献，是武汉大学海外学者中青壮年的重要代表。

一、主要学术成就

邹恒甫（1962 年~），湖南华容人。1982 年毕业于武汉大学经济学系；同年赴美国哈佛大学经济系攻读硕士学位和博士学位，1989 年毕业，是新中国成立后获得哈佛大学经济学博士学位的第一人。1991 年在世界银行政策研究司任经济学家，同年被聘

---

① 陈文蔚. 经济学导论 [M]. 台湾：五南图书出版公司，2000：611 – 627.

为武汉大学经济学教授；1994 年创建武汉大学高级研究中心，任主任。1998 年任北京大学光华管理学院应用经济学系主任、董辅礽经济学讲座教授。1998 年入选教育部新世纪优秀人才支持计划，2004 年成为"长江学者奖励计划"特聘教授。曾先后在中山大学岭南学院、浙江大学、中央财经大学、复旦大学、北京师范大学、深圳大学等高校担任顾问、讲座教授或联合主任，曾出任中非发展基金首席经济学家。

邹恒甫积极推进中国现代经济学教育改革与发展，于 1996 年在国内最先开办武汉大学国际数理经济和国际数理金融实验班，培养高素质、国际化的计量经济学和现代金融学人才。实验班强化数学、英语、计算机教学，直接使用英文原版教材，采用英语教学和英文写作论文，在国内外经济学界和著名高校中产生积极影响。

邹恒甫在学术领域成就颇丰，迄今在国内出版著作 7 部，其中独著 4 部，包括《财政、经济增长和动态经济分析》（2000，英文论文集，2003 年获教育部人文社会科学优秀成果奖二等奖）、《宏观，财政，金融，增长》（2013，英文论文集，全 3卷）、《宏观财政金融增长》（2013，论文集）等；主编 3 部，包括《中国地区差异的经济分析》（2006，第三主编）、《非洲经济和投资研究》（2009，第一主编）、《非洲冲突研究》（2010，第一主编）等。此外，他还担任《现代经济学前沿丛书》与《经济与金融高级教程》两套丛书的主编；在国际知名学术期刊发表中英文论文 100 余篇；并创办了中国第一本经济学英文期刊《经济学与金融年刊》（*Annals of Economics and Finance*），该刊现已成为国际经济学主流刊物之一。2004 年《世界商业评论》将他评为"中国大陆最具影响力的 10 大经济学家"之一；法国图卢兹大学产业经济研究所所长让·雅克·拉丰（Jean Jacques Laffont）赞其取得了"令人信服的杰出的学术成就"。

邹恒甫研究领域较宽，主要涉及经济增长、公共财政、金融经济、货币经济、收入分配等，并在这些领域取得不俗的学术成就。从珞珈经济学"学派"创建视角考察，其主要特点与贡献在于对经济增长进行了许多具有挑战性的理论探讨与实践探索，以及对非洲贫困国家经济发展问题的独特考察，在一定程度上拓展和深化了珞珈经济学"学派"创建核心理论的研究。

二、颇具特色的经济增长理论探讨与实践探索

在邹恒甫的学术成果中，较多涉及经济增长的理论探讨与实践探索。这种探讨与

探索的主要特色在于他是从多视角、全方位出发的，提出了许多颇具挑战性的反流行观点，在方法论上表现出具有拓展性的研究特色。

（一）多视角、全方位的经济增长理论探讨与实践探索

他对经济增长理论与实践的多视角、全方位探讨与探索，集中体现在他的三卷本《宏观，财政，金融，增长》（2013）一书中①，该书是他 20 多年经济学研究成果的集结，涵盖了众多方面的内容，尤其是财政、金融和外贸方面的内容，这些内容大多涉及对影响国家经济增长与经济发展的研究，可以看作是他从多视角和全方位出发而对经济增长与经济发展所进行的理论探讨与实践探索。

在众多的研究领域中，他将研究重点放在财政领域。他建立了地方财政的动态模型、多级政府的最优税收结构和转移支付的动态模型以及其他前沿的理论模型，研究了政府开支结构、政府税收结构、中央政府与地方政府的财政关系，财政分权、财政开支与经济增长、公共资本提供等问题。结合中国实际，他探讨了中国财政方面的许多问题，如中国财政分权历史与影响，公共支出与经济增长，中国地方政府的预算软约束、征税效率等，这些研究为中国政府如何更好地行使职能以促进经济增长与宏观经济的稳定发展提供了决策参考。收入分配与收入不平等也是他关心的领域，相关研究主要集中在收入分配的历史与现实、收入分配与经济增长的关系，收入分配与通货膨胀、财政政策的关系，收入不平等的原因等方面，为中国经济发展中如何缩小收入差距提供了理论依据。

众多研究领域所涉及的研究对象也较为广泛，既涉及发达国家经济体，也涉及发展中国家经济体，还涉及国际经济学理论。在发达国家中，美国是其主要研究对象，除了针对上述领域展开探讨外，他还对资本主义精神进行了深入考察。他试图将资本主义精神模型化并进一步研究资本主义精神与储蓄、货币、增长、资产定价等范畴之间的关系。他同时指出，资本主义精神这种文化因素能帮助我们解释世界上人均国民收入、经济增长和国民储蓄等方面的差别。② 值得注意的是，他将熊彼特的企业家创新和韦伯的资本主义精神紧密联系起来，从而把企业家精神活灵活现地体现为资本主义精神的一个重要方面，也为后来国内外学术界针对企业家精神问题的研究提供了第

---

① 该书中收录的有些论文以及下文中引用和参考的有些论文，是由邹恒甫与其合作者共同完成的，以下不加区分，一律作为邹恒甫的成果予以使用。

② 邹恒甫. 宏观，财政，金融，增长 [M]. 北京：东方出版社，2013：103 – 174.

一个动态数学模型①，这一研究也是对阿洪—豪伊特（Aghion - Howitt，1992）熊彼特创新模型②的重要发展。

对于发展中国家经济研究，邹恒甫发展了对东欧国家私有化国有经济的第一个动态模型，坚定主张在中国建立私有产权、法治、自由和权力制衡的基本制度。邹恒甫多次和董辅礽讨论这一研究课题，并得出重要的结论。在他看来，市场经济离不开民营经济的巨大发展。没有成熟的、蓬勃发展的民营经济就没有真正的市场经济。③ 他从诸多方面对中国经济进行分析和经济体制比较，重点就相关领域开展实证研究并积极建言献策。另外，对于国际经济学他也颇有研究，如国际收支平衡的短期模型，国际贸易、国际收支平衡与重商主义，外国援助与国际债务，外国援助与发展中国家的经济发展等。

（二）经济增长视角的挑战性反流行观点

邹恒甫对经济增长与经济发展问题的研究，表现出很强的个性特征，就是"从来就不愿意接受现有的结论"④，而总是在新模型和实证分析的基础上提出具有挑战性的反流行观点。他从经济增长视角提出的挑战性反流行观点主要表现在下述 4 个方面：

1. 反对财政分权有利于经济增长的"定理"

中国自 20 世纪 80 年代开始推行财政改革，财政权力和责任逐渐由中央政府向各级地方政府转移，呈现出财政分权的情形与特征。基于这一背景，学术界大都认为财政分权可以提高政府部门的运作效率，地方政府在资源配置上具有信息优势，可以更好地满足本地需求，从而改善居民生活水平，推进经济发展和增长。

对于学术界占主导地位的这一"财政分权定理"，邹恒甫则大不以为然。他在1998 年发表的论文中，通过对 46 个发达国家和发展中国家近 20 年的数据研究，发现财政分权与经济增长在发展中国家呈负相关关系，在发达国家则不存在显著的相关关系。⑤ 通过进一步对中国财政分权的分析，他得出了地方政府财政支出份额的扩大对经济增长有明显负面影响的结论；同时认为在没有良好的民主监督机制和健全的地方

---

① Qichun He, Yulei Luo, Jun Nie, Heng-fu Zou. Money, Growth, and Welfare in a Schumpeterian Model with the Spirit of Capitalism [J]. *Review of Economic Dynamics*，2023（1）：346 - 372.

② Heng-fu Zou. A Model of Growth Through Creative Destruction Philippe Aghion [J]. *Peter Howitt Econometrica*，1992（3）：323 - 351.

③ Zou，Heng-fu. On the dynamics of privatization [J]. *China Economic Review*，1994（2）：221 - 233.

④ 邹恒甫. 前言 [A]. 邹恒甫. 宏观，财政，金融，增长 [C]. 北京：东方出版社，2013：1.

⑤ Davoodi H，Zou H F. Fiscal Decentralization and Economic Growth：A Cross - Country Study [J]. *Journal of Urban Economics*，1998，43.

治理的条件下，过度的财政分权会减弱中央政府的调控能力，产生地方政府的腐败，增加经济不平等和地区间发展的不平衡。

鉴于自己长期、大量的理论探讨与实证研究，他明确表达了反财政分权理论的态度与见解，提出了发展中国家财权应相对集中的主张。他认为，就发展中国家的发展现状而言，财政权力的相对集中有利于经济增长。原因可从如下方面进行分析：第一，中央与地方的权责划分不明晰。在分权体系还未完全成熟时，上下级政府之间的支出和收入责任模糊不清，分权一方面容易导致财政措施的重叠，如地方政府为了增加财政收入在中央征税的基础上重复征税，加重了人民的税收负担[1]；另一方面，在预算软约束下，地方政府的支出容易超出收入，使地方债台高筑，加重了中央政府的财政负担[2]。第二，中央与地方政府的利益不一致。诸多发展中国家的经验表明，分权后地方政府并不会配合中央的宏观经济政策，而是实行地方保护主义，因此影响中央的宏观经济调控能力，威胁宏观经济的稳定性。[3] 第三，中央对地方政府的限制。虽然多数理论认为与中央政府相比，地方政府拥有更多的信息优势，可以更好地提供公共服务以满足本地需要，因此将税收和支出的权力下放会使地方政府供给效率提升。但对于中国而言，财政改革后地方政府的很多权力仍受制于中央，使地方政府难以发挥优势。比如在税收收入仍集中于中央时，支出责任的下放常常使地方政府"入不敷出"。[4] 第四，部分地方政府缺乏治理能力，滥用职权，滋生腐败。地方政府权力扩大后可能并不会将重点放在改善民生上，而是盲目投资和重复建设，为了招商引资，实行不计成本的优惠政策，扭曲土地、矿产等重要资源的价格信号，漠视环境污染及其代价，损害资源配置的效率。由于中国各地区的人口流动受限，当地居民无法"用脚投票"，使当地政府缺乏修正和完善政策的激励和监督机制；同时，发展中国家地方政府的透明性一般较差，审计、媒体监督等外部约束机制不健全，对腐败的约束可能更少。[5] 除上述主要原因之外，跨省的规模经济和正外部性、分权加剧地区发展不平衡等都证明过度分权对发展中国家的经济发展有害无益。他认为分权的优势与经

---

① Davoodi H, Zou H F. Fiscal Decentralization and Economic Growth: A Cross – Country Study [J]. *Journal of Urban Economics*, 1998, 43.

② Wang, Shuilin, Heng-fu Zou. China Decentralization Finance Issues [J]. *China Economics and Management Academy*, 2014, 15.

③ Fornasari F, Webb S B, Zou H F. The Macroeconomic Impact of Decentralized Spending and Deficits: International Evidence [J]. *Annals of Economics and Finance*, 2000, 1.

④ Shen, Chunli, Jing Jin, Heng-fu Zou. Fiscal Decentralization in China: History, Impact, Challenges and Next Steps [J]. *Annals of Economics and Finance*, 2012, 13.

⑤ 参见邹恒甫. 最后的狂人：我就是邹恒甫 [M]. 北京：东方出版社，2013：190.

济发展阶段相联系，对于发展中国家，中央政府和地方政府应该有一个良好适度的财政关系。[①]

2. 反对经济快速增长会缩小贫富差别的"老调"

贫富差距或收入分配差距扩大一直是政府和经济学家关注的重要问题。库茨涅兹（Kuznets）在20世纪50年代提出了经济增长与收入分配不平等的倒"U"型关系，他认为在收入水平较低的阶段，经济增长导致收入分配差距扩大，当收入水平达到一定程度后，经济增长有助于缓解收入分配不平等。此后多数实证研究者形成一种思维定式，认为收入分配不平等会损害经济增长。

然而，对此观点，邹恒甫也大不以为然。他在1998年发表的论文中，运用112个发达国家和发展中国家1947~1994年的数据，证明在一些发展中国家收入分配不平等可能促进经济增长。他指出，收入差距和经济增长的关系是复杂的，在不同国家存在不同的相关关系。[②]他使用国际上通用于衡量一个国家或地区居民收入差距的重要指标——基尼系数进行分析，认为一个国家内的基尼系数随时间的变化相对稳定，但不同国家之间存在巨大的差异，这种差异主要由制度因素、政治权力以及信贷市场的完善程度决定。国家制度的民主程度和教育普及程度提高时，能有效改善政治权力集中在少数富人手里的现象，而信贷市场的完善有利于扩展中低收入阶层的投资渠道，增加其收入，缓解收入不平等的现象。进一步地，他探讨了收入不平等对经济增长的影响，指出在大多数情况下，两者之间并不存在一个确定的关系，当政府将通过收入税征得的税收用于公共消费而不是公共生产时，更平等的收入分配会导致更高的收入税税率，从而降低经济增长，在这种情况下，收入不平等对经济增长有正向的影响。针对中国的收入分配问题，他指出从1984年到1992年短短8年时间内中国的基尼系数上升了12个百分点，并且一直有持续增长的趋势，与此同时GDP的平均增长率却为9.9%，这与"经济增长促进收入平等"的理论相违背。通过探究其背后的因素，他发现导致收入不平等程度在短时间内扩大的原因主要有三点：第一，GDP中国有企业所占份额的下降。对国营部门产品需求的增加会增加国有企业员工的工资，从而改善收入分配，而对非国营部门产品需求的增加会大概率提高私人投资的回报率，少数富人能够凭借权力和持有资本从中得到比穷人更多的好处，导致收入差距的扩大。第二，高通货膨胀率。相比穷人的资产多来自固定的工资或养老金，富人持有的资产如

---

① 参见邹恒甫. 最后的狂人：我就是邹恒甫［M］. 北京：东方出版社，2013：185.

② Li H, Squire L, Zou H F. Explaining International and Intertemporal Variations in Income Inequality［J］. *China Economics and Management Academy*, *Central University of Finance and Economics*, 1998（446）.

土地所有权、股票、房产等更具多样性，因此高通货膨胀对穷人的影响大于富人。第三，对外贸易的增加。随着中国改革开放的推进，经济特区的建立，出口份额的增加，使对外贸易的重要性提升，富人有直接的渠道获取贸易许可证和生产配额，或者通过贿赂的形式取得贸易特权，因此会比穷人在对外开放程度的扩大中得到更多的好处。[①]

3. 反对外国援助会刺激发展中国家经济增长的"共识"

外国援助对发展中国家投资和经济增长的影响在 20 世纪 90 年代引起了学术界和政府的重视，大量的研究似乎形成一个"共识"，即认为外国援助能够加速发展中国家经济增长或加快经济体趋向稳态的速度；邹恒甫对这一观点提出了反对意见。他认为，外国援助的永久增加会导致本国资本积累的减少，降低产出，并且在长期内会增加对外国借款的依赖性。通过构建无限期界模型表明，外国援助的永久性增加一方面能够使代表性经济体在增加消费、减少投资的同时保持长期高消费水平；另一方面，外国援助增加会使短期消费增加比例大于资本积累的减少比例，从而提高短期外债水平。同时，长期内资本积累的减少和产出的降低会进一步增加长期内的外债水平；在特定条件下，即只有在外国援助在极短时间内一次提高的情况下，才会导致资本积累在短期内增加。[②] 通过扩展的效用函数模型，他得出外国援助的增加会减少资本的积累，从而对经济增长产生负面影响的结论。同时，他进一步指出，由于资本存量的减少会导致劳动要素的边际生产力降低，致使劳动供给减少，因而外国援助会减少个体的劳动供给。[③] 总之，他认为外国援助的增加会提高经济个体的财富水平，但长远来看不利于经济增长。

4. 反对非生产性公共支出对经济增长有负向影响的"论调"

非生产性公共支出是相对生产性公共支出而言的。生产性公共支出是国家财政用于同社会生产直接有关的各项支出，其中生产性基本建设投资支出通常被认为是政府加快经济增长的重要手段，非生产性公共支出对经济增长有负向影响成为一种时髦的"论调"。邹恒甫则提出了相反的观点，他通过对 43 个发展中国家近 20 年的统计分析表明，政府部门的生产性公共支出在总支出中的比例对经济增长有负向影响，而政府

---

① 参见 Xu, Lixin, Colin, Heng-fu Zou. Explaining the changes of income distribution in China [J]. *China Economic Review*, 2000, 11.

② Gong L, Zou H F. Foreign Aid Reduces Domestic Capital Accumulation and Increases Foreign Borrowing: A Theoretical Analysis [J]. *Annals of Economics and Finance*, 2000, 1.

③ Gong L, Zou H F. Foreign Aid Reduces Labor Supply and Capital Accumulation [J]. *Review of Development Economics*, 2001, 5.

部门的非生产性公共支出在总支出中的比例则与经济增长呈正相关性。[①] 他对非生产性公共支出的重视源于两个方面：一方面是发展中国家公共支出比例的失调。他认为与发达国家相比，发展中国家过于强调资本性支出，导致资本的边际生产率下降，同时忽视了经常性支出对经济增长的促进作用。据此他提出发展中国家的政府应减少在基本建设上投资的比例，加大经常性的公共支出，如行政管理、社会治安、文化教育和社会福利等方面的支出，以进一步实现经济增长。另一方面，他认为实现收入平等、社会公正是重要的经济目标，因此政府应加大非生产性公共支出，保证每个公民都能得到基本生活保障、基础教育、基本医疗卫生服务。[②] 他尤其重视人力资本对经济发展的重要作用，认为人力资本对中国的经济发展有重要的影响，教育是实现社会公正、收入平等的重要途径。他主张依据国际上中等偏下的水平，政府的教育支出至少应该占到总财政支出的1/6。

（三）方法论上的拓新研究特色

他的大量论文中都使用数理模型来探讨经济问题，尤其注重采用新经济增长理论中的前沿模型研究经济增长的相关问题；他并不囿于既有的模型，而是通过不断地创新使之更加贴近现实经济发展问题。他在方法论上的拓新研究特色主要表现为：其一，创新性地使用效用函数的新形式。早期效用函数一般只定义在消费上，而邹恒甫则通过在效用函数中不断引入新的变量以研究不同的问题。例如，通过引入资本积累变量说明不同文化对各国经济增长率有重要影响，用以解释为何拥有相同技术进步和时间贴现率的国家平衡增长路径不同[③]；通过在函数中引入政府支出，用以说明经济不平等可能导致更高的经济增长；通过在函数中引入武器存量，用以探讨军事支出对经济增长的影响等。其二，提出第一个为重商主义辩护的数理模型。[④] 通过构建模型得出"重商主义"国家在长期中有高消费和高外国资产积累，永久提高关税在长期内会有更高的外国资产积累和总消费。其三，第一次展开军事开支和资本

---

① Devarajan S，Swaroop V，Heng‐Fu Z. The composition of public expenditure and economic growth ［J］. *Journal of Monetary Economics*，1996，37.

② 参见邹恒甫. 最后的狂人：我就是邹恒甫［M］. 北京：东方出版社，2013：25.

③ Zou H F. 'The spirit of capitalism' and long‐run growth ［J］. *European Journal of Political Economy*，1994，10.

④ Zou H F. Dynamic analysis in the Viner model of mercantilism ［J］. *Journal of International Money and Finance*，1997，16.

积累的数理分析。[①] 他通过区分不同的效用函数形式，分析军事支出对资本积累和经济产出的影响。对于一般的效用函数而言，军事支出对经济增长的短期影响会直接减少当前的消费和投资，而长期影响是中性的；在效用函数中引入武器存量后，未预料到的外国军事威胁会降低该国的资本存量，预料到的未来军事威胁会增加该国的资本积累。

三、对非洲贫困国家经济发展问题的独特研究

邹恒甫自1991年进入世界银行后，一直致力于研究发展中国家（包括部分中等发达的发展中国家）的经济发展问题，尤其对非洲贫困国家经济发展问题有较为深入的考察与研究。在他的整个思想体系中，这方面的研究虽然并不占据主要位置，但却形成他学术思想的一大特色。在珞珈经济学者中，他是对非洲贫困国家经济发展有深入研究的唯一一位代表者。

（一）对第三世界贫困国家尤其是非洲的实地考察与研究

自进入世界银行后，多年来他在南非、俄罗斯、印度、巴基斯坦、尼泊尔、印度尼西亚、波兰、罗马尼亚、匈牙利、苏丹、孟加拉国等30多个国家进行过研究和扶贫工作。他曾阐释过自己在世界银行这段工作的宗旨，表示"我们的日常工作在于深入研究、比较各国在宏观、微观、财政、金融、贸易等方面的政策和制度的有效性，总结和推广成功的经验，以期深化广大发展中国家以摆脱贫困和极度的不平等为目标的政策和制度改革"[②]。

在对广大发展中国家进行考察和研究的过程中，他对第三世界贫困国家，特别是非洲贫困国家尤为关注，对非洲国家的风土人情、社会经济不仅有细致的考察，而且有深入的研究。在实地考察非洲问题时，他始终注重将非洲问题与中国经济发展联系起来进行思考。通过对比研究中国和非洲的许多重大经济发展问题，他组织编写中国、非洲经济发展年度报告，并联络举办中国非洲发展国际年度论坛，利用自己丰富的国际扶贫经验和广泛的国际组织联系，为中非经济发展和福利增进做出了巨大贡

---

① Zou H F. A dynamic model of capital and arms accumulation [J]. *Journal of Economic Dynamics and Control*, 1995, 19.

② 转引自汪太理. 有国际影响力的湘籍经济学家 [J]. 湖湘论坛, 2006（4）: 24 – 26.

献。2008 年，他当选为中非发展基金首席经济学家，并再次前往非洲进行实地调研，其后主编出版了《非洲经济和投资研究》(2009)、《非洲冲突研究》(2010)。

《非洲经济和投资研究》一书详细分析了中非经济的互补性与中非合作的必要性。进入 21 世纪以来，各届中非论坛的成功举办为中非合作开辟了更为广阔的前景，中非经贸关系稳步上升。尽管金融危机的爆发使中国与非洲经济均受到不同程度的冲击，主要非洲国家的投资环境发生了重要变化，中非经贸关系的发展面临着新的不确定性，中国企业的对非投资出现了一些新的机遇和风险；但是，据该书作者判断，在他们考察非洲的时期，中非贸易正步入一个全方位、多层次、宽领域的快速发展阶段。[①] 他们利用掌握的大量丰富可靠的非洲第一手资料，较为全面地剖析了金融危机背景下非洲政治的变化及其发展趋势，以及金融危机的爆发给非洲宏观经济环境带来的冲击，并分别对非洲各主要行业的投资环境进行了深入研究，进而从中长期视角对中国企业投资非洲相关行业的前景进行了前瞻性预测。

2010 年，他又主编出版《非洲冲突研究》一书，以图解决中国对非洲研究的滞后与中非关系的巨大现实需求之间的不对称性。该书联合多位国际知名非洲问题专家，从多个角度分析了 20 世纪下半叶非洲国家冲突的根源及对其经济和社会的影响，探讨了如何避免冲突和再冲突，如何进行冲突后的重建以及国际援助在其中的作用等。此书通过对非洲的社会、经济、政治进行深刻剖析，为科学认识非洲冲突的性质、起因、后果，冲突后的重建以及如何有效预防和解决冲突等问题，提供了有益的参考；同时也为学术领域研究非洲前沿问题和微观个案，提供了国际交流的经验和丰富的研究资料，对非洲的发展和中非合作有重要的理论和现实意义。

（二）有关非洲贫困国家经济发展问题的独到分析

《非洲经济和投资研究》对非洲贫困国家经济发展问题进行了诸多独到分析。

（1）非洲的国际经济地位与风险诱因分析。在作者看来，非洲在国际经济中处于相当重要的地位。首先，随着非洲国家的政权趋于稳定，其丰富的油气和矿产资源得到越来越多国家的关注；其次，非洲市场潜力巨大，为全球经济尤其是出口提供了新的增长机遇；最后，非洲与脱贫、反恐、气候、环境等全球性发展中的突出问题有着密切的联系。[②] 这些原因使非洲在国际经济中的重要性与日俱增，各国也将把积极发

[①] 序言［A］. 邹恒甫，郝睿. 非洲经济和投资研究［C］. 北京：人民日报出版社，2009：1.

[②] 参见邹恒甫，郝睿. 非洲经济和投资研究［M］. 北京：人民日报出版社，2009：5 - 7.

展对非关系作为其对外政策的重要组成部分。与此同时，非洲仍存在较大的政治经济风险，风险诱因主要有三点：第一，由于殖民主义的遗留问题，稳固统一的国家意识并未在非洲地区普遍形成，这已成为非洲各国内部政治矛盾和国家间暴力冲突的根源；第二，非洲的农业落后和粮食困难也是长期以来危及非洲国家政局稳定的一个突出因素；第三，非洲的非传统安全领域威胁不断出现，特别是索马里海盗活动猖獗，严重威胁国际航运安全。[①] 因此在对非经济合作交流中应了解当地的政治、宗教等，警惕、预防可能面对的风险。

（2）金融危机对非洲经济的影响分析。2008 年全球性金融危机波及非洲经济发展，随着全球经济退化、原料价格下跌以及信贷条件紧缩，非洲经济前景迅速恶化，过去十年的发展成果面临严重威胁。书中从非洲金融市场、银行系统以及财政状况三个角度深度剖析金融危机带来的影响。金融市场方面，首先，金融危机爆发后非洲各主要股市均出现大幅下跌和剧烈振荡，损害了银行系统和居民财富；其次，全球信贷市场流动性的萎缩给非洲国家的债券市场带来直接压力，各主要经济体债券市场均出现明显的资金外流和发债规模缩减现象；最后，经济主体风险厌恶程度的上升和去杠杆化的深化，导致外汇不断逃离非洲市场，多国货币出现贬值或币值振荡。银行系统方面，金融危机给非洲国家的银行系统带来的风险主要体现在信用风险、外资债务集中偿付风险以及信贷萎缩风险上。首先，非洲各国银行系统来自国外和国内两个市场的流动性均出现萎缩，信用风险持续上升；其次，外资的撤离和外资债务的集中偿付进一步加剧非洲银行系统的流动性问题；最后，危机前银行信贷的过快扩张导致银行资产质量下降，宏观波动和金融风险的相互放大可能导致银行信贷的急剧萎缩。财政状况方面，金融危机给非洲各国财政收入和支出两方面带来了压力，收入方面体现在由于经济减缓导致的税收减少、旅游降温、出口商品价格和国外需求下降、外国直接投资和国际援助资金的下降等；支出方面体现在社会保障和减贫支出增加、本币贬值和债务利率上升提高偿债压力，以及对国内的减税补贴政策等都加重了财政负担。[②]

（3）基于投资视角对非洲相关行业的分析。书中较为详尽地研究了非洲的矿业、油气资源、农业、电力行业以及电信业这五个与国家经济发展联系紧密同时又与中国在非洲投资项目密切相关的行业，仔细分析这些行业的整体概况、当前发展现状以及

---

① 参见邹恒甫，郝睿. 非洲经济和投资研究［M］. 北京：人民日报出版社，2009：37，41.
② 参见邹恒甫，郝睿. 非洲经济和投资研究［M］. 北京：人民日报出版社，2009：75，84，99－100.

中国与这些行业的合作，分析中国投资中的风险与面临的困难。[①] 对于矿业，作者认为投资非洲矿业能够补充中国矿产资源的不足，对非洲地区的长期发展也具有重要的意义，虽然金融危机的冲击使全球矿业进入衰退期，但从长期趋势来看，非洲政策性投资环境在不断改善，全球对矿产资源的需求仍会上升，因此继续投资非洲矿业长期来看将会获益。此外书中还进一步讨论了中国在非投资矿业面临的困难，并为投资地的选择提出了建议。对于油气行业，通过分析非洲主要油气生产国概况以及金融危机下供给与需求两方面对油气行业的冲击，认为非洲在世界石油供应中占有重要的地位，石油行业的稳定程度极大地影响着非洲和世界各国的发展，同时，保障稳定的海外石油供给，对中国经济增长稳定发展也具有重要意义。参与当今世界激烈的石油资源竞争，必须加强国际石油领域合作、加入国际经济和能源合作体系，积极应对投资中的机遇与风险。对于农业，书中首先分析了不同农业资源的组成、分布与面临的问题，总结出非洲农业发展落后的内因与外因，即对外国发展模式的片面效仿与非洲国际经济地位的消长；其次分析了金融危机下全球农业市场的波动和对农产品的价格展望，并为中国与非洲农业的进一步合作提出了建议。对于电力行业，书中分析了行业规模、生产结构与地理分布特征，指出了电力部门存在的问题与针对问题进行的体制改革，并展望了非洲电力行业的投资前景。对于电信业，书中分析了非洲电信业的产业规模与市场结构，认为与全球电信业的发展相比，非洲该领域的发展仍较为落后，但相应的改革使得行业出现了跨越式发展，在进一步的改革中应使政策和监管体制与不断更新的技术条件相适应。在对非洲电信业发展的展望之上，书中分析了中国企业进入非洲电信市场的优势与劣势，为合作的深化提供了有益的参考。

第三节
杨小凯的相关学术成就与贡献

在珞珈经济学"学派"创建中，杨小凯是对发展经济学基础理论有突出贡献的海外校友学者。他曾遭遇极度坎坷而经武汉大学一举成为一位著名高校的经济学教师，

---

① 本自然段以下相关内容参见《非洲经济和投资研究》第三章"行业分析"。

从此正式迈入经济学教学与研究的学术殿堂，并从珞珈山走向世界，登上国际经济学舞台。他给武汉大学和国际经济学界带来了莫大的惊喜，通过创立新兴古典经济学而创立了新兴古典发展经济学，不仅在西方主流经济学领域大放异彩，而且使珞珈经济学者自创的发展经济学基础理论实现了一次新的超越式发展，在珞珈经济学"学派"创建史上留下了浓墨重彩的一笔。

一、主要学术成就

杨小凯（1948～2004年），澳大利亚籍华人，原籍湖南省湘潭县。1980年考入中国社会科学院，1982年毕业，获经济学硕士学位。1982年被武汉大学聘为助教、讲师。1983年7月，普林斯顿大学邹至庄教授造访武汉大学，杨小凯的学术成果与才华受到他的赏识，在他和刘道玉校长的安排与支持下，杨小凯得以赴美深造，于1988年获普林斯顿大学经济学博士学位。1990年被澳大利亚蒙纳士大学聘为终身教授，1993年当选澳大利亚社会科学院院士，次年出任美国路易维尔大学经济系教授和哈佛大学国际发展中心客座研究员，2000年成为蒙纳士大学经济学系首席教授。

杨小凯在中国出版学术著作11部，其中独著8部，第一作者合著3部。其代表作被收入《杨小凯学术文库》（全9卷，2018），包括《经济控制论初步》（独著）、《数理经济学基础》（独著）、《经济控制理论》（独著）、《经济学原理（含习题集）》（第一作者合著）、《专业化与经济组织：一种新兴古典微观经济学框架》（第一作者合著）、《新兴古典经济学和超边际分析》（第一作者合著）、《基于专业化递增报酬的分工理论：一种微观经济学方法》（独著）、《新兴古典与新古典框架》（第一作者合著）、《发展经济学：超边际与边际分析》（独著）。另编有《杨小凯谈经济》（2004）、《杨小凯经济学文选》（台北，2001）；在中国出版英文著作《劳动分工网络的超边际分析》（2002）；在欧美出版《分工和经济组织：一个新兴古典微观经济学分析框架》（*Specialization and Economic Organization, a New Classical Microeconomic Framework*，1993）、《经济学：新兴古典经济学与新古典经济学》（*Economics: New Classical Versus Neoclassical Framework*，2000）、《发展经济学：超边际分析与边际分析》（*Development Economics: Inframarginal versus Marginal Analysis*，2000）等英文著作；此外，还作为第一和第二译者与人合译著作2部在中国出版；发表中英文学术论文70余篇，其中英文论文41篇，被知网收录的中文论文有31篇。

（一）武汉大学工作期间的学术成就

杨小凯在武汉大学工作期间即已崭露头角，取得一定的学术成就。他为本科生首次开设"数理经济学"和"经济控制论"课程，并编写《数理经济学与经济控制论基础》（上下册，1982）教材。该教材后以《数理经济学基础》和《经济控制论初步》为书名正式出版。从内容上看，《数理经济学基础》阐释的是数理经济学的基本原理和基础理论，杨小凯对其定位是："进行定性分析的理论经济学，研究最优经济效果、利益协调和最优价格的确定这些经济学基本理论问题，为经济计量学、管理科学、经济控制论提供模型框架、结构和基础理论，是经济学的基础之基础。"[①]《经济控制论初步》关注个体的积极性和主动性，研究个体之间的竞合关系衍生出来的分工结构，并关注物质利益、责任、竞争的控制作用等。书中将经济系统分为四个层次：最初级的层次是生产技术效率，个体之间的生产技术效率差异是分工和发展的基础；第二个层次是个体间协作产生的组织结构；第三个层次是价格、收入、利润等发挥控制作用形成的反馈回路；第四个层次是政策立法，对前三个层次起到限制作用。[②] 书中分析了包含四个层次的经济系统运行发展过程，同时对经济系统的内在规律，如分工程度、反馈效率、竞争水平和流通等因素之间的相互联系进行了大篇幅的研究讨论，在理论上进行了创新开拓，提出了许多独创性的观点。实际上已经蕴含了许多杨小凯新兴古典经济学的早期理论思想。

在武汉大学期间，他还在《武汉大学学报》等刊物上发表了6篇在当时来说学术思想和方法较为新颖的研究论文。这些论文多为基于数理模型的经济学研究或经济学方法探究，如他在《武汉大学学报》（社会科学版）上发表的《社会经济发展的重要指标——基尼系数》（1982）、《可计算一般均衡（CGE）模型——一种新的经济计划和最优价格计算方法》（1983），分别关注了基尼系数的计算方法和一般均衡模型，其中一般均衡模型在40年后的今天依然是一种常见的研究方法，可见他对于数理经济学的探讨和思考十分前卫；此外他灵活运用经济学模型，对不同产品的供需模型中效用函数与需求函数进行研究，对具体产品的销售策略提出指导建议。

除教材编写、学术研究外，他在武汉大学期间还积极参与社会服务，曾为武汉市洗衣机厂提供咨询与市场分析，撰写并发表《荷花牌洗衣机需求函数 Gompertz 曲线，

---

① 杨小凯. 数理经济学基础［M］. 北京：国防工业出版社，1985：6.
② 杨小凯. 经济控制论初步［M］. 长沙：湖南人民出版社，1984：17.

费用函数及需求价格的确定》（1983，与汤敏合作），利用经济计量模型对武汉市洗衣机需求量及荷花牌洗衣机销售量、生产费用进行分析和预测。

（二）海外工作期间的学术成就

杨小凯的重大科研成果主要是在海外工作期间取得的。他的英文论文大都发表在《美国经济评论》（*The American Economic Review*）、《政治经济期刊》（*Journal of Political Economy*）、《发展经济学期刊》（*Review of Development Economics*）、《经济学期刊》（*Journal of Economics*）、《城市经济学期刊》（*Journal of Urban Economics*）等权威匿名审稿杂志上。其学术论文大致可以分为两类：基于模型构建的理论创新、基于现实经济问题进行的理论分析。

基于模型的理论创新包括：在企业制度方面，通过避免直接定价的方式，获得分工的无形知识产权，从而节省交易费用以促进分工[①]，此外，如果企业内部发展了劳动分工，企业的平均规模和生产率会对应提高，而如果劳动分工在企业间发展，企业的平均规模和生产率会随之减少[②]；在国际贸易上，他发现一个国家的贸易条件的恶化和该国从贸易中获得的收益的增加可能是一致的，前提是劳动分工网络扩大带来的生产力进步超过了贸易条件的恶化，进一步，在内生比较优势和外生比较优势同时存在的模型中，如果内生比较优势优于外生比较劣势，则一国可能出口一种具有外生比较劣势的商品[③]；在劳动分工问题上，他考察了相对效用、交易效率和劳动分工水平之间的关系，认为在缩小偏好差异或降低个体欲望时，相对效用会对交易效率和劳动分工产生积极的影响[④]。在这期间的多数研究构成了杨小凯新兴古典经济学的数理基础，在此后被整合于新兴古典经济学的相关专著中发表。

基于现实经济问题的理论分析主要表现在他对于国际经济，尤其是中国经济现实问题的经济学分析。他的学术工作与当时世界经济形势紧密相连，结合各国宪政转体、中国加入 WTO 等事件进行经济学分析，揭示事件背后的经济意义、政策导向或发展可能性。他以文献综述的形式结合俄罗斯的实际经历提出，法治是俄罗斯宪政转

---

①　Xiaokai Yang, Yew – Kwang Ng. Theory of the firm and structure of residual rights [J]. *Journal of Economic Behavior & Organization*, 1995, 26 (1): 107 – 128, ISSN 0167 – 2681.

②　Pak – Wai Liu, Xiaokai Yang. The theory of irrelevance of the size of the firm [J]. *Journal of Economic Behavior & Organization*, 2000, 42 (2): 145 – 165, ISSN 0167 – 2681.

③　Jeffrey Sachs, Xiaokai Yang, Dingsheng Zhang. Globalization, dual economy, and economic development [J]. *China Economic Review*, 2000, 11 (2): 189 – 209, ISSN 1043 – 951X.

④　Jianguo Wang, Xiaokai Yang. Pursuit of Relative Utility and Division of Labor [J]. *Journal of Comparative Economics*, 1996, 23 (1): 20 – 37, ISSN 0147 – 5967.

轨中不可忽视的问题，他认为俄罗斯当时的问题在于政治权力尚未进行有序转移，立法机关与行政部门之间权力分割不明确，且新宪法的法理性尚未完善。这一问题的结果是国家保留了大部分专制的权力，他认为这种专制将导致不确定性，也很可能导致腐败的出现。① 他提出经济双轨制会使宪政转轨付出较高的代价，经济转轨应该向全球经济趋同，而不是创造一个全新的制度。在海外工作学习期间，他对中国的经济发展与制度改革十分关心。中国加入 WTO 后他对此进行分析，认为该举措是一把"双刃剑"，如果能刺激中国不同利益集团之间的体制改革，则对于中国经济发展能够起到有益的作用；但如果政府并没有在此之后进行积极的市场制度改革，加入 WTO 可能会加剧收入分配的不平等。②

他所取得的最大学术成果是上面所列的其学术专著，在西方经济学界影响巨大，广受好评。如他和黄有光合著的《专业化和经济组织》（*Specialization and Economic Organization*）一书被权威杂志书评称为"盖世杰作"；他的《经济学：新兴古典与新古典框架》（*Economics：New Classical versus Neoclassical Framework*）被匿名书评人称为"对经济学根基进行重新梳理，为经济学教学提供了崭新的方法"。该书一位评审人认为"杨正在建立起一个全新的领域。是的，我敢预见，人们对新兴古典经济学的兴趣将迅速兴起，我认为它很可能成为未来的潮流"。诺贝尔经济学奖获得者詹姆斯·布坎南（J. M. Buchanan, Jr.）认为杨小凯从事的研究是"目前世界上最激动人心且最有希望的经济学研究领域"；另一位诺贝尔经济学奖获得者肯尼斯·约瑟夫·阿罗（K. J. Arrow）称赞杨小凯的研究"使斯密的劳动分工论与科斯的交易费用理论浑然一体"。③ 由于他突出的学术成就与贡献，2002 年、2003 年两次获得诺贝尔经济学奖提名，被誉为"离诺贝尔奖最近的华人"。

杨小凯的主要研究领域为数理经济学、国际贸易与经济增长、经济增长、微观经济学、制度经济学、产业组织理论等。他最突出的贡献是利用超边际分析方法创立了新兴古典经济学。从珞珈经济学"学派"创建视角考察，他的主要特色与贡献是他在创立新兴古典经济学的过程中，创建了新兴古典发展经济学。

---

① 杨小凯. 俄罗斯的宪政转轨 [J]. 经济学动态，2000（12）：57 – 59.

② Xiaokai Yang. China's entry to the WTO [J]. *China Economic Review*，2001，11（4）：437 – 442，ISSN 1043 – 951X.

③ 作者简介 [A]. 杨小凯，张永生. 新兴古典经济学与超边际分析（修订本）[C]. 北京：社会科学文献出版社，2003：扉页.

二、新兴古典经济学的创建及其对西方主流经济学的贡献

新兴古典经济学作为当代西方经济学领域较为流行的经济学说或学派，是 20 世纪 80 年代后逐渐创建和发展起来的，杨小凯是这一学说或学派的主要创建者和代表者。

（一）新兴古典经济学概念的提出及其特征描述

新兴古典经济学这一概念就是由杨小凯提出的，他使用的英文词为"new classical economics"，以区别于新古典经济学的英文"neoclassical economics"一词。他从经济学的含义开始追溯起，将经济学归纳为研究经济活动中两难冲突的学科。基于这一视角，他指出新古典经济学研究的是资源配置问题，而新兴古典经济学研究的是组织结构问题；新兴古典经济学是一个分析框架，其主要研究方法是超边际分析，即对角点进行边际分析，并比较角点之间的总效益费用。新兴古典经济学研究的重点在社会分工和专业化，而这一问题原本是古典经济学研究的一个重要领域，亚当·斯密在《国富论》中对其做了详尽考察。新古典经济学受边际革命的影响，将之排除在内生变量范畴之外，忽略了它在经济学研究中的应有地位，其结果使得社会分工和专业化问题不能统一在一个完整的经济学分析框架下，导致许多与之相关的经济现象无法得到合理的解释。杨小凯认为应该建立一个能够解决现有经济学分析框架缺陷的经济学分析框架，而新兴古典经济学正是这样一种分析框架。在这一框架中，经济学下的其他分支是运用新兴古典经济学的超边际分析而产生的不同侧面。基于这一界定，他认为新兴古典经济学将相互孤立的经济学分支统一在同一个框架中，提高了经济学的解释力，挑战了新古典经济学的结构。[①] 由于新兴古典经济学将被新古典经济学遗弃的古典经济学的社会分工和专业化理论予以复苏，因而被认为它"复活"了古典经济学，它的理论比新古典经济学更"古老"，而躯体又比新古典经济学更"年轻"。

这一分析框架的特点包括：第一，消费者与厂商不是对立的，模型中的决策者同时承担消费者与生产者的角色；第二，消费者偏好多样化，生产者生产活动专

① 杨小凯，张永生. 新兴古典经济学与超边际分析（修订本）[M]. 北京：社会科学文献出版社，2003：18.

业化；第三，有别于基于内点解的边际分析，新兴古典经济学分析框架基于角点解建立。[①] 新兴古典经济学在亚当·斯密古典经济学的基础上开创了一个全新的研究方法、分析框架。

从方法论视角看，新兴古典经济学的最大特征在于运用超边际分析。超边际分析（inframarginal analysis）是杨小凯独创的一种分析方法，它不同于西方主流经济学教科书上的以边际效用和边际生产力为基础的边际分析方法，将产品的种类、厂商的数量和交易费用等纳入分析框架进行分析。超边际分析包括角点均衡和全部均衡，通过比较各个角点解的局部最大值，求得整体最优值。根据杨小凯的解析，超边际分析有3个主要的步骤：首先，利用"文定理"[②] 排除非最优解；其次，对余下的角点解进行边际分析，求出局部均衡；最后，比较所有的局部均衡，确定整体层面的最优解。在社会经济层面，帕累托最优依然是社会最优解，但在新兴古典经济学框架中，帕累托最优与生产可能性边界并不吻合，而是随着交易效率的改进，帕累托最优和市场均衡会逐渐接近生产可能性边界。也就是说，经济增长和社会发展的问题是内含于新兴古典经济学框架中的，在新兴古典经济学框架中不需要额外的增长理论。

（二）新兴古典经济学视角的经济理论解读

杨小凯将超边际分析运用于现有的经济学理论中，并通过新兴古典经济学的视角进行解读。

首先是贸易理论与新兴古典经济学的融合。他对李嘉图模型和赫克歇尔—俄林模型进行超边际分析，解决了李嘉图模型存在角点解、无法进行边际分析的难题，他发现外生比较优势和交易效率是经济发展的驱动力，两个国家间贸易的一般均衡结构由两者的相对生产力、相对偏好、相对人口和交易效率决定，其中交易效率的提高能促使分工结构的优化。他在李嘉图模型的超边际分析中引入内生贸易政策，发现两国间均衡的状态取决于贸易中的分工程度，而将李嘉图模型扩大到3个国家时，他发现交易效率低的国家可能被排除在贸易之外。进一步，对赫克歇尔—俄林模型进行超边际分析后，他发现贸易的均衡状态与国家的交易效率直接相关，交易效率还会影响分工结构。在此基础上，他对传统贸易理论进行了新的思考，提出了建立在新兴古典经济

---

① 杨小凯，张永生. 新兴古典经济学与超边际分析（修订本）［M］. 北京：社会科学文献出版社，2003：17.

② 也称文氏定理。1996 年由学者文玫提出，该定理表示：最优决策从不同时买和卖同种产品，从不同时买和生产同种产品，最多只卖一种产品。

学思想上的贸易理论，解释了国内贸易发展成为国际贸易的原因：交易效率的提高扩大了市场容量，相互分割的局部市场相互联系，形成一体化的市场，因此国际贸易的出现是国内贸易发展的必然结果，为分工与交易费用的两难冲突提供了缓冲空间。此外，随着交易效率的提升，劳动分工逐渐发生演进，传统贸易理论中关注的经济发展、市场结构变化等都是这一演进过程的不同侧面。[①]

杨小凯介绍了企业及交易费用的相关问题。他认为新古典企业理论实际上并不是真正意义上的企业理论，因为它并没有解释企业的出现原因而仅仅只是外生给定企业的存在。在新兴古典经济学中，杨小凯将企业定义为"个人对组织交易方式的一种选择"，而企业存在的两个必要条件是：存在交易费用、企业中劳动的交易效率高于中间产品的交易效率。在新兴古典企业理论中，交易效率会影响均衡状态、组织形式、最优管理者。他按照内生性与外生性对交易费用进行区分，发现内生交易费用对于分工和经济发展的影响更为显著。他介绍了当时有关交易费用的几个主要研究问题：一是税费、政府行为等引起的扭曲现象；二是道德风险和信息不对称所引起的交易费用；三是博弈论中出现的内生交易费用。[②]

杨小凯关注城市化和工业化问题。他指出，城市的出现不仅仅因为工农业的局部分工，只有当工业内部分工进一步深化时才会出现城市。而分工经济同交易费用、同城市拥挤的两难冲突决定了城市的均衡。在城市结构方面，杨小凯发现随着分工水平的上升，市场会自发形成最优城市结构，但这种城市结构只有在人口可以横向、纵向自由流动的情况下才能达到，中国的"户口制"阻碍了最优结构的形成，这就是中国城市化水平低于自由经济国家的原因，同时他认为"户口制"也是造成中国基尼系数升高的原因之一。新兴古典经济学模型还显示，城市土地价格的升值是由分工演进的潜力决定的。在工业化问题上，他在介绍新古典工业化理论的基础上介绍了新兴古典模型关注的迂回生产链条。他提出，当迂回生产链条增加时生产效率会随之提高，其中链条增长和链条复杂化也会产生经济效益。但链条不能无限度延长，分工带来的好处与链条增长导致的交易费用提升之间存在两难冲突。[③]

杨小凯介绍了新兴古典产权贸易理论。该理论在科斯、张五常等人的思想基础上

---

① 参见杨小凯，张永生. 新兴古典经济学与超边际分析（修订本）[M]. 北京：社会科学文献出版社，2003：38 – 75.

② 参见杨小凯，张永生. 新兴古典经济学与超边际分析（修订本）[M]. 北京：社会科学文献出版社，2003：76 – 110.

③ 参见杨小凯，张永生. 新兴古典经济学与超边际分析（修订本）[M]. 北京：社会科学文献出版社，2003：111 – 145.

建立，其核心是解释产权、交易费用与分工三者的关系：交易费用系数决定分工，而同时又决定于产权的界定与合约的执行。[①]

杨小凯深入探讨了分工产生的路径。在自给自足经济里，熟能生巧的出现使个体生产效率提高，能够负担交易费用以选择更高的专业化水平，生产效率提高—交易费用增加—专业化水平升高三者逐渐形成良性循环从而产生分工。进一步，他发现人们的组织信息是影响分工水平的因素，且组织信息会与分工同时发生演进，在组织信息演进的过程中，社会制度出现。[②]

杨小凯介绍了新兴古典宏观经济学，包括新兴古典经济学框架下的资本理论、货币理论、失业理论、景气循环理论（周期理论），并与其他周期理论进行比较，将理论代入中国实际进行探讨。他列举了新兴古典经济学的一些经验性证据，包括他人的研究结论及中国的实际数据等，证明了新兴古典经济学分析框架的实际意义。[③]

（三）对西方主流经济学的开创性贡献

新兴古典经济学运用超边际分析结合非线性规划和其他非古典数学规划方法、包含几乎所有现代经济理论的分析框架，为西方主流经济学做出了开创性贡献。

首先是研究对象上的开创性贡献。马歇尔之后的新古典经济学研究市场中消费者和生产者的最优配置问题，研究对象为消费者与生产者，并假设两者分离，这造成经济体系专业化与分工相关的问题变得毫无意义。[④] 为了解决这一问题，新兴古典经济学将研究对象确定为专业化经济、分工和经济组织，运用非线性规划方法将专业化与分工构建于数学模型中。

其次是独创超边际分析的开创性贡献。实际上马歇尔对分工问题极富洞见，但碍于当时的数学发展水平，他没能将分工问题数学化，因此马歇尔最终"从分工问题转向了给定分工结构下的资源分配问题"[⑤]。20世纪50年代，处理角点解的非线性规划方法逐渐出现、成熟，在此基础上，杨小凯运用库恩—塔克定理，极大地缩小了最优

① 参见杨小凯，张永生. 新兴古典经济学与超边际分析（修订本）［M］. 北京：社会科学文献出版社，2003：146 – 165.

② 参见杨小凯，张永生. 新兴古典经济学与超边际分析（修订本）［M］. 北京：社会科学文献出版社，2003：167 – 182.

③ 参见杨小凯，张永生. 新兴古典经济学与超边际分析（修订本）［M］. 北京：社会科学文献出版社，2003：17，183 – 207.

④ 陈克禄. 新兴古典经济学研究述评［J］. 东北财经大学学报，2008（05）：14 – 17.

⑤ 杨小凯，张永生. 新兴古典经济学与超边际分析（修订本）［M］. 北京：社会科学文献出版社，2003：22.

解的范围，结合对角点解进行边际分析等方法步骤①，独创了超边际分析方法，并将之广泛运用于贸易、工业化、发展等经济理论的解释，极大地提升了经济学的解释力。

最后是创建分析框架的开创性贡献。在杨小凯看来，新古典经济学偏离了古典经济学的核心，其分析框架也随之受到限制，解释力大大降低。而在新兴古典经济学理论体系中，经济学只有一个框架，其他经济学分支只是新兴古典经济学的不同侧面，在这个框架中，当代向新古典经济学发出挑战的新思想都可以一并整合加入。同时，在新兴古典经济学中，没有宏观与微观的区分，参与者既是生产者也是消费者，他们选择专业化模式和水平，再在给定的分工结构下进行资源配置决策。

有经济学家认为，新兴古典经济学"为经济学重新找到了方向"②，其根本原因不仅在于新兴古典经济学将研究的重点从资源分配中抽身出来、转向分工理论，而且在于新兴古典经济学理论框架对现代经济理论具有普遍的解释性，且在现有理论的基础上能够推陈出新，提出许多不同视角的解读。在杨小凯的著作中，他将贸易理论、企业理论、城市化理论、工业化理论等内容运用超边际分析进行改写，改进了原有理论中存在的缺陷，通过交易效率和分工对原有研究问题进行解释。以工业化理论为例，与其他工业化模型相比，新兴古典经济学框架下建立的工业化模型能够预测生产力、专业化、产品种数、生产链长度、经济结构多样化、资本劳动比等。

总的来说，杨小凯提出的新兴古典经济学理论对于建立在新古典经济理论基础上的现代经济理论是一个重大的冲击。而其基于亚当·斯密经济思想而建立的特质则意味着对于经济学体系而言，这并不是一场经济学的革命，而是对于经济学研究方向的校正。

三、新兴古典发展经济学的创建及其对学派核心理论的巨大超越

新兴古典发展经济学是新兴古典经济学的核心内容之一。在新兴古典经济学体系中，发展经济学并不是一门独立的分支，而是新兴古典经济学框架中包含贸易、企业、城市化、工业化、动态增长等的一个侧面。

① 包学松.杨小凯新兴古典经济学述评 [J]. 中共杭州市委党校学报，2004（05）：76-80.
② 杨小凯，张永生.新兴古典经济学与超边际分析（修订本）[M].北京：社会科学文献出版社，2003：19.

（一）新兴古典发展经济学内容阐释

新兴古典发展经济学的代表作是杨小凯的《发展经济学：超边际与边际分析》。该书作为中国第一本新兴古典发展经济学教材，主要关注了发展的古典问题，即国家富裕程度的区别从何产生。书中不仅系统、深入地介绍了新兴古典发展经济学理论，同时也全面地包含了新古典发展经济学的内容。①

该书介绍了发展经济学学科建立过程及方法论，提出一般均衡分析对理解经济发展的机制至关重要，此后的正文由发展经济学的微观机制，企业制度、内生交易费用和经济发展，城市化和工业化，经济发展的动态机制，发展的宏观经济学五个部分构成。

提出了经济发展中的三个驱动力：外生比较优势、内生比较优势和规模经济，并在此基础上对贸易模式与经济发展进行了分析。对李嘉图和赫克歇尔—俄林模型进行超边际分析，通过一般均衡方法将生产力的变化解释为自利决策交互作用的结果；此外，引入政府和完全分工条件，探讨国际贸易中国家对于关税的选择情况。构建具有内生比较优势的斯密模型以数学化亚当·斯密关于经济发展机制的理论，通过考察可能的专业化模式、分析个人决策，证明即使所有的个人事前完全相同，随着分工的发展，事后的差别也会内生地出现。此外，结合内生比较优势考察贸易模式的确定机制。将交易成本引入有规模经济和内生商品种类的一般均衡模型中，证明规模经济、互补经济效果以及交易成本之间的两难冲突，用以解释二元经济、结构变迁、工业化等没有外生技术变化时的发展现象。从不同角度对不发达现象和存在失业的二元结构进行分析，提出这两类二元结构是一个一般均衡现象，不需要人为的非均衡工资假设。此外，他发现递增报酬和决策者之间事前差别的共存是两者的共同特征。设定内生专业化和商品种类的斯密模型，在此基础上求解个人选择的专业化模式和资源配置的决策问题，通过对决策和分工现象分别进行超边际比较静态分析和一般均衡网络分析得到经济发展、贸易、结构变化和分工的演进之间的内在关系。②

关注企业与经济发展之间的关系。他首先证明企业制度存在的必要性：如果最终商品和中间商品的生产之间有分工，则企业制度能够明显地节省交易成本；在此基础上，他继续提出：企业家精神的成长是经济发展的关键，而企业剩余索取权对培育企

---

① 杨小凯学术文库 [J]. 经济学动态, 2019 (08): 2.

② 参见杨小凯著；张定胜, 张永生译. 发展经济学：超边际与边际分析 [M]. 北京：社会科学文献出版社, 2003：28 - 162.

业家精神至关重要。接下来选择一般均衡模型对内生交易成本和经济发展之间的关系进行探讨，他肯定了世界银行提出的"经济发展的主要障碍是内生交易成本"，而道德风险、逆向选择、钓鱼行为等会引发内生交易成本。他进一步对交易风险进行探讨，解析了分工经济和较大交易网络可靠性之间的两难冲突。他认为保险机制对于分工和经济发展的促进可以有效减少分工网络协调失败风险，但最大化保险机制的作用需要合理地平衡其正负效应，避免极端情况的产生。①

关注城市化、工业化过程中分工的作用。在城市化过程中，他认为城市的出现以及城乡差别的扩大是分工和个人专业化演进的结果，城乡之间交易效率的差别是城市从分工中出现的驱动力，同时，更高的交易效率也意味着城市能够更快地提高专业化水平和生产力，更多的人口流向城市，城市地价上升，城乡二元结构就会由此出现。反过来，由于分工的正网络效应，城市化将巨型的交易网络集中在城市中能够降低交易成本，从而促进分工的发展。而在工业化过程中，每种产品的生产中都存在专业化经济，贸易会产生交易成本，当交易效率很低的时候，交易成本会超过专业化经济带来的好处。他进一步证明，当劳动的交易效率比中间产品的交易效率更高时，分工的演进与企业制度的出现和发展相联系，也就是说交易效率的改进会产生工业化和迂回生产部门收入份额的增价。②

关注经济增长的动态机制，介绍新古典经济学中的拉姆齐模型、AK 模型和基于 R&D 模型等经典增长模型。进一步，他在斯密—杨格模型的基础上明确引入"熟能生巧"的过程，将熟能生巧、专业化、交易成本和人力资本积累之间的相互作用定义为可能在没有任何参数发生外生变化时产生分工的内生要素。该模型发现，随着分工网络的扩张，熟能生巧会产生复合效应，而在此过程中的经验积累是推动增长的唯一动力。接下来他讨论了社会在角点均衡中进行选择的路径，假设在瓦尔拉斯序贯均衡模型中，所有决策者在初始状态没有任何信息，且这种不完全信息是对称的，为了简化模型，他忽略了个体决策之间的直接相互作用，在多次重复博弈后人们会获得有效分工的信息，最终他展示了从完全自给自足到高度分工的演进过程。该模型解释了选择自由放任的经济体为什么能比政府干预的条件下发展更快，这是因为自由放任的过程中市场可以尝试更多的分工结构，通过加速组织信息的获取加快经济发展，在此基

---

① 参见杨小凯著；张定胜，张永生译. 发展经济学：超边际与边际分析 ［M］. 北京：社会科学文献出版社，2003：171 - 252.

② 参见杨小凯著；张定胜，张永生译. 发展经济学：超边际与边际分析 ［M］. 北京：社会科学文献出版社，2003：267 - 308.

础上后来者有可能通过模仿前人有效的分工结构、跳过很多中间过程从而加速实现工业化。[1]

着眼于发展过程中的宏观经济问题。他首先介绍了新古典经济学中的投资—储蓄理论，在此基础上建立了新兴古典投资模型，探讨投资转变为生产力的途径，模型显示只有当投资用于发展分工结构、提高分工水平时才能起到提高生产力的作用。进一步他发现学习费用与交易成本、专业化之间存在两难冲突，在冲突中各方的交互作用决定了经济的动态均衡。此外，他关注经济发展与货币之间的关系，发现随着交易效率的提高，在局部分工向完全分工演进的过程中，货币的出现是完全分工成为一般均衡的基础条件，进而间接起到提高社会生产力的作用。接下来，他构建了一个同时包含经济周期、失业以及经济增长的新兴古典动态一般均衡模型，探讨了政府干预的边界，提出在失业是由于分工及熟能生巧程度低而引起时，政府干预能够起到帕累托改进的效果。最后，他根据世界范围内多个国家的实际经验，结合劳动分工网络的超边际分析探讨经济转轨对经济发展的影响，发现转轨短期内会对经济发展产生负面影响，而长期成功与否的关键在于制度。在他看来，转轨应当是一个全球资本制度趋同的过程，而不是盲目建立一个完全创新的制度。[2]

（二）新兴古典发展经济学的理论体系与方法创新

在杨小凯看来，新兴古典发展经济学理论是在现代数学框架下"复活"的古典发展理论。新兴古典发展经济学通过五个层次对现代经济发展进行分析，依次为：地理政治格局；意识形态、行为准则、道德规范、政治法律制度；商业制度、工业组织和商业实践的演进；分工和相关经济结构的演进；总合生产力及福利。其中，后一个层次受前一个层次影响，第五个层次又反过来会对第二个层次产生影响。对五个层次结构本身，及其相互之间影响的分析构成了新兴古典发展经济学的主要内容。

新兴古典发展经济学采取了科学的方法：第一，用数学模型描述经济发展的背景与环境，刻画出效用函数、生产函数等约束条件；第二，用数学规划的方法在模型中表示出个体决策；第三，在此基础上，描述个体决策间的相互作用及后果；第四，提

---

[1] 参见杨小凯著；张定胜，张永生译. 发展经济学：超边际与边际分析 [M]. 北京：社会科学文献出版社，2003：317-373.

[2] 参见杨小凯著；张定胜，张永生译. 发展经济学：超边际与边际分析 [M]. 北京：社会科学文献出版社，2003：379-461.

出一些涉及价值判断的命题。而这种科学方法是新古典发展经济学所不具备的：在经济发展一般均衡的理论基础尚未建立时，新古典发展经济学家就开始进行经济发展的规范分析了，这种做法忽略了经济发展中错综复杂、相互影响的各种两难冲突；此外，新古典发展经济学用于测度发展的指数并不具有全面性，不能完整地反映局部和总体的效用最大化。新兴古典发展经济学的科学方法则避免了上述问题的出现，超边际分析方法在局部均衡的条件下求解整体均衡，从而其结果可以满足局部与总体帕累托最优，新兴古典经济学将高级发展经济学数学化，在现代数学基础上重构了古典主流经济学。[①]

此外，在研究新兴古典发展理论中，杨小凯非常关注中国的发展路径，在体制转轨等方面均在模型结论的基础上结合中国实际进行了探讨。

（三）对珞珈经济学"学派"创建核心理论的巨大超越

前已指出，珞珈经济学"学派"创建的核心理论是发展经济学及相关的经济增长与经济发展理论。它的基础理论是张培刚所自创的农业国工业化理论，以及他与谭崇台于改革开放后进一步加以发展完善的新发展经济学理论。杨小凯的新兴古典发展经济学理论则又进一步，虽然它是基于西方主流经济学的既有理论，沿着古典经济学和新古典经济学的演进路径，引入西方当代科学的新研究方法进行创新性研究形成的理论；但是对珞珈经济学"学派"创建的核心理论来说，却实现了一次新的巨大超越。这次巨大超越主要体现在如下几个方面：

首先是研究对象的创新。张培刚对于发展经济学曾有广义与狭义之分，他认为，但凡研究一个国家或地区的经济发展问题，都在广义发展经济学的考察范畴之列；而狭义的发展经济学则是指在已有一批国家实现工业化的条件下，研究那些经济尚处于落后状态下的发展中国家如何实现工业化和现代化，如何实现经济起飞和经济发展的问题。[②] 张培刚和谭崇台等发展经济学家都是在狭义范畴内来探讨发展经济学的，也即都是探讨的发展中国家或地区的经济发展问题；而杨小凯则不同，他是从更为广袤的视野和范围来探讨所有国家的经济发展问题的，也就是说他并不区分发达国家还是发展中国家，而是基于市场经济视角，探讨所有实行市场经济国家或地区的经济发展问题，因而他是从更为广袤的范畴来建立新兴古典发展经济学的。张培刚曾对自己创

---

① 杨小凯著；张定胜，张永生译. 发展经济学：超边际与边际分析［M］. 北京：社会科学文献出版社，2003：15 - 16.

② 参见张培刚. 发展经济学教程［M］. 北京：经济科学出版社，2001：2 - 3.

建的以农业国工业化理论为主题理论的发展经济学进行自我创新或完善，主编出版《新发展经济学》，突破以往西方发展经济学仅将发展经济学的研究对象局限在考察第三世界国家中实行传统市场经济制度的发展中国家和地区的狭隘性，把发展中大国或发展中的社会主义国家也纳入发展经济学的考察范畴之内，拓展了发展经济学的研究范围。杨小凯则更进一步，其研究对象不仅包括所有发展中国家，而且包括发达国家，他不是以发达不发达来界定其考察范围，实际上是从研究对象上大大拓展了发展经济学的研究范畴。

其次是理论基础的创新。张培刚自创的农业国工业化理论是一个独立的学科体系，它本身就是一种自成一体的基础理论。杨小凯则有所不同，他将其创建的新兴古典发展经济学建立在其整个新兴古典经济学的理论框架和学科体系基础之上，换言之，他是在创新整个经济学学科理论体系的基础之上来创建发展经济学这一分支学科理论的。这就使得他所创建的发展经济学具有更为广袤的空间和更为深邃的学科内涵。

再次是研究方法的创新。张培刚在撰写《农业与工业化》时，所使用的是均衡分析、区位理论等当时较为流行的分析方法；19 世纪 70 年开始发生的"边际革命"使边际分析法成为古典经济学的基本分析工具。杨小凯则高瞻远瞩，独创了超边际分析方法。超边际分析与边际分析都是经济学研究中采用的数学方法，最大区别在于前者引入了非线性规划的数学工具。杨小凯认为新古典经济学采用的边际分析是由于受到了当时可供利用的数学工具的束缚，因为非线性规划是在 20 世纪 50 年代才发展起来的数学分支。表明杨小凯是利用当代最为先进的数学工具对经济学研究方法实行了一次重大创新。

最后是学科地位的创新。张培刚虽然自创农业国工业化理论从而促成了发展经济学这门独立学科的诞生，但长期以来，发展经济学在西方经济学领域实际上并未与主流经济学融为一体；杨小凯通过在主流经济学领域建立新兴古典经济学而将发展经济学融入其中，推动发展经济学走向主流，使发展经济学的学科地位得以提升。正如有匿名评审者所赞许：他所取得的"将是第一流的、博得研究经济发展的所有经济学家尊重的成果"，他"通过劳动分工与专业化的斯密原理的一个创造性的形式，来推动发展经济学走向主流的大胆与努力应当祝贺"。他施展的是"一项绝技，的确代表了对于发展经济学文献的一个重大贡献"①。

---

① 参见李利明. 融通之美——杨小凯经济学思想的历程 [J]. 经济，2004（08）：20－21.

　　总之，他创建的新兴古典发展经济学博得了西方经济学界的广泛赞许与认可。对于珞珈经济学"学派"创建而言，他在张培刚自创发展经济学基础理论，为发展经济学做出奠基性和开创性贡献，以及张培刚和谭崇台在改革开放后对自创发展经济学基础理论进行自我创新和自我完善的基础上，更进一步通过独创超边际分析而建立了新兴古典发展经济学，并将之融入当代主流经济学领域，促进了发展经济学的重大创新与升华，实现了对珞珈经济学者自创的发展经济学基础理论的巨大超越，在一定意义也可以说实现了珞珈经济学"学派"创建中的第三次飞跃。

第四节
夏道平的相关学术成就与贡献

　　从珞珈经济学"学派"创建视角考察，夏道平也是一位较为特殊的校友学者代表。他毕业于国立武汉大学经济学系，曾留校任教；后转至国民政府任职，最后赴台成为台湾地区著名经济学家。他终身致力于奥地利学派经济学研究并坚定不移地为台湾地区经济自由发展发声，在台湾地区经济发展和理论研究中发挥了积极作用，成为台湾地区珞珈经济学"学派"创建的重要方面军或代表者。

一、主要学术成就

　　夏道平毕业于1935年，在武汉大学的本科毕业论文为《费雪尔货币数量说之检讨》（1934），指导老师是杨端六。当时的国立武汉大学经济学系拥有杨端六、刘秉麟、任凯南、李剑农等一批知名教授，他接受了良好的经济学基础理论教育；毕业留校后又精读了许多经济学的经典名著，奠定了治学的坚实基础。1972年他还撰写《石屋二老：纪念任凯南、李剑农两教授》[①] 一文缅怀授业恩师。在武汉大学任教期间，他以第一作者身份与另一年轻教师张克明合编有《湖北江河流域灾情调查报告书》

---

　　① 该文首次发表于《珞珈（武汉大学校友会季刊）》1972年第63期，后收入《夏道平文存》，还曾登载于《武汉大学报》。参见夏道平. 自由经济学家的思与言（夏道平文存三）［M］. 台北：远流出版事业公司，1995：120－125；夏道平. 石屋二老：纪念任凯南、李剑农两教授［N］. 武汉大学报，2019－11－08（004）.

（1935）；发表文章 4 篇，其中，包括他的学位论文分两期在《四川经济月刊》连载，另有 2 篇用英文发表的介绍西方货币金融理论和制度的文章，以及 1 篇大学同学会的会议记录。

夏道平在经济学领域的学术成就主要体现在两个方面：一是在《自由中国》等台湾地区相关报刊杂志发表经济短论或长文。1949 年赴台后，他与雷震、胡适等人创办《自由中国》半月刊，并担任主笔。该刊共出 249 期，刊载 429 篇社论，其中夏道平撰稿 116 篇，"一时之间，举世风靡，对当时与往后的台湾产生重大的影响，启蒙了自由主义的思路，也为台湾民主政治的开展，打开一条血路"[①]。他经济方面的文章基本上是阐述他关于政府与市场、国营与民营经济的关系，以及宏观经济层面的经济自由主义思想，如《"国营事业"转投资问题的商榷》（1954）、《民营事业的使命》（1955）、《经济自由主义的接种人》（1971）、《平等与经济平等》（1977）、《讨论经济问题应有的共识》（1982）、《经济自由化与市场秩序》（1986）[②] 等。二是翻译和引介西方经济学论著，先后翻译出版译著 10 部，包括约翰·霍布森（J. A. Hobson）的《分配经济学》（独译，1941），路德维希·冯·米塞斯（Ludwig Von Mises）的《反资本主义的心境》（独译，1957）[③]、《经济科学的最后基础》（独译，1968）、《人的行为》（独译，1976），尼古拉斯·卡尔多（Nicholas Kaldor）的《消费支出税》（独译，1972），弗里德里希·冯·哈耶克（Friedrich Von Hayek）的《个人主义与经济秩序》（独译，1970），戈特弗里德·冯·哈伯勒（Gottfried Von Haberler）的《经济成长与安定》（独译，1977），威廉·洛普克（Wilhelm Röpke）的《自由社会的经济学》（独译，1979），李甫基（H. Lepage）的《自由经济的魅力——明日资本主义》（第一译者合译，1988），保罗·萨缪尔森（Paul A. Samuelson）的《莎氏经济学（上、下）》（独译，1981、1983）。这 10 部译作中，有 5 部是奥地利学派的代表作，包括米塞斯的 3 部著作和哈耶克、哈伯勒的各 1 部著作。此外，在中国大陆编有《夏道平文集》（2013）；台湾出版其论文集《夏道平文存》三册，分别为《我在〈自由中国〉》（1989）、《自由经济的思路》（1989）、《自由经济学家的思与言》（1995）。

---

① 柴松林 . 高山安可仰 徒此揖清芬［A］. 何卓恩，夏明 . 夏道平文集［C］. 长春：长春出版社，2013：373.

② 上述各文均被收录于《夏道平文集》。

③ 该书初版于 1957 年，是夏道平译介奥地利学派的开篇之作。夏道平译介奥地利学派，始于《自由中国》时期（1949～1960 年），真正埋首于翻译奥地利学派的经典著作，则是在《自由中国》停刊后。《反资本主义的心境》的书名原译为《被诬蔑的资本主义》，台湾经济安定委员会工业委员会 1957 年出版。该书于 1957 年 1 月和 2 月在《自由中国》分为 4 期连载，原题为《反资本主义的心理》。1991 年作为自由主义名著译丛中的一种，由远流出版公司按现名重新出版。

他毕生潜心研究奥地利学派的经济学说，极力传播和提倡自由经济理论，主张并推动台湾地区实行自由市场经济，被誉为"台湾自由经济的传道者"①，"奥地利学派经济学的践行者和传播者"②。长春出版社编辑出版《夏道平文集》时，经济学家张曙光倾情作序，经济学家茅于轼、学者韦森、朱学勤、毛寿龙鼎力推荐。张曙光在序中称"夏道平先生是经济学界的前辈，是中国自由经济学的先驱，特别是一生恪守和践行经济自由和思想自由，令人敬仰"，"他是一个真学者，一个言行一致、身体力行的自由经济学者"。③ 韦森的推荐词是："作为中华民族的一位当代著名经济学家，夏道平先生是自由市场经济和民主政治理念的一位持之以恒的传道人。"④ 2007 年 10 月和 2017 年 10 月，为纪念夏道平先生诞辰 100 周年和 110 周年，在华中师范大学和湖北经济学院先后举办了两届夏道平先生学术研讨会，章开沅、谭崇台、张曙光分别出席会议并致词。

二、对奥地利学派经济学的潜心传播

夏道平在经济学术领域的最大贡献是对奥地利学派经济学说的潜心引介与积极传播，他自己的学术见解也是在引介和传播奥地利学派经济学说的过程中得以阐发的。

（一）对译介和传播奥地利学派经济学情有独钟

作为台湾地区著名翻译家，夏道平对奥地利学派经济学情有独钟。他对奥地利学派经济学的译介与传播，缘自 1957 年，友人詹绍启从美国寄来杂志，其中有介绍奥地利学派著名经济学家米塞斯《反资本主义的心境》一书的摘要，引起夏道平的浓厚兴趣。1960 年，恰逢《自由中国》停刊，他返回大学校园，有较为充裕的时间潜心治学，于是一边在台湾地区相关大学讲授经济学课程，一边埋头翻译奥地利学派的经典名著。此时，台湾银行经济研究室正在组编经济学名著翻译丛书，夏道平翻译的米塞斯的前述 3 本著作，以及他翻译的哈耶克和哈伯勒的各 1 本著作，就是在此背景下先后于 1960 年代末至 1970 年代间由台湾银行经济研究室予以正式出版的。米塞斯、

---

① 夏明. 夏道平：台湾自由经济的传道者［J］. 湖北社会科学，2007（10）：95 - 97.

② 夏明. 在中国的传播 迟来的经济思想"大象"［EB/OL］. 新京报网，https://www.bjnews.com.cn/detail/155151297114430.html，2016 - 12 - 31/2022 - 11 - 25.

③ 张曙光. 序一［A］. 何卓恩，夏明. 夏道平文集［C］. 长春：长春出版社，2013：1，6.

④ 何卓恩，夏明. 夏道平文集［M］. 长春：长春出版社，2013：扉页.

哈耶克和哈伯勒是 20 世纪 30 年代后兴起的新一代奥地利学派的主要代表人物，他们继承了该学派创始人卡尔·门格尔（Carl Menger）及其继承者弗里德里希·冯·维塞尔（Friedrich Freiherr von Wieser）、柏姆·巴维克（Eugen von Böhm–Bawerk）等人的思想并加以发挥或发展。夏道平钟情于重点译介和传播奥地利学派的经济学，所看中的正是该学派所信奉的经济自由主义。

除重点译介和传播奥地利学派经济学外，他还翻译了另外两本与经济自由思想相关的著作。一为德国弗莱堡学派著名代表洛普克的《自由社会的经济学》；一为法国学者李甫基的《自由经济的魅力——明日资本主义》。

他对奥地利学派经济学的译介与传播，不仅在台湾地区，而且在中国大陆地区也都产生了较大影响。张曙光在《夏道平文集》的序言中称："夏道平先生是中国自由经济学的先驱，是他最早翻译和介绍了奥地利自由经济学大师米塞斯和哈耶克的思想和理论，……这些著作不仅在台湾传播了自由经济思想，而且对大陆学界也有相当大的影响。因为笔者以及大陆的很多学者就是从台湾银行研究所编译出版的那套丛书中最早读到米塞斯和哈耶克的。"①

（二）对米塞斯学说钟爱有加，重点译介并抒发己见

在夏道平所译的 5 本奥地利学派名著中，有 3 本即为米塞斯的著作，其中耗时最长的是《人的行为》。《人的行为》是西方经济思想史上一部较为重要的经济学名著，也是为奥地利学派奠定理论基石的代表作。该书是夏道平首次译成汉字的；20 世纪末期，该译著被大陆学者以复印本形式相互传阅；直至 2015 年，上海社会科学院出版社才推出该译本的中文简体版。该书将经济学建立在人类行为学的一般理论基础之上，以"人"的解析为逻辑起点，推导出人类社会经济的种种安排和运作原理，将建立在个人行为逻辑上的经济学理论提升到社会哲学或人类行为理论的高度来进行探讨。

夏道平从译介当代奥地利学派的方法论入手，反复论述其个人主义和主观主义方法论。他认为米塞斯在经济学方面的最大贡献，是从认识论与方法论这两个方面来剖析所有新旧反资本主义的理论与做法，进而重新肯定资本主义的社会功用，并给先验论以适当的地位。② 他极为赞成米塞斯所秘持的观点，即历史和社会的发展是由个体

---

① 张曙光. 序一［A］. 何卓恩，夏明. 夏道平文集［C］. 长春：长春出版社，2013：2 - 3.
② 参见夏道平.《经济科学的最后基础》译者序［A］. 何卓恩，夏明编选. 夏道平文集［C］. 长春：长春出版社，2013：173.

形成的，所有的行为都是人的行为，世界并不存在着脱离个体之外的普遍物的意志。在奥地利学派看来，经济分析的逻辑基础在于人的行为，而人的行为特点表现为需要通过一定的手段，达成一定的目的并满足个体欲望。在这个过程中，个体如何选择，以及选择什么来满足自己的欲望，是个体自身的主观行为。在市场经济中，商品的价值属性不是独立于人的需求之外的固有属性，它建立在经济人对于满足自己欲望的重要性程度判断的基础之上。这是奥地利学派奉行的公理，从这个公理延伸出五个重要推论：其一，采取某种特定行为的决策，是个体计划权衡利弊的过程，是自我对于外界环境的刺激所作的有意义的反应；其二，这个计划的推行，需要以一定的知识存量为基础，知识或者由个体把握，或者由社会制度传递；其三，个体对于行为方式的选择，适用于全部计划；其四，社会是由许多从事行为的个体组成的，即社会只存在于所有个体的行为之间；其五，知识分布是不均匀的，所以其他人并不能知道这个人的知识储备。这五个推论的特点，就在于极力突出个体性和主观性，强调未来是不可预测的。由此导致的逻辑结论有三：一是反对数学在经济学研究中的应用，因为数学讲究的恰恰是普遍性的方式，是消除质的差别的同质化描述；二是知识总是特定时间，特定条件的知识，它是分散的、主观的，他人乃至政府是不可能搜集知识来实现计划经济的；三是在动态的市场之中，个体的知识和预期都在其中不断流动，从而实现知识结构的变化，一方面市场促进了知识的变化，另一方面知识的变化又促进了市场的变动。①

夏道平将米塞斯及奥地利学派的这种方法论归结为不受经济学范畴限制的社会哲学基础。他指出，米塞斯是奥地利学派第三代的大师，加以第四代的哈耶克发扬光大，其辉煌的贡献已不限于经济范围，更扩展到一般性的社会哲学。换言之，米塞斯这个学派的经济思想，是有其深厚广博的社会基础的，这些经济学家把经济学纳入社会哲学或行为通论的架构中来处理，而不像凯恩斯那样偏重于把经济学寄托于数学或统计学部门。②

（三）对哈耶克自由主义经济思想的赞许认同

夏道平在译介哈耶克经典著作及其自由主义经济思想方面做了大量工作，他主要

---

① 上述相关内容依据夏道平所译米塞斯《人的行为》一书相关论述整理，参见［奥］路德维希·冯·米塞斯著，夏道平译. 人的行为［M］. 上海：上海社会科学院出版社，2015.（夏道平所译该书的首次出版时间为1976 年，由台湾银行经济研究室编印出版。）

② 参见夏道平.《人的行为》译者序［A］. 何卓恩，夏明. 夏道平文集［C］. 长春：长春出版社，2013：185 - 186.

介绍和评析的是哈耶克对于福利国家所制定和实施的若干经济政策观点，而贯穿其中的是他一以贯之的自由主义经济思想，对于哈耶克的许多经济理论与观点他都深表赞许与认同。①

首先，他基本接受哈耶克以"自由"为准绳，用以判别福利国家经济政策合理与否的观点。他认为，现代福利国家所制定的经济政策种类日趋繁多，"其中有的是有利于自由社会，使自由社会更加美好；有的与自由社会绝不相容，或至少对于自由社会的持续构成，具有潜在的威胁"。因而，首先需要确定一个基本原则，再进而对于福利国那些经济措施给以评判。在他看来，哈耶克"以自由作为准绳，来判别现代的所谓福利国一些措施的是非得失"，这一观点是基本上可以接受的。但他认为维护"自由"是有条件的，"一个明智的自由主义者，决不会维护自由而不分皂白地反对政府在维持治安与国防以外的一切活动"。

基于这一认识，他提出应该赋予政府必要的"强制权"。他指出："在我们现阶段的社会中，强制仍然是不可完全避免的。"但是，必须严格限定强制权使用的范围与方法。"范围只限于用以防止人对人或人群对个人的强制"，"方法则是法治"。这样，既使国家有独占强制权的行使，又可把强制的危害减至最低。

其次，借鉴哈耶克提出的见解与主张，提出政府专属经济活动与经济管制政策的范围。他将政府专属经济活动概括为如下 4 个方面：（1）政府专有的劳务提供，如货币制度的统一与安定，度量衡制度的制定与管理，市场消息的情报与统计等；（2）有些劳务所提供的利益是一般性的，不能只限于那些愿付代价的人们才能享受，如环境卫生的维持，公园、博物馆的设备等；（3）有些劳务所提供的利益无法或难于分割成某种单位，这种劳务是自由市场所难于提供的，如建设和保养长途公路；（4）一些对社会有益的公共工程，因成本巨大而收益相对微薄宜由政府承担。以上四类政府专属活动，若能遵守社会边际利益等于社会边际成本的经济原则，则不仅对自由市场没有妨害，且正是自由市场所依赖的要件。

政府在从事一定范围的经济活动的同时，还要实施一定的经济管制政策与措施。例如财产权的保障，必须考虑到财产权的行使是否会增加社会成本；契约自由的保障，必须考虑契约内容和订约时的环境；就业自由的保障，并不排斥选择从事某种业务（如医生、药剂师等业务）必须具备相应法规的某些条件；在生产自由、销售自由、消费自由的原则下，政府也得禁止、限制或干涉有毒物品的产销；还有现代工厂

---

① 以下相关引文及所述相关内容，详见夏道平. 海耶克教授经济思想的简介［A］. 夏道平. 自由经济的思路（夏道平文存二）［C］. 台北：远流出版事业公司，1989；69 – 118.

立法，其内容不仅包括一般的工作环境和条件，童工女工的特殊工作条件，有的还涉及生产技术。在一个自由社会里，政府采取这一类经济管制的理由，是因为市场功能不能使这一类的经济活动透过价格制度达到社会边际利益等于社会边际成本的效果。因此这一类的管制，是补助市场功能之不及，并不妨害市场运作。

再次，较为认可哈耶克关于改进累进所得税制的分析与主张。哈耶克认为累进所得税制对于经济发展可能产生一些负向效应。（1）它可能导致大众生活水准的降低。因为这种课税标准及增进往往是任意的，通常会使边际税率不断提高，最终影响要素所有者的实质所得，进而降低大众的生活水准。（2）它可能破坏分工并导致社会总损失扩大。因为累进税率下各种要素净报酬在税后与税前的相对关系会发生很大的变化，在自由竞争社会里，如果因为课税导致其净报酬大幅下降，则该要素的使用就会配置到不经济的用途，从而使社会的实质所得受损失，将破坏分工并引起极大的社会总损失。（3）它不利于长期且有风险的投资事业的发展。经济的长期可持续发展一定程度上依赖诸项长期而有风险的投资事业，这些事业又仰赖富于冒险精神和创新能力且善于发现新的市场机会的企业家，而累进的所得税不能刺激企业家精神的发生，损害了经济发展的动力。（4）它使市场竞争受到限制。一方面，现行的累进所得税制使既有公司难以继续扩大资本积累，增强其市场竞争力；另一方面，又限制了新的来自个人资本的大量积累，亦即不能形成新的竞争者的出现。（5）以减轻不平等为目的的累进税率却发展出了事实上的不平等。自由平等的社会具有两个重要特征：一方面富有者并不是一个封闭的集团；另一方面，允许有能力的人创造财富并有机会在短时期增殖财富。而高度累进所得税导致穷人跨越阶层的机会大大减少，因而创造了另一种意义上的不平等。

哈耶克提出的改进主张是以"递减的累进税率"（degressive rate）替代现行的累进税率，其办法是按照各国最低生活费用水准酌定一个免税额，凡是所得在免税额以下者均免征税，超过者以其超过部分一律课以一个法定税率，法定税率的确定原则是不超过全部租税负担占全部国民所得的百分比。夏道平认为这是"一个积极性的建议"，其优点在于：第一，实际税率随所得之增加而自动累进，不像现制的级距和各级税率之任意规定；第二，由于累进率之递减，实际税率永远不会超过法定税率这一极限，不像现制对于最高所得者的边际所得可能做到几乎全部没收的程度。因而，在他看来，这样一个递减的累进税制基本上可以规避此前的累进税率产生的系列问题。

还有，考察哈耶克关于财政金融政策，尤其是就业政策与通货膨胀的见解。凯恩斯经济学偏向于达成充分就业，推动政府采用积极的财政政策而忽视币制的稳定，

"于是长期通货膨胀的趋势为之形成"。作为自由主义经济学家的哈耶克，深为担忧由此导致的"强政府"对于个体自由的侵犯。哈耶克认为，政府控制金融政策的后果是产生通货膨胀，如福利国家的各种政策、养老年金制的实施等都是通货膨胀产生的原因。在哈耶克看来，凯恩斯的就业理论提出实质工资过高是失业增加的原因，这个观点是正确的；但是凯恩斯提出的解决方案却是错误的，即实质工资必须靠币值的减低而减低，其实就是依靠通货膨胀来减低实质工资。发生通货膨胀之后，一旦经济依靠物价上涨的刺激作用来维持，则未来的结果将是膨胀、膨胀、再膨胀，或者是支付犯错的代价而转为经济萧条。如何解除通货膨胀的威胁呢？哈耶克建议采用某些更明确的法规来限制金融当局的自由裁决权，其目的在于将政治压力和金融当局主观因素的影响减至最小，同时还希望使金融当局的重要措施为大众所预知。一个高度且稳定的就业水平，加上合理的物价水平，是宏观经济稳定所应追求的合理目标。价格政策尽可能以国际价格而不以地方价格作为基础，如果国际上有两三个大国同时采用该政策，则对于稳定国际汇率大有帮助。此外还需要明确最高与最低的两个价格限度，金融当局要谨慎地预防物价水准超过它们，甚至接近它们，以免金融政策发生激烈的转变。

最后，从总体上对哈耶克经济思想做出较高评价。夏道平认为，哈耶克经济思想的结构，嵌合在他的自由哲学整个体系中。个人尊严、个人自由，是其全部思想的根基，当然也是其经济思想的根基，从而形成了哈耶克对于现行若干经济政策的批评。他批驳了部分学者认为哈耶克的经济思想不是科学的观点。因为社会科学本来不是自然科学，社会科学的研究对象是人的行为，人的行为是指有意的、有目的的选择，以及用以达到目的的一切作为。这个过程本身就是社会科学做出价值判断的具体表现。问题的症结在于：经济学者或经济政策制定者是否承认以个人尊严和个人自由为内容的价值判断这一基本假设？如果答案是否定的，那就是不承认社会科学所研究的对象——人，同时也就没有社会科学这门学科；如果答案是肯定的，那么，经济学者的任务就在于运用社会科学方法从经济现象的因果关系中分析某一政策可能达成的目的，再根据分析结果来评价经济政策的好与坏。自由主义者绝对不会将自己的价值判断强加于人，而是坚决相信，一个社会如果能够具有一种理想的而又可行的自由架构，则在这个架构下，各个人就能得以自由发展其智能，而在自由发展的过程中，又会自动自发地实现制衡协调。可见，他所赞赏和肯定的是哈耶克及奥地利学派的自由主义经济思想。

第九章

「92派」企业家校友代表的相关成就与贡献

"92 派"企业家校友是一个较为特殊的校友群体，它不同于董辅礽、李京文等珞珈校友"学者群体"，但又具有与这些校友一脉相承的学者气质与风格，可以说是一个学者型的校友"儒商群体"。"92 派"概念的发明人和领军人物，企业界公认是珞珈校友陈东升；校友毛振华、田源也是其中的重要代表。以陈东升为领军人物，在追求财富创造与增值的企业领域及商业王国，居然出现一个具有浓郁学术色彩与特征的学者型"儒商群体"；而且不是一人两人，而是一批人形成一个群体并独成一派，不能不说是学派发展史上的一大奇迹。陈东升、毛振华、田源等人不仅在企业领域大获成功，而且在学术领域也颇有建树，尤其在传承珞珈先贤学者学术思想与核心理论方面取得独具特色的学术成就。因而，他们既是"92 派"企业家的重要代表，又是珞珈经济学"学派"创建繁盛中校友群体的重要成员，成为珞珈经济学"学派"创建繁盛中一道独特亮丽的风景线。

第一节
陈东升的相关成就与贡献

作为"92 派"的发明人和领军人物，陈东升在大学时代就立志成为一位卓有建树的学者，创建他心目中的"珞珈学派"；然而，最终却成为一名现代公司制度意义上的企业家。[①] 作为学者型企业家，他在学术领域，尤其在他所从事的寿险业发展研究领域取得较为突出的成就，是珞珈校友群体中从寿险业发展视角丰富和拓展珞珈经济学"学派"创建核心理论的代表者。

---

① 参见文钊. "致敬改革开放 40 年 40 人"陈东升：一个企业家的诞生［EB/OL］. 经济观察网，https：//www.sohu.com/a/284489112_118622，2018 - 12 - 25/2022 - 11 - 28.

一、主 要 成 就

陈东升（1957 年～），湖北京山人。1983 年毕业于武汉大学经济学系；1998 年获武汉大学经济学博士学位。1983～1988 年，就职于对外经济贸易合作部国际贸易研究所发达国家研究室，任助理研究员；1988～1993 年任国务院发展研究中心《管理世界》杂志社副总编，开创中国 500 家大企业评选，并策划中国工业 40 年大型企业成就展；1993 年创办中国第一家具有国际概念的中国嘉德国际拍卖有限公司（以下简称"嘉德拍卖"）；1996 年创办泰康人寿保险股份有限公司，任董事长，后兼任首席执行官。2016 年泰康人寿更名为泰康保险集团股份有限公司（以下简称"泰康"），2018 年跻身《财富》世界 500 强。曾任中国精算师协会会长，现任全国工商联咨询委员会委员、亚布力中国企业家论坛理事长、湖北楚商联合会会长、武汉大学校友企业家联谊会理事长等。他还是武汉大学终身校董、校友总会执行会长兼北京校友会会长，武汉大学博士生导师，2003 年被评为武汉大学第三届杰出校友。

1992 年邓小平南方谈话发表后，大批在政府机构、科研院所任职的知识分子纷纷主动"下海"创业，涌现出了以陈东升、毛振华、田源，以及郭凡生、冯仑[①]、王功权、潘石屹、易小迪等为代表的一批知名企业家。"92 派"是反映中国改革进程的一个重要群体。厉以宁曾对"92 派"做过一个阐释："坚定的市场化取向和专业化追求，是以陈东升为代表者之一的'92 派'企业家最大的特点。他们主动从计划体制内向体制外转型，成为最早也是最大范围脱离原有体制寻找独立舞台的一群人，他们是中国现代企业制度的试水者、实践者和受益者。"[②] 作为"92 派"这个名词的发明者，陈东升自己的解释是："'92 派'就是离开体制，寻找自己独立的舞台进行创业的一群人。丢掉、打破、放弃金饭碗、银饭碗、铁饭碗，在市场上创立自己的地位是其主要特点。深厚的家国情怀，是'92 派'企业家最独特的标志。"[③]

在这批企业家中，陈东升以学术素养与理论水平较高而颇受称道。王石称："东升所代表的'92 派'企业家，和我这批 84 年前后创业的企业家相比，少了些草莽气息，更有投笔从商的气质，学术训练比较扎实，长于思考和反思。"张维迎说："中国

---

① 冯仑毕业于西北大学经济管理学院，是何炼成的本科弟子。
② 厉以宁. 序 [A]. 陈东升. 战略思维 [C]. 北京：中国财政经济出版社，2103：2.
③ 陈东升. 战略思维 [M]. 北京：中国财政经济出版社，2103：273.

企业的数量很多，但真正高素质的企业并不多。在我的观察中，陈东升先生领导的泰康人寿应该可以排在为数不多的高素质企业之列。”① 另有报道称："在企业家中，陈东升可以列入理论水平最高的那一小队人中。"② 他曾出版个人专著《中国寿险业与市场的协同发展：理论框架、国际经验和运作实务》（2000），还出版《战略思维》（2013）、《一槌定音：我与嘉德二十年》（2014）、《长寿时代：从长寿健康财富的角度透视人类未来》（2021）等著作；另发表论文20余篇，包括在《管理世界》发表长达3万字的论文《长寿时代的理论与对策》（2020）等。

他十分注重履行企业家的社会责任，长期关注文化、艺术、教育、社会公益事业。如2011年个人捐助1.2亿元人民币给武汉大学修建万林艺术博物馆；2020年武汉抗疫期间，他带领泰康保险集团并动员校友力量和全球楚商抗疫捐赠突破17亿元人民币；2021年泰康保险集团向武汉大学捐赠10亿元人民币。于2021年获民政部颁发的"中华慈善奖"。

从珞珈经济学"学派"创建视角考察，他的最大特色与贡献在于结合自己成功创办寿险公司的丰富实践经验，在学术上从寿险产业和企业两个维度，落脚到促进经济长期增长的问题，进行了深入系统的理论探讨与实证研究。

二、落脚经济长期增长的寿险业发展理论与对策研究

陈东升曾说："站到一万米高空看这个世界，身处一百年的时空观察这个世界，这样才能有远见和坚持，才能不会出现偏差，才能看得更早、更远。"③ 他在大学时代打下了坚实的经济学基础，又师从董辅礽、厉以宁等经济学大师深化经济学理论学习与实践探索，自称"我自认为自己是实践的金融家和企业家，也研究了一辈子宏观经济学"④，深感"经营市场需要的是长远眼光"⑤。故他能从经济长期增长的广阔视野和长远视线出发，从理论的高度结合自己所从事的寿险业开展研究，高屋建瓴而又脚踏实地地提出一些独具慧眼的见解与主张。

① 王石、张维迎语见陈东升. 战略思维［M］. 北京：中国财政经济出版社，2103：封底.
② 李慧莲. 四维看待世界 重新定位中国（上）［N］. 中国经济时报，2011－06－16（004）.
③ 转引自本报记者傅春荣. 泰康人寿陈东升当选最具影响力企业领袖［N］. 中华工商时报，2008－12－15（006）.
④ 陈东升，王根旺. 陈东升自述：不要凌驾于时代之上［J］. 创业家，2014（Z1）：70－74.
⑤ 转引自邵杰. "一槌定音——我与嘉德二十年"［N］. 中国艺术报，2014－05－19（006）.

（一）落脚经济长期增长的寿险业发展理论框架构建

中国是 1982 年才恢复寿险业务的，对寿险业发展理论的研究，起步较晚。陈东升在董辅礽指导下撰写的《中国寿险业的发展与资本市场》（1998），是中国第一篇从理论上探讨中国寿险业发展的博士学位论文[①]；后经修订、增补，正式出版《中国寿险业与资本市场的协同发展：理论框架、国际经验和运作实务》（2000）一书，这也是中国第一部系统探讨中国寿险业发展理论与实务的专著[②]。其中，他的突出贡献是创造性地首次构建了一个落脚经济长期增长的寿险业发展理论框架。

陈东升把中国寿险业发展理论框架的构建，建立在雄厚坚实的经济学与管理学的基础理论根基之上。这些基础理论包括现代微观经济学、金融经济学、经济增长理论、金融发展理论、投资管理理论、信息经济学、组织行为学等。

他是从寿险业与资本市场关联性视角，从微观到宏观的层面，来构建中国寿险业发展研究的理论框架的。

该理论框架的核心在于：将寿险业的创新和资本市场发展结合起来，探讨如何发挥寿险公司作为长期机构投资者在推动中国资本市场发展中的作用，以提高资本市场的效率，并落脚至促进中国经济的长期增长。

该理论框架的要点如下[③]：

（1）寿险业和资本市场之间存在着双向的联系，寿险公司提供多元化的金融服务产品，成为资本市场主要的长期资金供应者；

（2）在资本市场上，寿险具有动员储蓄、风险管理、信息集聚、公司控制、便利交换等功能，通过这些功能，寿险公司的经营活动可以提高资本市场的效率，突破技术进步的金融障碍，促进经济的长期增长；

（3）寿险公司经营必须遵循资产负债相互匹配的原则，因而必须运用资本市场的金融工具进行盈利能力管理和风险管理；

[①] 经查，1998 年以前国内尚无寿险业方面的学位论文提交，更不用说系统探讨中国寿险业发展理论的博士学位论文了。

[②] 经查，2000 年以前国内仅出版过 2 部涉及中国寿险业内容的著作：一为马明哲主编的《21 世纪民族寿险业发展战略研究》（马明哲主编 . 21 世纪民族寿险业发展战略研究 [M]. 北京：改革出版社，1996.）；一为宋文升所著的《飞跃的龙：寿险业务兴隆之道》（宋文升 . 飞跃的龙：寿险业务兴隆之道 [M]. 长春：长春出版社；台北：广场文化出版事业有限公司，1998.）。前者为中国平安保险公司发起召开的一次研讨会的论文集；后者为作者提倡发扬中国传统文化"龙"的精神开展寿险营销业务的普及读物，都还谈不上对寿险业发展理论的系统探讨。

[③] 参见陈东升 . 中国寿险业的发展与资本市场 [D]. 武汉：武汉大学博士学位论文，1998.

（4）资本市场的发展程度是制约寿险公司盈利能力管理和风险管理，进而决定寿险业发展水平的基本因素；

（5）金融市场的竞争、政府金融管制、社会保障和税收政策等因素推动着寿险业和资本市场具体联系方式的演进。

运用这一理论框架，他深入分析了美国、日本以及若干发展中国家和地区的大量宏观、微观经验证据；尤其详细深入地分析了中国寿险市场发展的历史与现状，并对中国寿险业的发展趋势加以展望。在此基础上，提出了中国寿险业发展的一系列对策主张，特别强调要加强寿险业的自身创新，包括业务创新、风险和盈利能力管理创新等。

他所构建的中国寿险业发展理论框架有一个鲜明的特点，就是将寿险业的发展落脚到促进经济长期增长的目标上来。他指出，依据劳动价值论，作为金融机构的寿险公司并不创造价值；西方也有学者认为金融机构与经济增长无关。但是，如果金融机构不创造价值或与经济增长无关的假说成立，那么也就无法解释理性的人类社会为什么会投入大量资源建立金融机构，并且金融机构的规模还在不断扩大。

依据经济增长理论，他对金融机构的积极作用作出了有力的解析和诠释。他指出：在经济增长理论中，技术进步是经济增长的核心要素，但技术创新是需要资本投入的，而在现实经济环境中，普遍存在不确定性、信息不对称和交易成本等"经济摩擦"因素，成为技术进步或技术创新的金融障碍，致使规避风险的投资者通常不愿将资金投入长期项目，尤其是技术创新类长期项目。金融机构和资本市场的产生，正是社会为克服影响技术进步的金融障碍而作出的制度安排。如果没有资本市场和金融机构，技术进步将无法取得外部资金，只能依靠自身的内部融资，而仅依靠内部融资的技术进步是非常缓慢的。[①] 这就凸显了寿险公司等金融机构通过资本市场发挥促进经济增长积极作用的必要性与重要性。

他认为，寿险公司通过资本市场发挥积极作用主要体现在五大功能上：（1）动员储蓄功能；（2）风险管理功能；（3）信息积聚功能；（4）公司控制功能；（5）便利交换功能。

他将寿险公司等金融机构通过资本市场促进经济增长的积极作用，用图9-1加以表示。

---

① 以上2个自然段的相关内容，参见陈东升. 中国寿险业与资本市场的协同发展：理论框架、国际经验和运作实务［M］. 北京：经济科学出版社，2000：21-26.

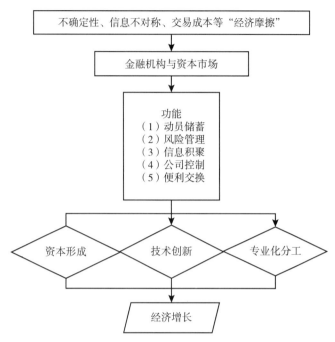

图9-1 金融机构通过资本市场促进经济增长作用图

资料来源：参见陈东升. 中国寿险业与资本市场的协同发展：理论框架、国际经验和运作实务 [M]. 北京：经济科学出版社，2000：22.

这样，他就通过考察寿险公司在资本市场扮演的机构投资者角色，揭示了寿险业促进经济增长的积极作用。他的思想逻辑非常清晰，概括地说就是：寿险业发挥积极作用所针对解决的问题，是经济环境中普遍存在的不确定性、信息不对称和交易成本等"经济摩擦"；所依托发挥作用的渠道是资本市场，亦即依托并融入资本市场来发挥其积极作用的；所得以发挥作用的根基在于它自身具备的五大基本功能，其中包括它自身特有的功能，如有特殊安排的寿险合同等；所发挥作用的着力点在技术创新类长期投资项目，办法是通过动员储蓄促进资本形成以及利用专业化经济优势规避风险等；所发挥作用的最终效果，是落脚到促进经济的增长。

总之，他主张"将寿险业的创新和资本市场发展结合起来，发挥寿险公司作为长期机构投资者在推动中国资本市场发展中的作用，提高资本市场的效率，促进中国经济的长期增长"[①]。不难看出，他是基于经济长期增长视角，做了一次探讨中国寿险业发展理论框架构建的创新性尝试。

---

① 陈东升. 摘要 [A]. 陈东升. 中国寿险业与资本市场的协同发展：理论框架、国际经验和运作实务 [C]. 北京：经济科学出版社，2000：2.

（二）长寿时代理论与寿险业发展对策探讨

长寿时代是在人口老龄化过程中，随着人类寿命日益延长而提出的新概念。人们长期关注后工业化时代的"老龄化陷阱"，随着现代社会的发展，一些学者和国际组织聚焦于人的寿命不断增长所带来的生活与就业变化，从而提出了"长寿时代"（the age of longevity）的概念。中国在 20 世纪末即有学者发文提出"长寿时代"问题，萧振禹（1999）引述时任联合国秘书长科菲·安南于 1998 年 10 月 1 日提出的"长寿时代"是"一场无声的革命"的说法；邬沧萍、徐勤（1999）呼吁要用科学迎接长寿时代。在西方，长寿时代的成果近些年开始涌现并大受追捧，英国学者琳达·格拉顿（Lynda Gratton）和安德鲁·斯科特（Andrew Scott）所著的《百岁人生：长寿时代的生活和工作》，刚一上市便成为 2016 年亚马逊全网最畅销图书之一，并被评为 2016 年最值得阅读的十大图书之一，该书 2018 年即在国内翻译出版。[①] 不过，这些成果大都是从生活方式和生产方式的视角来探讨长寿时代带来的变化与革命的；既缺乏系统的理论探讨，也鲜有超越生产方式和生活方式而从更为宏观的视角开展的研究，具体联系寿险业发展来进行系统深入的考察则更是犹如凤毛麟角。陈东升正是在这方面做出了突破性地探讨并取得创新性的研究成果。

1. 系统阐释"长寿时代"的概念、特征及其深邃内涵

陈东升认为[②]，"长寿时代"这一概念，虽然包含"老龄化"所描述的一些典型人口现象，但更多地指向老年人口占比升高后人类社会的一种相对稳定状态，有着更丰富的含义。首先，它更具前瞻性，强调人口结构转变后的新均衡及其带来的影响，启迪个人和社会立足全生命周期，积极主动地应对这一变化；其次，它涵盖的领域更广，包括长寿与健康、财富等主题的内在关联，蕴含人口现象背后一系列的挑战和机遇；最后，其特征不仅仅表现在死亡率、出生率下降这两个导致"老龄化"的因素上，而且表现在人的寿命延长和人口结构变迁的长期趋势上，更易于清晰地界定和预测长期的、相对稳定的人口状况与社会经济形态。这样，他就创新性地阐释并丰富了"长寿时代"的内涵与外延。

关于长寿时代的特征，他指出，人口演变经历了从高出生率、高死亡率即人口增

---

① ［英］琳达·格拉顿，安德鲁·斯科特著；吴奕俊译. 百岁人生：长寿时代的生活和工作［M］. 北京：中信出版集团股份有限公司，2018.

② 自此开始以下所涉"长寿时代"的相关内容，参见陈东升. 长寿时代的理论与对策［J］. 管理世界，2020，36（04）：66－86＋129.

长极其缓慢，经由高出生率、死亡率下降即人口快速增长，到出生率下降、低死亡率即人口增速放缓，再到低出生率、低死亡率即人口规模趋于稳定这样 4 个阶段。当前世界人口正在快速转向第四阶段，此阶段及其之后会进入什么状况？他认为，那将是人口转变后的一种新均衡，也就是"长寿时代"。他概括出这一时代的五大特征：低死亡率、低生育率、预期寿命持续提升、人口年龄结构趋向柱状、平台期老龄人口比超越 1/4。除从社会宏观层面概括长寿时代的五大特征外，他还从个人需求的微观层面，描述了长寿时代表现出的三大新特点：一是健康需求方面，为使长寿生命质量不至下降，并始终保持充足的活力，而不是在虚弱和病痛中虚耗漫长的人生，健康需求将大为增加，健康将成为个体关注的第一要素和最宝贵财富；二是财务和养老金需求方面，个人需要为预期增加的寿命储备更多的资金，维持财务稳定，满足养老和健康的需求，从而获得有质量的长寿人生；三是获取新知识、新技能的需求方面，长寿时代个人维持生计所需的知识和技能将不断变化，需要终身学习，随时代变化掌握新的知识与技能，以更好地应对长寿人生。

在他看来，长寿时代不仅意味着人的寿命延长，而且蕴含着人的健康和社会财富需求与状况的变化，因而，从更为深邃的内涵上看，"长寿时代"同时也是"健康时代"和"财富时代"。

就"健康时代"而言，他认为，在长寿时代，人类的预期寿命会获得延长；但随着人体的衰老，也会不可避免地出现健康方面的问题，更多疾病将与高龄老人共存，带病生存将成为长寿时代的普遍现象。健康成为更为迫切的需要，这方面的需求将更加多样化和长期化，成为健康产业成长的强劲动力。长寿时代将促进健康产业的发展，尤其是医药工业、健康服务和健康保险将会成为其中最核心的产业，中国大健康产业会具有巨大成长空间和产业结构转变机会，未来有望成为中国经济中的支柱产业之一。

就"财富时代"而言，他认为，在长寿时代，随着人们预期寿命的延长，居民必将高度关注养老资金是否充沛。在公共养老资金有限的情况下，养老金替代率（平均养老金与社会平均工资之比）成为关键。随着预期寿命的增加和预期抚养比的上升，个体会通过调整消费和储蓄、在年轻时增加资本积累等方式来保证充足的替代率，以满足平滑消费，实现与生命等长的现金流。为保证年轻时增加资本积累储备养老资金，理性人将更有动机增加财富总量，加大教育投入，提升人力资本的质量，促进劳动生产率和居民收入水平的提高，从而促进社会财富总量的增加。同时，此时居民将更加依赖投资回报来养老，更加注重养老财富积累期限的延长，居民财富结构也会更加多元化，财富管理与养老理财将成为旺盛需求并引领财富时代。

2. 乐观分析长寿时代对社会经济发展的影响

学术界关于长寿时代对社会经济发展的影响，存在不同的观点。如有的认为老龄人口比例增加将导致潜在增长率速度降低（陆旸、蔡昉，2014），也有研究表明长寿时代未必会导致经济增速下行（Acemoglu and Restrepo，2017）；陈东升的看法较为乐观，认为长寿时代社会经济的发展既面临挑战又存在机遇，只要各方积极应对，就能化危为机，推动社会步入新的发展阶段。

在他看来，长寿时代社会经济发展面临的挑战包括：劳动力人口供给降低，冲击传统的工业化组织形态；储蓄率降低，导致资本形成率下降；劳动力老化，影响社会创新效率；社会不平等程度加深等。长寿时代对于社会经济发展存在的机遇包括：技术进步对劳动力的替代率提升；形成适应长寿时代社会经济结构的更有活力的"长寿经济"，会创造新的供给与需求等。

面临长寿时代对社会经济发展的挑战与机遇，他认为必须对老年人的价值进行重新认识和定位。他指出：在长寿时代，对老年人的价值不能停留在社会资源的消耗者这个刻板的认识和定位上，此时的老年人除作为消费者外，同时还担任着生产者和创新者的角色。一方面，随着老龄人口增多，老年人的消费成为经济的重要组成部分，老年人与时俱进的消费需求会推动大量新产品的问世与提供，会促进养老产品与服务的技术创新并影响市场的变化，缔造全新的长寿经济；另一方面，老年人会通过更为灵活的方式参与劳动力市场，传授知识技能、传递经验或者进行社会服务工作，能够继续从事生产和创新，创造属于他们自己的"第三次人口红利"。这样，他们就会在消费端和供给端同时推动经济增长和社会进步。

他以全球人口老龄化最严重的国家之一日本为例，分析了长寿时代背景下日本劳动力、社会经济发生的深刻变化，并从中寻求有益的启示。他认为，从日本经验可以推知：应对长寿时代的来临，可以通过教育提高人力资本，抵消劳动力和生产率下降的影响；加快技术替代，通过技术创新引导经济增长；建设有效的资本市场，提升第二次人口红利的效率；引入长寿经济，创造第三次人口红利；重塑政府职能，促进长寿时代的社会公平等，这些措施可以有效地促进经济发展。这样，他就采用理论与实证相结合的方法，通过对老年人价值的重新认识和定位，乐观地分析了长寿时代对社会经济发展的影响。

3. 积极思考长寿时代的对策措施

他认为，人类社会进入长寿时代已形成不可逆转的必然趋势。中国人口基数大，相比其他国家受到长寿时代的影响程度更大，更需要面对长寿时代重新规划个体全生命周期的安排，思考应对长寿时代的对策措施。

综合来看，他主张从 3 个层面来思考长寿时代的对策措施：

（1）从社会层面思考，要适应产业结构变迁趋势满足长寿时代的个人需求。他认为，进入后工业时代后，娱教医养的消费需求将不可避免地超过衣食住行的消费需求，长寿时代个人最核心的需求将是健康需求、筹资需求、终身教育需求，这些需求正与当前服务业中的高端产业相对应。未来，与之对应的产业增长速度将明显高于均值。在他看来，中国可以借鉴很多发达国家转型的经验，适应未来变化趋势实行产业结构优化升级。

（2）从政府层面思考，要健全社会保障体系，推动医养供给侧改革，引导长寿经济转型和个体行为转变。如在推动医养供给侧改革方面，政府应通过各类政策着力降低医养服务供给方的建设和运营成本；应进一步放宽社会资本投资设立健康服务、养老机构的准入；应加强对医养运营服务的市场化监管与标准体系建设；应持续引导保险与金融领域完善支付与产品体系；应鼓励教育和互联网产业提供更加适应长寿时代民众的多层次职业教育、兴趣学习和社会交流需求的平台等。如在引导长寿经济转型和个体行为转变方面，政府应着眼于长寿经济发展，创新就业岗位，增强就业灵活性，为老年人继续参与经济活动、创造社会价值提供条件，全面激发老年人的多元化需求，引导产业结构转型升级以适应长寿时代发展的需要；应积极引导个人转变认识和行为，使个人更积极主动地规划长寿人生，并采用更灵活的社会治理模式与政策制度，帮助个体实现非线性人生所需的过渡，提高适应性。

（3）从企业层面思考，要加速商业模式和组织转型以应对长寿时代的挑战。与长寿时代的需求改变和供给侧创新相对应，共享和生态将成为企业的新组织形式。在长寿时代，企业内部需要将传统的雇佣模式转变为合伙模式，建立利益共享机制，以激发组织活力、提升组织效率。同时，由于长寿时代人口年龄结构柱状特征，各年龄段人口分布均匀，年龄组内和组间的需求趋于多元化，市场集中度下降，只有建立生态产业体系的企业才能满足客户多样化的需求；而且，随着信息技术带来的便利，传统的大型企业将有可能被更多的小而精的细分领域的更专业的企业所包围，大型企业将与越来越多的小企业组成生态系统，共同迎接长寿时代的挑战。

具体到保险企业，他强调，保险业与养老、健康产业具有天然的联系；保险企业在参与构建长寿时代产业体系方面具有独特的优势。一方面，商业保险公司可以通过不同类型的保险金的积累，满足不同层级客户未来长期的养老和健康资金需求，既可以是个人和家庭医养支付资金的重要承担者，也可以是企业和政府采购养老和健康保障计划产品的提供者；另一方面，商业保险公司可以成为医疗、养老、健康服务产业创新发展的有力促进者，可以借助保险资金持有的长期性和稳定性，长期投资支持养老地产、医疗健康产业的发展，不仅能解决养老和健康产业发展的融资问题，而且还能实现保险资金投资的多元化，更能确保保险产业链的延伸，建立产业生态并取得协同发展效用。

基于上述认识，他依据多年的探索与实践，设计并总结了泰康大健康生态解决方案也即泰康方案。泰康方案的核心是将虚拟的保险支付体系和实体的医养康宁服务体系相结合，为长寿时代的人们提供覆盖全生命周期的产品和服务。泰康方案同时也是企业为长寿时代的个人及其家庭提供的一种全新的筹资模式，可以为他们未来享受美好的长寿人生提供有力的财务支撑和服务支撑。首先，它包含专业投资机构，可以更好地实践长期价值投资，通过将虚拟的保险与实体的医养康宁服务结合，有效拉长了投资期限，践行了长坡理论，实现了复利效应，帮助人们最大限度地实现长寿人生筹资；其次，它优化了代际抚养关系，吸引老年人到专业养老机构享老，减少了家庭赡养投入，也让老年人得到全面关照呵护，改变了传统家庭中"养儿防老"的观念习俗；最后，它倡导全新的生活观和生命观，以此激发个人的筹资意愿，推动人们在年轻时积极储蓄，以此提升老年支出的替代率，改善老年人的经济水平。此外，泰康方案还提出了资金储备持续投资实现传承的思路。

泰康方案在支付端和服务端体现出明显的优越性。在支付端，泰康创新地推出"幸福有约"年金保险产品，并与长寿社区的确认函相结合，将保险和服务整合在一起，让保险产品实体化。在此之上，泰康打造了活力养老、高端医疗、卓越理财、终极关怀的"四位一体"全生命周期产品与服务体系，并推出全新的"健康财富规划师"（HWP），为客户提供长寿、健康、富足的解决方案和全新的生活方式。泰康将这些保险绩优代理人视作事业合伙人和保险企业家，在专业培训、激励机制等方面对他们进行专业赋能，充分调动所有人的自主能动性，保证共享平台协同高效可持续运转。在服务端，泰康打造医养服务实体，在全国范围投资建造泰康之家高品质连锁长寿社区，秉承医养融合理念，长寿社区内配建以康复、老年医学为特色的康复医院。泰康之家的连锁长寿社区在设计上体现适老化，在建设运营上体现集约化，在连锁经营上从品牌推广到供应链都具有规模经济，其连锁运营模式有利于养老科技的创新和应用，有助于效率的进一步提升，使社区居民享受更高质量和便捷的服务。此外，养老社区为老年居民发挥余热反哺社会搭建新的平台，便于他们再创业和实现价值的再创造。泰康还通过投资和合作，持续丰富大健康生态体系的产品和服务，满足长寿时代老年人的康养生活需求。

"综上所述，泰康方案的本质是用商业方式推动一场养老革命，用市场经济的方法和商业创新来不断提升效率、降低成本，为人类社会进入长寿时代提供应对思路。这不仅是长寿时代的企业解决方案，而且是一种以企业的力量推动社会和政府解决长寿时代挑战的方案。"① 可见，陈东升所试图提供的是一种立足长远，充分利用市场机制和创新商业模式来构建大健康生态体系，以适应长寿时代挑战的新颖独特方案。

三、长期主义的企业发展战略思维

陈东升在 2014 年出版了《战略思维》一书，系统阐述了他创办和管理企业的宏观思维和战略探索；2020 年又在《哈佛商业评论（中文版）》（9 月刊）发表《战略决定一切》一文，概括性地总结了他关于企业战略的整体思路。《哈佛商业评论（中文版）》还在同期邀请资深企业家顾问杨懿梅撰写《泰康战略：一种长期主义的坚守》，对其战略思路进行解读。概括起来，他的思路与见解可以概括为长期主义的企业发展战略。

（一）"战略决定一切"的创新思维

他认为，企业作为一个经济组织，要发展壮大，最核心的是要制定正确的战略。他将自己最深刻的体会概括为一句话："战略决定一切。"其基本精神包括如下 5 个要点：

1. 定位决定战略

他认为，正确的定位是制定战略的前提和基础。从内容上看，定位的核心是"做什么生意"和"做什么人的生意"。依据他的解释，"做什么生意"就是选择赛道，亦即选择行业和产业。他的经验是，对于行业和产业的选择，长期看人口、中期看结构、短期看宏观。长期看人口，就是要关注人口结构和人口需求的变化；中期看结构，主要是在社会经济和产业结构的变化中寻找机会；短期看宏观，强调的是企业要根据宏观经济的变化来调整短期发展目标。"做什么人的生意"就是对客户进行定位，

① 陈东升. 长寿时代的理论与对策［J］. 管理世界，2020，36（04）：66 - 86 + 129.

根据客户定位来设计产品，通过销售渠道这个媒介将客户和产品连接起来，使得市场顺利运转。所以，他将客户、产品和销售渠道三者连为一体，称为"经营金三角"。

2. 战略来源于实践

根据他的理解，定位是确定公司做什么，战略就是公司要怎么做。他认为，好的战略一定源于实践，并在实践过程中不断推进演变。他以泰康为例，公司从无到有、由小到大、由弱变强，始终都在实践过程中不断探索适宜的发展战略，包括从公司的愿景、使命、价值观到具体的战略措施。他认为，愿景和使命是方向性的，愿景是企业自身的发展目标；使命更高一层，是企业存在能够给社会带来的价值和意义；价值观居于基础地位，是底层系统；战略是价值观具体化的体现。他主张把战略、愿景、使命和价值观作为一个整体来看待。在多年实践和探索的基础上，他将泰康的使命和愿景凝练为：让保险安心、便捷、实惠，让人们长寿、健康、富足；将公司的价值观提升至哲学层面：尊重生命、关爱生命、礼赞生命。至于战略，他认为既是抽象的，更是具体的。企业应从战略视角关注两个现实问题：现在赚钱，将来这种方式还能不能赚钱？能不能构建新的利润池？即主张将战略落到实处，经过实践与探索，最终形成"虚拟保险支付＋实体医养康宁服务"的大健康产业生态体系的公司战略。

3. 企业竞争的本质是治理结构的竞争

他将企业的治理结构分为两个层面：一是法人治理，核心是股东大会、董事会和经营管理层三位一体；良好的股权结构是公司治理结构的基础；董事会的结构一定要考虑到知识结构的相互补充和完善，发挥董事会的战略决策作用；要加强董事和经营管理层之间的互动，以利于战略的执行和公司的发展。二是公司管理，治理结构是战略的制度、组织和人才保证，推动战略落地。战略执行的核心是解决组织的效率问题。所以战略决策后，首先是治理结构要跟上，就是组织、流程、团队与考核；最核心是明确权责利，确保组织效率，接下来才是团队建设与人才的招募、培养与激励，包括人才的定价、考核、奖惩机制等。组织效率最终体现在组织绩效上，组织绩效成为战略落地、治理结构落地最根本的管理工具，完整的、动态的组织绩效体系就是治理结构落地的基础设施建设。

4. 战略共识就是执行力

他认为，执行力就是战略认识的统一。战略一定要在三个层面达成共识：首先是在董事会形成高度的共识；其次是在经营高管层形成高度的共识；最后是在核心干部、基层骨干员工中形成高度的共识。他指出，没有共识，战略只能挂在墙上；有了共识，战略才能落地。凡是执行力不够的，主要原因是对战略的认识不足；当所有人理解战略后，执行的问题就解决了。要形成战略共识，他的经验是走出去、请进来，从上到下，从下到上，上上下下，反反复复，听到耳朵都起茧。①

5. 创新就是率先模仿

他从战略的高度对商业创新进行了阐释。他认为，商业创新的本质是便捷和实惠，创新的路径是从模仿创新走向自主创新。"创新就是率先模仿"，实质上是对后发优势的另一种诠释。在他看来，率先模仿国际上最先进的东西，相对于后发国家来说就是一种创新。"模仿"是一种务实的态度，是一种实现企业跨越式发展操作性极强的捷径。他声称自己所创办的2家公司即出自于率先模仿，其中嘉德拍卖模仿的是英国的索斯比；泰康学习的是全球所有先进寿险企业。他主张站在巨人的肩膀上，强调模仿时在操作层面要牢牢把握好4个要点：第一，视觉敏锐，善于找到自己模仿的对象；第二，把握时机，率先模仿，注重模仿的"时效性"；第三，寻找标杆，"找最好的葫芦画最好的瓢"；第四，超越模仿，实现创新，要在学习、研究、消化的基础上与本土、本企业文化相结合。他指出："模仿的最高境界是将模仿的对象不留痕迹地融入企业自身的发展，变成企业独有的东西。"② 这可看作他对创新性模仿的精妙诠释。

（二）全生命周期的商业模式创新

商业模式是市场经济条件下企业生存和发展的根本。基于企业战略视角，陈东升对泰康商业模式进行了一系列创新性探索，其精髓可以用"长坡、宽道、厚雪"的全生命周期大健康产业生态体系来加以概括。

1. "三化引领"

"三化"是指专业化、市场化、规范化。专业化是相对多元化来说的。他认为专业化是工业文明最大的成果，专业代表效率，效率代表竞争力。只有专业化才能形成强有力的核心竞争力，才能在日益激烈的市场竞争中长期立于不败之地。市场化是指坚定告别计划经济，坚定走"亲""清"政商关系的价值选择。这跟中国市场经济发展的历程密切相关，不了解中国改革历史的人很难理解这一点。专业化和市场化加起来就是规范化，就是做市场和监管的"好学生"。"三化"所体现的是长期主义的价值观，"三化"引领就是价值观引领。

---

① 以上相关内容主要参见陈东升. 战略决定一切［J］. 哈佛商业评论（中文版），2020（09）：130 – 137.
② 本自然段的引文，详见陈东升. 战略思维［M］. 北京：中国财政经济出版社，2103：225，215，227.

2. "四位一体"

"四位一体"是泰康倡导和践行的商业服务模式，体现为"活力养老、高端医疗、卓越理财、终极关怀"四者合为一体，以保险养老社区为载体，在实体服务方面实现对老年生命链的融合，使长者们以最优的成本、最高的效率获得最优质的医养康宁全方位服务和体验。

3. "三大闭环"

"三大闭环"是指泰康适应长寿时代、健康时代和财富时代的需要，围绕"长寿""健康""富足"形成的3个闭环。具体来说：一是寿险与养老服务对接，通过客户购买寿险和年金保险，在养老社区里安享晚年，形成长寿闭环；二是健康险与医疗服务对接，通过客户购买健康保险，在医疗体系享受诊疗等健康服务，形成健康闭环；三是养老金与资产管理对接，通过客户购买各类财富管理产品实现财富的保值增值，保障自己的医疗和养老需求，形成富足闭环。三个闭环彼此关联、相互配套，构成内生于泰康大健康生态体系之中的保险商业营运模式。

4. "全生命周期"

泰康的商业模式通过长寿、健康、富足三大闭环为客户提供一个涵盖其全生命周期的产品和服务体系，不仅有保险产品，也包括医养康宁的实体服务和各类健康服务、投资服务。泰康方案实际上也是寿险产业链的纵向和横向扩展，纵向扩展是深耕寿险产业链，从保险到医养，又从医养到大健康，通过三大闭环纵向的垂直整合，打造全方位的产品体系。横向扩展是站在单个客户的角度横跨其整个人生的教育期、奋斗期、养老期，为其提供全生命周期的产品和服务，并从服务一个人，扩展到服务一个家庭，甚至服务一个家族。

陈东升用"长坡理论"来解读泰康方案所折射出的商业模式，即"长长的坡、宽宽的道、厚厚的雪，滚世界上最大的雪球"。长长的坡是指人的生命周期，服务人们一辈子；宽宽的道是"活力养老、高端医疗、卓越理财、终极关怀"的四位一体产品与服务体系，服务生命价值链；厚厚的雪是指优质客户。泰康用全生命周期的产品和服务与客户一生的需求紧密贴合，这是对"全生命周期"的最佳注解。

（三）"长期主义"的企业创新精神

前述杨懿梅在《哈佛商业评论（中文版）》中将泰康战略称为"一种长期主义的坚守"。长期主义是一种持续地、长期地守住目标的行为模式与创新精神。她用"远见""洞见""创新""初心"4个词概括了泰康和陈东升对长期主义的坚守。"远见"

指能选准长期赛道，即找到寿险业这个发展空间足够大、持续时间足够长的长期赛道；"洞见"指能把握制胜关键，把握事物的本质规律，找到正确的长期定位与战略高点，能在面对诱惑、遇到艰难时，更加坚定地作出正确的判断与取舍，所以泰康在探索医养服务和大健康生态之初，在遭遇一次次挫折之时，也没有浅尝辄止，没有知难而退，而是依然选择坚定；"创新"指能构建核心能力，表现为对经营思路、商业模式和发展理论等方面的持续创新，造就长期且越来越强的创新能力，长期且越来越深的客户信任，长期且越来越蓬勃的泰康生态；"初心"指能超越个人的远大理想，他的初心，不是"下海"赚钱，而是"实业报国"，创办一家世界 500 强企业。她指出，真正的长期主义者能抵得住诱惑，扛得住艰辛，有基于远见与洞见的定力，基于创新与创造的实力，以及基于初心与理想的根基。"目标纯正，心无旁骛，做正确的事，时间就是答案——这就是泰康的长期主义。"①

陈东升自己把这种企业创新精神概括为"商业理想主义"，指出："企业家要坚持商业理想主义，做农夫、不做猎人，像农民一样勤勤恳恳，在自己一亩三分地精耕细作，不断积累、不断思考、不断创新。这些年从房地产到互联网，大家年年谈风口，但泰康专注于保险，也没人觉得这是个大产业。泰康就是认准了这个方向，天天琢磨，在这个方向上持续创新，就有了泰康现在的成绩。"②

他所说的"坚持商业理想主义"与杨懿梅所概括的"长期主义的坚持"，在本质内涵上两相吻合、基本一致，都强调要着眼长远、目标纯正、长期坚持、不断创新，所体现的是一种高瞻远瞩、风物长宜、坚韧不拔的企业创新精神。

第二节
毛振华的相关成就与贡献

毛振华和陈东升是武汉大学经济学系的同班同学，也是"92 派"企业家的知名代表人物之一。毛振华在学术研究上投入的时间相对较多，所取得的成果甚至较之于专业研究者也显得毫不逊色，或者毋宁说他比普通的专业研究者似乎显得更胜一筹。他可以说是"92 派"企业家中一位较为突出的专家型代表者。他对中国经济增长与

① 杨懿梅. 泰康战略：一种长期主义的坚守 [J]. 哈佛商业评论（中文版），2020（09）：138－141.
② 陈东升. 战略决定一切 [J]. 哈佛商业评论（中文版），2020（09）：130－137.

发展，尤其对经济增长中的风险防范有较多和较深的研究，近几年还从宏观经济视角开展了对健康经济问题的探讨，也取得可喜成就。

一、主 要 成 就

毛振华（1964 年~），湖北石首人。1983 年毕业于武汉大学经济学系，博士研究生阶段师从董辅礽，获武汉大学经济学博士学位，中国社会科学院博士后。曾先后在湖北省统计局、湖北省委政策研究室、湖南省政府研究中心、国务院研究室等单位从事经济研究工作。1992 年创办中国诚信证券评估有限公司（以下简称"中诚信评级公司"）。目前担任中国人民大学经济研究所所长，武汉大学董辅礽经济社会发展研究院院长等。武汉大学、中国人民大学和中国社会科学院研究生院硕士生和博士生导师。2013 年被评为武汉大学第七届杰出校友。

1992 年辞官"下海"时，他选择创办信用评级公司，以世界最大评级公司也是世界评级行业的鼻祖穆迪为标杆，希望自己创办的评级公司成为"中国的穆迪"。他是中国第一个信用评级机构的创办者，被誉为中国评级市场的"探路者""开山人"。经过 30 年的发展壮大，以他为创始人的中诚信评级公司已成为仅次于美国穆迪、标普和惠誉三大评级机构之后的全球知名大评级机构之一。

2007 年，正当他在商海大显身手、如日中天之时，他又实现了继 1992 年辞官"下海"之后的第二次"转身"，将大部分精力转向学术研究和教育事业，并在学术领域取得不俗成就，成为企业界和学术界均事业有成、成就卓越的双栖名家。在学术领域，他迄今已出版各类著作 20 部。其中，独著 5 部，独编 1 部，第一作者合著 4 部，主编 5 部，第一主编 5 部。另编有《毛振华自选集》；发表论文 60 余篇。其学术成果主要包括如下 5 个方面的内容：

（1）资本市场与企业制度及企业融资研究，如《资本化企业制度论》（独著，2001）、《企业扩张与融资》（独著，2017）等；

（2）中国宏观经济政策研究，如《稳增长与防风险双底线的中国宏观经济（2016 - 2017）》（第一作者合著，2016）、《"债务 - 通缩"压力与债务风险化解》（第一作者合著，2016）、《十年宏观、十年政策、十年理论："中国宏观经济论坛"十周年》（第一作者合著，2016）、《2016 - 2017 中国宏观经济分析与预测》（独著，2017）、《双底线思维：中国宏观经济政策的实践和探索》（独著，2020）、《稳增长与防风险：

中国经济双底线政策的形成与转换》（独著，2020）等；

（3）信用评级相关研究，如《信用评级前沿理论与实践》（第一主编，2007）、《国家负债能力与主权评级研究》（第一主编，2015）、《"一带一路"沿线国家主权信用风险报告》（第一主编，2015）、《中国债券市场信用风险与违约案例研究》（第一作者合著，2017）、《中国地方政府与融资平台债务分析报告》（第一主编，2018）、《中国地方政府债券发展报告（2021）》（第一主编，2021）等；

（4）健康经济学及相关研究，如《健康经济学》（主编，2020）、《互联网医疗蓝皮书：中国互联网医疗发展报告（2020－2021）大数据与健康医疗》（独编，2021）等；

（5）社会学相关研究，如《社会学与和谐社会》（主编，2007）、《和谐社会与社会保障》（主编，2010）、《社会福利与社会建设》（主编，2010）等。

从珞珈经济学"学派"创建视角考察，毛振华的突出成就与贡献表现在他对中国宏观经济政策与健康经济学的研究。他从中国宏观经济政策角度提出了稳增长与防风险的双底线创新思维，创建了新的健康经济学，为丰富和拓展珞珈经济学"学派"创建的核心理论做出了独特贡献。

二、稳增长与防风险的双底线创新思维

2008年美国爆发金融危机并波及全球，中国经济面临全球经济危机带来的巨大冲击与挑战；此时正值中国举办北京奥运会经济升温达到一定增长峰值之后，中国经济面临着防止出现快速下滑的内部压力与挑战。这一历史背景决定了稳增长与防风险成为中国经济下一阶段发展中的两大突出问题，也成为中国宏观经济政策制定的两大焦点问题。毛振华将稳增长与防风险视为中国经济不能突破的两大底线，颇有创意地提出了稳增长与防风险的双底线创新思维。

（一）次高速增长的发展阶段判断

他的双底线创新思维建立在对中国经济次高速增长阶段的判断基础之上。他是在2009年做出这一判断的，是年9月在中国人民大学经济学院主办的"中国宏观经济论坛"上，他发表了题为《次高速增长阶段的中国经济》的研究报告，第一次提出"次高速增长阶段"的命题。之后，他在自己的许多论著中又做了进一步阐述。

他认为，金融危机后虽然中国经济高速增长的趋势没有改变，其发展韧性犹在；

但是，中国经济增长的传统支撑点已经开始步入其边际递减或总量衰退的变异阶段。其变异的具体表现为：第一，体制转轨带来的资源配置效应开始衰退；第二，全球化红利开始步入平稳发展阶段，国际贸易的加速增长逐渐被贸易平稳增长所替代；第三，工业化虽然会进一步发展，但第二产业对整体经济的主导效应和带动效应已远不如从前；第四，人口红利已过拐点，人口负担的反向效应开始出现；第五，城市化率虽然依旧会稳步提高，但其产生的增长冲击力量在加速回落。[1]

他概括了中国次高速增长阶段的基本状况与主要特征：第一，目前世界经济增长轨迹并不会改变中国经济增长的趋势；第二，中国经济增长轨迹的变化将被缓慢启动；第三，在增长轨迹转变的进程中，新增长源泉对传统增长源泉的替代使中国经济的高速增长出现总体缓慢下降的趋势；第四，未来各种要素对经济增长的贡献率将发生巨大变化，但从绝对额来看，中国未来经济增长依然具有高储蓄、高投资、高资本、高速度的特色；第五，从供给结构与需求结构来看，未来经济增长的结构将处于良性高速的过程中，但人们所期待的快速结构性调整不会出现；第六，人们原来所预期的"内部驱动模式替代外需驱动增长模式""消费主导型增长模式替代投资主导型增长模式""技术—人力资本密集型增长模式替代资源密集增长模式""服务化驱动增长模式替代工业化特别是重工业化驱动模式"的增长模式大转变并非如想象的那么迅速。[2] 总之，在他看来，中国经济已告别超高速增长阶段，进入次高速增长阶段。

"次高速增长阶段"命题的提出，为中共中央制订宏观经济政策提供了重要参考，正如厉以宁所指出："这与后来中央关于'中高速增长阶段''经济新常态'的提法高度吻合。"[3]

（二）双底线创新思维的基本内容

2016 年，继 2009 年第一次作出"次高速增长阶段"判断之后，毛振宁又在一篇以"中国宏观经济政策必须转向防风险"为核心思想的报告中，第一次明确提出"双底线思维"。他自称这是自己对 2008 年金融危机后中国宏观经济政策的简要概括与高度总结。他说："我认为，金融危机以来，如果对中国的宏观政策进行高度浓缩的话，就是两条，即稳增长以及与稳增长相配套的一系列政策，防风险以及与防风险相关的

---

① 毛振华. 双底线思维：中国宏观经济政策的实践和探索 [M]. 北京：中国人民大学出版社，2020：17.

② 毛振华. 双底线思维：中国宏观经济政策的实践和探索 [M]. 北京：中国人民大学出版社，2020：18 - 19.

③ 厉以宁. 推荐序 [A]. 毛振华. 双底线思维：中国宏观经济政策的实践和探索 [C]. 北京：中国人民大学出版社，2020：2.

一系列政策，这也就是稳增长、防风险的双底线思维。这是回顾中国过去 10 多年来所走过的路得出的经验与总结，是我对宏观经济理论的一个重要贡献。"[①]

他所说的"稳增长"，指的是在一定历史时期内保持稳定的增长速度，使之既不过热，也不快速下滑。他所追溯的是 2008～2016 年这段时期内中国经济政策走势，因为这段时期内保增长、稳增长一直是中国政策的主旋律。这一政策的长期实施取得了显著的成效，突出表现是中国于 2009 年成为全球第二大经济体，同年成为世界第一大贸易国，2014 年成为资本净输出国，中国经济迅速站到了近代史以来最高的平台上。但与此同时，在稳增长政策实施的过程中也相伴而生地积累了诸多风险。在他看来，其中最大的风险来自稳增长下"债务—投资"驱动模式所导致的宏观债务率的攀升，表现为债务的增长速度大大高于 GDP 的增长速度，经济增长在很大程度上靠债务增长来推动。[②] 由于大量投资是通过国有企业扩张完成的，因而导致国有企业杠杆率快速上升，出现资源错配、产能过剩、市场经济运行效率大大降低，信用体系遭到破坏，债务风险迅速积累。此外，还面临着其他多重风险的不断累积叠加，如地方政府融资平台风险、监管套利与"影子银行"风险、房地产泡沫风险、严重的产能过剩风险等。[③] 他特别担心应对危机的短期刺激政策常态化风险，如中国政府在应对全球金融危机时推出的 4 万亿救市计划，致使大部分救市资金注入国有企业，而很多企业并无偿还债务的能力，为了避免债务违约，政府只得加大货币供给，结果使短期刺激政策常态化，经济增长严重依赖货币供给，从而进一步加大债务风险。[④]

他所称的"防风险"，就是针对稳增长政策积累的风险而提出的。在他看来，风险并不可怕，在可控条件下发生一些小危机以释放风险是有必要的，因为危机是"双刃剑"，它在起破坏作用的同时，也可以为重新配置社会资源提供契机，使资源用于好的企业中去，带来重组和新的技术革命与新的结构。[⑤] 基于这一认识，他甚至发出了"来次小型危机又何妨"[⑥] 的感慨。但是，他强调，我们一定要防范小风险捆绑以

---

① 毛振华. 后记 [A]. 毛振华. 稳增长与防风险：中国经济双底线政策的形成与转换 [C]. 北京：社会科学文献出版社，2020：231.

② 参见毛振华. 双底线思维：中国宏观经济政策的实践和探索 [M]. 北京：中国人民大学出版社，2020：4－5，80－82.

③ 参见毛振华. 双底线思维：中国宏观经济政策的实践和探索 [M]. 北京：中国人民大学出版社，2020：71，74.

④ 参见毛振华. 双底线思维：中国宏观经济政策的实践和探索 [M]. 北京：中国人民大学出版社，2020：229－230.

⑤ 参见毛振华. 双底线思维：中国宏观经济政策的实践和探索 [M]. 北京：中国人民大学出版社，2020：9.

⑥ 毛振华. 双底线思维：中国宏观经济政策的实践和探索 [M]. 北京：中国人民大学出版社，2020：65.

致变成大风险，警惕和避免个案风险的扩散以至各种风险累积叠加进而形成系统性风险，在他看来，这是防风险必须保住的底线。①

至于"稳增长"与"防风险"的关系，他认为它们之间是相辅相成的，两者互为条件、互为前提。在防风险时增长不好，风险就会更大；在稳增长时出现风险，稳定肯定不好，这两者是孪生的。既然如此，那么我们在政策上就应该坚持双向选择：一方面要保持较为稳定的增长速度，因为没有稳定的增长，就没有时间窗口，就无法为防风险创造条件，特别是在全球经济出现风险时，保持稳定增长就成为不爆发大风险的最重要的前提，因而在他看来，只要不爆发系统风险，我们就可以稳增长；但另一方面，如果政策的边际效用下降，风险积累到一定规模，就要强化危机意识，这时候就应该推出防风险的政策。② 他强调要把握好时间窗口，要根据宏观经济形势的变化在不同时期把握好不同的稳增长、防风险之间的平稳点和侧重点。他特别强调要明确稳增长和防风险的逻辑顺序，针对当时的状况，他认为中国现阶段防风险是稳增长的前提。③ 他明确表示："当前中国债务风险已达临界点，'防风险'应成为重中之重。"④ 即主张把经济政策调整到以防风险为主上来。

为了保住系统性风险不至发生的底线，他提出了一系列针对性和操作性极强的对策措施，其中最为根本的是要建立新常态下宏观风险缓释机制，即通过风险缓释机制不断化解或释放风险。他认为，风险积累到一定程度就要释放出来，风险释放的核心是要避免系统性风险的爆发。⑤ 建立风险缓释机制的具体路径有两条：一是进行经济结构调整；二是进行经济体制改革。即一方面，通过经济结构调整，解决经济增长动力和风险积累的问题，重振经济增长动力；另一方面，通过体制改革解决各种扭曲问题，缓解已有风险，使经济沿着正常轨道运行。⑥ 关于经济结构调整，他特别注重资源流动和重新配置，认为实现资源流动和重新配置的核心是资金的投放和使用，主张通过资金的流向来引导资源在区域和产业两个维度的再配置，进而实现经济结构调整和再平稳。他把这个过程形象地概括为"大腾挪"，主张进行投资区域的大腾挪和产

① 参见毛振华.双底线思维：中国宏观经济政策的实践和探索 [M].北京：中国人民大学出版社，2020：7，77-78.
② 参见毛振华.双底线思维：中国宏观经济政策的实践和探索 [M].北京：中国人民大学出版社，2020：10.
③ 毛振华.双底线思维：中国宏观经济政策的实践和探索 [M].北京：中国人民大学出版社，2020：178.
④ 毛振华.双底线思维：中国宏观经济政策的实践和探索 [M].北京：中国人民大学出版社，2020：85.
⑤ 参见毛振华.双底线思维：中国宏观经济政策的实践和探索 [M].北京：中国人民大学出版社，2020：229，231.
⑥ 参见毛振华.双底线思维：中国宏观经济政策的实践和探索 [M].北京：中国人民大学出版社，2020：232.

业结构的大腾挪,通过这两个维度的大腾挪来打造新常态下的经济新格局。① 关于经济体制改革,他特别重视正确处理政府和市场的关系,主张明确界定政府直接配置资源的权力边界。② 他提出,要明确稳增长、防风险和促改革之间的逻辑关系,构建双底线思维下的宏观调控体系,包括协调好各调控目标之间的关系;将供给侧结构性改革作为中长期政策,持续推进金融改革,加快多层次资本市场建设;做好需求管理与供给侧结构性改革的协调配合;坚持双底线思维化解短期债务风险等。③ 他尤其强调金融改革,主张从源头上注重风险的控制,认为推进金融改革是重中之重。他指出:"要在制度的建立和规范中创造风险释放的空间,尤其是通过推进金融改革化解风险,避免风险的进一步累积,支持经济的长期发展。"总之,"就是通过保持经济增长延长风险释放的窗口时间,从而让风险在经济结构调整和体制改革的推进中逐渐得到释放,避免系统性风险爆发"④。

与建立宏观风险缓释机制相配套,还需建立宏观风险监测机制。宏观风险监测机制是动态性的,可以随时进行监测。"应该建立动态的宏观风险监测机制,对风险的积累时刻保持警惕,再配合逐渐完善的风险释放机制,如此才有可能避免危机的发生,保证中国经济社会平衡发展。"⑤

双底线创新思维提出后,也引起很大反响;尤其是要把"防风险"提到更加突出的地位上来的见解,为中央制定宏观经济政策提供了重要参考,正如厉以宁所指出:"这一政策建议也与 2017 年中央开始更加关注防风险甚至将此列为三大攻坚战之首的经济政策高度吻合。"⑥

(三)双底线思维下寻找中国经济增长新源泉的创新见解

他这方面的见解,基于他对中国经济增长动能转换的新认识。他认为,中国经济高速增长的传统源泉已发生变化,原因在于:市场化改革制度红利已步入递减区域;

---

① 参见毛振华. 双底线思维:中国宏观经济政策的实践和探索[M]. 北京:中国人民大学出版社,2020:23.

② 参见毛振华. 双底线思维:中国宏观经济政策的实践和探索[M]. 北京:中国人民大学出版社,2020:233.

③ 参见毛振华. 稳增长与防风险:中国经济双底线政策的形成与转换[M]. 北京:社会科学文献出版社,2020:216-225.

④ 毛振华. 双底线思维:中国宏观经济政策的实践和探索[M]. 北京:中国人民大学出版社,2020:236.

⑤ 毛振华. 双底线思维:中国宏观经济政策的实践和探索[M]. 北京:中国人民大学出版社,2020:79.

⑥ 厉以宁. 推荐序[A]. 毛振华. 双底线思维:中国宏观经济政策的实践和探索[C]. 北京:中国人民大学出版社,2020:2.

出口难以持续作为经济增长的核心动力和主要源泉；工业化的传统粗放型增长模式难以为继；随着老龄人口比例的不断上升以及低成本劳动力优势的丧失，人口红利逐渐衰竭；依赖高储蓄拉动经济增长将出现调整等。这一背景决定了中国在新的历史条件下，必须寻找经济增长的新源泉。他认为，未来中国经济增长的新源泉主要来自下述4个方面[①]：

（1）中国消费存在大幅度提升的空间，由"投资大国""制造大国""高储蓄大国"向"消费大国"的转变，将成为中国经济持续高速增长的第一边际推动力。他指出，中国的内需存在巨大的潜力，伴随着内需潜力的充分挖掘，中国经济将逐渐向依靠内需转型，依靠扩大内需，中国经济可维持次高速增长。

（2）城市化是经济未来增长的重要载体和源泉，会成为促进投资、改善经济结构、促进第三产业发展和国内有效需求的主要手段。中国城市化水平低于世界水平，城市化发展滞后于工业化发展，城市化具有很大的潜力。

（3）服务业提升空间巨大，消费需求的提升以及生产型服务业围绕制造业的展开与深化，将奠定未来现代服务业大发展的基础，并最终形成服务业与制造业的良性互动。中国的服务业在GDP中的比重低于世界平均水平，有巨大的提升空间。

（4）自主创新和技术进步作为一个高附加值竞争源泉，是未来中国经济具有国际竞争力的核心要素，在成本优势削弱的情况下也是新的经济增长源泉。中国技术进步的贡献率并不理想，主要原因在于技术研发上的投入不足，未来加大技术进步的投入，必会提升对经济增长的贡献率。

他对这些经济增长新源泉作用下的中国经济发展前景充满信心，指出："虽然当前中国经济面临大国博弈加剧和国内风险的双重挑战，但是中国经济依然处于稳定增长的轨道上，我们依然有理由看多中国。"[②] 他所持的理由是：中国城镇化比率不断提高、居民收入持续提升、消费结构明显升级、社会保障逐渐完善、精准扶贫取得积极成效，这些因素都将继续支撑中国经济保持较快增长。同时，完备的产业链带来的产业集聚优势不仅有利于降低企业生产成本，也可以在一定程度上分散风险，帮助中国更好地应对贸易争端可能带来的冲击。更为重要的是，当前中国新动能、新业态、新科技发展迅速，大国博弈背景下发达国家对中国的技术遏制进一步强化了中国政府和企业加大自主创新的决心，倒逼中国经济转型与技术升级。技术进步将进一步夯实中

---

① 以下相关内容参见中国人民大学宏观经济分析与预测课题组，毛振华等执笔. 促进经济增长源泉的转换 [J]. 宏观经济管理，2009（11）：28–31.

② 毛振华. 双底线思维：中国宏观经济政策的实践和探索 [M]. 北京：中国人民大学出版社，2020：245.

国经济发展根基，使中国经济的增长质量得到提升。此外，中国营商环境的不断改善有利于降低企业特别是民营企业发展的不确定性，将继续激发企业创新创业的活力，民营经济的健康发展将对增强中国经济增长韧性、促进经济长远健康发展发挥重要作用。①

三、促进经济增长的健康经济学探索

与陈东升的长寿时代理论相呼应，毛振华近几年开始了对健康经济学的理论探讨与应用研究。在他的主持下，武汉大学董辅礽经济社会发展研究院于2017年申请获批全国首个健康经济学自主交叉学科点，招收培养硕士研究生和博士研究生，他和陈东升、华生等为该学科点的博士生导师；2018年成立了武汉大学健康经济与管理研究中心，他兼任主任，组建了一支实力雄厚的师资力量与学术团队。他在这方面的主要成果，是他所主编的《健康经济学》一书及发表的相关论文。

（一）将健康与经济增长关系的探讨纳入健康经济学分析框架之内

健康经济学（health economics）在中国多被译为卫生经济学，研究范围大受限制。毛振华则带领其研究团队，从宏观经济视角出发，运用现代经济学理论与方法，将健康经济学学科范围从医疗卫生政策领域延伸至关乎所有健康的政策领域，从准公共服务领域延伸至包括自由竞争产业在内的全链条、全周期领域，从以改善医疗卫生领域资源配置为主的微观范畴延伸至促进国家整体经济和社会高质量发展的宏观范畴。②

从宏观经济视角出发探讨健康经济学，必然将健康与经济增长关系问题的探讨纳入该学科的分析框架之内。在他主编的《健康经济学》一书中，健康与经济增长关系的探讨始终置于重要地位；尤其在他撰写的"健康与宏观经济"一章中，更是对健康影响经济增长的问题进行了系统深入的分析。他将健康作为经济增长因素中人力资本的一个重要组成部分，认为从宏观经济视角探讨健康与经济增长的关系，是实施国家"健康中国"发展战略的需要。中国2016年制定《"健康中国2030"规划纲要》，强

---

① 本自然段的以上相关内容参见毛振华. 双底线思维：中国宏观经济政策的实践和探索［M］. 北京：中国人民大学出版社，2020：245–246.

② 参见毛振华. 前言［A］. 毛振华. 健康经济学［C］. 北京：人民卫生出版社，2020：9.

调从广泛的健康影响因素入手，提出普及健康生活、优化健康服务、完善健康保障、建设健康环境、发展健康产业五大战略任务，把"健康中国"提到国家发展战略的高度，从而也提出了"大健康"的理念。在"大健康"理念指导下实施"健康中国"的国家发展战略，从宏观经济视角看，必然要求我们在理论上弄清健康与经济增长的关系，因而将健康与经济增长关系问题的探讨置于健康经济学的分析框架之内便成为顺理成章之事。在政策层面，他强调要系统规划好健康与经济增长的关系，认为系统地规划健康与经济增长的关系是关乎国民经济长期可持续增长和满足人民群众日益增长的健康需求的当务之急。①

（二）构建基于经济增长的健康"生产—消费—投资"经济发展新模式

他认为，为了满足人民大众不断增长的健康需求，社会需要寻求一种加快发展健康产业、增加健康消费、促进健康投资的"生产—消费—投资"经济发展新模式。基于经济增长的视角，他系统地提出了构建这一经济发展新模式的相关见解与主张。

所谓"生产"，他所指的是健康产业的发展。他认为，随着社会经济发展水平和物质生活质量的提高，人们的健康意识和健康需求必将逐渐提高和增加，必将催生健康产业的兴起和快速发展。他突出强调发展健康产业对于经济增长的促进作用。指出：作为一种新型的产业形式，健康产业覆盖范围广、吸纳就业能力强，同时对其他相关产业也具有较强的辐射和带动效应，在拉动内需、解决人口就业等方面都发挥着重要的作用，逐渐成为促进经济健康发展的新增长点和推动国民经济持续运行的重要力量。根据他的分析，人们在健康方面较多关注的是保健、医疗和营养摄入，所涉产业主要为医疗卫生服务、健康管理咨询、保健营养食品以及休闲娱乐等生产和服务领域。② 他认为健康产业作为中国产业经济中一大"朝阳产业"，不仅发展潜力巨大，而且也是供给侧结构性改革的重要领域，对稳增长、促改革、调结构、惠民生具有重要意义。因而，他特别强调国家应从战略高度给予这些领域的产业发展以积极的政策支持。③

所谓"消费"，即指健康消费，在价值形态上表现为健康支出。他认为健康支出对经济增长具有双向作用：一方面，健康支出是对人力资本的投资，有助于提升劳动的有效产出，从而促进经济增长；另一方面，健康支出降低了储蓄、挤出了其他固定

---

①③　参见毛振华等. 加快发展中国特色的健康经济学 [J]. 管理世界，2020，36（02）：17－26＋58＋215.
②　参见毛振华. 健康经济学 [M]. 北京：人民卫生出版社，2020：103.

投资，因而可能负向影响经济增长。健康支出扩大最终会表现为健康产业的发展，因此对健康产业具有很强的"投资诱导"效应。中国的健康支出与经济增长、固定资产投资之间，根据他的推断，存在显著的正向关系。他将健康支出纳入经济增长模型，利用现代经济学计量分析工具，计算了健康支出增加和健康产业发展对中国经济增长的潜力。①

所谓"投资"，即指健康投资。他指出：健康投资主要通过医疗卫生、饮食营养、体育运动、生态环境、生活方式等多种渠道来实现，它能引起健康水平的改善与提高，会带来死亡率的下降、生育率的变化、人均寿命的延长、教育人力资本投资的增加以及人口结构的转型等，这些都是现代经济增长中非常重要的特征。他认为，健康投资对经济增长也存在着两种截然相反的效应：一方面，它会带来健康水平的提高，从而通过提高劳动生产率、增加劳动力供给、增加教育人力资源、改变人口结构、促进产业发展 5 条渠道促进经济增长；另一方面，它也会因为健康服务需求增加、人口老龄化等因素引起过度增加，挤占物质资本投资，从而抑制经济增长。一般来说，如果一个国家或地区当前的健康水平较低，那么第一种效应会占主导地位；对于健康水平很高的高收入国家或地区来说，第二种效应可能会占主导地位。因而，健康投资应当与一个国家和地区的发展水平相适应，这样才能在促进经济增长的同时，又不会对物质资本投资产生挤出效应。②

（三）探讨健康影响中国经济增长的阶段性特征与对策思路

他指出，由于健康影响经济增长的各种机制在经济发展不同阶段所发挥的作用不同，因而健康对经济的具体影响自然也会因经济发展阶段的不同而有所不同。在他看来，中国经济在区域发展上呈现出不同的阶段性特征，因而中国在优化健康投资结构上也应采用不同的对策思路。

具体来说，他针对 3 种处于不同发展阶段的地区提出了不尽相同的对策思路：一为经济比较落后的中西部地区，办法是政府直接加大对这些地区医疗卫生方面的健康投资，改善这些地区居民的个人健康状态，避免这些地区因健康因素而使经济陷入长期"低健康—低收入—低消费—低增长"的贫困性循环，促进这些地区健康人力资本的形成；二为经济非常落后的地区，办法除直接进行医疗卫生方面的健康投资外，还

---

① 参见毛振华，张林.健康支出拉动我国经济增长的潜力研究［J］.中国卫生经济，2020，39（11）：12－14.

② 参见毛振华.健康经济学［M］.北京：人民卫生出版社，2020：103－104.

要设法促进该地区的健康消费，由于该地区在健康生产函数中消费影响健康的因素处于非常重要的地位，因而健康消费的增加对于该地区健康状况的改善来说显得尤为重要；三是经济比较发达的东部地区，这些地方健康存量比较大，健康折旧比较高，消费和营养的增加可能对提高健康本身影响不大，因而尽管直接的健康投资也很重要，健康投资的增加也会提高健康产出，但是它可能会减少物质资本的积累，妨碍地区经济的增长，在这些地区应采用健康投资与物质资本积累相匹配的政策措施。总之，他主张因不同地区的阶段性发展特征而采用不同的健康投资策略。①

第三节
田源的相关成就与贡献

田源与武汉大学的关系也较为特别，正如他自己所回顾和总结的那样："我与武汉大学的缘分是难解难分的，与很多同学不同的是，我在这里完整地走完了大学生、硕士研究生、博士研究生和青年教师四个台阶，可以说是武汉大学的嫡传弟子。"② 他也是"92 派"企业家的一位主要代表人物，因他和陈东升、毛振华 3 人均毕业于武汉大学，故被誉为"92 派"企业家中的"武大三剑客"。在珞珈校友"儒商群体"中，他的主要特点在期货领域，无论事业上还是理论上都颇有成就与建树，他可称为珞珈经济学"学派"创建繁盛中一位在期货领域大放异彩的代表人物。

一、主 要 成 就

田源（1954 年~），河南郑州人。1978 年毕业于武汉大学经济学系，1981 年获武汉大学经济学硕士学位并留校任教。1983 年调至国务院发展研究中心，任高级研究主管；1992 年任国家物资部对外经济合作司司长。师从董辅礽，于 1992 年获武汉大学经济学博士学位。曾由国务院发展研究中心选派，作为访问学者在美国科罗拉多大学

---

① 参见毛振华. 健康经济学 [M]. 北京：人民卫生出版社，2020：104 – 105.
② 田源. 感恩母校：炼我的熔炉与爱我的家 [A]. 武汉大学经济与管理学院党政办公室. 商务门下：武汉大学经济与管理学院校友回忆录 [C]. 武汉：武汉大学出版社，2013：90.

学习，并在芝加哥期货交易所进行访问研究；先后由欧洲共同体邀请作为"国际访问者"访问欧洲七国，赴瑞士参加"世界经济论坛"和"明日世界领导人"会议，赴美国参加"中国金融市场发展研讨会"并发言，赴加拿大参加世界物流管理年会并作"中国物流的发展"演讲等。1987 年任中华全国青年联合会常委，1995 年任中国太平洋经济合作委员会工商委员会副主任，1999 年任中国物资流通协会副会长，2000 年任中国证监会顾问，2000 年当选为中国期货协会首届会长，2001 年任中国企业家首届年会主席。

他于 1992 年辞去司长之职，先后创办多家企业，还曾任大型央企中国诚通集团董事长。他在企业领域的最大成就与贡献在于创办了中国第一家期货公司，即中国国际期货经纪有限公司，任董事长，后将这一初创企业逐渐打造成行业翘楚，成为中国成立最早、规模最大、市场份额最高、运作规范，同时也是中国大陆唯一一家获得过美国三大交易所席位、拥有良好交易记录的期货经纪公司。他本人在业界有"中国期货业教父"之称。

他在企业领域做出的另一颇具影响的举动，是于 2001 年创办亚布力中国企业家论坛。这是一个仿效国际著名"达沃斯论坛"而创建的、旨在为中国企业家提供思想交流的平台。他作为创始人而任论坛主席，陈东升任理事长，毛振华提供亚布力滑雪场地会议设施，实际上是"武大三剑客"的合力之作。论坛年会固定于每年元宵节在黑龙江亚布力举行，共商年度最热门的中国经济议题。他自称这是一个很有特色的论坛，"我对办好这个论坛很有信心。我们的目标是要办成'中国的达沃斯论坛'"①。

他曾获多项荣誉。1989 年被评为"全国十名杰出青年"，1990 年获国家教委"作出突出贡献的博士、硕士学位获得者"，1997 年获国内贸易部"有突出贡献的科学、技术、管理专家"，2003 年被评为武汉大学第三届杰出校友。

和陈东升、毛振华一样，他在理论研究方面也有所建树，出版各类著作 11 部。其中，独著 1 部，主编 4 部，第一主编 4 部，参与主编 1 部，参编 1 部。此外，发表论文若干篇。其著述主要涉及如下 4 个方面的内容：

（1）期货市场研究，如《期货市场》（主编，1989）、《中国期货市场》（独著，1992）、《期货贸易指南》（参编，1992）、《期货交易全书》（第一主编，1993）、《现代期货大典》（主编，1994）、《中国期货业发展创新与风险管理研究：中国期货业协会联合研究计划（第一、二期）研究报告集》（总编，2005）等；

---

① 田源.田源：点燃期货行业的火种［J］.商务周刊，2005（23）：50 - 51.

（2）中国价格改革研究，如《价格改革中的宏观控制问题》（论文集论文，1985）、《中国价格改革研究（1984－1990)》（第一主编，1991）等；

（3）国有企业改革研究，如《中国企业产权转让》（主编，1988）、《产权制度改革：中国国有企业改革的必由之路》（第一主编，1989）等；

（4）金融与产业相关研究，如《治理通货膨胀的思路和政策》（第一主编，1990）、《中国电力工业发展与改革的战略选择》（参与主编，1991）等。

从珞珈经济学"学派"创建视角考察，他的突出成就与贡献在于他对中国期货市场的开创研究与发展探索，以及他对中国价格改革的设计与推动。他和校友华生、珞珈再传弟子张维迎，曾因对双轨制理论的突出贡献而共同获得中国经济理论创新奖并大获与诺贝尔经济学奖相关的赞许，不仅引人注目，而且饶有趣味，为珞珈经济学"学派"创建研究留下了较为特殊并足资传颂的一段佳话。

二、中国期货市场的开创研究与发展探索

他对中国期货市场的开创研究始于20世纪80年代末，正值中国改革开放起步不久，刚刚开启由计划经济向市场经济转轨征程之际。当时人们对现货市场尚有所认识，而对期货市场则相当陌生，国内介绍和阐述期货市场的研究成果基本阙如。国内第一本论述期货问题的著作是陈宝瑛的《商品交易所与期货交易》（1985），但该书专门探讨期货交易的实务与技术，尚未涉及发展中国期货市场问题的探讨，更谈不上对中国期货市场发展的理论研究。田源主编的《期货市场》（1989）则不同，该书以期货市场基础理论、基本业务、基础知识为主，对中国试办期货市场的理论与政策问题进行了具体研究，反映的是此时中国理论界以及从事这一问题研究的人士的集体成果。继此书之后，他在其博士学位论文的基础上推出了自己的个人专著《中国期货市场》，对中国发展期货市场进行了全面系统的理论探讨与实证分析，"这是我国第一本关于期货市场的系统专著"①。

（一）《中国期货市场》的开创研究

该书是理论与实践紧密结合的系统性研究成果。研究思路是立足于发展中国期货

---

① 董辅礽．序［A］．田源．中国期货市场［C］．广州：广东高等教育出版社，1992：1.

市场的需要，在期货理论研究方面有所进展，同时又对发展中国期货市场过程中的若干重要问题进行比较深入的探讨，以期对中国探索期货交易的实践有所裨益。他自称其研究目标是希望"能够促进我国经济理论界与国外期货理论界的交流，并且在实践中促进我国期货市场的发育和发展"①。

从内容上看，该书结合历史与现实，对现代期货市场的兴起和发育过程做了简略的考察，对期货市场的一些主要的经济范畴作了清晰的阐述。

国外对于期货交易已经提出过各种理论，其中最具代表性的是美国经济学家霍尔布鲁克·沃金（Holbrook Working）的"仓储价格理论""预期价格理论"及其"期货交易的价格效应分析"。该书在简要提及相关理论并重点介绍沃金理论的基础上，将期货经济学与现代微观经济学联系起来，以微观经济学的框架为基础进行扩展分析，创造性地运用了既不同于期货经济学又有别于微观经济学的期货交易理论分析方法。该方法改造了传统的"蛛网效应"价格分析模型，在此基础上提出了"期货市场引起蛛网波动消失"的理论假说。根据这种假说，他将期货交易的功能概括为三个方面：（1）期货交易是一种减低交易成本的机制；（2）期货交易是一种价格波动收敛机制；（3）期货交易是市场价格决定机制。他指出，期货价格是一种主导的基础性价格，"当一个国家引入期货交易机制之后，整个国家的现货价格体系将得到根本性改造，以期货市场为中心的价格体系将被建立起来"②。

以理论分析为指导，他重点对中国建立期货市场问题作了较为全面和深入的研究。

首先，他考察了当时中国现货市场发育的缺陷与效率损失。具体分析农产品大宗商品粮食现货市场的波动状况与效率损失，利用统计资料，他对玉米价格过分波动引起生产的大起大落做了实证分析，并对价格波动所导致的资源的损失做了估算。由此，他令人信服地论证了在中国建立期货市场的必要性。指出："为了稳定我国的农业生产，建立期货市场和发展期货贸易已属当务之急。"③

其次，他分析了中国期货市场发育的外部环境和基本条件。仍以粮食为例，他重点分析了当时中国的粮食供求状况，并对未来十年中国粮食供求状况的发展趋势进行预测。由此，他不仅指出中国已具备了建立期货市场的基础，而且提出了发育期货市场的最重要的条件，如加快发展商品现货市场；建立中央交易所；金融体系的对应发

---

① 田源. 前言［A］. 田源. 中国期货市场［C］. 广州：广东高等教育出版社，1992：2-3.

② 田源. 中国期货市场［M］. 广州：广东高等教育出版社，1992：68.

③ 田源. 中国期货市场［M］. 广州：广东高等教育出版社，1992：91.

展与创新；改造企业的财务管理与引入投机资本等。

再次，他对发展中国期货市场初步试验的两家交易机构进行了实证分析。1990 年成立的郑州粮食批发市场和 1992 年成立的深圳有色金属交易所，是两家以期货交易为发展目标的交易机构。通过分析，表明这两家交易机构在总体上还处于引入期货交易机制的现货交易阶段，尚未进入规范的期货交易，需要加快进入期货交易的步伐。

最后，他展望了中国期货市场的发展趋势，提出了发展中国期货市场的基本构想。他预测中国将成为国际期货大国，提出推进中国期货市场发展的战略步骤与发展目标：第一步，经过 20 世纪 90 年代的努力开拓，成为亚太地区最大的商品期货市场中心，金融期货有一定程度的发展，与欧洲、美国形成"三足鼎立"之势；第二步，在 21 世纪初叶，争取成为世界商品期货交易中心，金融期货市场成为亚太地区的交易中心。[①]

"由于作者一开始就参与了我国建立期货市场的设计并一直追踪研究在我国建立期货市场的实践，加上作者在国外所做的理论积累和实地考察，这使得作者对我国建立和发展期货市场的分析不仅具有理论意义，而且具有实践上的可操作性。"[②]

（二）中国期货市场发展的新探索

随着中国期货市场的发展，特别是在迈入新世纪和中国加入 WTO 之际，针对当时中国期货市场发展面临的新形势，以及新形势下中国期货市场发展暴露出来的一些突出问题，他有的放矢地做了一些新的探索，提出了一些足值重视的见解与主张。

针对加入 WTO 后给中国期货市场发展带来的机遇与挑战，他特别强调要抓住机遇。他指出，期货是一种具备财富创造和防范风险功能的风险管理工具，它所服务的对象是整个国民经济，哪里有风险哪里就应该有期货。加入 WTO 后，中国企业对于风险管理的需求会更为急迫和全面，因而从整个国民经济的高度和趋势来看，中国期货市场面临着极大的发展机遇。[③]他进一步指出，没有期货市场的经济体系称不上是市场经济，如今期货市场已经成为国际上建设完整的金融体系和发达的资本市场不可或缺的组成部分，成为进行风险管理的最有效工具之一。中国作为发展中大国，无论从经济总量还是市场总量上讲，都在国际市场上占有举足轻重的地位。加入 WTO 后，

---

① 以上 3 个自然段的相关内容，分别参见田源. 中国期货市场［M］. 广州：广东高等教育出版社，1992：92 – 133，135.

② 董辅礽. 序［A］. 田源. 中国期货市场［C］. 广州：广东高等教育出版社，1992：3.

③ 参见田源. 中国期货市场迎来发展新时期［J］. 财经界，2001（10）：57.

中国经济和世界经济的联系要由间接接轨转化成直接接轨，中国的资本市场、商品市场面临着巨大的国际市场风险，急需发展风险管理市场和风险管理行业。作为风险管理中心的期货市场理应义不容辞地承担起这一社会责任。发展期货市场有利于减缓加入 WTO 给中国经济带来的巨大冲击，有利于建立起一道保障国民经济发展的安全屏障，有利于提高中国的综合竞争力。①

针对当时期货市场尚未引起人们高度重视的现状，他强调要从国家战略利益的高度来认识期货市场。他认为，以期货为核心的金融衍生品市场对国民经济尤其是现代金融业的影响日益加深，已成为广义资本市场的核心组成部分，加快发展期货市场迫在眉睫。他阐述了加快发展期货市场的主要理由：首先，有利于健全中国的市场经济体系，提高经济运行效率。这是因为，以期货市场为中心的金融衍生品市场是市场经济发展到一定历史阶段的必然产物，它至少可以在以下几个方面大大提高经济运行效率。一是企业可以通过利用金融衍生品市场转移风险，其经营的稳定性和安全性得到很大提高；二是金融衍生品利用其与生俱来的化解各种风险的能力，将风险分配给那些有能力而且又最愿意承担风险的投资者；三是期货市场通过集中、公开的交易，形成有效的价格发现机制；四是期货市场特有的保证金交易机制本身就是一种低成本的风险管理机制。其次，加快发展中国的期货市场有利于提高经济的综合竞争力，维护国家经济安全。这是因为，期货市场可以有效地管理风险、稳定收益、降低成本，从而取得比较价格优势；通过参与期货市场，有利于企业规范自身行为，增强企业市场意识，强化对市场信息的搜集和利用能力，强化企业管理，提高企业信用，促进企业尽快与国际惯例接轨，最终提高企业的综合竞争能力。就整个资本市场而言，发展期货市场对于优化资本市场的资源配置，提高多样化的金融服务，提高资本运用效率将起到非常积极的作用。在开放经济条件下，中国在能源、金融等领域面临着巨大的市场风险，政府部门的职能不可能消除这些风险，但政府应当创造一个有利的发展和完善市场经济体系、金融体系的环境，指导企业用期货市场来分散和转移这些风险。总之，"期货市场的发展应当服务于国家战略性利益的需要，充分发挥期货市场的作用应当成为事关国家发展战略的重要任务"②。

针对当时中国期货市场理论研究的薄弱现象，他强调要重视和促进中国期货市场发展的基础理论研究。认为中国期货市场发育时间短，在发展初期缺乏完备的理论基

---

① 参见杨万东，田源. WTO 打开中国期市发展之门——与田源先生对话 [J]. 经济理论与经济管理，2002（11）：29 – 33.

② 田源. 从国家战略利益的角度认识期货市场 [J]. 经济月刊，2002（03）：19 – 41.

础。由于期货等衍生品交易具有产品设计的复杂性、虚拟性，以及与原生品市场联系的紧密性、杠杆交易产生的风险和收益的放大性等特点，使其很容易成为经济危机和市场失灵的"替罪羊"。因此，关于期货的经济学分析，以及市场功能、期货对其他原生品经济体的影响等一些基础性理论研究，不仅有助于我们正确地运用期货等衍生工具管理风险，而且有助于社会各界正确地认识和评价期货等衍生品市场，从而为该市场的发展提供良好的舆论环境。尤其是中国资本市场新兴转轨时期的特点，决定了我们很难从其他国家找到直接套用的经验以资借鉴，因而只有通过系统深入的研究，才能探索出一条符合中国国情的金融衍生品发展之路。[①]

三、中国价格改革设计及双轨制理论所获与诺奖相关的赞许

参与中国价格改革的设计应该是田源人生旅途中一件难以忘怀的大事和幸事，毕竟这不是所有人都有机会得以经历的事。他以其深厚的经济学理论功底和当时所处的特殊位置，从理论上和政策上为推动中国改革开放初期的价格改革做出了具有重大历史意义的积极贡献。

（一）对中国价格改革的设计与推动

中国价格改革的设计，始于 20 世纪 80 年代初期。其背景是，中国起步于农村的改革取得了突破性进展，改革的重点开始由农村转向城市，中国的经济体制改革面临着一个历史性转型的重要关口。此时，如何从计划价格向市场价格过渡成为中国经济改革必须面临和解决的核心问题，经济学家和有关人士普遍予以关注并提出各种见解与方案。由于田源当时正在国务院发展研究中心工作，并兼任国务院经济体制改革方案办公室价格组副组长，因而更有机会参与中国价格改革的研究与设计，在中国价格改革的设计与推动上做出了较多的贡献。"我在那工作了 8 年，主要是做价格改革和政策研究。当时中国经济正处于由计划经济向市场经济过渡的关键时期，价格改革是中心环节。"[②] 在进行政策研究的同时，"我作为国务院经济体制改革方案办公室价格组副组长，负责参与制定国家价格改革方案，参与价格改革方面的具

[①] 参见田源. 序［A］. 田源总编；中国期货业协会编. 中国期货业发展创新与风险管理研究：中国期货业协会联合研究计划（第一、二期）研究报告集［C］. 北京：中国财政经济出版社，2005：1.

[②] 田源. 田源：点燃期货行业的火种［J］. 商务周刊，2005（23）：50 – 51.

体工作。"①

从内容上看，他对中国价格改革的设计，值得重点关注的主要在如下 4 个方面：

（1）在理论上，他不赞成把西方经济学家关于放任市场自发调节的"均衡理论"作为中国改革价格的理论依据，而是主张把马克思主义以劳动价值论为基础的价格形成理论作为价格管理的依据，并据此提出以价值为基础的"计划价格和非计划价格"双价格管理模式。②

（2）在步骤上，他把明确中国价格体系改革的约束条件与重点领域置于前置地位。他认为，提出改革设想应从中国的实际出发，中国的价格改革实际上存在着 4 个约束条件：第一，改革不能大量减少财政收入或增加财政支出；第二，不能降低绝大多数群众的生活水平；第三，市场不能出现大的波动；第四，价格总水平只能有控制的、收敛式上涨，不能螺旋式攀升。这些约束条件决定了中国的价格改革必须先从能够产生较大效果的领域开始，只能根据现有条件侧重在某一领域推进。

（3）在措施上，他的具体建议是：价格改革的起步领域应当从宏观战略角度选择，使工业品出厂价格改革先行一步，相应调整部分工业消费品销售价格；粮食价格、房租等生活资料价格和公用事业收费尽量少动。他将自己的建议概括为"调放结合"模式："我们提出调放结合的思路，总的原则是与计划体制改革配套，对不同情况采取不同的解决办法。"③

（4）在目标上，他指出："我国的价格改革，基本的目标是理顺不合理的价格结构（不论采取调还是放的办法）。"④

他的这一设计，曾在著名的"莫干山会议"上予以介绍并引起热烈讨论和激烈争论，后被称为价格双轨制思路形成中的"调派"观点。

（二）价格双轨制改革思路及与诺贝尔经济学奖相关的赞誉

1984 年 9 月 3～10 日，在浙江莫干山上召开过一次影响重大的全国中青年经济科

---

① 田源. 序 [A]. 郭晓利. 转轨时期的中国期货市场：郭晓利期货文集 [C]. 北京：中国财政经济出版社，2003：2.

② 参见田源，陈德尊. 关于价格改革思路的思考 [A]. 本社编. 中国经济学家年度论坛暨中国经济理论创新奖（2011）[C]. 北京：经济科学出版社，2012：113－115（《关于价格改革思路的思考》一文，原载于《经济日报》1984 年 9 月 29 日）.

③ 田源. 价格改革的建议之一 [A]. 本社编. 中国经济学家年度论坛暨中国经济理论创新奖（2011）[C]. 北京：经济科学出版社，2012：86（《价格改革的建议之一》系"莫干山会议"提交的《中青年经济科学工作者学术讨论会报告之一：价格改革的两种思路》的附件 1，原载于《经济研究参考资料》1985 年 4 月 3 日）.

④ 田源. 价格改革中的宏观调控问题 [A]. 本社编. 腾飞的构想：中国中青年经济改革讨论会获奖优秀论文集 [C]. 沈阳：辽宁人民出版社，1985：259.

学工作者学术讨论会,史称"莫干山会议"。会议就中国经济体制改革中的重大理论问题和现实问题进行了重要的讨论,被称作"经济改革思想史的开创性事件",是青年经济工作者"第一次集体发声"。这次会议不仅使一批中青年经济学家脱颖而出,走上舞台;也为20世纪80年代的改革提供了重要的思路,引起中央高层领导的重视。

这次会议最突出的成果之一,是在热烈讨论和激烈争论中形成了价格双轨制改革思路。"围绕价格改革,会上旗分三色,势成鼎立"①:一派主张以"调"为主,以田源为代表;一派主张以"放"为主,以张维迎为代表;华生等人则将他们的意见予以综合,概括为放调结合的双轨制价格改革思路。

27年后的2011年,"价格双轨制理论"被授予第四届中国经济理论创新奖。② 该奖组委会将双轨制价格改革的基本思路概括为:自觉利用客观上已经形成的生产资料双轨价格,使计划价格和市场价格逐步靠拢。在这个过程中,逐步放开国营企业的一部分计划内产品,让其进入市场,逐步缩小生产资料计划统配的物资部分,扩大市场自由调节的部分,用加大计划外比重的办法降低原来比较高的市场价格水平,同时用逐步调整的办法使计划内价格升高,让两种价格接近,最后趋于统一。③

此届中国经济理论创新奖的获奖者为:华生研究组(华生、何家成、蒋跃等)、田源、张维迎。创新奖组委会的介绍词是这样写的:

"价格双轨制是中国经济体制从计划经济向市场经济过渡过程中的一种特殊的价格管理制度,是20世纪80年代中期到90年代初期市场化改革的重要举措,是中国经济转轨过程中的创新性制度安排。以华生研究组(华生、何家成、蒋跃等人组成,以下简称华生研究组)、田源、张维迎为代表的中国经济学家,对价格双轨制理论的形成及1985年中央确定的'放调结合,小步前进'的价格改革基本方针的推出做出了卓越贡献。

"'价格双轨制理论'是由华生研究组、田源、张维迎等的系列研究著作组成,是具有中国特色的重要中国经济与实践。该理论阐述了生产资料价格形成机制从计划方式向市场方式转变的具体方法、路径和步骤,降低了体制转换的成本,为平稳过渡到

---

① 参见樊平. 到2000年我46岁 [J]. 中国青年, 1985 (04): 18 – 19.

② 该奖是一项旨在推动经济科学创新与进步, 鼓励原始创新成果, 促进中国经济改革和发展的理论研究的学术性、公益性专门奖项。主要奖励经过实践检验的中国经济的重大经济理论, 是国内参与评审经济学家最多、奖金最高的社会科学类奖项。

③ 参见价格双轨制理论简介 [A]. 本社编. 中国经济学家年度论坛暨中国经济理论创新奖 (2011) [C]. 北京: 经济科学出版社, 2012: 49.

市场经济提供了具有可操作性的方案。'价格双轨制理论'不仅对中国建立社会主义市场经济制度产生了重要的历史性影响，其增量改革思路对中国其他领域的改革也起到了启发作用，并对世界其他国家类似改革具有借鉴意义，是中国和世界经济理论的重大创新。"①

此次奖项是经过 200 多位专家评审投票选出来的，上述简介应该是对价格双轨制改革思路以及华生研究组、田源、张维迎在价格双轨制理论上所做贡献的高度肯定与结论性概括。

国外学者对双轨制也曾给予高度评价，波兰经济学家弗·布鲁斯（Virlyn W. Bruse）指出：生产资料方面实行双重价格，是中国人的发明创造。它可以作为一座桥梁，通过它从一种价格体系过渡到另一种价格体系，也就是从行政、官定价格到市场价格。美国著名转轨经济学家热若尔·罗兰（Gérard Roland）指出：双轨制是在中国转型中产生的创造性的制度，具有既增进效率又是帕累托改进的独到特性，双轨制的原则适用于其他国家的其他改革。②

双轨制还获得了与诺贝尔经济学奖相关的赞誉。一是获得 2001 年诺贝尔经济学奖获得者约瑟夫·斯蒂格利茨（Joseph Eugene Stiglitz）的称赞："从一个旧的体制向一个新的体制过渡，是一项非常有挑战性的任务"，"当时想到的一个解决办法就是采用价格双轨制。这个办法看上去非常简单，但确实是一个天才的想法。事实证明，中国的价格改革是相当成功的"。③ 二是得到北京大学国家发展研究院院长姚洋与诺贝尔奖相联系的赞许。2019 年北京大学国家发展研究院曾出面召开过"双轨制与渐进式改革暨张维迎双轨制价格改革论文发表 35 周年研讨会"，据称姚洋在会上曾发言说："今天回过去看，过去 40 年里头，如果我们能找到一个理论能够改变世界，恐怕也只有价格双轨制。我们现在看诺贝尔奖发经济学奖……都是发现世界的一个规律，我觉得价格双轨制是创造一种思想，这思想改变世界贡献是非常大。"④

在大获赞许，特别是在获得诺贝尔经济学奖获得者称赞之后，出现了关于价格双轨制的"发明权"之争。争论首先由张维迎提出，接着华生等发文予以回应，继而不

---

① 华生研究组、田源、张维迎简介［A］. 本社编. 中国经济学家年度论坛暨中国经济理论创新奖（2011）［C］. 北京：经济科学出版社，2012：52.

② 参见价格双轨制理论简介［A］. 本社编. 中国经济学家年度论坛暨中国经济理论创新奖（2011）［C］. 北京：经济科学出版社，2012：50.

③ 斯蒂格利茨. 从现代教科书看现代经济学——自评《经济学》［J］. 国际经济评论，2000（Z6）：56 – 59.

④ 参见张学军，边勇壮. 诺贝尔经济学奖传言引发的躁动（上）：双轨制发明权之争的历史考证［EB/OL］. 华夏时报网，http://www.chinatimes.net.cn/article/87911.html，2019 – 06 – 28/2022 – 11 – 28.

少所谓"上过山"的当事人也以回忆或追述的方式发声参与其中。被称为"诺贝尔经济学奖传言引发的躁动"。

饶有意味的是，当年参加"莫干山会议"时，华生、田源和张维迎都是二三十岁的青年，正如毛振华在主编《中国经济学家年度论坛暨中国经济理论创新奖（2011）》一书中所指出，这些年轻学者各自独立研究，并集思广益最终形成双轨制改革思路，"也可称之为中国经济学界的一段佳话"①。其实岂止如此，华生、田源、张维迎三人还有一层特殊而微妙的关系，即与珞珈经济学者的师承关系。田源在武汉大学走完 4 个"台阶"自不必说；华生所获博士学位也为武汉大学经济学，和田源同一博士生导师，均为董辅礽；张维迎大学本科毕业于西北大学经济系，并接着成为何炼成的硕士研究生，师从何炼成整整 7 年，属于武汉大学校友学者的再传弟子。三人虽各在不同的单位并各有不同的经历，但却均与武大珞珈学者具有学术渊源关系，这也可以称为一段妙趣横生的佳话。

---

① 毛振华. 期盼有序的主动改革［A］. 本社编. 中国经济学家年度论坛暨中国经济理论创新奖（2011）［C］. 北京：经济科学出版社，2012：2.

第十章

珞珈经济学人『学派』创建

研究结论与启示

经过前面的绪论及各章的阐述，我们已对中国著名高校经济学"学派"之称的背景情况有所了解；对珞珈经济学人"学派"创建的概念界定与边界划分有所认识；在此基础上，通过对珞珈经济学人"学派"创建过程与脉络谱系的梳理，尤其以发展经济学及相关理论探讨与实践探索为中心，围绕该学派创建的初创学者、"大本营"领军人物和学科群体、北京及其他各地老一辈校友学者、海外及台湾地区校友学者、"92派"企业家校友代表等的相关成就与贡献进行较为系统地考察与分析，使我们对该学派创建的基本情况与学术思想有了梗概式的了解与认识。现在，我们需要对该学派创建作出一个总体判断与归纳总结。

第一节
珞珈经济学人"学派"创建研究结论

由于珞珈经济学"学派"在中国经济学界几乎还较为陌生，因而我们对其作为一个学派创建进行研究的直接动因与最终目的，就是要弄清珞珈经济学人提出的该"学派"之称可否成立，他们试图创建的是一个怎样的"学派"，他们为该"学派"创建做出了怎样的努力，取得了怎样的学术成就与做出了怎样的贡献等对于该学派创建来说属于根本性和实质性的问题。经过前面各章的详细分析，现在我们似乎就可以顺理成章地得出相应的结论并作出客观的判断和提出合理的看法了。

一、基本具备学派创建条件

综合上述各章内容可以看出，珞珈经济学人所提出的经济学"学派"之称似乎可以成立，因为他们通过一代又一代学子持之以恒的共同努力，已形成一个基本符合学派创建条件的学术共同体。

（一）具有悠久的历史与深厚的学科底蕴

任何学派的形成都不是一蹴而就的，珞珈经济学人对于珞珈经济学"学派"的创建就基于它百余年悠久的历史和深厚的学科底蕴。追溯起来，它发轫于自强学堂商务门时期和国立武昌商科大学时期的商科教育探索与经济学科奠基；经过国立武汉大学时期一批杰出先贤学者们的艰辛初创；至 20 世纪 40 年代末张培刚留学归国后具备学派创立条件，并到中国改革开放后逐渐兴盛起来。若从 1893 年自强学堂商务门设立算起，前后经历了百余年时间。正所谓十年磨一剑，百年铸辉煌。有学者曾指出："大学学派是一个历史性和传承性的概念。"① 刘道玉认为，大学，尤其是我国那些想要达到世界一流水平的大学，必须重视学派建设，"这是一个绝对不能回避的问题，我们必须追根求源"②。追根求源，珞珈经济学"学派"的创建也正得益于其百余年悠久的历史传承与深厚的学科底蕴；可以说，百余年悠久的历史传承与深厚的学科底蕴是该学派创建的历史根基。

（二）拥有代际相传的领军人物和优秀卓越的学科团队与校友群体

学派是由学术领军人物及相应的学科群体所组成的。国立武汉大学时期，以"部聘双杰"杨端六、刘秉麟为领军人物，汇聚了任凯南、皮宗石、陶因、李剑农、戴铭巽、彭迪先等一大批经济学知名教授；张培刚留学归国后，吴纪先、李崇淮、刘涤源、朱景尧、谭崇台等一批留美经济学者相继归来任教于珞珈山，形成庞大、前卫的学科团队。尤其改革开放后，以张培刚、谭崇台为领军人物，中国发展经济学界"双子星"双星闪烁，从"部聘双杰"到中国发展经济学界"双子星"，两代领军人物代际传承，盛极一时。此间，珞珈"大本营"知名学者曾启贤、郭吴新、刘光杰、傅殷才、彭雨新、汤在新等，以及改革开放后逐渐崛起的一大批新生代学者开始活跃于经济学舞台；加以著名校友董辅礽、李京文、胡代光、万典武、刘再兴、汪敬虞、何炼成、刘诗白、尹世杰、宋承先、席克正、陈文蔚、邹恒甫、杨小凯、夏道平以及"92 派"珞珈弟子陈东升等，形成一支浩浩荡荡的珞珈学科团队与校友大

---

① 武建鑫. 大学学派：世界一流学科的历史印记与现实诉求 [J]. 江苏高教，2019（07）：15 – 23.
② 刘道玉. 大学必须重视学派的建设 [J]. 教师教育论坛，2018，31（05）：50 – 56.

军。领军人物的代际传承与学科团队和校友群体的先后涌现，构成该学派创建强有力的主体阵营。

（三）以师承与校友关系为纽带形成学术上紧密联结的特殊关联性

学派是以学术为中心的学术组织，它通过一定的学术机构、学术合作而得以联结，并在很大程度上通过共同的学术研究成果而得以体现。武汉大学"大本营"展现的许多学术成果实际上就是珞珈学者合作研究的产物与集体智慧的结晶。如由刘涤源、谭崇台主编，被称为"我国正式出版的第一部以马克思主义为指导，系统介评当代西方经济学说的大型教科书"① ——《当代西方经济学说》，初版（1983）作者除刘涤源、谭崇台外，还有张培刚、吴纪先、李崇淮、朱景尧、傅殷才、王治柱、陈端洁，其中陈端洁为当时在读的硕士研究生，其余均为多年从事西方经济学说及相关教学与研究的珞珈经济学知名专家；修订版（1990）作者还增加了郭熙保、冯金华、薛进军等当时在读的博士研究生。再如谭崇台主编的《发展经济学》（1989）、《西方经济发展思想史》（1993）、《发展经济学的新发展》（1999）等著作，也是与其当时的博士生薛进军、郭熙保、冯金华、陈广汉、马颖、邹薇、庄子银、孙宁等合作完成的；张培刚主编的《新发展经济学》（1992）、《发展经济学教程》（2001），同样是与他指导的博士生张建华、徐长生、张卫东、汪小勤、方齐云、宋德勇等众多作者共同完成的，其中还包括校友彭明朗、孙鸿敞、林珏和武汉大学历史系吴于廑的弟子陈勇，他们4人是前书的参编作者。在武汉"大本营"之外，校友之间以及校友与母校老师之间也存着较为紧密的合作关系，有些学术研究成果就是校友之间或校友与母校老师之间合作完成的。如曾于1990年获孙冶方经济科学著作奖，1992年获第二届吴玉章哲学社会科学一等奖，1995年获教育部人文社会科学优秀成果一等奖，1999年获国家社会科学基金项目优秀成果二等奖的《评当代西方学者对马克思〈资本论〉的研究》（1990）一书，就是由校友胡代光、宋承先、刘诗白等合作主编的；宋承先主编的《当代外国经济学说》（1985）、《当代西方经济思潮》（1986），作者就包括了母校的谭崇台、吴纪先、傅殷才，以及校友胡代光，还有张培刚。这些都是珞珈经济学科群体、校友学者之间以及校友与母校老师之间紧密合作的表现，体现出一个学术共同体的学科团队意识与紧密合作关系。

尤为突出的是，有些校友虽然离开了武汉大学，但却通过学术兼职、学术活动等

---

① 宋宁，许政.评介《当代西方经济学说》[J].江汉论坛，1984（05）：80-81.

方式，始终与母校保持着密切的联系，有的毋宁说就是母校学科群体中的一员。以董辅礽为例，他的工作单位虽在中国社会科学院，但却一直与母校保持着密切的联系，其影响所及直至他去世后的今天似乎也并未减弱。他于 1983 年与尹世杰一同当选为武汉大学校友总会第一届理事；1993 年受聘为武汉大学社会经济研究中心顾问；1999 年被评为武汉大学第二届杰出校友；2002 年与法国图卢兹大学产业经济研究所所长让·雅克·拉丰（Jean Jacques Laffont）出任武汉大学 EMBA 中心联合主任。他和何炼成、尹世杰等长期担任武汉大学兼职教授，这些校友学者来武汉大学参加学术活动、作学术报告的次数可谓数不胜数。董辅礽自 1989 年开始在武汉大学指导博士研究生，至 2004 年共招收培养了包括辜胜阻、华生、陈东升、毛振华、田源等在内的 43 名博士。1996 年，经他的弟子陈东升、毛振华等筹划，在武汉大学设立"董辅礽经济科学奖"；2004 年成立董辅礽经济科学发展基金会；2013 年成立武汉大学董辅礽经济社会发展研究院。该院现已成为武汉大学整合校友资源、开展社会科学重点研究与教学的实体机构，每年都招收培养硕士和博士研究生，指导老师包括陈东升、毛振华、华生等在京校友及部分在校老师。可以说，已经通过这些方式形成了北京校友与母校进行实实在在教研合作与拓展创新的长效机制，充分显示出珞珈学者学脉相连、薪火传承的无穷魅力与珞珈经济学学术共同体的强大凝聚力与旺盛生命力。由师承与校友关系紧密联结的这一珞珈学术共同体，构成了该学派创建强有力的组织保障。

（四）学者们在学术上具有共同的问题意识与理论追求

共同的问题意识与理论追求是一个学术共同体得以形成的必备前提与重要标志。珞珈经济学人的众多学者们之所以簇拥在"珞珈"旗帜之下，除了学脉相连、薪火传承的关系之外，一个重要原因就在于他们具有共同的问题意识与理论追求。这些珞珈学者们尽管在学科专业和研究领域各有所专、各有侧重，但却学缘相投，学术趣旨基本一致，他们肩负光荣历史使命，心系国家、民族命运，紧扣时代发展脉搏，具有浓烈的家国情怀与现实关怀。在学术上，他们瞄准国际研究前沿，脚踏中国经济实地，聚焦于中国经济发展问题的理论研究与实践探索，形成共同的问题意识与理论追求。从杨端六窥探中国"实业前途之曙光""经济建设的前途"，到刘秉麟探讨"发展中国经济的路线问题"；从张培刚《农业与工业化》以第二次世界大战后中国将面临如何实现工业化问题为中心研究目标，到谭崇台注入中国元素对发展经济学进行全面系统研究；从何炼成在学生时代组织学术社团讨论"中国经济向何处去"①，到他后来从学科建设视角倡导建立中国自己的发展经济学；从学者们对中国经济改革与发展问题的深入探讨，到对发展中国家乃至全球经济发展问题的广泛研究；从对经济增长、经济发展的基础理论、演进规律等的理论研究，到相应的发展战略与规划、对策与措施的实证分析与实践探索，无不体现出他们共同的问题意识与理论追求。与此相联系，在研究方法与学术风格上，他们理论与实际相联系，历史与现实相对接，中国与外国相对照，宏观与微观、定性与定量分析相结合，脚踏实地，求真务实，求实拓新，传承珞珈学者历久不衰、恒久弥新的治学精神与优良学风。共同的问题意识与理论追求，凝聚共同的研究领域与研究主题，规范共同的学术行为并形成共同的学术风格，使该学派创建不断得以锤炼磨合，久久为功，形成学脉相承、学缘相投、学旨相通、学理相融、学风相同的学术格调与学术精髓，成为该学派创建不断向前推进的内在动能。

（五）已逐渐唤起学派意识并转化成不少学者的自觉创建行为

在"文化大革命"及其前后很长一段时期，受极"左"错误思潮的影响，中国学者视学术创新为畏途，不敢"标新立异"越雷池一步，学者普遍缺乏学派意识。这种情况直到改革开放后才有所好转。在刘道玉看来，缺乏学派意识是中国科学学派缺失的主要问题之一。② 珞珈学者的学派创建意识，其实在国立武汉大学时期就已有所萌发，据 1941 级校友万典武回忆，他在大学期间，"当时经济系的师生有个纯学术性的小社团叫'珞珈经济学社'"③，表明当时学者即已有组建珞珈经济学学术共同体的意向并做出了相应的尝试。改革开放的春风唤醒了珞珈学者的学术创新热情与学派创建意识。陈东升大学期间即立下志向要成为杰出学者，"梦想建一个'珞珈学派'"。武汉大学建校 100 周年有校友提出"珞珈学派"时，正值中国高等教育蓬勃发展之际，何炼成顺势而为，大力倡导"创建珞珈学派，问鼎诺贝尔奖"，他提出：要在张培刚、谭崇台为首的"珞珈学派"的旗帜下积极开展创建活动，并为此而设计了一整套较为具体详尽的实施方案；与此同时，传承恩师张培刚的学术思想，他自觉开启了创建中国发展经济学的研究模式，主编出版了《中国发展经济学》《中国发展经济学概论》《中国特色社会主义发展经济学》等著作和教材；在此过程中，还培养了一批

① 何炼成. 感恩母校国立武汉大学 [A]. 武汉大学经济与管理学院党政办公室. 商务门下：武汉大学经济与管理学院校友回忆录 [C]. 武汉：武汉大学出版社，2013：71.

② 参见刘道玉. 大学必须重视学派的建设 [J]. 教师教育论坛，2018，31（05）：50–56.

③ 万典武. 缅怀启贤二三事 [J]. 经济评论，1999（02）：115.

传承师风、勇于创新、享誉学界的中青年经济学家。可以说，他是珞珈学者中最具备学派意识并坚定不移地自觉付诸行动的一位著名校友代表。继他之后，武汉大学经济发展研究中心明确提出"把武大打造成发展经济学珞珈学派大本营"[①]，进一步打造珞珈学派成为"大本营"的自觉行动与奋斗目标。少数在校教师及一些校友也给予积极回应，形成一种积极主动自觉创建学派的良好氛围与局面。学派自觉是一个学派从无计划、无目标到有意识、有预期的重大转折，体现了该学派创建者们主观能动性的增强，成为该学派自觉开启创建行为的重要标志。

二、自创新兴学科建构基础理论

与学派发展史上许多依托已有学科或现存理论而创建的学派不同，珞珈经济学人对于珞珈经济学"学派"的创建是以自创新兴独立学科、建构自身基础理论的方式进行的。

（一）张培刚自创发展经济学

在张培刚自创发展经济学以前，现代西方经济学领域的所有学派，无论是源自亚当·斯密的古典经济学派，还是经过张伯伦革命、凯恩斯革命和理性预期革命而涌现的新古典经济学以及其他西方现代经济学的众多学派，都无一例外的是以考察西方发达国家的市场经济为对象而形成的流派；他们的理论不足以解释和指导第二次世界大战后从西方列强殖民主义统治下独立出来的一大批经济发展落后国家的经济发展问题，亟须一门直接以经济落后的发展中国家为研究对象而兴起的新兴学科，发展经济学就是作为这样一门独立的经济学科应运而生的。

在张培刚的发展经济学奠基之作《农业与工业化》问世之前，虽然已有西方学者开始关注农业国的工业化问题，但他们都不曾系统深入地阐发农业国工业化理论；而这一工作正是在张培刚手上完成的，这正是张培刚对发展经济学的开创之功与成功之举，他因此而被誉为发展经济学的创始人或奠基者。

关于发展经济学的创始人，西方学术界还有另外的说法，张五常概括为"两种说法"：一说起自罗格纳·纳克斯（Ragnar Nurkse）于1953年出版的《不发达国家的资

---

① 本自然段的有关引文，除另注出处者外，参见本书绪论"二"中的相关注释。

本形成问题》；"另一说起自我们的张培刚在哈佛大学获奖的博士论文"，即 1945 年完成的《农业与工业化》。张五常认为，张培刚的著作虽然"不幸的"不及纳克斯著作的影响力大，但"于今尘埃落定，我认为张大哥还是胜了。二十年来中国的惊人发展，是成功的农业工业化。大哥的思想早发晚至"[①]。纳克斯的著作晚于张培刚的博士论文，因而说张培刚为发展经济学的创始人是恰如其分的。

就学派创建而言，张培刚以自创一门新兴独立学科的方式为珞珈经济学"学派"的创建做出了巨大贡献，在珞珈经济学"学派"创建的历史上留下了光辉灿烂的一页。自创一门新兴学科从而试图创立一个学派，这在中外学派发展史上也是一件所见不多的事。

（二）张培刚、谭崇台对发展经济学的新发展

20 世纪后期，针对当时西方学者关于发展经济学陷入困境、走向衰落的悲观论调，张培刚超越其自创的农业国工业化理论，对现有发展经济学进行"改造和革新"，主编出版了《新发展经济学》。他的改造与革新主要体现在两个方面：

一是拓展研究范围，即将发展经济学研究对象的范围拓展至包括发展中的社会主义国家，克服了以往西方学者仅将发展经济学研究对象界定在第三世界中实行市场经济即采行资本主义制度的发展中国家，而将实行社会主义制度的发展中国家置之度外或基本忽略的做法。张培刚强调发展中的社会主义国家在整个发展中世界占有重要地位，认为只有把它们也作为发展经济学的研究对象才能真正揭示出经济发展的一般规律，才能真正有利于人类摆脱贫困并促进社会进步。

二是改进研究方法，加深分析程度，即在研究方法上突破以往仅从经济方面展开探讨，经济以外的因素则不予关注或有所忽略的做法。他锐意加以改进和革新，不仅从经济方面，而且从社会、历史、政治、文化等非经济方面，对经济发展问题进行综合分析研究。被认为打破了由西方经济学家垄断发展经济学长达半个世纪之久的局面，解救了发展经济学的"危机"，开创了发展经济学的新阶段，使发展经济学获得了新的生机。

谭崇台也主编出版了《发展经济学的新发展》，他使用西方学者 20 世纪 70 年代以后，特别是八九十年代的最新成果对发展经济学做出了新的研究，重点考察了 70 年代以后以新古典主义和新古典政治经济学为主导思想的发展经济学的新发展。在

---

① 张五常. 为大哥序 [A]. 张培刚. 农业与工业化（英文版）[C]. 香港：花千树出版社，2002：1.

系统研究西方发展经济学的历史渊源、发展阶段、新旧内容并加以吸收借鉴的基础上，他在其代表作《发展经济学》中，结合中国实际，建构了一个独具特色的发展经济学学科体系。该体系围绕发展中国家经济增长和经济发展问题的探讨，通过基础理论概述、专项理论分述、发展现实验证、重要问题阐释的版块布局与逻辑结构，形成一个独特的理论分析框架，从学科理论体系构建的角度实现了对发展经济学的新发展。

将珞珈经济学"学派"创建作为一个整体行为与过程来考察，张培刚、谭崇台对发展经济学的新发展，是在新的历史条件下对学派创建过程中自创新兴独立学科的再一次飞跃。如果说第一次飞跃为发展经济学进行开创奠基，促成了这门新兴独立学科的诞生，是一次从无到有的飞跃；那么第二次飞跃则临危受命，与时俱进，推动了国际发展经济学在陷入困境条件下的新发展，是一次进一步对自创新兴独立学科实行自我创新与自我完善的飞跃。

（三）杨小凯运用超边际分析创立新兴古典发展经济学

杨小凯创新性地运用超边际分析方法，实现了居于西方主流地位的新古典经济学的理论嬗变，创立了新兴古典经济学，是新兴古典经济学派的主要代表人物。新兴古典发展经济学是杨小凯开创的新兴古典经济学体系的核心内容之一。在《发展经济学：超边际与边际分析》中，他将超边际和边际分析运用到经济增长的探讨之中，考察了经济发展的微观机制，企业制度、内生交易费用和经济发展，城市化和工业化，以及经济发展的动态机制，发展的宏观经济学等问题。他不仅运用现代超边际分析，将被新古典经济学遗弃的古典经济学的分工与专业化思想灵魂予以复活，推动西方主流经济学的发展水平达到新的高度；而且将超边际分析运用于发展经济学，通过劳动分工与专业化的斯密原理的创造性分析，为推动发展经济学走向主流施展了"一项绝技"，博得研究经济发展问题的发展经济学家们的广泛认可与尊重。

杨小凯创立新兴古典发展经济学，是珞珈经济学者对学派创建中自创新兴独立学科的又一次超越式飞跃，是将珞珈经济学"学派"创建作为整体考察的第三次飞跃。这次飞跃把该学派创建过程中自创的新兴独立学科推到了更广的范围和更新的高度。就范围来说，他通过创立新兴古典经济学完成了西方主流经济学大范围内的一次巨大变革，将西方新古典经济学整体性推进至新兴古典经济学阶段；就高度来说，他撼动了西方主流经济学的地位，其学术水平与国际影响足以载入世界经济思想史的史册。在珞珈经济学"学派"创建中，这次飞跃是继张培刚之后在国际经济学界认可度上又一次"高光"的表现。

对于学派创建而言，自创新兴独立学科的意义在于建构学派创建的基础理论，夯实学派创建根基。一个学派的学术思想、理论学说、政策主张通常都建立在一定的基础理论之上，只有基础理论健全、科学与扎实，学派的学术思想、理论学说、政策主张才能有效地得以生成和阐发，才具有理论意义与现实价值，学派的创建才能根基牢固、薪火相传并永葆青春与活力。

（四）李京文、刘再兴、尹世杰在创建相关支撑学科方面的建树

从整体形态上考察，如果说由张培刚自创并经张培刚、谭崇台实现新发展，再到杨小凯又一次实现超越式新飞跃的发展经济学是珞珈经济学"学派"创建的基础理论的话；那么李京文作为奠基人之一而创建的中国技术经济学和作为创始人之一而创建的中国数量经济学，刘再兴作为代表性学者创建的中国经济地理学和作为重要开创者创建的中国区域经济学，尹世杰作为主要创始人和学术带头人而创建的中国消费经济学等，便成为珞珈经济学"学派"创建基础理论巩固完善、相得益彰的相关支撑学科。简言之，前者为珞珈经济学"学派"创建奠定基础理论，后者为珞珈经济学"学派"创建的基础理论提供相关理论支撑。

李京文以其在武汉大学经济学系和莫斯科国立经济学院物资技术经济系的专业知识储备与学术素养优势，在中国社会科学院经济学科片领导小组组长和数量经济与技术经济研究所所长的重要岗位上，主持、参与和推动中国的技术经济学和数量经济学的创建与发展，做出了奠基性和开创性的贡献，成为中国技术经济学的奠基人之一和中国数量经济学的创始人之一。

刘再兴在中国经济地理学性质、中国经济区划、生产布局规律、地区差距和区域发展等问题上均有领先研究，做出了开创性贡献，被誉为中国经济地理学的代表性学者和中国区域经济学的重要开创者。

尹世杰第一个把消费经济学作为独立学科进行研究，出版了中国第一本系统研究消费经济的专著以及影响巨大的一系列中国消费经济学相关论著，成为国内公认的中国消费经济学的主要创始人和学术带头人。

就整体形态的珞珈经济学"学派"创建而言，这些相关支撑学科的创建与发展，为该学派创建的基础理论学科即发展经济学的根基的进一步夯实与巩固提供了有力的支撑与保障。这是因为：发展经济学的创建与发展需要技术经济学和数量经济学为其提供技术与数量分析工具，需要经济地理学和区域经济学为其提供地理与区域分析视

野，需要消费经济学为其提供发展目标需求指向；与此同时，发展经济学又为这些学科作为独立学科的创建与发展发挥了有益的促进作用，因为这些学科也都离不开对中国经济发展问题的探讨，发展经济学可以为这些学科提供学理分析范式与实证分析场景。因而，在作为整体形态考察的珞珈经济学"学派"创建的理论体系框架内，发展经济学与这些学科相互促进、相得益彰。饶有趣味的是，所有这些学科都有珞珈经济学者在奠基或创始方面的突出贡献，这在学派创建史上堪称一大奇迹。

三、试图创建"中国发展经济学"的"珞珈学派"

用"中国发展经济学"来称呼珞珈经济学人试图创建的经济学"学派"，或者说将珞珈经济学人试图创建的经济学"学派"称为"中国发展经济学"的"珞珈学派"，这是何炼成的主张。所谓"中国发展经济学"，它所指的是中国自己的发展经济学，其研究对象是中国自己的经济发展，用何炼成的话说，它"是研究我国经济发展的科学"[①]。

（一）"中国发展经济学"概念的提出及其使用

"中国发展经济学"概念最早的提出，缘自胡乃武等于1989年对董辅礽《经济发展战略研究》的评价，胡乃武等认为该书是"中国发展经济学的开创性研究"[②]，所指的是董辅礽对中国经济发展问题，尤其是中国经济发展战略的研究。

把"中国发展经济学"作为一门学科来加以构建，明确提出学科构建建议并申报课题开展这方面研究的是何炼成。他于1992年和1995年分别申请陕西省和原国家教委人文社会科学的有关项目，其后又主编出版了《中国发展经济学》《中国发展经济学概论》等著作。正是自何炼成提出学科构建建议并申请有关项目的20世纪90年代开始，"中国发展经济学"在中国学术界被广泛使用开来，其中相当一部分研究者就是珞珈经济学者。可见，中国发展经济学从概念的提出到学科的创建及构思均与珞珈经济学者直接相关。

"中国发展经济学"概念可从两个维度来加以认识：一是从学科建设维度来认识，

---

① 何炼成．自序［A］．何炼成．中国发展经济学［C］．西安：陕西人民出版社，1999：1.
② 参见本书第五章第三节"四"中的相关内容及注释。

它以研究中国经济发展问题为对象，由此而形成一门具有中国特色的发展经济学"学科"；另一个是从学派创建维度来认识，它以构建中国自己的发展经济学为目标，由此而形成具有中国特色的发展经济学"学派"。何炼成在倡导经济学"珞珈学派"创建时，就是从后一维度来认识和使用这一概念的，即他认为珞珈经济学"学派"就是中国发展经济学学派。实际上，中国发展经济学学派在这里还可做出广义、狭义之分。广义的中国发展经济学学派是指所有研究中国发展经济学而形成的学派；狭义的则是何炼成具体针对珞珈经济学者所称的"中国发展经济学"学派，他也称之为"珞珈发展经济学派"。所以准确地说，我们这里所称的"中国发展经济学"学派，指的只是"中国发展经济学"的珞珈学派，或可简称为"发展经济学珞珈学派"；这也就意味着"中国发展经济学"还可以有或更应该有其他的学派。

（二）初创阶段珞珈经济学者们实际上已有较多的相关探索

初创阶段的珞珈学者们当时不曾开创发展经济学学科，也没有提出"中国发展经济学"概念；但他们对中国经济发展问题，尤其是对中国当时作为贫穷落后国家的经济发展问题已做出了较多的探讨。综合而论，杨端六、刘秉麟等民国学者运用现代经济学的前沿理念，基于当时中国背景，分析了中国经济发展所处的时代或阶段，解析了中国经济的发展路径、落后状况及其主要原因，探讨了中国经济发展道路的选择，以及中国经济发展中的技术进步、资本形成、人力资源、财政金融政策等一系列问题。因而，他们虽然没有创建中国发展经济学学科，但却具有相当丰富的中国经济发展思想，为中国发展经济学学科的创建提供了丰富的思想滋养并奠定了坚实的学理基础。

尤其难能可贵的是，民国学者们在进行中国经济发展问题的探讨时，都不约而同地触及工业化这一现代发展经济学探讨的中心议题，几乎大都把对中国工业化问题的探讨置于思想轴心的位置。如前所述，他们以初步阐述工业化相关概念、分析农业与工业二元经济结构内在关系为前提，从生产力视角探讨中国工矿交通运输等实体经济发展状况，从生产关系视角探讨中国工业化道路选择，包括工业化的制度安排、经营形式与管理体制，以及工业化过程中人力资源、对外贸易、技术进步、资本形成等相关因素作用的发挥，实际上形成了一个中国工业化思想的基本框架体系雏形。[①]

---

① 参见本书第三章第四节"二"中的相关内容。

（三）以自创新兴独立学科为基础理论而展开的全过程全方位探讨

学派通常会遵循共同的基础理论开展研究并达成趋于一致的学术共识。珞珈经济学"学派"创建是以其自创的新兴独立学科，即发展经济学作为自己的基础理论从而展开分析和探讨的。

基础理论的作用在于阐明学术探讨的基本问题与基本原理，作为珞珈经济学"学派"创建基础理论的发展经济学，它所着重探讨的基本问题是：在世界上已存在发达国家的条件下，后进的落后国家或发展中国家如何实现经济起飞和经济发展？在后发性工业化国家二元经济结构下，如何认识和处理好农业与工业以及各产业结构之间的关系，实现二元经济向一元经济的过渡？经济发展的基本原理、内在机制如何？主要因素有哪些？等等。这些问题对于所有发展中国家和地区来说都是需要加以探讨的，因而基于这些问题而形成的发展经济学基础理论是适用于所有发展中国家和地区的一般性理论。

中国发展经济学则有所不同，它所针对的是中国的经济发展问题，需要探讨的是世界上最大的发展中国家即中国经济发展的特点及其规律性，它的理论阐释与实证分析既要符合发展经济学揭示的一般规律，又要遵循中国特殊背景下经济发展的特殊规律。作为中国自己的发展经济学，它是中国特色的发展经济学；在中国社会主义发展阶段，它是中国特色社会主义发展经济学；在马克思主义指导下，它是中国特色马克思主义发展经济学。

从内容上看，作为整体而论的珞珈经济学"学派"创建，其所称的"中国发展经济学"，实际上指的是基于珞珈学者们自创新兴独立学科发展经济学而形成的有关中国经济增长与经济发展的理论。这也正是珞珈经济学"学派"创建的核心理论，它可以分解为两部分内容，即发展经济学基础理论与发展经济学中国理论。概括地说，珞珈经济学"学派"创建的核心理论就是基于其自创的发展经济学基础理论而阐发的发展经济学中国理论。

具体而言，作为发展经济学中国理论，它表现为珞珈经济学者们基于其自创的发展经济学基础理论，而从理论上对中国经济增长与经济发展问题的全过程、全方位探讨。

全过程探讨是指对中国经济增长与经济发展的历史考察与经验总结。如张培刚结合中国工业化历史对农业国工业化的理论阐释与考察；谭崇台对发达国家发展初期与包括中国在内的发展中国家经济发展历史与进程的比较研究；董辅礽基于 20 世纪五六十年代中国社会主义再生产和国民收入相关数据所做的增长模型分析；毛振华基于"双底线思维"对 2008 年金融危机后中国宏观经济政策的经验总结；陈文蔚对台湾地区经济发展阶段的分析；以及珞珈经济史学者们的相关考察与探讨，如李剑农对中国古代经济史和汪敬虞对中国近代经济史发展过程的考察与探讨，彭雨新、陈锋对中国财政史的相关考察与探讨等；此外还包括一部分珞珈学者对中国经济发展思想史的考察与探讨等。

全方位探讨是指对中国经济增长与经济发展相关问题的全面考察与研究。如张培刚、谭崇台在分析发展经济学基本问题时联系中国经济增长与经济发展实际所做的相关探讨，包括他们围绕经济发展与资本形成、人力资源、技术进步、工业化、产业结构转换、劳动力转移、对外贸易、外资利用、政府宏观调控乃至社会、历史、文化因素等问题，联系中国经济增长与经济发展实际所做的全方位系统性探讨。全方位探讨还包括珞珈经济学者们对中国经济增长与经济发展相关的领域或问题的许多专题性研究与思考。如在发展战略问题上，董辅礽关于中国经济发展战略的研究，刘光杰关于中国经济发展战略理论的探讨，李崇淮关于武汉"两通"起飞经济发展战略的思考，刘诗白关于大成都圈经济发展战略的构思；在区域发展问题上，刘再兴关于区域经济学和中国经济地理、经济区划、生产力布局等问题的研究，张培刚关于中部崛起的"牛肚子理论"，董辅礽关于探讨中西部经济发展的"超越梯度理论"，何炼成关于西北经济发展的研究，李京文为中国制定区域和部门经济发展战略与规划所做的大量探讨，伍新木关于县经济的研究，陈文蔚、夏道平关于台湾地区经济发展的探讨等；在农业发展问题上，谭崇台在发展经济学视野下对中国农业问题的探讨和郭熙保研究农业发展理论中联系中国农业发展实际的探讨；在工业化以及贫困与就业问题上，辜胜阻对中国工业化过程中人口流动与城镇化问题的研究，董辅礽关于解决中国经济与社会协调发展中的贫困与就业问题的见解，谭崇台对中国"丰裕中贫困"现象的分析等；此外，还有董辅礽等关于可持续发展问题的见解；李京文等关于科技进步、知识经济发展问题的研究，以及中国经济发展中重大建设项目的可行性研究；董辅礽、胡代光等关于宏观调控问题以及经济增长方式转变的探讨；邹恒甫关于财政、金融、分配等与经济增长关系的理论探讨与实践探索；万典武关于中国商业体制改革与流通发展问题的研究；宋承先关于中国通货膨胀与经济增长问题和席克正关于促进中国经济增长的市场经济财政学框架与调控政策的探讨；陈东升关于中国寿险业发展和田源关于中国期货业发展的探索；等等。

所有这些研究、探讨与思考，无论是全过程的还是全方位的，大都可以理解为是紧紧围绕珞珈经济学"学派"创建过程中自创的新兴独立学科发展经济学而展开的，显示了作为整体而言的珞珈经济学人学术思想的丰富内容与多彩特色。

（四）"中国发展经济学"学科理论体系构建的探讨

张培刚虽然没有明确提出要构建中国自己的发展经济学，但却"试图建立发展中国家自己的发展经济学"，并主张把发展中大国作为发展经济学重要的研究对象，"提出了比较全面的、新型的发展经济学理论体系"。①

谭崇台明确表示：他的心愿是要"写出一本中国的发展经济学"②，他所反对的是照搬西方理论，他所要撰写的是以马克思主义理论为指导，与中国实际相结合的新型发展经济学。他后来主编出版的发展经济学著作，围绕发展中国家，特别是像中国这种发展中大国经济增长和经济发展的问题，构建了一个他所期许的中国自己的发展经济学理论框架与学科体系。

何炼成从学科意义上提出把"中国发展经济学"作为中国自己的发展经济学来建设。他以创建中国发展经济学为己任，不仅有倡导之功，而且有创建之举。他在确定中国发展经济学的研究对象与学科地位的基础上，阐释了中国发展经济学的主要内容，论述了中国发展经济学的方法论特点，为中国发展经济学构建了一个初步的大致框架与理论体系。

刘诗白对中国经济学的构建做出过系统研究和深入探讨。适应改革开放新时代发展的需要，通过对中国经济学本质内涵与"致用功能"、研究范围拓宽与研究方法改进等方面的探讨，为中国发展经济学理论体系的构建充实了新的内容。

郭熙保等改革开放后的新生代学者，包括简新华、叶初升、周绍东、冯金华、张建华等一批珞珈经济学者，均对中国发展经济学研究框架与理论体系有所探及或进行过深入探讨与建构尝试。

如此众多的珞珈经济学人，包括学派领军人物、学科团队、知名校友等学者，如此重视和开展对于中国发展经济学的研究，包括从学科创建视角所进行的探讨，既表明中国经济发展问题在经济发展理论研究中的重要程度，也表明中国发展经济学在珞珈经济学"学派"创建中的重要地位。

实事求是地讲，对于中国发展经济学的研究，并不仅仅限于珞珈经济学者，自20

---

① 内容提要［A］. 张培刚. 新发展经济学［C］. 郑州：河南人民出版社，1993.

② 记者韩晓玲等. 图文：写一本中国的发展经济学——著名经济学家谭崇台的心愿［N］. 湖北日报. 2011 - 08 - 11（005）.

世纪 80 年代后期开始，尤其是近些年，研究中国发展经济学的学者不断增多，研究成果也层出不穷。但仔细分析便会发现，在这一研究领域，珞珈经济学者所占分量相当之重。据初步统计，自何炼成主编出版第一本《中国发展经济学》（1999）著作以来，迄今共出版直接以"中国发展经济学"（包括"中国特色发展经济学""中国特色社会主义发展经济学""中国特色马克思主义发展经济学"）命名的著作和教材等共 11 部（见表 10 - 1），而其中属于珞珈经济学者编著的即有 7 部，所占比重达 63.64%，还有 1 部为珞珈相关学者（知名校友再传弟子）所主编；以上述称谓为主题在公开报刊发表的相关文章共约 40 篇①，其中属于珞珈经济学者发表的就有 18 篇②，所占比重为 45%，几近占据半壁江山。表明珞珈经济学者在这一学术领域已拥有相当大的话语权并具有相当大的影响力。

表 10 - 1   中国发展经济学著作一览

序号	作者（含角色）	著作名	出版社及出版年
1	何炼成主编，李忠民副主编	中国发展经济学	陕西人民出版社，1999
2	何炼成主编，李忠民副主编	中国发展经济学概论	高等教育出版社，2001
3	何炼成、李忠民主编	中国特色社会主义发展经济学	中国社会科学出版社，2009
4	叶初升主编	中国发展经济学年度发展报告（2016—2017）	武汉大学出版社，2018
5	周绍东著	中国特色发展经济学：探索与构建	中国人民大学出版社，2019
6	叶初升主编	中国发展经济学年度发展报告（2018—2019）	武汉大学出版社，2020
7	叶初升主编	中国发展经济学年度发展报告（2020—2021）	武汉大学出版社，2022
8	李忠民主编	中国特色社会主义发展经济学（上、下）	经济科学出版社，2018
9	迟树功著	中国发展经济学	经济科学出版社，2015
10	刘美平著	中国特色马克思主义发展经济学	经济管理出版社，2018
11	任保平、师博、钞小静主编	中国发展经济学通论	科学出版社，2022

    注：以上所列仅限于直接以"中国发展经济学""中国特色发展经济学""中国特色社会主义发展经济学""中国特色马克思主义发展经济学"命名的著作；其中序号 1~7 所列作者为珞珈经济学者：分别为叶初升、周绍东（珞珈本部学者），何炼成（珞珈校友学者）。

---

    ① 这 40 篇文章基本为期刊论文，不含书评和学术会议报道文章。

    ② 涉及作者包括郭熙保、叶初升、简新华、邹薇、周绍东、陈忠斌、李静（珞珈本部学者和老师）；何炼成、冯金华、张建华（珞珈校友学者）。

四、斩获诸多殊荣与重奖

整体而言，作为珞珈经济学"学派"创建的珞珈经济学人，包括珞珈本部学者和珞珈校友学者，斩获了诸多颇值称道的殊荣与社会科学领域的诸多重奖。

（一）与诺贝尔经济学奖相关的赞誉

（1）张培刚作为国际发展经济学的创始人，被国际学术界认为是比刘易斯、舒尔茨更有资格获得诺贝尔经济学奖的发展经济学家；

（2）杨小凯在 2004 年去世前，曾于 2002 年和 2003 年两次被提名诺贝尔经济学奖，被誉为经济学界"离诺贝尔奖最近的华人"；

（3）因"价格双轨制理论"而获得诺贝尔奖获得者赞誉，并获第四届中国经济理论创新奖的校友华生、田源和珞珈再传弟子张维迎，曾因双轨制"发明权"之争而被戏称为"诺贝尔经济学奖传言引发的躁动"。

（二）创造多项"第一"或"唯一"

杨端六曾追随孙中山（参加同盟会）、授课蒋介石、结识毛泽东，被誉为民国时期唯一不穿军装的"上将"，他是中华民国教育部第一批入选的部聘教授，是其中经济学科的唯一入选者；

张培刚的博士学位论文获哈佛大学经济学科最高荣誉奖威尔士奖（诺贝尔经济学奖设立前国际经济学界影响最大的经济学奖），成为第一位、也是迄今唯一一位获得该奖的中国学者；

刘涤源、谭崇台主编的《当代西方经济学说》（初版 1983 年），是国内第一部当代西方经济学教科书；

谭崇台发表国内第一篇考察西方经济发展理论源流的学术论文（1982），出版国内第一部发展经济学专著《发展经济学》（1985），成为国内第一个招收发展经济学博士生的博士生导师（1987），主编国内第一部系统介评西方经济发展思想史的著作《西方经济发展思想史》（1993），主编国内第一部以发展经济学研究范式跨期比较发达国家早期发展与当今发展中国家经济发展的学术著作（2008），他被誉为"中国发展经济学第一人"；

　　李崇淮曾主编出版《股票基本知识与实践》（1984），被誉为"我国建国以来第一本介绍股票知识的专著"；

　　王元璋所著《马克思主义经济发展思想史》（2006），被誉为"国内外第一部《马克思主义经济发展思想史》"；

　　郭熙保所著《农业发展论》（1995），在中国"第一次从发展经济学的角度系统地探索了农业发展的问题"；

　　武汉大学经济发展研究中心于2000年被批准为教育部人文社会科学重点研究基地，成为国内唯一一个以"经济发展研究中心"命名的国家级研究基地；

　　董辅礽被誉为中国"所有制改革第一人"；

　　李京文等的《技术经济手册（理论方法卷）》（1990），被誉为"我国第一次公开出版的大型的技术经济理论方法工具书"；

　　尹世杰在中国第一个把消费经济学作为独立学科进行研究，出版了第一本系统研究消费经济的专著，创办了第一个消费经济研究所即湘潭大学消费经济研究所，创办了第一家消费经济专业刊物《消费经济》；

　　以上所列，仅以本书前面有关章节提及者为限，权作举例，以见一斑。

（三）18人次获孙冶方经济科学奖

　　孙冶方经济科学奖是中国经济学界公认的最高荣誉，是经济学界最具权威地位、最受关注的经济学奖项。自1984年至2022年，该奖共评选18届，其中有10届获奖名单中有珞珈经济学者，包括珞珈本部学者和珞珈校友学者，获奖学者18人次，详情见表10-2。

表10-2　　　　　　　　　　孙冶方经济科学奖珞珈学者获奖情况一览

获奖者（含角色）	获奖成果名称	成果形式	备注
第一届（1984年）			
尹世杰主编	社会主义消费经济学	著作	彭明朗参编
董辅礽	经济利益、经济杠杆和经济组织	论文	
曾启贤	孙冶方经济理论体系试评：突破理论困境的贡献和新体系中存在的主要问题	论文	
何炼成	社会主义制度下生产劳动与非生产劳动的特殊含义	论文	

续表

获奖者 （含角色）	获奖成果名称	成果 形式	备注
第二届（1986 年）			
董辅礽	对"六五"时期建设和改革问题的回顾与思考	论文	
华　生	微观经济基础的重新构造	论文	第一作者
第三届（1988 年）			
李京文	技术进步与产业结构问题研究	论文	第一作者
第四届（1990 年）			
胡代光，宋承先， 刘诗白等主编	评当代西方学者对马克思《资本论》的研究	著作	
第六届（1994 年）			
辜胜阻	中国农村剩余劳动力向何处去	论文	
第七届（1996 年）			
朱　玲	以工代赈与缓解贫困	著作	第一作者
李京文	中国经济发展的理论思考与政策选择	论文	第一作者
第九届（2000 年）			
汪敬虞主编	中国近代经济史（1895—1927）	著作	
第十三届（2008 年）			
何炼成	价值学说史	著作	
第十六届（2014 年）			
朱　玲	包容性发展与社会公平政策的选择	论文	第一作者
第十八届（2018 年）			
乔洪武等	西方经济伦理思想研究（全 3 卷）	著作	

（四）53 人次获教育部人文社会科学优秀成果奖一、二等奖

教育部人文社会科学优秀成果奖是由国家教育部颁发的中国人文社科领域内的最高奖项。该奖自 1995 年至 2022 年，共评选 8 届，届届都有珞珈经济学者获奖，同样包括珞珈本部学者和珞珈校友学者，其中还包括两位武汉大学理论经济学博士后流动站出站的学者。仅以一、二等奖为限，历届共涉及珞珈经济学者 53 人次，详情见表 10 – 3。

表 10 - 3   教育部人文社会科学优秀成果奖珞珈学者获一、二等奖情况一览

获奖者 （含角色）	获奖成果名称	成果形式及 获奖等级	备注
第一届（1995 年度）			
胡代光、宋承先、 刘诗白等主编	评当代西方学者对马克思《资本论》的研究	著作一等奖	
谭崇台主编	西方经济发展思想史	著作一等奖	
汤在新	马克思经济学手稿研究	著作二等奖	
尹世杰主编	中国消费结构研究	著作二等奖	
刘涤源	凯恩斯就业一般理论评议	著作二等奖	
周茂荣	美加自由贸易协定研究	著作二等奖	
李崇淮	两通起飞：武汉经济发展战略刍议	著作二等奖	
何炼成主编	中国经济管理思想史	著作二等奖	
张建民、彭雨新	明清长江流域农业水利研究	著作二等奖	
魏华林	论中国农业灾害损失补偿方式的选择	论文二等奖	
辜胜阻、朱农	中国城镇化的发展研究	论文二等奖	
第二届（1998 年度）			
郭熙保	农业发展论	著作一等奖	
张培刚主编	新发展经济学	著作二等奖	
江春	经济增长中的产权问题	著作二等奖	
汤在新主编	《资本论》续篇探索：关于马克思计划写的六册经济学 著作	著作二等奖	
顾海良等主编	邓小平的经济思想	著作二等奖	
陈志龙等	上海市浦东新区利用外商投资效果调查报告	研究报告二等奖	
宫占奎执笔	APEC 进程、问题和对策研究	研究报告二等奖	
第三届（2003 年度）			
邓大松等	中国社会保障若干重大问题研究	著作一等奖	
胡代光主编	西方经济学说的演变及其影响	著作一等奖	
宫占奎等主编	APEC 研究：方式运行效果	著作一等奖	第三主编
谭崇台主编	发展经济学的新发展	著作二等奖	
吴俊培	重构财政理论的探索	著作二等奖	
邹恒甫	财政、经济增长和动态经济分析	著作二等奖	
第四届（2006 年度）			
顾海良等	马克思劳动价值论的历史与现实	著作一等奖	
冻国栋	中国人口史（全6卷，冻国栋著第2卷：隋唐五代时期）	著作一等奖	葛剑雄主编
肖国安等	中国粮食市场研究	著作二等奖	

续表

获奖者 （含角色）	获奖成果名称	成果形式及 获奖等级	备注
第五届（2009 年度）			
邓大松等	中国企业年金制度研究（修订版）	著作二等奖	
刘诗白	现代财富论	著作二等奖	
肖国安	中国粮食安全研究	著作二等奖	
张建民	明清长江流域山区资源开发与环境演变	著作二等奖	
陈继勇等	美中贸易的"外资引致逆差"问题研究	论文二等奖	
孙宁等	Equilibrium and indivisibilities：gross substitutes and complements	论文二等奖	
第六届（2013 年度）			
谭崇台主编	发达国家发展初期与当今发展中国家经济发展比较研究	著作一等奖	
郑功成主笔	中国社会保障改革与发展战略：理念、目标与行动方案	研究报告一等奖	
简新华等	中国工业化和城市化过程中的农民工问题研究	著作二等奖	
张彬等	国际区域经济一体化比较研究	著作二等奖	
柳剑平等	美国对外经济制裁问题研究：当代国际经济关系政治化的个案分析	著作二等奖	
陈锋	清代财政政策与货币政策研究	著作二等奖	
方福前	中国居民消费需求不足原因研究：基于中国城乡分省数据	论文二等奖	
第七届（2015 年度）			
郑功成	关于深化养老保险制度改革研究报告	研究报告一等奖	
叶永刚等	宏观金融工程：理论卷	著作二等奖	
卢洪友等	中国医疗服务市场中的信息不对称程度测算	论文二等奖	
张建华等	中国地区产业专业化演变的"U"型规律	论文二等奖	
第八届（2020 年度）			
齐绍洲	低碳经济转型下的中国碳排放权交易体系	著作一等奖	
吴俊培	我国公共财政风险评估及其防范对策研究	著作一等奖	
乜小红	中国古代契约发展简史	著作二等奖	
乔洪武	西方经济伦理思想研究（全 3 卷）	著作二等奖	
邹进文	近代中国经济学的发展：以留学生博士论文为中心的考察	著作二等奖	
邓大松	可持续发展的中国新型农村社会养老保险制度研究	著作二等奖	
方福前	寻找供给侧结构性改革的理论源头	论文二等奖	
郭熙保	长期多维贫困、不平等与致贫因素	论文二等奖	
黄宪	论中国的"金融超发展"	论文二等奖	

注：上述名单中包括武汉大学理论经济学博士后邹进文、柳剑平。

（五）11 人次获国家社会科学基金项目优秀成果奖

国家社会科学基金项目优秀成果奖是对中国"六五"至"八五"时期国家社会科学基金项目优秀成果进行的一次高规格的重要奖励。该奖评选于 1999 年中华人民共和国成立 50 周年之际，颁奖大会在人民大会堂举行，时任国家副主席胡锦涛出席并代表党中央、国务院发表重要讲话。共评出专著类优秀成果 136 项，其中与经济学科相关的成果实际上只有 25 项。在这 25 项成果中，与珞珈经济学者含珞珈本部学者和校友学者相关的成果共 8 项，包括一等奖 1 项、二等奖 5 项、三等奖 2 项，占经济学科成果 25 项中的 32%。这其中经济学科中唯一 1 项一等奖成果即为严中平主编、汪敬虞参编的《中国近代经济史（1840—1894）》；二等奖中经济学科的成果总共 8 项，与珞珈珈经济学者有关的成果即占 5 项，占比为 62.5%。珞珈珈经济学者共 11 人次获得该奖。详情见表 10-4。

表 10-4　　国家社会科学基金项目优秀成果奖珞珈学者获奖情况一览

汪敬虞参编	中国近代经济史（1840—1894）	一等奖	严中平主编
汤在新主编	《资本论》续篇探索	二等奖	
胡代光、宋承先、刘诗白等主编	评当代西方学者对马克思《资本论》的研究	二等奖	
谭崇台主编	西方经济发展思想史	二等奖	
郭吴新副主编	世界经济史	二等奖	宋则行、樊亢主编
刘再兴参编	中国经济地理概论	二等奖	第一编著者；孙敬之主编
刘再兴主编	中国生产力总体布局研究	三等奖	
吴贻谷、傅红春参编	教育经济学研究	三等奖	厉以宁主编

注：上述学者中，吴贻谷 1959 年毕业于武汉大学经济学系，曾任武汉大学教务长；傅红春 1981 年毕业于武汉大学经济学系，1983 年获武汉大学经济学硕士学位，1987 年师从刘诗白在西南财经大学攻读博士学位，曾留武汉大学任教。

（六）所获其他重要荣耀与奖励

例如，李京文、万典武、尹世杰、辜胜阻等多人获"国家有突出贡献专家"相关荣誉称号；

张培刚、尹世杰、刘诗白、董辅礽、刘光杰、李崇淮、潘源来、吴纪先、李剑农、彭迪先、刘涤源、胡代光、谭崇台、汤在新 14 人入选"当代中国经济学家录"（1988）；

张培刚、谭崇台、董辅礽、李京文、汪敬虞、何炼成、刘诗白7人入选"影响新中国60年经济建设的100位经济学家"（2009）。

此外，还有一些学者获其他重要奖励，以前已述及的相关奖励如科技进步奖、中宣部"五个一工程奖"、吴玉章人文社会科学奖等为例：

李京文曾获国家科技进步一等奖2项、二等奖3项、三等奖1项，部委级科技进步一等奖3项，并获中国技术经济学会技术经济奖"终身成就奖"；

刘再兴曾获中国科学院科技进步一等奖1项，国家科学技术委员会科技进步二等奖1项；

李京文、辜胜阻、简新华、王元璋曾获中宣部"五个一工程奖"；

胡代光、汪敬虞曾获吴玉章人文社会科学一等奖，刘诗白不仅曾获此奖，而且还于2017年获得被称为人文社会科学最高奖、迄今仅有16人获得的吴玉章人文社会科学终身成就奖；

汪敬虞曾获郭沫若中国历史学奖一等奖；

另外，获得省市社会科学优秀成果奖、国家图书奖、教育部优秀教材奖等奖项的学者，更是数不胜数。

五、中国著名高校足值高度重视

在中国著名高校中，珞珈经济学"学派"创建堪称一个足以值得充分肯定和高度重视的创举。关于这一点，至少可以从武汉大学本身、中国著名高校以及整个中国经济学界来加以审视和说明。

（一）武汉大学哲学社会科学"珞珈学派"创建的三大主要阵营之一

从学派研究视角看，武汉大学的哲学社会科学领域，存在三大以"珞珈学派"相称的学科阵营，这三大学科分别为法学、哲学和经济学。法学学科的"珞珈学派"之称实际上指的是国际法，其标志性代表人物是享有"新中国国际私法学的一代宗师""中国法学界的镇山之石"美誉的韩德培；哲学学科的"珞珈学派"之称实际上指的是中国哲学，包括中国哲学史和当代中国马克思主义哲学，其标志性代表人物分别为著名哲学史家萧萐父和曾任李达助手的中国著名马克思主义哲学家陶德麟；经济学学科的"珞珈学派"之称则是指本书详加探讨的珞珈经济学"学派"

创建。这三大以"珞珈学派"命名的学科阵营形成三足鼎立之态，成为武汉大学哲学社会科学繁盛发展和学派创建过程中处于较为重要地位的主体力量和主要阵营。

在武汉大学，这三大学科均为传统优势学科，均具有悠久的历史与深厚的学科底蕴。国立武汉大学的两任校长王世杰、周鲠生均是著名法学家，周鲠生是与杨端六同时入选民国首批"部聘教授"的唯一一名法学教授，"哈佛三剑客"韩德培、吴于廑、张培刚就是他亲赴美国将他们引入武大的。武汉大学哲学学科历史上曾有熊十力、方东美、洪谦、朱光潜等著名哲学家在此任教，中国共产党创始人之一、著名马克思主义哲学家李达在武汉大学任校长期间，更是为武汉大学哲学学科的重建与发展做出了巨大贡献，他的科研助手陶德麟传承并发展他的学术思想，开创了当代中国马克思主义哲学研究的"武汉大学范式学派"。比较起来，武汉大学经济学科的张培刚中途被调出武大并被调离教学科研岗位，加以历次政治运动，特别是"文化大革命"冲击，使他在学术上造成30年左右"比金子还宝贵"的"空白时光"，对珞珈经济学科的发展和珞珈经济学"学派"的创建造成了无法弥补的重大损失。好在改革开放后三大学科阵营均获得新的发展机遇，学派创建也带来新的生机。正是在这一背景下，才先后有经济学"珞珈学派""珞珈法学派""珞珈中国哲学学派"概念的提出及其"学派"打造呼声的出现。近几年又因有"华中乡土学派"重要代表者贺雪峰的加盟，使武汉大学哲学社会科学学科领域"珞珈学派"创建队伍中，增添了社会学学科的新成员。学校已明确制定一流学科建设方案，要在哲学社会科学理论创新等方面形成特色鲜明的"珞珈学派"。传统优势学科在学派创建中具有底蕴深厚、韧性强劲的优势，在学校"珞珈学派"创建中，作为武汉大学传统优势学科阵营中的珞珈经济学科不仅居于重要的学科地位，而且负有重要的历史使命，是武汉大学"珞珈学派"创建中一支足值高度重视的重要生力军。

（二）中国著名高校经济学乃至整个中国经济学界"学派"创建中的佼佼者

如前所述，目前中国共有26所著名高校提出了以校名简称或别称命名的"学派"之称。在这26所高校中，直接以校名简称或代称命名"学派"之称最早的是北京大学，它是1980年代初由厉以宁以口头方式提出"北大学派"之称的；继而是清华大学，据说是由原清华大学著名文学史家王瑶于1988年提出"清华学派"之称的；再就是武汉大学提出的"珞珈学派"之称了，它是1993年由校友在校庆座谈会上提出的。这其中，北京大学和武汉大学都是从经济学角度提出的，即北京大学最早所提出的是经济学"北大学派"，武汉大学最早所提出的是经济学"珞珈学派"；清华大学最早则是从国学角度提出"清华学派"之称的。其他高校直接以校名简称命名提出"学派"之称的时间，大都在迈入新世纪之后，而且其中仅南开大学、南京大学、西北大学和同济大学是在2000年代提出的，其他19所高校均是到了2010年代或2020年代即国家启动"双一流"建设前后才提出来的。因而，从提出时间看，武汉大学是较早提出经济学"学派"之称的高校之一；而且是从经济学角度提出"学派"之称仅次于北大的高校。

再进一步看，这26所著名高校中，只有9所高校明确提出了经济学的"学派"之称，包括北大、复旦、武大、厦大、南开、人大、西北大学、中大和吉大。比较起来，从学派创建视角看，在这9所高校中，武汉大学具有明显的特色与相对突出的优势，其中最具特色与优势的是它在发展经济学领域的成就与地位。在中国发展经济学领域，武汉大学不仅有"国际发展经济学的创始人"张培刚和"中国发展经济学第一人"谭崇台为学派创建挂帅领军，而且有一批又一批珞珈优秀学子争妍斗艳、大放异彩，他们已形成一股强劲的学术力量，出版和发表了大量占据明显优势的学术成果，表现出不俗的学术影响力。

据初步统计，中国自1985年谭崇台出版第一本《发展经济学》著作之后，尤其自1989年原国家教委把发展经济学列为高等院校财经类专业10门核心课程之一后，中国学者撰写出版的直接以"发展经济学"命名和以"发展经济学"为主题命名的各种类别和版本的著作（含专著、教材、论文集等）共约250部。而这些著作中出自珞珈经济学者（含本部学者和校友学者）之手的（含独著、合著、主编、副主编）有64部[①]，占250部的25.60%。可见，在中国的发展经济学领域，珞珈经济学者所取得的学术成就与做出的学术贡献是相当之大的，所占据的学术分量与学术地位是相当显要的。

在这250部左右的著作中，还有一些著作的作者为珞珈知名校友的再传弟子及所在学校相关学科专业培养的学生。如主编《发展经济学论纲》（1997）的李中民和主编《发展经济学：中国经验》（2011）的李忠民均为何炼成的弟子；编著《发展经济学：发展经济理论与中国经济发展》（1994）的郑晓幸为刘诗白所在的西南财经大学政治经济学专业1975年的毕业生；与人合编并与人合作主编2个不同版本《发展经

---

① 这些著作的作者除张培刚、谭崇台外，还有珞珈本部作者郭熙保、邹薇、马颖、叶初升、文建东、杨艳琳、周绍东、胡方；珞珈校友作者何炼成、宋承先、彭明朗、王时杰、朱玲、杨小凯、冯金华、徐长生、张建华、张燕生、方齐云、黄景贵、周军、林珏、留华峰、沈佳斌、王爱君、韩纪江、宋宗宏、李铭等。

济学》（1997，2001）的冯薇为张培刚所在的华中科技大学经济管理系1986年的硕士毕业生。此外，还有一些珞珈知名校友作为学术带头人所在学科点青年教师编写的有关著作等。

还有一些作者虽然不属于这种情况，但在其著作的编撰中却或多或少受到珞珈学者尤其是张培刚和谭崇台的影响，不少学者的相关著作就是在受到他们的启迪或直接参考他们的论著以及其他学者相关研究成果的基础上完成的。如包明宝和葛崇文就宣称，他们主编的《发展经济学》（1990）就是在参考"谭崇台等学者论著的基础上"①编写的；刘占军表示他所主编的《发展经济学概论》（1990），在写作过程中得到了"著名经济学家董辅礽、戴园晨和著名发展经济学家张培刚"等的"热情关怀和支持、指导"②。曾主编出版《发展经济学新探》（1997）和《发展经济学概论》（2000）的夏振坤，声称自己团队的相关研究，相比于张培刚、谭崇台而言"是后来者"，自己团队"是在他们二位的启迪之下，从事发展经济学中国化的研究工作"③的。

由于发展经济学被列为高等院校财经类专业的核心课程，因而各高校，尤其是一些985著名高校的相关教师和学者都非常重视该课程的教材建设；但他们编著的相关著作和教材也都基本上参考了张培刚、谭崇台乃至其他珞珈学者的论著。一个非常显著的现象是，在所有中国学者编著的以"发展经济学"命名的著作和教材中，但凡附有参考文献的几乎没有多少不列入张培刚、谭崇台的相关著作的。例如：北京大学叶静怡编著的《发展经济学》（2003），在所列中国学者的13项参考书目中，张培刚和谭崇台的就有5项在列。中国人民大学陶文达所著《发展经济学》（1988），不仅在参考文献中列入了张培刚、谭崇台的著作，而且明确表示从中"获得不少教益"④。他后来主编的《发展经济学》（1990），在原国家教委主管部门的指导下，经过以谭崇台为召集人并有张培刚、薛进军等参加的小组会论证通过后方予以出版；1992年修订再版时，薛进军直接参加了其中一章的编写，出版前张培刚受原国家教委委托主持了该教材的审稿会。其后，黄卫平等主编的《发展经济学》（2003），参考文献中的前6项即为张培刚、谭崇台的著作，珞珈学者郭熙保和珞珈校友徐长生还直接参加了该书的编写。浙江大学周文骞等著《发展经济学》（1995）中，谈及参考吸收学术界相关理论见解时，盛赞"两位杰出的发展经济学家"张培刚、谭崇台，并称他们从谭崇台的2

---

① 编著者. 前言［A］. 包明宝，葛崇文主编. 发展经济学［C］. 南京：河海大学出版社，1990：1.
② 作者. 后记［A］. 刘占军主编. 发展经济学概论［C］. 北京：中国物资出版社，1992：464－465.
③ 夏振坤. 写在前面［A］. 夏振坤主编. 发展经济学概论［C］. 武汉：湖北人民出版社，2000：0.
④ 陶文达. 前言［A］. 陶文达. 发展经济学［C］. 北京：中国财政经济出版社，1988：3.

本著作中"得益匪浅",直言"许多观点是取材于这里的"。① 南京大学洪银兴等所著的《发展经济学通论》(2005),谭崇台为之作序,洪银兴明确表示:"谭先生出版于1985年的《发展经济学》是我们主要的参考文献。"② 在参考文献中所列珞珈学者论著最多的是现任西安财经大学副校长任保平等主编的《中国发展经济学通论》(2022),该书后附参考文献中列入了张培刚、谭崇台、董辅礽、李京文、何炼成、刘光杰、朱玲、简新华、郭熙保、冯金华、叶初升、杨小凯、周绍东、邹进文等珞珈本部学者和校友学者以及1位博士后的论著共达32项。作者在后记中还简要介绍了张培刚提出建立新型发展经济学所引起对构建中国发展经济学的讨论,回顾了诸多学者,包括珞珈本部学者和校友学者何炼成、简新华、冯金华、周绍东、郭熙保等关于构建中国发展经济学的思考与见解。可见,在中国的发展经济学领域,珞珈经济学者的研究成果与学术思想产生的影响是相当之大的。还需指出的是,郭熙保主编的《发展经济学》(2019)系马克思主义理论研究和建设工程重点教材。马克思主义理论研究和建设工程是中共中央实施的一项重要战略决策,能成为该工程的重点教材,而且是该工程中唯一一部发展经济学重点教材,表明珞珈学者在这一领域所占据的地位之重要与影响力之巨大。

除学术上的影响之外,在参政议政、影响政府决策方面,珞珈本部学者和校友学者的作用与表现也相当突出。例如,李京文提出的"科技进步是富国之源"被时任中共中央总书记江泽民在讲话中予以采用,他提出的"节能减污"建议获得时任国务院总理温家宝的批示;李崇淮提出的武汉"两通"起飞战略被武汉市政府予以采纳,获市政府颁发的第一号嘉奖令;辜胜阻多次在全国政协大会或全国政协常委会大会上发言,获得好评并有一些建议被国家有关部门采纳;万典武在推动中国商业体制改革与流通发展方面做出了积极的贡献;董辅礽更是为中国经济改革与经济发展做出了多方面的先驱性贡献,他被称为中国所有制改革的先行提出者、私营经济的护航人,作为全国人大财经委员会副主任还在经济立法方面做出了重要贡献,被称为少数能够影响中国政府重大决策的学者之一。

所有这些都表明,在中国著名高校经济学领域乃至整个中国经济学界,珞珈经济学者作为一个学术共同体发挥着重要的影响力。尤其是在中国的发展经济学领域,它可以说是一个独占鳌头的佼佼者。

---

① 作者. 前言 [A]. 周文骞,许庆明. 发展经济学 [C]. 杭州:浙江大学出版社,1995:3.
② 洪银兴. 后记 [A]. 洪银兴,林金锭. 发展经济学通论 [C]. 南京:江苏人民出版社,1990:278.

六、国际经济学视野不可小觑

对于珞珈经济学"学派"创建的考察，仅仅基于中国著名高校和中国经济学界进行分析与判别是远远不够的；还必须放到国际经济学的广袤范围内，基于国际视野来加以认识和审视。张培刚的博士学位论文《农业与工业化》是在哈佛大学完成的，本身就是站在国际经济学最前沿并基于国际视野而撰写的；谭崇台是在赴美进行学术访问后才坚定从事发展经济学研究信心的，他主编的《发展经济学》被美国著名学者誉为"一本标准教科书"，表明他是具有深邃的国际眼光的；其他珞珈经济学者们有关发展经济学方面的成果，也都是在改革开放后大量引进西方发展经济学理论与方法的基础上完成的，而且其中许多学者都有出国进修访学的经历，因而他们的国际眼光也是毋需置疑的。

从珞珈经济学"学派"创建视角，把珞珈经济学者作为一个学术共同体放到国际经济学视域进行考察，至少有下述三点表明它是不可小觑的。

（一）甚为罕见地以自创基础理论为建构前提

当代西方经济学的许多学派，基本上都是以已有传统经济学说为基础理论的。西方传统市场经济理论的基础来源于亚当·斯密开创的古典经济学，其核心理论是经济自由主义；进入 20 世纪之后，新古典经济学虽然进行了一系列理论变革，但万变不离其宗，经济自由主义仍是其核心理念与基础理论；凯恩斯革命导致了国家干预主义的盛行，但凯恩斯的主张也是以遵循市场机制作用、不违背市场经济规律为前提的，虽然号称是对传统市场经济理论的"革命"，但是其基础理论仍未脱出西方传统市场经济理论的窠臼。因而，当代西方经济学的诸多学派，本质上都或多或少是基于已有传统市场经济理论而产生的。

珞珈经济学"学派"的创建则不然，它是基于自创新兴学科发展经济学从而奠定其理论基础而产生的。它之所以没有直接依托西方已有传统市场经济理论作为自己的基础理论，完全在于西方传统市场经济理论所针对的是西方发达国家市场经济发展的情况，与第二次世界大战后一大批经济落后的发展中国家经济发展的需要不相适应。张培刚所要探讨的是第二次世界大战后中国作为拥有独立主权的发展中国家将如何实现工业化的问题，从西方传统市场经济理论中找不到现存的答案，只能独辟蹊径，开创农业国工业化理论；其后又与谭崇台一道实现发展经济学的新发展，再加上杨小凯创建新兴古典发展经济学的再次超越式飞跃，以及李京文、刘再兴和尹世杰在相关支撑理论创建中的建树，使珞珈经济学"学派"创建中自创的发展经济学基础理论得以不断深化和巩固提升。通过自创基础理论并与时俱进不断自我创新和超越发展，同时又自我获得众多相关理论支持，从而实现一个学术流派的创建，这在世界学派创建史上也是罕见的。

（二）开拓性地把发展中大国纳入发展经济学的研究范围

在西方发展经济学中，无论是结构主义经济发展理论、新古典主义经济发展理论，还是激进主义经济发展理论、新制度主义经济发展理论，都不曾明确地将发展中的社会主义国家，尤其像中国这种社会主义的发展中大国列入发展经济学的研究范围之内。这些理论所重点研究的是被称为第三世界范围内采用资本主义制度的发展中国家，没有包括或没有详论实行社会主义制度的发展中国家。西方不少经济学家对中国缺乏深入了解并有学者抱有一定的偏见，是他们的经济发展理论未能将中国等发展中大国纳入发展经济学研究范围的主要原因。作为发展中国家，无论大国、小国，也无论资本主义国家还是社会主义国家，只要处于发展中状态与水平，就会表现出某些相同的特征，碰到某些相同的问题，显示出具有共同规律性的一面。同时，大国的国情条件、发展方式和历史轨迹与小国往往并不相同甚至是大相径庭的，表现出具有特殊规律性的一面。因而，研究发展中小国无法代替研究发展中大国，以小国为研究对象不能代表对包括大国在内的所有发展中国家的研究；相反，发展中大国在世界经济发展中处于比小国更为显著的地位，研究发展中大国对于发展经济学来说反而具有更强的代表性。秉持科学态度公允而论，发展经济学的研究对象既然是发展中国家，那么无论是发展中的大国还是小国，无论是发展中的资本主义国家还是社会主义国家，都应该纳入发展经济学的范围来加以研究。张培刚最早洞悉和指出这一问题，并于1989年发表《发展经济学往何处去》，在中国经济学界引起巨大反响；为解答这一问题，他还亲自主编出版《新发展经济学》（1992），明确提出了"发展中大国应该成为发展经济学的重要研究对象"的命题，可简称"张培刚命题"。

他提出的问题和命题，得到珞珈学者的积极回应，除许多珞珈学者直接参与张培刚主持的研究外，还有一些学者从不同侧面开展了对这些问题的研究，出版和发表了一些相应的学术成果。如李京文主编的《国际技术经济比较：大国的过去、现在和未来》（1990）；郭熙保等发表的《WTO 规则与大国开放竞争的后发优势战略》

（2007）；简新华发表的《发展中大国的发展优势与劣势》（2012）等。还有一些张培刚的追随者也积极开展了这方面的研究，如被称为长期师从张培刚开展中国发展经济学研究的陈文科，主编出版了《大国发展问题丛书》（10 本），其中包括他自己的著作《大国发展的十大困惑：大国发展经济学难点探索》（1994）；另一学者欧阳峣"追寻张培刚的命题"[1]，先后出版了《大国经济发展理论》（2014）、《大国发展经济学》（2019）等著作，谭崇台对其研究予以支持，曾对其前著发表书评予以充分肯定[2]；此外，还有许多其他学者出版了诸多这方面的相关著作和发表了诸多相关论文，恕不一一赘述。

从国际经济学视角考察，在西方发展经济学陷入"衰落"困境之时，将发展中大国纳入发展经济学范围进行研究，为发展经济学研究注入了新元素、指明了新方向，实现了发展经济学的一次新拓展、新突破，使发展经济学得以解救"危机"，并在中国获得蓬勃大发展。

（三）特色鲜明地以落脚中国经济发展问题为探求目标

珞珈经济学者大都将学术研究目标落脚到中国经济发展问题上，以追求最终促进中国经济的发展。张培刚撰写《农业与工业化》，中心目标就是要探讨第二次世界大战后中国将面临如何实现工业化的问题；谭崇台引进和研究西方发展经济学，是要利用西方发展经济学的理论成果来考察和分析中国经济发展中的困难和问题，从中寻找有益的借鉴和启示。其他珞珈经济学者也是如此，如李崇淮、刘光杰关于武汉经济发展战略和中国经济发展战略的研究；辜胜阻关于中国经济改革与发展中非农化与城镇化的研究；董辅礽关于中国经济增长模型、中国经济发展理论的研究；李京文关于中国技术经济学和中国数量经济学的研究；刘再兴关于中国经济地理学和中国区域经济学的研究；尹世杰关于中国消费经济学的研究；以何炼成为代表的众多珞珈学者关于中国发展经济学的研究；刘诗白关于新时代发展背景下中国经济学构建的研究；等等，最终都落脚到了促进中国经济发展的问题上。把落脚中国经济发展问题作为学术探求的目标，这是中国经济学者们共有的研究特色，在以发展经济学为基础理论的珞珈经济学者群体中这一特色体现得尤为鲜明与突出。

从国际经济学视角考察，将落脚中国经济发展问题作为学术探求目标具有重要的

---

① 欧阳峣. 追寻张培刚的命题 [J]. 大国经济研究，2013（00）：259 – 265.

② 参见谭崇台. 应该重视大国经济发展理论的研究——欧阳峣等著《大国经济发展理论》评介 [J]. 经济研究，2014，49（06）：189 – 192.

世界意义。首先，中国作为发展中大国，在世界经济发展中居于重要地位，中国巨大的经济总量和实力足以改变世界格局，影响世界进程，研究和解决好中国经济发展的问题，本身就是对世界经济和国际经济学的重大贡献；其次，中国学者研究中国经济发展问题比外国学者研究中国经济发展问题具有得天独厚的优势，通过中国学者的科学研究，可以为外国学者提供足资凭信的研究信息与学术成果，推进国际经济学的发展；再次，中国在现代化发展道路上，经过艰辛探索，最终选择中国特色社会主义现代化发展模式，已被实践证明是成功的，研究中国经济发展问题可以为发展中国家走向现代化提供中国经验和中国方案；最后，作为一个学派，由聚集在中国发展经济学领域的一批发展经济学学术精英较为集中并持续地研究中国经济发展问题，会更有利于揭示中国经济发展的规律，解密国际经济学界备受关注的中国经济发展奇迹。

七、尚未广泛认可有待重振旗鼓

就学派创立标准而论，珞珈经济学人试图创建的珞珈经济学"学派"似乎已基本符合学派创建的条件；就属性特质而论，它是试图创建一个自创新兴学科作为基础理论的"中国发展经济学"学派；就地位与影响而论，其在创建过程中斩获了诸多殊荣与重奖，不仅在中国著名高校足值高度重视，而且在国际经济视野也不可小觑；但就目前状况而言，它却尚未获得广泛认可而有待重振旗鼓。

（一）作为学派尚未被广泛认可

中国经济学界对于许多珞珈知名学者的认可，应该说是毋庸置疑的。民国时期的"部聘双杰"杨端六、刘秉麟以及任凯南、皮宗石、李剑农等一批珞珈先贤学者，中国发展经济学界"双子星"张培刚、谭崇台以及吴纪先、李崇淮、刘涤源等一批珞珈知名教授，董辅礽、李京文、胡代光、何炼成、刘诗白等一批珞珈杰出校友，他们在中国学术界的影响力与认可度可以说是耳熟能详、有口皆碑的。从单个个人看是如此，从整体形态看也是如此。从整体形态上看，珞珈经济学者们在发展经济学领域的影响力与认可度，在中国经济学界也可以说是独占鳌头的。

但是，作为一个学派，就中国目前来说，其认可程度似乎还基本上只局限在部分珞珈校友和校内少数机构与学者的范围内。按照何炼成的说法，最先以口头方式提出经济学"珞珈学派"之称的"好像是"彭明朗。彭明朗为湖南财经学院经济研究所教授和华中科技大学经济发展研究中心兼职教授，1949 毕业于武汉大学经济学系，长期与武汉大学保持密切联系，并追随自己的恩师张培刚开展发展经济学研究，是与母校以及母校恩师联系紧密的一位校友学者。大力倡导并积极开展经济学"珞珈学派"创建的典型代表是何炼成，他是与母校联系更为紧密的校友学者。珞珈经济学"学派"创建校友学者中另一位情系母校并为母校经济学教育创新倾注过大量心血的人物邹恒甫，他所使用的称呼是"武大学派"。其他校友也以不同方式表达过对珞珈经济学"学派"创建的认可。如陈东升"梦想建一个'珞珈学派'"；本科毕业校友呙中校称张培刚、谭崇台与武大其他经济学者一道"共同开创了中国经济学界的'珞珈学派'"；博士毕业生校友夏斐在武大 110 周年校庆期间，以《光明日报》记者身份发表过包括武汉大学经济学科在内的有关"珞珈学派"的报道①等，这些都可视为对珞珈经济学"学派"创建的直接认可。著名校友董辅礽和万典武在介评张培刚主编的《新发展经济学》时，认为该书"堪称'发展经济学中国学派'的创见之著"②，也可视为以间接形式对珞珈经济学"学派"创建的认可。

除部分校友外，在珞珈本部对经济学"珞珈学派"称谓予以回应的学术机构是武汉大学经济发展研究中心和西方经济学学科点。武汉大学经济发展研究中心在报刊上对武大西方经济学重点学科进行介绍时，所使用的提法即为"把武大打造成发展经济学珞珈学派大本营"。珞珈本部学者使用过经济学"珞珈学派"之称的为肖利平和王今朝。肖利平是武汉大学经济学系和经济发展研究中心的副教授，是武汉大学西方经济学，尤其是发展经济学学科团队的青年学者，曾撰文悼念谭崇台赞其"是蜚声海内外的发展经济学研究'珞珈学派'的重要开拓者。"王今朝是武汉大学经济学系和经济发展研究中心的教授，是谭崇台的博士研究生，对发展经济学和中国经济发展问题有较多研究，他在追忆其恩师谭崇台留学归国时，指出当时武汉大学几乎云集了国内最顶尖的学者，"后来得以在中国学界开宗立派，以'珞珈学派'闻名于世"③。王今朝本人则在恩师谭崇台教授以及诸多武大学者研究的基础上，基于马克思主义政治经济学研究中国发展问题，出版专著《中国经济发展模式：政治经济学解读》（2013，该书于 2014 年获第二届刘诗白经济学奖），提出了发展经济学的本质是政治经济学的主张；他把"发展"定义为科学目的的达到，出版专著《中国经济发展模式：政治经

---

① 参见本书绪论"二"中的相关内容。

② 董辅礽，万典武.《新发展经济学》简介 [J]. 改革，1994（01）：144－146.

③ 本自然段的引文，参见本书绪论"二"中的相关注释。

济学占优设计》（2018），提出了占优经济发展模式的理论，主张中国应该建立占优的经济发展模式。

在互联网上，有些作品曾用网络语言"盘点"过中国经济学界的几大"门派"或"山头"，其中均涉及对珞珈经济学"学派"创建的描述与认可。

但冷静分析即可看出，学术界对珞珈经济学"学派"创建的认可还是十分有限的。首先，它主要局限在部分校友和本部少数机构与学者的范围内，因而还基本上停留在有限的自说自话层面上；其次，即令是校友与本部学者，也主要表达为对经济学"珞珈学派"称谓的认可，真正认为珞珈经济学"学派"已然创建的实际上只有何炼成一人；最后，网络作品是现代信息社会一种重要的表达方式，但其学术含量到底有多大毕竟暂无明确的评价标准予以证明。因此，作为一个学术流派，珞珈经济学"学派"创建至今实际上尚未获得中国学术界的广泛认可。

在国际学术界，张培刚因对发展经济学有开创之功而大获盛赞；杨小凯以其创建新兴古典经济学而在西方主流经济学界获得重要一席；董辅礽被法国政府授予军官级学术勋章；李京文当选俄罗斯科学院外籍院士、俄罗斯人文科学院院士、国际欧亚科学院院士、世界生产力科学学院院士；邹恒甫受聘为世界银行研究部终身高级经济学家，在国际经济学界排名一度居华人经济学家之首；何炼成受聘为日本同志社大学、美国西密西根大学、德国吉森大学兼职教授；谭崇台主编的教材获美国权威专家的高度赞赏与好评；由华生等人的系列研究成果所形成的双轨制理论获得诺贝尔经济学奖获得者的赞誉；陈文蔚被美国玛瑞塔学院授予至今唯一一项名为"特级杰出讲座教授"的荣誉称号，学校并为其铸半身铜像置入荣誉教授纪念堂作永久纪念等，表明这些珞珈学者在一定程度上是获得国际学术界认可的。但作为学派，在国际经济学界至今也无"珞珈学派"一说，也就谈不上珞珈经济学"学派"创建被国际经济学界予以认可了。

出现这一状况的原因至少有三：第一，自身缺乏态度坚决的学派意识。在珞珈相关学者中，只有何炼成表达了态度坚决的学派创建意识；张培刚、谭崇台终生未曾提及创立"珞珈学派"之事；刘诗白明确主张慎言"珞珈学派"，建议暂用"珞珈学人"概念。为人谦虚谨慎，低调做人而高调做事，这似乎是中国学术大家和传统知识分子共同的做人原则与行事风格；按照这些学者的人品性格，即令他们自己有意创建学派也是决不会轻易溢于言表的。这些也都在一定程度上表现为珞珈学者们学派意识的欠缺。第二，缺乏认真深入地提炼与总结。西方经济学说史上的许多学派之称其实都是后人提炼与总结出来的，古典经济学派的创立者亚当·斯密在完成自己的代表作

《国富论》（1776）、剑桥学派的创立者马歇尔在完成自己的代表作《经济学原理》（1890）、凯恩斯在完成自己的代表作《就业、利息与货币通论》（1936）时，恐怕都不曾想到自己是在创立一个其后广为流传、影响深远的学派。将他们的学说加以提炼、总结，并概括为一个特色鲜明的经济学流派，这是后人所做的工作。其实，这种提炼、总结、概括，本身也是一项科研工作，也是对已有理论学说的深化与创新。中国存在产生学派的肥沃土壤，是否产生学派，产生了怎样的学派，这是需要人们去提炼、总结与概括的。珞珈经济学"学派"的创建至今未被广泛认可，缺乏认真深入的提炼与总结也应是主要原因之一。第三，学派创建理论有待发展完善，目前还缺乏足够的成熟度与震撼力。学派理论是通过学术成果予以展示的，在经济学领域，中国迄今未能产生像亚当·斯密的《国富论》、马克思的《资本论》、马歇尔的《经济学原理》、凯恩斯的《就业、利息和货币通论》那样惊世骇俗、影响深远的经济学传世之作。中国如果自身能够产生这种原创性的传世之作，其理论的成熟度与震撼力必会大大增强；如果理论足以震聋发聩、石破天惊，自然会引起学术界的高度重视，自然会得到学术界的高度认可。因而，就珞珈经济学"学派"创建目前情况来看，进一步发展和完善学派创建自身的理论学说，应该是使其得到学术界广泛、高度认可的根本出路所在。

（二）目前急需重振旗鼓

就目前情况而论，珞珈经济学"学派"创建正处于何炼成所说的急需重振旗鼓的状态与阶段，主要表现在以下 4 个方面：

第一，首当其冲的是学术领袖的缺失。学术领袖是一个学派得以形成和发展的首要因素。学术领袖通常是一个学派学术思想和学术基业的缔造者；学科发展领域和学术研究方向的引领者；学科群体、学术团队和学术追随者的领导者和组织者。倘若没有学术领袖，各有所专的学术个体一盘散沙、各逞其能，那么也就无法聚合成学旨相通、学理相融、学风相同的学术共同体。珞珈经济学"学派"创建之所以尚有较为辉煌的历史，最重要的原因就在于有两代学术领袖杨端六、刘秉麟和张培刚、谭崇台的领军挂帅。他们瞄准国际学术前沿，脚踏中国发展实地，引领学科发展方向，以师承和校友关系为纽带，带领一众学脉相通、学缘相投的珞珈经济学者及学子在发展经济学基础理论和发展经济学中国理论的研究与应用探索中大显身手，实现共同的学术理想与追求，这才是珞珈经济学"学派"得以创造辉煌的关键所在、精髓所在。目前武汉大学经济学科虽然拥有不少出类拔萃的专家学者，但正如习近平总书记所指出的那样，"我国哲学社会科学还处于有数量缺质量，有专家缺大师的状况"①。武汉大学经济学科目前的状况也是如此，显然缺少像杨端六、刘秉麟、张培刚、谭崇台那样的大师级学者，而且在短期内似乎也难有这种大师级学者的出现。因而，大师级学术领袖的缺失也就成为珞珈经济学"学派"创建目前存在的最突出问题。当然，大师虽去，精神犹存。目前珞珈经济学"学派"创建的当务之急，就是要解决学术领袖缺失的问题。

第二，学科群体中缺少雄居一域、各执牛耳的学术大家，学科整体水平有待提升。目前的武汉大学经济与管理学院，学科不可谓不齐全，学者中也不乏学科中坚与学术带头人，但却不仅缺少像张培刚、谭崇台那样的大师级领军人物，而且也缺少像吴纪先、刘涤源那样在自己学科专业领域影响突出、声望显著的知名学者；与此紧密相联，经济学科的整体水平大受影响，学术地位显露出不升反降的迹象。张培刚执掌武汉大学经济学系时，武汉大学经济学科的总体水平可与南开大学相媲美自不必说；即令改革开放后直至本世纪初，武汉大学经济学科的整体水平也还一直处于比较强势的地位。但是，这些年的情况却有所变化。理论经济学一直是武汉大学的传统优势学科，2017 年国家实施"双一流"建设战略时，理论经济学被列入"一流学科"建设的学校只有 3 所，即北大、人大和武大。现在武汉大学的理论经济学虽然仍在国家重点建设的"一流学科"之列，但在学科排名中其名次却明显下滑。在全国高校中，武汉大学理论经济学的整体水平在 2002～2004 年第一轮学科评审时排名第 5；至 2017 年第四轮学科评审时已降至第 8，其降幅不可谓不大。武汉大学的应用经济学是改革开放后才逐渐兴建发展起来的，现在虽已具备较强的学科实力，但距离一流学科的水平还存在明显的差距。这种状况是不足以支撑学派创建"重振旗鼓"的。

第三，校友学者中目前尽管也有一些雄居一方的杰出人士，但却缺少像董辅礽、李京文、胡代光、何炼成、刘诗白那样学养深厚、成就卓越、声誉显赫的著名学者。人才培养是学派形成和发展的一大重要因素和一项重要指标，学派的传承与发展离不开人才的培养，注重人才培养也是武汉大学经济学科得以繁荣昌盛的一大法宝。但是，目前中国高等教育在社会环境、管理体制、培养模式等方面均存在诸多突出问题，导致杰出人才难以培养出来。正如"钱学森之问"所感慨的那样："现在中国没有完全发展起来，一个重要原因是没有一所大学能够按照培养科学技术发明创造人才的模式去办学，没有自己独特的创新的东西，老是'冒'不出杰出人才。这是很大的

---

① 习近平. 在哲学社会科学工作座谈会上的讲话［M］. 北京：人民出版社，2016：7.

问题。"① 珞珈经济学"学派"创建"重振旗鼓"目前所面临的,也正是人才培养总体效果欠佳、杰出人才"冒"不出来的困境。

第四,作为衡量学派发展水平与认可高度的重要标志,珞珈学者们目前取得的学术成果总体来看还达不到学派创建"重振旗鼓"所需的要求。珞珈学者们目前虽然取得数量众多的学术研究成果,甚至不乏高品质、重量级的成果;但从学派振兴视角来看,却存在两个突出问题:一是缺少具有足够成熟度与震撼力的标志性成果,没有产生被学界公认的有如张培刚的《农业与工业化》那样的原创性成果乃至传世之作;二是缺少可资拓展和深化学派核心理论、提升学派学术品牌的群体性组合式成果,亦即所出成果缺少聚焦度,过于分散化,学科整体发展方向和学术聚集力不如以往明显,缺乏足够强大的学科凝聚力与学术整合力,难以形成足以支撑学派重振雄风、特色优势显著的核心竞争力。这就意味着,学派的团队合作意识与整体学术思想水平有待提高,尚未达到学界普遍认可乃至国际认可的高度。

第二节
珞珈经济学人"学派"创建研究启示

作为中国著名高校之一,我们选择一个具有代表性的典型案例,围绕武汉大学特色优势学科,以发展经济学及相关理论探讨与实践探索为中心,通过对该校珞珈经济学人"学派"创建情形的初步探讨与大致总结,完全可以从中获得一些有益的启示。

一、认清学派创建意义,增强学派创建意识

珞珈经济学人在学派创建中,存在一个中国著名高校乃至中国经济学界较为普遍存在的突出问题,就是缺乏学派创建意识。这一情形在民国时期的国学领域似乎并不存在,因为在这一领域民国时期就出现过许多著名的国学大师,以至于出现过一些较为著名的学派,如以章太炎、黄侃为代表的章黄学派,以顾颉刚、钱玄同等为代表的

① 靳晓燕,齐芳. "钱学森之问"引发的思考 [N]. 光明日报,2009 – 12 – 05(001).

疑古学派等。这得益于中华民族悠久的历史文化遗产与学术传承，中国学者研究起来感受深切，较为自信，具有得天独厚的优势。然而，经济学领域则表现出大为不同的情形与特征，民国时期中国的经济学在国际经济学界处于比较落后的状况，学者们学习、传播西方的经济理论都唯恐不及，哪来胆识去急于创建自己的学派呢？张培刚的情况则具有一定的特殊性，他的博士学位论文是在哈佛大学完成的，他是在西方经济学前沿理论环境下创立农业国工业化理论并成为发展经济学的创始人的；之后他又在无学派意识的状态下成为珞珈经济学"学派"创建的一代领军人物。新中国成立至中国改革开放以前，由于受极"左"思潮的影响，中国学者不敢"离经叛道"跨越雷池一步，当然也就不会去考虑创建学派的事了。

中国著名高校是在改革开放后才逐渐开始提出经济学的"学派"之称的，哪怕许多所称"学派"在此之前即被视为已然形成；但从认可或发掘角度看，却是改革开放以后的事。改革开放以后，长期束缚学者们的思想禁锢逐渐开始放松与破除，近20多年来国家教育部实施"211工程""985工程""双一流"建设等一系列高等教育发展的战略举措，正是在这一过程中，中国著名高校的"学派"之称才先后得以提出。最先以高校简称或别称命名提出和倡导"学派"之称的是著名学者，如北大的厉以宁、原清华的王瑶和武大校友何炼成，可以说是发端于著名学者个人的学派意识；然后才有学校、校属学院与学术机构提出相关诉求，制定相关战略与规划，亦即才有学校、校属学院和学术机构集体的学派意识的浮现。

但是，时至今日，在以学校简称或代称命名"学派"之称的中国著名高校范围内，无论是学者个人还是学校以及校属学院与学术机构集体，学派意识实际上都还相当薄弱。就个人而论，至今也没有几人在学派创建上发出强烈呼声并身体力行地去倾心打造自己心目中的所谓"学派"；就集体来说，至今也没有几所著名高校在学派创建上拿出详细而有力的措施与办法来。目前提出经济学"学派"之称的9所著名高校，在它们的学校和校属学院与学术机构中，明确表示将经济学"学派"作为愿景规划来加以打造的并不多。在学校层面上，目前只有复旦的校党委书记在一次讲话中和人大公布的"双一流"建设方案中对经济学"学派"创建有明确的表示；北大党委副书记对经济学院形成经济学科的"北大学派"有所强调。其他6所著名高校的学校"双一流"建设方案中，要么对经济学"学派"创建没有单独提及，而是表达为对哲学社会科学"学派"的努力打造，如武大、厦大；要么虽然提及人文社会科学"学派"打造的问题，但对是否包括经济学"学派"创建却表达得较为笼统与含糊，如中大；要么对经济学"学派"创建压根未予提及，如南开、吉大和西北大学。也就是说，在学校层面上仅 3 所著名高校对经济学"学派"创建有明确表示或有所强调，仅占 9 所著名高校的 33.33%；占所有以校名简称或代称命名提出"学派"之称的 26 所高校的 11.54%，显得实在太少。在校属学院与学术机构层面上，北大的经济学院表示要"建设中国风格、北大学派的经济学科"；武大的经济发展研究中心提出要"把武大打造成发展经济学珞珈学派大本营"；吉大的经济学院表示"争创'吉大政治经济学学派'"，这 3 所高校的所属学院或学术机构算是对经济学"学派"创建作出了明确的表达①，在 9 所著名高校中所占比重也仅为 33.33%。总体来看，无论是学校层面还是校属学院与学术机构层面，明确表达要创建经济学"学派"的并不太多；而且也基本上停留在作为发展战略与未来规划的层面上，表明集体学派意识尚处于较为薄弱或基本缺失的状态。

从思想认识上寻找原因，个人和集体学派意识的薄弱或缺失在很大程度上是由于未能认清学派创建的重大意义。学派创建对于人类历史的影响与国家确立科技竞争力的价值不用多说，著名史学家刘泽华曾指出："从思想史看，只有形成流派的思想，才能把认识推向深入，才能构成一种强大的社会力量，流派对历史的影响比之个人要大的多。"② 中国科学院院士汪品先也曾说过："应该相信，在科学上只有建设独立发展能力，形成自己的学派，才会真正确立国际竞争力。"③ 就大学学派创建而论，它对学校的建设和发展其实是非常重要的。按照刘道玉的说法，"学派是学术精英凝聚的群体，是衡量一所大学乃至于国家学术水平高低最重要的标志。一个没有学派的大学无论如何不能称为世界一流水平的大学"④。大学，尤其是高水平一流大学，它是凝聚学术精英，引领学科建设，产出学术精品，培养杰出人才，乃至形成优良学风的场所。在这里，学者、学科、学术、学生、学风融于一体，"五学"兼备，"五学"俱优，乃孕育出"学派"。因而，从这一意义上说，大学，尤其是高水平一流大学与学派天然就具有不可分割的联系。世界一流水平的大学，通常都处于"五学"俱优的状态，"学派"在它们那里，不是已经形成就是在形成的过程之中。前面提及的芝加哥大学、哈佛大学、伦敦大学、弗莱堡大学等就无一不拥有自己的学派。大学是学术的殿堂，学派是深藏在这个学术殿堂中最珍贵的璀璨明珠。拥有这颗最珍贵的璀璨明珠，可以为学校吸引更多学术精英，进一步增强特色优势学科，产出更多更好的学术

---

① 详情参见本书绪论"二"中的相关内容。
② 刘泽华. 前言 [A]. 刘泽华. 先秦政治思想史 [C]. 天津：南开大学出版社，1984：9.
③ 汪品先. 迎接科学研究的"中国学派" [J]. 中国科技奖励，2019（06）：6－7.
④ 刘道玉. 大学必须重视学派的建设 [J]. 教师教育论坛，2018，31（05）：50－56.

精品，培养更多更好的杰出人才，乃至形成优良的学风并营造良好的学术生态环境，提高学校的影响力和学术声誉，为学校的建设和发展带来更为光明的前景。否则，是不能建成高水平一流大学的。因而，从这个意义上说，有无学派，能否创建学派，是衡量一所大学能否建成高水平一流大学的重要标志，直接关系到学校的前途和命运。

认清学派创建意义、增强学派创建意识，对于中国著名高校的学派创建具有特殊意义。这不仅因为当前中国著名高校面临"双一流"建设的重要任务与历史使命，而且更在于中国在目前政府主导的教育体制下，学派能否创建在很大程度上取决于教育主管部门领导下集体"学派"意识的具备状况。对于中国著名高校来说，认清学派创建意义、增强学派创建意识对于"学派"生成而言，不仅十分必要，而且完全可行。

就武汉大学的情况来说，毋庸讳言，无论学者个人还是学校集体，对于学派创建意义的认识并未完全到位；经济学"珞珈学派"创建呼声较为强烈的也仅仅只有校友何炼成一人而已，总体而论，基本上都还处于学派意识欠缺的状况。这种状况势必影响"学派"的创建，已创建的学派也不会被广泛认可和具有长久的生命力，必须引起有关部门和领导的高度重视。

二、营造学派生成环境，提高自主创新能力

学派的生成是需要适宜的学术生态环境的，犹如植物生长之于水土与阳光。植物的生长离不开水土与阳光，学派的生成也离不开适宜的学术生态环境。没有适宜的学术生态环境，无论人们多么重视学派的创建，也无论创建者有多强的学派意识，所谓"学派"也是无法生成和生存的。适宜的学术生态环境，可以说是学派生成的前提条件与首要因素。民国时期之所以学术大师辈出，改革开放后之所以涌现出一大批著名学者，就是因为适宜的学术生态环境起到了至关重要的作用。这其中的道理，要从学派生成的机理说起，学术生态环境无非是为满足学派生成机理提供发挥作用的条件，使其机理能有效地发挥作用，从而促进学派的生成。

"钱学森之问"提出：这么多年来为什么我们的学校总是培养不出大师级杰出人才？"李约瑟之问"提出：科学技术革命为什么未能在中国发生？"诺贝尔奖之问"提出：中国为什么很难培养出获诺贝尔奖的科学家？这些旷世之问实际上都涉及我们是否为培养大师级杰出人才或诺贝尔奖科学家乃至发生科学技术革命的内在机理提供了适宜的生成环境或条件。在这里，学派生存机理是内因，它起决定性作用。

所谓学派生成的内在机理，概括地说就是学术主体自主创新能力的发挥，其内在逻辑是：学术主体通过发挥自主创新能力，产生大师级学术领袖，在学术领袖带领下形成学脉相承、学缘相投、学旨相通、学理相融、学风相同的学术共同体。这其中，"自主"是前提，学术主体若不能自主和独立，受到各种干扰因素或条条框框的束缚，也就无法解放思想、追求真理、实现创新，"自主"决定学派生成的时机选择、启动模式与学术发展方向，它形成学派生成的先导机制；"创新"是核心，创新是一个国家兴旺发达的不竭动力，也是学术流派生成兴盛的根本动能，它形成学派生成的驱动机制；"能力"是保障，能力决定效率，决定学派能否最终生成及其发展兴盛所能达到的高度。学派生成的内在机理就是通过"自主"先导机制、"创新"驱动机制和"能力"保障机制三者的有机构成而共同发挥作用的。

珞珈经济学"学派"的创建之所以取得一定的成效，正是这三种机制发挥作用的结果。民国时期，杨端六敢于推辞蒋介石的任命，在坚持"三不"原则下勉强做了个不穿军装的上将，始终潜心于自己所钟情的教学工作与科研创新；张培刚在哈佛大学以"农业与工业化"作为自己的博士学位论文选题，撰写出发展经济学的奠基之作，回到武汉大学出任经济学系主任后从国外引进一批优秀学者，组建武汉大学经济学科的优秀学科团队；中国改革开放后，谭崇台在美国访学期间洞悉到发展经济学这门学科对中国这个发展中大国经济发展的重大意义，将从事发展经济学理论研究及其在中国的应用探索作为自己的终生选择与追求。这些都说明，珞珈经济学者们是在坚持自主和独立的前提下选择自己的学术研究、学科创建与理论创新工作的。正是在自主和独立的前提下，学者们实现了从自创发展经济学基础理论到深入探讨发展经济学中国理论的一系列、系统性、全方位的理论创新，开创了珞珈经济学"学派"创建从初创到续创与再创并实现相对繁盛发展的良好局面。珞珈经济学"学派"创建的这一过程表明，只要"自主"先导机制、"创新"驱动机制和"能力"保障机制健全，中国经济学的"学派"创建与兴盛并非天方夜谭，是完全可以实现的。

在内在机制健全的条件下，外部机制的作用就成了决定学派生成与否的关键因素。对于大学而言，其学派生成的外部机制集中表现在前述的学术生态环境上。学术生态环境对学派生成是一把"双刃剑"，它形成正负不同的两种机制并相应地具备两种截然不同的功能。两种机制分别为激励机制与约束机制。对于学派生成而言，前者具备积极的正向功能，起保护与促进作用；后者具备消极的负向功能，起抑制甚至扼杀作用。也就是说，大学学派生成的学术生态环境要么通过激励机制发挥正向功能予以保护和促进，要么通过约束机制发挥负向功能予以抑制乃至扼杀。

从内容上看，大学学派生成的学术生态环境大致包括三个层面的环境，可称之为大环境、小环境和微环境。大环境指国家、社会所提供的环境；小环境指大学提供的环境；微环境则指学派生成的学科点、学术机构、学术组织提供的环境。

就大环境而论，它包括国家提供给大学的物质技术条件、高等教育管理体制、知识分子在社会上的地位乃至整个学术界的气息与氛围等。从大学学派生成的视角看，它所需要的是大环境正向功能的发挥，理想状态是学术界充满宽松自由的气息和勇于探索的精神与活力，根本标志是学者具有民国著名国学大师陈寅恪所提出的"独立之精神，自由之思想"，最佳效果是保护和促进学派生成的自主创新机制得以有效的发挥其作用与功能。民国时期，胡适可以与正襟危坐的蒋介石若无其事的照合影；蔡元培做北大校长时可以坚称自己决不做政府任命的校长，自主实行"教授治校"，贯彻"思想自由，兼容并包"的办学方针，不拘一格重用人才，将当记者的梁漱溟等聘为北大教授。这些都以不同方式表明了当时知识分子的人格独立与大学环境的宽松自由。国立武汉大学组建成立后，壮丽典雅新校舍的修建使学校一跃成为条件优美的著名大学；学校在宽松自由的大环境下引进大批知名教授，经济学科正是在这种情况下得以兴盛发展，并逐步具备开启学派创建进程的有利条件。不幸的是，历次政治运动、特别是"文化大革命"，使中国学术界遭受沉痛打击，也给武汉大学带来巨大冲击，张培刚耽误了比金子还宝贵的 30 年时光，谭崇台被迫调离经济学系 21 年。著名史学家、被誉为"南开学派"一面旗帜的刘泽华曾现身说法地描述过当时知识分子的"思维模式"："我没有独立的学术观念和见解，当时大的思想路数就是定型化范围内的'加减'法。那时，既想从事点研究，又怕犯错误，所以，久而久之形成了一种思维模式，我称之为'防御性思维'。防御的基本功就是，凡是论述一个问题，都要设法找到所谓的理论依据，即马恩列斯毛的语录，如此就算有了'防御工事'，也就有了安稳感。"① 这是大环境抑制机制对学派生成发挥负向作用的典型例子。在这种大环境下，所谓学术创新、学派创建也就根本无从谈起，可见学术生态大环境对于大学学派生成是何等的重要。朱光潜曾于 20 世纪 20 年代初撰文，指陈"我国学术界的最危险的通病"："无爱真理的精神""无批判的精神""无忠实的精神""无独立创造的精神""无实验的精神"。② 这五大通病至今似乎仍然或多或少地存在于中国的某些学术领域，值得引起我们足够的重视。

---

① 刘泽华. 八十自述：走在思考的路上 [M]. 北京：三联书店，2017：244.

② 朱光潜. 怎样改造学术界？[A].《朱光潜全集》编辑委员会. 朱光潜全集（第八集）[C]. 合肥：安徽教育出版社，1993：30.

在大环境相同的情况下，某一大学是否生成学派也就取决于大学自身的小环境了。国立武汉大学时期，王世杰、王星拱、周鲠生几位校长筚路蓝缕，努力为新校创建和发展奠定基业。他们求贤若渴、广揽贤才，在教师聘用中摒除门户之见，兼容并包，经济学科的杨端六、陶因、李剑农、戴铭巽、刘秉麟、彭迪先、张培刚、刘涤源、谭崇台等，就是在他们任期内先后被招聘至武汉大学的。李达任校长期间，致力于建设具有国际水平的一流大学，为许多学科的建设与发展付出了大量心血，特别是为恢复重建武汉大学哲学系做出了重要贡献。改革开放后，刘道玉在担任武汉大学校长期间，积极实施一系列现代教育制度改革，被誉为"武大的蔡元培"，珞珈学子和众多人士称之为"永远的校长"。这些校长的共同特点是遵从高等教育规律，爱惜人才，致力于校园宽松自由学术环境的打造。许多珞珈学子和校友都对此深有感触，记忆犹新。经济学系 1940 级校友袁征益曾回忆当时的武大，"学术氛围浓厚，思想活跃""提倡学术自由，用人兼收并蓄""对于延聘教师，只要有真才实学，能教书育人，为人师表，不管他们信仰什么主义，更不分学术流派，都兼容并蓄"。① 经济学系 1941 级校友万典武回忆称自己日后取得的成就"不得不归功于母校诸位老师的治学精神和母校比较宽松的学术气氛对我的熏陶"②。1953 ~ 1976 年在武汉大学经济学系任教的尹世杰曾回忆："在武大，良好的学风和学术环境使我排除顾虑，大胆研究有些人视为有'风险'，作为'禁区'的问题。这就为我以后研究消费经济，开创一门新学科打下良好的基础，这是很值得欣慰的。"③ 谭崇台和陈东升在谈到学校学术生态小环境时，所强调的是武大的精神。谭崇台曾回忆："这么多年来，武大一直保持着'求是'的学风，始终保持一种洁身自好、力争上游的精神，抵御外界不良因素的侵袭。我也在自己的岗位上，践行着前辈传承下来的武大精神。"④ 陈东升也曾说："回首过去，武大深厚的精神积淀伴随了我十多年来创业的每一步，在每个关键时刻都能带给我源源不断的精神力量。"⑤ 正是武汉大学这样一种良好的学术生态环境，为珞珈经济学"学派"创建发挥了积极的保护与促进作用。放眼世界大学可以看出，"学派

① 袁征益. 追忆陶因教授 [A]. 武汉大学经济与管理学院党政办公室. 商务门下：武汉大学经济与管理学院校友回忆录 [C]. 武汉：武汉大学出版社，2013：127，128.

② 万典武. 我在武汉大学是怎样学习经济学的 [A]. 武汉大学校友总会. 武大校友通讯（2002 年第 2 辑）[C]. 武汉：武汉大学出版社，2003：231 - 234.

③ 尹世杰. 珞珈情怀堪追忆 [A]. 武汉大学经济与管理学院党政办公室. 商务门下：武汉大学经济与管理学院校友回忆录 [C]. 武汉：武汉大学出版社，2013：87.

④ 谭崇台. 富有内涵而不外露的朴实 [A]. 武汉大学校友总会. 校友通讯（2013）[C]. 武汉：武汉大学出版社，2013：167.

⑤ 陈东升. 武大精神与我 [A]. 武汉大学经济与管理学院党政办公室. 商务门下：武汉大学经济与管理学院校友回忆录 [C]. 武汉：武汉大学出版社，2013：116.

的成功往往需要该大学行政中枢的支持，至少要有能力对抗行政部门的干预，芝加哥学派的衰落就是行政扼杀学术的典型反例”①。据说罗伯特·哈钦斯（Robert Hutchins）担任芝加哥大学校长期间，对芝加哥社会学派的经验主义研究非常反感，并对政治学系事务大加干预，导致系内教师之间不和及部分重要学者的出走，成为芝加哥社会学派和传播学派衰落的重要原因之一。这个反例也说明了大学学术生态小环境对学派生存发展的极端重要性。

除大环境和小环境之外，剩下的就是微环境了。相比而言，微环境对学派的生成是最为直接和贴近的，因而也就显得更为重要。可以说，在大环境和小环境相同的条件下，微环境直接决定某一学科点、学术机构或学术组织能否生成学派。

珞珈经济学“学派”的创建，是与武汉大学经济学科所具备的学术生态微环境绝对分不开的。校友袁征益回忆称，他在武汉大学经济学系读本科和研究生时，正值陶因任系主任，陶因提倡学术自由，他的经济学讲义，博采各家学说，能够容纳从西方经济理论到马克思主义的各种学说，他“鼓励学生独立思考，善于钻研”②。校友万典武回忆当时的老师思想开放，“学术空气比较浓厚、自由”③。何炼成回忆张培刚的教学时说：“张老师的教学还有一个突出的特点，就是采取启发式教学，提倡学生独立思考，畅谈自己的观点甚至和他不同的观点……。张老师这种民主的教学态度，给我留下了深刻的印象。二十多年来，我在教学中取得一些成绩，也是同张老师的民主态度对我的影响分不开的。”④ 可见，无论是陶因任系主任时期，还是张培刚任系主任时期，武汉大学经济学科点都洋溢着一股纯洁清新的教风学风和开放自由的学术气氛。到改革开放后，学者们开始大量介绍西方经济学说，刘涤源、谭崇台主编《当代西方经济学说》，参编者不仅有研究西方经济学说的学者，还有研究世界经济、外国经济思想史的学者；不仅有知名专家教授，还有博士研究生，大家齐心协力，共同合作，表现出一种和谐融洽的学术氛围。校友中的典型案例是何炼成。如前已详述的那样，他培养出了一大批中青年经济学家，他的教学风格极为民主与开明，他们那个群体学术环境相当宽松，学生可以很自由地发表个人观点与看法，他鼓励学生各抒己见、大

①　卢凌宇. 美国政治学学派繁荣之共性研究——以芝加哥、罗切斯特和耶鲁学派为例［N］. 中国社会科学报，2010 - 08 - 12（015）.

②　袁征益. 追忆陶因教授［A］. 武汉大学经济与管理学院党政办公室. 商务门下：武汉大学经济与管理学院校友回忆录［C］. 武汉：武汉大学出版社，2013：128.

③　万典武. 我在武汉大学是怎样学习经济学的［A］. 武汉大学校友总会. 武大校友通讯（2002 年第 2 辑）［C］. 武汉：武汉大学出版社，2003：231 - 234.

④　何炼成. 感恩母校国立武汉大学［A］. 武汉大学经济与管理学院党政办公室. 商务门下：武汉大学经济与管理学院校友回忆录［C］. 武汉：武汉大学出版社，2013：70.

胆创新，即令如张维迎所说的在当时看来是"离经叛道"的观点，何老师也未予批评，而是要求"言之有理""论之有据""自圆其说"。① 这些正是一个学派生成所需要的宽松自由、鼓励思想碰撞与理论创新的良好学术生态微环境。

目前武汉大学的珞珈经济学"学派"创建正处于急需重振旗鼓时期，决定能否重振旗鼓的首要条件在于能否营造好包括大环境、小环境和微环境在内的学派生成学术生态环境，关键措施在于健全和增强由"自主"先导机制、"创新"驱动机制和"能力"保障机制在内形成的自主创新能力。简言之，就是要营造良好学术生态环境，提高自主创新能力。

三、深化学派核心理论，提升学派学术品质

学派的核心是学术。一个学派要在学术界破土而出、站稳脚跟、大放异彩，其核心竞争力在于能有效凝炼和不断深化学派的核心理论，不断提升学派的学术品质。

珞珈经济学"学派"创建的核心理论是其自创的发展经济学基础理论和在此基础上阐发的发展经济学中国理论。应该承认，这一核心理论不仅特色鲜明，而且主题集中、意蕴深刻，现实意义重大。这一核心理论缘自杨端六、刘秉麟等珞珈先贤筚路蓝缕、披荆斩棘的早期研发；成于张培刚置身西方现代经济理论前沿，汲取西方现代经济学丰富滋养，自创以农业国工业化为理论主题的发展经济学；发展、完善于改革开放后张培刚、谭崇台引领下的众多珞珈经济学者，他们对发展经济学基础理论与发展经济学中国理论的深入探讨与创新研究。从珞珈先贤的早期研发到后来学者们的辛勤耕耘，在一代又一代、一批又一批珞珈学者的共同努力下，这一核心理论不断发展，日臻完善。

现在珞珈经济学者所面临的首要任务，是要守住珞珈先贤和前辈学者们留下的宏雄基业，重振学派创建的昔日雄风。关键举措就是要抓住根本，"咬住青山不放松"，继续凝练和深化学派核心理论。之所以要如此，原因在于：首先，这一核心理论已建构起较为清晰的研究框架结构与学术思想体系，已奠定坚实的基础；其次，这一核心理论已成为珞珈经济者意欲创建的"学派"有别于其他学术流派的根本标志，已形成极为明显与突出的特色优势；再次，这一核心理论已在学术界获得足够的话语权并发

---

① 参见本书第七章第一节"四"中的相关内容及注释。

挥较大的影响力，已在中国的发展经济学领域居于领先地位；最后，这一核心理论已在中国经济学界，甚至其中部分理论已在国际经济学界，得到一定程度的赞许与认可。

这一核心理论中的发展经济学基础理论，经过张培刚在珞珈先贤学者初创基础上广泛吸收西方现代前沿经济理论而完成的自我创建，到张培刚、谭崇台直至杨小凯的一次又一次自我创新与超越，已在发展经济学领域奠定了目前而论很难一下子予以撼动的坚实基础。但是，随着时代发展的日新月异与经济学理论的不断创新，珞珈经济学"学派"创建在发展经济学基础理论领域也面临着巨大的挑战，需要在这方面继续深化研究。发展经济学基础理论是珞珈经济学"学派"创建的最大优势所在与生成发展的根基所在，珞珈经济学者只有在这一领域继续贡献聪明才智，取得优异学术成果，提升自身学术品质，才能"任尔东西南北风"，保住自己的特色优势与领先地位。

相比而言，珞珈经济学者目前最需深化和提升的是学派在自创发展经济学基础理论基础上阐发的发展经济学中国理论。这是因为：首先，在珞珈经济学"学派"创建核心理论中，发展经济学中国理论的影响力表现得不及前一理论那么大，其认可度也不及前一理论那么高，前一理论是在国际发展经济学界也有较大的影响力和较高的认可度的。其次，在中国的发展经济学领域，发展经济学中国理论即学者们所称的"中国发展经济学"，实际上拥有众多的研究者，几乎是中国所有经济学者普遍关注并有不少学者有较深研究的理论，珞珈经济学者在这一领域虽已形成一定的特色和优势，但并未真正占据这一领域的学术制高点，也未绝然掌握这一领域的学术话语权。再次，珞珈经济学"学派"创建的发展经济学中国理论本身还不太成熟，虽然已有一些珞珈经济学者出版了这方面较有影响的学术成果，但似乎尚未形成学术界公认较为完备的学科架构与理论体系。不仅珞珈经济学者的这一理论是如此，几乎所有关于中国发展经济学乃至中国经济学的相关理论，似乎也大都表现出一种不太成熟的状况，因为至今也还没有哪一位经济学家或哪几位经济学者提出的中国发展经济学理论或中国经济学理论，被公认为已经达到了科学揭示中国经济发展规律的境界与水准。科学的真谛在于客观地揭示事物的本质及其发展规律，不能揭示或不能完全揭示中国经济发展规律的中国发展经济学理论或中国经济学理论，是不能被学术界所公认的，也不能称为已成熟的理论。

在这一情形下，珞珈经济学者目前在中国的发展经济学领域所最需做的，应该是两件事：一是增强学术聚合度；二是赓续学术传承性。

首先是增强学术聚合度。意思是指要将珞珈经济学者们的研究方向相对集中地聚集到中国的发展经济学领域中来,发挥各学科专业学者的学术特长,将自己的研究出发点或落脚点适当调整到中国经济发展与经济增长的理论与应用的学术频道上来。作为学者个体,每个人可以各施所长、自由发挥,形成自己的特色与优势;但作为学术共同体,它必须形成合力,发挥集群效应。珞珈经济学"学派"在其创建过程中,尤其是在其相对繁盛时期,一个较为成功的做法是几乎所有珞珈经济学者,无论是理论经济学还是应用经济学的学者,也无论是知名专家还是年轻教师,都或多或少地围绕中国经济的"发展"问题开展过相关研究并取得过相关的学术成果。一段时期,与中国经济"发展"相关的论文、著作和学术丛书层出不穷,犹如滔滔江水,浩浩荡荡、汹涌澎湃。这样才有了珞珈经济学科在学术研究领域所形成的整体特色与优势,才有了武汉大学经济发展研究中心成为国内唯一一个以"经济发展研究中心"命名的国家级研究基地,才有了珞珈相关学者在中国的发展经济学领域所占据的突出地位与享有的崇高声望。因此,增强学术聚合度,是珞珈经济学"学派"创建繁盛的一条重要经验与重要途径。

其次是赓续学术传承性。学术是需要传承的,学术传承性是学派的最主要特征。珞珈经济学"学派"创建就表现出明显的传承性特征。如果从该学派初创阶段算起,该学派创建的学术传承至今已大体经历了四代学者。第一代以杨端六、刘秉麟为代表;第二代是他们的学生,以张培刚、谭崇台为主要代表;第三代是张培刚、谭崇台这一代的学生,以董辅礽、何炼成等为主要代表;第四代则是董辅礽、何炼成这一代的学生们。这是一个粗线条式的大致划分,不同时期不同年龄段的学者根据自己的具体情况,还可以作出进一步的细化区分或确定自己处于哪一代际的位置。概括而论,该学派创建的核心理论基本上就是由这四代经济学者研究发展和代代相传的。从这一过程可以看出:第一,学术传承大都是紧紧围绕学派创建的核心理论展开的,所传承的是学派创建学术思想的精髓。第二,学术传承紧密伴随着学派创建的生成发展过程,该学派创建从初创到续创与再创,再到繁盛发展,始终都伴随着学派创建核心理论及其有关学术思想乃至学术风格的代代相传。第三,学术传承基本上是在师生之间进行的,尤其以嫡传为主要形式,承传方往往是忠诚的嫡传弟子。这里存在一个至关重要的问题,就是学术传承与"近亲繁殖"的悖论。在当今学术界,尤其在西方学术界,大都将在学科专业或学术机构内留下自己培养的学生作为学术梯队成员斥之为"近亲繁殖"而引为禁忌,这些年中国的一些"985"著名高校更是强调或硬性规定不能选留自己培养的博士,甚至只能引进洋博士等"海归"人士。这一做法对于高校整体发展的利弊得失,学术界已有较多评议,无须赘述;这里仅从学派生成发展的视角就可以看出，这一做法是存在较大问题的。因为它违背了学派生成发展需要学术传承的基本规律，正如中国社会学学科的重要奠基人、社会运行学派的开创者郑杭生所指出："照搬西方所谓'近亲繁殖'的说法，无视中国学派传承和发展的传统，对中国学派形成和发展起了釜底抽薪的消极作用。"① 目前的珞珈经济学者要引以为鉴，不能照搬西方"近亲繁殖"的说法，在传统优势学科，尤其在自己传统优势学科实力明显较强的学科，更是不能如此。要充分认识学术传承的必要性与重要性，守住珞珈先贤和前辈学者艰辛开创的学术基业，赓续并发扬光大珞珈经济学"学派"创建的优良传统，继续深化学派创建的核心理论，提升学派创建的学术品质，重振珞珈经济学"学派"创建的昔日雄风。

四、立足中国经济实地，攀登世界学术高峰

北大著名教授王选院士曾提出过科学研究的"顶天立地"之说。借鉴这一说法，在中国的发展经济学研究中，我们也必须立于中国经济发展实践之"地"，攀登世界学术高峰之"天"。

之所以要立于中国经济发展实践之"地"，这是因为：首先，中国发展经济学是根植于中国经济发展实践基础之上产生的理论与学说。要深化中国发展经济学研究，就必须基于中国的立场，关注中国经济发展的现实需要，从中国经济发展的实际出发，考察与分析中国经济发展的历史演进、制度变迁、现实状况、未来趋势，并从中发现新问题，总结新经验，探索新规律，为中国经济发展提供理论指导与决策依据。其次，中国发展经济学研究目前所面临的基本态势，是中国经济发展正在不断地实现伟大的实践创新，正如习近平总书记所指出："当代中国正经历着我国历史上最为广泛而深刻的社会变革，也正在进行着人类历史上最为宏大而独特的实践创新。这种前无古人的伟大实践，必将给理论创造、学术繁荣提供强大动力和广阔空间。这是一个需要理论而且一定能够产生理论的时代，这是一个需要思想而且一定能够产生思想的时代。"中国经济发展的伟大变革与实践创新，为中国发展经济学理论的创新与发展和中国经济学学派的生成与兴盛提供了肥沃的土壤与不竭的源泉。在这种状况下，"只有以我国实际为研究起点，提出具有主体性、原创性的理论观点，构建具有自身

---

① 郑杭生. 中国社会研究与中国社会学学派——以社会运行学派为例［J］. 社会学评论，2013，1（01）：5－13.

特质的学科体系、学术体系、话语体系，我国哲学社会科学才能形成自己的特色和优势"①。最后，中国发展经济学是国际发展经济学的重要组成部分，中国是发展中社会主义大国，不仅在世界经济发展中居于十分重要的地位，而且在发展中国家中具有重要的代表性意义，立足中国经济发展实践开展学术研究，可以向国际经济学贡献中国智慧，呈现中国特色、中国理论、中国风格。

之所以需要"顶天"，即攀登世界学术高峰，原因在于：首先，从事中国发展经济学研究，必须了解和把握西方现代经济学，尤其是西方当今发展经济学的前沿问题与研究进展，明白现代经济学，特别是西方当今发展经济学的世界学术"高峰"在哪里，避免盲目研究，迷失方向。其次，现代经济学是世界经济学家集体智慧的结晶，是世界人民的共有财富，必须充分借鉴现代经济学较为成熟的研究方法、学理范式和学术规范，并将中国特色、中国理论、中国范式纳入国际经济学整体框架之中，避免画地为牢、自说自话。最后，攀登世界学术高峰是所有经济学家、经济学者的共同追求，也是衡量经济学家和经济学者学术水准与学术地位的重要标志，有影响、有声誉的经济学家、经济学者必须放眼世界，在国际经济学界争得学术话语权与学术地位，避免目光短视、坐井观天。

总之，中国发展经济学研究必须立足中国经济发展实践之地，努力攀登世界学术高峰。只有这样，才能产生具有中国特色、屹立于国际上诸多经济学学科之林的中国发展经济学；也只有这样，才能形成具有中国特色、屹立于世界上诸多经济学学派之林的中国发展经济学学派。回顾起来，珞珈经济学"学派"创建就是立足于中国经济发展实地的肥沃土壤之上攀登世界学术高峰而获得成效的。张培刚的《农业与工业化》是在当时西方经济学前沿阵地美国撰写的，他所受到的影响是其老师即珞珈先贤们的中国工业化思想，他所运用的资料包括了他出国前通过实地调查掌握的大量中国农业发展的第一手资料，他所研究的中心目标是要弄清第二次世界大战后中国将面临如何实现工业化的问题，可见他是在立足于中国经济发展实地的相关学术思想、调研资料与问题导向的基础上，去进行发展中国家经济发展问题的理论探讨并攀登发展经济学学科创建的世界学术高峰的；其他珞珈经济学者们在国内完成的有关发展经济学的学术成果，几乎都是瞄准国际经济学前沿理论与问题并立足中国实际而展开研究的；就连倾心于新兴古典经济学创建的杨小凯，也在深入探讨西方现代主流经济学的同时，研究了诸多中国经济改革与发展的实际问题。立足中国经济发

---

① 本自然段的引文，均见习近平. 在哲学社会科学工作座谈会上的讲话［M］. 北京：人民出版社，2016：8，19.

展实地攀登世界学术高峰，表现为珞珈经济学者们研究中国发展经济学的基本特色与理论风格。

这里涉及学术界经常讨论的一个突出问题，即本土化与国际化的关系问题。就中国的发展经济学而言，其实本土化就是要落脚中国经济发展的实地，从中国经济发展实地出发总结经验、揭示规律；而国际化就是要瞄准国际经济学前沿研究动态，借鉴现代西方经济学较为成熟的研究方法与学理范式，遵循现代经济学的学术规范进行学术研究工作。在这里，"顶天"与"立地"或国际化与本土化是相辅相成、两相契合的。

林毅夫在 1995 年曾预测："21 世纪将会是中国经济学家的世纪。"① 林毅夫预测的主要依据是，经济研究的重心是随着经济发展中心的转移而转移的。第一次世界大战以前，世界上最大、最强的经济是英国，所以在 20 世纪 30 年代以前世界上著名的经济学家基本上都出自英国；此后，世界经济的重心逐渐转移到美国，所以在 20 世纪 30 年代以后世界著名的经济学家大都出自美国。他根据众多学者的研究认为，只要中国能够保持政治稳定并坚持以市场经济为导向的改革，最迟到 21 世纪 30 年代，中国将成为世界上最大的经济强国，世界经济学的研究中心就很有可能转移到中国来。何炼成也曾预言："中国最有可能获得诺贝尔奖的就是发展经济学。"② 按照林毅夫和何炼成的预测或预言，如果中国真的成为世界上最大的经济强国，成为世界经济学的研究中心，那么在中国涌现出世界上最著名的经济学家，中国经济学家获得诺贝尔经济学奖，就不会成为稀罕之事。有评论曾称"在经济学中，人们都认为需要一部具有中国特色的发展经济学。如果我们中国形成两个以上的发展经济学的学派，那是应该鼓掌欢呼的"③。在中国真正成为世界经济中心的状况下，以揭示中国经济发展规律为重要研究目标的中国发展经济学必将成为世界经济学界最受关注的学科研究领域，届时形成两个以上的发展经济学学派，应该不会是痴人说梦。到那时候，立足于中国经济发展实地，本身也就是立足于世界经济发展的最重要、最前沿的实地；探讨中国经济发展实地的相关问题，本身也就是在攀登世界学术的高峰。珞珈经济学者们较早关涉中国发展经济学研究，在中国发展经济学领域，与外国学者相比具有身临其境、得天独厚的特殊优势；与国内其他学者和学术团体相比具有已奠定较为坚实的研

---

① 林毅夫. 本土化、规范化、国际化——庆祝《经济研究》创刊 40 周年 [J]. 经济研究，1995（10）：13 – 17.

② 记者张海东. 母校恩 校友情——武汉大学第五届杰出校友座谈小记 [EB/OL]. 武汉大学新闻网，https：//news. whu. edu. cn/info/1002/29722. htm，2008 – 04 – 01/2022 – 11 – 28.

③ 本刊评论员. 为建立我国哲学社会科学的学派而努力 [J]. 南京社会科学，1995（11）：1 – 2.

究基础、已掌握较多话语权并具有较大影响力的先发优势。因而，有理由相信，只要珞珈经济学者们沿着珞珈先贤和前辈学者们开辟的学术道路继续前行，弘扬学派创建精神，传承优良学术传统，创新学术思想理论，在珞珈经济学者中涌现出世界级著名经济学家或诺贝尔经济学奖获得者将是不足为奇的；珞珈经济学"学派"创建的再度崛起、重振雄风、大展宏图也是可以想见的。

参考文献

一、著作

[1] 蔡锡勇. 连环帐谱 [M]. 武汉：湖北官书局镌版，1905.

[2] 陈彪如. 利用外资的实务与政策 [M]. 上海：上海人民出版社，1987.

[3] 陈东升. 一锤定音：我与嘉德二十年 [M]. 北京：三联书店，2014.

[4] 陈东升. 长寿时代：从长寿健康财富的角度透视人类未来 [M]. 北京：中信出版社，2021.

[5] 陈锋，张建民主编. 中国经济史纲要 [M]. 北京：高等教育出版社，2007.

[6] 陈锋. 清代盐政与盐税 [M]. 中州古籍出版社，1988.

[7] 陈锋. 中国财政经济史论 [M]. 武汉：武汉大学出版社，2013.

[8] 陈继勇，胡艺. 中国互利共赢的对外开放战略 [M]. 北京：社会科学文献出版社，2014.

[9] 陈文科，等. 大国发展的十大困惑：大国发展经济学难点探索 [M]. 武汉：湖北人民出版社，1994.

[10] 陈文蔚. 经济学导论习题解答 [M]. 台北：五南图书出版公司，2000.

[11] 程晓林. 剑桥学派经济思想研究 [M]. 北京：人民出版社，2019.

[12] 邓伟志，林明崖. 学派初探 [M]. 重庆：重庆出版社，1989.

[13] 丁文锋主编；苇苇，郭立宏副主编. 何炼成经济思想研究 [M]. 西安：西北大学出版社，1997.

[14] 董辅礽，唐宗焜，杜海燕. 中国国有企业制度变革研究 [M]. 北京：人民出版社，1995.

[15] 董辅礽. 董辅礽集 [M]. 北京：中国社会科学出版社，2006.

[16] 董辅礽，等. 集权与分权：中央与地方关系的构建 [M]. 北京：经济科学出版社，1996.

[17] 董辅礽. 大转变中的中国经济理论问题 [M]. 济南：山东人民出版社，

1981.

[18] 董辅礽. 董辅礽纵论中国经济 [M]. 上海：上海交通大学出版社, 2005.

[19] 董辅礽. 经济发展研究（上，下卷）[M]. 北京：经济科学出版社, 1997.

[20] 董辅礽. 论社会主义市场经济 [M]. 武汉：湖北人民出版社, 1998.

[21] 董辅礽. 论孙冶方的社会主义经济理论 [M]. 武汉：武汉大学出版社, 1983.

[22] 董辅礽. 社会主义再生产和国民收入问题 [M]. 北京：三联书店, 1980.

[23] 董辅礽. 苏联国民收入动态分析 [M]. 武汉：湖北人民出版社, 1959.

[24] 董辅礽. 用辩证的眼光看市场经济 [M]. 北京：三联书店, 2002.

[25] 董辅礽. 在争论中发展的中国证券市场和期货市场 [M]. 武汉：武汉大学出版社, 2002.

[26] 董辅礽. 走向市场化的中国经济 [M]. 北京：经济科学出版社, 2001.

[27] 冻国栋. 唐代的商品经济与经营管理 [M]. 武汉：武汉大学出版社, 1990.

[28] 冻国栋. 唐代人口问题研究 [M]. 武汉：武汉大学出版社, 1993.

[29] 冻国栋. 中国人口史（第 2 卷：隋唐五代时期）[M]. 上海：复旦大学出版社, 2000.

[30] 方福前. 当代西方经济学主要流派（第 3 版）[M]. 北京：中国人民大学出版社, 2019.

[31] 方兴起. 货币学派 [M]. 武汉：武汉出版社, 1996.

[32] 冯薇, 苏雪串. 发展经济学 [M]. 北京：经济科学出版社, 1997.

[33] 冯文权. 经济预测与经济决策技术 [M]. 武汉：武汉大学出版社, 1983.

[34] 傅殷才. 制度经济学派 [M]. 武汉：武汉出版社, 1996.

[35] 高鸿业, 吴易风. 现代西方经济理论与学派 [M]. 北京：中国经济出版社, 1988.

[36] 辜胜阻, 陈银娥, 李永周, 等. 中国再就业工程 [M]. 武汉：湖北人民出版社, 1999.

[37] 辜胜阻, 郭晋武. 城市老年人问题综合研究 [M]. 武汉：武汉大学出版社, 1989.

[38] 辜胜阻, 李永周, 黄永明, 等. 新经济的制度创新与技术创新 [M]. 武汉：武汉出版社, 2001.

[39] 辜胜阻, 李珍, 徐云鹏. 中国国情及其国际比较研究 [M]. 武汉：武汉大

学出版社，1991.

［40］辜胜阻，李正友，等．创新与高技术产业化：新世纪的增长源泉［M］．武汉：武汉大学出版社，2001.

［41］辜胜阻，刘入领，李正友．改革发展中的金融创新［M］．武汉：湖北科学技术出版社，2001.

［42］辜胜阻，王冰．世界人口政策简编［M］．武汉：武汉大学出版社，1989.

［43］辜胜阻，王冰．老年人健康和社会生活的国际比较研究［M］．武汉：武汉大学出版社，1989.

［44］辜胜阻，徐绪松．政府与风险投资［M］．北京：民主与建设出版社，2001.

［45］辜胜阻，郑凌云，等．民营经济与高技术产业发展战略研究［M］．北京：科学出版社，2005.

［46］辜胜阻．高技术产业经济研究［M］．武汉：武汉大学出版社，2003.

［47］辜胜阻．婚姻·家庭·生育［M］．武汉：武汉大学出版社，1988.

［48］辜胜阻．民营企业技术创新与制度创新探索［M］．北京：科学出版社，2008.

［49］辜胜阻．新世纪的战略选择：武汉高新技术产业发展研究［M］．武汉：武汉出版社，2000.

［50］辜胜阻．中国跨世纪的改革与发展［M］．武汉：武汉大学出版社，1996.

［51］辜胜阻．创新驱动战略与经济转型［M］．北京：人民出版社，2013.

［52］辜胜阻．发展方式转变与企业战略转型［M］．北京：人民出版社，2011.

［53］辜胜阻．家庭新论［M］．武汉：武汉大学出版社，1989.

［54］辜胜阻．教育发展与改革热点问题探索［M］．武汉：湖北长江出版集团，湖北教育出版社，2007.

［55］辜胜阻．民营经济与创新战略探索［M］．北京：人民出版社，2009.

［56］辜胜阻．危机应对之策与经济转型之道［M］．北京：科学出版社，2010.

［57］辜胜阻．新型城镇化与经济转型［M］．北京：科学出版社，2014.

［58］辜胜阻．转型时代的创业与创新［M］．北京：人民出版社，2017.

［59］郭齐勇．中国哲学智慧的探索［M］．北京：中华书局，2008.

［60］郭熙保，何玲．微观经济学［M］．北京：中国社会科学出版社，2002.

［61］郭熙保，肖利华．现代宏观经济的奠基人：梅纳德·凯恩斯［M］．南昌：江西人民出版社，2005.

[62] 郭熙保，周军. 发展经济学 [M]. 北京：中国金融出版社，2007.

[63] 郭熙保. 发展经济学 [M]. 北京：高等教育出版社，2011.

[64] 郭熙保. 西方市场经济理论 [M]. 武汉：湖北教育出版社，1995.

[65] 郭熙保，等. 迈向高质量发展的经济结构转变研究 [M]. 北京：经济科学出版社，2019.

[66] 郭熙保. 经济发展：理论与政策 [M]. 北京：中国社会科学出版社，2000.

[67] 郭熙保. 发展经济学理论与应用问题研究 [M]. 太原：山西经济出版社，2003.

[68] 郭熙保. 西方经济学说研究 [M]. 太原：山西经济出版社，2003.

[69] 何炼成，白永秀. 邓小平经济理论专题研究 [M]. 西安：西北大学出版社，2000.

[70] 何炼成，何林. 社会主义社会劳动和劳动价值论新探 [M]. 北京：社会科学文献出版社，2010.

[71] 何炼成，李忠民. 中国特色社会主义经济问题研究 [M]. 北京：人民出版社，2010.

[72] 何炼成，彭立峰，张卫莉. 走向近代化的思想轨迹：名人·名著·经济思想 [M]. 北京：社会科学文献出版社，2013.

[73] 何炼成，王忠民. 中国特色社会主义发展经济学 [M]. 北京：中国社会科学出版社，2009.

[74] 何炼成，韦苇，刘新权. 西部城市化与社会经济发展研究 [M]. 西安：西北大学出版社，西安地图出版社，2003.

[75] 何炼成，杨小卿. 影响历史进程的50部经济名著 [M]. 北京：社会科学文献出版社，2010.

[76] 何炼成，邹东涛. 中国市场经济发展的无序与有序 [M]. 西安：西北大学出版社，1993.

[77] 何炼成. 何炼成学术争鸣集 [M]. 西安：陕西人民教育出版社，2007.

[78] 何炼成，等.《资本论》教学与研究 [M]. 西安：西北大学出版社，1997.

[79] 何炼成，等. 中国历代经济管理与发展思想新论 [M]. 西安：陕西人民出版社，2001.

[80] 何炼成.《资本论》和我国社会主义经济问题 [M]. 西安：西北大学出版社，1990.

［81］何炼成. 社会主义商品经济论［M］. 西安：西北大学出版社，1998.

［82］何炼成. 中国经济发展新论［M］. 北京：中国社会科学出版社，2005.

［83］何炼成. 社会主义市场经济学［M］. 西安：西北大学出版社，1993.

［84］何炼成. 市场经济面面观［M］. 西安：西北大学出版社，1993.

［85］何炼成. 西部大开发：战略·政策·论证［M］. 西安：西北大学出版社，2000.

［86］何炼成. 中国发展经济学概论［M］. 北京：高等教育出版社，2001.

［87］何炼成. 中国社会主义初级阶段经济学［M］. 山西继续教育大学现代化管理培训部，1987.

［88］何炼成. 中国市场经济理论与实践［M］. 西安：西北大学出版社，1992.

［89］何炼成. 中国西部区域市场经济研究［M］. 西安：西北大学出版社，1998.

［90］何炼成.《两个决定》与陇西经济发展［M］. 西安：西北师范大学出版社，1998.

［91］何炼成. 历史与希望：西北经济开发的过去、现在与未来［M］. 西安：陕西人民出版社，1997.

［92］何炼成. 社会主义劳动新论［M］. 北京：科学出版社，2004.

［93］何炼成. 坚持和发展马克思的劳动价值论［M］. 北京：科学出版社，2004.

［94］何炼成. 何炼成文集［M］. 西安：陕西人民教育出版社，1997.

［95］何炼成. 何炼成选集［M］. 太原：山西经济出版社，1992.

［96］何炼成. 价值学说史（修订本）［M］. 北京：商务印书馆，2006.

［97］何炼成. 社会主义市场经济与所有制改革［M］. 香港：新风出版社，2003.

［98］何炼成. 中国古近代的商品价格观和经济管理思想［M］. 香港：新风出版社，2004.

［99］何炼成. 中国古近代价格观和经济管理思想介评［M］. 西安：三秦出版社，1989.

［100］何伟，魏杰. 中国著名经济学家论改革［M］. 北京：北京出版社，1992.

［101］胡代光，厉以宁. 当代资产阶级经济学主要流派［M］. 北京：商务印书馆，1982.

［102］胡代光，魏埙，宋承先，刘诗白. 评当代西方学者对马克思《资本论》的研究［M］. 北京：中国经济出版社，1990.

［103］胡代光，周安军. 当代国外学者论市场经济［M］. 北京：商务印书馆，

1996.

[104] 胡代光.胡代光文集：经济理论和政策问题研究 [M].北京：北京大学出版社，2005.

[105] 胡代光.胡代光选集 [M].太原：山西经济出版社，1996.

[106] 胡代光.米尔顿·弗里德曼和他的货币主义 [M].北京：商务印书馆，1980.

[107] 胡代光.西方经济理论和经济计量学评论 [M].北京：经济科学出版社，1988.

[108] 胡代光.现代资产阶级通货膨胀理论批判 [M].北京：中国财政经济出版社，1982.

[109] 胡伟希.转识成智：清华学派与 20 世纪中国哲学 [M].上海：华东师范大学出版社，2005.

[110] 黄菩生，刘秉麟.社会进化史 [M].上海：商务印书馆，1930.

[111] 黄卫平，彭刚.发展经济学 [M].成都：四川人民出版社，2003.

[112] 黄枬森，王东.哲学创新论——马克思哲学观与当代新问题 [M].长春：吉林人民出版社，2015.

[113] 简新华，余江.中国工业化与新型工业化道路 [M].济南：山东人民出版社，2009.

[114] 简新华，等.中国经济结构调整和发展方式转变 [M].济南：山东人民出版社，2009.

[115] 简新华.中国经济发展探索 [M].武汉：武汉大学出版社，2007.

[116] 简新华.中国经济改革探索 [M].武汉：武汉大学出版社，2007.

[117] 江春.产权、货币自由兑换与经济发展 [M].武汉：武汉大学出版社，2003.

[118] 江春.产权制度与金融市场：中国金融市场的产权问题研究 [M].武汉：武汉大学出版社，1997.

[119] 江春.产权制度与微观金融 [M].北京：中国物价出版社，1999.

[120] 江春.经济增长中的产权问题 [M].武汉：武汉大学出版社，1996.

[121] 江苏人民出版社.我的经济观：当代中国百名经济学家自述（1－4 册）[M].南京：江苏人民出版社，1992.

[122] 江苏人民出版社.我的经济观：当代中国百名经济学家自述（3）[M].

南京：江苏人民出版社，1992.

［123］李崇淮，黄宪，江春．西方货币银行学（增订本）［M］．北京：中国金融出版社，1998.

［124］李崇淮．股票基本知识与实践［M］．武汉：《江汉论坛》编辑部、《青年论坛》编辑部，1984.

［125］李剑农．中国古代经济史稿（全 3 卷）［M］．武汉：武汉大学出版社，1990.

［126］李京文，方汉中．国际技术经济比较：大国的过去、现在和未来［M］．北京：中国社会出版社，1990.

［127］李京文，蒋国瑞，等．京津冀现代制造业发展研究报告：2014［M］．北京：中国财政经济出版社，2015.

［128］李京文，李建平．文化力与文化产业［M］．北京：方志出版社，2007.

［129］李京文，李克．南宁市 1998 – 2020 年经济发展战略研究［M］．北京：社会科学文献出版社，1998.

［130］李京文，冉莹．电力与发展［M］．北京：社会科学文献出版社，1996.

［131］李京文，唐中君，等．北京现代制造业发展研究基地报告：2015［M］．北京：中国财政经济出版社，2016.

［132］李京文，英定文，方汉中．走向国际市场：国际高技术市场与中国对外高技术交流［M］．贵阳：贵州人民出版社，1997.

［133］李京文，张广宁．广州城市经济与城市经营战略［M］．北京：方志出版社，2005.

［134］李京文，张国初，等．现代人力资源经济分析——理论·模型·应用［M］．北京：社会科学文献出版社，1997.

［135］李京文，郑友敬．技术进步与产业结构——分析［M］．北京：经济科学出版社，1989.

［136］李京文，郑友敬．技术进步与产业结构——概论［M］．北京：经济科学出版社，1988.

［137］李京文，郑友敬．技术进步与产业结构——模型［M］．北京：经济科学出版社，1989.

［138］李京文，郑友敬．技术进步与产业结构——选择［M］．北京：经济科学出版社，1989.

[139] 李京文，钟昌标，葛新权.21世纪的中国经济发展战略 [M].北京：中国城市出版社，2002.

[140] 李京文，钟学义.中国生产率分析前沿 [M].北京：社会科学文献出版社，1998.

[141] 李京文，宗刚，等.高速磁浮交通系统在长大干线的适用性研究 [M].北京：知识产权出版社，2014.

[142] 李京文，等.北京经济社会重大问题研究报告（2006～2007）[M].北京：中国财政经济出版社，2008.

[143] 李京文，等.水利工程管理发展战略 [M].北京：方志出版社，2016.

[144] 李京文，等.知识经济与决策科学 [M].北京：社会科学文献出版社，2002.

[145] 李京文，等.中国经济："十五"预测与21世纪展望 [M].北京：社会科学文献出版社，2001.

[146] 李京文.2000年中国经济全景 [M].北京：团结出版社，1999.

[147] 李京文.21世纪中国经济大趋势 [M].沈阳：辽宁人民出版社，1998.

[148] 李京文.北京市经济增长与结构优化研究（1996－2010年）[M].北京：社会科学文献出版社，1996.

[149] 李京文.北京制造业发展史 [M].北京：中国财政经济出版社，2012.

[150] 李京文.科技进步与中国现代化 [M].北京：中国物资出版社，1998.

[151] 李京文.柳州市阳和工业新区发展战略研究 [M].北京：方志出版社，2008.

[152] 李京文.面向两岸三通加速经济发展 [M].北京：经济管理出版社，1993.

[153] 李京文.铁道与发展 [M].北京：社会科学文献出版社，2000.

[154] 李京文.知识经济概论 [M].北京：社会科学文献出版社，1999.

[155] 李京文.中国交通运输要览 [M].北京：经济科学出版社，1989.

[156] 李京文.中国经济前景：2001 [M].北京：团结出版社，2000.

[157] 李京文.中国区域经济教程 [M].南宁：广西人民出版社，2000.

[158] 李京文.走向21世纪的中国经济 [M].北京：经济管理出版社，1995.

[159] 李京文.当代中国经济热点分析与展望 [M].北京：社会科学文献出版社，1999.

［160］李京文．快速发展中的中国经济：热点·对策·展望［M］．北京：社会科学文献出版社，1996.

［161］李京文．人类文明的原动力：科技进步与经济发展［M］．西安：陕西人民教育出版社，1997.

［162］李中民．发展经济学论纲（当代经济理论大专教材）［M］．西安：陕西人民出版社，1997.

［163］李忠民．发展经济学：中国经验［M］．北京：高等教育出版社，2011.

［164］梁小民．弗莱堡学派［M］．武汉：武汉出版社，1996.

［165］林子英．实业革命史［M］．上海：商务印书馆，1929.

［166］刘秉麟．公民经济（新撰初级中学教科书）［M］．上海：商务印书馆，1925.

［167］刘秉麟．经济学原理［M］．上海：商务印书馆，1919.

［168］刘秉麟．经济学（职业学校教科书）［M］．上海：商务印书馆，1939.

［169］刘秉麟．俄罗斯经济状况［M］．上海：商务印书馆，1925.

［170］刘秉麟．泛系主义［M］．上海：商务印书馆，1927.

［171］刘秉麟．各国社会运动史（上）［M］．上海：商务印书馆，1927.

［172］刘秉麟．近代中国财政经济：七十五年来之中国新工业［M］．武汉：国立武汉大学出版部，1938.

［173］刘秉麟．李士特［M］．上海：商务印书馆，1930.

［174］刘秉麟．李士特经济学说与传记［M］．上海：商务印书馆，1925.

［175］刘秉麟．理嘉图［M］．上海：商务印书馆，1930.

［176］刘秉麟．苏俄之设计经济［M］．出版地及时间不详．

［177］刘秉麟．亚丹斯密［M］．上海：商务印书馆，1926.

［178］刘秉麟．银行学纲要［M］．武汉：国立武汉大学出版部，1927.

［179］刘秉麟撰述，吴敬恒校阅．世界各国无产政党史［M］．上海：商务印书馆，1928.

［180］刘传江，杨文华，杨艳琳，等．经济可持续发展的制度创新［M］．北京：中国环境科学出版社，2002.

［181］刘光杰，国世平，国庆．香港经济的发展趋势及港深经济一体化［M］．武汉：湖北人民出版社，1997.

［182］刘光杰，李裕宜，等．政治经济学基本原理［M］．武汉：湖北教育出版

社，1985.

［183］刘光杰，伍新木. 社会主义分配［M］. 武汉：湖北人民出版社，1980.

［184］刘光杰，阎克贵. 中国社会主义建设简明教程［M］. 武汉：武汉出版社，1987.

［185］刘光杰，等. 改善管理增加收益方法十讲［M］. 上海：上海翻译出版公司，1984.

［186］刘光杰. 毛泽东经济变革与发展思想研究［M］. 武汉：武汉大学出版社，1993.

［187］刘光杰. 2010 年武汉经济发展战略与对策研究［M］. 武汉：武汉大学出版社，1997.

［188］刘光杰. 刘光杰选集［M］. 武汉：湖北人民出版社，1996.

［189］刘光杰. 社会主义政治经济学基本理论问题研究［M］. 武汉：武汉大学出版社，1988.

［190］刘光杰. 我国全民所有制经济改革的理论与实践［M］. 武汉：武汉大学出版社，1992.

［191］刘穷志. 经济增长与社会公平：财政激励的理论模型与实证研究［M］. 武汉：武汉大学出版社，2009.

［192］刘诗白. 《资本论》教程（第 1 卷）［M］. 成都：西南财经大学出版社，1989.

［193］刘诗白. 《资本论》教程（第 2 卷）［M］. 北京：中国财政经济出版社，1984.

［194］刘诗白. 《资本论》教程（第 3 卷）［M］. 北京：中国财政经济出版社，1987.

［195］刘诗白. 社会主义经济学原论［M］. 北京：人民出版社，1992.

［196］刘诗白. 政治经济学（社会主义部分）［M］. 成都：四川人民出版社，1994.

［197］刘诗白. 政治经济学（资本主义部分）［M］. 成都：四川人民出版社，1995.

［198］刘诗白. 政治经济学［M］. 成都：西南财经大学出版社，1989.

［199］刘诗白. 治理整顿、深化改革的理论和对策思考［M］. 成都：西南财经大学出版社，1991.

［200］刘诗白．马克思主义政治经济学原理［M］．成都：西南财经大学出版社，2003．

［201］刘诗白．社会主义市场组织与管理［M］．北京：中央广播电视大学出版社，1992．

［202］刘诗白．《资本论》难句解（第1集）［M］．成都：四川大学出版社，1985．

［203］刘诗白．《资本论》难句解（第2集）［M］．成都：四川大学出版社，1987．

［204］刘诗白．《资本论》难句解（第3集）［M］．成都：四川大学出版社，1989．

［205］刘诗白．社会主义市场经济理论［M］．成都：西南财经大学出版社，2004．

［206］刘诗白主编，全国高等财经院校《资本论》研究会编．中国《资本论》年刊（第1卷）2003［M］．成都：西南财经大学出版社，2004．

［207］刘诗白．简明政治经济学小词典［M］．成都：四川人民出版社，1986．

［208］刘诗白．知识经济与四川［M］．成都：四川科学技术出版社，1999．

［209］刘诗白．国有经营性资产的经营方式和管理体制［M］．成都：四川人民出版社，1994．

［210］刘诗白．中国转型期有效需求不足及其治理研究［M］．北京：中国金融出版社，2004．

［211］刘诗白．产权新论［M］．成都：西南财经大学出版社，1993．

［212］刘诗白．帝国主义殖民体系及其危机［M］．上海：上海人民出版社，1957．

［213］刘诗白．科技文化、知识产品、自然财富、公共产品理论［M］．成都：四川人民出版社，2018．

［214］刘诗白．刘诗白选集（13卷本）［M］．太原：山西经济出版社，1996．

［215］刘诗白．论体制创新［M］．成都：西南财经大学出版社，1995．

［216］刘诗白．社会主义经济理论探索［M］．成都：西南财经大学出版社，1987．

［217］刘诗白．社会主义经济理论新探［M］．成都：四川人民出版社，1988．

［218］刘诗白．社会主义商品生产若干问题研究［M］．成都：四川人民出版社，

1983.

[219] 刘诗白. 体制转型论 [M]. 北京：三联书店，2008.

[220] 刘诗白. 我国转轨期经济过剩运行研究 [M]. 成都：西南财经大学出版社，2000.

[221] 刘诗白. 原子能利用的两条路线 [M]. 重庆：重庆人民出版社，1957.

[222] 刘再兴. 中国工业布局学 [M]. 北京：中国人民大学出版社，1981.

[223] 刘再兴. 区域经济理论与方法 [M]. 北京：中国物价出版社 1996.

[224] 刘再兴. 中国区域经济：数量分析与对比研究 [M]. 北京：中国物价出版社，1993.

[225] 刘再兴. 工业地理学 [M]. 北京：商务印书馆，1997.

[226] 罗素. 罗素论文集（二册）[M]. 杨端六等译. 上海：商务印书馆，1923.

[227] 罗志如，范家骧，厉以宁，胡代光. 当代西方经济学说（上下）[M]. 北京：北京大学出版社，1989.

[228] 马颖. 发展经济学前沿理论研究 [M]. 北京：人民出版社，2013.

[229] 毛振华，孙晓霞，闫衍. 中国地方政府债券发展报告（2021）[M]. 北京：社会科学文献出版社，2021.

[230] 毛振华，闫衍. 中国地方政府与融资平台债务分析报告 [M]. 北京：社会科学文献出版社，2018.

[231] 毛振华，阎衍，郭敏. "一带一路"沿线国家主权信用风险报告 [M]. 北京：经济日报出版社，2015.

[232] 毛振华，阎衍，张英杰. 国家负债能力与主权评级研究 [M]. 北京：中国金融出版社，2015.

[233] 毛振华，阎衍. 信用评级前沿理论与实践 [M]. 北京：中国金融出版社，2007.

[234] 毛振华. 互联网医疗蓝皮书：中国互联网医疗发展报告（2020 - 2021）大数据与健康医疗 [M]. 北京：社会科学文献出版社，2021.

[235] 毛振华，等. "债务—通缩"压力与债务风险化解 [M]. 北京：中国社会科学出版社，2016.

[236] 毛振华，等. 十年宏观、十年政策、十年理论："中国宏观经济论坛"十周年 [M]. 北京：中国社会科学出版社，2016.

[237] 毛振华, 等. 稳增长与防风险双底线的中国宏观经济（2016-2017）[M]. 北京: 中国社会科学出版社, 2016.

[238] 毛振华, 等. 中国债券市场信用风险与违约案例研究 [M]. 北京: 中国社会科学出版社, 2017.

[239] 毛振华. 和谐社会与社会保障 [M]. 北京: 社会科学文献出版社, 2010.

[240] 毛振华. 社会福利与社会建设 [M]. 北京: 社会科学文献出版社, 2010.

[241] 毛振华. 社会学与和谐社会 [M]. 北京: 社会科学文献出版社, 2007.

[242] 毛振华. 2016-2017 中国宏观经济分析与预测 [M]. 北京: 中国社会科学出版社, 2017.

[243] 毛振华. 毛振华自选集 [M]. 北京: 中国人民大学出版社, 2020.

[244] 毛振华. 企业扩张与融资 [M]. 北京: 中国人民大学出版社, 2017.

[245] 毛振华. 资本化企业制度论 [M]. 北京: 商务印书馆, 2001.

[246] 密加凡. 我国经济体制改革的理论探讨 [M]. 武汉: 湖北人民出版社, 1983.

[247] 欧阳峣, 等. 大国经济发展理论 [M]. 北京: 中国人民大学出版社, 2014.

[248] 欧阳峣. 大国发展经济学 [M]. 北京: 中国人民大学出版社, 2019.

[249] 裴小革. 瑞典学派经济学 [M]. 北京: 经济日报出版社, 2008.

[250] 彭迪先. 实用经济学大纲 [M]. 上海: 生活书店, 1945.

[251] 彭迪先. 世界经济史纲 [M]. 北京: 三联书店, 1950.

[252] 彭迪先. 新货币学讲话 [M]. 上海: 生活书店, 1947.

[253] 彭雨新, 陈友三, 陈思德. 川省田赋征实负担研究 [M]. 上海: 商务印书馆, 1943.

[254] 彭雨新. 清代土地开垦史 [M]. 北京: 农业出版社, 1990.

[255] 彭雨新. 中国封建社会经济史 [M]. 武汉: 武汉大学出版社, 1994.

[256] 彭雨新. 县地方财政 [M]. 上海: 商务印书馆, 1945.

[257] 钱恂辑. 财政四纲 [M]. 自刻本, 1902.

[258] 乔洪武, 等. 西方经济伦理思想研究（全 3 卷）[M]. 北京: 中华书局, 2016.

[259] 任保平, 师博. 钞小静. 中国发展经济学通论 [M]. 北京: 科学出版社, 2022.

［260］沙安文，沈春丽，邹恒甫．中国地区差异的经济分析［M］．北京：人民出版社，2006．

［261］宋承先，陈招顺，张荣喜．当代外国经济学说［M］．上海：上海市世界经济学会，1985．

［262］宋承先，陈招顺，张荣喜．当代西方经济思潮［M］．长沙：湖南人民出版社，1986．

［263］宋承先，范家骧．增长经济学［M］．北京：人民出版社，1982．

［264］宋承先．《资本论》提要（第四册）［M］．上海：上海人民出版社，1983．

［265］宋承先．论重农主义［M］．上海：上海人民出版社，1957．

［266］宋承先．马尔萨斯经济理论的批判［M］．上海：上海人民出版社，1955．

［267］宋承先．西方经济学名著提要［M］．南昌：江西人民出版社，1989．

［268］宋承先．资产阶级经济危机理论批判［M］．上海：上海人民出版社，1962．

［269］苏雪串，冯薇．发展经济学［M］．北京：经济科学出版社，2001．

［270］孙智君．产业经济学［M］．武汉：武汉大学出版社，2010．

［271］孙智君．民国产业经济思想研究［M］．武汉：武汉大学出版社，2007．

［272］谭崇台，刘涤源．当代西方经济学说［M］．武汉：武汉大学出版社，1983．

［273］谭崇台．发展经济学概论［M］．沈阳：辽宁人民出版社，1992．

［274］谭崇台．谭崇台文集［M］．武汉：武汉大学出版社，2006．

［275］谭力文．伦敦学派［M］．武汉：武汉出版社，1996．

［276］陶文达．发展经济学［M］．成都：四川人民出版社，1990．

［277］田源，李建中，邸建凯．期货交易全书［M］．北京：中国大百科全书出版社，1993．

［278］田源，乔刚．中国价格改革研究（1984－1990）［M］．北京：电子工业出版社，1991．

［279］田源，王育琨．治理通货膨胀的思路和政策［M］．哈尔滨：哈尔滨出版社，1990．

［280］田源，朱雍．产权制度改革：中国国有企业改革的必由之路［M］．大连：大连海运学院出版社，1989．

［281］田源．现代期货大典［M］．北京：石油工业出版社，1994．

［282］田源．中国企业产权转让［M］．北京：经济日报出版社，1988．

［283］田源．期货市场［M］．北京：改革出版社，1989．

［284］童光荣．动态经济模型分析［M］．武汉：武汉大学出版社，1999．

［285］万典武，王希来，曹伟．商业布局与商店设计［M］．北京：中国商业出版社，2004．

［286］万典武，余厚康，等．商业企业股份制原理与实务［M］．北京：中国商业出版社，1990．

［287］万典武，余厚康．股份制——商业企业改革的选择［M］．北京：经济管理出版社，1992．

［288］万典武．中国的商业［M］．北京：人民出版社，1982．

［289］万典武，等．城市商业体制的重大改革［M］．北京：中国商业出版社，1985．

［290］万典武．当代中国百名商业经济专家学者［M］．北京：中国商业出版社，1993．

［291］万典武．中国商业百科全书［M］．北京：中国大百科全书出版社，1993．

［292］万典武．当代中国中青年商业经济专家学者［M］．北京：中国商业出版社，1999．

［293］万典武．当代中国商业简史［M］．北京：中国商业出版社，1998．

［294］万典武．商业的调整和改革［M］．北京：中国展望出版社，1988．

［295］万典武．商业体制改革的探讨［M］．北京：中国商业出版社，1983．

［296］万典武．市场球场论：市场竞争规则浅识［M］．北京：中国商业出版社，2000．

［297］万典武．万典武选集［M］．太原：山西经济出版社，1994．

［298］汪敬虞．中国近代经济史（1895－1927）（全4册）［M］．北京：人民出版社，2012．

［299］汪敬虞．赫德与近代中西关系［M］．北京：人民出版社，1987．

［300］汪敬虞．唐廷枢研究［M］．北京：中国社会科学出版社，1983．

［301］汪敬虞．中国近代工业化研究［M］．北京：中国社会科学出版社，2017．

［302］汪敬虞．中国近代资本主义的总体考察和个案辨析［M］．北京：中国社会科学出版社，2004．

［303］王东．哲学创新的北大学派——李大钊、冯定、张岱年、黄枬森列传

［M］. 长春：吉林人民出版社，2015.

［304］王今朝. 中国经济发展模式：政治经济学解读［M］. 北京：社会科学文献出版社，2013.

［305］王今朝. 中国经济发展模式：政治经济学占优设计［M］. 北京：社会科学文献出版社，2018.

［306］王元璋. 列宁经济发展思想研究［M］. 武汉：武汉大学出版社，1995.

［307］王元璋. 马克思恩格斯经济发展思想导论［M］. 乌鲁木齐：新疆人民出版社，1998.

［308］王元璋. 马克思主义经济发展思想史［M］. 乌鲁木齐：新疆人民出版社，2006.

［309］王治柱. 数理学派和数理经济学［M］. 北京：商务印书馆，1965.

［310］韦苇. 何炼成经济思想再研究［M］. 北京：社会科学出版社，2012.

［311］文建东. 公共选择学派［M］. 武汉：武汉出版社，1996.

［312］巫宝三. 中国国民所得（1933）［M］. 北京：中华书局，1947.

［313］吴佩钧. 经济运行机制与宏观调控体系［M］. 武汉：武汉大学出版社，1995.

［314］吴太昌，等. 影响新中国60年经济建设的100位经济学家（1－8册）［M］. 广州：广东经济出版社，2009.

［315］吴易风，王健. 凯恩斯学派［M］. 武汉：武汉出版社，1996.

［316］伍启元. 物价统制论［M］. 重庆：正中书局，1941.

［317］伍启元. 宪政与经济［M］. 重庆：正中书局，1944.

［318］伍启元，等. 昆明九教授对于物价及经济问题的呼吁［M］. 北京：求真出版社，1945.

［319］伍启元. 当前的物价问题［M］. 上海：商务印书馆，1943.

［320］伍启元. 由战时经济到平时经济［M］. 上海：大东书局，1946.

［321］伍启元. 战后世界币制问题［M］. 上海：青年书店，1943.

［322］伍启元. 中国新文化运动概观［M］. 上海：现代书局，1934.

［323］伍新木，张秀生. 长江地区城乡建设与可持续发展［M］. 武汉：武汉出版社，1999.

［324］伍新木. 县经济概论［M］. 北京：中共中央党校出版社，1988.

［325］武汉大学经济与管理学院编辑委员会. 武汉大学经济与管理学院史［M］.

武汉：武汉大学出版社，2014.

［326］武汉大学经济与管理学院党政办公室．商务门下：武汉大学经济与管理学院校友回忆录［M］．武汉：武汉大学出版社，2013.

［327］夏道平，张克明．湖北江河流域灾情调查报告书［M］．武昌：国立武汉大学刊印，1935.

［328］夏道平．我在《自由中国》（夏道平文存一）［M］．台北：远流出版事业公司，1989.

［329］夏道平．自由经济的思路（夏道平文存二）［M］．台北：远流出版事业公司，1989.

［330］夏道平．自由经济学家的思与言（夏道平文存三）［M］．台北：远流出版事业公司，1995.

［331］夏振坤．发展经济学新探［M］．武汉：武汉出版社，1997.

［332］徐葆耕．清华学术精神［M］．北京：清华大学出版社，2004.

［333］徐葆耕．释古与清华学派［M］．北京：清华大学出版社，1997.

［334］徐葆耕．紫色清华［M］．北京：民族出版社，2001.

［335］严清华，等．路径依赖、管理哲理与第三种调节方式研究［M］．武汉：武汉大学出版社，2005.

［336］严清华，等．马克思主义第三配置思想研究［M］．北京：经济科学出版社，2006.

［337］严清华，等．中国经济发展模式理论创新研究［M］．海口：南方出版社，2001.

［338］严清华．中国经济思想史论［M］．香港：前进出版社，2004.

［339］严清华．中日现代化经济发展思想比较研究［M］．武汉：湖北人民出版社，1996.

［340］颜鹏飞，李明炀，曹圃．中国保险史志（1805－1949）［M］．上海：上海社会科学院出版社，1989.

［341］颜鹏飞．激进政治经济学派［M］．武汉：武汉出版社，1996.

［342］杨端六，侯厚培，等．六十五年来中国国际贸易统计［M］．国立中央研究院社会科学研究所专刊（第四号），1931.

［343］杨端六．三民主义目录及索引［M］．重庆：国民图书出版社，1940.

［344］杨端六．现代会计学［M］．重庆：商务印书馆，1943.

[345] 杨端六. 社会政策 [M]. 上海：商务印书馆，1923.

[346] 杨端六. 卫士林支那货币论 [M]. 上海：泰东图书局，1917.

[347] 杨端六. 中国改造问题 [M]. 上海：商务印书馆，1923.

[348] 杨鲁，田源. 中国电力工业发展与改革的战略选择 [M]. 北京：中国物价出版社，1991.

[349] 杨小凯，黄有光. 专业化与经济组织：一种新兴古典微观经济学框架 [M]. 张玉纲译. 北京：经济科学出版社，1999.

[350] 杨小凯，史鹤凌. 经济学原理（习题集）[M]. 北京：中国社会科学出版社，1998.

[351] 杨小凯，张永生. 新兴古典经济学和超边际分析 [M]. 北京：中国人民大学出版社，2000.

[352] 杨小凯. 数理经济学基础 [M]. 北京：国防工业出版社，1985.

[353] 杨小凯. 数理经济学与经济控制论基础 [M]. 武汉：武汉大学教材，1982.

[354] 杨小凯. 经济控制理论 [M]. 长沙：湖南科学技术出版社，1986.

[355] 杨小凯. 基于专业化递增报酬的分工理论：一种微观经济学方法 [M]. 北京：社会科学文献出版社，2018.

[356] 杨小凯. 经济控制论初步 [M]. 长沙：湖南人民出版社，1984.

[357] 杨小凯. 劳动分工网络的超边际分析（英文本）[M]. 北京：北京大学出版社，2002.

[358] 杨小凯. 杨小凯经济学文集 [M]. 台北：翰芦图书出版有限公司，2001.

[359] 杨小凯. 杨小凯谈经济 [M]. 北京：中国社会科学出版社，2004.

[360] 杨小凯. 经济学：新兴古典与新古典框架 [M]. 张定胜，张永生，李利明译. 北京：社会科学文献出版社，2003.

[361] 杨小凯. 发展经济学：超边际与边际分析 [M]. 张定胜，张永生译. 北京：社会科学文献出版社，2003.

[362] 杨玉生. 理性预期学派 [M]. 武汉：武汉出版社，1996.

[363] 叶初升. 国际资本形成与经济发展 [M]. 北京：人民出版社，2004.

[364] 叶静怡. 发展经济学 [M]. 北京：北京大学出版社，2003.

[365] 叶永刚. 我国经济发展中的外汇市场研究 [M]. 武汉：武汉大学出版社，1995.

［366］尹伯成，华桂宏．供给学派［M］．武汉：武汉出版社，1996．

［367］尹进．中国古代商品经济与经营管理研究［M］．武汉：武汉大学出版社，1991．

［368］尹世杰，蔡德容．消费经济学原理［M］．北京：经济科学出版社，1992．

［369］尹世杰，劳动人事部干部教育局．消费经济学［M］．北京：劳动人事出版社，1985．

［370］尹世杰．中国"九五"时期消费结构发展趋势研究［M］．长沙：湖南出版社，1998．

［371］尹世杰．中国消费结构研究［M］．上海：上海人民出版社，1988．

［372］尹世杰．中国小康水平研究［M］．长沙：湖南出版社，1994．

［373］尹世杰．论国民经济综合平衡［M］．长沙：湖南人民出版社，1981．

［374］尹世杰．论劳动生产率与平均工资的增长速度的比例关系［M］．武汉：湖北人民出版社，1958．

［375］尹世杰．闲暇消费论［M］．北京：中国财政经济出版社，2007．

［376］尹世杰．消费文化学［M］．武汉：湖北人民出版社，2002．

［377］尹世杰．消费需要论［M］．长沙：湖南出版社，1993．

［378］尹世杰．消费与产业结构研究［M］．北京：经济科学出版社，2010．

［379］尹世杰．尹世杰选集［M］．武汉：武汉大学出版社；长沙：湖南师范大学出版社，1994．

［380］张彬，刘晨阳，等．中日韩自由贸易区问题研究［M］．北京：人民出版社，2013．

［381］张彬，等．国际区域经济一体化比较研究［M］．北京：人民出版社，2010．

［382］张岱年．中华的智慧［M］．北京：中华书局，2017．

［383］张建民．明清长江流域山区资源开发与环境演变：以秦岭—大巴山区为中心［M］．武汉：武汉大学出版社，2007．

［384］张建民．10世纪以来长江中游区域环境、经济与社会变迁［M］．武汉：武汉大学出版社，2008．

［385］张培刚，厉以宁．宏观经济学和微观经济学［M］．北京：人民出版社，1980．

［386］张培刚，厉以宁．微观宏观经济学的产生和发展［M］．长沙：湖南人民出

版社，1986.

[387] 张培刚，张之毅. 浙江省食粮之运销 [M]. 长沙：商务印书馆，1940.

[388] 张培刚. 发展经济学通论（第一卷）：农业国工业化问题 [M]. 长沙：湖南出版社，1991.

[389] 张培刚. 广西粮食问题 [M]. 长沙：商务印书馆，1938.

[390] 张培刚. 清苑的农家经济 [M]. 国立中央研究院，1937.

[391] 张培刚. 张培刚集 [M]. 北京：中国社会科学出版社，2020.

[392] 张卓元. 论争与发展：中国经济理论50年 [M]. 昆明：云南人民出版社，1999.

[393] 赵杰. 期货贸易指南 [M]. 北京：改革出版社，1992.

[394] 郑晓幸. 发展经济学：发展经济理论与中国经济发展 [M]. 成都：西南交通大学出版社，1994.

[395] 中国社会科学院科研局. 汪敬虞集 [M]. 北京：中国社会科学出版社，2001.

[396] 周华孚，颜鹏飞. 中国保险法规暨章程大全（1865－1953）[M]. 上海：上海人民出版社，1992.

[397] 周茂荣. 美加自由贸易协定研究 [M]. 武汉：武汉大学出版社，1993.

[398] 周绍东. 中国特色发展经济学：探索与构建 [M]. 北京：中国人民大学出版社，2019.

[399] 周叶中，涂上飙. 武汉大学研究生教育发展史 [M]. 武汉：武汉大学出版社，2006.

[400] 朱通九，朱祖晦，万德寅，等. 外汇问题与贸易问题 [M]. 重庆：独立出版社，1940.

[401] 朱祖晦. 三十年之汉口外汇指数 [M]. 武汉：国立武汉大学，1936.

[402] 朱祖晦. 人口统计新论 [M]. 上海：大华印刷公司 1934.

[403] 朱祖晦. 统计学教程 [M]. 上海：立信会计图书用品社，1952.

[404] 朱祖晦. 统计学原理 [M]. 上海：世界书局，1949.

[405] 庄子银. 创新、模仿、知识产权和全球经济增长 [M]. 武汉：武汉大学出版社，2010.

[406] 邹恒甫，郝睿. 非洲冲突研究 [M]. 北京：人民日报出版社，2010.

[407] 邹恒甫，郝睿. 非洲经济和投资研究 [M]. 北京：人民日报出版社，

2009.

［408］邹恒甫. 最后的狂人［M］. 北京：东方出版社，2013.

［409］邹恒甫. 财政、经济增长和动态经济分析（英文集）［M］. 北京：北京大学出版社，2000.

［410］邹恒甫. 宏观，财政，金融，增长（英文集，3 卷本）［M］. 北京：东方出版社，2013.

［411］邹恒甫. 宏观经济研究［M］. 北京：北京大学出版社，2006.

［412］邹恒甫. 邹恒甫学术论文集：宏观财政金融增长［M］. 北京：东方出版社，2013.

［413］邹薇，方迎风. 反贫困的中国路径［M］. 武汉：武汉大学出版社，2019.

［414］邹薇，张芬，周浩，刘兰. 中国经济增长与收入差距：理论与实证研究［M］. 武汉：武汉大学出版社，2011.

［415］左大培. 弗赖堡经济学派研究［M］. 长沙：湖南教育出版社，1988.

［416］《发展经济学》编写组，郭熙保. 发展经济学［M］. 北京：高等教育出版社，2019.

［417］《经济研究》编辑部. 建国以来社会主义经济理论问题争鸣（1949－1984）上下［M］. 北京：中国财政经济出版社，1985.

［418］《西方经济学》编写组. 西方经济学（第二版，上下册）［M］. 高等教育出版社；人民出版社，2019.

［419］《中国经济科学年鉴》编委会，湖北省经济管理干部学院. 当代中国经济学家录［M］. 广州：广东人民出版社，1988.

［420］《资本主义国家财政》编写组编著（曹立瀛总纂）. 资本主义国家财政［M］. 北京：中国财政经济出版社，1985.

［421］［清］黄宋义. 明儒学案2［M］. 南昌：南昌县学，1888.

［422］［清］梁启超. 清代学术概论［M］. 北京：中华书局，2010.

［423］［奥］弗里德里希·冯·哈耶克. 个人主义与经济秩序［M］. 夏道平译. 台北：台湾银行经济研究室，1970.

［424］［奥］路德维希·冯·米塞斯. 反资本主义的心境［M］. 夏道平译. 台北：远流出版事业公司，1991.

［425］［奥］路德维希·冯·米塞斯. 经济科学的最后基础［M］. 夏道平译. 台北：台湾银行经济研究室，1968.

［426］［奥］路德维希·冯·米塞斯. 人的行为［M］. 夏道平译. 台北：台湾银行经济研究室，1976.

［427］［德］威廉·洛普克洛卜克. 自由社会的经济学［M］. 夏道平译. 台北：台湾银行经济研究室，1979.

［428］［法］李甫基. 自由经济的魅力——明日资本主义［M］. 夏道平等译. 台北：经济与生活出版公司，1988.

［429］［美］W.W. 罗斯托. 经济增长的阶段：非共产党宣言［M］. 郭熙保，王松茂译. 北京：中国社会科学出版社，2001.

［430］［美］艾伯特·赫希曼. 经济发展战略［M］. 曹征海等译. 北京：经济科学出版社，1991.

［431］［美］保罗·萨缪尔森. 莎氏经济学（上下）［M］. 夏道平译. 台北：台湾银行经济研究室，1981，1983.

［432］［美］戈特弗里德·冯·哈伯勒. 经济成长与安定［M］. 夏道平译. 台北：台湾银行经济研究室，1977.

［433］［美］蓝尼·埃布斯泰因. 芝加哥经济学派［M］. 苏娜译. 北京：中信出版集团，2017.

［434］［美］西奥多·舒尔茨. 经济增长与农业［M］. 郭熙保，周开年译. 北京：北京经济学院出版社，1991.

［435］［美］西奥多·舒尔茨. 经济增长与农业［M］. 郭熙保译. 北京：中国人民大学出版社，2015.

［436］［美］威廉·鲍莫尔. 企业家精神［M］. 孙智君等译. 武汉：武汉大学出版社，2010.

［437］［日］速水佑次郎，［美］弗农·拉坦. 农业发展的国际分析［M］. 郭熙保，张进铭等译. 北京：中国社会科学出版社，2000.

［438］［英］A.P. 瑟尔沃. 发展经济学［M］. 郭熙保，崔文俊译. 北京：中国人民大学出版社，2015.

［439］［英］A.P. 瑟尔沃. 增长与发展［M］. 郭熙保译. 北京：中国财政经济出版社，2001.

［440］［英］卡尔多. 消费支出税［M］. 夏道平译. 台北：台湾财政主管部门财税人员培训所，1972.

［441］［英］马沙. 分配论［M］. 刘秉麟译. 上海：商务印书馆，1922.

［442］［英］约翰·霍勃生. 分配经济学［M］. 夏道平译. 重庆：商务印书馆，
1941.

［443］Dong Fureng. *Rural Reform*，*Nonfarm Development*，*and Rural Modernization in China*. The World Bank，1988.

［444］Dong Fureng. *Industrialization and China's Rural Modernization*. The Macmillan Press，1992.

［445］Peter Nolan And Dong Fureng（Editors）. *Market Forces in China – Competition and Small Business*：*The Wenzhou Debete*. Zed Books Ltd，1989.

［446］Krugman，P. . A "Technology Gap" Model of International Trade，In *Rethinking International Trade*，MIT Press，1990.

［447］Nolan，P. ，and Dong，F. R. . *The Chinese Economy and Its Future*，Polity Press，1990.

［448］Wang Foh-shen. *China's Industrial Production*，1931 – 1946. Institute of Social Science，Academia Sinica，Nanking，1948.

［449］Xiaokai Yang and Yew-kwang Ng. *Specialization and Economic Organization*，*a New Calssical Microeconomic Framework*，Netherlands：North – Holland，1993.

［450］Xiaokai Yang. *Economics*：*New Classical versus Neoclassical Framework*，Blackwell，2000.

二、期刊论文

［1］陈继勇，胡渊. 中国实施互利共赢的对外贸易战略［J］. 武汉大学学报（哲学社会科学版），2009，62（05）：634 – 638.

［2］陈继勇，张建民. 新经济与武汉 21 世纪发展战略［J］. 湖北大学学报（哲学社会科学版），2001（01）：18 – 23.

［3］陈家芷. "哲学与经济学"［J］. 国立武汉大学经济学会会刊，1947（10）：28 – 30.

［4］陈家芷. 中国经济史的方法论［J］. 大学（成都），1942，1（11）：40 – 42.

［5］陈鹏. "清华哲学学派"与"学"的自觉［J］. 哲学动态，2002（04）：26 – 30.

［6］陈文蔚. 西方新兴学派对凯恩斯主义的反击和挑战［J］. 财经科学，1987（03）：64 – 68.

［7］陈支平.《傅衣凌著作集》与中国社会经济史学派［J］. 史学集刊，2008

（04）：125 – 127.

　　［8］冯金华，卢文璟．基于新发展理念构建中国特色的发展经济学［J］．学术研究，2016（06）：86 – 91，103，177 – 178.

　　［9］傅殷才．论李斯特对发展经济学的贡献［J］．世界经济研究，1987（06）：46，64 – 69.

　　［10］葛家澍．关于社会主义会计对象的再认识［J］．厦门大学学报（社会科学版），1961（01）：1 – 11.

　　［11］葛家澍．试论会计核算这门科学的对象和方法［J］．厦门大学学报（社会科学版），1956（02）：31 – 55.

　　［12］辜胜阻，洪群联，杨威．区域经济文化对区域创新模式的影响机制研究［J］．经济纵横，2008（10）：16 – 21.

　　［13］辜胜阻，黄顺祥，陈志祥．长江流域经济开发和缩小东、中、西部差距［J］．长江论坛，1997（03）：11 – 14.

　　［14］辜胜阻，刘传江．技术创新与产业结构高度化［J］．武汉大学学报（哲学社会科学版），1998（06）：46 – 51.

　　［15］辜胜阻，刘传江．中国人口流动与城镇化的理论思考和政策选择［J］．人口研究，1996（03）：1 – 4.

　　［16］辜胜阻，王建润．深化丝绸之路经济带能源合作的战略构想［J］．安徽大学学报（哲学社会科学版），2016，40（05）：142 – 148.

　　［17］辜胜阻，郑凌云．新型工业化与高技术开发区的二次创业［J］．中国软科学，2005（01）：15 – 22.

　　［18］辜胜阻．推进"一带一路"可持续健康发展的战略思考［J］．经济界，2016（05）：3 – 6.

　　［19］辜胜阻．用信息化推动工业化的战略选择［J］．经济界，2001（03）：38 – 39.

　　［20］辜胜阻．中国新型工业化发展模式及其比较研究——兼评中国民营科技企业区域发展［J］．经济界，2004（03）：8 – 13.

　　［21］古远清．"北大新诗学派"的形成和贡献［J］．当代文坛，2016（06）：9 – 12，2.

　　［22］郭熙保，胡汉昌．后发优势新论——兼论中国经济发展的动力［J］．武汉大学学报（哲学社会科学版），2004（03）：351 – 357.

［23］郭熙保，文礼朋．WTO 规则与大国开放竞争的后发优势战略［J］．经济理论与经济管理，2007（08）：5-11.

［24］郭熙保，张进铭．论发展中国家的后发障碍与后发优势［J］．经济评论，2000（05）：80-82.

［25］郭熙保，周强．长期多维贫困、不平等与致贫因素［J］．经济研究，2016，51（06）：143-156.

［26］郭熙保，周强．中国农村代际多维贫困实证研究［J］．中国人口科学，2017（04）：77-86，127-128.

［27］郭熙保，朱兰．城镇化水平影响收入不平等的机制分析——基于中国综合社会调查数据［J］．经济理论与经济管理，2018（07）：5-15.

［28］郭熙保．工业化、城市化与经济发展［J］．东南学术，2002（03）：45-53，44.

［29］郭熙保．后发优势与中国经济的高速增长［J］．武汉大学学报（哲学社会科学版），2008（05）：613.

［30］郭熙保．迈向 21 世纪：中国工业化和当前的主要战略［J］．财经科学，1994（06）：56-60.

［31］韩大元．中国法学的"人大学派"［J］．法学家，2010（04）：1-10.

［32］胡伟希．北大学派与清华学派——中国现代学术史上的"酒神精神"和"日神精神"［J］．金秋科苑 1997（06）：36-38.

［33］胡伟希．传统与现代性——再论"清华学派"的文化观［J］．学术月刊，1994（08）：3-10.

［34］胡伟希．多元文化的选择与寻求——论"清华学派"的文化观［J］．学术月刊，1993（10）：14-20.

［35］胡伟希．科学理性与人文精神——三论清华学派的文化观［J］．学术月刊，1995（11）：15-20.

［36］胡伟希．清华学派的"日神精神"——兼论 20 世纪中国的学术类型［J］．学术月刊，1998（01）：30-37.

［37］胡伟希．清华学派与中国现代思想文化——四论"清华学派"［J］．学术月刊，1996（06）：3-10.

［38］黄宪，刘岩，童韵洁．金融发展对经济增长的促进作用及其持续性研究——基于英美、德国、法国法系的比较视角［J］．金融研究，2019（12）：147-168.

[39] 简新华, 马迪军. 城市化: 湖北经济跨世纪发展的目标和动力 [J]. 理论月刊, 2000 (03): 20 - 22.

[40] 简新华, 彭善枝. 中国环境政策矩阵的构建与分析 [J]. 中国人口·资源与环境, 2003 (06): 32 - 37.

[41] 简新华, 叶林. 改革开放以来中国产业结构演进和优化的实证分析 [J]. 当代财经, 2011 (01): 93 - 102.

[42] 简新华, 张建伟. 从"民工潮"到"民工荒"——农村剩余劳动力有效转移的制度分析 [J]. 人口研究, 2005 (02): 49 - 55.

[43] 简新华, 张建伟. 从农民到农民工再到市民——中国农村剩余劳动力转移的过程和特点分析 [J]. 中国地质大学学报 (社会科学版), 2007 (06): 12 - 18.

[44] 简新华. 创建中国特色发展经济学 [J]. 生产力研究, 2008 (18): 4 - 6, 16, 167.

[45] 简新华. 发展中大国的发展优势与劣势 [J]. 哈尔滨工业大学学报 (社会科学版), 2012, 14 (04): 99 - 102, 4.

[46] 简新华. 论以信息化带动工业化 [J]. 首都经济贸易大学学报, 2002 (01): 25 - 29.

[47] 江春, 王鸾凤. 发展中国家金融发展的制度分析 [J]. 财经科学, 2009 (04): 1 - 9.

[48] 江春, 许立成. 金融监管与金融发展: 理论框架与实证检验 [J]. 金融研究, 2005 (04): 79 - 88.

[49] 江春. 谈金融业在实现中部崛起中的作用 [J]. 长江论坛, 2005 (06): 22 - 23.

[50] 雷世文. 清华学派文学观念的纸媒介传播——以《大公报·文学副刊》为中心 [J]. 中华文化论坛, 2014 (02): 47 - 50, 191.

[51] 李伯重. 20 世纪初期史学的"清华学派"与"国际前沿"[J]. 清华大学学报 (哲学社会科学版), 2005 (05): 17 - 26, 51.

[52] 李伯重. 缅怀先贤, 慎终追远——追思走在史学"国际前沿"的"清华学派"[J]. 清华大学学报 (哲学社会科学版), 2016, 31 (06): 7 - 8.

[53] 李崇准, 辜胜阻. 关于加快长江中游地区发展的建议 [J]. 长江论坛, 1994 (03): 8 - 11.

[54] 李崇准, 江春. 90 年代国际经济金融形势对中国经济发展的影响与我们的

对策［J］. 世界经济研究，1991（02）：38－42.

［55］李静. 新时代中国需要怎样的发展经济学［J］. 中国商论，2019（12）：228－230.

［56］李伟民. 莎士比亚与清华大学——兼论中国莎学研究中的"清华学派"［J］. 四川戏剧，2000（05）：13－17.

［57］李晓南. 北大学派关于当代中国哲学建构［J］. 北京大学学报，2000（S1）：14－21.

［58］李裕宜. 促进产业结构合理化和现代化［J］. 经济评论，1991（04）：3－4.

［59］李裕宜. 经济体制改革与政府的作用［J］. 武汉大学学报（社会科学版），1988（06）：15－20.

［60］李裕宜. 重温毛泽东关于社会主义建设的思想［J］. 武汉大学学报（社会科学版），1983（06）：27－32.

［61］刘秉麟. 本年度的一个经济报告［J］. 新时代半月刊，1932，4（1－2）：6－10.

［62］刘秉麟. 废除不平等条约与中国经济上新纪元［J］. 东方杂志，1943，39（03）：31－32.

［63］刘秉麟. 目前之粮食问题［J］. 时事月报，1933，8（1）：19－22.

［64］刘秉麟. 廿二年度中央预算案之分析与批评［J］. 中兴周刊（武昌），1933（18）：2－4.

［65］刘传江，董延芳. 武汉都市圈经济发展差距研究［J］. 经济问题探索，2007（02）：40－44，59.

［66］刘传江，董延芳. 异质人力资本流动与区域经济发展——以上海市为例［J］. 中国人口科学，2007（04）：50－57，96.

［67］刘传江，冯碧梅. 西部大开发与中部发展战略的比较与思考［J］. 中州学刊，2008（05）：42－46.

［68］刘传江，刘洪辞. 生态文明时代的发展范式转型与低碳经济发展道路［J］. 南京理工大学学报（社会科学版），2012，25（04）：20－26，80.

［69］刘传江，章铭. 低碳产业与产业低碳化［J］. 湖北社会科学，2013（04）：81－84.

［70］刘传江，赵晓梦. 长江经济带全要素碳生产率的时空演化及提升潜力［J］. 长江流域资源与环境，2016，25（11）：1635－1644.

[71] 刘传江,周玲.制度变迁与经济增长方式转变:可持续发展视角的考察 [J].武汉大学学报(社会科学版),2003(04):461-467.

[72] 刘光杰,胡艳超.我国产业结构调整的深层思考 [J].江汉论坛,1992 (05):25-30,40.

[73] 刘光杰,梅福林.乡镇企业与中国特色的工业化道路 [J].理论月刊, 1993(02):9-13.

[74] 刘光杰,严清华,杨胜刚.21世纪中部地区面临的形势及其发展战略思考 [J].武汉大学学报(哲学社会科学版),1998(02):15-22.

[75] 刘光杰.地区经济发展战略理论初探 [J].湖北社会科学,1987(01): 17-22.

[76] 刘穷志,罗婵.吸收能力视角下财政支出激励经济增长效应 [J].公共财政研究,2020(05):4-21.

[77] 刘穷志.促进经济增长与社会公平的公共支出归宿机制研究——兼论中国公共支出均等化的政策选择 [J].经济评论,2008(05):11-17.

[78] 刘秀俊."训诂治史"的会通之学——杨联陞与"清华学派" [J].山东社会科学,2010(04):13-19.

[79] 卢洪友,刘啟明,祁毓.中国环境保护税的污染减排效应再研究——基于排污费征收标准变化的视角 [J].中国地质大学学报(社会科学版),2018,18 (05):67-82.

[80] 卢洪友,卢盛峰,陈思霞.政府投资与经济周期波动实证研究——兼论三次产业的政府投资效应 [J].山东经济,2010,26(01):11-18.

[81] 卢洪友,张靖妤,许文立.中国财政政策的绿色发展效应研究 [J].财政科学,2016(04):100-111.

[82] 卢洪友,张悦童,许文立.中国财政政策的碳减排效应研究——基于符号约束模型 [J].当代财经,2016(11):32-44.

[83] 卢洪友,朱耘婵.城镇化、人口流动与地方政府债务水平——基于中国地级市的经验证据 [J].经济社会体制比较,2020(01):9-21.

[84] 卢洪友,朱耘婵.我国环境税费政策效应分析——基于"三重红利"假设的检验 [J].中国地质大学学报(社会科学版),2017,17(04):9-26.

[85] 陆旸,蔡昉.人口结构变化对潜在增长率的影响:中国和日本的比较 [J].世界经济,2014,37(01):3-29.

［86］米增渝，刘霞辉，刘穷志．经济增长与收入不平等：财政均衡激励政策研究［J］．经济研究，2012，47（12）：43－54，151.

［87］潘敏，缪海斌．产业结构调整与中国通货膨胀缺口持久性［J］．金融研究，2012（03）：14－28.

［88］潘敏，袁歌骋．金融去杠杆对经济增长和经济波动的影响——基于金融发展的视角［J］．财贸经济，2018，39（06）：58－72，87.

［89］潘敏．经济发展新常态下完善我国货币政策体系面临的挑战［J］．金融研究，2016（02）：106－112.

［90］彭迪先．从大钞发行说起［J］．知识与生活（北平），1948（33）：4－6.

［91］齐绍洲，杨光星．创新碳交易机制 促进低碳产业发展［J］．中国财政，2017（17）：41－43.

［92］齐绍洲，张振源．经济增长与贸易隐含碳——基于生产侧与消费侧碳排放的视角［J］．环境经济研究，2017，2（02）：1－17，35.

［93］强世功．法律社会学的"北大学派"——怀念沈宗灵先生［J］．读书，2019（08）：23－30.

［94］苏婷婷．林损——民国时期北大温州学派的中坚［J］．温州职业技术学院学报，2013，13（03）：20－23.

［95］孙榕．金融学"人大学派"：从中国到世界［J］．中国金融家，2017（09）：25－29.

［96］陶因．三民主义的经济政策［J］．新时代半月刊，1931，1（5－6）：17－21.

［97］陶因．我国今后经济政策的立脚点［J］．壬申半月刊，1932（02）：26－29.

［98］陶因．我国农业之衰颓及民族之危机［J］．壬申半月刊，1932（06）：4－8.

［99］陶因．战后土地改革方案刍议［J］．中国农民（重庆），1942，1（2/3）：38－40.

［100］陶因．战后我国土地政策之商榷［J］．中国农民（重庆），1944（04）：16－21.

［101］万典武．关于商业企业试行股份制的若干问题［J］．商业经济研究，1989（03）：2－6.

［102］万典武．商业企业试行股份制要认真评估无形资产［J］．商业经济与管理，1989（03）：6－9.

［103］万静．"人大学派"考释［J］．中国高校科技，2013（10）：43－46.

[104] 王元龙. 金融学"人大学派"的新贡献——读《大金融论纲》大金融论纲 [J]. 金融博览, 2013 (09): 84 - 85.

[105] 温嗣芳. 中国经济之危机 [J]. 国立武汉大学经济学会会刊, 1947 (10): 7 - 10.

[106] 文显武. 确立金融机构的自律机制 保障金融市场的健康发展 [J]. 银行与企业, 1994 (02): 11 - 12.

[107] 闻翔. 陈达、潘光旦与社会学的"清华学派" [J]. 学术交流, 2016 (07): 155 - 159.

[108] 邬沧萍, 徐勤. 用科学迎接长寿时代 [J]. 金秋科苑, 1999 (09): 4 - 7.

[109] 吴纪先, 唐少云. 中国对外贸易发展与中美贸易前景 [J]. 世界经济与政治, 1988 (09): 8 - 12, 56.

[110] 吴俊培, 艾莹莹, 张帆. 政府投资、民间投资对城镇化发展差异性影响效应分析 [J]. 经济问题探索, 2016 (03): 76 - 85.

[111] 吴俊培, 艾莹莹. 中国城市群城镇化发展水平的比较研究及政策建议 [J]. 湖南商学院学报, 2016, 23 (04): 5 - 12.

[112] 吴俊培, 李淼焱. 调整产业结构的税收政策研究 [J]. 财政监督, 2012 (19): 14 - 17.

[113] 吴俊培, 卢盛峰. 中国财政宏观政策的经济稳定功能研究 [J]. 当代财经, 2015 (05): 25 - 36.

[114] 吴俊培, 毛飞. 经济波动理论与财政宏观调控政策 [J]. 中国软科学, 2005 (06): 67 - 73.

[115] 吴俊培, 毛飞. 经济常态、经济波动与财政宏观调控 [J]. 当代财经, 2005 (04): 22 - 27.

[116] 吴俊培, 赵斌. 人口老龄化、公共人力资本投资与经济增长 [J]. 经济理论与经济管理, 2015 (10): 5 - 19.

[117] 吴其昌. 北魏均田以前中国田制史 (上) [J]. 国立武汉大学社会科学季刊, 1936, 6 (03): 555 - 585.

[118] 吴其昌. 北魏均田以前中国田制史 (下) [J]. 国立武汉大学社会科学季刊, 1936, 6 (04): 835 - 876.

[119] 吴其昌. 秦以前中国田制史 (上) [J]. 国立武汉大学社会科学季刊, 1935, 5 (03): 543 - 583.

［120］吴其昌.秦以前中国田制史（下）［J］.国立武汉大学社会科学季刊，1935，5（04）：833－872.

［121］吴其昌.宋以前中国田制史（上）［J］.国立武汉大学社会科学季刊，1937，7（02）：399－436.

［122］吴其昌.宋以前中国田制史（下）［J］.国立武汉大学社会科学季刊，1937，7（03）：603－633.

［123］吴其昌.宋元时代中国田制史［J］.国立武汉大学社会科学季刊，1942，8（01）：177－192.

［124］伍启元.抗战以来的财政和今后应有的方策［J］.经济动员，1939，2（6－7）：1－6.

［125］伍启元.论战时节约［J］.新民族，1938，2（06）：7－10.

［126］伍启元.外汇统制问题：外汇变动与国货出口［J］.中外经济拔萃，1938，2（08）：52－54.

［127］伍启元.怎样进一步统制国外汇兑［J］.十日文摘，1938，1（06）：8－9.

［128］伍启元.中日战争与中国银行［J］.经济动员，1938，2（02）：13－22.

［129］伍新木，邓军.科学的制度安排与可持续发展［J］.科技进步与对策，2003，20（15）：60－62.

［130］伍新木，董宏伟.以武汉为中心建设长江中游城市群［J］.学习与实践，2002（06）：33－35.

［131］伍新木，高鑫.区域经济发展"双倒 U 型假说"——对倒 U 型理论的完善与发展［J］.理论月刊，2006（04）：63－66.

［132］伍新木，杨莹.建设城市圈实现长江经济带跨越式发展［J］.长江建设，2004（01）：18－19.

［133］伍新木.关于"中部崛起"的经济学思考［J］.企业经济，2005（09）：5－7.

［134］席克正.比较研究的方法是促进财政科学发展的重要方法［J］.财经研究，1992（06）：40－44，2.

［135］席克正.关于我国国债战略研究的几点思考［J］.财经研究，1991（09）：3－8，65.

［136］席克正.凯恩斯学派的财政学说和财政政策［J］.财经研究，1987（01）：50－53.

[137] 席克正. 西方财政学的变化和发展——兼评美国哈佛大学政治经济学荣誉教授理查·穆斯格雷夫近著《财政理论与实践》[J]. 财政研究, 1988 (04): 55 – 60.

[138] 萧振禹. 长寿时代: 一场无声的革命——写在"国际老年人年"[J]. 老年人, 1999 (01): 2 – 3.

[139] 肖永平, 徐锦堂. 中国法学流派的创生和珞珈法学派的可能 [J]. 学术界, 2006 (01): 250 – 267.

[140] 徐葆耕. 从东南学派到清华学派 [J]. 学术月刊, 1995 (11): 21 – 24.

[141] 徐葆耕. 释古与清华学派 [J]. 清华大学学报 (哲学社会科学版), 1995 (02): 1 – 10.

[142] 严清华. 毛泽东的经济发展战略思想 [J]. 经济评论, 1993 (增刊): 7 – 11.

[143] 杨端六. 计划经济政策下设计组织之检讨: 经济建设的前途 [J]. 西南实业通讯, 1940 (05): 55 – 56.

[144] 杨端六. 论物价高涨 [J]. 时事月报, 1940, 22 (5): 85 – 87.

[145] 杨端六. 民国九十两年华洋贸易统计比较 [J]. 太平洋 (上海), 1922 (08): 1 – 15.

[146] 杨端六. 上海银行调查记 [J]. 现代评论, 1926, 100 (04): 6 – 11.

[147] 杨端六. 我国海关统计改良刍议 [J]. 太平洋 (上海), 1920, 8 (02): 1 – 35.

[148] 杨端六. 银价跌落与中国政府责任 [J]. 国立武汉大学社会科学季刊, 1930 (01): 365 – 375.

[149] 杨端六. 战时财政 [J]. 广西财政月刊, 1927, 2 (01): 3 – 6.

[150] 杨端六. 中国国际贸易的危险 [J]. 现代评论, 1927, 140 (06): 7 – 9.

[151] 杨端六. 最近三年华洋贸易统计比较: 附表 [J]. 太平洋 (上海), 1923, 4 (03): 1 – 11.

[152] 杨端六. 最近五年华洋贸易统计比较 [J]. 太平洋 (上海), 1925 (09): 1 – 14.

[153] 杨婷. 王文显与清华学派世态喜剧的发展——兼论《委曲求全》的人物世态化特点与喜剧结构意蕴 [J]. 青年文学家, 2010 (07): 13 – 14.

[154] 杨小凯, 汤敏. 荷花牌洗衣机需求函数 Gompertz 曲线, 费用函数及需求价格的确定 [J]. 技术经济, 1983 (04): 54 – 64.

[155] 杨小凯．可计算一般均衡（CGE）模型——一种新的经济计划和最优价格计算方法 [J]．武汉大学学报（社会科学版），1983（03）：36－44．

[156] 杨小凯．社会经济发展的重要指标——基尼系数 [J]．武汉大学学报：人文科学版，1982（06）：73－76．

[157] 叶初升，李慧．中国农村经济亲贫增长的测度与分析 [J]．华中农业大学学报（社会科学版），2011（05）：12－21．

[158] 叶初升，施颖．发展经济学视野中的收入分配问题 [J]．江西社会科学，2005（11）：51－58．

[159] 叶初升．寻求发展理论的微观基础——兼论发展经济学理论范式的形成 [J]．中国社会科学，2005（04）：29－40，205－206．

[160] 叶初升．中等收入阶段的发展问题与发展经济学理论创新——基于当代中国经济实践的一种理论建构性探索 [J]．经济研究，2019，54（08）：167－182．

[161] 叶初升．中国实践的发展经济学意义 [J]．金融博览，2020（09）：34－35．

[162] 叶永刚，胡燕．中部崛起视角中的高新技术产业化与技术产权资本市场 [J]．中国高新区，2006（07）：69－71．

[163] 叶永刚，刘宇奇．以金融工程驱动湖北经济跨越发展 [J]．政策，2014（11）：21－24．

[164] 尹世杰．论邓小平的消费思想 [J]．湘潭大学学报（哲学社会科学版），2009，33（02）：28－32．

[165] 尹世杰．略论孔子的消费思想 [J]．船山学刊，2004（03）：70－74．

[166] 尹世杰．略论毛泽东的消费思想 [J]．湖南社会科学，2009（06）：99－103．

[167] 尹世杰．略论孟子的消费思想 [J]．湖南商学院学报，2004（06）：1－5．

[168] 郁振华．冯契和清华学派 [J]．华东师范大学学报（哲学社会科学版），1996（02）：35－41．

[169] 郁振华．逻辑分析法及其限度——清华学派的哲学方法论 [J]．学术月刊，1997（11）：39－46．

[170] 曾国安，冯涛．增长极、产业集群与落后地区的区域经济发展 [J]．生产力研究，2004（08）：111－113．

[171] 曾国安，龚红果．论县域新型工业化发展面临的制约因素及对策思路 [J]．湘潭大学学报（哲学社会科学版），2018，42（06）：29－31．

[172] 曾国安，胡晶晶．高新技术产业集群的发展与地方政府的作用——北京市高新技术产业集群发展给我们的启示 [J]．学习与实践，2005（05）：28-31．

[173] 曾国安，雷泽珩．论经济增长方式转变的政策条件——以经济政策的根本性系统性调整促进经济增长方式的转变 [J]．福建论坛（人文社会科学版），2015（11）：11-18．

[174] 曾国安．关于市场经济中政府调控经济的几个理论问题 [J]．学术研究，1999（03）：8-12．

[175] 曾国安．后进国家经济增长方式加速转变的可能性及其条件 [J]．中南财经大学学报，1999（01）：37-40．

[176] 张彬，陈海波．经济全球化与湖北经济国际化发展战略研究 [J]．理论月刊，2001（12）：45-49．

[177] 张彬，李畅，杨勇．多边化区域主义的新发展与中国的对策选择 [J]．亚太经济，2017（05）：5-13，173．

[178] 张彬，苗壮，王琼．APEC推动创新增长合作的成效与前景分析 [J]．亚太经济，2014（02）：45-51．

[179] 张彬，吴云雁．浅析美国次贷危机对我国出口贸易的影响 [J]．广东外语外贸大学学报，2009，20（01）：21-24．

[180] 张彬，杨勇．欧洲经济一体化的贸易效应对中欧贸易的影响探析 [J]．国际贸易问题，2008（12）：43-52．

[181] 张彬，朱剑．APEC创新增长合作进程、成效与展望 [J]．南开学报（哲学社会科学版），2015（02）：27-39．

[182] 张彬，左晖．能源持续利用、环境治理和内生经济增长 [J]．中国人口·资源与环境，2007（05）：27-32．

[183] 张建华，周玉雯．基于中国实践的发展经济学理论创新 [J]．学术月刊，2021，53（11）：39-48．

[184] 张克明．汉口之洋例与废两改元 [J]．汉口商业月刊，1934，7（01）：14-23．

[185] 张克明．湖北省之农村合作事业 [J]．农友，1937，5（01）：119-129．

[186] 张丽琴．中国现代文学批评史上的清华学派 [J]．清华大学学报（哲学社会科学版），2011，26（01）：33-42，158．

[187] 张铭雨．蒋廷黻与"清华历史学派" [J]．河北学刊，2014，34（06）：

233 – 237.

［188］郑时龄. 大师荟萃的"同济学派"［J］. 中国艺术，2019（02）：5 – 11.

［189］郑时龄. 同济学派的现代建筑意识［J］. 时代建筑，2012（03）：10 – 15.

［190］郑时龄. 同济学派的学术内涵［J］. 中国建筑教育，2017（Z1）：13 – 15.

［191］周茂荣，骆传朋. 实现中部崛起的战略分析［J］. 湖北经济学院学报，2007（01）：83 – 87.

［192］周茂荣，石红莲. 低碳经济时代气候变化的中国应对［J］. 生产力研究，2010（08）：11 – 12，22.

［193］朱祖晦. 三十年来之汉口外汇指数（附图）［J］. 国立武汉大学社会科学季刊，1936，6（04）：735 – 758.

［194］朱祖晦. 谈中国生活费用调查（附表）［J］. 实业统计，1933，1（3 – 4）：8 – 13.

［195］朱祖晦. 中国工业统计之展望［J］. 实业统计，1934，6（02）：4 – 11.

［196］朱祖晦. 最近中国之工资及工作时间统计（附表）［J］. 国际劳工消息，1933，4（04/05）：9 – 49.

［197］庄子银，丁文君. 知识产权保护、模仿与南方自主创新［J］. 经济评论，2013（03）：5 – 18.

［198］庄子银，李宏武. FDI、知识产权与中国的专利结构［J］. 研究与发展管理，2018，30（01）：81 – 91.

［199］庄子银，邹薇. 发展经济学理论的新发展［J］. 经济学动态，1994（08）：50 – 55.

［200］邹薇. 论竞争力的源泉：从外生比较优势到内生比较优势［J］. 武汉大学学报（社会科学版），2002（01）：35 – 47.

［201］邹薇. 知识产权保护的经济学分析［J］. 世界经济，2002（02）：3 – 11.

［202］Acemoglu, D. and Restrepo, P. Secular Stagnation? The Effect of Aging on Economic Growth in the Age of Automation［J］. *The American Economic Review*, 2017, 107 (5)：174 – 179.

［203］Acemoglu, D. and Robinson, J. A. Political Losers as a Barrier to Economic Development［J］. *American Economic Review*, 2000, 90 (2)：126 – 130.

［204］Acemoglu, D. and Robinson, J. A. Why Did the West Extend the Franchise?［J］. *Quarterly Journal of Economics*, 2000, 115 (4)：1167 – 1199.

［205］Andrew, A. Of Time and Space: The Contemporary Relevance of the Chicago School ［J］. *Social Forces*, 1997, 75 (4): 149 - 1182.

［206］Backhouse, R. E. Sidgwick, Marshall, and the Cambridge School of Economics ［J］. *History of Political Economy*, 2006, 38 (1): 15 - 44.

［207］Banerjee, A. and Newman, A. Occupational Choice and the Process of Development ［J］. *Journal of Political Economy*, 1993, 101 (2): 274 - 298.

［208］Becker, G. S. and Murphy, K. M. and Tamura, R. Human Capital, Fertility, and Economic Growth ［J］. *Journal of Political Economy*, 1990, 98 (5): S12 - S37.

［209］Benabou, R. Unequal Societies: Income Distribution and the Social Contract ［J］. *American Economic Review*, 1996, 90 (1): 96 - 129.

［210］Ciccone, A. and Matsuyama, K. Start-up Costs and Pecuniary Externalities as Barriers to Economic Development ［J］. *Journal of Development Economics*, 1996, 49 (1): 33 - 59.

［211］Davoodi, H. and Zou, H. F. Fiscal Decentralization and Economic Growth: A Cross - Country Study ［J］. *Journal of Urban Economics*, 1998, 43 (2): 244 - 257.

［212］Devarajan, S. and Swaroop, V. and Zou, H. F. The composition of public expenditure and economic growth ［J］. *Journal of Monetary Economics*, 1996, 37 (2 - 3): 313 - 344.

［213］Dorfman, J. The Role of the German Historical School in American Economic Thought ［J］. *American Economic Review*, 1995, 45 (2): 17 - 39.

［214］Douglas D. P. Monetarism: A Review ［J］. The Canadian Journal of Economics - Revue canadienne d Economique, 1980, 13 (1): 96 - 122.

［215］Fornasari, F. and Webb, S. B. and Zou, H. F. The Macroeconomic Impact of Decentralized Spending and Deficits: International Evidence ［J］. *Annals of Economics and Finance, Society for AEF*, 2000, 2 (1): 403 - 433.

［216］Galor, O. and Moav, M. Ability-biased Technological Transition, Wage Inequality, and Economic Growth ［J］. *Quarterly Journal of Economics*, 2000, 115 (2): 469 - 498.

［217］Geison, G. L. Scientific Change, Emerging Specialties, and Research School ［J］. *History of Science*, 1981, 19 (1): 20 - 40.

［218］Goldschmidt, N. and Berndt, A. Leonhard Miksch (1901 - 1950): A Forgotten Member of the Freiburg School [J]. *American Journal of Economics and Sociology*, 2005, 64 (4): 973 – 998.

[219] Gong, L. and Zou, H. F. Foreign Aid Reduces Domestic Capital Accumulation and Increases Foreign Borrowing: A Theoretical Analysis [J]. *Annals of Economics and Finance*, 2000 (1): 147 – 163.

[220] Gong, L. and Zou, H. F. Foreign Aid Reduces Labor Supply and Capital Accumulation [J]. *Review of Development Economics*, 2001, 5 (1): 105 – 118.

[221] Hansen, G. and Prescott, E. From Malthus to Solow [J]. *American Economic Review*, 2002, 92 (4): 1205 – 1217.

[222] He, Q. C. and Luo, Y. L. and Nie, J. and Zou, H. F. Money, Growth, and Welfare in a Schumpeterian Model with the Spirit of Capitalism [J]. *Review of Economic Dynamics*, 2003, 47 (1): 346 – 372.

[223] Jacobson, R. The Austrian School of Strategy [J]. *The Academy of Management Review*, 1992, 17 (4): 782 – 807.

[224] Krugman, P. and Venables, A. J. Globalization and the Inequality of Nations [J]. *The Quarterly Journal of Economics*, 1995, 110 (4): 857 – 880.

[225] Krusell, P. and Rios – Rull, J. V. Vested Interests in a Positive Theory of Stagnation and Growth [J]. *The Review of Economic Studies*, 1996, 63 (2): 301 – 329.

[226] Laidler, D. Monetarism: An Interpretation and an Assessment [J]. *The Economic Journal*, 1981, 361 (91): 1 – 28.

[227] Lawrence, L. The New Chicago School [J]. *The Journal of Legal Studies*, 1998, 27 (S2): 661 – 691.

[228] Li, H. and Squire, L. and Zou, H. F. Explaining International and Intertemporal Variations in Income Inequality [J]. *China Economics and Management Academy*, *Central University of Finance and Economics*, 1998, 108 (446): 26 – 43.

[229] Lindenfeld, D. F. The Myth of the Older Historical School of Economics [J]. *Central European History*, 1993, 26 (4): 405 – 416.

[230] Liu, P. W. and Yang, X. K. The theory of irrelevance of the size of the firm [J]. *Journal of Economic Behavior & Organization*, 2000, 42 (2): 145 – 165.

[231] Lucas, R. E. Tobin and Monetarism-a Review Article [J]. *Journal of Economic Literature*, 1981, 19 (2): 558 – 567.

[232] Michaelides, P. G. and Milios, J. G. Joseph Schumpeter and the German Historical School [J]. *Cambridge Journal of Economics*, 2009, 33 (3): 495 – 516.

[233] Miller, H. L. On the Chicago School of Economics [J]. *Journal of Political Economy*, 1962, 70 (1): 64 – 69.

[234] Morrell, J. B. The Chemist Breeders: The Research Schools of Liebig and Thomas Thomson [J]. *Ambix*, 1972, 19 (5): 1 – 46.

[235] Murphy, K. and Shleifer, A. and Vishny, R. Industrialization and the Big Push [J]. *Journal of Political Economy*, 1989, 97 (5): 1003 – 1026.

[236] Ou, P. S. and Wang F. S. Industrial Production and Employment in Pre – War China [J]. *The Economic Journal*, 1946, 223 (56): 426 – 434.

[237] Parente, S. L. and Prescott, E. C. Barriers to Technology Adoption and Development [J]. *The Journal of Political Economy*, 1994, 102 (2): 298 – 321.

[238] Pasinetti, L. L. The Cambridge School of Keynesian Economics [J]. Cambridge Journal of Economics, 2005, 29 (6): 837 – 848.

[239] Pearson, H. Was There Really a German Historical School of Economics? [J]. *History of Political Economy*, 1999, 31 (3): 547 – 562.

[240] Peukert, H. Waiter Eucken (1891 – 1950) and the historical school [J]. *Theory of Capitalism in the German Economic Tradition*, 2000 (1): 93 – 145.

[241] Prendergast, C. Alfred Schutz and the Austrian School of Economics [J]. *American Journal of Sociology*, 1986, 92 (1): 1 – 26.

[242] Richard, A. P. The Chicago School of Antitrust Analysis [J]. *University of Pennsylvania Law Review*, 1979, 127 (4): 925 – 948.

[243] Robert, E. L. Supply – Side Economics-an Analytical Review [J]. *Oxford Economic Papers – New Series*, 1990, 42 (2): 293 – 316.

[244] Romer, P. Endogenous Technological Change [J]. *Journal of Political Economy*, 1990, 98 (5): S71 – S102.

[245] Sachs, J. and Yang, X. K. and Zhang, D. S. Globalization, dual economy, and economic development [J]. *China Economic Review*, 2000, 11 (2): 189 – 209.

[246] Scheinkman, J. and Glaeser, E. and Shleifer, A. The Injustice of Inequality [J]. *Journal of Monetary Economics*, 2003, 50 (1): 199 – 222.

[247] Shen, C. L. and Jin, J. and Zou, H. F. Fiscal Decentralization in China: His-

tory, Impact, Challenges and Next Steps [J]. *Annals of Economics and Finance*, 2012, 13 (1): 1 –51.

[248] Simpson, D. Schumpeter, Joseph and The Austrian – School – of – Economics [J]. *Journal of Economic Studies*, 1983, 10 (4): 15 –28.

[249] Slack, N. G. Are Research Schools Necessary? Contrasting Models of 20th Century Research at Yale Led by Ross Granville Harrison, Grace E. Pickford and G. Evelyn Hutchinson [J]. *Journal of the History of Biology*, 2003, 23 (3): 501 –529.

[250] Stigler, G. J. On the "Chicago School of Economics": Comment [J]. *Journal of Political Economy*, 1962, 70 (1): 70 –71.

[251] Streissler, E. The intellectual and political impact of the Austrian School of Economics [J]. *History of European Ideas*, 1988, 9 (2): 191 –204.

[252] Ventura, J. Growth and Interdependence [J]. *The Quarterly Journal of Economics*, 1997, 112 (1): 57 –84.

[253] Wang, J. G. and Yang, X. K. Pursuit of Relative Utility and Division of Labor [J]. *Journal of Comparative Economics*, 1993, 23 (1): 20 –37.

[254] Wang, S. L. and Zou, H. F. China Decentralization Finance Issues [J]. *China Economics and Management Academy*, 2014, 15 (1): 137 –156.

[255] X, L. X. C. and Zou, H. F. Explaining the changes of income distribution in China [J]. *China Economic Review*, 2000, 11 (2): 149 –170.

[256] Yang, X. K. and Ng, Y. K. Theory of the firm and structure of residual rights [J]. *Journal of Economic Behavior & Organization*, 1995, 26 (1): 107 –128.

[257] Yang, X. K. China's entry to the WTO [J]. *China Economic Review*, 2001, 11 (4): 437 –442.

[258] Yao, Y. Political Process and Efficient Institutional Change [J]. *Journal of Institutional and Theoretical Economics*, 2004, 160 (3): 439 –453.

[259] Zou, H. F. A Model of Growth Through Creative Destruction Philippe Aghion [J]. *Peter Howitt Econometrica*, 1992, 60 (2): 323 –351.

[260] Zou, H. F. "The spirit of capitalism" and long-run growth [J]. *European Journal of Political Economy*, 1994, 10 (2): 279 –293.

[261] Zou, H. F. On the dynamics of privatization [J]. *China Economic Review*, 1994, 5 (2): 221 –233.

[262] Zou, H. F. A dynamic model of capital and arms accumulation [J]. *Journal of Economic Dynamics and Control*, 1995, 19 (1－2)：371－393.

[263] Zou, H. F. Dynamic analysis in the Viner model of mercantilism [J]. *Journal of International Money and Finance*, 1997, 16 (4)：637－651.

三、报纸文章

[1] 曹天歌."北大新诗学派"在何方？[N]. 文学报，2013－02－21 (010).

[2] 陈支平. 傅衣凌与中国社会经济史学派 [N]. 光明日报，2008－08－10 (011).

[3] 陈忠斌. 加强对中国特色发展经济学理论体系的研究 [N]. 光明日报，2009－08－18 (010).

[4] 方韶毅. 老北大"温州学派"的那些人和事 [N]. 温州日报，2011－01－20 (002).

[5] 辜胜阻. 产业集群演化与文化创新 [N]. 科技日报，2009－05－10 (002).

[6] 辜胜阻. 研究制定百年战略，促进可持续发展 [N]. 榆林日报，2010－11－13 (002).

[7] 古远清. 迎接"北大新诗学派"的诞生 [N]. 文学报，2012－11－29 (020).

[8] 郭熙保，赵光南. 我国经济发展战略应实现四个转变 [N]. 光明日报，2011－09－30 (011).

[9] 郭熙保. 后发优势与跨越式发展 [N]. 光明日报，2004－01－06 (B02).

[10] 韩大元."人大学派"独特的学术特色 [N]. 法制日报，2010－09－15 (009).

[11] 韩大元."人大学派"突出的学术贡献 [N]. 法制日报，2010－09－08 (009).

[12] 记者樊蓉. 西北经济学派的奠基者 [N]. 陕西日报，2018－05－02 (009).

[13] 简新华，黄锟. 服务化：中国产业结构调整优化的新主攻方向 [N]. 中国经济时报，2013－10－31 (006).

[14] 伍新木，邵玮. 用绿色理念引领长江经济带建设 [N]. 经济日报，2016－09－08 (014).

[15] 伍新木. 历史方位下的湖北产业结构新思路 [N]. 湖北日报，2003－07－03 (C03).

［16］杨立华. 国学研究院和清华学派［N］. 新清华，2011－04－24（033）.

［17］叶永刚，刘宇奇. 金融支持区域经济发展的路径选择［N］. 光明日报，2014－03－01（005）.

［18］郑家栋."清华学派"与学术伦理［N］. 中国图书商报，2003－01－17（031）.

［19］郑家栋."清华学派"与中国现代学术伦理［N］. 中国新闻出版报，2002－11－04（003）.

［20］朱信凯. 中国反贫困研究的人大学派［N］. 农民日报，2020－11－16（005）.

四、学位论文

［1］郭熙保. 农业在经济发展中的地位与作用［D］. 武汉：武汉大学博士学位论文，1992.

［2］胡代光. 资本蓄积论［D］. 武汉：国立武汉大学学位论文，1944.

［3］华继坤. 从学派建构看南开学派的发展［D］. 秦皇岛：燕山大学硕士学位论文，2013.

［4］刘诗白. 论资本主义农业之发展［D］. 武汉：国立武汉大学学位论文，1946.

［5］马颖. 论经济发展理论中的新古典主义和结构主义［D］. 武汉：武汉大学博士学位，1994.

［6］宋承先. 论利率在经济循环中之作用［D］. 武汉：国立武汉大学学位论文，1944.

［7］万典武. 凯恩斯利息学说的综合研究［D］. 武汉：国立武汉大学学位论文，1945.

［8］汪敬虞. 纽约钱币市场之分析［D］. 武汉：国立武汉大学学位论文，1943.

［9］席克正. 宋代之海上对外贸易［D］. 武汉：国立武汉大学学位论文，1946.

［10］夏道平. 费雪尔货币数量说检讨［D］. 武汉：国立武汉大学学位论文，1934.

［11］于双. 三十年代"清华学派"的文学批评［D］. 沈阳：辽宁大学硕士学位论文，2008.

［12］曾国安. 论工业化过程中市场与政府的关系［D］. 武汉：武汉大学博士学位论文，1995.

［13］庄子银．新增长理论研究［D］．武汉：武汉大学博士学位论文，1998.

［14］邹薇．经济发展理论中的新制度主义研究［D］．武汉：武汉大学博士学位论文，1996.

五、其他

［1］方韶毅．北大"温州学派"的沉浮［A］．方韶毅．民国文化隐者录［C］．北京：金城出版社，2010：1 – 9.

［2］马如静，陶江．西方货币需求理论的基本缺陷与南开学派的动量货币需求假说（2005年中国经济学年会论文）［J/OL］．新浪网，https：//ishare. iask. sina. com. cn/f/2d1VxDAVgIF. html，2021 – 03 – 18.

［3］乔洪武．从中国实际看西方发展经济学的理论缺陷［C］//全国高校社会主义经济理论与实践研讨会领导小组．邓小平理论与我国经济学的发展．武汉大学出版社，1997：362 – 366.

［4］伍新木，宋栋．长江经济带在中国经济发展中的战略地位与作用［C］//上海炎黄文化研究会．长江流域经济文化初探．上海人民出版社，1997：38 – 51.

［5］席克正．古典学派财政学说［A］．上海财经学院财政金融系财政教研室编．财政基本理论参考读物［C］．北京：中国财政经济出版社，1982：492 – 523.

［6］虞昊．数代师承成就"清华学派"［EB/OL］．科学网，https：//news. sciencenet. cn/sbhtmlnews/2007123234540743195733. html?id = 195733，2007 – 12 – 03.

［7］周晓云．徐葆耕先生和他的清华学派［EB/OL］．清华大学校史馆网，https：//xsg. tsinghua. edu. cn/info/1004/1914. htm，2013 – 09 – 05.

后　记

本书写作的缘起，始于武汉大学经济与管理学院发展史的编纂。2006年5月，武汉大学经济与管理学院委托我担任主编组织编写学院发展史，2013年校庆120周年时完稿，次年由武汉大学出版社正式出版。在院史编写中，我发现学院建设发展的深处蕴藏着"学派"创建这一堪称璀璨夺目的学术瑰宝，深感这是珞珈经管先贤留给我们的最大也是最宝贵的历史遗产，作为后辈学人的我们，没有任何理由不予以高度重视，应怀着无比敬畏之心，尽早进行抢救性的挖掘、整理和研究，并赓续其优良学术传统，予以发扬光大。后经查阅资料，发现全国不少著名高校均提出过以校名简称命名的"学派"之称，1993年武汉大学百年校庆之际也有校友提出了经济学"珞珈学派"之称，杰出校友何炼成更是大加倡导，强烈呼吁"创建珞珈学派"，并积极付诸行动。受此触动，我于2019年9月提出了开展珞珈经济学"学派"研究的思考与建议，获得有关领导和专家学者的认可与支持。随即我们到北京、成都拜访了李京文、刘诗白等知名校友，在原院史编辑调研收集资料的基础上有针对性地做了一些本书的前期调研准备工作；2020年新冠疫情暴发后又通过通信方式联系到诸多重要校友或其联系人，在此基础上经过认真总结与深入研究，形成了这部《珞珈经济学人"学派"创建研究》的书稿。

史书写作中素有"当代人不写当代史"的说法，本书所写大部分内容不仅是当代史，而且是眼前史、身边史，不免令我诚惶诚恐，心有余悸，一则担心当局者迷，"只缘身在此山中"，不能客观真实地总结和展示历史；二则所写内容直接涉及自己的老师、身边的同事和不少自己敬重熟悉的校友老师或校友学生，担心取舍难以得当，分寸难以把握，有失公允，失之偏颇。但是，我在武汉大学经济学系学习工作53年，专业研究方向又是中国经济思想史，还承蒙学院信任主编过学院发展史，对学院经济学科发展的这段历史与"学派"创建源流情况较为熟悉，感觉有责任和义务对之进行探讨与研究，以尽自己的绵薄之力。于是，我抛弃杂念、不揣浅陋，主动开始进行此书的写作工作。书稿由我主笔，邀请经济学系孙智君老师撰写了其中涉及海外及中国台湾校友学者的一章（即第八章）。

时光荏苒，校友在校庆百周年时提出"珞珈学派"之称，迄今已整整30个年头；积极倡导并努力践行学派创建的何炼成先生也于2022年6月驾鹤西去。拙著杀青之际，脑海中不免浮现出何炼成先生的音容笑貌及其对学派创建探索的殷切期盼之情，本书的完成在一定程度上也可算作向何先生提交的一份"作业"，以告慰老先生的在天之灵，正如张维迎教授在审阅本书书稿后给我的复函中所说："可惜何老师看不到这本书，看到的话他一定会非常高兴的。"

在书稿写作过程中，我们充分利用了院史编纂中的相关资料；同时，得到了学校、学院有关领导和许多老师、学生，外地许多校友、同行专家学者，以及校友学者再传弟子和其他相关人士的诸多帮助。他们或给予鼓励与支持，或提供相关资料与信息，或提出宝贵意见与建议，或亲自动手予以订正，或给予其他方面乃至多方面的相关帮助与支持。老校长刘道玉以90岁高龄且在右手执笔不便的情况下为本书题词，还提出了具体的写作修改建议，令人感激涕零。初稿形成后，虽经广泛征求意见和反复修改，但限于作者水平，书中仍存在一些不足与不尽如人意之处；由于本书是以发展经济学及相关的理论探讨与实践探索为中心的，因而难免存在一定的局限性与片面性；书稿虽经有关领导和老师审阅，但书中内容与观点均出自作者之手，属个人专著，文责自负。经济科学出版社为本书的编辑出版付出了辛勤的劳动。

对相关人员给予的帮助与支持，恕不一一细叙，仅列名单于下，以示诚挚的谢意。他们是（以姓氏笔画为序）：

马颖、王昉、王元璋、王今朝、王先甲、韦苇、毛振华、文龙、方德斌、尹恒、卢洪友、叶坦、叶永刚、叶初升、田源、田鑫、成德宁、朱玲、朱华雄、乔洪武、伍新木、刘灿、刘光杰、刘传江、刘穷志、刘春弟、齐绍洲、庄子银、江春、安睿哲、关敬如、孙久文、苏剑、杜晓成、李珍、李萌、李晓波、李湘荃、杨正东、吴垠、吴骁、吴申元、吴俊培、余振、邹薇、邹进文、邹恒甫、沈作霖、宋丽智、张彬、张亚光、张定胜、张建民、张建华、张维迎、陈锋、陈东升、罗知、周茂荣、周建波、赵烨旸、姜星莉、贺园、夏明、徐长生、郭熙保、唐任伍、涂上飙、黄宪、黄本笑、黄敏学、梅新育、常懿心、蒋洪、韩龙艳、辜胜阻、程霖、童光荣、曾国安、游士兵、谢雅维、简新华、褚志远、谭力文、颜鹏飞、潘敏、魏杰。

中国已具备产生经济学"学派"的肥沃土壤，热切期盼一个真正属于中国自己的当代经济学派巍然创建，屹立于国际经济学界的学术流派之林！

严清华

2023年5月1日于武昌珞珈山